U0136066

臺灣史研究叢書 21

明清福建臺灣史第五卷：

清代前期福建臺灣史

徐曉望著

蘭臺出版社

作者簡介

　　徐曉望，上海人，中國經濟史博士。原福建社會科學院歷史研究所所長、二級研究員、國務院特殊津貼專家、福建省優秀專家、福建省文化名家。歷任中國漢民族研究分會副會長、中國宗教協會常務理事、廈門大學宗教研究所兼職教授、福建師範大學社會歷史學院兼職教授、福建歷史學會副會長、福建媽祖文化研究會副會長。出版專著 32 部，發表論文 300 多篇，共計 1200 多萬字。主要著作有：《福建民間信仰源流》、《福建文明史》、《閩國史》、《媽祖的子民——閩臺海洋文化研究》、《閩南史研究》、五卷本《福建通史》、《大航海時代的臺灣海峽與周邊世界》、《媽祖信仰史研究》、《21 世紀的文化使命》、《中國福建海上絲綢之路發展史》、《閩北文化述論》、《澳門媽祖文化研究》（合著）。曾獲福建社會科學優秀成果一等獎、二等獎、三等獎。

明清福建臺灣史序

鄭學檬

　　徐曉望研究員曾隨廈門大學傅衣凌教授攻讀碩士學位，係名門弟子。畢業後入福建社會科學院歷史研究所從事明清經濟史、福建地方史研究。「蕭條高寄，不與時務經懷」；專心治史，如松柏「經霜而茂」，在福建史、臺灣史研究方面碩果累累。多年之後，再入廈大歷史系，攻讀專門史（中國經濟史）方向博士學位，並於 2003 年完成博士論文，其論文主旨〈明末清初海峽兩岸的市場關係〉問題，我們曾進行過深入探討。

　　明清時期，中國東南沿海閩浙粵地區，是東西方國際貿易的聚焦點，中國的商品，吸引著歐洲殖民勢力，先後有葡萄牙、西班牙、荷蘭、英格蘭的等歐洲強國的商業貿易集團聞風而致，貿易、掠奪不一而足。從辯證角度看，禍福相依，歐洲葡、西、荷、英殖民勢力東來，也促使白銀、黃金、鴉片等舶來品傾銷華夏，從而改變了中國的歷史的發展方向。臺灣海峽在這一時代變革過程中因為其區域優勢和海峽西岸的發達的商品生產產業鏈，而一躍成為國際貿易的聚焦點、亞洲發展至關重要的區域。它是聯繫東北亞市場與東南亞市場的關鍵通道，為世人所矚目。國外學者，如美國加州學派之「大分流」說，即與此議題而發。

　　中國歷史學家一般以積極的態度看明清時代中國的變化，不過，論證

各有不同。徐曉望這本書，以當年博士論文為基礎寫成，以時代變革為背景，論述當時經濟關係諸問題。他認為，其一，明清時期東亞的發展與環球國際貿易市場初成有很大關係；其二，明清國際貿易市場初成不僅有西力東漸的影響，也有福建等中國商人開拓亞洲市場的成就；其三，早期世界市場的中心是在東亞的環中國海區域，西方殖民主義者主要通過介入中國與日本及東南亞的貿易來獲得自身發展的動力；其四，歐洲的成功在於壟斷環球貿易的主要利潤，當這一原始積累的資本形成對英國工業的貫注，便導致工業革命的產生。這些觀點反映了徐曉望對明清世界史的若干思考，雖非「璞玉渾金」，亦可稱百流一源，燦然成章，自有特點。我一向主張要從世界史的高度來看區域史研究，徐曉望的《明清福建臺灣史》能夠從這一角度展開研究，就使他對福建臺灣史的研究具備超越地方史的特性。

　　徐曉望在福建史學界以勤奮聞名。他的五卷本《明清福建臺灣史》約有 200 萬字，共有 7200 多個注解，平均每本書有 1400 多個注解，其中一些史料來自稀見的明清著作，這是作者多年努力的積累。這套書涉獵較廣，多處研究頗具新意。例如作者在第三卷《晚明臺灣海峽史》中，考察了晚明臺灣的移民史、海盜史及福建官府與臺灣原住民的關係，這些領域的相關研究較少，所以，徐曉望的嘗試值得關注。

　　總的來說，徐曉望關於明清福建臺灣史的系列研究史料豐富，論述自成系統，是一套值得一看的著作。

鄭學檬 2023.8.28

明清福建臺灣史序

陳支平

　　徐曉望研究員是一位十分勤奮執著的學者。數十年來，他在中國古代史、中國經濟史、中國社會史、中國海洋史、中國理學史，以及福建、臺灣地方區域史和古代文獻的搜集整理領域，均取得一系列重要的學術成果，尤其是在福建地方通史方面，成績卓越，堪稱在當今國內外學界中，無出其右者。近日，徐曉望君又將出版五卷本的《明清福建臺灣史》，著實令人欽佩。現在，徐曉望君希望我為五卷本的《明清福建臺灣史》寫個序言，為了表示所謂的「欽佩」並非虛言場面話，我慨然一口答應了下來。

　　要談到臺灣歷史，有兩點是無論如何迴避不了的，這就是其一，臺灣的歷史是始終與福建歷史分割不開的；其二，福建與臺灣的相互歷史，基本上是從明清時期開始發生的。大概正是出於這兩點迴避不了的因素，徐曉望君的新著，就著眼在福建與臺灣歷史演變發展進程中的這兩個關鍵節點上，命其名為《明清福建臺灣史》。

　　我們說臺灣的歷史是始終與福建歷史分割不開的，這無疑是全方位的。無論是臺灣民眾的先祖淵源關係、臺灣的行政政治嚴格、臺灣的社會經濟開發與經濟運作，還是臺灣的民風習尚、神明崇拜、文教讀書、民間娛樂、方物沿襲等等，基本上是從大陸福建直接傳承而來，或是與福建沿海各地

產生了緊密的聯繫。但是遺憾的是，近十餘年來，研究福建與臺灣兩岸關係史的學者們以及社會熱心人士們，大多把研究的注意力，放在兩岸家族和兩岸神明崇拜的這兩個具社會政治顯示度的方面之上。其中社會意義毋庸置疑，但是從學術的層面來思考，則未免有些偏頗，至少在一定程度上削弱了研究福建臺灣歷史的整體概貌，往往給人一種福建與臺灣的關係歷史，基本上是鬼神來往的歷史，因為即使是民間家族的歷史，所可以研究的依然是那些過世百餘年以上的鬼祖先了。

徐曉望君的這部五卷本的《明清福建臺灣史》的可貴之處，就在於他全面而詳實地反映了福建與臺灣兩岸關係歷史發展演變歷程，把明清時期福建與臺灣的歷史和盤呈現給廣大讀者。例如，在《明清福建臺灣史》第三卷《晚明臺灣海峽史》中，徐曉望君把研究的視野放在當時世界大變局的情境之中，從晚明中國海上力量和臺灣海峽稱霸、閩商與東南亞歐洲殖民者的貿易、晚明華商與南海港市的貿易、晚明福建與日本、琉球的關係等各個不同的角度談起，進而論述明代官民對臺灣的認識、福建官民與海洋巨寇林道乾、林鳳的關係，以及明代後期的臺灣危機和福建官府對於澎湖群島的管理、福建沿海民眾對於臺灣的移民開發等。徐曉望君的這一全方位的歷史敘述，讓我們對於福建及臺灣的歷史演變，有著開闊視野和深邃思考的認識與觀察。

徐曉望君是我的同門師弟，他也和我一樣，本科畢業於廈門大學歷史系，接著攻讀傅衣凌先生的中國經濟史專業的碩士學位。畢業之後，在福建省社會科學院工作，由於工作和科研成績突出，多年擔任福建省社會科學院歷史研究所所長的職務。現在，我們都已經進入或者即將進入古稀之年。徐曉望君命我寫序，看到他即將出版這麼好的高品質著作，作為師兄，當然是希望今後能夠繼續讀到他不斷出版的更多的學術著作。但是推己及人及師弟，我也希望他能多多保重身體，吃好喝好，君不見現在社會上流行一句名言：「身體是自己的」！

2023 年 8 日 26 日

於廈門大學國學研究院

目　錄

緒論：清代前期福建臺灣的歷史地位

　　研究清代歷史，一般以 1840 年為界限，將清朝分為前期和後期兩個時期。這是因為，1840 年的鴉片戰爭對中國的影響非常巨大，也使清朝的前期和後期呈現出兩種不同的狀態。清代前期，統治者自稱「天朝大國」，清代晚期，清朝則受困於歐美列強的侵擾，已經沒有虛驕之氣。然而，求諸歷史，明末的中國尚是西方國家崇尚的東方大國，僅僅過了兩百年，清朝便淪落為列強隨意欺侮的對象？這與清朝本身的腐敗以及國際形勢變化有關。

一、清代前期國際貿易形勢變化

　　清朝入據北京是在 1644 年，迄至 1840 年鴉片戰爭爆發，前後近兩百年。這兩百年是國際形勢天旋地轉的時代。清廷入據北京之前，由葡萄牙人、西班牙人開拓的環球國際貿易體系的建立已經有一百多年的歷史，不過，當年世界貿易的中心是在東方，而其焦點是中國與日本的貿易。其時，由中國輸出的絲綢、白糖和瓷器，在日本有廣大的市場，日本出產的白銀大量輸出中國。中國與日本之間的貿易熱度，引來了西方國家的參與。先後介入中國與日本貿易的歐洲國家有葡萄牙、西班牙、荷蘭、英國。西班牙商人發現中國市場的廣大之後，又運來了美洲的的白銀。在這裡要注意的一點是：其一，西班牙人運來美洲白銀的總量不如日本多；其二，是日

本的白銀先到中國市場，然後才是美洲白銀。我強調這一點，是因為國際上有一種觀點認為：是葡萄牙人抵達遠東後，才將日本白銀運輸中國，導致中國與日本的貿易大增，其實不對。真實的情況是：日本人從中國吸納了白銀冶煉術，導致日本礦山的大規模開發，而中國商人最早發現了日本白銀生產巨增，由福建、廣東前往日本的商船越來越多，中國與日本的交易因而震撼世界。不過，因倭寇運動隨之爆發，明朝對日本實行斷絕朝貢的制裁，中國與日本之間的直接貿易因而銳減。葡萄牙人趁機建立從澳門到日本的貿易線路，從而成為中國與日本貿易的主要中間商。這一結論的重要性在於：指出明代日本白銀流入中國的必然性，即使沒有葡萄牙商人為仲介，晚明中國與日本之間的貿易發展也是必然的。也就是說，晚明中國與日本的發展，是必然出現的。即使沒有歐洲國家加入，中日貿易帶來東亞的發展也是必然的。不過，它會有一個天花板，僅由中國與日本之間的貿易，中國與日本的發展會有局限性。

　　1571 年西班牙攫取馬尼拉為根據地，而後展開了對菲律賓群島的殖民。在馬尼拉，他們很快發現了中國與日本市場的重要性，於是，西班牙人繼葡萄牙人之後，介入了東亞最為重要的中日貿易。當時，中國商人被禁止到日本貿易，便有一些福建漳州商人到馬尼拉尋找貿易機會。西班牙人發現他們從美洲帶來的白銀可以購買到中國的各類商品，而這些商品運到日本後，又可以售出高價。因此，西班牙人控制下的馬尼拉漸漸成為中國與日本貿易的一個仲介港，西班牙商人在此地採購中國商品，而後運到日本銷售。再從日本運回白銀，採購中國商品。和葡萄牙人相比，西班牙的特點是在美洲擁有白銀礦山。其時，美洲白銀運往歐洲之後，造成了價格革命，白銀可採購的商品價格飛漲。不過，將同樣數量的白銀運往中國，卻可以採購更多的商品。於是，西班牙人開始將美洲的白銀運到馬尼拉消費。16 世紀末期和 17 世紀初期，美洲波爾多銀礦的開採量巨大，其中相當一部分被直接運到東方，來自福建漳州的商人紛紛到馬尼拉貿易，以中國商品換取白銀。其時，西班牙人運到歐洲的白銀，被分散到荷蘭、英國、法國等國家，但是，這些國家為了採購中國的絲綢、瓷器、白糖，又將白銀轉運到中國。於是，從 16 世紀末期和 17 世紀初期，有三條白銀之路通往中國，中國市場接納了來自日本、美洲、歐洲各地的白銀，成為白銀大

國。也可以說，是中國對白銀的渴望，將世界帶入了白銀時代。那時的中國是世界貿易的中心，所有的貿易都是圍繞著中國展開的。

然而，到了 17 世紀後半期，國際貿易形勢發生了巨大的變化。許多學者指出：17 世紀美洲白銀供應量驟減，導致世界上許多國家出現了白銀危機。其實，白銀供應減少的另一個重要原因是日本各大礦山的白銀開採進入沒落時期。由於日本市場上不再有源源不斷的白銀供應，17 世紀後期，日本開始限制白銀輸出的數量，一年限定 60 萬兩白銀。從此，一度取之不竭的日本白銀市場轉變為有限市場，日本人不再是毫無限制地消費中國商品，而是考慮以本國的生產取代中國商品。這就導致了日本絲織業、陶瓷業的發展。不過，由於地理條件的限制，日本人無法生產蔗糖，只能從中國臺灣輸入黑白糖。此外，日本人生產的生絲品質不如中國江南的產品，他們生產高級絲綢，一定要用江南生產的湖絲，所以，日本市場保持一定數量的中國商品消費，但比起 17 世紀前期，已經大大不如了。

中國商品的東南亞市場也有類似的情況。明代晚期，東南亞各國消費的主要商品，幾乎都來自中國。這裡包括中國的生絲、絲綢、陶瓷器、茶葉、雨傘及各類日用品。然而，東南亞自古以來人均收入較低，消費的中國商品有限，大多數城市是在歐洲人及華商抵達當地後建造的。由於歐洲人在東南亞的數量一直不多，東南亞城市的基本群眾一直是華人。華人掌握了當地的工商業，例如華商在東南亞開闢的製糖作坊，使東南亞諸國成為糖品輸出地。到了 17 世紀後半期，隨著東南亞城市的崛起，東南亞城市消費的中國商品開始增加。不過，19 世紀之前，東南亞城市的規模有限，消費的中國商品也是十分有限的。大致而言，清代前期的東南亞，隨著城市群落的發展和消費的增長，每年都有數百萬白銀流入中國，在日本白銀外輸變得很少的時代，東南亞是中國主要白銀來源地之一。然而，由於東南亞的市場有限，每年輸入中國的白銀大概就是數百萬。

清代前期變化最大的是歐洲市場。歐洲國家盛產白銀、黃金，征服美洲、非洲之後，歐洲商人又得到了來自非洲的黃金和美洲的白銀。因此，近代以來的歐洲諸國黃金、白銀巨多。這也使歐洲黃金、白銀的購買力遠遠低於國際市場。也就是說，16 世紀至 17 世紀，同等單位白銀在歐洲可以採購到的商品，也許只有東方國家的三分之一到十分之一。換句話說，

歐洲人手中有黃金白銀，但這筆錢在歐洲本地買不到什麼東西，但是，將這筆錢花到中國，卻可以採購大量廉價商品。這就是歐洲人樂意到世界各地做生意的原因。於是，在國際市場形成之後，歐洲商人走遍世界，採購各種商品，東方和西方貿易的基本格局也被確定：中國的絲綢、茶葉、白糖、瓷器等各類商品輸出歐洲，歐洲及美洲的白銀輸入中國。這是明代晚期的情況。

清代歐洲發生什麼變化呢？那就是中國輸出歐洲的商品發生巨變。明代中國輸出的商品主要是絲綢、瓷器、白糖及中藥材料，例如大黃等商品。清代隨著歐洲市場茶葉的開發，中國輸歐的主要商品已經從絲綢、瓷器轉化為茶葉、生絲、瓷器。其中茶葉貿易的發展空前。清代，福建武夷山出產的紅茶引起歐洲人廣泛的興趣，英語世界廣泛流行喝下午茶的習慣。英國人消費的紅茶，從每年數十萬兩白銀，發展到每年數百萬兩，迄至鴉片戰爭前的 19 世紀 30 年代，英國人在廣州購買的紅茶，每年價值一二千萬銀元。當時國際市場上，茶葉貿易是最大的一項商品交易，約占國際貿易的百分之十到百分之十五。來自武夷山的茶葉，換得白銀滾滾流入中國。

不過，在隆盛的茶葉貿易之外，往往被大家忽略的一個事實是：茶葉之外，中國輸出的其他商品漸漸被歐洲工業品取代。以瓷器來說，這本是中國獨有的產品，但自從暢銷歐洲之後，歐洲各國便開始仿製中國瓷器。一開始他們找不到辦法，後來派遣牧師到景德鎮傳教，此人入駐景德鎮十幾年後，盡得當地的製造技術。當時的中國人沒有封鎖技術的概念，對歐洲人的經濟間諜活動不太在意。大約在 18 世紀中葉，德國的一些工廠便可製造瓷器了。清代後期，歐洲的工業瓷進入中國市場，擊敗了中國的傳統瓷業。再以白糖來說，在 17 世紀早期，產自福建、廣東的白糖在歐洲大受歡迎，然而，隨著歐洲人發現白銀流出過多，開始限制中國商品的入境。他們發展美洲加勒比諸島的製糖業，並且在本土試用甜菜製糖。其實，他們生產的糖大都是黃糖，品質不如中國白糖。然而，儘管中國的白糖外觀很美，歐洲人出於節約白銀的立場，就是不用白糖。這導致中國白糖無法進入歐洲市場。此外，中國製造白銅的技術，被引進德國之後，德國人很快向世界各國輸出白銅鑄件。於是，到了 18 世紀後期，歐洲人進口的中國商品，除了茶葉之外，大都是初級產品。例如，輸入的綢緞很少，更多地

後於歐洲國家了。迄至乾隆後期，英國工業革命發展順利，迨至嘉慶年間，中國國民經濟總產值也開始落後於歐洲諸國。19世紀後期是歐洲的黃金時代，歐洲主要國家全面領先於世界各國，清朝雖有發展，但在整體上比不上歐洲先進國家。

作為清朝對外通商的主要省分，清代福建經濟的地位是重要的。然而，晚清福建武夷茶生產凋零，馬尾造船廠衰敗，福建的近代化步伐落後於廣東、上海、江蘇、浙江等發達區域，馴至民國時期，福建便退出發達省分之列了。

清代前期，中國商品輸出漸漸向廣州轉移，廈門港在國內的地位下降，不過，廣州港輸出最大宗的商品卻是來自福建武夷山的武夷茶。鴉片戰爭前，武夷茶的輸出數量遠遠超過生絲、瓷器等傳統輸出商品，占據第一位。由於武夷茶貿易的成功，福建仍然是中國外貿大省，這是福建經濟繼續在國內占有重要地位的原因。福建在近代的落後，與商品出口量銳減有關。福建生產的白糖、絲綢、茶葉等商品，長期是國際市場的搶手貨。但自從18世紀英國工業革命之後，西方大量生產進口代用品，甜菜製糖術的發明，使歐洲人漸少從東方進口白糖；工業製瓷流水線的出現，使西方人不再從中國進口瓷器，而是向中國輸出瓷器；印度茶園在19世紀後期的成功，使武夷茶失去了傳統的英國市場；歐洲人對絲綢花樣的新要求，使他們不再向中國採購絲綢，而是採購生絲。這一切都使福建在世界對外貿易中的地位急速下降。迄至民國初年，福建的進口越來越大，而在出口方面所占分量越來越少，福建因此落後於先進省分，成為沿海諸省中最不發達的區域之一。但這一轉換主要發生於19世紀後半期，在明清時代，福建尚是國內較發達的區域。

明清時代福建商品經濟的發展過程也出現了許多社會問題。應當說，清朝對福建的賦稅是相當少的，而且福建官府每年都要向朝廷上報歉收，即使是豐年，也只說七成收穫。因此，清朝皇帝每年都為福建的歉收傷腦筋，不斷地調發內地糧食到福建賑災。除此之外，最為清朝頭痛的是福建沿海蔓延著宗族械鬥之風，大姓欺侮小姓，強房欺侮弱房，小姓聯合起來與大姓械鬥，你殺死我一人，我就要殺死你二人，冤冤相報，仇恨越結越深，械鬥的規模越來越大。為了在械鬥中獲勝，許多宗族都將參加會黨當

作壯大自己勢力的一種方式。這造成民間的祕密結社之風。清代的會社組織最出名的是天地會，它產生於福建沿海，然後向廣東、臺灣等地蔓延，而且傳播到國內其他省分，給朝廷帶來無窮無盡的麻煩。在這種社會無序現象的背後，是經濟秩序的無序。商品經濟的發展，使民眾感受到生活方式的變化。過去的農民將土地擺在第一位，只要能生產出糧食，便不怕沒有飯吃。但在商品經濟社會，最為重要的是人際關係，沒有適當的人際關係，他們不僅無法賣出自己的商品，而且要在交換過程中受到無窮的剝削與敲詐，乃至無法立足。在西方社會，商品經濟時代的人際關係會由法律來確定，人們受到法律的保護。但在清代，沒有一部大家都接受的商法與民法，民間交往雖然有固定的習慣與習俗，但這些習慣的實現，卻要靠個人在社會中的地位，地位較高的人路路皆通，地位低的人注定要受欺侮。在這種背景下，每一個人都要通過種種關係來加強自己的地位，這就使古老的宗法關係、地緣關係、神緣關係、會黨關係都受到重視，人們分別結成不同的幫派，械鬥也就不可避免了。械鬥規模越來越大，也就使清朝的統治越來越困難，而經濟發展的成就，也在這種慢性的戰爭中逐步消亡殆盡。鴉片戰爭前的福建，實際上已經面臨巨大的統治危機。

海盜的活動也造成福建沿海的危機。當臺灣的明鄭政權失敗以後，有一些反清志士逃亡東南亞，同時也有不少福建人移居越南。這一時期的越南尚是一個以農業為主的國家，當地人不大經營商業和其他行業。於是，越南的商業、漁業等行業逐漸落入福建移民之手。清代中期，在越南的改朝換代之際，這些人參予越南的內戰，形成強大的海上集團。待戰爭結束後，他們轉向中國沿海掠奪，這就是著名的「艇盜」。艇盜失敗後，大部分船隊被福建沿海的海盜首領蔡牽所吞併。蔡牽活動於臺灣海峽，搶劫往來的商船，使福建省的商業遭受重大打擊。

鴉片的輸入，則帶來另一種危機。本來，福建對外貿易一向是輸出大於輸入，它造成白銀滾滾流入福建。但在鴉片戰爭前期，由於對外貿易的中心轉移到廣州，福建沿海出現了貿易危機。東南亞的歐洲殖民地嚴格限制福建商船，不許攜帶大量白銀出境，只准以物易物；而鴉片輸入造成福建等地白銀的流失，市面上難以見到白銀流通，商品交換越來越困難。福州一帶，只好發行錢票，於是，錢莊在福建興起了。但是，這一時期的錢

票尚未能在農村普及，它還不是一種嚴格意義上的紙幣，因此，錢票的出現，不能解決當時的金融問題。在這一背景下，福建人林則徐等人積極提倡禁煙，這是東南經濟問題的反映。

　　總的來說，在清代前期，福建經濟雖然達到了一個高點，但社會與經濟問題的屢屢發生，往往抵消了經濟發展帶來進步。清代前期的福建社會，實際上是一個病態的社會，福建在這一狀態下進入一個競爭更為激烈的時代，難免屢屢遭受挫折。

四、清代前期臺灣的歷史地位

　　明清之際的臺灣進入局勢動盪的時代，先由福建官府不太有效的管理，過渡到荷蘭人占領，再由明鄭統治發展到清朝的統一。清朝統治臺灣的兩百多年是臺灣發展最快的時期，臺灣迅速從他人眼中的蠻荒地帶進入中國最發達區域之列。這是必須重視的發展階段。

　　最初，清朝是將臺灣當作一個邊荒軍事要地來管理的，官府限定移民進入臺灣的口岸，最早是廈門和臺南對渡，而後又開放泉州蚶江港與臺灣鹿港的對渡。乾隆時期，福州儒學家鄭光策等人提出：臺灣是和大陸各地一樣的漢人區域，為什麼要受到限制呢？然而，等到臺灣第三個港口開放對渡時，已經是清代中葉了。鴉片戰爭之後，清朝開放五個港口對外通商，他們也想通了：既然對外國人開放，那麼，國內又為什麼要種種限制呢？所以，對臺灣港口的管制在鴉片戰爭後就放棄了，以後，沿海各省的船隻都可以在自己想去的時候到臺灣去，能否去，則是各地商人的能力問題。臺灣港口開放較遲，歷史上長期由閩南的港口獨占通商權，這使閩南移民在臺灣歷史上占據重要地位。

　　清朝的統治吸收了中國歷代統治者的教訓，對臺灣原住民主要採取招撫為主的方式，甚至不允許漢人進入山區的番地，所以，清代前期臺灣山區的番人與平地的漢人維持著微妙的均勢，然而，漢人在沿海站住腳之後，逐漸向山地前進，侵蝕臺灣原住民的土地，清朝無力制止這種勢態。毫無疑問，臺灣原住民的生存空間是受到擠壓的。

　　清初的臺灣是福建省的一個府，來自閩粵兩省交界處的閩南人，大

批移民臺灣。但因臺灣歷史上林道乾、林鳳兩股海盜惡劣的影響，潮州商民進入臺灣受到限制，清代前期大量進入臺灣的主要是泉州人和漳州人，潮州人只占較少的一部分。清代初年，泉州晉江人施琅接手了鄭氏在臺灣的大批田莊和山林，以施琅等水師將領為核心的泉州人在臺灣占據了優勢地位，因此，臺灣南部沿海的田園大都落入泉州人手裡。不過，由於鄭成功和施琅的隊伍中也有不少漳州人，他們在臺灣也占有不少土地。由於泉州人占有沿海最好的地方，漳州人便向臺灣的腹地前進，開闢從來無人耕種的田地。從發展前景而言，臺灣內腹擁有更多的土地，所以，漳州人在臺灣最終成為臺灣最大的族群。臺灣的早期移民是非常辛苦的。由於臺灣的熱帶原始森林有許多不可知的病毒、細菌，清初的臺灣被稱為「瘴癘之地」，最初的移民死亡率很高。大批入臺先民因瘟疫而成批死去，只有少數人能夠活到老年。

移民的婚配也是問題。早期移民臺灣的多是男性，他們的收入也不高，婚娶甚難。至於女性的來源，來自大陸的極少，多數是當地原住民婦女，這就使臺灣沿海一帶出現了閩南人與平埔人的大混血，導致幾個平埔人族群特色的消失淡化，大都融入臺灣閩南人族群中。閩南人是漢族具有地方特色的一個分支，清代漢人大量進入臺灣和可與進入東北闖關東的移民潮流相比，被譽為清代漢族大發展的兩大成果。

由於單身漢較多，臺灣社會上，以「羅漢腳」聞名的流浪漢也多。「臺灣民人多係內地無藉遊民渡洋覓食，其中強健者不安本分，武斷一方，名為羅漢腳。」[1]清代前期，臺灣屢屢發生反清起義，這與羅漢腳的流竄大有關係。康熙年間朱一貴在臺南的反清起義，反映了明朝的朱家在民間還有很大影響。朱一貴之後，以羅漢腳為主力的天地會在臺灣有很大勢力，最終促成了乾隆末期的林爽文起義。起義失敗後，天地會仍然在臺灣民間傳播，促成了多次起義。從這一點看，清代前期的臺灣府是動亂較多的區域。迨至嘉慶、道光年間，臺灣本地女的數量增加，社會安定系列也提升了。要說明的是：清代臺灣男多女少的情況並不罕見，由於溺女嬰習俗的流行，清代福建各府州都是男多女少，社會問題是同樣的。

---

1 乾隆帝等，《欽定平定臺灣紀略》卷六十，文淵閣四庫全書本，第 2 頁。

　　清代前期臺灣的經濟結構以稻米和蔗糖為主，黑白糖出口在經濟中占有重要地位。這種經濟結構的形成，可以說來自荷蘭統治時期，但是，還可前推到明代晚期的福建。如前所述，明代晚期的泉州和漳州已經形成稻糖為主的產區，稻米用以自食，蔗糖用以輸出。荷蘭人占據臺灣後，發現臺灣糖在國際市場上暢銷，所以，鼓勵發展稻米和蔗糖的種植。要說明的是：在臺灣的荷蘭人大都是公司的雇員，他們拿荷蘭東印度公司的工資，有的是士兵，有的是文員，其中工匠和農民都是很少的，或者說只有少數工匠，沒有農民。因此，荷蘭時代的工匠和農民大多數是閩南人。換言之，荷蘭人統治臺灣時期，臺灣工農業都是以閩南人為主。在臺灣經商的群體，除了東印度公司外，多數私商也是閩南人。荷蘭人離開臺灣，是管理層的更換，並沒有本質上改變臺灣的社會結構。清初臺灣經濟的內卷，從以國際市場為主轉向以國內市場為主，雖有荷蘭人離去的原因，更多的國際市場變化造成的。由於清朝的統一，大陸商品進入臺灣已經不是問題，不過，臺灣商品在海外的市場卻是有限的。其時，臺灣人口有限，只能發展稻米種植和蔗糖生產兩大產業。除了稻米種植業之外，臺灣製糖業崛起，在國際市場上取代了福建糖和廣東糖。然而，當時糖業的國際市場也在變小，在荷蘭人統治的爪哇島，在大西洋的熱帶島嶼都有製糖業的發展，尤其是葡萄牙人在巴西發展的製糖業，已經占據了歐洲大部分市場。同時加勒比島國的製糖業正在興起，歐洲已經不太需要中國的蔗糖了。清代初年始終需要中國黑白糖的國家，主要是日本。因此，清代初年有不少臺灣商船進入日本貿易。其後，因日本畏懼中國龐大的商品潮流，開始限制白銀輸出量。各省對日本貿易都有所衰退，唯有臺灣的商人以黑白糖出口為基礎，依然可以向日本派出大型商船，對日本貿易維持相當的數量。在國內的市場上，臺灣糖也是非常受歡迎的，在臺灣糖的衝擊下，福建糖業長期停滯不前，泉州、漳州一帶的民眾將蔗田改種菸草，清代前期，「建烟」或稱「福烟」暢銷全國，閩南區域也憑著菸草生產完成產業的轉換，從中國的主要產糖變成主要產菸區，與臺灣產生了區域分工。作為中國商業網絡上的一個點，「臺灣錢，淹腳目」的傳說表明臺灣是一個高消費區。臺灣男人以單身為多，不可能像有妻子的家庭，成為一個內循環的消費單位。中國傳統家庭總會設法將家庭用錢的消費降到最低，而用雙手從事各種生產，達到自給自足的目的。臺灣的單身男子，只能從市場上購買自己需要的東

西，所以，他們的平均消費量應當居於清代的較高水準。「臺俗豪奢。平民宴會酒席，每筵必二兩五六錢以上，或三兩四兩不等。每設十筵八筵，則費中人一二家之產矣。遊手無賴，綾襖錦襪，搖曳街衢；負販菜傭不能具體，亦必以綾羅為下衣，寬長曳地；與夫多袒裸，而繭綢綿綢褲不可易也。家無斗米，服值千緡。饘粥弗充，檳榔不離于口。習俗相沿，餓死不變。則夫崇獎節儉，稍示等威，實轉移風俗之急務也。」[2]由於臺灣生產的單一化，臺灣人需要的日用百貨，都來自福建等地，這就促進了臺灣與廈門等福建港口的聯繫，那個時代，福建沿海的福州、泉州都是手工業薈萃的工商城市，從福州、泉州等地可以購取便宜優質的生活用品。因臺灣從其開闢之初就可以從海外輸入大量的商品並且出口自己的東西，所以，可以說臺灣的海洋經濟發達，從來不是什麼自然經濟區域。對這一點我要補充的是：其實福建沿海一帶早在晚明時期便形成了海洋經濟模式，他們發展手工業及蔗糖、菸草的種植，從輸出黑白糖和菸草的過程中獲利，用其中一部分利潤購取糧食，從而過著比內地民眾更好的生活。不過，福建省的自然條件較差，長期以來都是一個缺糧省，倘若糧食供應不上，在這裡發展海洋經濟便會受到抑制。臺灣的地理情況要比福建省好太多，在臺灣發展海洋經濟有更大的空間。起源於福建的海洋文化在臺灣獲得更大的發展，這是合理的。不過，清代臺灣的大發展，還是在鴉片戰爭之後，清代前期臺灣的成功，主要是逐漸趕上了內地的水準。嘉慶、道光時期的臺灣，其經濟和文化水準，已經可以和福建沿海區域相比了。可見，鴉片戰爭前臺灣一百四十多年的發展是一個必須重視的歷史過程。清代前期在臺灣設置了學校和書院，然而，早期臺灣學校、書院的學生較少，最大的府學僅20名學生，其它學校都只有十來名學生。學生少，進士也少。這一事實反映清代前期的臺灣發展重點不是文化，儒文化在臺灣的崛起，主要是在清代後期。

五、近五十年來對清代前期福建臺灣史研究

對清代前期福建史的研究。

2　藍鼎元，《鹿洲初集》卷二，〈與吳觀察論治臺灣事宜書〉，文淵閣四庫全書本，第 15 頁。

　　傅衣凌是福建史研究的開拓者，早年，他撰寫過《福建佃農經濟考》，後來這些論文收錄於《明清農村社會經濟》（三聯書店 1961 年）一書，他曾與福建社會科學研究所的同事編纂了《福建對外貿易史研究》[3] 一書。其中主要論文有：〈清代前期廈門洋行考〉、〈福州琉球通商史蹟調查記〉[4]，開拓了清代前期福建史研究。其後，他對清代前期福建史研究論文發表多篇，主要收錄於《明清社會經濟史論集》（中國人民出版社 1982 年）等書。他對清代前期福建山區商品經濟的研究是開拓性的。傅衣凌重視史料的挖掘，關注海洋貿易給明清社會帶來的變化。他的風格和方法給後學極大的啟示。

　　在清代福建社會史研究方面，楊國楨對清代福建、臺灣的契約都有專門研究；唐文基和鶴見尚弘、周玉英共同編纂了《明清福建經濟契約文書選輯》（福建人民出版社 1997 年）；日本學者森正夫對福建西部的佃農問題進行了深入研究，後來收入他的專著：《地域社會視野下的明清史研究——以江南和福建為中心》（江蘇人民出版社 2017 年）。三木聰對清代福建的研究有多篇論文，匯成了《明清福建農村社會的研究》（北海道大學圖書刊印會 2002 年）一書。陳支平在社會史方面的主要著作有：《近 500 年來福建的家族社會與文化》（上海三聯書店 1991 年）、《福建族譜》（福建人民出版社 1996 年）、《福建六大民系》（福建人民社 2000 年）、《五百年來福建的家族和社會》（臺北揚智文化公司 2004 年）。陳支平編纂的《福建民間文書》（廣西師範大學出版社 2007 年）彙集了廈門、泉州、福建山區等地民間文書近 3 千件。鄭振滿著有《明清福建家族組織與社會變遷》（湖南教育出版社 1992 年），該書主要資料來自福建地方的族譜，是田野調查結合理論探索較成功的範例。他和丁荷生共同主編《福建宗教碑銘彙編》多種。徐曉望研究社會史的著作是《中國東南古代社會考察》（北京，光明日報出版社 2019 年），而有關民間信仰的研究是《福建民間信仰源流》（福建教育出版社 1993 年）、《媽祖信仰史研究》（福州海風出版社 2007 年）等著作。

3　薩士武、傅衣凌等，《福建對外貿易史研究》，福建省研究院社會科學研究所 1948 年。

4　薩士武、傅衣凌等，《福建對外貿易史研究》，又見：傅衣凌，《明清時代商人及商業資本》，〈清代前期廈門洋行〉，中華書局 1956 年。

　　對福建經濟史的研究。在鄭學檬的主持之下，廈門大學歷史系的學者完成了《福建經濟發展簡史》（廈門大學出版社 1989 年）一書，該書的前身是《福建經濟史發展綜合報告》，油印本刊出於 1984 年。該書是對福建經濟史最簡練、概括的論述。其中明清福建商業、手工業、外貿部分由陳鏗、徐曉望、林仁川等人擔任。林仁川的《明末清初私人海上貿易》（上海華東師範大學出版社 1987 年）一書全面論述了大航海時代明清海上私人貿易，受到多方面的重視。其後，林仁川又有《福建海關暨貿易史》（鷺江出版社 1991 年）一書發表，展示了新的開拓。廖大珂著有《福建海外交通史》，其中明清史也占了相當比例。[5] 陳支平著力從族譜等民間史料中挖掘明清時期商人的活動，其中不少史料涉及海商。[6] 上世紀九十年代，唐文基領銜出版了《福建史論探》（福建人民出版社 1992 年）和《福建古代經濟史》（福建教育出版社 1995 年）。徐曉望研究清代福建經濟史的論文較多，主要彙集於他的幾部論文集：《福建經濟史考證》（澳門出版社 2009 年），《閩商研究》（中國文史出版社 2004 年），而其主要專著是：《明清東南山區經濟的轉型》（中國文史出版社 2014 年）。

　　在福建海洋史研究方面，1996 年楊國楨發表了《閩在海中——追尋福建海洋發展史》[7] 和《東溟水土——東南中國海洋環境與經濟開發》。[8] 打出了「海洋文明史」口號。並且出版《海洋與中國叢書》[9] 和《中國海洋文明專題研究》等專題論文集。徐曉望的《媽祖的子民——閩臺海洋文化研究》是一部概述福建臺灣海洋發展的專著（上海，學林出版社 1999 年），他的《明清東南海洋經濟史研究》（北京，中國文史出版社 2014 年），彙集了作者 20 來篇研究福建海洋經濟史的相關論文。作者的專門著作是《中國福建海上絲綢之路發展史》（北京，九州出版社 2017 年），其中清代福建史亦其重要內容之一。林滿紅的《銀線——19 世紀的世界與中國》[10] 一書，闡述了清中葉以後美洲白銀與清朝的盛衰關係。陳國棟的《東亞海域一千

5　廖大珂，《福建海外交通史》，福建人民出版社 2002 年。
6　陳支平，《民間文書與臺灣社會經濟史》，長沙，嶽麓書社 2004 年。
7　楊國楨，《閩在海中——追尋福建海洋發展史》，江西高校出版社 1998 年。
8　楊國楨，《東溟水土——東南中國海洋環境與經濟開發》，江西高校出版社 2003 年。
9　楊國楨主編，《海洋與中國叢書》，江西高等教育出版社 1996 年。
10　林滿紅，《銀線——19 世紀的世界與中國》，江蘇人民出版社 2011 年。

年》[11] 討論了中國與東南亞、日本的貿易，以及清朝的海關管理、茶葉貿易等多個問題，其中對清代中葉廈門的海上貿易的研究引人注目。[12] 陳慈玉探討十九世紀中國、印度、英國之間的三角貿易[13]。在海外學術界，日本學者松浦章的研究兼及福建與臺灣，其主要論文集有《明清時代東亞海域的文化交流》（江蘇人民出版社 2009 年），《清代帆船東亞航運與中國海商海盜研究》（上海辭書出版社 2009 年），《清代帆船與中日文化交流》（上海科技文獻出版社 2012 年）。徐曉望撰寫的《福建通史・明清部分》（福建人民社 2006 年）較早對清代前期福建史進行了概述。

福建師大對中國琉球交通史傾注較大的力量，徐恭孫很早就著力於琉球史的研究，謝必震著有《明清中琉航海貿易研究》（北京，海洋出版社 2004 年）及《中國與琉球》（廈門大學出版社 1996 年），新一代人中，賴正維也有其專著。[14] 師大學者有關琉球的著作較多。此外，福建師範大學的林金水和謝必震主編《福建對外文化交流史》（福建教育出版社 1997 年）。鄭廣南的《中國海盜史》別具一格。[15]

對清代前期臺灣史的研究。

日本學者對清代臺灣史的研究展開較早，近年有松浦章的貢獻頗大。如前所述，他的多篇論文涉及福建與臺灣，關於臺灣史的專著還有《清代臺灣海運發展史》（卞鳳奎譯本，臺北，博揚文化事業有限公司 2002 年）等。

臺灣學者對臺灣經濟史的研究成績卓著。王世慶著有《清代臺灣社會經濟》[16]，對臺灣開發時期的米價及民間組織都有獨到的見解；尹章義著有：

11　陳國棟，《東亞海域一千年──歷史上的海洋中國與對外貿易》，山東畫報出版社 2006 年。

12　陳國棟，〈清代中葉廈門的海上貿易（1727─1833）〉，《中國海洋發展史論文集》第四輯。

13　陳慈玉，〈以中印英三角貿易為基軸探討十九世紀中國的對外貿易〉，中國海洋發展史論文集編輯委員會編，《中國海洋發展史論文集》第一輯，臺北，中研院 1984 年刊本。

14　賴正維，《東海海域移民與漢文化的傳播──以琉球閩人三十六姓為中心》，社會科學文獻出版社 2016 年。

15　鄭廣南，《中國海盜史》，上海，華東理工大學出版社 1998 年。

16　王世慶，《清代臺灣社會經濟》，臺北，聯經出版社 1994 年。

《臺灣開發史研究》[17] 對臺灣開發時期漢人的社會組織進行了探討；林滿紅的《茶、糖、樟腦業與臺灣之社會經濟變遷》以研究晚清臺灣經濟出名[18]；以上三部書都由聯經出版公司出版，是研究清代臺灣區域經濟史的代表作。清代臺灣史的各個領域陸續出版了許多專著。卓克華的《清代臺灣行郊研究》，是專門研究臺灣郊行的專著[19]。近年林玉茹對東臺灣的研究，以及《清代竹塹地區的在地商人及其商業網絡》[20]，都是對清代臺灣經濟史的專題著作。她的《清代臺灣港口的空間結構》[21] 一書為其碩士論文。但從總體而言，近年臺灣學者更多地轉向日據時代臺灣史研究，有關清代臺灣的研究成果不像以前那麼多了。薛化元等人所著《臺灣貿易史》將重點放在近代和現代的臺灣貿易，但對清代的臺灣貿易也投入了較大的力量，並且綜合了這一階段臺灣學者的成就。[22]

許雪姬的《清代臺灣的綠營》（臺北，中研院近代史研究所 1987 年）研究了清代臺灣的駐軍與制度變化；他指導的博士生許毓良著有《清代臺灣的海防》（北京，社會科學文獻出版社 2003 年）和《清代臺灣軍事與社會》（北京，九州出版社 2008 年），兩書拓展了清朝軍事運作與臺灣社會的關係。關注清朝與地方的關係，一向是學術界研究的重點。許雪姬、許毓良的總結是：伊能嘉矩的「消極治臺說」，陳碧笙的「因防颱而治臺說」，邵式伯（J.R.Shepherl）的「理性治臺說」，柯治明的「族群政治治臺說」，以及他們自身提出的「穩定治臺說」[23]。

在清代臺灣民間信仰研究方面，臺灣學者成果卓著。以臺灣的瘟神信仰來說，劉枝萬早在 20 世紀 60 年代就對臺灣的瘟神信仰進行調查，他的《臺灣之瘟神信仰》、《臺灣之瘟神廟》、《臺南縣西港鄉瘟醮祭典》等論文，可稱為臺灣瘟神信仰的奠基之作，這些論文都收入他的名著《臺灣民間信仰論集》（臺北，聯經出版公司 1983 年）；蔡相輝的《臺灣的王爺

17　尹章義，《臺灣開發史研究》，臺北，聯經出版社 1995 年。
18　林滿紅，《茶、糖、樟腦業與臺灣之社會經濟變遷》，臺北，聯經出版社 1997 年。
19　卓克華，《清代臺灣行郊研究》，福建人民出版社 2006 年。
20　林玉茹，《清代竹塹地區的在地商人及其商業網絡》，臺北，聯經出版公司 2000 年。
21　林玉茹，《清代臺灣港口的空間結構》，臺北，知書坊出版社 1996 年。
22　薛化元等，《臺灣貿易史》，臺北，對外貿易發展協會 2008 年。
23　許雪姬序，許毓良，《清代臺灣軍事與社會》，北京，九州出版社 2008 年，第 2 頁。

與媽祖》發表於 1989 年，由臺北的臺原出版社出版，是一部較早研究瘟神與媽祖信仰的著作；李豐楙在 1993 年發表了兩篇有關瘟神的重要著作：《東港王船和瘟與送王習俗之研究》（《東方宗教研究》3：227—264）、《東港王船祭》（屏東，屏東縣政府）；康豹對瘟神的研究始於 1991 年對東港王船祭的最初調查，而其主要論文集《臺灣的王爺信仰》發表於 1997 年。在媽祖研究方面，林美容、張珣的研究都是十分出色的。林美容著有《臺灣人的社會與信仰》（臺北，自立晚報社文化出版部 1993 年）；她們特色在於田野調查和理論探索。王見川的民間信仰研究田野與文獻並重。他的代表作是論文集：《漢人宗教、民間信仰與預言的探索》（臺北，博揚文化事業有限公司 2008 年）。近年臺灣學者的相關研究更是層出不窮了。

　　大陸學者在研究清代前期臺灣史方面，陳碧笙的《臺灣地方史》[24] 是較早的著作，另有《鄭成功歷史研究》[25]，都具有開拓性。陳孔立著有《清代臺灣移民社會研究》[26]，對臺灣分類械鬥、婚姻等問題進行了深入研究。孔立並是「臺灣學」的提出者，率廈門臺灣研究所的研究人員著《臺灣歷史綱要》一書[27]，代表了大陸學者的主要觀點。陳在正的主要論文彙成：《臺灣海疆史研究》一書[28]。而林仁川著有《大陸與臺灣的歷史淵源》[29]，他的論文集彙成了《林仁川臺灣史名家研究論集》一書[30]；張崇根著有《臺灣歷史與高山族文化》[31] 和《臺灣四百年前史》[32]；汪毅夫著重閩臺社會的比較研究，發表過《閩臺區域研究》等六種相關著作，近著有《汪毅夫臺灣史名家研究論集》[33]，鄧孔昭研究清代臺灣史成果較多，曾與陳在正合著《清代臺灣史研究》[34]，另有《鄧孔昭臺灣史名家研究論集》；黃福才的《臺

24　陳碧笙，《臺灣地方史》，中國科學院出版社 1980 年。
25　陳碧笙，《鄭成功歷史研究》，北京，九州出版社 2000 年。
26　陳孔立，《清代臺灣移民社會研究》，廈門大學出版社 1990 年。
27　陳孔立主編，《臺灣歷史綱要》，九州出版社 2008 年。
28　陳在正，《臺灣海疆史研究》，廈門大學出版社 2001 年。
29　林仁川，《大陸與臺灣的歷史淵源》，上海文匯出版社 1991 年。
30　林仁川，《林仁川臺灣史名家研究論集》，臺北，蘭臺出版社 2016 年。
31　張崇根，《臺灣歷史與高山族文化》，西寧，青海人民出版社 1992 年。
32　張崇根，《臺灣四百年前史》，北京，九州出版社 2005 年。
33　汪毅夫，《汪毅夫臺灣史名家研究論集》，臺北，蘭臺出版社 2016 年。
34　陳在正、鄧孔昭，《清代臺灣史研究》，廈門大學出版社 1989 年。

灣商業史》是研究清代臺灣商業史研究的專著。[35] 陳小沖著有：《臺灣民間
信仰》，（廈門，鷺江出版社 1993 年）。李祖基著《臺灣歷史研究》（北
京，臺海出版社 2006 年），清代論文有 12 篇。近年陳支平主編的六卷本
《臺灣通史》（福建人民出版社 2020 年）出版，其中清代部分占有兩卷。
徐曉望的研究著重臺灣早期史，代表性著作有：《16 — 17 世紀環臺灣海
峽區域市場研究》（2003 年廈門大學歷史系博士論文），他的《早期臺灣
海峽史考證》（海風出版社 2012 年）收錄了近 20 年來個人在《臺灣研究》
等刊物發表的論文。徐曉望主要從閩臺關係方面研究清代臺灣史。早期的
研究成果是：《媽祖的子民──閩臺海洋文化研究》（上海，學林出版社
1999 年），另一部專著是《商海泛舟──閩臺商緣》（社會科學文獻出版
社 2015 年），該書的主要內容就是閩臺商業貿易史。徐曉望還主編了：
《閩臺商業史新探》（北京，經濟日報出版社 2015 年）。徐曉望的民間信
仰研究主要集中於：《福建民間信仰源流》（福建教育出版社 1993 年）、
《媽祖信仰史研究》（福州，海風出版社 2007 年）、《福建民間信仰論集》
（北京，光明出版社 2011 年）《閩澳媽祖廟調查》（澳門，中華媽祖基金
會 2008 年）等書。

　　近年大陸學者研究清代臺灣史的成果頗多。中國社會科學院臺灣史研
究中心十分關注這方面的研究，先後有張海鵬、李細珠編纂的《當代中國
臺灣史研究》[36] 和李細珠編纂的《中國大陸臺灣史書目提要》[37] 兩書出版，
籠括了大陸有關臺灣史研究的大部分成果，其中相當部分涉及清代臺灣史
研究。

　　由此可見，臺灣史的研究成果顯著。甚至可以說，中國沒有一個區域
有這麼多專家投入專門研究。面對這麼多傑出的成果，對清代臺灣史我入
門時想：其實我沒有必要投入太多的精力去做臺灣史研究。然而最終我不
得不做臺灣史研究，是因為從體例而言，在 1875 年之前，臺灣是福建的一
個部分，寫《福建通史》少不了臺灣史。此外，我做福建史研究已經形成
了一套自己的方法，以我這套方法去看臺灣史，我關注的重點問題未必是

35　黃福才，《臺灣商業史》，江西人民出版社 1990 年。
36　張海鵬、李細珠編，《當代中國臺灣史研究》，中國社會科學院出版社 2015 年。
37　李細珠編，《中國大陸臺灣史書目提要》，中國社會科學院出版社 2015 年。

以往臺灣史的重點，因此，我以我寫《福建通史》習慣的方法去寫臺灣史還是有存在的理由的。

我寫《福建通史》一向主張寫出自己的特點，寫臺灣史自然也是如此。我覺得先前專家寫的好的部分，我根本沒有必要重複，我只要寫自己讀臺灣史的心得就可以了。因此，我的臺灣史沒寫到的地方並非我不同意主流觀點，而我寫到的地方，或與主流觀點有所不同，也不是我不贊成主流觀點，僅是我想換一個角度看問題，談自己的心得，使讀者可以多角度看臺灣史，對臺灣史的看法更為全面而已。

對於明清階段的福建臺灣史，我主要是圍繞著福建商人集團展開的。和以往的消極觀點相比，我的不同在於：我將福建商人集團的海洋力量看成大航海時代中國走向世界世界的一股積極力量，在他們的推動下，中國經濟為世界經濟的發展做出巨大的貢獻。18 世紀以前，世界經濟實際上是圍繞著中國經濟旋轉的。18 世紀之後，世界經濟重心從中國海周邊轉到印度洋和大西洋，中國經濟被邊緣化，逐步落後歐洲的發展腳步。不過，以福建商人集團為核心的中國商團在東南亞和自身的茶葉貿易方面還有重要發展。福建商人集團的活力在於：明清福建經濟實際上是海洋經濟，它具有外向性格，海上貿易是其存在的基點，福建經濟各個方面與海上貿易掛鉤，在海上貿易中獲得自身的發展。明末清初臺灣的開發，實際上是福建商人集團區域擴張的展現。在明末清初臺灣開發的初期，閩南商人的作用尤其重要，他們對臺灣經濟的重要性實際上更勝於荷蘭商人——畢竟，明末清初的荷蘭商人主要經營商業，臺灣的經濟生產控制在閩南人手中。總之，是福建人的海洋經濟轉移，造成了臺灣的海洋經濟。

第一章　清代福建的官僚機構和治理危機

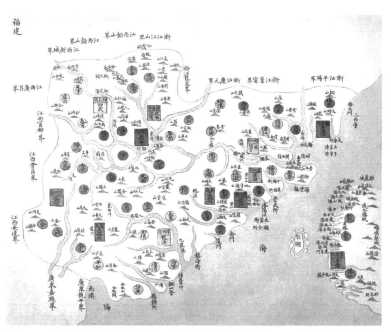

圖 1-1　清代福建省地圖，錄自《皇輿遐覽——北京大學圖書
館藏清代彩繪地圖》[1]。

　　清朝沿襲明代的制度，但因政事繁複，也有一些變化。對福建而言，清朝設立了閩浙總督，管理體制有所變化。經過數十年的戰爭之後，隨著

1　北京大學圖書館編，《皇輿遐覽——北京大學圖書館藏清代彩繪地圖》，北京，中國人民大學出版社 2008 年，第 77 頁。

康熙二十三年（1684年）臺灣的統一，福建與臺灣境內終於恢復了和平的局面，這對經濟的發展十分有利。然而，就在清朝康雍乾盛世，福建也出現了許多問題，百姓暴動、海盜襲擊、官吏貪汙、鴉片氾濫，清廷對福建的統治產生了深刻的危機。

第一節　閩浙總督對福建、臺灣的管理

　　清朝統一東南之後，福建是反抗勢力最強的地方。清代初期的前四十年，福建境內的戰爭連綿不斷，這使清朝將閩中戰事看成頭等大事。因而需要總督一級人物管轄。這是福建總督一職出現的原因。至於為什麼福建總督會管到浙江，則有其財稅方面的原因。

一、從浙閩總督到閩浙總督

　　清軍進入北京是在西元1644年，此前一年，清朝的開國皇帝皇太極去世，他的兒子福臨繼位，將第二年改為順治元年（1644年）。清軍入關以後，發展十分順利，順治三年已經由浙江打到福建。其時，清朝入閩的大將有阿濟格等人。不過，清軍高級將領不喜歡福建的炎熱氣候，他們於第二年春天北上，回歸北京，並將福建交由浙江總督張存仁管轄，於是有了浙閩總督這一職務。他的全稱是：「欽差總督浙江福建等處地方軍務兼理糧餉・兵部右侍郎兼都察院右副督御史張」[2]，這一職務將浙江排在福建的前面，應當與張存仁先任浙江總督再兼管福建有關。此外，清襲明制，明代兩京十三省中，浙江是除了北直隸、南直隸外最富裕的省分，每年浙江所納賦稅要比其他各省都多。所以，明代的浙江有全國首省之稱。明代福建全省所納田賦，只能相當於浙江一個府吧。因此，清朝將浙江排在福建前面，是官場共識。

　　設置浙江福建總督，是清代地方制度的一個重要變化。這是因為，明代福建、浙江兩省是不設總督只設巡撫的。明代的巡撫已經是省級最高官員，朱紈出任浙江巡撫時，明朝還讓朱紈兼管福建沿海的四府，後來還是

2　〈張存仁等為攻打大盈山瓦山寨事揭帖〉，順治四年三月二十八日，錄自廈門大學臺灣研究所、中國第一歷史檔案館編輯部等編，《鄭成功檔案史料選輯》，福建人民出版社1985年，第1頁。

覺得兩省分治更為方便，因而在浙江、福建分別設立巡撫。閩浙之外，嶺南的廣東與廣西卻設置了兩廣總督。這是因為，明代嶺南各地經常發生反對官府的叛亂，官府需要廣東的財賦收入和廣西的狼兵。每當廣東境內發生叛亂，廣東官府都要想方設法調廣西狼兵前來鎮壓，其費用由廣東方面支付。若是廣西發生叛亂，官府也要調集廣東的軍隊一齊到廣西鎮壓。為了統一兩廣的行動，便要在兩省之上設置一個「兩廣總督」的職務，方便兩省的軍事、財政協調。這是兩廣總督的由來。當時官員的調動，通常是先任福建巡撫，然後升任兩廣總督。總督可以管轄幾個省的軍事民政行動，在明末得到推廣，各類總督多了起來。於是，清朝有樣學樣，推廣總督制度，以便統轄各地的軍事。清代初年，浙江福建總督之設，就是為了使用浙江的財賦來供應福建境內清軍的軍事行動。早期的浙閩總督由張學仁始任，後來有陳錦、劉清泰、佟代、李率泰等人。不過，李率泰於順治十五年八月還是浙閩總督，但到了順治十六年六月，便成了福建總督。這與當時的形勢有關。鄭成功於順治十五年到順治十六年展開了攻擊浙江沿海及長江的行動，對清廷來說，抗擊鄭成功已經不是福建一省的事，而是要動員東南多省的力量一齊圍攻明鄭軍隊。因此，清朝有必要加強對浙江等省的統治，所以重新設立了浙江總督。在清朝的檔案裡，順治十七年前後，與鄭成功對抗的有江南總督郎廷佐、浙江總督趙國祚、福建總督李率泰、兩廣總督李棲鳳，鄭成功一人讓清朝東南四大總督奔忙不已，難怪其人留名青史了。

　　鄭成功收復臺灣後去世，其繼承者鄭經於康熙十三年（1674年）離開臺灣，進據廈門，並在三藩之亂中獲得很大的發展。不過，康熙十五年之後，清軍再次進入福建，擊敗耿精忠，將鄭經所部壓縮到閩南沿海。然而福建再次成為抗清基地，一直打到康熙十九年，明鄭軍隊才能退回臺灣。康熙二十二年（永曆三十七年，1683年），清軍登陸臺灣，明鄭抗清失敗。對清廷來說，東南一帶恢復了和平，就沒有必要設那麼多的總督了，因此，閩浙兩省總督中可以撤銷一個。清廷籌措再三，於康熙二十三年撤銷了浙江總督，而以福建總督管轄浙江。康熙二十六年，福建總督更名為福建浙江總督。雍正五年（1727年），復設浙江總督，閩浙分治。其時，雍正寵臣李衛任浙江總督兼浙江巡撫。不過，到了雍正十二年，浙江總督被裁，

復設閩浙總督。乾隆元年（1736 年），浙江總督再次建立，乾隆三年，重設閩浙總督。其後一直到清末宣統三年，長達 175 年的時間內，閩浙總督長設不變。

　　閩浙總督設置於福建而不是浙江，其原因有三點：其一，清朝已經將臺灣納入自管轄範圍，閩浙總督設於福州，位置居中，可以兼顧浙江與臺灣。其二，福建是抗清鬥爭最長久的地方，有必要多設官員，加強統治。其三，臺灣位於邊遠區域，康熙、乾隆年間都發生過反清起義，有「三年一小反，五年一大反」的說法。福建與臺灣交通方便，總督設於福州，更有利於鎮壓臺灣的反清起義。

二、清代福建省行政設置的變化

　　清代總督要管轄一省或是數省之事，其駐地不定。例如，閩浙總督有時在福建，有時在浙江。福建總督姚啟聖，其衙門在福州，可是，因戰事的需要，姚啟聖常駐漳州辦事。總督之下，還有福建巡撫一職，他們往往是總督的後備人選，巡撫長駐福州，更像是福建的最高長官。巡撫之下，還有福建布政使和福建按察使，分別管理財政和刑名。這些官員都是明代制度的延續。

　　福建主要行政管理機構分省、府、縣三級。康熙二十三年（1684 年）設立的臺灣府，使福建省管轄地增加 3 萬多平方公里。當時有人說，福建原來是「八閩」，現在是「九閩」了。實際上，福建於明代後期就增設了福寧州，這一建制延續到清代。於是，閩中又有「十閩」之說，這是指福州府、興化府、泉州府、漳州府、汀州府、延平府、邵武府、建寧府、臺灣府及福寧州構成的福建省。清雍正十二年（1734 年），清廷升福寧州為福寧府，並成立了永春州和龍巖州。新的兩州是省轄直隸州，永春州管轄永春、德化、大田三縣，龍巖州管轄龍巖、漳平、龍洋三縣。這兩個州都位於福建中部山區，兩州的成立，使清朝對福建中部的統治加強了。清代福建省最盛時，實際上管轄了 12 個府州級單位。

　　清代福建「道」的設置。清代的布政使和按察使可以派出一些副省級的官員專門處理謀些事情，他們被稱為道臺，或是道員。其中布政使派出的掌管糧餉的道臺，權力是很大的。按察使派出的道員，其權利是考察某

一方面的官政，處理各地案件。由於他們總是沿著一條大道處理各府州的事件，因而他們的名稱就是某某道。道員最早是臨時性的，而後漸成為常設機構。其中寧福道衙門設於福州；興泉永道衙門設於廈門，汀漳龍道衙門設於漳州，延建邵道衙門設於南平。

臺廈道最早設置於廈門。清初廈門是清軍赴臺灣的唯一渡口，康熙二十三年臺廈道（亦稱臺灣道）的成立，反映了清朝想通過掌握咽喉之地以控制臺灣的想法。臺廈道衙門設於廈門，說明在戰亂之後，廈門恢復很快，對臺交流，是廈門繁榮的重要原因。其時赴臺灣的軍隊和平民，都要在廈門港的水仙宮和媽祖廟焚香祈禱，然後啟航，這導致廈門的水神信仰很快傳到臺灣府城。廈門的方言實際上是泉州府、漳州府民眾方言的混合體，因臺灣在清代前期與福建交通的主要城市為臺灣府所在地（今為臺南市），臺灣府的方言，也是廈門話的移植，而後影響了整個臺灣。總之，廈門的神與方言，對臺灣影響極大，這都是清初臺廈道體制下的變化。清雍正五年（1727 年）臺廈道改名為臺灣道。

第二節　清代福建的官風與伍拉納案

清代福建的統治危機首先表現於官僚機構的腐敗。清代的福建是一個「天高皇帝遠」的地方，朝廷即使有心關注福建的地方政治，許多時候也是有心無力，因此，福建吏治腐敗在清代是極為有名的。迄至乾隆末年發生的伍拉納案，涉及的高級官員達數十人，貪汙銀兩達百萬兩以上，更是成為轟動一時的大案。在和珅案被揭發之前，伍拉納案一度被稱為清朝第一貪汙案。福建官場腐敗由此可見。不過，清代福建吏治的腐敗也有一個發展過程，應當承認，在清代初期，福建也有一些清官，只是到了清代中葉以後，福建吏治才迅速腐敗下去。

一、清代福建官風的變化

曾經有人論述清代的吏治：「康熙年間有清官，雍正朝沒有貪官，迄至乾隆年間，貪官汙吏橫行，已經沒法制約了」。福建官場的變化，大致如其所說。清代初年，康熙皇帝親政後，以儒學治國，他大力提拔清廉的官員，清初有名的清官，如于成龍、張伯行，都在福建任職過。于成龍，

「康熙十八年任福建按察使。折獄平允，八郡咸稱無冤。遷本省布政使，
自奉如寒士，疏水粗糲，極人之所不堪，一切餽送，屏絕弗受。潔己奉公，
清節為天下第一，擢北直巡撫去，民至今稱之」[3]。于成龍之後，張所志繼
任福建按察使，佟康年任福建布政使，丁蕙、高日聰、汪薇、沈涵任福建
學政提督，王騭、郭世隆任浙閩總督，都以清廉著稱。其中王騭在位時，
「性清介，凡兩省官弁餽送，手書開示數百言，一切禁絕」[4]。張伯行於康
熙四十六年（1707 年）任福建巡撫，「自奉菲約，官吏化之，率以清節著。
民愛之，語曰：『為民如慈母，訓士若良師』」[5]。與于成龍、張伯行齊名
的還有陳璸，陳璸一生事業主要在福建與臺灣，下錄《福州府志》中的〈陳
璸傳〉：

> 陳璸，號眉川，海康人。康熙甲戌年進士。初為古田令，簡調臺灣。
> 清操絕俗，慈惠利民。公暇引諸生考課，以立品敦倫為先。每夜躬
> 自巡行，詢父老疾苦。聞讀書紡織，則重予獎賞。有群飲高歌者，
> 嚴戒諭之。念商艘水丁重困窮黎，詳請豁免。尋行取入部，後以四
> 川督學調臺灣道，民聞其再至也，扶老攜幼，懽呼載道。璸鎮以廉
> 靜，番民帖然。官庄歲入，悉以歸公，秋毫不染。旋擢本省巡撫，
> 一老蒼頭襆被自隨，單騎之任。一切章奏檄移，盡出己手，起居止
> 一廳事。吻爽治政，夜分乃罷。草具蔬糲，日噉薑少許。捐置學田
> 以瞻諸生。五十六年，奉命巡海，自齎行糧，屏絕供億。諸所經營
> 學宮、賢祠及橋梁、道路、壩閘之類，次第畢舉。以勞卒于官。當
> 屬纊時，一絺袍，覆以布衾而已。屬員入視，莫不感涕，民有相嚮
> 哭于途者[6]。

　　由此可見，陳璸是清代清官的典型人物之一，他長年在福建、臺灣做
官，最終死於任上，鞠躬盡瘁，死而後已，無愧於朝廷賜給的「清端」稱號。
這類人物活動於福建官場，有利於抑制腐敗風氣的滋長。

　　康熙帝吏治的成功在於起用儒者任地方官，他們以儒學的道義自命，

3　徐景熙等，乾隆《福州府志》卷四六，〈于成龍傳〉，福州，海風出版社 2001 年，
　　第 88 頁。
4　徐景熙等，乾隆《福州府志》卷四六，〈王騭傳〉，第 89 頁。
5　徐景熙等，乾隆《福州府志》卷四六，〈張伯行傳〉，第 91 頁。
6　徐景熙等，乾隆《福州府志》卷四六，〈陳璸傳〉，第 92 頁。

以操守相互鼓勵，在朝廷造成一股崇尚清節的風氣。而他們的節操，也得到康熙帝的尊敬和保護，如張伯行等人的官宦生涯中，也受到來自各方面的攻擊，若非康熙帝的保護，他們在官場是難以站住腳的。

雍正皇帝的執政方式具有自己的特點。他對地方大吏監視甚嚴，發現貪官汙吏，嚴懲不貸。但雍正皇帝用人，主要著眼於辦事能力，倒不一定使用儒生。因此，雍正朝的官員大都不敢肆行貪汙，做事較有分寸。但他們中間也很少以清廉自守聞名的官員。

乾隆皇帝上臺後，覺得雍正帝過於明察，使封疆大吏整日惕惕不安，不利於統治，因此，乾隆皇帝待大臣以寬仁為宗旨。然而，由於他的寬仁，官吏不畏法律，胡作非為的不少。清代的吏治正是在乾隆朝開始腐敗的。乾隆帝最大的失策在於實行捐官制度。乾隆朝軍事行動較多，軍費開支浩大，為了彌補國庫的虧空，乾隆帝不得已實行捐官制度。朝廷府道以下各級官員都可標價而沽，無論什麼人，都可通過捐納而進入官場。這種例子一開，一直到晚清都未能改變。這類通過捐錢而來的官員，上臺後，總是千方百計撈錢，以彌補虧空，並設法發財。朝廷官員對這類人物也是睜隻眼閉隻眼，因為，畢竟朝廷使用了他們的捐錢，對他們不可過於嚴苛。這些人進入官場後，馬上將風氣帶壞，即使是正道出身的官員也受他們的影響，貪汙納賄，以故，乾隆朝官風極壞。清朝官場腐敗的另一個來源是滿族親貴。自從清朝入據北京後，滿族親貴便擁有許多特權，他們不像漢人一樣要通過科場考試才能做官，甚至不識漢字也不要緊，他們大都有世襲武職，其中一些聰明的人物往往被選作皇帝的侍衛，而皇帝從他們中間選拔官員，和珅從一個侍衛當到大學士，便是一個典型的例子。因為這些人大都不懂儒學，所以，他們也就沒有貪汙為恥辱的觀點，他們在任上，大都枉法行私，毫無顧忌地搜刮民脂民膏，因此，每次抄家，滿族官僚家中的財產都比同級的漢族官僚為多。乾隆晚年，寵信和珅不衰，而和珅狐假虎威，政以賄成，許多地方官都要向他進貢銀兩，否則必受打擊報復。梁恭辰說：「廈防廳為吾閩第一優缺，海舶麇集，市廛殷賑（贍？）。官廨尤極豪奢。大堂左右設自鳴鐘兩架，高與人齊，內署稱是。署中蓄梨園兩班，除國忌外，無日不演唱」。和珅在位時，曾向廈防廳長官索賄四十萬，

「不應，遂擺其冒功蝕餉狀」，將其全家抄沒[7]。嘉慶年間謝金鑾的《教諭論》說：「以前做清官容易，做貪官為難。因為，做清官的，有軌道可循，做貪官的，不知道從那方面貪去。現在就不然了，做貪官容易，做清官為難。做貪官的，有軌道可循，做清官的，衙門中前前後後的人，一起來反對你，叫你連官都做不成」[8]。在這一背景下，福建官場屢屢發生貪汙大案。

二、乾隆末年的伍拉納貪汙案

　　其實，乾隆帝登位不久後，便感到不能寬容貪汙犯罪，開始嚴懲貪吏，不過，在乾隆前期，朝廷查處的貪官汙吏多為中下層官員，但這並不能抑制貪汙腐敗的風氣。迨至乾隆朝後期，乾隆帝開始對總督、巡撫等高官動手，發生在福建的有：閩浙總督富勒渾、伍拉納受查處案。

　　閩浙總督富勒渾受查處案發生於乾隆五十年（1785 年），起因是「富勒渾縱僕殷士俊納賕」[9]，富勒渾這人，「用度奢侈，其縱容家人婪索多贓，及勒派書役銀兩」。富勒渾調任廣東時，路過泉州，他的家人殷士俊有一個朋友名叫鄭一桂的，託殷士俊送富勒渾金葉五十兩[10]。這一事件暴露後，富勒渾被抄家，查出家資累萬。他是受查處的第二位閩浙總督，在此之前，李侍堯因吞沒被查處官員的家產，也受到撤職流放的處分。

　　在福建發生的大案中，以乾隆末年的伍拉納貪汙案最為著名。伍拉納於乾隆五十四年（1789 年）任閩浙總督，此前，他在福建任過多年的福建布政使，是一個老官僚，但與福州將軍魁倫有矛盾。關於二者的矛盾，有許多傳說，陳其元記載：「福州將軍某與總督伍公、巡撫浦公，以事相忤，署方伯錢公則以爭一優人有隙，會總督入觀，將軍兼督篆，遂捃摭三人贓私事，並以福省州縣虧空百萬劾之」[11]。而《清史稿》的〈魁倫傳〉記載有所不同：

7　梁恭辰，《勸戒錄・續編》卷二，〈紈綺子弟〉，清同治六年刻本，第 11—12 頁。
8　轉引自陳遵統，《福建編年史》第 14 輯，福建省圖書館藏 1959 年手稿本，不分頁。
9　民國・趙爾巽等，《清史稿》卷三三二，〈富勒渾傳〉，北京，中華書局 1977 年標點本，第 10957 頁。
10　轉引自陳遵統，《福建編年史》第 14 輯，不分頁。
11　陳其元，《庸閒齋筆記》卷四，〈閩省州縣虧空案〉，江蘇古籍刻印社，筆記小說大觀本，第 10 冊，第 682 頁。

魁倫，完顏氏，滿洲正黃旗人，……乾隆五十三年，擢福州將軍。喜聲伎，制行不謹，總督伍拉納欲劾之。伍拉納故貪，逼勒屬吏財賄，復縱洋盜，盜艇集五虎門外不問。魁倫遂疊疏劾閩省吏治廢弛，伍拉納及巡撫浦霖溺職，按察使錢受椿等迎合助虐。上怒，褫伍拉納等職逮問，命長麟署總督，偕魁倫鞫訊，得伍拉納等貪婪及庫藏虧絀狀 [12]。

大致說來，魁倫因一些小事與閩浙總督伍拉納、福建巡撫浦霖、福建按察使錢受椿積不相能，伍拉納人多勢眾，已經有剷除魁倫的打算，魁倫乘伍拉納離開福州時，於乾隆六十年（1795 年）搶先上奏，揭發伍拉納等人挪用國庫錢糧等事。約在乾隆五十九年，泉州與漳州一帶出現旱災，次年二月青黃不接時，泉州與漳州的糧價飆升，老百姓無糧可買，人心浮動。按照清朝的制度，這時的地方官應向朝廷上奏，趕快動用倉庫存糧賑濟百姓。但泉州與漳州的倉庫存糧與存銀，早就被人挪用，伍拉納明知這一情況，因此，他隱瞞不報，只是下令泉漳地方官設法賑濟。新任漳州知府金城是一個較負責的官員，他搜羅府轄金庫，僅存一萬多兩白銀，他不管三七二十一，先派人將此錢到廈門購糧，並動員當地大戶出糧賑濟災民 [13]。而泉州的官員，相互推諉，誰也不肯頂缸。其時，恰逢伍拉納受命到臺灣巡視，路過泉州，災民聞知消息，便將他的轎子圍住，弄得伍拉納十分狼狽。魁倫聞知消息，便乘機上奏，乾隆聞知伍拉納與浦霖等人如此耽誤大事，下令罷二人之官，並命魁倫與其他官員共同查案。代理閩浙總督長麟、代理福建巡撫的魁倫在查案時又發現福建省城廳縣倉庫虧空達「二百五十萬兩以上」[14]，於是，乾隆皇帝下令查抄伍拉納等人的家，並讓代理閩浙總督長麟與魁倫嚴厲審問伍拉納等人。

「長麟等疏發伍拉納受鹽商賕十五萬，霖亦受二萬，別疏發受椿讞長泰械鬪獄，獄斃至十人，得賕銷案。籍伍拉納家，得銀四十萬有奇、如意至一百餘柄，上比之元載胡椒八百斛。籍霖家，得窖藏金七百、銀二十八

12 趙爾巽等，《清史稿》卷三五五，〈魁倫傳〉，第 11299 頁。

13 金城，《浣霞摸心記》，錄自中國社會科學院歷史研究所明史研究室編，《清代臺灣農民起義史料選編》，福建人民出版社 1983 年，第 147 頁。

14 中國第一歷史檔案館編，《乾隆朝懲辦貪汙檔案選編》，中華書局 1994 年，第 3392 頁。

萬，田舍值六萬有奇，他服物稱是。逮京師，廷鞫服罪，命立斬。伊轍布
亦逮京師，道死。受椿監送還福建，夾二次，重笞四十，乃集在省諸官吏
處斬」[15]。這一案的結果，是閩浙總督伍拉納、福建巡撫浦霖、福建按察使
錢受椿都因貪汙被判處死刑。

　　從伍拉納、浦霖、錢受椿等人被抄家以後搜出的錢財來看，他們確實
有貪汙行為，否則不會有那麼多的銀子。但福建國庫的虧空，也是歷任官
僚承承相因而造成的。乾隆皇帝深感福建官場的惡習必須扭轉，下令重新
選派福建官場的官吏，清查各府縣的財政。親歷這一事件的漳州知府金城
記載當時的情況：「五月初，清查事發，伍浦兩院憲，伊方伯及已升廣西
藩司之前臬司錢，皆有旨逮問。……魁將軍奉命攝撫篆，兩廣制憲長調閩
浙。又奉命揀發道府十六員到閩，悉行更易，以便徹底盤查。魁將軍遂專
折劾通省聲名狼藉官十餘員，保舉者二員，即予與已故嘉義令單也」[16]。在
代理巡撫魁倫的主持下，福建官方將虧空在一萬兩白銀以上的州縣官全部
逮捕，虧空在一萬兩白銀以下者，責令賠補虧空。後來，虧空在一萬兩以
上的 17 名州縣官都被判處死刑，是為轟動一時的大案。《清史稿》評說：
「閩地瘠苦，歷任大吏責供張無藝，所屬羅織大戶勒賄，民不堪命，至是
貪酷之吏悉伏辜」[17]。

三、清代中葉福建吏治腐敗的發展

　　儘管乾隆帝與嘉慶皇帝大刀闊斧地砍殺貪官汙吏，但官場風氣不是一
朝一夕所能改變的。迄至道光以後，福建官場的腐敗風氣更是不可救藥。
張集馨於道光、咸豐年間在福建做官，他說：「閩者素稱瘠土，民風吏治，
別有地天。除臺灣遠隔重洋，向歸鎮道管理，徑行奏報升遷調缺。綠營兵
餉，仍由內地藩司照例辦理；其地方吏治案件，則不能遙制，大約諸事未
見准情酌理也」[18]。據其所言，由於中樞機構無法遙制，福建有許多官員是
由省道任命的，因此，許多劣等官員進入福建，想在這裡候補。「福建票
本例開，佐雜微員、積年劣幕，皆捐升道府廳縣，其流品直不可考核。候

15　趙爾巽等，《清史稿》卷三三九，〈覺羅伍拉納傳〉，第 11083 頁。

16　金城，《浣霞摸心記》，《清代臺灣農民起義史料選編》，第 150 頁。

17　趙爾巽等，《清史稿》卷三六二，〈查崇華傳〉，第 11403 頁。

18　張集馨，《道咸宦海見聞錄》，北京，中華書局 1981 年，第 274 頁。

補道陳淮漢，乃廣幫茶伙，其弟候補府陳翀漢，在粵樹旗械鬭為首，地方查拿，逃閩報捐候補；直隸州王于宗，乃省城布鋪小伙，市肆無賴者，莫不相識，俱已委署地方，靦顏民上。其他紛紛藉藉，行等穿窬，不可更僕數」[19]。據其所言，在福建官場候補的官員，有許多人是有犯罪底案的壞蛋，然而，按照清朝的制度，他們又可以名順言正地做官，「閩省委署章程，並無定規每遇缺出，奔走請托，力大者負之而趨。即如候補縣丁承禧，初次委署漳浦縣，抗不到任；改委漳平縣，到任滋擾，商賈罷市，撤省當差，旋委南平縣，因學政將及按臨，遂求署理崇安優缺；裕子厚方伯與其父丁紹儀、其叔丁嘉瑋皆係換帖，曲從其請；督幕莊煥文又暗為斡旋，是以求無不遂。代理連江縣王修仁，乃候補同知王慶成之父，曾為督轅巡捕，專尚聲氣，業經部選廣西通判，猶署理福建縣缺，大干例議。余令題補實缺之潘恭贊往代，其子王慶成求首府懇說，令潘恭贊稍緩二十日赴任；限期已滿，又求裕子厚方伯再為展緩，壟斷把持，夤緣鑽刺，不成吏治。此外不公不恕者甚多，不可枚舉。余任事三月，小有轉移，而痼疾已深，急難救藥。裕方伯才具開展，在臺灣多年，公事另有別調；且自縣令擢升藩司，未曾出省，與州縣幕友多半結拜，又最惡人講求例案，總以通融為是，余未見其是也。余將應行委員人員名次開貼官廳，不肖者覺其不便，而老實者覺其公道，余亦不計其是非」[20]。由此可見，當時福建政壇的人員調動，完全是「政以賄成」，福建由這樣一些人來治理，難怪張集馨要說：「吏治之壞，至閩極矣」[21]。

選人方面的腐敗，必然影響到行政。據張集馨所舉的一些事例，清代福建官場腐敗的程度，幾乎達到不可思議的地步，他說：「幕友無不賣法者。省城大吏，原未必盡不識字，大約皆憚于用心，來文約略流覽，稿件莫辨是非，幕友遂得高下其手，書吏亦撞騙招搖，而不肖官員，視為終南捷徑。徐壽蘅（名樹銘，時為福建提學）學使云：『省城無一讀過四書之人。』真慨乎言之也。余延前任舊幕三人陳梅生、陳古梅、劉嘯泉襄辦稿案。每晨批閱來文，某事如何辦法，俱親筆書條粘于文上，蓋有圖章，幕友但令核案，不令擅權，雖未必弊絕風清，似可去其太甚，不過主人晝夜辛苦，

19　張集馨，《道咸宦海見聞錄》，第 275—276 頁。
20　張集馨，《道咸宦海見聞錄》，第 276—277 頁。
21　張集馨，《道咸宦海見聞錄》，第 276 頁。

無暇徵歌度曲，喧飲撝蒲，與幕友屬員貓鼠同眠耳！」[22]據其所言，咸豐年間的福建官員，甚至懶到不看奏稿，完全由幕僚自行其事，而幕僚、書吏因此得以招搖撞騙，廣收賄賂。這種官府自然無法完成維護公共秩序的責任，因此，清代中葉，福建社會治安極壞。

第三節　臺灣的朱一貴、林爽文起義

　　福建與臺灣是明末抗清義軍堅持最久的地方，民間反清情緒濃厚，「反清復明」的口號深入人心。清代前期的臺灣，雖然經濟情況不錯，卻爆發了多次反清起義，當然，這些起義與清朝腐敗的史治有關。

一、康熙末年的朱一貴起義

　　臺灣歸清朝統治之後，經濟漸有發展，但明鄭以來尚武的風氣仍然存在，時常發生反對清朝的武裝暴動。丁紹儀的《東瀛識略》第七卷〈兵燹〉：「康熙間，臺灣新附，不四十年，亂民三起。三十五年秋七月，臺灣縣民吳球謀亂。眾未集，臺灣道高拱乾、總兵王國興設計擒之；不一月，平。四十年冬十二月，今改嘉義之諸羅縣民劉卻復亂。卻以拳棒自負，日與無賴往來。密置樟腦於屋瓦，深夜然之，詫於眾，謂每夕紅光燭天。遂率黨熸營汛，四出焚掠。北路參將白道隆整隊禦之；歲將除，殲其黨殆盡。卻走匿山谷，久之就獲，伏誅。」清初到臺灣的郁永河研其中原因：

> 乃臺民居恒思亂，每聚不軌之徒，稱號鑄印、散劄設官者，歲不乏人；敗露死杖下，仍多繼起者。非有豪傑之士，欲踵武鄭氏也，緣臺民皆漳泉寄籍人，五十年來，習見兵戈不足畏；又目睹鄭氏將弁投誠，皆得官封公侯，以是為青雲捷徑，成則王、敗不失為進身階，故接踵走死地如鶩。非性不善，習見誤之耳。往歲獲亂人，問：「何為叛」？對曰：「我非叛，諸公何過譖張」？復問：「印劄有據，非叛而何」？對曰：「冀投誠圖出身耳」。聞者絕倒。不知鄭氏方猖，有來歸者，廟謨不惜一官畀之；不若是，不足解其黨。御亂有術，因時制宜。今鄭氏反正，薄海乂安，盜弄潢池，有戮無宥，寧與前

夜出岡山，襲刦塘汛。辛亥，警報至郡。[31]

　　清代基層官吏的為非作歹，一直是無可救藥的社會病。普通百姓對官吏所作所為，大都採取隱忍的態度。可是，臺灣是一個「羅漢腳」較多的男性社會，他們多數人沒有家庭負擔，敢作敢為，遇到壓迫就反抗，因而朱一貴等人敢於殺官起義。由於臺灣全郡民眾反清情緒濃厚，一旦有人倡義於先，全臺民間武裝紛紛響應。實際上，這時臺灣南路的客家人武裝已經因械鬥問題逐步發展到與官府對抗，因此，此時得到朱一貴起義的消息，同時發動對官府的攻擊，這就形成了大規模的起義，從數千人發展到數萬人，再到數十萬人，規模浩大，很快攻下了鳳山縣、諸羅縣、臺灣府城。藍鼎元記載：

> 群賊攻破臺灣府，蓋朔日午刻也。杜君英先入，住總兵官署。朱一貴繼入，居臺廈道署。同開府庫，分掠金銀。復開紅毛樓，樓故紅彝所築，舊名赤嵌城。紅毛酋長居焉。鄭氏以貯火藥軍器。四十年來，莫有啟者。賊疑為金銀窖，故發之，得大小砲位、刀鎗、硝磺、鉎鐵、鉛彈如山。癸亥立朱一貴為偽王，通天冠、黃袍、玉帶皆取之優。群賊擁坐堂上，呼萬歲，偽號永和。[32]

　　起義軍攻克臺灣府城是這次起義的最高點。不過，起義軍進入臺灣府城後不幸發生分裂。藍鼎元說：

> 臺中群賊互爭雄長。當內地總督過塗嶺之日，正朱一貴、杜君英海外吞併之時。先是君英入府時，欲立其子杜會三為王，眾不服，立朱一貴。君英故恚甚，每事驕蹇，掠婦女七人閉營中，而一貴出令禁淫掠。戴穆強娶民間婦女，一貴殺之，以洪陣私鬻偽劄併殺洪陣。君英所掠女，有係吳外戚屬者，外請釋之，不聽，怒欲相攻。一貴遣楊來、林璉往問。君英收縛來、璉。一貴怒，密謀李勇、郭國正等整兵圍攻杜君英，敗之。君英與林沙掌等率粵賊數萬人北走虎尾溪，至貓兒干屯劄，剽掠村社。[33]

31　藍鼎元，《平臺紀略》，〈朱一貴之亂〉，第 1—2 頁。
32　藍鼎元，《平臺紀略》，〈朱一貴之亂〉，第 7—8 頁。
33　藍鼎元，《平臺紀略》，〈朱一貴之亂〉，第 12—13 頁。

　　朱一貴出告示禁止「淫掠」，並且有實際行動，這表明他的品德高於普通軍民。然而，他的作為卻引起起義軍的分裂，這也是無可奈何之事。史載朱一貴上臺後，年號永和，廢除剃髮令，剪辮子，祭祀鄭成功，恢復明朝服裝。並且派遣有力部隊駐守臺灣海口安平港的鹿耳門。

　　臺灣民眾大起義的消息傳到福建後，駐紮廈門的福建水師將領施世驃等人並未慌張，他和閩粵交界處南澳駐軍首腦藍廷珍會商，在藍廷珍幕僚藍鼎元的建議下，決定迅速出兵，平定叛亂。「念廈門地褊人眾，軍興旁午，米價易騰，先移檄浙江、廣東兩省運米之廈。令布政使沙木哈督買延建上游之米，運載赴廈平糶。」[34] 隨後，福州將軍滿保也趕到了廈門，從而穩定了廈門的民心。六月十六日，清軍攻擊臺灣門戶鹿耳門，此處昔有荷蘭人的堡壘，起義軍精銳在此駐守。雙方炮戰之際，清軍一炮擊中堡壘上的炸藥桶，引起連鎖大爆炸，起義軍傷亡無數。隨後清軍分水陸兩路攻擊臺灣府城，六七天內占領臺灣府。朱一貴見大勢已去，率數千人守諸羅縣，半途遭到清軍的攻擊，大部潰散。朱一貴被部下出賣被俘。施世驃、藍廷珍等人迅速制定「只誅首惡」的策略，並廣泛告知臺灣民眾，於是，臺灣起義軍或是投降，或是回歸鄉村，大部解體，只有少數人仍然堅持反抗。清軍於次年平定了全島。不過，從藍鼎元一句：「朱一貴三十萬人，王師一至皆化蟲沙」[35] 來看，當時臺灣民眾死於戰亂的人也不少。藍鼎元又說：「臺灣當朱一貴作亂之後，干戈蹂躪，哀鴻遍野，繼以風災掃蕩，癘疫連綿，民之憔悴極矣。」[36] 可見，這次戰亂，對臺灣經濟破壞很大。

　　清軍鎮壓朱一貴起義之後，康熙皇帝對逃跑的臺灣文官進行嚴厲地處分：

> 諭浙閩總督滿保等：臺灣府文職官員，平日並不愛民，但知圖利苛索，及盜賊一發，又首先帶領家產棄城敗回澎湖，殊屬可惡。道員以下文職官員，俱着提拿，總督滿保、提督施世驃□會同審明，即發往臺灣府正法！將伊等家產查明，賞賜効力有功之人。康熙六十

34　藍鼎元，《平臺紀略》，〈朱一貴之亂〉，第 11—12 頁。
35　藍鼎元，《東征集》卷二，〈檄擒舊社紅毛寮餘孽〉，文淵閣四庫全書本，第 2 頁。
36　藍鼎元，《鹿洲初集》卷二，〈與吳觀察論治臺灣事宜書〉，第 13 頁。

年七月初十日。[37]

　　清朝中樞檢查清朝在臺灣的政策，發現臺灣的田賦還保留著荷蘭時代較高的徵收稅額。雍正年間，清朝在臺灣官員比照福建同安縣的田賦例則，減少了臺灣的田賦。這對臺灣的休養生息還是有作用的。

　　朱一貴起義時，有一些明朝的遺老為其撰寫了討伐清朝的檄文，文辭激烈，提出繼承鄭成功的偉業，聲稱要北伐中原，口號十分鼓舞人心。朱一貴失敗後，反清組織仍然在民間傳播，其中最為著名的是天地會。清代閩臺多個反清起義，都與這個組織有關。

二、乾隆後期的林爽文起義

　　朱一貴起義發生後，清朝深感治理臺灣的困難，因而關注臺灣民眾的負擔，從而調整各項政策，廢除從荷蘭到明鄭以來的苛捐雜稅。例如，明鄭統治臺灣以來，一直有房屋稅和糖車稅，臺灣稱之為「厝餉」、「磨餉」。「志載瓦厝、草厝共徵銀一千二百四兩零。」[38] 這兩項支出都向明鄭以來臺灣的老住戶徵納。雍正時期，臺灣府調整二餉，明鄭時代所徵總額不再增加，而是均攤到現有房屋和糖車之上，從而減輕了傳統老戶和糖農的負擔。不過，臺灣局勢仍是動盪不已，其原因在於：臺灣官府各級官吏多以發財為目的，想方設法勒索百姓。而臺灣民眾富有反抗精神，屢屢和官府發生衝突，有些衝突，形成大規模的反清起義。

　　林爽文起義發生於乾隆五十一年（1786年）十一月，於乾隆五十三年大部失敗。關於林爽文起義的過程，《欽定平定臺灣紀略》有一段詳細的描述，其文曰：

> 緣林爽文自幼來臺灣，趕車度日，交結無賴，行竊為匪。乾隆五十一年八月十五日，林爽文與林泮、林領、林水返、張回、何有志等在大里杙山內車輪埔飲酒結盟，互相約誓：有難相救，結黨搶奪。適有楊光勳、楊媽世倡會械鬥案內逸犯逃在彰化，經地方官差役查拏，有差役黃姓、傅姓訪查曾入天地會之人，藉端索詐，人心

37　康熙皇帝，《聖祖仁皇帝御製文》第四集，卷十七，〈勅諭〉，第 11 頁。
38　黃叔璥，《臺海使槎錄》卷一，文淵閣四庫全書本，第 29 頁。

不服。林泮、王芬、林領、林里生等起意拒捕，招林爽文入夥。經伊族長林繞、林石等勸阻，將林爽文藏匿山內冀箕湖地方。林泮復來糾約，遂決意聚眾謀逆。十一月二十七日，副將赫生額、遊擊耿世文、知縣俞峻帶兵至大里杙查拏在大墩住宿賊匪。乘夜刼營，全行被害。二十九日攻陷彰化縣，十二月初六日攻陷諸羅縣。其淡水之賊，於初七日攻陷竹塹城，南路之賊于十二日攻陷鳳山縣。四處紛紛響應。雖彰化、諸羅旋經收復，起事之林泮、王芬、林里生各犯亦被官兵、義民殺死，無如帶兵各員株守一方，不能及時進勦……其南路逆匪亦係天地會內之人，莊大田實為渠魁。[39]

以上這段記載表明林爽文起義與天地會有關。從林爽文交待的內容來看，他的主要核心成員，確實參加天地會。另有起義軍南路的莊大田，也是天地會的人。首先在臺灣傳播天地會的是來自福建的嚴煙，他於乾隆四十七年（1782 年）入臺，在彰化一帶傳播。天地會在臺灣傳播很快，林爽文於乾隆四十八加入天地會，並於次年見到了嚴煙。儘管林爽文被俘後堅不吐實，但清朝最後還是想辦法查到了嚴煙，並從嚴煙上溯，查到了創會的提喜和尚等人。這個組織在福建已經傳播到一定範圍。實際上，它是一個民間自發的組織，它的緣起，也和民眾對官府的失望有關。

林爽文等人起義，又是一場因下層官吏敲詐民眾或是對參加天地會之人過於嚴酷激發的起義，而其直接原因，則與臺灣的械鬥有關。「臺灣屢有奸民械鬥之案，此次林爽文等竟敢攻犯城池，皆由地方官辦理各案，止期就案完結，並未徹底嚴辦，以致刁民肆無忌憚。臣查逆匪林爽文所住之大里杙莊從前謝笑械鬥案內，即有該莊林姓多人；而諸羅縣楊光勳案內逸犯張烈等，現因逃入林爽文莊內地方，文武往拏遇害。可見奸民結會樹黨，氣類相通。」[40] 由於民間發生了械鬥，官府吏員在追查案件時，過於嚴厲，迫使民眾起來反抗。丁紹儀的《東瀛識略》第七卷〈兵燹〉記載：

五十一年，彰化縣民林爽文、鳳山縣民莊大田亦同時倡亂。先是，淡水同知潘凱因公出城，忽被殺，并胥役殲焉，主名不得；當事者以生番戕害報，而罪人脫然事外：於是益輕官吏。爽文素奸黠，恣

39　乾隆帝等，《欽定平定臺灣紀略》五十四，第 1—3 頁。

40　乾隆帝等，《欽定平定臺灣紀略》卷五，第 8—9 頁。

為盜賊囊橐，密糾群不逞為天地會，嘯聚日眾。臺灣知府孫景燧至彰化，趣新縣令俞峻、副將赫生額往捕，不敢入，諭村民擒送，焚無辜數小村怵之。冬十一月，爽文因民之怨，集眾攻營；全軍覆沒，文武咸死焉。翌日，陷彰化城；孫景燧及北路同知長庚、前攝令臺防同知劉亨基、都司王宗武等均遇害……十二月，又陷諸羅縣，縣令董啟延死之。大田，故盜魁，是月亦陷鳳山縣，知縣湯大奎自刎，其子荀業隨殉。惟府城有總兵柴大紀、臺灣道永福、同知楊廷理固守，未破。逆黨王作北陷淡水廳治，戕同知程峻，推爽文為盟主，偽號天順，作自稱征北大元帥。

如上所記，林爽文起義後，很快發展到兩萬餘人，自稱大元帥，立年號，並曾攻擊府城，可以說是臺灣歷史上最大的民變。然而，這一次清廷有了平定朱一貴起義的經驗，得知林爽文起義發生後，並沒有太慌亂。臺灣府城有足夠的駐軍，使他們能夠抵禦林爽文軍隊的攻擊。臺灣反對林爽文的民間武裝也不少，他們被稱之為義軍。此外，臺灣的番民武裝一向聽從官府的指揮，官軍、義民及番民武裝的合作，對林爽文所部形成很大的威脅。不過，林爽文所部還是利用山地與官軍周旋，屢次挫敗官軍，有時還有餘力攻打縣城，官軍多取守勢。其後，來自大陸的官軍陸續在臺灣登陸，扭轉了形勢。丁紹儀的《東瀛識略》第七卷〈兵燹〉又載：

警報內傳，提督黃仕簡、任承恩、副將徐鼎士自廈門蚶江五虎口分三路東渡。五十二年春正月，官軍先後抵臺。大紀北取諸羅，一戰而復，遂守之。總兵郝壯猷南取鳳山，頓兵幾五十日，始敢進，城中已空；未二旬復陷，壯猷遁歸，後以失律誅。二月，閩浙總督常青莅臺督師，參贊大臣將軍恆瑞、提督藍元枚亦至。夏五月，師出南路，甫交綏即退。大田復攻府城，爽文復圍諸羅。府城旋解嚴，屢發兵北援，阻賊不得達。上念諸羅堅守久，改名嘉義，以旌士民；而解常青、恆瑞任，元枚已故，逮仕簡、承恩，授大紀提督兼參贊大臣，調陝甘總督福康安為將軍、內大臣海蘭察副之，率蜀、粵兵五千，冬十月由惠安縣崇武澳放洋，一夕抵鹿仔港。鼎士由淡水進兵勦賊，幕友壽同春被擄，不屈，賊支解之。十一月，大兵敗賊崙仔頂，即日解嘉義圍；乘勢搗大里杙賊巢，克之，爽文遁集集鋪，扼險以守。十二月，大軍騰而上，生擒爽文及其孥並王作等以歸，

移師而南。大田與爽文雖同逆，各偽稱大元帥，不相下；聞勁旅將至，益聚糧為久拒計。五十三年春正月，敗之牛莊，連蹴之大小岡山、水底寮，累戰至極南之琅嶠，大田亦就獲，南北俱平。

在多支清朝大軍中，福康安所率領的清軍是清朝主力軍，擁有較多的火器，在火力上全面壓倒臺灣的反清武裝。福康安大軍於十月底日在臺灣登陸，以火砲、火槍轟擊造反軍，給對方造成極大的傷害。官軍趁勢招降已經動搖的各路造反軍，林爽文、莊大田等人失敗被擒，都被處死。然而，清廷一直無法徹底肅清所有的臺灣反清組織，而臺灣民眾屢屢發動起義。

三、臺灣屢屢發生反清起義的原因

道光年間在臺灣做官的姚瑩說：「臺灣入籍一百四十年，姦民十一起；浮動好亂，其土性然也。生齒日繁，所在多遊手，非械鬥則為盜。」[41] 那一時代的臺灣，雖然以富裕聞名，歸清一百四十多年來，卻爆發了 11 次大小不同的反清起義。這是為什麼呢？楊廷理的〈東瀛紀續序〉說：

自鄭氏殄滅、朱一貴蕩平以來，海疆無事，垂數十年矣。其始特以地沃民稠，志驕服侈，守土者忽不加意，以為風俗固然。漸且奸胥猾吏，恣為民患，而不知止。其民之黠者，則又交結吏胥，舞文弄墨，枉法干紀，蔽上耳目。桀悍者至於持械鬥很，千百為群，白晝相殺於道，而官不可禁，或因以取賄而免之。此亂之所由生，非一朝夕之故也。[42]

福州儒者鄭光策認為，臺灣屢次發生暴動，與貪官汙吏有關。他的〈臺灣善後事宜書〉應寫於林爽文起義之後：

臺地孤懸海外，官司體制，極為尊嚴。凡屬在官，無不憑藉權寵，焜耀閭里。於是刁詐者皆依草附木，充為胥吏，正役一而散役則十矣，散役十而幫役則百矣。一縣有千百之虎狼，肆其蠶食，民何由

41　姚瑩，《東槎紀略》卷一，〈平定許楊二逆〉，臺灣文獻叢刊本第 7 種。按，這段文字不見於《臺灣古籍叢編》本《東槎紀略》。

42　陳壽祺等，道光《福建通志》卷五八，〈風俗〉，臺灣華文書局 1968 年影印本同治十年刊本，第 23 頁。

之。以故所到之處，供給邀惠之徒，爭先恐後焉。

有時大兵雲集，檄師會勦，則有向之所為爭先恐後者，漏洩機密，以遠其颺。即或偶而相遭，亦萬難於萬頃怒浪之中，而與窮兇極惡之死命敵對也。

每當四、五月間，南風盛發，糖船北上，則有紅篷遍海角（賊船多以紅篷為號），礮聲振川岳（賊船之礮，大者重三千斤，小者五六百斤），風送水湧，瞥然而至者，乃洋盜勒索之期也。大船七千，中船五千，小則三千，七日之內，滿其欲而去。否則，縱火燒船以為樂。

故凡盜至之日，無知貿易之小民，有喜色焉，嘉其有利於己也。裕國通商之大賈，有懼色焉，懼其有害於己也。[56]

　　乾隆、嘉慶時期，臺灣海峽的海盜鬧到這種地步，與福建官府與水師的腐敗是分不開的。自乾隆五十四年（1789年）開始，著名的貪官伍拉納任閩浙總督，「伍拉納故貪，逼勒屬吏財賄，復縱洋盜，盜艇集五虎門外不問」[57]。伍拉納直到乾隆六十年方才被革職，安南艇盜正是在他統治時期養癰成患。而福建水師的腐敗，在清代中期也達到了極點。張集馨在道光時期談到福建水師的情況：「漳郡城外有軍功廠，每月派道督造戰船一隻，以為駕駛巡緝之用。其實水師將船領去，或賃與商賈販貨運米，或賃與過臺往來差使；偶然出洋，亦不過寄碇海濱而已，從無緝獲洋盜多起之事。水師與洋盜，是一是二，其父為洋盜，其子為水師，是所恆有。水師兵丁，誤差革退，即去而為洋盜；營中掃募水師兵丁，洋盜即來入伍，誠以沙線海潮，非熟悉情形者不能充補」[58]。張集馨雖然說的是道光時期的情況，但與嘉慶年間只怕相距不遠，福建水師官兵與洋盜是一家人，難怪他們在作戰時不積極了。其次，福建水師船隻裝備不如安南艇盜，也是一個原因。其時，福建水師多用傳統的中小型福船，而安南艇盜的船隻十分高大，以故，在與安南艇盜作戰時，福建水師很難得手。蔡牽將安南艇盜吞併後，橫行於臺灣海峽。嘉慶五年（1800年），蔡牽進犯臺灣商港鹿耳門，「時

56　翟灝，《臺陽筆記》，〈弭盜論〉，第28頁。
57　趙爾巽等，《清史稿》卷三五五，〈魁倫傳〉，第11299頁。
58　張集馨，《道咸宦海見聞錄》，第63頁。

官兵退守安平，商船悉為賊有。牽自是垂涎臺地」[59]。為了與蔡牽的大船對抗，浙江水師提督李長庚在浙江巡撫阮元的支援下，改造大船。《清史稿》記載：「阮元與長庚議夷艇高大，水師戰艦不能制，乃集捐十餘萬金付長庚，赴閩造大艦三十，名曰霆船，鑄大礮四百餘配之。連敗牽等於海上，軍威大振」[60]。

二、李長庚與閩浙水師

李長庚是清朝平定蔡牽的主要海軍將領。他是福建同安人，乾隆三十六年（1771 年）武進士，後來長期在浙江與福建的水師中任職。清朝大臣清安泰對他有這樣的評價：「長庚熟海島形勢、風雲沙線，每戰自持柁，老於操舟者不及。兩年在軍，過門不入。以捐造船械，傾其家資。所俘獲盡以賞功，士爭效死。八月中戰漁山，圍攻蔡逆，火器瓦石雨下，身受多創，將士傷百四十人，鏖戰不退」[61]。可見，李長庚是一位能征善戰的水師將領。他率領的水師乘上新造的大船後，臺灣海峽的優勢便轉到清朝水師手中。嘉慶八年（1803 年），「牽竄定海，進香普陀山，長庚掩至，牽僅以身免，窮追至閩洋，賊船糧盡帆壞，偽乞降於總督玉德，遣興泉永道慶徠赴三沙招撫，玉德遽檄浙師收港，牽得以其間修船揚帆去。浙師追擊於三沙及溫州，毀其船六」[62]。蔡牽為了對抗李長庚的水師大船，又賄賂商人造大船，這艘船造於閩江內港，造成後，商人乘之出海，被蔡牽「劫獲」，蔡牽得此大船後，獲得了與閩浙水師對抗的實力，雙方的海戰更趨激烈。

嘉慶九年（1804 年）夏，蔡牽再次侵入臺灣鹿耳門。「值雨甚，北汕砲不得發，賊冒雨登岸，官兵皆潰。遊擊武克勤、守備王維光皆遇害。賊燔木城，燬礮臺，搶鐵礮大小五十餘架……越二日，賊夜燒鹿耳門文館。五月三日，自鹿耳門入焚官軍哨船三號，義民、鄉勇、營兵、番卒布滿海岸，莫能救，於是，商船無所恃賴，各赴賊納賄自全。十三日黎明，東風發，賊乃載重利而去」[63]。據記載，當時蔡牽有 80 餘艘大船，廣東海盜朱濆也

59　陳壽祺等，道光《福建通志》卷二六八，〈國朝外紀〉，第 59 頁。
60　趙爾巽等，《清史稿》卷三百五十，〈李長庚傳〉，第 11254 頁。
61　趙爾巽等，《清史稿》卷三百五十，〈李長庚傳〉，第 11255 頁。
62　趙爾巽等，《清史稿》卷三百五十，〈李長庚傳〉，第 11254 頁。
63　陳壽祺等，道光《福建通志》卷二六八，〈國朝外紀〉，第 59 頁。

聽其指揮，他們在閩海擊敗福建水師，殺死福建水師總兵胡振聲。這是蔡牽橫行海上的最盛期。不過，蔡牽能夠橫行無忌，也與清朝水師指揮不統一有關。當時清朝有三支水師——浙江水師、福建水師、廣東水師，其中浙江水師改裝霆船後，成為清軍主力。但三省水師各由其省指揮，相互之間配合不夠，蔡牽總是避開浙江水師而在福建海面作戰。福建水師船隻不如蔡牽，因此屢戰屢敗。由於閩中水師無力再戰，朝廷令李長庚兼任福建水師提督，統轄二軍。

李長庚接任後，指揮閩浙水師猛追蔡牽。嘉慶九年（1804 年）秋，李長庚與蔡牽、朱濆的艦隊在浙江定海相遇。李長庚集中主力猛攻蔡牽，朱濆配合不夠，蔡牽大敗，憑著座船高大，衝出重圍逃走。朱濆多活動於粵海，嘉慶八年，蔡牽劫獲臺灣運往福建的糧食達數千石，將其中一部分供給朱濆，朱濆大為感激，與蔡牽合夥。但在此仗失敗後，蔡牽埋怨朱濆不來救援，朱濆大為惱火，不辭而別，將其隊伍拉走，以後主要活動於粵海。

蔡牽失利後，乘南風繼續北上。嘉慶十年二月，蔡牽回師南下，四月分突然襲擊臺北的淡水，占據滬尾港，擁有數百艘船隻，他的艦隊深入淡水中游，焚毀艋舺城（即為早期的臺北）。當時臺灣知府駐紮在臺南的安平，臺北是其統治較弱的區域，因此，蔡牽一仗得手。蔡牽占領臺北後，當地土匪洪老四也起來回應，和他配合作戰。蔡牽揚揚得意，自稱鎮海威武王，改元光明，與清朝分廷抗禮。臺灣知府聞知消息，派總兵愛新泰率軍北上作戰。蔡牽遂分兵為二，其中一支從陸上南下，與鳳山境內的吳淮泗合作，於十一月攻下鳳山縣城；另一路由蔡牽直接率領，乘船南下，突然攻擊安平城外的鹿耳門。愛新泰聞知消息，只好回援安平。此時，在蔡牽的鼓勵下，臺灣四處都有遊民回應，組織隊伍，攻打官軍，安平城處於風雨飄搖中，城外五里，已經有反政府軍出現。臺灣知縣薛志亮見情況危機，便約集地方鄉紳組織「義軍」反擊海盜，而這此鄉紳因海盜活動影響了他們的生意，又害怕家產遭到劫掠，他們迅速組織起來，「未一日而得義首二百五十人，義民逾萬，咸自備軍糈，願殺賊。初，三郊商人擁資貿易，自遭海寇以來，商舶多被掠，及聞牽至，各挺身募勇，供驅策，助餉數萬金。三郊者，南郊、北郊、糖郊也，聚處大西門外，當海口入城之衝。故自衛尤篤。三郊總義首布政司經歷銜陳啟良白巡道，請添建木城於海口，

自小西越大西至小北，凡千二百丈，費銀六千有奇，以三日夜告成」[64]。安平的防線布成後，臺灣軍民憑城據守，而蔡牽因要等陸上的隊伍配合行動，並未急攻臺灣府城。他每逢三、六、九日，便派出軍隊作戰，不論得手與否，都退兵休整。安平城中，總兵愛新泰也曾出兵反擊，但被蔡牽擊敗。

嘉慶十一年（1806 年）正月，李長庚率水師趕到臺灣。蔡牽聽說李長庚水師來襲，便將船隊移駐港內，而用沉船堵塞鹿耳門水道，並召喚臺灣各地的反政府軍猛攻臺灣府城——安平。「長庚至，不得入，諜知南汕、北汕、大港門可通小舟，遣總兵許松年、副將王得祿繞道入，攻洲仔尾，連敗之。二月，松年登洲仔尾，焚其寮，牽反救，長庚遣兵出南汕，與松年夾擊，大敗之。牽無去路，困守北汕。會風潮驟漲，沈舟漂起，乃奪鹿耳門逸去」[65]。

蔡牽在絕境中突圍，引起了閩浙官方的互相埋怨。據《臺灣通史》的記載，蔡牽破圍而去，實際上是收買了李長庚的部下，待李長庚發現，只能追殲其一部分。李長庚後來因此被革去頂戴花翎。而李長庚也埋怨福建的官軍配合不夠。蔡牽的船隊已經被打得落花流水，篷折舵失，退往福建沿海後，馬上得到整休，船舶修飾一新。朝廷聞訊大怒，查革閩浙總督玉德的職務，另派阿林保接任。而阿林保接任後，又彈劾提督李長庚因循玩寇，李長庚面臨被革職的危險。但是，李長庚卻得到了浙江巡撫清安泰的支持，清安泰上疏：

> 長庚忠勇冠諸將，身先士卒，屢冒危險，為賊所畏。惟海艘越兩三旬若不燂洗，則苔黏蟶結，駕駛不靈，其收港非逗留。且海中勦賊，全憑風力，風勢不順，雖隔數十里猶數千里，旬日尚不能到。是故海上之兵，無風不戰，大風不戰，大雨不戰，逆風逆潮不戰，陰雲蒙霧不戰，日晚夜黑不戰，颶期將至，沙路不熟，賊眾我寡，前無泊地，皆不戰。及其戰也，勇力無所施，全以大礮轟擊，船身簸蕩，中者幾何？我順風而逐，賊亦順風而逃，無伏可設，無險可扼，必以鈎鐮去其皮網，以大礮壞其舵身篷胎，使船傷行遲，我師環而攻之，賊窮投海，然後獲其一二船，而餘船已飄然遠矣。賊往來三省

---

64 連橫，《臺灣通史》卷三二，〈海寇傳〉，北京，商務印書館 1983 年，第 587 頁。
65 趙爾巽等，《清史稿》卷三百五十，〈李長庚傳〉，第 11255 頁。

數千里，皆沿海內洋。其外洋灝瀚，則無船可掠，無嶼可依，從不敢往，惟遇勦急時始間為逋逃之地。倘日色西沉，賊直竄外洋，我師冒險無益，勢必迴帆收港，而賊又逭誅矣。且船在大海之中，浪起如升天，落如墜地，一物不固，即有覆溺之虞。每遇大風，一舟折舵，全軍失色，雖賊在垂獲，亦必舍而收。泊易桅竣工，賊已遠遁。數日追及，桅壞復然，故常屢月不獲一戰。夫船者，官兵之城郭、營壘、車馬也。船誠得力，以戰則勇，以守則固，以追則速，以衝則堅。今浙省兵船皆長庚督造，頗能如式。惟兵船有定制，而閩省商船無定制，一報被劫，則商船即為賊船，愈高大多礮多糧，則愈足資寇。近日長庚勦賊，使諸鎮之兵隔斷賊黨之船。但以隔斷為功，不以禽獲為功。而長庚自以己兵專注蔡逆坐船圍攻，賊行與行，賊止與止。無如賊船愈大礮愈多，是以兵士明知盜船貨財充積，而不能為禽賊禽王之計。[66]

這段文字反映了當時清朝水師的軍事活動，也反映了蔡牽海盜的強悍。為了壓倒蔡牽的大船，在朝廷的支持下，李長庚模仿福建商船，「造大同安梭船三十」[67]，從而取得了軍事上的絕對優勢。而福建方面，朝廷派來張師誠任福建巡撫：「師誠至，始嚴防海口，杜岸奸接濟，籌備船械，長庚得盡力勦捕。」[68]這樣，經過一番調整後，閩浙二省步調一致，戰局迅速得到改觀。

蔡牽的海盜隊伍對臺灣很感興趣，多次攻擊臺灣。丁紹儀的《東瀛識略》記載：

蔡牽之擾為尤甚。牽，同安人，出沒海上十餘年，遂成巨寇。九年夏四月，竄入鹿耳門，乘雨登岸，戕游擊武克勤，奪商船所有而去。十年夏四月，至淡水結胡杜侯遺孽洪四老為內應，出偽示，自稱鎮海威武王，僭號光明。六月，復窺滬尾，值水師提督李長庚追至，始遁。冬十一月，遣其黨與粵寇朱濆南擾鳳山，土匪吳淮泗等應之，焚掠埤頭，戕知縣吳兆麟，都司涂鍾璽力戰陣亡；惟城內火藥庫經

66　趙爾巽等，《清史稿》卷一百四十五，〈清安泰傳〉，第 11344—11345 頁。
67　趙爾巽等，《清史稿》卷三百五十，〈李長庚傳〉，第 11256 頁。
68　趙爾巽等，《清史稿》卷三百五十九，〈張師誠傳〉，第 11360 頁。

守備藍玉芳固守未失。牽自至滬尾，劫艍舢倉，都司陳廷梅戰歿。會知府馬夔陞督兵赴援，牽即南下，進泊鹿耳門，攻郡城。臺灣道慶保、總兵愛新泰分兵嚴守，提督李長庚扼之口外，水陸夾攻。十一年春二月，擊燬賊舟數十；副將王得祿又出奇兵敗其屯聚洲仔尾之眾。牽餘數十舟，奪路而逸，瀆亦棄鳳山遁。三月，將軍賽沖阿至臺，牽北竄噶瑪蘭；時尚未設廳治，義民吳化等合土番禦之，牽敗去，生縛十三賊獻於軍前。十二年秋九月，朱瀆潛入噶瑪蘭之蘇澳，謀踞為巢；總兵王得祿、臺灣知府楊廷理率兵大破之，瀆竄回粵。十三年，為總兵許松年所敗，沈於海。十四年，牽亦被提督王得祿、邱良功追擊，自焚其舟死，海氛淨。[69]

　　如其所記，蔡牽攻擊鹿耳門實際上是關鍵一仗。蔡牽傾全力攻擊安平鎮和臺灣府城，並通過沉船堵水道等戰術，將李長庚等清朝水師擋在海口外。然而，蔡牽前不能攻下安平府城，後不能擊退海口外的清軍，堅持一段時間後大敗。由於鹿耳門水道狹窄，蔡牽在突圍中遇到風浪，許多船隻觸礁沉沒。蔡牽僅率十幾條船狼狽逃出，實力大減。

　　離開臺灣的蔡牽已是強弩之末。嘉慶十二年（1807 年）春，李長庚在粵東大星洋海面擊敗蔡牽，十一月，再次在福建海面的浮鷹山一帶大敗蔡牽船隊。十二月，李長庚與福建提督張見陞追蔡牽於黑水洋，「牽僅存三艇，皆百戰之寇，以死拒。長庚自以火攻船挂其艇尾，欲躍登，忽礮中喉，移時而殞」。[70]李長庚死後，前軍大亂，蔡牽乘機脫逃。

　　李長庚之死讓清廷大為震動。繼後，嘉慶皇帝起用李長庚部下王得祿為福建提督，用邱良功為浙江提督，「十四年八月，同擊蔡牽於定海漁山，敗之。牽東南走，追至黑水洋，合擊累日，良功以浙舟駢列賊舟東，得祿率閩舟列浙舟東，戰酣，良功舟傷暫退，得祿舟進，附牽舟，諸賊黨隔不得援。牽鉛丸盡，以番銀代，得祿額腕皆傷，擲火焚牽舟尾樓，復衝斷其柁。牽知不免，舉礮自裂其舟沈於海」[71]。這樣，經過 14 年的戰鬥，清水師費盡九牛二虎之力，終於消滅了蔡牽部海盜。

69　丁紹儀，《東瀛識略》卷七，〈兵燹〉。同治十二年福州吳玉田刊本。
70　趙爾巽等，《清史稿》卷三百五十，〈李長庚傳〉，第 11256 頁。
71　趙爾巽等，《清史稿》卷三百五十，〈王得祿傳〉，第 11258 頁。

　　與蔡牽合作甚久的廣東海盜朱濆於嘉慶十二年（1807 年）離開廣東沿海，想到臺灣北部開闢一塊地方，但受到王得祿福建水師的追擊，王得祿於「七月，敗朱濆於雞籠洋，獲船十四。十一月，又敗其黨於古雷洋，射殪賊目朱金，禽張祈，被獎敘」[72]。朱濆脫出重圍後，屢屢受到福建水師追擊，「十三年，朱濆潛匿東湧外洋，命松年（許松年，李長庚部下將領）躡勦，遂移師入粵。追至長山尾，瞭見賊船四十餘，知其最巨者為濆所乘，併力圍攻，濆受礮傷，未幾斃」[73]。朱濆餘部在其弟朱渥的率領下，活動於臺灣海峽，其時已經有招安意。嘉慶十四年（1809 年），蔡牽滅亡後，朱渥率其部 3000 餘人投降於福建巡撫張師誠。

　　嘉慶年間的海盜活動於東海與南海區域，除了蔡牽之外，廣東洋面的張保仔、鄭一嫂也在廣東洋面活動。他們的力量甚至更勝於蔡牽，屢次大敗廣東水師。約在嘉慶十四年，張保仔等人被官府招安。

　　對於蔡牽的海盜活動，歷史學界評價不同。過去有些人將其與明末的鄭芝龍相比，認為他代表了東南的海上力量，具有進步性，至少也將他看作是清代中葉反清運動的一支。實際上，蔡牽和鄭芝龍是不能相比的。當明末實行海禁之時，鄭芝龍的活動有利於打破海禁，活躍東南的對外貿易；而且，鄭芝龍為了中國海商的利益，曾經與荷蘭人大戰，因此，鄭芝龍的活動具有先進性。至於蔡牽，他所襲擊的對象一直是中國的海商，由於他的活動，臺灣海峽的海上商業陷於停頓，富商大賈蒙受巨大的損失。從這一點來看，蔡牽的活動只有破壞性，沒有先進性。

小結

　　通過蔡牽的活動，我們也可看到清代水師的腐朽。在清代初年，福建水師曾是一支強大的力量。但經歷了 100 多年的和平局面後，福建水師官僚化嚴重。他們的船隻落後，不堪作戰。只是在出了問題之後，才出現了李長庚等名將，經過他們的整頓，福建水師才具備一定的戰力。可惜的是：東南海盜被消滅之後，福建水師重又陷入因循守舊的狀態中。李長庚時期

72　趙爾巽等，《清史稿》卷三百五十，〈王得祿傳〉，第 11258 頁。
73　趙爾巽等，《清史稿》卷三百五十。

所造大船逐漸腐朽，恰在鴉片戰爭之際，福建水師又成為一支不堪作戰的軍隊，他們在鴉片戰爭中沒有發揮一點作用，不是偶然的。

　　清代水師的腐朽並非個別現象，事實上，清代中葉之後，整個官僚機構都是相當腐朽的。清代福建的官僚機構，因發生伍拉納等人的貪汙弊案，被稱為國內吏治最壞的地方。其實，回溯清代福建的早期，也不是沒有清官。例如，在福建擔任過按察使的于成龍，又如受到康熙皇帝欣賞的福建巡撫張伯行，都是名揚一時的清官。不過，他們個人的努力，無法挽救整個官場的風氣。清初的清官總是受到官場的抵制，張伯行一生不順，與其為人清正有關。位於偏遠地區的福建省，最終成為貪官汙吏橫行的地方。伍拉納案中，除了個別人，福建官場百分之九十以上的官員都遭到處分。然而，即使乾隆皇帝出手很重，也未能扭轉官場的風氣，乾隆之後，官場風氣依舊，老百姓反而同情那些因犯罪而被殺的官員。因為，他們雖然有貪汙的行為，但是，他們都是按照「潛規則」行事，為了得到官位，都上納了一筆錢給高官。獲得買來的職位後，他們當然要撈錢，以填補自己的虧空。按照人情關係的原則，他們並沒有錯。這一案件中，有一位後來被處死刑的官員被囚之初曾向好友說情，讓其回歸家庭處理事務，然後返回官牢。其好友認為他的事情不大，不過是撈些小錢而已，竟然答應他的請求，放其回家。待到乾隆皇帝處死囚犯的命令下來，這位官員大吃一驚：心想這位好友再也不會返回了，自己釋放重囚是大罪。想不到的是，他的這位好友聽到消息後，沒有逃走，竟然按時返回牢獄服刑，隨後被殺。這件事傳出後，福州市民不計較他的貪汙行為，而是被其不願意牽連好友、慨然返獄的行為而感動，專門為其人編了一出閩劇，歌頌他講義氣、不惜死的精神。中國底層社會的生存邏輯讓人驚訝。這個官員明明違反了儒家清廉為官的教義，刻剝民脂民膏，卻因為講義氣得到市民的同情，令人不可思議。換一個角度看，乾隆反腐之意，在民間完全失敗了。

　　清代的福建在經濟上達到一個新的高度，在國內各省中，閩人之富也是有名的。然而，由於福建社會失於管理，福建社會的動盪也很突出，尤其是清代的臺灣。從經濟而言，清代臺灣開發很成功，經濟發展迅速，很快達到國內先進水準。然而，在社會治理方面，清代的臺灣屢屢發生民眾暴動，漢番關係緊張，時有衝突，這都說明清朝對臺灣的統治有問題。不

過，對於清朝統治臺灣的失利，不能簡單地歸為腐敗，還有更深層次的問題。我們要看到兩個方面：其一，清代底層社會官員太少，無力處理所發生的社會問題，所以，小問題往往成長為大問題，導致社會動盪。其二，清朝其實給予臺灣許多優惠政策，但官府的執行力不行，管理乏力。這些情況在福建也是一樣的。總之，關鍵在於：傳統的統治方式已經無法適應人際矛盾起來越複雜的商品經濟時代。一言以蔽之，它的體制不夠「現代」，因而無法達到較高的管理水準。

第二章　清代前期福建的人口與糧食

　　清代福建商品經濟的發展，對糧食生產、人口增長以及對外移民都產生了巨大的影響。福建糧食產量不高，因此，人口增長與糧食的矛盾在清代更為突出。不過，由於美洲旱地作物的引進，福建沿海的的糧食生產有較大發展。這使福建人口的容量大增。清代中期，福建人口出現了一個高峰。同時，福建人口也大量外移，促進了東南各省與東南亞經濟的開發。

第一節　福建的人口和密度

　　清代前期福建依然流行溺嬰習俗，然而，隨著人頭稅的削減，番薯等高產作物的引種推廣，福建各地的生存危機大有緩解。於是，沿海區域的溺嬰習俗轉變，人口增長加快。各府州人口比重發生重要變化。

一、清代前期溺嬰習俗的流行與改變

　　古代閩人有溺嬰的習俗，溺嬰習俗的傳播，其實是閩人自我節制人口的增長[1]。福建在宋代人口即有 300 萬以上，迄至明末，福建人口最多不過八九百萬，其原因在於溺嬰習俗的流行。清代，由於商品經濟的發達，閩人的財富有了很大的增長；而美洲作物的廣泛種植，也使福建的土地能夠容納更多的人口。因此，福建的溺嬰習俗大有變化。不過，這一變化有一

1　徐曉望，〈福建古代溺嬰習俗嬗變考〉，福州，《社會公共安全研究》，1988 年 4 期。

個過程，大約在清代前期的時候，福建各地還廣泛流行溺嬰習俗，即使福建的首府福州，也有溺嬰現象存在。

　　迄至清代，東南溺嬰習俗仍然十分嚴重。《福州府志》記載當地的厚嫁習俗：「婚嫁祇以財勢相雄，市井有力之家，奩值累千金，至有鬻產治具者。若延師，則纖毫必校。諺云：『有錢嫁女，無錢教子』。其風為已下矣。」[2] 由於嫁妝過重，人們在籌辦嫁妝時不得不竭盡全力。例如崇安縣：「生女數歲，母即籌辦嫁資，其丈夫不以為非，有不吝千金者。富而暴貧，則以生女為詬，多溺之。」[3] 泰寧縣：「今嫁女之家，但求飾觀，物物取備，罄其資而不惜，或且稱貸從事，百金之家如是，千金之家必數倍之；縉紳之家如是，庶民之家亦從而效之，遂有生計艱難，家業漸替者。於是貧氓固以女為嫌，富室亦以女為累，而溺女之風成矣。」[4] 沉重的嫁妝負擔常常導致家庭的破產，如清代古田縣：「古田嫁女，上戶費千餘金，中戶費數百金，下戶百餘金。往往典賣住宅，負債難償。男家花燭滿堂，女家呼索盈門。其奩維何？陳於堂者：三仙爵、雙絃桌類是也。陳於室者：蝙蝠座、臺灣箱類是也。飾於首者：珍珠環、瑪瑙笄、白玉釵類是也。然則曷儉乎爾？曰：『懼為鄉黨訕笑，且姑姊妹女子子勃谿之聲，亦可畏也。』緣是不得已，甫生女即溺之。他邑溺女多屬貧民，古田轉屬富民。」[5] 其實，這種情況是十分普遍的。如明代海澄縣教諭金星徽論當地民俗：「夫父子之道天性，何慘毒乃爾！情因勢變也，平民婚嫁相誇耀以侈，張蓋鼓樂，祁從如雲，服飾炫爛，擬都卿相，尚且未饜厥心。妻謫姻詬，竭蹶經營，如輸公課。至於婿車方來，積囊已破，合卺甫畢，索債盈門。忍饑寒於得妻之後，猶可痛賠奩而毖後患。則雖曰嚴溺女之條不止。就其土風宜男，加以溺女，女安得不貴。當物力匱詘，給饗殄不暇之日，而從媒妁氏議貴女昏，白首無諧理，男安得不鰥。」[6] 儘管有許多智者反對，但清代的海澄縣仍有此俗：「嫁女裝資浪費……薄惡之俗，因而溺女，賊害天良，皆為異

2　徐景熹等，乾隆《福州府志》卷二四，〈風俗〉，海風出版社 2001 年，第 684 頁。
3　張彬等，雍正《崇安縣志》卷一，〈風俗〉，清雍正十一年刊本。
4　許燦等，乾隆《泰寧縣志》卷一，〈輿地志・風俗〉，泰寧縣方志委 1986 年自刊本，第 29 頁。
5　陳盛韶，《問俗錄》卷二，〈古田・水溺〉，書目文獻出版社 1986 年，第 69 頁。
6　金星徽，〈上兩臺風俗書〉，鄧來祚等，乾隆《海澄縣志》卷二十一，〈書〉，乾隆二十七年刊，第 18 頁。

日裝資慮耳。」[7]嘉慶《雲霄廳志》第三卷記載：「俗多生女不舉」。道光年間的《金門志‧規制志》總結：「閩南風氣，生女而溺者多。」由此可見閩南的風氣。

閩南之外，福建各縣皆有溺女的陋俗。歸化縣：「俗多不舉女」[8]，光澤縣「溺女而輕生一擲，此則俗之敝而風之下。」[9]顯見，清代福建仍然流行溺女嬰的習俗。

明清時期的閩人重視男丁，仍然保持溺死女嬰的習俗，這造成明清時代福建人口性別比例構成的變化。例如金星徽說：「竊觀漳地理宜男，丁族繁庶。然其中有室殊少，蓋有數子之家，不得一婦，得一婦則以為吉祥異慶。繇於有數子之家止畜一女，多一女則以為蕩產招尤。」[10]各縣人口統計數字也表明，許多地方都是男多女少。

表 2—1　清代福建若干縣男女比例表

地名	年代	男子	女子	材料出處
建陽	1701	35,688	28,986	道光《建陽縣志》卷四，〈戶口〉。
邵武	清初	32,370	24,520	《古今圖書集成》卷一〇九一，〈職方典‧邵武府戶口考〉。
永春	乾隆	4,216	3,079	乾隆《永春州志》卷九，〈田賦〉。

清代南方的溺嬰習俗引起了朝廷的注意，大約在雍正二年（1724年），雍正皇帝下令各地建立育嬰堂。各地聞風而動，許多富縣隨即建立育嬰堂。如晉江、詔安、長樂等縣即於雍正二年建立了育嬰堂。迄至乾隆年間，諸如閩縣、侯官、長樂、古田、龍溪、長泰、崇安、浦城、政和、邵武、光澤、泰寧、長汀、永定、福鼎、永春、龍巖、福安、霞浦、寧德、福鼎等縣都設立了育嬰堂。乾隆《汀州府志》記載：「長汀縣，……育嬰堂。在府東北隅，乾隆九年，知府俞敦仁建，以塩規銀二千五百兩為育嬰費。十四年，知府曾曰瑛於常例外，加給乳婦衣服，嬰兒綿襖，為嬰女擇配。復於堂後栽木築墻，以為蔭護。堂中董事李永珩、蕭萱俞上聞。捐火食羨餘銀置店

7　鄧來祚等，乾隆《海澄縣志》卷一五，〈風土〉，第 5 頁。
8　車鳴時，萬曆《政和縣志》卷一，〈地理志‧風俗〉，明刻本膠捲，第 25 頁。
9　魏洪等，乾隆《光澤縣志》卷四，〈風俗〉，第 246 頁。
10　金星徽，〈上兩臺風俗書〉，鄧來祚等，乾隆《海澄縣志》卷二十一，〈書〉，第 18 頁。

屋三植，為每年祝聖公資。」[11] 又如福安縣的保嬰堂：「保嬰堂，原名育嬰，在城內鳳尾山。道光六年，知縣劉之藹建。今改北辰冠後」[12]

　　可見，當時的官府投資育嬰堂數量不少，而且制定了合理的管理制度，因而會取得政績。自廣設育嬰堂後。各地的溺女之風有所戢斂。例如永安縣：「若夫溺女惡習，自道光十年新建育嬰堂後，屢經示禁徧諭，近亦漸少。」[13] 這一制度保全了許多女嬰[14]。溺女嬰習俗的改變，是清代福建人口增長的重要原因。

二、清代前期福建人口的增長

　　清代初期福建的人口較少，順治十八年（1661 年）官方簿籍上的人丁數僅為 145 萬，這是向朝廷納稅人口，並非真實人口數字。通常各地人丁數要比真實人口數少很多，在福建，大約是四分之一吧。按照探索清代人口的慣例——以人丁總數乘以四約為總人口，這時期福建總人口應為 580 萬人。這個數量高於明代初年福建總人口 384 萬這一數字，但比明末福建人口估計數大大降低了。這是因為，經歷明末清初長達 39 年的殘酷的戰爭，無數民眾死於戰爭和戰亂，總人口減少數百萬是合理的。

　　除了戰爭之外，人頭稅是抑制福建人口增長的重要因素。自明清以來，福建一直存在著變相的人頭稅——每個丁口都要承擔一定的賦稅。民間有「丁四糧六」、「丁六糧四」之類的記載，這是說福建的丁稅一度占整個賦稅比例的百分之四十或是百分之六十。可見其所占比例之大。清代前期，朝廷感到人頭稅過重，進行「攤丁入畝」的改革，就是將所有的丁稅都攤到本地的田賦中承擔。迄至雍正年間，這一改革大致完成，其後，各地人口不再承擔稅收。朝廷並且宣布：「盛世滋生人丁，永不加賦」！此後，民眾隱瞞人口的理由已經不存在。表現在福建人口統計方面，政府所掌握

11　曾曰瑛修、李紱、熊為霖纂，乾隆《汀州府志》卷十，〈恤政附〉，第 65—66 頁。
12　張景祁總纂，光緒《福安縣志》，卷六，〈田賦‧恤政附〉，清光緒十年，福建省福安縣方志編纂委員會整理，1986 年自刊本，第 77 頁。
13　孫義修等，道光《永安縣續志》卷九，〈風俗〉，永安市方志委，1989 年重刊本，第 628 頁。
14　徐曉望，〈從溺嬰習俗看福建歷史上的人口自然構成問題〉，《福建論壇》經濟社會版，2003 年，第 3 期。

的人口數字迅速增長：

> 順治十八年（1661 年），福建人丁是 1,455,808 口；
>
> 康熙二十四年（1685 年），福建人丁是 1,395,102 口；
>
> 雍正二年（1724 年），福建人丁為 1,429,203 口；
>
> 乾隆十八年（1753 年），福建人丁為 4,710,339 口；
>
> 乾隆三十一年（1766 年），福建人丁為 8,094,294 口；
>
> 嘉慶十七年（1812 年），福建省人口數為：14,779,158 口；
>
> 道光九年（1829 年），福建人口數為：19,081,876 口[15]。

以上數字粗略地反映了清代福建人口的大幅度增長。清代中期，福建各縣人口眾多，如楊桂森所說：「如一縣之中，大鄉千戶或數百戶。中鄉數十戶，小鄉或五六戶不等。計一縣四境之內，不下十萬戶，人丁不下數百萬口。」[16] 由此可見當時各縣人口之多。不過，清朝掌握的人口數字準確率不高。在清代初年，福建的丁口都是要徵稅的，所以，老百姓儘量少報人口，順治十八年的人口數，基本上是沿襲明朝而來，遠遠低於實際人口數。清代中期的人口數也未經過嚴格的點算，只是由各個部門自行上報。一些地方官為了顯示自己的政績，多報人口的情況也是存在的。由於每任官員都要多報些人口，所以，福建人口的水分越來越大，迄至光緒年間，福建上報人口數達到 2300 萬以上。而在 1879 年由英國人撰寫的海關報告中，稱福建僅有 1480 萬人口[17]。可以做為另一個旁證的是：民國元年前後，中央政府下令清查人口數量，其時福建人口僅 1500 萬人左右[18]。所以說，以上清代福建的人口數僅能大致反映清代福建人口的增長。

那麼，清代中葉福建究竟有多少福建人口？我們且以道光九年的人口數為例，當年福建人口達 1900 多萬，若扣除臺灣府的 200 萬人，福建省現轄地區的人口數為 1700 萬。但這一人口數字尚有水分，例如，道光《福建

15　以上據梁方仲，《中國歷代戶口、田地、田賦統計》，上海人民出版社 1980 年，第 391、392、393、394、396、400、465 頁。

16　楊桂森，〈請弭盜議〉，吳栻等，民國《南平縣志》卷十二，〈藝文志〉，南平市編纂委 1985 年，第 651 頁。

17　轉引自林滿紅，《茶、糖、樟腦業與臺灣之社會經濟變遷》，臺灣，聯經出版公司 1997 年，第 6 頁。

18　福建省檔案館，《民國福建各縣市（區）戶口統計資料》，福建省檔案館 1988 年，第 1 頁。

通志》記載建陽縣的人口數竟達 216 萬以上，而其周邊諸縣人口數，都在 30 萬以下。可見，建陽縣的實際人口，不過 20 萬—30 萬。那麼，在官府的統計數字之上，建陽縣人口為何是 216 萬呢？這是由於江西勞動力湧入建陽製茶業的緣故。文獻記載：「建陽山多田少，荒山無糧，以歷來管業者為之主。近多租與江西人開墾種茶。其租息頗廉，其產殖頗肥。春二月，突添江右人數十萬，通衢、市集、飯店、渡口，有轂擊肩摩之勢，而米價亦頓昂。」[19] 實際上建陽人口多為外來人口，而且有季節性，當地官員將其統計為本地人口，難怪造成建陽一縣人口二百多萬的假象。按照標準的人口統計方法，這些人口應當屬於江西原籍，因此，道光年間建陽縣真實的本地人口，也許就是二三十萬吧。減去建陽縣近兩百萬的外省人口，道光九年（1829 年）福建真實的人口數應在 1500 萬以下[20]。福建省的田地一直在 1400 畝左右，以此統計，當時福建省人均占不足一畝，除了貴州省外，福建是人均占地最少的省分。

三、清代前期福建人口的密度

從官方統計數字看，清代福建沿海人口最為密集。據陳壽祺道光《福建通志》統計，道光九年福建沿海各縣人口如下：

表 2—2　道光九年（1829 年）福建沿海各縣人口表[21]

府屬	縣名	戶數	口數
福寧府	福鼎縣	28,399	183,147
福寧府	福安縣	53,839	250,279
福寧府	霞浦縣	28,817	112,313
福寧府	寧德縣	30,397	116,201
福寧府合計		141,434	661,940
福州府	羅源縣	23,134	129,865
福州府	連江縣	33,452	174,406
福州府	閩侯縣	113,131	937,350
福州府	長樂縣	32,312	132,855
福州府	福清縣	129,864	764,333

19　陳盛韶，《問俗錄》卷一，〈建陽縣〉，北京，書目文獻出版社 1983 年，第 54 頁。
20　徐曉望，〈福建歷史上幾個人口數字考證〉，《福建論壇》1987 年，第 4 期，第 80 頁。
21　轉引自：梁方仲，《中國歷代戶口、田地、田賦統計》，第 466 頁。

福州府合計		331,893	2138,809
興化府	莆田縣	84,263	394,997
興化府	仙遊縣	24,826	167,175
興化府合計		109,089	562,172
泉州府	惠安縣	17,015	482,797
泉州府	晉江縣	168,135	791,026
泉州府	南安縣	49,501	334,087
泉州府	同安縣	169,100	659,009
泉州府合計		403,751	2,266,919
漳州府	海澄縣	105,222	460,291
漳州府	龍溪縣	222,000	1,496,138
漳州府	南靖縣	176,499	662,422
漳州府	漳浦縣	72,051	303,661
漳州府	詔安縣	85,250	368,499
漳州府合計		661,022	3,291,011
福建沿海 20 縣共計：		1,647,189	8,920,851

　　如上所計，清代前期福建省沿海已經出現了一些人口超級大縣，排名第一的龍溪縣竟然有 150 萬人！排名第二的閩侯為 93.7 萬人。所謂閩侯，即為福州。自宋以來，福州市區分為閩縣、侯官二縣[22]，實際上就是福州的東部和西部，因此，梁方仲在做人口統計時，將二縣合併統計。龍溪和福州不同在於：龍溪城的範圍不大，而多數人口聚集在鄉鎮；而福州閩縣、侯官二縣的人口集中於福州市。排名第三的是泉州府的晉江縣，計有 79 萬多人；排名第四的福州府的福清縣，計有 76 萬多人，在那時，福清的人口數量就在福州排位前列了。眾所周知，晉江和福清一直是福建商人最多的地方，這與其早在清代就人口過剩有很大關係。排名第五的是漳州府的南靖縣，清代漳州人口驟增是驚人的現象。我們知道唐宋時期的漳州是福建人口最稀疏的區域，一直到明代中葉，漳州才新設了平和、詔安、海澄、寧洋諸縣，新縣建立時，這些縣都只有數千戶口。然而，到了清代初年，漳州府已經是福建人口最多的地方。儘管轄有廈門市，但道光年間的同安

22　按，侯官縣原為漢代的候官，後來叫習慣了，候官被改稱為侯官。民國時期閩縣、侯官兩縣合併，其時王國維發表考證成果，證明侯官真名為候官，所以，合併後的兩縣定名：閩侯縣。

縣只能排名第六，計有 66 萬人。這些超級人口大縣的人口密度在國內罕見。其次，福建沿海人口十分密集。龍溪一縣人口相當於福州（閩侯）、廈門（同安）人口之和。龍溪之外，晉江、福清兩縣的人口也是驚人的。晉江、福清二縣境內多數土地位於晉江半島和福清半島之上，這兩個半島土壤貧瘠，幾乎都是沙地，水稻田很少，但沙地可以種植番薯和花生。由此可見，美洲植物的引進對當地民眾意義重大。福建商人集團以晉江商人和福清商人最為著名，看到清代當地人口之多，就不難明白，為何在清代的文獻中，中國沿海到處都是晉江人和福清人。

閩南沿海的人口密集程度之高讓人驚訝，泉州、漳州二府沿海 9 縣共計 5,557,930 口，平均每縣有 61.8 萬人。人口「最少」的縣也有 30 餘萬，最多的龍溪縣人口竟然超過省會福州！明清時代的閩南人擅長航海，勇於到海外國家發展，與當地人口密集有關。由於人口眾多，清代閩南城市發展很快，泉州自宋元以來一直出名，漳州在清代中葉已經趕上泉州，廈門雖然在海島之上，發展之快有超越泉漳之勢。可見，清代閩南沿海已經形成了廈門、泉州、漳州三足鼎立之勢。不過，若是仔細審察閩南各縣人口就會發覺，閩南人口聚集在城市的並不多，廈門、泉州、漳州在國內都屬於中等城市，大約十幾二十來萬人口。閩南多數人口大都分布在鄉鎮海港，晉江沿海的石獅、安海、圍頭、蚶江、祥芝諸港都成為人口密集的市鎮。所以，清代閩南最大的特色是「城鎮化」，而不能簡單套用「城市化」之名。城鎮化是福建沿海區域的特點。

此外要說的是，清代福建沿海人口大縣，大都以番薯為主食。據當地人講，番薯營養豐富，但吃多了番薯，胃酸翻騰，人很難受。清代閩南人及福清人勇於向海外發展，與這一點很有有關係。一個普通的晉江人、福清人，要麼在家鄉吃地瓜，要麼到海外闖蕩一番，發財了，榮華富貴，失敗了，埋骨異鄉。儘管有生命危險，多數人還是選擇出海，因而形成了海外福建商人網絡。

第二節　福建的糧食生產

和明代相比，清代福建的田地數量沒有突出的增長，但人口壓力越來越重。所幸來自美洲的旱地作物在福建各地推廣，大大改善了各地的糧生

產。

一、清代前期福建省的糧食生產

　　福建是多山的省分，山區可以生產糧食的主要是山間小盆地。可惜的是：這類小盆地數量很少。〈閩海關十年報〉說：「與本省面積相比，可耕土地是如此之少，以至於人們不得不耐心、勤勞地在山坡修造梯田和在適宜的地點種植小麥、大麥和番薯等等。土壤貧瘠，每年收成的糧食不夠本省食用，大量依靠自然條件比這裡好的外省提供。」[23]

　　福建的沿海地勢較平，但受海風的影響，土地多砂石，可以種植水稻的水田不多。《南安縣志》說：「泉南濱海，土地瘠鹵，所樹藝惟牟麥黍菽，瓜蓏之屬，絕少粳稻，山民佃作，間有腴地，然多凌層埠而理錢鏄，耕耨所獲，大率以人力勝。」[24] 由於可耕地少，而且較為貧瘠，南安縣多種番薯。

　　福建的山區，有水之處，可以培植成為水稻田。例如汀州府：「穀之屬，秔稻，國稅再熟之稻。閩南獨多早稻，春種夏收。晚稻，則早稻既穫，再插，至十月收者。米皆有赤白二色。」[25] 其他糧食作物有番薯和花生。尤其是番薯重要：「番薯，……瘠土砂礫之地皆可種，其味甘甜，有紅白二種，生食熟食，晒乾磨粉，皆宜，亦可釀酒。閩地糧糗，半資于此。」[26]

　　福建省的納稅糧田一向不多。就官府的統計資料看，比之相鄰諸省，大略只有外省的幾分之一吧。清代前期官府統計的福建耕地總數一直在1300萬畝上下浮動。福建全省皆為山地，沿海與山區的畝產量相差懸殊，山區的山壟田畝產只能達到三石穀子（約折二石米），沿海水田可種雙季稻，畝產可達八九石穀子，然而，沿海區域的水稻田不多，多數田地為旱地和山地，平均下來，畝產水稻也就是三石穀子上下。此處根據經驗估計，全省農田平均畝產量約為 300 斤稻穀，折合 200 斤大米。全省 1300 萬畝糧田，總產量約為 26 億斤大米。

23　法來格，〈閩海關十年報 1882—1891〉，吳亞敏、鄒爾光編，《近代福州及閩東地區社會經濟概況》，福州，華藝出版社 1992 年，第 358 頁。
24　葉獻綸等，康熙《南安縣志》卷六，〈田土〉，引舊志，南安縣方志委員會 1986年影印康熙十一年刊本，第 7 頁。
25　曾曰瑛修、李紱、熊為霖纂，《汀州府志》卷八，〈物產〉，第 1 頁。
26　曾曰瑛修、李紱、熊為霖纂，《汀州府志》卷八，〈物產〉，第 4—6 頁。

　　清初福建官府掌握的全省人丁不過 145 萬人上下，人們估計，當時福建實有人口應為 500 萬左右。雍正年間「攤丁入畝」之後，官府掌握的人口數開始增長。清乾隆十八年（1753 年），福建總人口數約為 471 萬，乾隆三十二年（1767 年）福建人口總數為 809 萬。[27] 也就是說，清初福建人口約在 500 萬至 800 萬之間浮動。人均占有糧食為 325 斤至 520 斤大米。清初福建人估計糧食消費量時曾說：「人日計一升，通歲計三石。」[28] 以一石米折合 150 斤為計，三石米折合 450 斤，可見，在福建人口為 500 萬之時，福建省的糧食應是夠吃的，但到了 800 萬人口之時，福建糧食供應就有壓力了。就其原因來說，福建人均占地太少。全省人均占有耕地約為 1.6 畝—2.24 畝，在東南數省中最少。約在乾隆年間後期，福建每人糧食缺口就有 125 斤。這就需要番薯等雜糧來彌補。此外，官府所掌握的田地數歷來少於真實田地數，所以，加上各地隱瞞的田地，福建省所有糧食產量應當夠八百萬人口食用。

　　清代中葉以後，福建人口成倍增長。道光年間更是達到 1500 萬以上。這對田地有限的福建省，壓力日漸加大。

　　除了人口增加之外，福建商業性農業發達是另外一個問題。清初各種經濟作物占用了許多良田，如乾隆年間的福建官員郭起元說：

> 閩地二千餘里，原隰饒沃，山田有泉滋潤，力耕之，原足給全閩之食。無如始闢地者，多植茶、蠟、麻、苧、藍靛、糖蔗、離支、柑橘、青子、荔奴之屬，耗地已三之一。其物猶足供食用也。今則煙草之植，耗地十之六七。原煙出自西北邊外，謂可以驅寒耳。今則遍於東南，飲煙者無間暑寒，為用與食鹽等，而又勝之，閩中更甚。……閩田既去七、八，所種秔稻、菽、麥，亦寥寥耳，由是仰食於江、浙、臺灣、建延。[29]

> 邑之業農者困矣。曩耕于田，今耕於山。曩種惟稻、黍、菽、麥；今耕于山者，若地瓜、若茶、若桐、若松杉、若竹，凡可供日用者，

27　梁方仲，《中國歷代戶口、田地、田賦統計》，第 258、261 頁。
28　王霖等，康熙《清流縣志》卷六，〈荒政〉，康熙四十一年刊本，第 11 頁。
29　郭起元，〈論閩省務本節用書〉，錄自賀長齡，《清經世文編》卷三六，北京，中華書局 1992 年影印本，第 20 頁。

不憚陟巉巖、闢草莽……歲計所入，以助衣食之不足。勤者加勤，惰者亦勤。蓋緣邑半山谿，田疇狹隘，而昇平戶口蕃滋，人滿而土窄，勢不得不然也。[30]

　　這段材料表明，福建許多產糧的山區縣在人口的壓力下，也被迫發展商業性農業，而商業性農業的發展，往往導致當地糧食生產的衰退，從而加重缺糧狀況。總之，清代前期福建人口壓力還在存在的。

二、美洲旱地作物的推廣

　　清代番薯在福建民間的種植十分廣泛。康熙年間的福建《清流縣志》說：「番薯，其種來自南海，閩中至明末始有之。皮紫，肌白，生熟皆可食，亦可釀酒，濱海不業耕者，惟種薯，收以充糧，甚濟人甚博。近日山鄉皆解種之。」[31]清人對番薯評價很高。「古者穀種入土，必雜五種以備災害。今閩中多種地瓜，過于五穀，幾若食味之正。」[32]楊瀾對番薯大加讚賞：「番薯，種來自南夷。閩中萬曆中始有之。北方曰地瓜，瘠土沙土皆可種。一畝之地，收可十餘石。山居之民，以此代飯。可省半歲之糧。其濟人甚溥。即多食不損脾胃。與芋性殊。故芋為蔬，而此可為穀也。」[33]清代福建山區到處都有種植。如邵武府：「番薯，味甘，生熟皆可食，亦可釀酒。向產福州、興化，今郡中廣種之。」[34]《長汀縣誌》：「甘藷，俗名番薯。明萬曆間閩人得之外國。瘠土砂礫之地皆可種，生熟皆可食。或乾或粉，或釀酒，皆宜。其味甘甜。」[35]《沙縣志》對番薯大加讚揚：「可生可熟，可□可羹，可為餅餌，可製團飴，可如瓠以絲，可如米以碓，可連皮以造酒，可搗粉以調羹，可作脯以資糧，可晒片以積團，味同梨棗，功竝稻粱。沙邑城鄉，所在多有，歲資給以當糧食。且種植易為力，貧家可獲餘糧。

30　沈鍾等，乾隆《安溪縣志》卷四，〈風土〉，廈門大學出版社 1988 年標點本，第111 頁。

31　喬有豫，道光《清流縣志》卷九，〈食貨志〉，福建人民出版社 1992 年，第 350 頁。

32　魯仕驥，《山木居士外集》卷一，〈備荒管見〉，續修四庫全書影印乾隆四十七年刻本，第 1452 冊，第 29 頁。

33　楊瀾，《臨汀彙考》卷四，〈物產考〉，清光緒四年刻本，第 1 頁。

34　張鳳孫等，乾隆《邵武府志》卷六，〈物產〉，乾隆三十五年刊本，第 9 頁。

35　許春暉纂，乾隆《長汀縣誌》卷八，〈物產〉，清乾隆四十七年刊本，第 4 頁。

近又闢山栽種此物，足資半載之糧，誠非無補也。」[36] 乾隆年間的永定縣，「番薯，種自呂宋而來，由閩而廣。萬曆中始有之。園地高山皆可種，葉蔓延地面，根伏地中。大者可數斤。皮有紅白肉有黃白兩種，黃者尤佳，可生食可蒸食。可碾粉作糕，可釀酒，葉可為蔬。亦可肥豬。莖乾可為火索，但留莖次年種地以生，歲可兩收。饑歲可充糧。味平無害，為利甚溥。近日山鄉皆廣種之」[37]。福建永安縣：「永邑向來少種，今城鄉所在多有。亦可釀酒。歲資給以當糧食。且種植易為力，貧家可獲餘糧。永又山多田少，近多闢山栽種此物，足資半載之糧，誠非無補也。」[38] 永安糧食生產不夠豐富，隨著人口增長，百姓只好以番薯為食。永安之外，浦城是福建著名的糧食產區，但因大米向福州輸出，本地人也覺得糧食不夠吃。「邑山谷中多種之。」[39] 許多民眾將番薯當作食物，省出大米賣給商人。福建沿海多砂地，這類土壤只能種番薯。據乾隆年間福建巡撫潘思榘奏報：「漳泉貧乏之戶多以番薯為糧。故山地之種番薯者，居其六七，亦相土之所宜也」[40]。以上三府之外，福寧府種植地瓜也很廣泛：「邇來生齒日繁，米價漸高，沿海民食，半資於此」[41]。可見，迄至清代中期，福建沿海的許多地區已經以地瓜為主食。

福建的傳統糧食作物是水稻，不過，種植水稻需要淡水灌溉，多數山坡地無法種植水稻。因此，在美洲植物傳入之前，福建缺水澆灌的山坡地和沿海沙地，大都只能種植小米、高粱之類的雜糧，產量較低。明清傳入中國的美洲作物如：玉米、番薯、花生大都耐旱而且高產，番薯和花生甚至可以在沙地種植，這就使福建沿海大片沙地化為糧田。《閩政領要》記載：「如漳州府屬之尤溪、漳浦、平和、海澄、詔安五邑，泉州府屬晉江、南安、惠安、同安四邑，地土瘠薄，堪種禾稻者僅十之四五，其餘盡屬沙磧，

36　徐逢盛等，道光《沙縣志》卷十六，〈物產〉，清道光十四年刊本，第11—12頁。
37　王見川纂，乾隆《永定縣志》卷一，乾隆二十二年刊本，第52頁。
38　陳樹蘭等，道光《永安縣續志》卷九，〈物產志〉，永安縣方志委1989年點校本，第639頁。
39　翁昭泰、黃恬等，光緒《浦城縣志》卷七，〈物產〉，清光緒二十三年刊本，第128頁。
40　福建巡撫潘思榘，〈奏報巡歷各邑地方情形摺〉，乾隆十六年九月，臺北，故宮博物院，《宮中檔乾隆朝奏摺》第一輯，臺北，故宮博物院1923年，第743頁。
41　李拔，乾隆《福寧府志》卷十二，〈物產〉，寧德地區方志編纂委員會1991年自印本，第282頁。

閩北許多商人做大米生意，將糧食的投放市場，利潤很高。李昌年「同里舊有社穀四十石，昌年為之斂散，積二十年，得穀千五百石。」也有人不謀高利。建寧人吳登諒：「常積穀數千石，遇荒年平價糶之。」[69] 清代浦城人梁恭辰記錄了一個浦商從事糧食投機的故事：「浦城周封翁（之繪）兄弟五人，翁其季也，稍長即販運於福州，輒獲利。其第三兄妒之……於是各運米至省，半途翁船破應修治。客有傳省城米貴者，兄遂別翁先往，果獲利，復市他貨旋浦。翁方至省，則價倍長，更獲利無算。」[70] 這些史料都表明當時閩西北輸出的糧食甚多。有些商人將生意做到外省。建寧縣的曾子秀：「常與同邑吳可全為米商，一日，持千金糶撫州某相國家兌銀訖，發米船，行數十里，晚泊核餘銀，多一封，可全曰：『我記渠家司計撥算珠少上一子』，我曾語曰：『錯一數』，渠爭曰：『不錯。我適外出，故如彼數兌也。』子秀曰：『閣老銀櫃出入，係一老婢，萬一主人覈數，不屈殺老婢乎？』二人送還。相國傳語轉贈路費，二人曰：『我等豈肯受非分財』？擲銀而去。相國曰：『此義士，大加敬禮。』自是相國諸戚里富人有米者，皆託以售。數年，各獲厚利，為邑首富。」[71] 又如建寧李榮灝，康熙年間，建寧大饑，他除了開倉濟貧外，「復持金三百，遠走武昌買穀」。[72] 許多人在經營中富了起來。如浦城祝封翁為浦城和福州學校捐錢。「邑之南浦書院膏火無出，翁獨力捐資，至今士林頌其惠。時省城鰲峰書院經費亦告匱，翁復捐助之。合兩書院，捐數不下數萬金。」[73] 閩北糧商之富，於此可見。

　　福州府位於閩江下游，土地最為肥沃，但由於人口眾多，大多數縣分僅能滿足於自給，僅有個別縣能輸出一定的糧食。《閩政領要》載：「福州府屬之閩、候二邑為會城首縣，居民稠密，兼之駐防旗營、綠營官兵一萬四千餘員名，食指浩繁，而地不加廣，歲產米穀，即遇豐收，亦只敷本地一季食用，惟賴上游客販接濟。故南臺河下米船三日不到，市價必然驟

69　錢江、范毓桂等，民國《建寧縣志》卷十七，〈質行〉，民國八年刊本，第8、13頁。
70　梁恭辰，《北東園筆錄（北東園筆錄初編）》卷六，〈周封翁二事〉，揚州廣陵古籍刻印社，筆記小說大觀第十四冊，第3頁。
71　錢江、范毓桂等，民國《建寧縣志》卷十七，〈質行〉，民國八年刊本，第2頁。
72　錢江、范毓桂等，民國《建寧縣志》卷十七，〈質行〉，民國八年刊本，第7頁。
73　梁恭辰，《北東園筆錄初編》卷五，〈祝封翁〉，第8頁。

漲。閩清、永福二邑米穀稍多，水路亦通，尚可輸出發賣。古田、長樂、連江、羅源四邑只敷本地食用。屏南處大山之中，雖有米穀，不能販運。福清地脈浮鬆，土多砂磧，半屬種植地瓜，以資食用。」[74] 這一段敘述很概要地介紹了福州府諸縣的糧食餘缺情況。大致說來，福州擁有幾十萬人口，直轄兩縣的耕地根本不足供全城人口食用，每年都要輸入大量的糧食。不過，福州府各縣只有閩清與永福是糧食富裕區，其他各縣自給都很困難。所以，福州所需糧食只能依賴上游各縣。林希五說：「福建地瘠民貧，附省居民不下數十萬家，加以四方往來雜處之眾，地入無幾，全賴上游米以活。偶值天時稍旱，數日之間，米不得下，則環省嗷嗷無以舉火。」[75] 顯見，聯絡閩江上下游的運糧水路，對福州來說是賴以生存的生命線。不過，由於福州交通方便，一般地說，糧食供應是充足的。雍正時期，外人評價福州：「州處者咸衣食於山海……斗米不過百錢，採薪於山而已足，魚鹽蜃蛤之饒，用之不竭，佐以番薯葡芋，民雖極貧無菜色。」[76] 福州其他八縣，古田、閩清、永福是糧食輸出區，長樂、連江、羅源、福清、屏南等六縣是糧食自足區。

上游延建邵三府餘糧順閩江而下供應福州城消費，這是一個完整的運銷系統。由於上游所產餘糧有限，一般僅能供福州消費，很少再運其他地方，在清初個別年分也有外運漳泉二地的。福州府糧食以來自上游為主，但也由其他沿海省分輸進一定量的糧食。

位於福建東北角的福寧府擁有霞浦、福安、寧德、福鼎諸縣，雖然地處沿海，但地理物產皆與山區相似。其所生產的糧食尚足食用，有時還得從鄰省運進，「或年歲豐欠不齊，該地與浙江、溫州府屬之里安、平陽二邑連界，商販可通，民食不虞。」[77] 總的來說，閩東諸縣糧食大抵可以自給，但要從外省輸入少量糧食。

二、閩南區域及汀州的糧食供應

漳州、泉州是福建主要缺糧區。《閩政領要》記載：「如漳州府屬之

74　德福，《閩政領要》卷中，〈歲產米穀〉，第 21 頁。
75　林雨化，《林希五詩文集》卷上，〈楊蘭圃方伯書〉，清道光十年刻本，第 4 頁。
76　孟超然，《瓶菴居士詩抄》卷四，嘉慶二十年刊本。
77　德福，《閩政領要》卷中，〈歲產米穀〉，第 21 頁。

尤溪、漳浦、平和、海澄、詔安五邑，泉州府屬晉江、南安、惠安、同安四邑，地土瘠薄，堪種禾稻者僅十之四五，其餘盡屬沙磧，止堪種雜糧、地瓜、番薯而已。即晴雨應時，十分收成，亦不敷本地半年之食用。」[78] 從上述記載可發現一個特點，漳泉二府靠海的縣分全都缺糧，這當然是這些縣分工商業及經濟作物特別發達的緣故。如漳州龍溪縣：「俗種蔗，蔗可糖，各省資之，利較田倍；又種桔煮糧為餅，利數倍，人多營焉；煙草者，相思草也，甲于天下，貨于吳、于越、于廣、于楚漢，其利亦較田數倍；其他若荔枝、龍眼、梨、柚、落花生之屬，俗亦最貴。故或奪五穀之地而與之爭，而穀病。」[79]

漳泉兩府沿海島嶼的糧食生產最為困難，如金門島，「島地斥鹵而瘠，田不足於耕。近山者多耕，近海者耕而兼漁。水田稀少。所耕皆磽确，山園栽種雜糧、番薯、落花生豆，日常苦旱歉登。又無陂塘可以灌注。但於隴頭鑿井立石，為桔槔以灌之，務農者最勞力習苦。」[80]「民多食紅薯雜糧，從前食湖廣米及粵之高州。迨臺灣啟疆，遂仰臺運，自廈轉售，風潮遲滯，市價頓增。」[81] 廈門對外來糧食依賴性最高，「惟廈門為洋艘出入，百貨聚集之所，商賈幅輳、食指更繁，向籍商販洋米、臺米接濟。如值米販稀少，即有貴食之虞。」[82]「第地窄人稠，物價數倍，民多食紅薯雜糧。先，湖廣歲販米不絕，粵東亦時至。自臺灣既入版圖，則內地一大倉儲也。穀食仰於臺運，風潮遲滯，則米價騰湧。又山皆童山，束芻尺薪，皆自外來，春雨連綿，有米珠薪桂之慮焉。」[83] 不過，漳泉兩府的山區諸縣，糧食自足有餘，《閩政領要》記載：「其餘如南靖、長泰、安溪等三縣及龍巖、永春二州所屬大田、德化、寧洋、漳平等四縣皆在腹裡，土脈深厚，出產頗豐，不仰藉於外縣」。[84] 可見這些縣的情況和山區各府有類似之處，糧食都能自給。

沿海興化府的情況和漳泉不同，興化府從宋代以至明末，都是福建著

78　德福，《閩政領要》卷中，〈歲產米穀〉，第 22 頁。
79　蔡世遠等，康熙《漳州府志》卷二六，〈民風〉，第 13 頁。
80　林焜熿等，道光《金門志》卷十四，〈風俗記〉，第 353 頁。
81　林焜熿等，道光《金門志》卷十四，〈風俗記〉，第 354 頁。
82　德福，《閩政領要》卷中，〈歲產米穀〉，第 22 頁。
83　周凱、凌翰等，《廈門志》卷十五，〈風俗記〉，鷺江出版社 1996 年標點本，第 515 頁。
84　德福，《閩政領要》卷中，〈歲產米穀〉，第 22 頁。

名的缺糧區。[85] 但清代前期該地人口下降幅度很大，因此，興化府的糧食自給並有餘。乾隆十六年福建巡撫潘思榘說：「體察興化、漳、泉三府，惟莆田一邑，水田居其六七，村落田疇，似浙省之山陰會稽。其餘各縣，山海交錯，村落田疇，似山東之沂兖，水田僅止二三，山地居其七八，漳泉貧乏之戶多以番薯為糧。故山地之種番薯者，居其六七，亦相土之所宜也。」[86] 如其所云，由於大種番薯，加上原有的水稻種植，明代福建主要的缺糧區——興化府，已經可以糧食自給。這說明清代前期福建的糧食供應要比明末好一些。《閩政領要》寫道：「至興化府屬莆田、仙遊二縣，田土較漳泉稍為肥腴，且有堰圳蓄水可以車灌，是以種植禾稻雜糧均屬相宜，除本地食用外，尚可接濟晉（江）、惠（安）鄰封。」[87]

　　西南山區汀州府的情況和其它山區不同，康熙年間王簡庵的《臨汀考言》寫到：「汀屬八邑，僻處深山，本無沃野平原，盡係層巒疊嶂，所有田土，即使盡栽稻穀，不足民間日給……自康熙三十四、五年間，漳民流寓於汀州，遂以種煙為業。因其所獲之利息，數倍於稼穡，汀民亦皆效尤，邇年以來，八邑之膏腴田土，種煙者十居三、四。……八邑通計，每年少收米穀不下百餘萬石……以致米價倍增，民情惶惑者，職此故也。」[88] 據此而言，由於種菸業於清初席捲汀州府，當地缺糧十分厲害，每年輸入的糧食應在一百萬石以上！幸好汀郡所鄰之江西省為南方產米之地，有大量糧食可以輸入汀州，《閩政領要》說：「至汀州府屬之八邑，產穀具屬有限，惟長汀係附廓首縣，汀鎮駐紮斯地，兵民雜處，食口頗眾。緣地與江西建昌府屬之廣昌、贛州府屬之石城等縣毗連，素藉江西米穀接濟。並因汀郡及江西均食粵鹽，從前定有江西米販挑米來汀者，准其買回鹽斤，委汀州府經歷、長汀縣典史稽查，給與小票放行。以江西有餘之米穀，而易汀郡官運之粵鹽，洵稱兩有裨益。」[89] 可見，當時汀州與江西南部之間有一條鹽米交易的路線，來自廣東汕頭的食鹽及來自江西的稻米兩相交易，居於中

85　徐曉望，〈宋代福建的糧食生產與運銷〉，福州，《福建糧油經濟》1989年第六期；徐曉望，〈明代福建的糧食市場初探〉，《福建史志》1989年第四期。

86　潘思榘（福建巡撫），〈奏報巡歷各邑地方情形摺〉，乾隆十六年九月，故宮博物院，《宮中檔乾隆朝奏摺》第一輯，臺北，故宮博物院1982年，第743頁。

87　德福，《閩政領要》卷中，〈歲產米穀〉，第22—23頁。

88　王簡庵，《臨汀考言》卷六，〈諮訪利弊八條議〉，清康熙三十年刊本，第198頁。

89　德福，《閩政領要》卷中，〈歲產米穀〉，第22頁。

間的汀州因而得到糧食。又如上杭縣，康熙年間該縣發生「贛米弗來，潮米莫上」的情況，造成普遍性缺糧，饑民揭竿而起，社會秩序極亂。[90] 當時汀州官府有云：「照得汀屬地方原不出產米穀，所藉江西運販以資民間口食。前因天雨連綿，青黃不接，自贛州而運至汀城之米客無幾，由汀城而搬往粵省之奸販甚多。計其所入不敷所出。……本府洞悉此弊，隨經嚴飭各縣禁止越境販賣，而上（杭）、武（平）、永（定）三縣地方皆我汀屬赤子，來汀購買運回本地自食零賣者，准糶一半取具認識保結給以印票，使沿途隘汛驗票放行。所以杜粵省之奸販通吾民之貿易。」[91] 這條史料表明，汀州得到江西米供應的主要是汀江沿岸三縣，即長汀、上杭、永定，西南一角的武平縣，也有部分地方得到江西糧食供應。此外，連城縣也是汀州缺糧區之一，縣志寫道：「計田賦不過七千石，而計田不過一萬四千頃，約歲收計丁口，不足以給半載。是以農隙凡壯丁俱出傭工就食。斯民恆產不足，尚安望其興禮樂也。」[92] 可見，連城也是缺糧較多的縣。

　　汀州府的產糧縣主要是北部的寧化、清流、歸化等縣。寧化縣：「夫其連壚沃壤，可田可沼，宜稼宜麻，力本自贍。富即不及二萬，而帶索塵炊者稀矣。」[93] 從這些史料看，寧化是一個糧食富裕的縣。清流縣在明代末年原是產糧縣，當地縣志記載：「按清流附郭米石，僅給民食半年。上流則資黃鎖、烏村、石牛諸路，下流則資玉華、嵩口、韋埠等處。」這段記載表明，清流至少有六個鄉都是產米區。清流縣城及周邊村莊都靠這些鄉村供應糧食。由於出產量大，有一些糧商在清流購糧直銷福州的洪塘鎮：「往年奸商包糶，載下洪塘，以濟洋船，貪得高價。又安沙點商，百千成群，放青苗子錢，當青黃甫熟之時，即據田分割，先於嵩口造船，及期強載出境。」運糧的規模相當可觀：「邑奸市萬石，泛千艘，乘九龍巨浪，揚帆而下，一瞬千里。」[94] 不過，清流輸出糧食過多，也會引起大饑荒。[95] 為了阻擋糧食外流，清流縣人在河流上修起浮橋，阻擋糧船輸出。因而，清代

90　楊瀾，《臨汀彙考》卷三，〈典制考〉，第 33—34 頁。

91　王簡庵，《臨汀考言》卷十七，〈禁米牙店家通同奸販糶米出境〉，第 360 頁。

92　杜士晉，康熙《連城縣志》卷首，〈序〉，北京，方志出版社 1997 年，第 12 頁。

93　李世熊，康熙《寧化縣志》卷一，〈風俗志〉，第 12 頁。

94　喬有豫，道光《清流縣志》卷二，〈建置志〉，第 143—144 頁。

95　三木聰，〈清代前期福建農村社會與佃農護航鬥爭〉，廈門，《中國社會經濟史研究》1988 年第 2 期，第 55 頁。

初年的清流應屬於糧食產區。明代的歸化縣是產糧區，「近溪之米，裝鬻止于省城」。[96]清代歸化應沒有多大的變化，所以，歸化可以定為產糧區。此外，武平縣雖要輸入部分糧食，多數情況下還是自給有餘的。《武平縣志》記載，鍾壎「筆畊硯田有年齒，積館谷三百餘石。」[97]鍾壎靠教書能夠積貯糧食，說明平常年分的武平應屬餘糧區。《汀州府志》記載當地風俗：「民力農事而急賦稅。」[98]農民以早繳賦糧為樂，應是糧食富足區域。

總之，汀州府產糧區是寧化、清流、歸化、武平四縣，缺糧區是長汀、上杭、永定、連城四縣。

綜上所述，乾隆初年的福建 61 縣中，糧食自給有餘、可輸出糧食的有 22 縣，糧食自足的有 23 縣，缺糧縣為 16 個。所占比例分別為：36%、38%、26%。缺糧縣主要分布在福州、泉州、漳州、汀州。福州是大城市，而泉州、漳州、汀州是甘蔗和菸草的主要產地。這充分說明清代前期福建缺糧的主要原因是商業性農業發展侵占了農田。

表 2—3　清代前期福建各縣糧食餘缺表

縣名	餘缺	縣名	餘缺	縣名	餘缺	縣名	餘缺	縣名	餘缺
閩縣	缺	候官	缺	福清	自足	連江	自足	羅源	自足
古田	自足	屏南	自足	閩清	有餘	永福	有餘	長樂	自足
安溪	自足	惠安	缺	晉江	缺	南安	缺	同安	缺
廈門	缺	永春	自足	德化	自足	大田	自足	龍溪	缺
漳浦	缺	海澄	缺	平和	缺	詔安	缺	長泰	自足
南靖	自足	龍巖	自足	漳平	自足	寧洋	自足	永定	缺
武平	自足	上杭	缺	連城	缺糧	歸化	有餘	清流	有餘
寧化	有餘	長汀	缺	南平	有餘	順昌	有餘	將樂	有餘
沙縣	有餘	尤溪	自足	永安	自足	邵武	有餘	光澤	有餘
建寧	有餘	泰寧	有餘	建安	有餘	甌寧	有餘	建陽	有餘
崇安	有餘	浦城	有餘	松溪	有餘	政和	有餘	霞浦	自足
壽寧	自足	福鼎	自足	福安	自足	寧德	自足	莆田	有餘
仙遊	有餘								

96　楊繢，正德《歸化縣志》卷一，〈風俗〉，明正德十一年本，嘉靖年間刊，第 4 頁。
97　趙良生，康熙《武平縣志》卷八，〈鍾壎傳〉，第 204 頁。
98　曾曰瑛等，乾隆《汀州府志》卷六，〈風俗〉，北京，方志出版社 2004 年，第 93 頁。

　　從乾隆到道光二十年，福建人口增長很快，糧食供應缺口較大。清代後期福建糧食市場的動盪更為激烈，就人口來說，1829 年官方簿籍上的福建人口達到1700 萬以上，經過校正，我認為1829 年福建人口約為1500 萬。[99]比之清代初年，福建人口大增，這是福建糧食供應日益緊張的原因。

第四節　清代福建因缺糧引起的社會動盪

　　概括清代福建各區域的糧食供應情況，大致而言，除了汀州府之外，福建山區諸府的糧食供應較好，閩北的建寧府和邵武府都能輸出大量的糧食。福建沿海各府諸縣也有兩種情況。位於山區的各縣大都糧食自足有餘，而沿海各縣因人口過於密集，需要從外地輸入大量的糧食，這種情況以福州、廈門等城鎮化程度較高的區域最為嚴重。因清代前期的運輸條件與古代差不多，運輸效率很差，異地糧食運輸往往都需要幾個月時間，所以，每當災荒來臨，經常發生餓死人的事件。從而引發饑民暴動的民變。

一、福建鄉村糧食市場的運作

　　許多人認為福建山區的產糧區農民的食糧多是自給自足，實際上，許多鄉村都要依賴外來的糧食。例如明末清初的清流縣：「清流附郭米石，僅民食半年，上流則資黃鎮、烏村、石牛諸路；下流則資玉華、嵩口、韋埠等處以益之。」[100]康熙《清流縣志》所載史料非常有意思：

> 清流附郭之米約萬餘石，而城內城外之人約五千餘人，一歲之入，輸於官者什之一，輸於富戶者什九，人日計一升，通歲計三石，則萬石之米，止可食三千人，其二千人尚枵腹也。又豐歉不齊，完者十之七，欠者十之三，大約一縣之人饑飽居半。其他如林畬、高地、倉龍、鐵石、扳龍磜、秋口、羅口、藥範、木蘭青等處之米，則鄰近村落所給，多為奸販入載，寸粒不入城。其鄉民亦不入城買米。至於橫溪、高地、暖水等附郭之鄉，則概以柴炭為生，悉食城中之

99　徐曉望，〈福建歷史上幾個人口數字考證〉，《福建論壇》1987 年第 4 期。

100　王霖等，康熙《清流縣志》卷五，〈橋梁〉，康熙四十一年刊本。本條轉引自三木聰，《明清福建農村社會の研究》，日本・札幌，北海道大学図書刊行会 2002 年，第 102 頁。

米，則是附郭者五千人，而郭外之民或三十里、或二十里、或十里五里之數又倍也。勢必合上下諸暨路之米毫無滲漏，僅可給終歲之計。無賴巨販睥睨其間，富戶貴一分，大販則分半，而小販則加二。貴猶可言也，以米尚在本境，縱貴不至餓也。旋包糴載越境矣，下面嵩溪、嵩口、韋埠之倉空矣，上面石牛、黃鎮、烏村之倉亦空矣。其點富利價，留一家半年之食，餘盡傾儲，與之奸販，知米之聚於己，而富室之無米也。即不越境，早知升斗贏羨盡歸我橐中裝矣。一旦陰雨連綿，以十餘金賄米牙，倡言米價，一犬吠形而吠聲，大販囑小販，小販轉相告語，或歃血以盟，閉店不糶，遂踴貴矣。[101]

　　這是一條難得的史料，其作者描述了清流一縣各鄉的糧食供求情況。就當時的社會而言，一般的商人雖然知道、但不會去寫這類東西；文人學者中，若非胸有經濟策略，也寫不出這類務實的文章。如其所說，清流縣各鄉並非自給自足，各個鄉村之間，有的餘糧，有的缺糧，因而鄉際的糧食調劑是正常的。而其調劑方式，當然是墟市貿易，有餘糧的鄉村出售糧食，而缺糧的鄉村購進糧食。不過，由於福州的糧商在清流的碼頭集市以高價大量採購糧食，導致了當地的糧食恐慌，關心當地糧食生產的文人，就出面阻止這類貿易了。這條史料證明，明清時期福建山區的糧食市場也是十分活躍的，許多貧民依賴市場上的糧食，而富戶中有人乘機抬價，以求得高額利潤。富戶的倒行逆施，最終產生相反的結果，例如清初寧化縣時常發生哄搶糧食案。

　　審看得伊禾、雷登九、夏志、伍聖、葉慶、劉佛養、吳定祖等皆目無法紀，恣不畏死之棍徒也。緣寧邑地方僻處深山，人情習悍，風俗冥頑，稍可藉端即烏合成群，視良懦為魚肉。一經發覺即鳥驚獸散，等法紀於弁髦，以致聚眾搶奪之案頻年見告。即去歲之西成頗有薄收，至本年四五月間青黃不接之時，米價雖云稍長，業經卑府檄飭，該縣將存倉積穀詳請減價平糶六千五百餘石。又令該縣捐米煮賑。況外來米販接踵而至，稍足以接濟民食，自應貧富通融，安分樂業，乃伊禾等獷悍性成，輒敢乘機覬覦，鼓惑鄉愚。先是伊禾、雷登九、黎四八與夏志、伍聖、葉慶、劉佛養同至吳定祖家圖謀搶

奪，而定祖同聲附和，遂將原存神會銀兩分發買豬，於康熙三十六年五月十二日會集於大洋廟內，宰牲倡首勒令五通廟祝鳴鑼聚眾當經該縣拿獲收羈，伍聖率領多人擁至縣堂，挾制縣官立時釋放，混報殷戶藉口平倉。葉慶沿街鼓舞招集平民，夏志高立城頭號召克黨劉佛養鳴鑼放砲助勢張威，擁至陰念良家。伊禾手執鳥鎗爭先上屋，雷登九首奪前門，黎四八從後門攻入，吳定祖等統率亡命之徒一闖而進，登堂入室，念良所有之物罄搶無遺，一時縣城之內天日為昏。而劉佛養手持利器復統群克聚集於雷冲斗、陰上升兩家門首，正欲攻門入室之頃，適縣令與防弁俱至，始得群克散去，幸保無虞。山城縣令當此倉卒之際，法難遽施，惟恐民情惶惑，釀成巨測之患。是以暫爾隱忍，未即具詳拏究。若非憲臺犀照，遠及軍令飭拿，幾使群克漏網深山窮谷之中。此風一長，將來不可復問矣。[102]

　　此案中，伊禾等人假充饑民鬧事，在縣城中公然搶劫大戶人家，造成社會動盪。對於敢於搶糧的饑民，官府往往沒有辦法，而地主也常遷怒於平民。

審得俞永清之倉穀被搶，雖屬有因，而所告之賴自生等實皆無辜之平民也。緣永清有租穀一倉，收貯於下賴地方。今歲四月間，因米價騰湧，遂有曹坊奸民嘯聚亡命之徒，藉口平倉，恣意搶奪。於四月初一日烏合多人先至安樂而歸，由下賴將永清所貯之穀搬運一空。永清傳聞被搶，命姪俞星、俞惠往看之。時奸徒遠去無蹤。星、惠明知寡不敵眾，不敢追躡。其後將附倉鄰居之。賴自生、賴德、賴永、賴鐵指為搶穀之人執之送縣。[103]

　　以上事實表明，福建鄉村的糧食供應並非像人們所想像的那樣自給自足。實際上，許多貧民都依賴市場供應，一時米價上漲，會讓他們的生活十分難熬。於是，各鄉村都有囤積居奇的富人，為了謀取高利而不擇手段。在他們壓榨之下，有時貧民會大量餓死。在這一背景下，貧民組織起來，禁止糧食出境，甚至搶大戶成風。這些情況決非「自給自足」四字所能描

102　王簡庵，《臨汀考言》卷十，〈寧化縣民伊禾等鼓眾平倉〉，第270頁。
103　王簡庵，《臨汀考言》卷十一，〈寧化縣民俞永清誣告賴自生等搶散倉穀〉，第278頁。

述的。應當承認，其實農村也有糧食市場，農民之間常有糧食買賣。山區的問題是糧食流出容易，運入困難，因而每逢災年，經常引發社會各階層的對抗。糧食不足，是社會動亂的根源。

二、清代嘉慶道光年間福建各地的搶糧案件

東南缺糧問題還加重了清廷的財政負擔。清廷自康熙皇帝以來，就形成了一個關心民食的好傳統，只要一發現什麼地方缺糧，他們就馬上從產糧區調動糧食前去賑濟，確保災民有口飯吃。翻開清代檔案一查，觸目皆是這類糧食調運。而且，大都是從內陸省分調運到東南沿海區域。在交通不發達的古代，這類調運使清廷耗費了無數的人力和物力，然而，缺糧區對調運糧食的處理卻不能使人滿意。如福建的福州地區：「歷年即極豐之歲最賤之價，米未有賣至一兩一石者，向時督撫但討目前百姓之稱揚……平糶之米每石價減至一兩，且有不及一兩止賣九錢者，此雖米石極賤之時所不能有之價。」一些投機分子從中漁利，他們一手從政府買來平糶的低價糧，另一手馬上拿到市場上以高價出賣。官方「雖設法愈密而其術愈巧，竟視平糶為其一次大生意，往往借米價略貴即鼓煽窮民恐嚇官府，壓之以官應愛民之說，迫之以人情洶洶之勢，相沿既久。」[104] 東南區域如此處理清廷千辛萬苦調運來的糧食，等於把缺糧問題轉嫁給國家財政，這不能不引起清廷官員的不滿，於是，朝廷上下重農抑商的呼聲越來越高。這對社會發展是不利的。

然而，到了嘉慶、道光年間，福建的糧荒日益嚴重，清朝由於財政困難，對東南諸省的賑濟越來越少。不少地方發生搶糧事件。嘉慶時期福建著名學者陳壽祺的家；「食指數百，宿糧已罄，五六日中，遣人四出附廓糶買米粟，不得升斗，空手徒回。」[105] 瀕臨餓死的人們常常掀起搶米風潮，如乾隆十七年的福鼎縣與霞浦縣：「旬日之內，二縣境內遠近各鄉被借被搶者共計五十餘家，搶去倉穀每家自數石、數十石至百餘石不等。」[106] 嘉慶年間的福州；「牙戶貪很（狠），幸災樂禍，三年之蓄，利欲倍蓰」。「旬

104　高其倬，〈請籌閩省平糶之法疏〉，琴川居士，《皇清奏議》卷二七，第2401頁。

105　陳壽祺，《左海文集》卷五，〈與孫平叔藩伯書〉，清嘉慶道光間閩縣刊本，第37頁。

106　故宮博物院編，《宮中檔乾隆朝奏摺》第一輯，臺北，故宮博物院，1982年版，第458頁。

日以來，米粟價大騰涌，日長刻增……米每石為錢五千三百，粟每石為錢二千六百，其勢且未有所止。」[107] 市民沒有糧吃，只好搶劫糧店。清嘉慶、道光年間，不時發生的搶糧事件成為官府十分頭痛的一件事，它無疑加重了當時的社會矛盾。

產糧區由於糧食輸出太多，也會出現缺糧現象。人們紛紛主張禁止糧食出境，引起社會矛盾尖銳化。以福建邵武為例，該縣的拏口鎮是著名的米市，大米「順流而東運之省城」，然而，由於大米輸出量過大，導致本地出現缺糧問題：

> 邵武土宜稻而北境狹，稻米出於東北與西南者為多。拏口之米，順流而東運之省城。西南禾坪、古山、市集頗大，城內食米率取諸此。土棍乘米價稍昂，聚匪把持，私禁搬運，托為保固地方。官出差諭，名曰開把，悍然不畏。必得賄始放行。境內殷戶開糶，城中貧民益困。

> 米價高昂，無業貧民連名呈請勸糶，官稍游移，即滋生事端。向有蜂擁富家，奪其食而毀其器者，故有司接呈唯而不諾。隨傳各甲殷戶輪流平糶，價每升不過二十餘。或一二輪，或三四輪，量積谷（穀）之多寡為衡，名曰甲米。東南北三門尚易，西門買戶多，稍難。四鄉聞風平糶，各有章程，然富戶囤積居奇，貧戶以眾迫之，以官臨之，逼勒使糶，貧富各不相安。[108]

對官府來說，怎樣安撫百姓變得十分困難：「米價高昂，無業貧民連名呈請勸糶，官稍游移，即滋生事端。向有蜂擁富家，奪其食而毀其器者，故有司接呈唯而不諾，隨傳各甲殷戶輪流平糶……四鄉風聞平糶，各有章程，然富戶囤積居奇，貧戶以眾迫之，以官臨之，逼勒使糶，貧富各不相安。」[109] 總的來看，清代嘉慶、道光年間福建缺糧情況嚴重，許多社會問題在這一時段爆發是有原因的。

107　陳壽棋，《左海文集》卷五，〈與孫平叔藩伯書〉，清嘉慶道光間閩縣刊本，第37頁。
108　陳盛韶，《問俗錄》卷五，〈邵軍廳〉，北京，書目文獻出版社1983年，第102—103頁。
109　陳盛韶，《問俗錄》卷五，〈邵軍廳〉，北京，書目文獻出版社1983年，第102頁。

小結

　　清代福建省的糧地矛盾仍然十分嚴重。就福建各府縣情況來看，福建山區的閩北三府情況較好，閩北山田較多，人口相當較少，糧食能夠自給，還有餘糧可以供給下游的福州府。不過，福建南部的汀州府山區因地狹田少，人口過剩，一直是福建重要缺糧區之一，當地民眾沿著汀江做貿易，從下游的潮汕運來食鹽，運到江西換取糧食，從而繁榮了汀州經濟。福建沿海諸府轄地廣闊。大致來說，不論是福州府還是泉州、漳州兩府，山區各縣都是糧食產地，而沿海諸縣需要輸入糧食。為了扭轉民間溺嬰的惡習，清朝官府機構主導了育嬰堂的建設。由於童養媳、高聘金等習俗的出現，福建底層社會的女性數量漸有增長，這些措施促進了福建人口的增長。清代中葉，福建沿海的一些人口大縣，人口之多，超出意表。

　　由於福建省山多地少，除了清代初年福建省因人口較少糧食供應較為充足外，多數時間，隨著人口的增長，福建省的糧食都是不夠吃的。儘管有紅薯、玉米等旱地作物的引進，仍然未能解決這一矛盾。由缺糧引發的社會動盪是清代很常見的狀況。不過令人啼笑皆非的是：清代臺灣是餘糧區，福建是缺糧區，但臺灣發生的動亂遠多於福建！其中原因在於：福建鄉村有發達的鄉族管理制度，而臺灣的底層社會制度尚未成熟。

第三章　清代福建的鄉族社會

　　明清時代，福建臺灣的鄉族組織發達，這類組織重視血緣和地緣關係，在一定程度上抵制了族內的貧富分化。鄉族長老中，有些人十分重視鄉里的慈善活動。不過，在邊緣區域的一些豪紳巨族，也會有抗官抗稅的行動。所以，宗族的存在會具有兩面性。

第一節　福建的宗族社會

　　清代福建和臺灣的社會結構，以宗族聚居為基礎的血緣、地緣最有特點。這類鄉族關係是閩臺社會的基礎。

一、福建的族居和鄉居

　　中原曾經是宗族制度興盛的地方，但經歷代戰亂的影響，在漢唐極盛的族居現象，在明清時期已是相當難見了。明代中葉，王士性很感慨地說：「宛、洛、淮、汝、睢、陳、汴、衛自古為戎馬之場，勝國以來，殺戮殆盡。郡邑無二百年耆舊之家，除縉紳巨室外，民間俱不立祠堂，不置宗譜，爭嗣續者，止以殯葬時作佛超度所燒瘞紙姓名為質。庶民服制外，同宗不相敦睦，惟以同戶當差者為親。同姓為婚，多不避忌，同宗子姓，有力者蓄之為奴。此皆國初徙民實中州時各帶其五方土俗而來故也」[1]。據王士性 所

1　王士性，《廣志繹》卷三，〈江北四省〉，中華書局 1981 年，第 43 頁。

說，北方族居制度在明代中期已經徹底瓦解了。

　　北方宗族制度的瓦解與地理環境有關。北方中原區域是一望無際的大平原，一旦游牧民族入侵，當地居民每每遭到徹底的蹂躪。因此，一旦遇到戰亂，他們最佳選擇就是逃難異鄉，這就造成當地居民每隔數百年就要輪換一茬的現象，而古老的宗法制度也很難在這一塊土地上延續。

　　南方的地理情況與北方不同。以福建來說，福建號稱「東南山國」，境內群山臚列，交通極為不便，自古就有「閩道更比蜀道難」之歎。在這種地理環境裡，即使發生戰亂，受影響的也只限位於交通要道的個別城市，例如，福建的興化、建州、漳州諸城，每每在改朝換代之際，遭受屠城之慘禍。但是，福建大多數家族都住在交通不便的山區，即使改朝換代，這些地區一般不會有大兵駐紮，因此，所受破壞也小。由於這一條件，古老的族居習俗，在明清時期已不見於北方，但在福建等地，卻保留得相當完整。

　　福建宗族的戀土性很強，他們在某一地區定居，子孫繁衍，幾十代人不離鄉土。清代孟超然說：「余世居閩中，見鄉井多聚族而居，數百年不變。其居城市者亦罕輕去其里也。不得已而遷徙，閱百十年子孫猶以為故居，敬其耆長，往來不衰」[2]。久而久之，福建便形成了聚族而居的習慣。如陳壽祺所說：「閩越之區，聚族而居。丁多者數千，少亦數百，其間有族長，有房長，有家長，有事則推族長為之主。有司有所推擇、徵索，亦往往責成族長。此猶古人同族尚齒之遺也。」[3]一個家族長期在一個地方定居，便形成了濃厚的鄉情、鄉誼。閩人向外發展，會將家鄉的血緣組織帶到新的地方。不論在什麼地方，姓氏組織相當發達。臺灣作為早期閩人開闢的一個區域，也是福建宗族組織移植的一個地點。但是，臺灣在其開闢過程中長期被列入移民的禁地，所以，福建人很少有整個家族集體移民臺灣某地的例子。在多數情況下，他們是分散地、偷偷地進入臺灣，直到發了財，才想辦法成家立業，然後才與家鄉的宗族聯繫，再想辦法續譜。因此，臺灣的早期社會的宗族組織並不發達。我們所瞭解的多是「閩粵分類」、「漳泉械鬥」，地緣組織起更重要的作用。但隨著時代的推移，一個家族從一

2　孟超然，《瓶庵居士文抄》卷三，〈論習俗示蜀中人士〉，嘉慶二十年刊本，第36頁。
3　陳壽祺，《左海文集》卷六，〈安溪李氏續修族譜序〉，左海全集本，第63頁。

個人發展到幾十人至幾百人，為了維繫他們之間的關係，血緣組織也隨之發展，以故，現代臺灣的農村，族居現象還是相當普遍的。

　　同鄉關係是閩人在外聯絡的基礎。清代的蘇州：「自閶門至楓橋多閩中海賈，各飾郡邸，時節張燈陳百戲，過從宴犒豔服，以財相炫。」[4] 這種情況在其它地方都是普遍的。為了聯絡鄉情之誼，他們會在異鄉建立會館等地緣組織。這些會館雖說不是嚴密的組織，日常活動也只是些敬神、演戲，但它提供了一個公益活動的場所，會館成為異鄉閩人交流資訊之所。在這裡，無論是儒生、官員，還是商人、醫卜之流，都以同鄉的面目出現，他們相互幫忙，互通資訊，在異鄉擰成一股力量。使同鄉在交往中加深了感情，而且，一旦有什麼事發生，同鄉人總是相互幫助，共渡難關。例如，臺灣開發之初，「土著既鮮，流寓者視同井猶骨肉。疾病死喪相恤，貧無歸者，集眾捐囊助之，雖慳者猶畏譏議」[5]。他們在異鄉相互幫助，逐步形成了同鄉人共同居住一地的情況，這也就是臺灣多「閩庄」、「粵庄」之類稱呼的由來。清代臺灣的鄉貫是極為重要的。一旦發生訴訟、械鬥之類的事件，同鄉人總是幫同鄉。著名的臺灣分類械鬥，大都是以鄉貫為單位的。「再查臺灣地方本無土著，以全郡而論，漳泉廣東三處民人居其大半。而福州、汀州、興化等府民人寄籍者亦多，除郡城縣城及港口鎮集各處，俱為五方雜處之區。其餘村庄原係自分籍貫，各為一庄居住。惟因閩庄、粵庄，彼此交錯，田業毗連。」[6] 粵莊或說客莊，如上所述，它的居民大都來自廣東的梅州、潮州諸縣，他們以客家話為主，在臺灣的勢力不可小視。「廣東饒平、程鄉、大埔、平遠等縣之人赴臺傭雇佃田者、謂之客子。每村落聚居千人或數百人，謂之客庄。」[7] 早期臺灣官員甚至考慮調整土地，分開粵莊和閩莊。

　　清代閩人保持著大宗族的習慣，某姓宗族在某一地區可保持數百年不變的「聚族而居」，這是讓人驚訝的。一般地說，大家庭同財共居，家內諸人利益不同，容易積聚矛盾，兄弟之間常因分家問題吵得不可開交。所

4　朱仕琇，《梅崖居士文集》卷十，〈太學生余君墓誌銘〉，乾隆刊本。
5　胡樸安，《中華全國風俗志》上編，河北人民出版社 1986 年，第 126 頁。
6　乾隆帝等，《欽定平定臺灣紀略》卷五十，第 8 頁。
7　藍鼎元，《鹿洲初集》卷二，〈與吳觀察論治臺灣事宜書〉，第 18 頁。

以，大家庭很難長久延續。而實行小家庭制度的宗族，相互之間利益分配明確，不大容易產生矛盾。社會上激烈的競爭，反而使他們感到團結的必要，因此，他們會設法保持一姓的宗族制度，以捍衛自己的利益。

其次，閩人聚族而居也有自然環境的原因。福建山多地少，森林茂密，山上有毒蛇猛獸，水中有蛟鯊巨鯨，自然環境十分險惡。在這種背景下，各族姓的生存主要靠族眾的共同努力。一個人的力量是有限的，只有團結起來，才能形成巨大的力量。憑藉這一力量，他們可以移山填壑、圍海造田，開闢出可以耕種的良田。總之，農村經濟的開發，需要民間組織的力量，而在清代，這一組織力量主要來自宗族。

再次，社會環境也是閩人族居的重要原因。清代的官府對民眾的統治是較為疏略的。一個縣只有幾個官員，他們要面對不斷發生的林林總總的案件，精力上難以照顧。事實上，除了城廂附近的民眾能得到官府的管制外，邊遠山區民眾之間的民事往來與生活，官府往往無暇顧及。邊遠區域存在著大姓欺侮小姓的事件。在這種社會環境中生存，最好的辦法是加強自身宗族的力量，以便在人與人的競爭中取得生存優勢。事實上，民間處理民事爭端，往往要看雙方實際的勢力，哪一方的權勢大，哪一方的得勝的可能性就大。族居能造成某一姓在地方勢力的膨脹，從而獲得更多的勝利機會。其次，大的宗族往往成為地方維持秩序的力量，他們在地方有號召力，官府在地方要辦什麼事情，由大姓出面，往往事半功倍。當然，若是宗族勢力與官府對抗，也能造成完全相反的局面。不論如何，人們都不敢忽視大族的力量。

福建族居狀況的形成，其實與商品經濟的發展有關。宋元以來福建商品經濟的發展，使自然經濟逐步瓦解。商品經濟社會以人與人之間的競爭為其特點，而古代中國又是一個法制不健全的社會，在這種社會裡要獲得競爭的勝利，就要在競爭中占據有利地位。於是，古老的血緣制度在新的需求面前被喚醒了。閩人在競爭中，常常以家族整體出現，由於他們人數眾多，所以，他們往往能夠取得競爭的勝利，這樣，血緣組織被日益加強了。在福建的許多農村，逐步形成了一姓一個村莊的住居模式。它並非自古如此，往往是由於一個姓成長為大族之後，其他姓在本地無法生存，只好遷居他處，或改姓加入當地的大姓。對這種血緣組織我們必須注意的是：

它與古代的宗法制度只有外在的相似，因為古代的宗族都是實行同財共居制度。但是，宋元以來福建的宗族，都是實行私有制，每一個家庭是一個財產單位，家庭之間雖是同族，但未必同財。實際上，宗族制度對於他們來說只是一個互助的組織，同姓相互説明是這一時代福建宗族組織的特點。

二、閩臺宗族與官府統治的雙面關係

官府扶植宗族，當政權與族權的關係比較正常時，統治者確實能夠得力於宗族。族權對於官府的支持可概括為幾方面。

其一，鎮壓遊民叛亂，維護地方「治安」。「福建長樂諸縣大姓，父老紳士多有自糾其族鄉毋得為盜者。」[8]有些宗族則通過族規的「獎善懲惡」條例來控制族眾，宗族共同體大都有自己的武裝，通常他們都能維護本族地區的治安。例如漳州郊區：「鄉民自衛，賊不敢近。」而漳州城由官方兵役守警，反而失盜、搶劫等案層出不窮。[9]

其二，調解民事糾紛。大多數宗族都有自然形成的慣例，凡族內爭端，由族長或受尊敬的族人出面調解。如：「漳平民間，家長之外，有所謂公親者，其任務以調解證見為要務，民間細微事件，大抵就理於公親，較重要之契約，家長之外，必加入公親若干人之署名，公親資格，亦不必其人為當事者公共之親，大率大小鄉紳，以及一造之戚屬，皆得隨時認為有公親之資格。」[10]這種作用是對官府作用的補充。

其三，緩和貧富矛盾。明清時期的宗族共同體大都設有祠堂，備有祠產，其收入有相當一部分用作賑濟族內窮人。凡鰥寡孤獨皆能得到族田的贍濟。這樣，多少能使貧窮之戶不致於流離失所，轉為社會對立面。

其四，宗族組織經常擔負一部分地方公益建設。比如龍巖一帶每一個宗族都有自己的組織，各族又聯合成坊社，其組合以「股」為單位：「大姓為一股或兩股，各小姓組合為一股或半股，股出鄉長一個，按股斂穀，

8　陳庚煥，《惕園初稿》卷十三，〈議代諸紳擬答溫撫臺延訪海事書〉，惕園全集清道光元年刻本。

9　徐宗幹，〈斯未信齋雜錄〉，小浣霞池館隨筆甲辰，《近代中國史料叢刊續編》第九十八輯，第 14 頁。

10　鄭豐稔，民國《龍巖縣志》卷十六，〈篤行〉，民國三十四年刊本。

儲為公用。遇官府徵發，或造橋修路等事，由鄉地保具事傳齊鄉長會議。」[11]
舊時代官方對地方公益之事往往不能顧及或等根本無心顧及，所以道路失
修，陂塘毀壞的情況很普遍，像龍巖這樣具有完備宗族組織的地方，這類
問題就能得到較好的解決。據說，龍巖縣城鄉公有設施始終是維修良好的。

　　其五，在戰亂時用武力保衛政權。清代臺灣有強大的族姓武裝，當蔡
牽進攻臺灣攻陷鳳山縣時，臨近的嘉義縣倉卒之間召集當地鄉族武裝，「各
分地而守」。[12]蔡牽攻城不下，只得退走。政權和族權互相維繫，這是官府
扶植宗族共同體的收穫。然而，這僅是官府和宗族關係中的一面，二者關
係中還有不可忽略的另一面。

　　清代鄉族組織對地方政權的反制。

　　宗族共同體的發展，也有和官府發生對抗的一面。一般來說，在朝代
初期官權較盛，對違法亂紀的強宗大姓毫不留情地給予打擊，所以，宗族
共同體大多是自相約束，不敢胡作非為。但時間一長，情況便發生變化。
官府的權威由於官僚機構自身腐敗而不斷削弱，強宗大姓卻由於人丁的繁
衍，族內有人做官等因素，勢力不斷增強，漸漸地太阿倒持，某些地區的
族權氣勢壓倒官府。而族姓與官方的關係也發生質變，仗著強宗大姓勢力
支持的豪強，不能滿足於法律給他們帶來的利益，在貪欲驅動下，他們伸
手攫取非分的東西。這樣，族權的膨脹便向官府所不願看到的方向發展了。

　　族權破壞法治的手段是多種多樣的，突出地表現以下幾個方面。第一，
豪強憑著宗族武裝，他們橫行鄉里，無視法律，用各種手段欺奪百姓田產。
如仙遊縣夾在大族豪強間的「寡弱之良民」，日子非常難過。強宗大姓，
趁機窺伺。「吞田索貸，連綿其券，不陷之以人命則誣之以軍丁，吏緣而
羅織，不竭貨產以賠之，不止也。」[13]普通百姓生命財產沒有保障，憑藉宗
族勢力，豪強還私設刑堂，謝金鑾《泉漳治法論》揭露：逋租負債之人由
於未還債，紳士富民之家「則擄其人而私加拷掠焉……其法率多斃命」。[14]

11　鄭豐稔，民國《龍巖縣志》卷十六，〈篤行〉，民國三十四年刊本。
12　陳庚煥，《惕園初稿》卷六，〈謝退谷先生官績敘〉。
13　鄭紀，〈送萬廷器之仙遊序〉，陳壽祺，道光《福建通志》卷五十五，〈風俗〉，
　　同治九年重纂本。
14　謝金鑾，《泉漳治法論》，〈擄禁〉，1965年據同治七年重刊本抄本，第10頁。

他們還和官府的黑暗勢力勾結，用錢賄賂汙吏，「多或十數金，少或逾貫陌」，官吏便為他們逮繫平民「窘辱楚撻」。積威漸久，「遂使良善吞聲，惟豪右所魚肉」。[15]對國家政權來說，小農經濟是賦稅的源泉，小農被豪強兼併，對封建政權來說，也是非常不利的。所以，官府往往在一定程度上保護小農。而強宗大姓的肆意橫行，顯然與官府願望相違。

第二，強宗大姓往往漏租瞞役，恃強不納官糧。葛守禮說：「南方丁差，一戶每數十人，才出一丁應役，十年才輪當一差。」[16]說的就是南方大族瞞役的情況。這種情形很普遍，而以詔安最典型，如：「官陂廖氏，附城沈氏及為許、為陳、為林，田不知其幾千畝也，丁不知其幾萬戶也。族傳止一二總戶名入官，如廖文興、廖日新、許力發，平式甫是也。更有因隱避徭役，數姓合立一戶，如李林等戶合為關世賢，葉趙等戶合為趙建興是也。」[17]數萬戶的大族才立一兩個戶頭，國家損失稅額之大是可想而知的。他如平和縣的田地「納賦不及十之二三」。[18]由此來看，官府與地方豪族的關係不是那麼簡單的。

第二節　福建鄉村的慈善事業

在通常情況下，一個地方的公共事業多由官府負責。但在明清時代的福建，官府在收稅之餘，很少管民間的公共事業。因此，福建各地的公共事業多由地方士紳管理。這些士紳帶頭者多是儒者出身的官宦人家以及地方巨富。他們相互倡和，完成了許多公共事業。

一、從救濟鄉親做起

福建人敬宗愛鄉，願意為鄉族公益事業做出貢獻。《臨汀彙考》說：「民多末作，其俗器局開爽，見事敢為。」[19]如羅大永「經商為業，不敢輕財貨，亦未嘗利己損人。所積贏餘，體親志以惠骨肉，修宗祠以妥先靈。」謝友

15　陳庚煥，《惕園初集》卷六，〈封翁贅述答鄭潮州〉。
16　葛守禮，《葛端肅公家訓》卷下，嘉慶七年刊本。
17　陳盛韶，《問俗錄》卷四，〈詔安縣〉，第 92 頁。
18　姚瑩，《東溟外集》卷三，〈覆江尚書書〉，《東溟全集》，道光二十九年刻本，第 10 頁。
19　楊瀾，《臨汀彙考》卷三，〈風俗〉，第 24 頁。

漂，「貿易起家，手置房產，與兄弟同居。損己田以豐烝嘗，為貧族完娶者，不可枚舉。所有贏餘，未嘗積之無用，人謂義聚之而義散之也。」沈敦臨「幼貧，及長，負米養親。家稍裕，遵父命，出資為貧苦子姪婚娶者六。」楊顯聖「有族人楊開秋父死母嫁，子身無依，顯聖收而養之，代為婚娶。」他們會大力支持族內守節婦女。「楊瑤，官莊人。順治初年，鄉人邱仲開死，其妻楊氏貧而無子，族人欲嫁之，楊氏聞而投水，遇救獲生。瑤聞之，即捐朱地田為楊氏終身之贍，眾謀遂阻。楊氏克終其節，鄉人咸服其義。」有的人替族人還債。陳文孝「國課早完，族人有不能依限者，即竭力代其完公。」謝彥升「多行善事，並置義租五十桶以惠族中孤寡。」沈正隆「捐田入祠，不廢烝嘗。」謝謨「倡建祖祠，捐己田以延烝嘗。」謝廷綱，「族產涼薄，置義田以贍。」[20] 又如林羽宏，「母命服賈於外，比至殷富，慕先正之誼，厚宗睦族，周急扶危。授仲子一經，擴烝嘗，焚故券。鄉中婚禮不備者助之，生喪不足者給之，待以舉火者比比。」[21] 又如連城的謝汝梧，「曾以百三拾金倡建宗祠，謂非孝乎？」其子建奇，「復輸百餘金崇祠祀，繼父志也。」[22] 連城李墩「好義不吝，尊祖敬宗收族。作興士類，與姪開宋倡通族文會。施與濟款，無不率先倡義。」楊登臺「族有無力婚葬者助之，施棺二百餘具。……族人應試者，悉助其資。」童旻宗祖孫三代，都十分重視同族人的利益。童旻宗「日積所得，除一家餬口外，為上代營窀穸。後食指日繁，弟貿于粵，一家五十餘口，一切婚配事宜，俱旻肩任，毫不敢私。為人和平坦易，樂襄義舉。次子積華，亦有父風。挾貲遠貿閩粵，每月封遺無間，歲暮必歸。視諸姪如子，凡男女婚嫁，無不竭力經營。」[23]

每當家鄉發生災荒，總是富人積極救賑。謝獻民，「經商以供二親。後家稍裕，樂施濟。康熙丁丑、丙戌，水旱之災，民饑，煮粥以賑。」羅其綸，「好施與。歲歉，罄家粟以賑族黨。」羅兆熊，「曾捐資以賑饑民，並募獵戶以除虎患。」童上策，「（康熙）丁丑歲饑，出粟以周鄰里。」

20　李龍官、徐尚忠，乾隆《連城縣志》卷八，〈人物志〉，廈門大學出版社 2008 年，第 183—192 頁。

21　杜士晉，康熙《連城縣志》卷七，〈人物志‧林羽宏傳〉，第 166 頁。

22　杜士晉，康熙《連城縣志》卷七，〈人物志‧謝汝梧傳〉，第 168 頁。

23　王集吾修、鄧光瀛總纂，民國《連城縣志》卷二十三，〈鄉行〉，廈門大學出版社 2008 年，第 735—749 頁。

羅兆麟「康熙辛卯、丁丑、丙午，邑大饑，俱出粟倡賑，民困以甦，有貧老將鬻其子者，麟解囊贖之。」楊顯聖「乾隆七年四月，天旱米貴，顯聖即開倉平糶，以濟鄉里，并邀富室煮粥以食老弱。」[24] 他們將救濟鄉民當作自己的責任。楊高爆「勤儉樂施，創業素封。每歲定期發米，命子五人立田繼之。」吳祖立的救災逐步常態化，「逢冬三夏五，輒使綱紀出穀萬桶，分糶四門。人問故，曰：『歲終物價飛騰，五月青黃不接，吾廉其價，而物力之調劑即寓其中，姑盡吾力而已。』」[25] 有的將善事施於外地。「張展成，新泉人。嘗遊粵，值洪水，漂沒人眾，展成捐金置棺收埋。」[26] 周道察在漳州為家鄉人購得墓地。「旅漳故者苦無義山，捐買義山一處。于梅村捐歉為宏善社。施孤貧及客死者棺木。」[27]

　　《福建通志‧孝義傳》記載：「林清，字自源，懷安人。每歲除必袖金潛行里巷間，有愁歎怨泣者，即擲金門內，不使其知。年九十四，無疾而終。曾孫庭塈進士都諫，庭彬貢州學正。」「施綸，字克端，閩縣人。性慷慨樂善，累貲巨萬，輒施親故之貧者。友人鄭建負人金，除夜索逋急，綸過謂茲『何夕耶，乃爾相逼！』為償五十金。郡守唐珣每修舉郡邑廢典，或有工役，綸必輸助。唐數稱之。」在儒者的提倡下，明清時期，福建有重視公益事業之風。許多人經商致富之後，樂於為公共事業捐款。如浦城祝封翁為浦城和福州學校捐錢。「邑之南浦書院膏火無出，翁獨力捐資，至今士林頌其惠。」[28] 又如建寧化商人李榮灝，康熙年間，建寧大饑，他除了開倉濟貧外，「復持金三百，遠走武昌買穀」。[29]

二、對公共設施的投入

　　中國古代社會稅收較輕，通常是「三十取一」，地方政府所徵收的稅收，多上納於中央政府，自身留存較少。地方官的數量也很少，一個縣往往只有縣令、縣丞、縣尉等少數官員，多數衙役是不拿錢的。多數地方財

24　李龍官、徐尚忠，乾隆《連城縣志》卷八，〈人物志〉，第 183—185 頁。
25　王集吾、鄧光瀛，民國《連城縣志》卷二十三，〈鄉行〉，第 739、747 頁。
26　李龍官、徐尚忠，乾隆《連城縣志》卷八，〈人物志〉，第 183—185 頁。
27　王集吾、鄧光瀛，民國《連城縣志》卷二十三，〈鄉行〉，第 755—756 頁。
28　梁恭辰，《北東園筆錄初編》卷五，〈祝封翁〉，揚州廣陵古籍刻印社，筆記小說大觀第二十九冊，第 8 頁。
29　錢江、范毓桂等，民國《建寧縣志》卷十七，〈質行〉，民國八年刊本，第 7 頁。

政不行，地方官不論要辦什麼事，都要向民間額外徵取。在這一背景下，當地的公共事業多由民間自行籌措，而且，由富人負擔主要支出。

　　事實上，中國的儒佛道諸教都宣導行善。樂善好施是儒者最早提出的觀念。孔子曰：「積善之家，必有餘慶」。[30] 孟子評君子的人格：「窮則獨善其身，達則兼善天下」。[31] 這些觀念影響儒者深遠。清代儒者蔡世遠說：「嗚呼，講學而不行善，猶弗講也；行善而力有不逮，則行之不廣。」[32] 佛教在勸善方面也很積極，他們的觀念是：「善有善報，惡有惡報」，每個人只有多行善事，才能贏得周邊人群的認同，或是贏得來世的幸運，完成自我救贖。

　　在儒佛道諸教的指導下，福建富人大都將行善當作自己的事業。他們對公共事業的建設尤為興趣。蔣正春「捐貲砌路，自賴源至永安湖口及曲溪，計壹百貳拾里，督造文川橋，鼎建牛欄橋，及長汀太平橋、宋坊橋、葉屋嶺，俱樂助修造，行人稱之。」[33] 謝汝梧「造後洋橋，砌長嶺路，人戴其德。」[34] 楊顯桂，「號燕山，高爆次子。世敦義行。所居芷溪，距東十五里界上杭馬岃凹，距東北二十里朝天巖、赤竹嶺，為漳龍汀通衢，率皆險徑羊腸，行者艱阻；捐資築修平坦，夾道植木以蔭，嶺巔建亭憩焉。舍人嶺則自員畚修至杭界，亦建亭於嶺巔。芷溪舊無堤，倡築石寨陂，溉田數百畝。前後拖棺槨百餘具。臨終囑子孫曰：『為善最樂，汝曹勉之。』」李夢麟的事蹟十分突出，「北團渡，南通廣、杭，北接長、寧、清、歸，遭溺者眾。天啟間，邑令傳改建長橋，歲久圮，督役修復」[35]。羅俊峰「樂善好施，凡修理橋樑、道路，莫不與焉。」羅其綸「於邑大壩路通衢，築橋亭以利行人，遠近咸賴之。」李霞舉「捐修學宮，補葺橋梁，人稱其德而壽考者。」蔣大崧「凡施利物事，皆力行無倦。如砌路、修橋，以及建亭，所費甚多，而行人稱便，歌誦不衰，鄉之善士歟！」吳長元「慕義疏財，

30　杜預等，《春秋左氏傳注疏》，桓公二年。

31　《孟子‧盡心上》。

32　蔡世遠，《二希堂文集》卷九，文淵閣四庫全書本，第 9 頁。

33　王集吾、鄧光瀛，民國《連城縣志》卷二十三，〈鄉行〉，第 755 頁。

34　杜士晉，康熙《連城縣志》卷七，〈人物志‧謝汝梧傳〉，第 168、183 頁。

35　王集吾、鄧光瀛，民國《連城縣志》卷二十三，〈鄉行〉，第 736—740 頁。

捐重資以築城垣。」[36] 楊欽在福州經商,「福州浦西(汀州會館所在地)路圮,悉以石砌平之,至城南門十餘里。浦西河病涉,設舫募舟子以濟。施棺木數百具,倡修大橋、白馬橋、洪山橋,江南、朝方口諸橋。開西河一帶河溝,達西門,通潮汐。」[37] 他們將修橋鋪路看成積德,樂於為家鄉的公共事業捐款,從而展現出良好的公共形象。

三、投資家鄉文化事業

閩人重視文化建設是宋以來的傳統,每個地方都要建設書院等設施。這些書院等教育設施的經費,大多靠民眾捐獻。如連城的李身誠「平生尤慷慨尚義,倡修文廟。」李日章「貧士苦學無資者,多給贍以助其成就。」謝獻民「修理學宮,復竭力資助焉。」謝彥升「雍正十二年,倡修學宮,首捐百金。」董良知,「賦性慷慨,倡修文廟,捐資竭力。」童昊「奉公仗義,倡修文廟,捐資督工,且夕罔懈。」童有懋「倡修城垣、文廟,化導鄉里,丕變頹風。」[38] 李夢麟「幼習儒,因亂廢學力農,然手不釋卷」,「孔聖廟壞,邑令趙倡修,請督役,欣然應命。舊正殿止一廳,曰:『朝廷尊師,廟宜壯麗。』從之。善舉甚多,舉其大者。」[39] 童能元是名儒童能靈的兄弟,「并建五賢書院,二年而功竣。」謝國瑚「重建汀郡龍山書院。倡建培元鄉會捐資。建楮嶺外路亭,倡修文廟,設禮樂局,捐香燈,置義山,立義學。」謝善躋「修縣志,倡義學,重建五賢書院,皆能竭力捐助。」謝春榜也曾「重建文明、五賢二書院。」楊登臺在福州「省中修理貢院,咸捐重資。」吳慶浩「文明、豸山書院義倉及省貢院,皆力捐以襄義舉。」[40]

除了在家鄉捐錢,他們還會為省城的學校及京城的會館捐獻。如浦城祝封翁為浦城和福州學校捐錢。「時省城鰲峰書院經費亦告匱,翁復捐助之。合兩書院,捐數不下數萬金。」[41]「郭煬,字振榮,龍溪人。性醇厚好施與,兼諳韜略。濱海民居患潮汐淹浸,煬傾貲築隄,漳人賴之。又以千

36 李龍官、徐尚忠,乾隆《連城縣志》卷八,〈人物志〉,第 172—191 頁。
37 王集吾、鄧光瀛,民國《連城縣志》卷二十三,〈鄉行〉,第 755—756 頁。
38 李龍官、徐尚忠,乾隆《連城縣志》卷八,〈人物志〉,第 174—191 頁。
39 王集吾、鄧光瀛,民國《連城縣志》卷二十三,〈鄉行〉,第 736 頁。
40 王集吾、鄧光瀛,民國《連城縣志》卷二十三,〈鄉行〉,第 742—748 頁。
41 梁恭辰,《北東園筆錄初編》卷五,〈祝封翁〉,第 8 頁。

金搆文昌閣，里之子弟讀書其中者，歲給衣糧。建會館京師，以待公車。」[42]

有人對修建廟宇較感興趣。沈景高「嘗建邱家山橋，以利行人，復建鎮廟，捐田數畝，以祀山靈。」謝汝礪「嘗助金修城，建城隍廟。」羅瑞世，「仗義輕財，修橋平路，焚券賑饑，壽世之功，不可枚舉。」「伍文蔚，平素好義，督修城垣、農廟。」[43] 李夢麟，「好義，倡建祖祠，修城隍、龍山二廟。」謝起蓉「重建文川橋、天后宮、紫陽祠、城隍廟、紀名祠，俱蓉總其成。捐天后宮、城隍廟祀田，倡建合族郡祠。」[44]

這些事蹟表明：儒學的發展一定要有產業為其經濟基礎。凡是商業發展的地方，商人經營獲利，便可為文化事業投入較多的錢。

總之，古代福建富人有了較多的收入之後，便會將許多錢投入家鄉的慈善事業，對家鄉公益事業和文化事業的發展，起了積極作用。可見，明清時期的福建富人為社會的進步做出了積極貢獻。

第三節　福建的鄉族械鬥

明清時期，朝廷傳統的統治方式已經無力應付越來越多的社會矛盾與社會問題，於是，傳統的鄉村組織承擔起越來越多的管理事務。但由於這些鄉村組織的局限性，它不能化除村與村之間、姓與姓之間的矛盾，因此，清代福建農村產生了鄉族械鬥。械鬥是一種慢性的戰爭，二族之間的械鬥可以延續幾十年至上百年，它給福建繁榮的沿海地區帶來的破壞不容忽視。

一、清代閩南的鄉族械鬥

清代人們對福建民風有這樣一段評論：「閩地環山負海，民俗素稱強悍，每因雀角微嫌，動輒聚眾械鬥，甚至拆屋毀禾，殺傷人命，通省皆然，惟漳泉為尤甚。」[45] 可見，閩中械鬥以閩南為甚。《問俗錄》說：「邊海之

42　郝玉麟等，雍正《福建通志》卷四九，〈孝義傳〉，文淵閣四庫全書本，第52—53頁。

43　李龍官、徐尚忠，乾隆《連城縣志》卷八，〈人物志〉，第172—191頁。

44　王集吾、鄧光瀛，民國《連城縣志》卷二十三，〈鄉行〉，第736—753頁。

45　德舒，〈奏報飭有司秉公審斷械鬥摺〉，臺北，故宮博物院編，《宮中檔乾隆朝奏摺》，第二輯，臺北，故宮博物院1982年刊本，第18頁。

難治，閩粵為最。閩粵之難治，漳、泉、惠、潮為最。」[46]

　　閩南區域的械鬥與宗族之間的鬥爭有關。許多人利用宗族勢力欺侮他人：「至其墳田樹木之爭訟，於官不到案，逋租負債之人，恃其強而不還，則擄其人而私加拷掠焉。……制之法者，雖紳士富民之家亦恆為之，其法率多斃命。」[47]在清代福建，強宗大姓具有極大的勢力。「仙遊小姓畏大姓甚於畏官，其畏之奈何？一朝之忿，呼者四應，直有劍及寢門，車及蒲胥之勢。」[48]在詔安地區，小姓為了生存被迫向大姓納貢稱臣：「詔安小族附近大族，田園種植須得大族人為看管，方保無虞。其利或十而取一，或十三而取一，名曰包總，否則強搶偷竊，敢怒不敢言。」[49]兩姓之間的矛盾，若發生在大族與小族之間，如前所述，小姓多不敢反抗，但小姓被欺侮久了，便糾合眾多小姓與大族鬥，這便是宗族械鬥，如張集馨所說：「大村住一族，同姓數千百家；小村住一族，同姓數十家，及百餘家不等。大姓欺凌小姓，而小姓不甘被欺，糾數十庄小姓而與大族相鬥。」[50]清代福建沿海的械鬥是十分有名的。

　　明清時期的閩南鄉族的居住情形很耐人尋味，例如詔安縣：「四都之民，築土為堡，雉堞四門如城制，聚族於斯，其中器械俱備。二都無城，廣築圍樓，墻高數仞，直上數層，四面留空，可以望遠。合族比櫛而居，由一門出入。門堅如鐵石，器械畢具」[51]。這種居住情形猶如準戰爭狀態下的民族。村族之間懷有很深的不信任感，細微的衝突也常常引起械鬥：「一夫修怨，千百為群，連鬥累月，互相死傷數十百數而不息」。每場械鬥中各族成年男子都傾巢而出，按軍法部伍勒眾，其場面相當壯觀。有人目睹惠安地區的械鬥情況：「臣前過惠安時，見械鬥方起，部伍亦甚整齊。大姓紅旗，小姓白旗，槍炮刀矛，器械俱備，聞金而進，見火而退」[52]。一場大規模械鬥，往往死傷數十人。為了確保械鬥的勝利，各族之間產生了聯

46　陳盛韶，《問俗錄》卷六，〈鹿港廳・大哥〉，第 131 頁。
47　謝金鑾，《泉漳治法論》，〈擄禁〉，道光三年刊本，第 10 頁。
48　陳盛韶，《問俗錄》卷三，〈仙遊縣・竹义〉，第 80 頁。
49　陳盛韶，《問俗錄》卷四，〈詔安・包總〉，第 92 頁。
50　張集馨，《道咸宦海見聞錄》，第 266 頁。
51　陳盛韶，《問俗錄》卷四，〈詔安〉，第 85 頁。
52　張集馨，《道咸宦海見聞錄》，第 266 頁。

盟，以一個大族或大姓為首，糾合一些小姓，組成同盟，互相支援。這種同盟就叫作「社」。道光時龍溪一縣有 1008 社，社形成以後，導致械鬥規模日益擴大，一場械鬥，參加者每每有幾十個社，幾萬人。按照當地的習俗，一場械鬥下來，雙方都要計算死亡人數，死人較多的一方，本著血親復仇的原則，定要約期再鬥，以期殺死對方相同的人數，抵償己方死者之命。然而，新的械鬥在大多數情況下又會產生新的不平衡，結果是再醞釀一場新的械鬥，如此循環報復不止，宗族間的械鬥常有延續數十年至數百年的，仇恨深不能解。例如有人論說道：「若泉之同安，漳之漳浦，冤家固結，多歷年所。殺父殺兄之讎，所在多有。甚或刣及數代之祖墳，出其骸鬖諸市，題曰：『某人之幾世祖骨出賣』，列諸墟，眾徧觀之。此其不共戴天，非國法所能止也。」[53]

　　鄉族械鬥給閩南地區造成了嚴重的治安問題。例如道光時的龍溪縣：「至於各鄉大小一千有八社，積怨深仇，蔓延滋鬥，視殺人如草芥，以虜劫為故常，一日之中或十餘命，一歲之內伏屍盈千，剖腹刳腸，莫形兇慘，四郊近地，皆為戰場，豈復知有法令哉？」[54]道光時姚瑩論龍溪縣：「邇者古縣之鄭姓及雜姓五十餘社，械鬥于南，天寶之陳姓及雜姓七十餘社械鬥于西，田裏之王姓及洪岱之施姓械鬥于東，歸德之鄒姓與蘇郭等姓械鬥于北，西北則烏頭門之詹陳等姓，東北則鼇浦扶搖之吳楊等姓，浦南芹裏之梁宋鍾林等姓，豐山龍架坂之楊林等姓、金沙銀塘之陳趙等姓、東南則官田宅前之吳楊等姓，各社接連，大者數十，小者十餘，頻年以來，仇怨相尋，殺奪不已，其焚掠截虜死傷破敗之慘，既不可勝言矣。」[55]龍溪縣這種情形可說是四野沸騰，民無寧日。

二、閩南鄉族械鬥的危害

　　鄉族械鬥給閩南的社會生產帶來無窮無盡的危害。例如由械鬥引至的擄掠勒贖之風：「多出於仇讎之家，二姓忿爭，素有嫌隙，則互相擄掠……擄其人以困辱之，亦勒其財以贖焉，贓則無多，志在辱之，以快讎而已」。

53　謝金鑾，《泉漳治法論》，〈械鬥〉，第 7 頁。
54　姚瑩，《中復堂全書》，《東溟文集》卷四，〈謝周漳州書〉，臺灣文海出版社 1974 年近代中國史料叢刊續輯，影印同治丁卯刊本，第 168 頁。
55　姚瑩，《中復堂全書》，《東溟外集》卷四，〈召鄉民入城告示〉，第 418 頁。

但到了後來，各族都有不少無賴故意擄人勒贖，藉以發財。如安溪赤嶺：「以擄搶勒贖而致富者數家」，「此輩控案，以百數十計，而縣官不能治。赤嶺道梗不通者五六年於茲矣。近村赴縣邑者，皆倍道出他途以往。」[56] 擄禁之風盛行，使不少坦途成了鬼域，行人不敢通行，甚至田地無人耕種任其拋荒。械鬥也消耗了人民的財富，「一鬥而由富至貧，再鬥則貧戶流散」。清初的漳州，城市經濟非常繁榮：「漳州郡城與廈門對峙，該地紳士富戶半係販洋為生，較之他郡尤為殷實。而城市繁華，勝於省會」[57]；但後來由於附近鄉村盛行械鬥的緣故，經濟漸趨蕭條，當地官員歎道：「嗟乎漳郡，古稱繁富之區，而比來人物凋蔽，商賈蕭條，元氣大虧，瘡夷滿目。」[58] 可見械鬥造成極壞的後果。

鑒於械鬥對治安的破壞，清代政府一直很重視這個問題，雍正皇帝曾發表了如下詔諭：「朕聞閩省漳泉地方，民俗強悍，好勇鬥狠，而族大丁繁之家，往往恃其人力眾盛欺壓單寒，偶因雀角小故，動輒糾黨械鬥，釀成大案，及至官司捕治，又復逃匿抗拒，目無國憲。兩郡之劣習相同……閩省文風頗優，武途更盛，而漳泉二府人才又在他郡之上，歷來為國家宣猷效力者實不乏人，獨有風俗強悍一節，為天下所共知，亦天下所共鄙，何不翻然醒悟，共相勉勵，而成禮義仁讓之鄉乎！」[59] 封建時代的官僚政府很少過問社會問題，而由皇帝親自過問的更為少見，然而對於閩南的鄉族械鬥，雍正皇帝親自出面干涉，督促各級官員治理，僅此一事，說明閩南鄉族械鬥影響之大。雍正之後，乾隆皇帝也頻頻過問閩南的鄉族械鬥，但即便如此，閩南鄉族械鬥並未有所收斂，終有清一代，閩南鄉族械鬥對清代政府來說，一直是個頭痛的問題。

閩南械鬥長期化的原因。為什麼閩南地區會發生如此野蠻的鄉族械鬥？對社會學家來說這是個謎。一般地說，不發達民族內部發生械鬥是不足為奇的，福建歷史上的閩越族即曾以好械鬥著稱。未開化民族大都沒有健全的法制，不善於處理人與人的矛盾，小範圍內和平地解決氏族內部的

56　謝金鑾，《泉漳治法論》，〈擄禁〉，第9—10頁。
57　故宮博物院編，《宮中檔乾隆朝奏摺》第一輯，第743頁。
58　姚瑩，《中復堂全書》，《東溟外集》卷四，〈召鄉民入城告示〉，第419頁。
59　黃任等，乾隆《泉州府志》卷二十，〈風俗〉，光緒重刊本，第25—26頁。

矛盾，憑藉風俗和習慣的勢力，他們猶可做到；在擴大範圍內和平地解決氏族間的矛盾，他們便難以做到。對古人來說，血緣是高於一切的關係，是正義的準則，涉及本族與外族成員之間的矛盾，感情將掩蓋他們的理智，本族人不管犯了什麼罪，都會得到原諒和庇護，而本族成員哪怕受到最輕微的侮辱，共同的血緣關係則使他們把它看作是對自己的侮辱，而為此拚命一戰。因此，對未開化民族來說，械鬥是家常便飯，是生活中不可分割的一部分。

正如野蠻隨著文明的發展而消失，械鬥也隨著民族的成熟而成為往事。發達民族都有國家組織和法律制度，人與人之間的血緣關係也隨著國家的建立而淡薄。個人之間的摩擦發展為血親團體之間的械鬥，對他們來說是不可思議的。發達民族以一定的準則處理人之間的矛盾，這些準則在外表上至少蒙著一層公理的外衣，並以維護人民的共同利益的外貌出現，得到多數人的承認和接受。這些準則就是法律。法律以一個階級壓迫一個階級的形式維持了人與人之間的和平交往，使國家形態得以延續，人的社會性得到實現。因此，發達民族將以流血來解決人之間衝突的作法看作法制的失敗，械鬥和文明民族是格格不入的。

閩南地區是中國最發達的區域之一，自宋朝而後，這個地區為中國貢獻了許多優秀人才，若按照封建時代的慣例，以科舉名額來衡量某地區的文化水準，閩南無疑是中國文化水準較高的區域，每縣都有數百至上千名生員。閩南又是儒佛道三教盛行的區域，自古有海濱鄒魯、閩南佛國之稱，三教的道義都宣傳克己待人，其思想和暴力是格格不入的。但是誰想得到呢？偏是這樣一個文明程度較高的區域，同時又是械鬥最盛行的區域。一些名門望族也參與械鬥。例如平和縣的黃氏，據姚瑩說，黃氏宗族，「元勳忠義彪炳天朝，人物科名於今為烈」，但其支脈八房之間，卻是鬥得不可開交，死傷眾多。文明和野蠻在這塊土地上呈現出最奇妙的統一，給社會學家提出了一個有趣而又為難的問題。文明民族都建有法律制度，用法律來解決人與人之間的矛盾，儘量不使其演變為流血衝突，所以械鬥對文明民族來說是偶然的。但是中國的國家制度由於各種原因一直帶有不成熟性。以縣級機構來說便是非常原始的，一個數十萬的縣，只有二至三名正式國家官員；民政事務也沒有嚴格的分工負責管理，縣官要總攬司法、行

政等事務，他們往往不勝負擔；更由於官員調動頻繁，使官員對當地的情況總是不甚了了。在這種情況下，官府對地方管理只能是非常粗淺的，無法應付複雜的局面，更有些不肖的官員以此為謀得錢財的方式，於是，社會矛盾便衍化為鄉族械鬥。清代人論述道：「夫民有屈抑則訟之官者勢也。乃訟之官而官不能治。曰犯不到案也，悍而不可捕也；捕已到案矣，又或賄之而不持其平也。民以為信矣，官不能捕，吾將自捕之。於是乎有擄禁之事，有私刑拷掠斃命滅屍之事，以為犯罪而官不能治，則雖斃命滅屍無懼也。俄而信矣，斃命滅屍者，可不到案矣，到案而賄以免矣，於是乎群相效尤，寖成風俗。以為吾所屈抑者得紓吾情，雖破產以賄於官無怨。至其事關乎鄉邑者，則率眾合族，私相侵伐，由是而有械鬥之事。」[60]閩浙總督卞寶第說：「至於械鬥之習，則有由官激成者。甲乙結怨申訴至官，官或懶於聽斷，或獄以賄成，訟者積憤不伸，遂至釀成私鬥。」[61]這兩條材料都反映了官府態度對於械鬥風氣形成的關鍵作用。

　　鄉族械鬥是一種慢性的戰爭。每場械鬥死亡人數雖然不多，但其長久性卻是任何戰爭不能比的，兩姓間的械鬥常常會延續數百年。因此它對社會生產的破壞決不亞於一場戰爭。閩南是中國商品經濟最發達的區域之一，海上貿易帶來了巨額財富，但鄉族械鬥消耗了當地財富，從而影響了商業資本的積累。

第四節　天地會與清代福建的祕密會社

　　清代福建社會的一個特點是祕密會社的發展。其中最為著名的是發源於閩南的天地會，最後發展為一個影響全國與海外華人的大組織。從發展源流而言，清代福建出現祕密會社有其歷史與文化的原因。

一、祕密會社起源與清代閩南的社會組織

　　會社在中國民間本是普通的社會組織，例如愛好踢球的人組織球社，愛好吟詩的人組織詩社，敬奉某一神明的人組織神明會，這都是福建民間

60　謝金鑾，《泉漳治法論》，〈案由〉，第1頁。
61　卞寶第，《閩嶠輶軒錄》，廈門大學圖書館藏本。

極為普通的社會組織。這類會社，一直到清代仍然流行於民間。福建東南沿海一帶的習俗，幾戶人家或幾十戶人家組成一個敬奉某一神明的社，每到重大節日，他們便抬著自己敬奉的神明上街遊行。久而久之，這些社成為固定的組織，社中人家相互團結，共同應付面臨的社會問題。因此，在許多地方，社取代了傳統村莊的名稱，成為地名之一。

祕密會社成為官方注意的對象，是因為它主要是一個遊民的組織，和傳統民間會社相比，它的組成，往往跨越了共同愛好和居住範圍的界限。遊民一旦組合在一起，便惹事生非，敲詐錢財，最終演變成為反社會、反政府的力量。

清代祕密會社的起源，與晚明以來閩南社會的變化有很大關係。在倭寇事件發生以前，閩南一直是福建治安較好的地區，早在宋代，泉州即有「泉南佛國」之稱，相傳朱熹曾說泉州「滿街都是聖人」，其時的閩南人以樂善好施、民淳訟簡聞名於世。這種風氣一直保持到明代前期。明代中葉，東南沿海發生了倭寇之亂，倭寇的搔擾閩南達一二十年，這一歷史事件，使閩南的社會風氣發生巨大的變化。為了抵禦倭寇的入侵，閩南鄉族普遍組織起來，他們修築堡壘，建立鄉族武裝，而鄉族武裝的興起，必然導致官府威望的降低。老百姓不再重視官府的權威，開始自行其事。明清官方機構的人員極少，一個縣不過五六個正式官員，他們之所以能夠統治一個縣的民政，完全靠官府的權威。倘若百姓不尊重官府的權威，官府是無法統治的。官府是社會秩序的維護者，一旦官府無法維護社會秩序，民間的社會衝突必然增多。整個社會風氣發生變化。晚明商品經濟的發達，也使閩南社會富裕起來，富裕使人們的思想發生變化。新的富戶想要相應地提高自己的社會地位，老的富戶想要保持自己超人一等的地位，競爭便不可休止的日益激烈起來。晚明萬曆年間的《漳州府志》描述當時的社會風氣：

> 人無貴賤，多衣綺繡，意制相詭。華採相鮮，蓋一二華胄貴人，或存寒素，而俗子、官儀、孿童、婦飾，每每瓶無餘粟，桁列殘衣。嘗見隆萬初年，布衣未試子衿，依然皂帽，今則冠蓋相望於道，不知何族之子弟也。歎世者謂：竟盛之端，即伏衰之路，省繁裁僭，是當世第一吃緊。然一家之繁費，十家取給焉。貧人因得糊口其

間。……又其甚者，豪門上族，實繁有徒，蜂目既嗔，豺聲乍展，始猶禍中黔庶也，終且熺虐士紳矣。閩左無賴拔扈，朝張雞肋安拳螳臂推轍，始猶橫施村落也，終且明目都市矣。大都競勝終訟，競利啟釁，鼠輩因憑社作威，虎冠以生翼滋暴，狡者視暗劣為奇貨，後進凌長大作死灰。此漳與四方所同也 [62]。

　　晚明的漳州，隨著社會風氣的變化，大姓強宗欺侮百姓，而貧民之中，亦有結社之風，「橫施村落」（按，福建自古以來宗族勢力發達，大姓人口，常有數千上萬人。因此，大姓的鄉紳可以憑藉宗族的勢力欺侮小姓。而小姓為了抗擊大姓，便串聯諸多小姓組織起來，以對抗大姓。不過，小姓組織形成後，也會在鄉村形成強大的勢力）。因此，萬曆《漳州府志》的作者會說他們在鄉村跋扈橫行。這種小姓組織，民間稱之為「社」。關於閩南的結社之風，從已發表的文章來看，僅僅追溯到清代初年。但從《漳州府志》的記載來看，實可追溯到明代後期，它是明末社會風氣轉換的產物。

　　結社風氣在清初依然延續。據鄧孔昭的研究，康熙十九年（1680 年）福建總督姚啟聖的布告中，有多篇提到當時漳州會黨結盟的事件。十九年七月初二的〈禁結社黨〉布告云：「棍徒糾黨結盟，新例立置重典，鄰右不舉，連坐治罪。……詎訪漳郡惡俗，尚有奸徒倡立社黨，糾結投誠員兵、劣衿、練長、衙役及一切流棍、訟師人等，多至一二百人，少亦數十人，歃血誓盟，武斷鄉曲，生端尋釁，紮詐善良，通線作奸，擒人勒贖。近而城市交關，遠而莊村圩埠，靡不肆行無忌，播毒難堪」。十一月二十二的〈申禁結盟〉云：「近訪漳屬各鄉黃口豎子，學為無賴少年，串交各營兵丁，聯絡村莊地惡，糾合立社，多至一二百人，少亦數十人，設酒歃血，名曰結盟，自恃有黨有羽，可以放膽橫行，於是咆哮閭里，欺虐善良，甚而或合夥執械，昏夜剽掠，或興販貨物，透越出界」。十月初四的〈訪禁結盟〉云：「近聞處各屬多有窮凶巨棍，自稱大哥，歃血盟神，結拜兄弟。或一夥有百十餘人，或一夥有三五百人。凡訟師、衙蠹以及投誠弁兵，無不聯為黨羽。恃勢咆哮，因而騙害鄉村，橫行里門。乘睚眥之際，此毆彼攻，偵富厚之家，東訐西誣。根蒂久深，網羅四布，良善莫得安生，有司不敢

過問。」[63] 這些材料都說明清初的漳州流行結社習俗，參加者多為社會上的遊民，其中最為典型的是漳州萬氏集團。

關於萬氏集團，《臺灣外志》記載：順治七年（1650 年），鄭成功出兵粵東，屯兵閩粵交界處一帶，「五月，詔安九甲萬禮從施郎招，領眾數千來歸」。關於萬禮，該書注道：「禮，即張要，平和小溪人。崇禎間，鄉紳肆虐，百姓苦之，眾謀結同心以萬為姓，推要為首。時率眾統據二都，五月來降。」[64]。由此可見，萬禮所部，即為明末漳州府的貧民組織。他們原為異姓，因要抗擊大族，諸異姓結盟，以萬為姓，排出兄弟序例。江日昇《臺灣外志》第 11 卷還記載了與萬禮（張要）結盟的其他諸姓。例如：排行第二的鄭成功戰將郭義，排行第五的和尚道宗，排行第七的鄭成功戰將蔡祿。如其所說：「萬人合心，以萬為姓」[65]。這一異姓組織的特點是參盟眾人都以萬為姓，帶有濃厚的宗法意識。其後，在康熙十六年（1677 年）三月，閩南又出現了民間的祕密會社。其時，清軍平定三藩的鬥爭已經進入最後階段，清兵進入閩南，鄭經的部眾大敗，而閩南民眾卻在此時掀起反清起義。《海上見聞錄》云：「漳州巫者朱寅挾左道，詭稱三太子，聚集海上殘兵，率二百餘人於十九夜襲泉州，攀堞而入，鳴鼓揚旗，從開元寺前至西街，守兵以為海兵復至，乃於雙門前發一大炮，寅乃抽回出城而去。人以為神，附者日眾，屢戰屢勝，蔓延於漳、泉屬縣，凡深山窮谷巖寨，無所不到，派糧以食，頭裹白布，時人謂之『白頭賊』。」[66] 關於朱寅，《臺灣外志》的記載有所不同：「時有漳州人蔡寅，以左道惑人，乘鄭經泉、漳之敗，收其餘黨，詐稱『朱三太子』……自是人益信其術神。盧世英、紀朝佐、鄭不越、吳金龍、歐九、王鼎等群然尊奉。眾至數萬。駐南靖、長泰、同安等縣山谷，聲勢益盛。其眾皆裹白頭，眾咸目為白頭賊。官軍屢為所敗。」[67] 由此可見，朱寅本名為蔡寅，由於他偽稱「朱三太子」，所以，有些文獻稱之為朱寅。朱寅的部眾一時擴至數萬人，他們實際上也

63　姚啟聖，《憂畏軒文告》，轉引自鄧孔昭，〈從康熙前期福建會黨活動的幾條史料談天地會的起源〉，《清史研究》1993 年第 1 期。

64　江日昇，《臺灣外志》卷六，上海古籍出版社 1984 年，第 110 頁。

65　江日昇，《臺灣外志》卷十一，第 191 頁。

66　阮旻錫，《海上見聞錄》，定本，福建人民出版社 1982 年，第 64 頁。

67　江日昇，《臺灣外志》卷二十，第 313—314 頁。

是一種異姓的組織。不過，這一組織有其天然缺陷，未能延續很久，後來，朱寅的部從大都被清軍鎮壓，而朱寅投靠鄭經。

關於朱寅冒充「朱三太子」一事，讓我們知道早在康熙十六年（1677年）三月民間已經有「朱三太子」的傳說。清代初年，擁戴朱三太子反清，一直是民間反清勢力號召百姓的方法之一。那麼，朱三太子到底指朱元璋的哪個子孫？學界有人以為是崇禎皇帝第三個兒子。但崇禎皇帝的兒子大都被清朝俘虜，能否活下來一直是疑問。我覺得可以考慮的另一個人選是江西南城益王的子孫。明代最早的益王是明憲宗第四子，他的封地是在江西建昌府的南城。南城縣鄰近福建，清軍入贛以後，益王子孫逃入福建，先是依附隆武帝，後來投靠鄭成功。康熙二十二年清軍進入臺灣，最後一任益王被俘。關於最後一二代益王的事蹟我們瞭解不多。但無名氏的《隆武紀略》一書，記載隆武帝在沒有兒子之前，一度想以益王為太子！因此，在那個混亂的時代，如果有一位益王的子孫自稱「朱三太子」並非沒有理由。以上是我的觀點。關於江西南城益王與天地會的關係，江西學者也進了研究。陳江的《洪門考源》一書提出：天地會所說的「洪門」其實就是江西南城益王家族墓地所在的南城洪門鎮！洪門是益王家族歸葬之地，在益王家族中有重要地位。而後天地會人自稱「洪門」，應是襲用益王家族的習慣。這證明天地會與明末益王家族有關。將這兩點結合在一起，應可證明天地會與明末益王家族的關係。在清軍入閩，天下大亂的背景下，益王排行第三的某位位子孫，組織了反清祕密會社，並在閩南民間傳播。而閩南人蔡寅組織反清起義，便利用了這個組織。不過，當時這個反清組織的名稱未必叫「天地會」，天地會只是閩南反清組織中的一個，不過，它的發展超過了其他會社。

二、天地會與其他祕密會社的發展

清初東南的反清鬥爭失敗以後，結社之風仍在民間流傳。康熙三十五年（1696年），臺灣諸羅縣吳球聚眾結盟，發動起義；康熙四十年，諸羅縣劉卻等人「歃血為盟」；康熙五十八年七月，福建薛彥文糾人結會；康熙五十九年，福建惠安出現南斗會與北斗會；康熙六十一年，臺灣鳳山縣朱一貴等歃血結盟，發起暴動；雍正六年（1728年）三月，諸羅縣蓮花潭

地方，蔡蔭糾合二十多人結盟，成立「父母會」；雍正八年，福建廈門李彩等人結拜，組成「一錢會」。其時，福建總督高其倬稱：福建向有鐵鞭會，以後改稱為「父母會」[68]。乾隆七年（1742 年）三四月間，福建漳浦蔡懷等人倡立小刀會，起兵攻打詔安縣[69]。其後，小刀會傳播到臺灣，在臺灣下層社會有一定影響。乾隆七年七月間，在閩粵邊境有子龍會在活動。乾隆十八年，邵武有鐵尺會組織[70]。乾隆三十二年，漳浦盧茂等人聚眾起義，舉兵襲擊漳浦，失利。乾隆三十五年（1770 年），李少敏與蔡烏強等人在詔安準備起義，結果被詔安知縣偵破，李少敏與蔡烏強等人被殺。這兩次起義，在幾十年後閩浙伍拉納審陳彪案中被視為天地會起義之一，但是，當事人 200 多人都不供認自己為天地會員。看來，它只是一場普通的拜盟結會起義[71]。

　　閩南影響最大的會社組織還是天地會。關於天地會的起源，學術界除了認定其起源於閩南漳浦縣高溪鄉觀音寺外，在天地會起源的時間方面，學者中存在兩種觀點。其一是「天地會起源於清初說」，其二是天地會起源於「清代中葉乾隆年間說」。天地會起源於清初說，原來是天地會中的傳說，也見載於天地會內部流傳的文獻。據其記載，天地會起源於康熙十三年（1674 年），少林寺僧人為皇帝征西魯，功大不賞，反遭鎮壓，逃出去的僧人組織了天地會，以萬雲龍為大哥。因為這些檔多不是清代初年的原始檔，內容上也有許多經不起推敲的東西，因此，在學術界引起爭議。20 世紀 60 年代，蔡少卿與秦寶琦等先生根據清代的檔案，提出了「乾隆說」[72]。大約在乾隆後期，臺灣的林爽文起義，將天地會組織在其中的作用暴露於官方，官方大力追查天地會的緣起。一些官員通過審訊，認定天地會起源於乾隆中期的粵東或閩南。而其組織性質，原來不過是民間的互助團體，由於商品經濟的發展引起的社會矛盾加深，下層人民組織自衛抗暴組織。「乾隆說」問世後，由於有清廷檔案史料的支持，曾風行一時。但

68　以上轉引自秦寶琦，《清前期天地會研究》，中國人民大學出版社 1988 年，第 110—115 頁。

69　《康雍乾時期城鄉人民反抗鬥爭資料》，第 621—625 頁。

70　連立昌，《福建秘密社會》，福建人民出版社 1989 年，第 126 頁、133 頁。

71　連立昌，《福建秘密社會》，第 167 頁。

72　蔡少卿，〈關於天地會起源問題〉，《北京大學學報》社科版，1964 年第 1 期；秦寶琦，《清前期天地會研究》，中國人民大學出版社 1988 年。

其弱點在於：若天地會在乾隆年間問世，在民族矛盾已經淡化的前提下，為何其組織會有「反清復明」的宗旨？而且，清代官員的調查究竟可靠不可靠？所以，「乾隆說」尚有其內在的缺陷。「康熙說」經過很長的演變史，早期的學者提出康熙說，其立足點是根據天地會內部檔，但天地會內部檔頗有不足相信的內容，例如，少林寺和尚為清廷征西魯的傳說。其後，學者研究民間史料，漸有新的發現。在 20 世紀 50 年代，臺灣學者蔣君章提出了萬五道宗創立天地會說。1975 年，郭廷以在《臺灣史事概況》一書中再次提出天地會是漳州「以萬為姓」民間組織的擴大；1977 年，翁同文在〈康熙初年「以萬為姓」集團餘黨建立天地會〉文中進一步補充發揮了這一觀點，認為天地會的發起人為漳州萬氏集團的萬五道宗，他就是天地會傳說中的萬雲龍大哥。萬五道宗創立天地會說不論在臺灣還是在大陸，都有許多學者贊同[73]。但是，關鍵在於：至今尚未找到乾隆以前文獻中有關於天地會的名稱及詳細記載。現在看來，「清初說」和「乾隆說」皆有其一定的史料基礎，還很難斷定誰是誰非。

　　天地會組織在清代中期開始引起世人的注意。乾隆二十六年（1761年），漳浦縣雲霄（其時雲霄為漳浦的一個鎮）高溪鄉觀音亭僧人提喜（俗名鄭開），組織了一個天地會。至於這個天地會是最早的創建組織，還是早期組織的延續，正是學者爭議的焦點，現在無從回答。提喜建會後，在當地傳布天地會，入會弟子有陳彪、趙明德、陳丕、張破臉狗等人。天地會組織較為嚴密，「凡要入這會，須設立香案，在刀劍下鳴誓。遇有事情，同教之人大家出力，公同幫助」[74]。入會者都要對天起誓，保守會中祕密，因此，它在漳州民間傳播 20 多年，官方基本不知。乾隆四十四年（1779年），提喜病故。其弟子平和人陳彪於乾隆四十七年再次傳會，其中最重要的弟子是嚴煙。嚴煙與陳彪是同鄉，入會以後，去臺灣經商，在臺灣發展天地會，在臺灣的漳州鄉親中傳播很快。其中林爽文為北路的長房。乾隆五十一年十一月，林爽文在臺灣彰化縣發動起義，臺灣各地的天地會眾紛紛響應，義軍連克彰化、鳳山、諸羅、竹塹諸城，在臺清軍困守府城，一籌莫展，直到清廷調來福康安率領的大軍，臺灣軍事才向有利於清廷方

73　參見，胡珠生，《清代洪門史》，遼寧人民出版社 1996 年，第 10 頁。
74　嚴煙供詞，《天地會》（一），中國人民出版社 1980 年，第 110—111 頁。

面轉化。乾隆五十三年二月，起義軍最後失敗。

在臺灣林爽文起義的影響下，福建漳浦天地會員張媽求於乾隆五十二年（1787 年）十二月糾合天地會徒眾起義響應，因事先透露風聲，很快失敗。林爽文失敗後，僅過兩年，臺灣又有張標、謝志等人企圖復興天地會。乾隆五十七年，臺灣彰化吳光彩也在復興天地會，結果都被官方偵破。該年，天地會組織發展到泉州，同安縣陳蘇老、蘇葉等人是其核心。乾隆六十年，龍溪縣有鄭伯武等人結拜天地會；而在臺灣鳳山縣，天地會的陳周全發動起義，於三月初一攻下臺灣中部港口鹿港，其後又攻克彰化縣，但不久也失敗了。嘉慶四年（1799 年），福鼎縣境內偵破了三幫天地會。嘉慶六年，邵武的吳韜在當地傳播天地會，次年又開創陽盤教。陽盤教在江西傳播很快，從其內容來看，其實質是天地會的分支。由於天地會遭到清廷殘酷的鎮壓，天地會多改名為其他各色名目的會黨。嘉慶八年（1803 年），建陽縣江水柏、江孝孝等八人結拜雙刀會；嘉慶十年，甌寧縣李於高等人結拜百子會；嘉慶十一年，在福建參會的江西人周達濱，回到江西後將天地會改名為三點會，以後三點會在中國南方傳播極快，成為民間重要祕密會社之一。另一天地會重要分支是添弟會，該組織早期出現於福建與臺灣，其後逐漸傳播到廣東，嘉慶七年廣東人陳亞和福建漳浦人蔡步雲等人結拜的添弟會，很快發展到一二萬人。再後，添弟會又從廣東與福建傳播到廣西、湖南、四川、貴州、浙江、江西等地。在福建內部，添弟會的傳播也很快，不過，他們為了迷惑官府，多改名其他會社，例如嘉慶十七年（1812 年）武平縣朱德輝等人的江湖串子會；嘉慶十八年三月寧化縣熊毛等人結拜的仁義會；嘉慶十八年光澤縣境內封老三等人結拜的仁義雙刀會及仁義三仙會；嘉慶十九年長汀縣曹懷林結拜的「拜香會」；嘉慶十九年霞浦縣歐狼等人結拜的父母會；嘉慶十九年建寧縣境江文興等人結拜的洪錢會；嘉慶二十一年沙縣鄧方布結拜的明燈會；嘉慶二十五年甌寧人江啞哎等人結拜平頭會；道光十三年（1833 年），邵武李江泅等人結拜的保家會[75]。

從天地會傳播的歷史來看，它早期誕生於漳州府，信仰的人不多。乾

75　以上參見，秦寶琦，《清前期天地會研究》第 133—140 頁；連立昌，《福建秘密社會》，第 192—206 頁。

隆末期傳播到臺灣是其發展的關鍵。臺灣原來即有漳泉之分與閩粵之分，漳州移民分布於臺灣各地，相互之間聯絡較多。因此，天地會由漳州傳播到臺灣之後，在臺灣漳州人中間傳播很快，臺灣各地都有信仰者。其後雖然清廷大力鎮壓天地會，但天地會氣勢已成，再不是清朝所能遏制的。而且，清廷的殘酷鎮壓，迫使天地會成員向四方逃竄，他們在異地傳教，造成天地會在全國各地全面開花的形勢。

天地會在清代的燎原，其實與當時的治安情況有關。清代是中國歷史上商品經濟最發達的時代，尤其是乾隆年間，東南各省商品經濟的發展，造成了許多流動性較大的小商人、手工業者與雇工。這些人口的特點是要在異地謀生，而在異地，他們人生地不熟，往往受到本地民眾的欺侮。由於清朝制度的缺陷，對普通民眾利益的漠視，他們被迫組織幫會來應付社會上的種種事情。如嚴煙所召供：「要入這會的緣故，原為有婚姻喪葬事情，可以資助錢財；與人打架，可以相幫出力；若遇搶動，一聞同教暗號，便不相犯；將來傳教與人，又可得人酬謝，所以，願入這會者甚多」[76]。其實，根本原因在於清代的治安，如果清代有完整的法制，每一個民眾都能得到人身安全的保護，權利得到社會的尊重，人們並不需要結成幫派。但在清代，社會治安情況極壞，下層百姓的人身安全沒有保障。因此，人們樂於加入某種會社，從而得到幫助。在這一背景下，天地會似的幫會組織在下層民眾中得到歡迎，發展很快。此外，天地會的一些制度也有利於他們的傳播。天地會規定，凡入會者要向會首納錢二三百文，這樣，會首發展會員越多，便會得到越多的錢財。而入會者雖然付出一筆錢，其後他們也可成為會首，通過發展新會員來發財。這種制度其實很類似現代的商品傳銷制度。商品傳銷制度被引進中國不過十多年，但一傳十，十傳百，很快成為遍及全國的組織。清代的天地會也是這樣發展的。

天地會首先發生於福建省，它的出現，其實是福建省治安惡化的反映。只有在治安極壞的地區，天地會這類組織才會有傳播的土壤；而天地會的出現，正說明清代福建治安之壞已經到了不可思議的地步。

除了天地會，福建省其它祕密會社組織也很多。其中較為著名的有無

76　嚴煙供詞，《天地會》（一），第 111 頁。

為教、吃老官齋會等。傅衣凌先生對此有專門研究。明清以來，福建民間一直有各類齋會傳播，例如羅教、無為教等。他們的特點是吃齋念佛，時常聚在一起聽人傳播教義，崇拜佛道儒各位聖賢。元明間最出名的齋會就是白蓮會、明教會了。這些齋會遭到官府禁止後，民間又有各種改名換姓的各類齋會。明末邵武有無為教造反事件，清初福州的無為教首腦被處分。清代福建齋會眾多，興化府有金童教，邵武府有大乘教，建寧縣有羅教，連城縣有觀音教，傳播多地。每個齋會約有十至二三十人，經常聚會討論經書。建甌的老官齋擁有齋明堂、千興堂、得遇堂、興發堂、純仁堂等五堂，在民間頗有影響。閩浙總督喀爾吉善說：「建（安）、甌（寧）二縣所轄之遣立、芝田、周地、七道、橋尾等村，悉為邪教奸匪聚集之所，各有齋堂。而南窠嶺、吉陽街、房村街、峽口、邱嶺、連地、高崛、單嶺頭等處，則為奸匪出沒要隘。」乾隆十三年正月前後，老官齋齋明堂會首陳光耀公然在鄉鎮熱鬧處所搭蓋蓬廠，聚眾念經，被官府拘拿多人。正月十二日，老官齋會眾發動一次聚集齋眾向縣城進軍的活動，一路焚燒不肯加入齋會行動家庭的住房，聲勢很大，相傳總共有數千人，燒毀房屋五百多間。官府知道消息後，派出軍隊查處，老官齋會成員一哄而散，為首數人被鄉民殺死。後來，官府嚴懲會眾，處死近百人，流放、枷責各有近百人。[77]

小結

　　清代福建社會的特點是宗法制度發達，民間流行宗族、會館及會社之類的組織。這類組織的出現，反映了商品社會矛盾的增加，人們對官府沒有信心，因而只好自己組織起來，互相說明。清代閩人形成了樂助公共事業的性格，因而慈善事業發達，有錢人回鄉，總要做些公共工程，積累口碑。不過，鄉族組織有其兩面性。

　　因清朝官府失於管理，清代福建民間社會弊病甚多。最大的痼疾是閩南的械鬥。清代漳泉二府的異姓械鬥十分激烈，往往蔓延數十年上百年不熄。開始是大姓欺侮小姓，後來是小姓聯合起來與大姓鬥。相互報復，輾轉不已。械鬥破壞了鄉村的和平局面，閩南經濟發展也受到影響。各姓為

77　傅衣凌，〈清乾隆福建吃老官齋眾起事考〉，《福建文化》第一卷第四期（1942年）。　本文又載：《傅衣凌治史五十年文編》，北京，中華書局2007年。

了加強自己的力量，便產生了結社的行為。清代福建的會社尤其發達，不同姓氏的人結合在一起，是為了抗禦外侮，不受欺侮。他們焚香結盟，互稱兄弟，一致對外。有些會社被人利用為反清工具，這就是天地會、三合會等以「反清復明」為口號的組織。清代發源於福建的天地會掀起多次反清起義，清朝對天地會等反清組織的鎮壓越來越強，從而迫使天地會成員四處逃竄，散布於東南諸省，他們繼續反清活動，發展壯大了各種祕密會社。總之，清代官府的管理能力很差，各地社會混亂不堪。天地會首先發生於福建省，它的出現，其實是福建省治安惡化的反映。只有在治安極壞的地區，天地會這類組織才會有傳播的土壤；而天地會的出現，正說明清代福建治安之壞已經到了不可思議的地步。表面上是康雍乾盛世，深入分析基層，根本沒有盛世感覺。當然，究其原因，不能只是責怪清代官吏的無能，其實，清朝能以那麼少的官吏維護各府縣的治安和社會運轉，本身是一個奇蹟。要加強管理，必須用現代的方法和制度，這是清代很難做到的。

第四章　清代前期武夷茶的產銷

　　清代前期，福建武夷茶暢銷世界，以英國為首的歐美國家大都喜歡中國的茶葉，這使武夷茶生產欣欣向榮。因此，有必要對清代前期武夷茶的生產和技術進行全面研究。

第一節　清初武夷茶製作技術的發展

　　清代前期暢銷世界的主要武夷山出產的紅茶，它的技術發明是中國歷史上的重要事件。

一、清初武夷茶製技術的成熟

　　明末對武夷茶的評價或高或低，其原因在於武夷茶製造術尚不成熟。閩人謝肇淛雖然竭力為武夷茶鼓吹，但他也承認閩茶製作技術較落後，「閩人急於售利，每觔不過百錢，安得費工如許？即價稍高，亦無市者矣，故近來建茶所以不振也。」[1] 明代吳拭的《武夷雜記》寫道：「蓋緣山中不曉製焙法，一味計多徇利之過也。」可見，明代武夷茶製作技術落後是眾口定評。這說明當時武夷山雖然已經有製作發酵茶的製作技術，但武夷茶的品質還有問題。這種情況一直延續到清初的順治年間。明清之際，許多不願剃髮的文人學士出家為僧，這使武夷山寺院匯聚了來自四方的和尚，這

1　謝肇淛，《五雜組》卷十一〈物部三〉，第 213 頁。

些和尚文化素質較高，他們對武夷茶製作進行研究，從而製成了高品質的武夷茶，這可見證於武夷山的文獻。

（1）從周亮工對武夷茶的描述來看

周亮工於清初順治年間任福建布政使，他是當時有名的學者和博物學家，曾多次往來於武夷山。他記武夷茶的製法：

> 閩酒數郡如一，茶亦類是。今年予得茶甚夥，學坡公義酒事，盡合為一，然與未合無異也。

> 崇安殷令招黃山僧以松蘿法製建茶；堪竝駕。今年余分得數兩，甚珍重之，時有武夷松蘿之目。[2]

從周亮工的描述中我們可歸納出武夷茶製法的一些特點：

其一，當時的武夷茶和省內其他茶葉炮製法沒有多大的區別。所謂「閩酒數郡如一，茶亦類是」。而在武夷茶製法更新後，福建其他地區都認為武夷茶製法遠勝於本地製法，和本地製法有很大區別。例如，乾隆《連江縣志》謂當地製茶人「亦有火焙贋為武夷者」；又道光時梁章鉅說：「武夷焙法，實甲天下……多有販他處所產，學其焙法，以贋充者，即武夷山下人亦不能辨也。」[3] 按這些說法，武夷茶製法和福建其他地區的製茶法不是沒有區別，而是有很大區別，甚至是天差地別，所以，其他地區紛紛學習武夷茶製法，以求善價。但據，周亮工所記，順治時武夷茶製法和其他各地尚無差別，這說明當時的武夷茶製法尚未出現革新。

其二，武夷山茶區積極引進茶葉炒製法。炒製茶葉是明代徽州松蘿茶區流行的一項新技術，所以，人們常以松蘿法作為炒製法的代稱。武夷茶製作技術的定型和炒製法引進有關。王草堂《茶說》這樣寫道：「陽羨岕片，祇蒸不炒，火焙以成；松蘿、龍井皆炒而不焙，故其色純。獨武夷炒焙兼施，烹出之時，半青半紅。青者乃炒色，紅者乃焙色也。」[4] 火焙是武夷茶製作中原有的技術，加上引進的炒製技術，二者結合，便形成了新型的武夷茶。

2　周亮工，《閩小紀》卷一，第12—13頁。
3　梁章鉅，《歸田瑣記》卷七，〈品茶〉，北京，中華書局1981年，第145頁。
4　陸廷燦，《續茶經》卷上之三，第27頁。

周亮工時，武夷茶區在積極引進炒製法，這意味著武夷茶製法孕育著新的突破。

　　除了周亮工之外，清初到過武夷山的名人還有幾位，他們對武夷茶的記載值得研究。

（2）從方以智對茶葉製法的描述來看

　　方以智是明清之際著名的科學家和博物學家，所著《物理小識》是明清時代一部有名的科技著作。方以智在明亡後出家為僧，經常在武夷山留駐。這位博學的科學家不可能不注意到武夷茶區的製茶法。他的《物理小識》對茶葉的製作技術的描寫耐人尋味：

> 製有三法，摘葉貴晴，候其發香，熱鍋擣青，使人旁扇。傾出，煩按再焙，至三而燥；一法沸湯微瀹，晾（晾）乾，綿紙藉而焙之；一法蒸葉晾（晾）乾，再以火焙……以葉之老嫩定蒸之遲速，皮梗碎、色帶赤，其候也。[5]

　　我們且將第一種製法放之一邊，後兩種製法明顯是武夷茶區的製茶法：第二種應是武夷山區白茶製作方法，至今白茶還是福建茶區有特色的產品，例如福鼎白茶；第三種製法則和陳繼儒所描述的武夷茶製法完全相似，並有共同的特點：「色帶赤」，無疑它也是武夷茶區的製茶法之一。由此我們可以推論，第一種製法也是武夷茶區的製茶法，而這種製茶法很可能就是原始的青茶製作法。下面我們試分析第一種製法的幾個步驟。

　　第一步「摘葉貴晴，候其發香」。所謂「摘葉貴晴」，即為了「摘葉晾乾」王草堂記載武夷巖茶的製法第一步，也是將茶葉架於風日中晾乾。「候其發香」，即將茶葉揉撚後堆積在一起，在酶的作用下，茶葉開始發酵，透出香味。這是發酵茶製作的關鍵技術。王草堂《茶說》：「茶采（採）而攤，攤而摝，香氣發越即炒，過時不及，皆不可。」第二步，「熱鍋擣青，使人旁扇。」我疑熱鍋擣青即為炒青，由於一邊炒，一邊用手加以揉撚，所以被方以智說成是「擣青」。至於扇風，是為了加快炒製中的茶葉散熱，這是炒製高級茶葉常用的方法。第三步，「傾出，煩按再焙，至三而燥」，

5　方以智，《物理小識》卷六，文淵閣四庫全書本，第11頁。

前面說過，烏龍茶製作特點是炒焙結合，先炒後焙，為保證品質，製作高級巖茶，常反復多次烘焙，並揀出其中的雜質，方以智的描述正反映了這個特點。方以智《物理小識》發表於康熙三年，這說明在順治、康熙之交，武夷山有可能出現了較成熟的發酵茶製作方法。

（3）從吳拭《武夷雜記》的記載來看

　　吳拭的《武夷雜記》說：「武夷茶賞自蔡君謨始，謂其味過于北苑龍團。周右文極抑之。蓋緣山中不曉製焙法，一味計多狥利之過也。余試採少許，製以松蘿法，汲虎嘯巖下語兒泉烹之，三德具備，帶雲石而復有甘軟氣，乃分數百葉寄右文，令茶吐氣。復酹一杯，報君謨於地下耳。」[6] 這條史料表明明末清初武夷山僧人積極引進以炒焙為特色的松蘿法。而這一技術是武夷茶製作技術提高的關鍵。

　　《武夷雜記》的作者為吳拭。清以前名吳拭者有二人，其一為宋代甌寧人，曾任職成都；其二為明代休寧人，朱彝尊的《明詩綜》內附有他的幾首詩。《武夷雜記》一文中有吳拭訪問曹能始的記載。按，曹能始為明末福州名士，名學佺，在隆武朝仕至大學士。所以，吳拭應生活於明末清初。朱彝尊《明詩綜》所附吳拭小傳，謂吳拭「慷慨重然諾，中年以結客傾其家，晚栖吳市，尋避兵虞山，困厄死。」[7] 江南是中國最為穩定的區域，他晚年生活於江南，卻要躲避戰亂，應是死於清代初年。吳拭的詩中有：「蠻鄉有夢三千里，閩海無書二十年。」可見，他曾在福建生活很久，《武夷雜記》應是他於明末遊武夷山的紀實。可見，迄至明末，武夷山的僧人曾經嘗試引進炒製法。

（4）從阮旻錫的詩句來看

　　阮旻錫是廈門人，明清之際他投身於鄭成功部下。康熙二年，即一六六三年，清軍攻破廈門島，阮旻錫到武夷山出家做和尚，他的〈安溪茶歌〉應寫於此後：「居人清明採嫩葉，為價甚賤供萬家。邇來武茶漳人製，紫白二毫粟粒芽。西洋番舶歲來買，王錢不論憑官牙。溪茶遂仿巖茶樣，

6　陳元龍，《格致鏡原》卷二十一，〈飲食〉，文淵閣四庫全書本，第28—29頁。
7　朱彝尊編，《明詩綜》卷七十四，文淵閣四庫全書本，第14頁。

先炒後焙不爭差。」[8] 這裡關鍵的是最後兩句，它說明當時的武夷茶已出現了炒製和烘焙結合的技術。如前所述，明代武夷茶的製作是用蒸汽將茶葉變熟。雖然有人引入以炒製為特色的「松蘿法」，但「土著僧人」不習慣於新方法，最後還是拋棄了炒製技術。所以，明代的武夷茶製技術尚有缺陷，人們褒貶不一。阮旻錫的〈安溪茶歌〉明確地說，當時的安溪茶農模仿武夷茶的製法，「先炒後焙不爭差」，這說明清初武夷茶的製作確實使用了炒焙技術，從而使武夷茶的製作技術提高一個層次，從此成為眾口皆譽的名茶。這說明康熙前期武夷茶製作技術已定型。

（5）從武夷茶性質來看

康熙十八年（1679年）出版的鄭與僑《客途紀異》寫道：「北人貴新茶，閩人不飲新茶，恐火氣引疾也。新茶出貿時，賣舊茶者必標曰陳茶，以陳價之倍於新耳。」[9] 中國傳統醫學將人的食物分為溫涼二型。綠茶屬於涼型，所以，過去的茶書都說過胃弱者慎飲綠茶；青茶和紅茶部屬於溫熱型的，從鄭與僑的記載來看，康熙時的武夷茶是溫熱型的，所以會有「火氣」，因此，它應屬於發酵茶類。此外，周亮工的《閩小記》也記載武夷茶的茶湯顏色為紅色。他說：「雨前雖好但嫌新，火氣難除莫近唇。藏得深紅三倍價，家家賣弄隔年陳。」「上游山中人，類不飲新茶，云火氣足以引疾。新茶下，貿陳者急標以示，恐為新累也，價亦三倍。閩茶新下，不亞吳越，久貯則色深紅，味亦全變，無足貴者。」[10] 康熙年間，張英說：「茗以溫醇為貴，岕片、武夷、六安三科最良，松蘿近刻削，非可常飲。」[11] 如前所述，松蘿是炒製綠茶，寒性重，胃不好的人不可多飲。武夷茶與岕片等都有溫醇的特點，所以，它是一種青茶或是紅茶。

（6）從消費者的飲用風尚來看

清代武夷茶在國內的主要市場是閩粵二省，徐珂的《清稗類鈔》工

8　黃任等，乾隆《泉州府志》卷十九，〈物產志〉，〈安溪茶歌〉，光緒刊本，第29頁。

9　陳祖槼、朱自振編，《中國茶葉歷史資料選輯》，北京農業出版社1981年，第347頁。

10　周亮工，《閩小記》卷一，〈閩茶曲〉，第27頁。

11　張英，〈飯有十二合說〉，轉引自陳祖槼、朱自振編，《中國茶葉歷史資料選輯》，第347頁。

夫茶條寫道：「閩中盛行工夫茶，粵東亦有之；蓋閩之汀、漳、泉，粵之潮，凡四府也。」按，「工夫茶」之意為：花許多工夫製作的茶。這種茶，即是武夷茶。在國內，上述四府人最早推崇武夷茶，一直是武夷茶的主要消費地，其餘地區飲用武夷茶之風都是從這些地區傳去的。那麼，這四府之地是何時開始風行喝武夷茶的？這四府之中和武夷茶關係最深的又數漳州府人。前述阮旻錫的詩有：「邇來武夷漳人製」，說明漳州人很可能是武夷茶的直接發明者。漳州人時興喝武夷茶是在康熙年間。出版於康熙五十二年的《漳州府志・雜俗》寫道：「靈山寺，出北門十里，地宜茶，俗貴之。近則移嗜武夷茶，以五月至，至則鬥茶。」這也說明康熙時武夷茶製作技術成熟了，否則人們不會移嗜武夷茶。

（7）從武夷山製茶人的身分來看

　　武夷山是道教名山，宋元時期武夷山有許多道觀。入明之後，佛教也向武夷山滲透，著名的永樂禪寺，應始建於明初的永樂年間。其後，道士因畏懼官員索討武夷茶，常將道觀售於和尚，所以，明代後期武夷山的寺院較多。明清之際的武夷茶多為僧人製造，萬曆年間陳繼儒的《太平清話》就說到武夷僧人試用松蘿法製茶，「武夷叧崐紫帽龍山皆產茶，僧拙於焙。既採則先蒸而後焙，故色多紫赤。只堪供宮中澣濯用耳。近有以松蘿法製之者，既試之，色香亦具足，經旬月則紫赤如故。蓋製茶者不過土著數僧耳，語三吳之法，轉轉相效，舊態畢露。此須如昔人論琵琶法，使數年不近，盡忘其故調，而後以三吳之法行之，或有當也。」[12] 這條史料也表明，當時製茶的不過是「土著數僧」而已，囿於所見所聞，他們製茶的技術很難提高。

　　迄至明清易代之際，一些失意的士人剃髮出家，武夷山寺院中增添了不少文化素質較高的僧人。董天工《武夷山志》記載清代武夷山的僧人：

> 海靖，延平人，善詩及畫，有《武夷圖志》。嘗同天使往琉球國，圖其山川以歸，即胡獻卿也，後為僧。

> 克信，號節菴，蘇州人。善山水及詩，寓天遊象峰數年。

12　陸廷燦，《續茶經》卷上之三，第 25 頁。

大寧，字石潮，道盛弟子。博洽能文，嘗止錫武夷，後主金陵天界方丈，著有詩文集。

如疾，字疪巳，龍溪人。菴居內金井，能詩善書、嘗作《武夷導遊記》，文詞典瞻。

超位，號壽宗，漳浦盧氏子，黃石齋門人，好學善詩文。……其徒明開，字鐵華，亦漳浦人，能傳其衣鉢，雲遊京師。

道桓，字竺民，號凡木。龍溪楊氏子，八九歲喜讀古詩歌。及長，披緇居小九曲之泊庵，即事長吟，遊者多稱之。其徒明智，字非固，亦龍溪人，好為詩，有踵事其師之意。

衍操，字松山，漳浦劉氏子。先世仕、學相承，有三劉之目。衍操足跡遍四方，歷有聲名。晚得武夷山北之梧桐窠，結茅居焉。手不釋卷，宛然儒者。著《語錄》八卷、《詩集》十餘卷。

性坦，號橚嶢，漳州諸生，原名蔡仲修，黃石齋門人，能詩文。居御茶園三載，歸省祖塋，卒年八十餘。

淨青，字千松，泉州人。能詩及尺牘，居復古菴二十餘載，足跡不至城市，近今罕及，年六十有三卒。

超全，號夢庵，同安人。俗姓阮，名旻錫，字疇生，曾文忠公櫻門人，棄諸生，自稱輪山遺衲。有《海上見聞錄》二卷、《慢亭遊詩文》一卷。

真熾，字洞照，號晦崖，晉江人。梧峰衍操弟子也。

宗楷，字雪芝，別號鐵社，善畫蘭，又工書法，與李懷之、藍素先、顧子燦號夷山四名士。

超煌，又名元煌，字泉聲，龍溪人。俗姓陳，居虎嘯，善詩畫，嘗主浙江天童法席。[13]

　　以上這些僧人都是能詩善賦，有些人還出過文集。這些事實表明，清初武夷山的僧人文化素質很高。另外值得注意的是，這些僧人多為閩南人，其中如疾、道桓、超煌、明智是龍溪人，超位、明開、衍超為漳浦人，此外，

13　董天工，《武夷山志》卷十八，〈方外〉，第598—600頁。

性坦為漳州人，淨青為泉州人，真熾為晉江人，超全為同安人。

　　研究茶史的專家都知道，武夷巖茶的主要消費者是泉州人、漳州人、潮州人、臺灣人、廣州人。其中廣州人喜歡武夷巖茶是受到泉、漳、潮三州人的影響。武夷山的茶葉一向以道士、僧人的製作為佳。「武夷造茶，其巖茶以僧家所製者最為得法。」[14]如前所述，清初武夷山的僧人多為閩南人，這說明他們在武夷茶的製作技術發明過程中起了重要作用。

　　僧人超全（阮旻錫）寫過〈武夷茶歌〉與〈安溪茶歌〉，其中〈武夷茶歌〉寫道：

> 種茶辛苦甚種田，耘鋤採摘與烘焙。穀雨屆期處處忙，兩旬晝夜眠餐廢。道人山客資為糧，春作秋成如望歲。凡茶之產准地利，溪北地厚溪南次。平洲淺渚土膏輕，幽谷高崖煙雨膩。凡茶之候視天時，最喜天晴北風吹。若遭陰雨風南來，色香頓減淡無味。近時製法重清漳，漳芽漳片標名異。如梅斯馥蘭斯馨，大抵焙時候香氣。鼎中籠上爐火溫，心閑手敏工夫細。巖阿宋樹無多叢，雀舌吐紅霜葉醉。終朝採採不盈掬，漳人好事自珍祕。積雨山樓苦晝間，一宵茶話留千載。重烹山茗沃枯腸，雨聲雜沓松濤沸。[15]

　　超全為泉州同安縣廈門鎮人，他與漳州籍的僧人應是十分熟悉的。他的詩中有：「近時製法重清漳，漳芽漳片標名異」，「漳人好事自珍祕」；在他的〈安溪茶歌〉也有「邇來武夷漳人製」的說法，這些都表明當時武夷茶的製作主要掌握在漳州籍僧人手中。明清之際的漳州人掌握了中國對外貿易，能文能武，人才輩出，在各方面都有許多發明。[16]這些原籍漳州的僧人應是武夷茶製法的主要創新者，由他們製成的茶葉在漳州、泉州、潮州贏得最多的愛好者。所以，清初漳州籍僧人出現在武夷山，也是武夷茶製作技術提高的證據。

　　總的來說，雖說明末以前中國南部已經出現了紅茶製作技術，但這類技術尚不成熟。因而，當時的學人說到武夷茶毀譽參半。迄至清代初年，不少漳州籍文人在武夷山出家，他們以松蘿法製造發酵過的武夷茶，獲得

14　陸廷燦，《續茶經》卷上之三，第27頁。
15　陳祖槼、朱自振編，《中國茶葉歷史資料選輯》，第378頁。
16　徐曉望，《閩南史研究》，福州，海風出版社2004年。

了突破，從而使武夷茶成為海內聞名的名茶。上述材料可證明，武夷茶成熟的製作技術約發明於順治末、康熙初的二三十年內。其後，武夷巖茶及九曲溪邊生產的紅茶都得到許多人的讚美，從而開拓了廣大的市場。

三、武夷茶發明的歷史意義

武夷茶製作技術成熟的歷史意義。其一，它是茶葉製作史上成熟的第三代技術。中國茶葉製造技術的發展大約可分為三代。第一代是唐宋時期的茶餅。它的製作技術和特點，古人曾有詳細的記敘。它的缺點是製作技術過於複雜，費工過多，價格昂貴；其次，製作過程中經常加入其他原料，如宋代北苑臘茶的製造要加入橘、生薑、糖、鹽等酸、辣、甜、鹹四味，加上茶葉原有苦味，稱為五味調和。在後人看來，這種製法失去了茶葉的真味。第二代茶是明代興起的散炒綠茶。從唐宋史料分析來看，早在唐代就有人嘗試炒製茶葉，但因技術不成熟而被淘汰。宋代北苑貢茶多是茶餅，民間也有人製造散茶。迄至明代，民間的茶葉製造以散茶為主，茶葉摘採後，以蒸汽將茶葉燙熟，然後晒乾。這類散茶多為綠茶。它的特點是保持茶葉的原味，所以，它比之唐宋時代的製法更為優越。它的缺點是茶葉中有股苦澀味，不易為不懂茶葉的人接受。迨至明代後期，蘇州與徽州出現了以炒焙為特點的松蘿法，以松蘿法製成的綠茶，是今天最受歡迎的茶葉之一，其代表作是杭州龍井茶。茶葉的第三代技術是發酵茶。發酵茶有青茶（烏龍茶）與紅茶兩種。發酵茶技術的起源尚不太清楚，有人以為最早出自潮州鳳凰山，也有人認為是在武夷山。從現在的史料看，明代後期的江西、福建、廣東都有了發酵茶的製作技術。茶葉經發酵後，其中苦澀味被除去，香味更加濃烈，所以它更易於被人們所接受。現在世界上紅茶的消費量遠遠超過綠茶，其原因在此。不過，不論發酵茶技術最早起源於何地，但最早成熟的發酵茶是在武夷山出現，其代表作是武夷巖茶與桐木關正山小種等。

其二，武夷茶製作技術的革新，使武夷茶品質大大提高，成為國內第一流名茶。明末清初，當武夷茶製作技術未定型時，人們對武夷茶的品質褒貶不一，總的說是貶的多，稱讚的少。然而，當武夷茶製作技術穩定後，人們對武夷茶的評價日益高漲，無不認為它是宇內第一流的茶葉。

其三，發酵茶的發明為中國茶葉開拓了世界市場。綠茶帶有苦澀味，對慣於喝綠茶的中國人來說，它並不難喝，但對於從未接觸過茶葉的民族來說就不同了，明末來到中國的利瑪竇這樣評價茶葉：「它的味道不很好，略帶苦澀。」[17]1616 年，荷蘭人將日本的蒸青綠茶運到歐洲，並未引起歐洲人的認同。所以，靠綠茶是很難打開歐洲市場的。紅茶是一種發酵茶，茶葉經發酵之後，除去了茶葉中的苦澀味，香味更濃。所以，在歷史上，是武夷紅茶最早吸引了歐洲人的興趣。

研究武夷山紅茶和青茶的發明，應當說，它是一項意義重大的發明，因為，它給中國製茶業帶來廣闊的世界市場。在武夷山紅茶流行英國與歐洲的兩百年裡，這項技術為中國賺進數億銀圓。

第二節　清代前期武夷茶市場的開拓

清代前期，閩粵邊境的漳州和潮州流行飲用工夫茶的習俗，這是武夷茶市場開拓的重要階段。

一、閩粵飲用工夫茶的習慣

清代前期閩南掀起飲用功夫茶之風，功夫茶又可作工夫茶，它是閩南粵東流行的飲茶方式，也是一種飲茶的藝術。茶史專家認為，它最早是一種茶名，而後成為茶藝的代名詞。莊晚芳先生的《茶史散論‧烏龍茶史話》說，工夫茶原是武夷烏龍茶的一個花色品名，最早見於 1734 年福建崇安縣令陸廷燦《續茶經》所引的〈隨見錄〉。這一發現是十分重要的。不過，〈隨見錄〉的作者是山西人屈擢升，他寫作〈隨見錄〉的時間不明，既然該書被陸廷燦引用，他著該書的時間應更早一些。他在〈隨見錄〉一文中說：

> 武夷茶在山上者為巖茶，水邊者為洲茶，巖茶為上，洲茶次之。巖茶，北山者為上，南山者次之。南北兩山，又以所產之巖名為名，其最佳者名曰工夫茶；工夫之上又有小種，則以樹名為名，每株不過數兩，不可多得。洲茶名色有蓮子心、白毫、紫毫、龍鬚、鳳尾、

17　利瑪竇、金尼閣著，何高濟、王遵仲、李申譯，《利瑪竇中國札記》，北京，中華書局 1983 年，第 17 頁。

花香、蘭香、清香、奧香、選芽、漳芽等類。[18]

按，屈擢升所說的武夷茶種類，有些已經不見於後世，例如「漳芽」。據阮旻錫的說法，漳芽為漳州人發明，清初一度很流行。

如其所說工夫茶原為武夷巖茶的一種，但今日的武夷山諸巖未聞有一個「工夫巖」。看來工夫應是指武夷茶的製作精細，花費很多工夫。「武夷造茶，其巖茶以僧家所製者最為得法，至洲茶中采回時逐片擇其背上有白毛者，另炒另焙，謂之白毫，又名壽星眉；摘初發之芽一旗未展者，謂之蓮子心，連枝二寸剪下烘焙者謂之鳳尾龍鬚；要皆異其製造，以欺人射利，實無足取焉。」[19]我從小生活於閩北，知道閩北人其實不怎麼用「工夫」一詞，從語源來說，「工夫」一詞實流行於閩南、粵東，李小龍稱其武術為「功夫」，反映了粵東人的口語。工夫茶被用於稱讚武夷茶，應是武夷山漳州籍和尚的影響。另外要說明的是：我在武夷山茶區調查，發現這一帶的茶農都是講閩南話，因此，他們之間會流行閩南的術語。

從清代武夷茶的發展歷史來看，它最早贏得了漳泉潮一帶民眾的喜歡，而後成為福建人及廣東人最喜歡的茶葉。所以，閩南人對武夷茶的喜愛是武夷茶發展史上最重要的變化之一。現代的民俗學調查也證明：閩南人喝茶數量遠多於其他地方的民眾，每個月人均消耗幾斤茶葉，因此，從市場開拓的角度來看，閩南市場的開拓也是最重要的。

閩南人流行喝茶是從晚明開始的。明中葉以後，國內市場的消費水平有了很大變化，人們開始講究飲食穿著，茶葉消費量大增。《安海志》記載：「茶，昔惟清源有之，郡人未之種也。後安海遊於外，慣用之。於是飲者知求，賣者知植。……自後鄉人爭慕之，不特富貴之家為然，即村夫下輩亦竊效顰。雀舌一斤，售價三錢。自是而四方山寺爭效種之，而買者爭趨安海矣。」[20]由此可見，大約在明代晚期，閩南沿海出現了飲用茶葉的一股新的熱潮，蔡獻臣說：「西番以茶為生命，吳越以茶為雅致，閩南人冬湯夏水，非若至不煮茶，所需至少，然亦過於活得。今則漸于吳下之風，爭

18　陸廷燦，《續茶經》卷下之四，文淵閣四庫全書本，第 26 頁。

19　陸廷燦，《續茶經》卷上之三，第 27 頁。

20　安海志修編小組，《安海志》卷十一，〈物類志・土貨〉，1983 年自刊本，第 116 頁。

言茶矣，茶價亦遂騰踴。」[21] 然而，其時的閩南人多喝閩南本土生產的茶葉，蔡獻臣的〈談茶〉一文說：「近言茶者，歙之松蘿、長興之岕、南安之英，堪稱鼎足矣。英香列，類松蘿；岕帶土氣息，另自一家」。「英之幾與松蘿等，清水巖、覺海、樂山，價亦不賤，士大夫家尤尚之。今吾家每飯設茶，口之於味何常之有（覺海、樂山皆南安地，清水則屬安溪矣）。」[22] 林希元記永春的雀舌茶：「清明採者為雀舌，穀雨採者次之，五、六、七、八月採者則粗茶，雀茶一斤值銀一錢，粗茶三斤銀一錢」[23]。龍溪縣，「舊有天寶山茶、梁山茶，近有南山茶，龍山茶，俱佳。及各處俱有土產，多於清明時採之」[24]。有名的安溪茶區正穩步發展，「安溪茶產常樂、崇善等里，貨賣甚多」。[25] 萬曆時，何喬遠論述安溪茶，「茶名於清水，又名於聖泉」[26]。總之，明代晚期，閩南製茶業有很大發展，老百姓流行喝茶。不過，當時閩南人主要喝本地生產的茶，南安、安溪、龍溪諸縣都有茶葉生產。其時，潮州人愛喝的福建茶，應當就是閩南茶葉。閩南人中，又以漳州人引領飲茶潮流，這對武夷茶紅的發明起了重要作用。

閩南人轉喝武夷茶是在清代初年。康熙《漳州府志》：

> 靈山寺，出北門十里，地宜茶，俗貴之。近則移嗜武夷茶。以五月至，至則鬥茶，必以大彬之罐，必以若深之杯，必以大壯之爐扇，必琯溪之箑，必以長竹之筐，凡烹茗以水為本火候佐之，水以三义河為上，惠民泉次之，龍腰石泉又次之。餘泉又次之，窮山僻壤，亦多耽此者，茶之費歲數千。[27]

據宋代蔡襄的《茶錄》，鬥茶習俗最早始於宋代的閩北。清代，這一

21 蔡獻臣，《清白堂筆記》，〈談茶〉，錄自陳國仕輯錄，《豐州集稿》，南安縣志編纂委員會 1992 年自刊本，第 462 頁。

22 蔡獻臣，《清白堂筆記》〈談茶〉，錄自陳國仕輯錄，《豐州集稿》，第 462 頁。

23 林希元，嘉靖《永春縣志》卷一，〈物產〉。明嘉靖五年刊本膠捲，頁碼不明。

24 佚名，萬曆元年《龍溪縣志》卷一，明萬曆刊本膠捲，第 19 頁。

25 林有年等，嘉靖《安溪縣志》卷一，地理志，〈物產〉，上海古籍書店 1963 年影印天一閣藏本，第 43 頁。

26 沈鍾等，乾隆《安溪縣志》卷四，〈風土〉，引何喬遠述，廈門大學出版社 1988 年，第 110 頁。

27 魏荔彤、蔡世遠，康熙《漳州府志》卷二六，〈民風〉，清康熙五十三年刊本，第 13 頁。

習俗突然流行於閩南，當時的漳州人十分重視飲茶的器具，上文所說的「大彬」、「若深」、都是製作宜興砂陶的名家。鬥茶首先看器具，宜興陶器是最佳選擇，宜興陶中，又要選擇名家的作品，所以，「大彬之罐」、「若深之杯」足以壯聲色。其餘的「大壯之爐」及扇與水都是地方之物，「大壯」是南靖製作茶爐的名家，即許大壯。《南靖縣志》記載：「茶爐，出馬坪，以白土為之。其色如施粉，雕刻花麗工致，以大壯爐為佳。」[28] 琯溪鎮隸屬於漳州府的南靖縣，當地有各色土產，扇是其中之一。這段文字反映了清代初年漳州人飲茶之講究，而且已經有工夫茶的飲用之風。如果深究之，當時工夫茶所用各種器物，除了宜興名家的作品之外，南靖的「大壯爐」和「琯溪扇」都是必用品，可見，漳州南靖人與閩南工夫茶很有關係。

　　漳州人與武夷茶的關係極深。阮旻錫的〈安溪茶歌〉應寫於清代康熙年間：「居人清明採嫩葉，為價甚賤供萬家。邇來武茶漳人製，紫白二毫粟粒芽，西洋番舶歲來買，王錢不論憑官牙。溪茶遂仿巖茶樣，先炒後焙不爭差。」[29] 這首詩明確地說，清初引起英國人來買的武夷茶是由漳州人製造的，而後安溪人也仿製漳州式的武夷茶。

　　經過漳州人改造的武夷茶得到許多人的好評。清初武夷茶的飲用方法也越來越講究。袁枚的《隨園食單》評武夷茶：「余向不喜武夷茶，嫌其濃苦如飲藥，然丙午秋，余遊武夷，到曼亭峰天游寺諸處，僧道爭以茶獻，杯小如胡桃，壺小如香櫞，每斟無一兩。上口不忍遽咽，先嗅其香，再試其味，徐徐咀嚼而體貼之，果然清芬撲鼻，舌有餘甘。一杯之後，再試一二杯，令人釋躁平矜，怡情悅性，始覺龍井雖清而味薄矣，陽羨雖佳而韻遜矣。頗有玉與水晶品格不同之故。故武夷享天下盛名，直乃不忝。且可瀹至三次而其味猶未盡。」[30] 從袁枚的記載來看，當時飲用武夷茶已經十分講究，要選擇小如香櫞的茶壺，容量只有一兩水的茶杯，喝茶時要先聞其香，再試其味，徐徐咀嚼，舌有餘甘，可以說，工夫茶的基本要素都在了。又如乾隆年間彭光斗說：「余罷後赴省，道過龍溪，邂逅行圃中過一野叟，延入旁室，地爐活火，烹茗相待。盞絕小，僅供一啜，然甫下嚥，即沁透

28　王寶序等，乾隆《南靖縣志》卷七，〈物產〉，乾隆四十三年刻本，第 2 頁。

29　黃任等，乾隆《泉州府志》卷十九，〈物產志〉，《安溪茶歌》，光緒刊本，第 29 頁。

30　陳祖槼、朱自振編，《中國茶葉歷史資料選輯》，第 383 頁。

心脾，叩之，乃真武夷也。客閩三載，只領略一次。殊愧此叟多矣。」[31] 此翁所泡茶，應當是武夷茶的上品。而且其泡茶方式，頗費工夫。這說明乾隆年間漳州已經流行工夫茶。又如張泓《滇南憶舊錄》引沈時可的話：「武夷茶中最佳者曰喬松本山，一年所得，不過斤許。饋人皆用銀瓶，止一二錢。茶之妙，可烹至六七次，一次則有一次之香。或蘭，或桂，或茉莉，或菊香，種種不同，真天下第一靈芽也。」[32] 武夷茶的價格逐步攀升：「一杯中人產，君子有深痛。」[33]

　　漳州人飲用武夷茶之風傳到閩南各地。如嘉慶《同安縣志》記載：「邑不產茶，所用者武夷巖茶及安溪清水、留山諸種。」[34] 嘉慶年間的雲霄縣：「現飲片皆從武夷、安溪而來。」[35] 福建的邊遠山區也開始流行武夷茶。《臨汀彙考》云：「汀郡人家食茶，皆本土所生，縣各有產茶之地，不俟外售。近日始有以武夷茶待客者。學生書室中亦以茗飲為清供矣。」[36] 這是道光年間的事。道光年間的廈門人愛喝茶，周凱的《廈門志》說：

　　俗好啜茶，器具精，小壺必曰孟公壺。杯必曰若深杯。茶葉重一兩，價有貴至四五番錢者。文火煎之，如啜茶酒然。以餉客，客必辨其色、香、味而細啜之，否則相為嗤笑，名曰工夫茶。或曰君謨茶之訛。彼誇此競，遂有鬥茶之舉。有其癖者，不能自已，甚有士子終歲課讀，所入不足以供茶費。亦嘗試之，殊覺悶人。雖無傷於雅，尚何忍以有用工夫，而棄之於無益之茶也！[37]

　　按，周凱並不喜歡工夫茶，但作為多年在廈門做官的人，他對廈門的習俗還是很瞭解的，這段記載如實地反映了廈門人茶葉消費之大，而其工夫茶飲用之精也引人注目。

　　嘉慶年間的潮州人十分喜歡工夫茶。《夢厂雜著‧潮嘉風月》：

　　工夫茶烹治之法，本諸陸羽《茶經》。而器具更為精緻，爐形如截

31　彭光斗，《閩瑣記》，福建省圖書館藏 1980 年抄本，第 22—23 頁。
32　陳祖槼、朱自振編，《中國茶葉歷史資料選輯》，第 377 頁。
33　章朝栻，〈武夷茶〉，嘉慶《崇安縣志》卷二，〈物產‧茶〉，油印本，第 34 頁。
34　劉光鼎等，嘉慶《同安縣志》卷十四，〈貨物〉，清嘉慶三年刊本，第 39 頁。
35　薛凝度等，嘉慶《雲霄縣志》卷六，嘉慶二十一年本，第 2 頁。
36　楊瀾，《臨汀彙考》卷四，〈物產考〉，清光緒四年刻本，第 3 頁。
37　周凱、凌翰等，道光《廈門志》卷十五，〈風俗記〉，第 515—516 頁。

筒，高約一尺二三寸，以細白泥為之。壺出宜興窰者最佳，圓體扁腹，努嘴曲柄，大者可受半升許。杯盤則花瓷居多，內外寫山水人物極工致，類非近代物。然無欵識，製自何年不能考也。爐及壺盤各一。唯杯之數，則視客之多寡。杯小而盤如滿月。此外尚有瓦鐺、棕墊、帋扇、竹夾，製皆樸雅。壺盤與杯，舊而佳者，貴如拱璧。尋常舟中不易得也。先將泉水貯鐺，用細炭煎至初沸，投閩茶於壺內，冲之蓋定，復遍澆其上，然後斟而細呷之。氣味芳烈，較嚼梅花更為清絕，非拇戰轟飲者得領其風味。余見萬花主人於程江月兒舟中，題吃茶詩云：『宴罷歸來月滿闌，褪衣獨坐興闌珊。左家嬌女風流甚，為我除煩煮鳳團。小鼎繁聲逗響泉，篷窓夜靜話聯蟬。一杯細啜清於雪，不羨蒙山活火煎。』蜀茶久不至矣，今舟中所尚者，惟武彝。極佳者，每斤需白鏹二枚。六篷船中食用之奢，可想見焉。[38]

　　將嘉慶年間《夢厂雜著・潮嘉風月》所載工夫茶的飲用方法比之康熙《漳州府志》所載飲用方法，可知二者習尚頗為相似。從時序而言，應當是潮州人受漳州人影響。

　　咸豐年間，寄泉的《蜨階外史》一書對閩中工夫茶的記載較為詳細：

工夫茶，閩中最盛。茶產武彝（夷）諸山，採其芽，窨製如法。友人遊閩歸，述有某甲家巨富，性嗜茶，廳事置玻璃甕三十，日汲新泉滿一甕，烹茶一壺，越日即不用。移置庖湢，別汲第二甕。備用童子數人，皆美秀，髮齊額，率敏給，供爐火。爐用不灰木成，極精緻，中架無煙堅炭數具，有發火機以引光奴焠之，扇以羽扇，焰騰騰灼矣。壺皆宜興沙質。冀春、時大彬，不一式。每茶一壺，需爐銚三候湯，初沸蟹眼，再沸魚眼，至連珠沸則熟矣。水生湯嫩，過熟湯老，恰到好處，頗不易。故謂天上一輪好月，人間中火候。一甌好茶，亦關緣法，不可幸致也。

第一銚水熟，注空壺中，盪之潑去；第二銚水已熟，預用器置茗葉，分兩若干，立下壺中，注水，覆以蓋，置壺銅盤內；第三銚水又熟，

38　俞蛟，《夢厂雜著》卷十，〈潮嘉風月〉（嘉慶六年、1801 年），第 8—9 頁。顧廷龍等編，《續修四庫全書》第 1269 冊，上海古籍出版社 2002 年。

從壺頂灌之，周四面，則茶香發矣。甌如黃酒卮，客至每人一甌，含其涓滴，咀嚼而玩味之；若一鼓而牛飲，即以為不知味。肅客出矣。茶置大錫瓶，友人司之，瓶粘考據一篇，道茶之出處、功效，啜之益人者何在。客能道所以，別烹嘉茗以進。其他中人之家，雖不能如某甲之精，然烹注之法則同，亦歲需洋銀數十番云。[39]

以上這段話對工夫茶的記載，反映了當時福建茶藝技術的純熟。

咸豐年間施鴻保《閩雜記》對功夫茶的說法與廈門志相似：

漳泉各屬，俗尚功夫茶。器具精巧。壺有小如胡桃者，名孟公壺。杯極小者，名若深杯。茶以武夷小種為尚，有一兩值番錢數圓者。飲必細啜久咀，否則相為嗤笑。……予友武進黃玉懷明府言：下府水性寒，多飲傷人，故尚此茶。取其飲不多而渴易解也。[40]

徐珂的《清稗類鈔》記載晚清的工夫茶：

閩中盛行工夫茶，粵東亦有之。蓋閩之汀、漳、泉，粵之潮，凡四府也。烹治之法，本諸陸羽《茶經》，而器具更精。爐形如截筒，高約一尺二、三寸，以細白泥為之。壺出宜興者為最佳，圓體扁腹，努嘴曲柄，大者可受半升許。所用盃盤，多為花瓷，內外寫山水人物，極工緻，類非近代物。爐及壺盤各一，惟盃之數，則視客之多寡。盃小而盤如滿月，有以長方磁盤置一壺四盃者，且有壺小如拳，盃小如胡桃者。此外尚有瓦鐺、棕墊、紙扇、竹夾，製皆樸雅。壺、盤與盃，舊而佳者。先將泉水貯之鐺，用細炭煎之初沸，投茶於壺而沖之，蓋定，復徧澆其上，然後斟而細呷之。其餉客也，客至，將啜茶，則取壺，先取涼水漂去茶葉塵滓，乃撮茶葉置之壺，注滿沸水，既加蓋，乃取沸水徐淋壺上，俟水將滿盤，覆以巾，久之，始去巾，注茶盃中，奉客。客必銜盃玩味，若飲稍急，主人必怒其不韻也。[41]

以上史料表明，工夫茶原是流行閩南、汀州及廣東潮州的一種飲茶方

39　寄泉，《蜨階外史》卷四，〈工夫茶〉，筆記小說大觀本，第7—8頁。

40　施鴻保，《閩雜記》卷十，第152頁。

41　徐珂，《清稗類鈔》，第十三冊，〈飲食類・邱子明嗜工夫茶〉，北京，中華書局1983年。

式，最早應出現於漳州，而後流行於廈門、泉州汀州及潮州，然後傳播到臺灣、廣東，飲用工夫茶的主體是閩南人。清代工夫茶主要飲用武夷山的烏龍茶與紅茶，這導致武夷山的烏龍茶在閩南區域流行。由於當時廈門行商及廣州行商以閩南人為多，受他們的影響，前來貿易的英國人也愛上武夷茶，導致武夷茶成為英國人餐桌上最流行的飲料。總之，文人對武夷茶的推崇，使武夷茶打開了國內市場。從總體而論，清代中葉，福建、廣東、江西三省皆以武夷茶為主要飲用茶葉，其他地區也喝武夷茶，這使武夷茶在國內市場上的銷售量大增。

二、英國及歐洲的飲茶習俗

明代中國人的飲茶習俗由福建人帶到南洋，而後影響了波斯及阿拉伯國家。不過，世界上消費茶葉最多的要數歐洲人。

歐洲諸國中，葡萄牙人最早來到中國，他們也是最早認識中國茶的人。不過，飲茶形成一種習俗，最早是在荷蘭之中。荷蘭人於 17 世紀初在東南亞建立殖民地，開始購進東方的茶葉。「第一批茶葉輸入歐洲，係 1607 年由荷蘭東印度公司的商船從中國澳門運到爪哇，再於 1610 年運抵荷蘭阿姆斯特丹。但作為一種商品輸入歐洲，可能是在 1637 年之後。」歐洲最早廣泛接受中國茶葉的國家，是荷蘭。[42] 那時荷蘭的阿姆鹿特丹是歐洲的中心港，歐洲各國從阿姆鹿特丹採購來自東方的各種商品。其時，飲用茶葉的是荷蘭、德國、法國、葡萄牙等上層社會人家。1685 年，荷蘭在東方採購的茶葉增至兩萬磅[43]，這說明歐洲飲用中國茶葉的人達到一定的數量。

英國人飲茶習俗的形成。1662 年葡萄牙的凱薩琳公主嫁給英王查理二世，將飲茶習慣帶到英國王室。英國王室聚會時，開始飲用紅茶。英國人飲茶與中國人不同，他們在紅茶中加入牛奶，而且多在下午喝茶。王室的飲茶之風漸漸感染了英國民眾，英國街頭的咖啡室開始出售紅茶，最早是英國的婦女飲用紅茶，而後，英國的男人也以茶代酒，英國的習俗大變。

42　莊國土，〈18 世紀中國與西歐的茶葉貿易〉，廈門大學，《中國社會經濟史研究》1992 年第三期，第 67 頁。

43　〔美〕威廉・烏克斯，《茶葉全書》，儂佳、劉濤、姜海蒂合譯本，北京，東方出版社 2011 年，第 754 頁。

　　喝茶給英國人帶來很大的好處。英國人原來是游牧民眾，食肉較多，過多的脂肪蓄積引發肝膽類病；大不列顛陰冷的氣候又使英國人染上了酗酒的壞習慣，酗酒則使英國青壯年猝死，所以，當時英國人的平均壽命僅三十來歲。飲茶習俗流行之後，英國人中酗酒的人少了很多，帶有弱鹼性的茶湯可以幫助消化肉類，所以，喝茶可以降低體內的脂肪含量，這對以牛羊肉為主食的英國人十分重要。飲茶還使英國人改喝開水，開水殺死了細菌，因此，喝茶的英國人感染霍亂等傳染病的可能性降低了。總之，飲茶習俗流行之後，英國人的壽命延長了，這使他們對武夷茶的愛好趨向狂熱。有一段時間，英國人將一切好的改變都歸結為武夷茶。飲茶還是一種生活習慣的改變。在英國，由於王室的帶頭，飲茶更意味著一種優雅的風格。迄至 18 世紀，武夷茶已經成為英國的第一飲料。當時輸往歐洲的茶葉有一半以上是由英國人消費的。

　　1664 年，為了迎合英國王室的愛好，英國東印度公司在爪哇的萬丹港購買上等茶葉上貢凱薩琳公主。中國茶葉第一批大量輸入英國是在 1669 年，（康熙八年），是年英國東印度公司從爪哇萬丹運走中國茶葉 145 磅。這種茶葉屬什麼種類不詳。後來，英國人追蹤他們所喜愛的茶葉來到廈門口岸，由此看來，是武夷茶把他們吸引到廈門的。因為他們若是愛好綠茶，應當在寧波購買，廈門是福建省所屬的口岸，此地大量輸出的茶葉只能是武夷茶。

　　由於武夷茶成了英國人生活中的基本食品，所以，英國人採購的武夷茶越來越多。當時的英國人走遍世界，他們的飲茶習慣又傳給了美國人及澳洲人、印度人、南非人，從而擴大了武夷茶的世界市場。莊國土以西方國家的史料為據統計：「在整個十八世紀，輸西歐茶葉應值 1.8 億兩白銀。」[44]鴉片戰爭前輸往英國的茶葉已達每年三千三百多萬磅。

　　俄羅斯人是另一批武夷茶的愛好者。前說肉食民族無不愛好飲茶，俄羅斯人也是如此。清康熙年間尼布楚條約簽訂後，俄羅斯商人開始在中國採購大量的茶葉。不過，早期俄羅斯人所採購的茶葉未必是武夷茶，但是，那一時代的俄羅斯人愛好西歐文化，西方流行的習俗，很快會傳到莫斯科、

44　同上，第 94 頁。

彼得堡。所以，英國人喜歡的武夷茶很快成為俄羅斯人進口中國茶葉的主
要品種。武夷山距離尼布楚十分遙遠，經營北方外貿的山西商人，每年都
到武夷山購茶，然後翻越武夷山進入長江水系，運到河南之後改為陸路，
再以駝隊載到尼布楚附近的恰克圖貿易。俄羅斯人得到茶葉之後，又以雪
橇載運至莫斯科。從武夷山到恰克圖再到莫斯科，途經萬里，應當是當時
最長的陸上貿易線吧。

第三節　清代前期閩北的武夷茶生產

　　清代前期福建武夷茶的生產
主要集中在閩北的崇安和建陽二
縣，一直要到清中葉以後才發展
到建安、邵武等縣。

一、清代前期武夷茶生產的
　發展

　　晚明武夷山區的茶葉生產已
經有一定規模。「然山中土氣宜
茶，環九曲之內，不下數百家，
皆以種茶為業。歲所產數十萬觔，
水浮陸轉，鬻之四方，而武夷之
名甲於海內矣。」[45] 清代前期，武
夷山下梅鎮的鄒氏商人經營武夷
山對廣州的茶葉貿易。下梅鎮的
《鄒氏族譜》記載：「（鄒）茂
章壯遊閩南，閩固產茶之區，而
武夷七十二巖茗種尤甲天下，公
與伯兄共治之，走粵東，通洋艘，

圖 4-1　武夷山下梅鎮鄒氏鉅賈為運茶開闢的
　　　　運河

圖 4-2　武夷山下梅鎮鄒氏鉅賈的家祠，至今
　　　　鄒氏人家嫁女要從祠堂出來。

閩茶賴以大行。」其後，武夷山的下梅鎮成為武夷山主要茶市，鎮內有來

45　徐𤊹，〈茶考〉，引自，董天工《武夷山志》卷二一，〈藝文志〉，第 699 頁。

自各方的茶商，本地的鄒氏家族也成為一代鉅賈，號稱「鄒百萬」。

《崇安縣志》說：「清初本縣茶市在下梅、星村，道咸間下梅廢而赤石興。紅茶、青茶，向由山西客（俗謂之西客）至縣採辦，運赴關外銷售。乾嘉間銷於粵東。」[46] 徐經說：「其時建人以武夷所產出易於粵，亦甚寥寥。其後招粵人聚於星村，通洋之市遂于武夷主之。而凡建屬之產盡冒武夷，於是有山無不種茶。」[47] 武夷茶興盛之後，吸引了來自各地的資金。《建寧縣志》記載：「余德聲，字鄉陞，癸羊保人。為人謹厚廉介。一日道經長圳，見孤客死于路亭，身傍有一囊一傘。及視其傘，柄刻有『凃某，字復哲』。啟其囊，有白金數錠，約二百餘兩。聲躊躇良久，遂提其包囊及傘，直往隘下凃姓村落，詢其父老曰：『此間有凃某其人乎』？父老曰：『有，但不在家。已往崇安售茶山為母治喪，兼娶子婦。』」[48] 文中的建寧商人凃復哲在崇安有茶山，價值兩百兩銀子。雍正《崇安縣志》記載，雍正年間前赴武夷山的商人，「若茶、若紙、若筍，商旅攜貨至者歲數十萬」；[49] 嘉慶《崇安縣志》說：「土產茶最多，烏梅、薑黃、竹紙次之。客商攜貨至者，不下數百萬。」[50] 這說明嘉慶年間流入武夷山區的資金比之雍正年間增長了十倍以上。清代前期，為了購取武夷山的茶葉，英國人實行預購制度，他們將銀兩預付給廣州行商，而行商將銀錢裝箱運到武夷山，通過當地茶行預付給茶農。[51] 這是武夷山茶業資本的重要來源。嘉慶時期的《崇安縣志》記載：「星村茶市，五方雜處，物價昂貴，習尚奢淫。奴隸皆紈綺，執事江西及汀州人為多，漳泉亦間有之。初春時筐盈於山、擔屬於路，牙行、佛宇幾欲塞破。」[52] 清代武夷茶的製作也越來越精。徐經說：

> 按，茶產武夷，稱類不一。而總以巖上為上品，半山者次之，山下者又次之。至於園茶，品斯下矣。取時以立夏為頭春，味最厚，芒種為二春，大小暑為三春，味顯薄，而視二春為佳焉。修貢在清明

46　鄭豐稔等，民國《崇安縣新志》卷十九，民國三十一年刊本，第 6 頁。

47　徐經，《雅歌堂文集》卷十一，〈上制府議禁種茶書〉，清同治十二年刊本，第 1 頁。

48　錢江、范毓桂等，民國《建寧縣志》，卷十七，〈貨行〉，民國八年刊本。

49　張彬等，雍正《崇安縣志》卷一，〈土產〉，清雍正十一年刊本，第 37 頁。

50　魏大名、章朝杖，嘉慶《崇安縣志》卷一，〈風俗〉，清嘉慶十三年刊本，第 3 頁。

51　Chinese Repository, Vol.VIII，1839 年 7 月。轉引自姚賢稿，《中國近代對外貿易史資料》第一冊，第 265 頁。

52　魏大名、章朝杖，嘉慶《崇安縣志》卷一，〈風俗〉，第 3—4 頁。

從英國人方面來說，廣州行商對武夷茶貿易的壟斷，造成武夷茶價格大漲，因而英國人一直想打破這一壟斷。英國與清朝簽訂南京條約時，一定要清朝開放廈門、福州等口岸，其原因在此。

武夷山區城鎮裡的茶莊，往往會在茶山設置幾處茶廠。有的茶莊還從外地購進茶葉，進行加工。乾嘉年間彭光斗說：由於採買過廣，崇安小武夷一帶茶區所產茶葉「不足給天下之需，於是富商黠賈橐他郡茗，採赴武夷製造，以假混真，盈千累萬，而武夷遂有名無實。」[81]道光年間梁章鉅說：「浦茶之佳者，往往轉運至武夷加焙，而其味較勝，其價亦頓增。」[82]可見武夷山茶莊加工的茶葉有來自外縣外郡的。當地的茶莊共有多少呢？咸豐三年，一個旅遊者說武夷茶中心市場星村茶市有「市肆千餘，為茶客叢集地」。[83]例如江西商人胡培軒、胡錫軒兄弟，「幼投憲轄地方崇安星村地方業茶營生三十餘年。該地林榮光有行屋出售，經中引向錫軒兄培軒議賣出價紋銀四千二百兩，二十四年林姓找斷紋銀八百兩，共價五千兩……給過客為棧。收租四載，寄家供活。」[84]胡家所購，即為星村的茶棧，可以租給那些外地來的商人辦茶號。又如江西撫州商人饒貴南向星村吳氏租有商棧，專門製造茶箱。其未成茶箱的松板價值數百兩銀子。[85]咸豐七年出版的施鴻保《閩雜記》寫道，建陽縣麻沙鎮有「市屋數百家，皆江西商賈販鬻茶葉」。由此可見，武夷山區一帶擁有的茶莊數量不少。

江西鉛山縣河口鎮也是茶莊集中區。同治九年四月初一，河口茶商新泰宏帶三千兩白銀赴崇安購茶。[86]可見，河口茶商經常到武夷山買茶。我在當地考察時，鉛山縣原文化館館長滕振坤先生告訴我，清代嘉道時河口鎮擁有茶行四十八家，專從福建崇安縣一帶採購茶葉，精製為「河紅」輸往廣州，茶商中實力最雄厚的有四家，人稱「江、郭、呂、莊，四大金剛」，他們的家產都在百萬元以上。滕先生又說，他的外祖母是江姓茶商的後裔，

81 彭光斗，《閩瑣記》，福建省圖書館藏 1980 年抄本，第 22 頁。
82 梁章鉅，《歸田瑣記》卷七，〈品茶〉，第 145 頁。
83 尹繼美，《閩遊記略》，江西永新仁山百鷺書院同治十三年（1874）版。
84 武夷山市（崇安）檔案館藏，《崇安胡錫軒呈控衷錫猷卷宗》。
85 武夷山市（崇安）檔案館藏，《崇安縣孀婦黃氏縣控原署臺灣教諭吳鎮一案》。
86 福建師範大學圖書館編，《福建成案彙編》，第七冊，〈崇安縣盜犯常得勝等行卻茶商新泰宏等銀兩〉。

從他外祖母再上溯四代人，是江姓茶商最興旺的時期（約在嘉慶道光時期）。那時江姓在河口鎮有七八十座房子，坐落在今天的花園背街（過去叫江街），其中有十幾座茶莊。承滕先生指點，我找到其中的一座，是兩層樓的青磚房，外表樸實無華，樓長約四十步，寬約二十步，據傳茶莊樓下為茶工製茶場地，樓上為女工揀茶處所，當地人說，樓下做茶的工人約二十來人，樓上所聚揀茶女工有樓下的三到四倍。茶莊之所以要雇傭工人，是因為茶莊從農民或茶廠購得的毛茶規格不一，不適應市場要求，而且茶葉含水量也往往超過標準，所以有必要將購進的茶葉再行烘乾加焙，剔除茶梗，分成等級，於是茶莊就兼營加工業了。

小結

　　清代的武夷茶生產是中國傳統小生產的一個巔峰。中國傳統商品大都以國內市場銷售地，少數銷往世界市場的商品，其銷量也有限。諸如絲綢等商品、大黃等中藥都是銷量有限的商品。但武夷茶不同，因英國人喜歡武夷茶，並且形成了下午喝武夷茶的習慣，武夷茶在英語世界的銷售量不斷增長，18世紀，英國人為喝武夷茶支出的白銀，便達到了1.8億兩白銀！這是一個巨大的數量。迄至19世紀，英國人為武夷茶付出的價值更多，幾乎每年都達到一二千萬銀圓，因而造成中國對外貿易大量的盈餘。清代經濟蓬勃發展了兩百年，而後才出現鴉片支出過多影響白銀流入的局面，武夷茶獨特的貢獻巨大。

　　武夷茶的生產形態也值得注意。它引來了東南各省商人的投資，在武夷茶的銷售口岸廣州，出現了伍秉鑑等十三行茶業鉅賈；在武夷山區，也有商人組建的各類茶莊和茶廠。這類民營企業已經成為中國經濟的重要成分。其中伍秉鑑成為世界上最著名的商人之一，他的家產達到了價值五千萬銀元的水平，是那一時代的世界首富。

　　最早飲用紅茶的其實不是英國人，葡萄牙人及荷蘭人與中國的貿易比英國人早，英國人的飲茶習俗來自葡萄牙公主帶來的東方文化。不過，在歐洲諸民族中，只有英國人普及了飲茶習俗。在英國，下午茶成為一種時尚。英國人進口武夷茶，也改良了自己的生活。過去英國人的生活十分簡

單，吃帶血的牛肉，喝涼水，牛肉不易消化，涼水多帶細菌，因此，英國人生病的人很多，平均壽命只有二十多歲。改喝茶水之後，得到兩方面的益處：茶是熱的飲料，經過開水殺菌，保證了喝水衛生。其次，茶水帶有鹼性，可以幫助消化牛肉等肉食，凡是食肉民族，都喜歡喝茶。引入紅茶之後，英國人的壽命明顯增長，可見，英國人為茶葉的支出是很值得的。

茶葉貿易也影響了世界各國。美國人因在茶葉稅問題上和英國人發生矛盾，從而引發了波斯頓傾茶事件。這一事件的發展，導致一個偉大國家的產生。可見，不論從哪一個方面來看，茶葉貿易都是近代世界貿易的重要事件。

第五章　清代前期福建的手工業

　　福建主要手工業商品有：布匹、紙張、礦產、磁（瓷）器等，它構成閩商經營的主要內容之一。

第一節　紡織業的經營

　　古代福建曾是國內重要的絲織品產地，但自清以後，除了漳州的天鵝絨生產，其他絲織業衰退，福建主要從江南進口絲綢；福建的棉紡織業亦不甚發達，江南和江西的棉布在福建十分暢銷，不過，閩南一帶，也能用進口的棉紗紡織棉布；明清以來，福建紡織業最興盛的是以苧麻為原料的夏布生產，福建各地的夏布源源不斷地輸出江南及北方市場。

一、絲織品產銷

　　清代江浙絲織業處於鼎盛時代，這讓許多其它省份拋棄絲織業，轉而從江浙輸入絲綢。清代福建蠶桑依然不振。如雍正《永安縣志》云：「永不大曉業桑，鄉間或栽以養蠶，抽繭出絲，經為土絹。無花。」[1]100 多年後，永安的蠶桑業進一步衰退。道光《永安縣續志》：「邑屬初無蠶桑之利，

1　裴樹榮，雍正《永安縣志》卷五，〈賦役志・物產〉，永安市方志委 1989 年點校道光十三年孫義增刊本，第 144 頁。

亦無織繡之工。」[2] 這種趨勢是普遍性的，例如清初的浦城「大絹，工者可及浙產。」「大綬，鎮厚與河朔製者等，又名梅花綾。」[3] 琢磨其語句，當時浦城人尚以本地生產的絲綢為驕傲。然而，隨著時間推移，嘉慶《浦城縣志》提到絲織業，已經降低語調：「絲，產邑北鄉吳墩，可為土綢。」[4] 馴至光緒年間的《浦城縣志》，僅在物產志中提到當地有「土綢」，當地絲織業已經衰敗至微。

　　福建多數山區沒有蠶桑業。大田縣：「炎方稀吉貝，牆下少柔桑。」[5] 汀州府的連城縣：「地不宜蠶，女職紡績。」[6] 此處的所謂「紡績」，是指織苧業。建寧縣的織苧業發達，當地人說：「惜不能養蠶吐絲，栽棉紡花，以成絹帛綾棉諸布。」[7] 可見，他在為建寧沒有繰絲業和絲織業感到可惜。「惟閩中居臨海濱，止解捕魚，不事耕桑。」[8] 李拔不論在福寧府還是福州府任上，都曾大力提倡蠶桑業。所著〈蠶桑說〉被收入賀長齡的《清經世文編》。然而，蠶桑業和絲織業卻未能在福州、福寧二府發展起來，其原因在於當地人認為紡織之利未必勝過經濟作物：「於今西鄉未嘗種桑麻，而所產之利，固幾倍于桑麻也，⋯⋯計茶所收，有春夏二季，年獲息不讓桑麻⋯⋯其無茶竹之地，亦舍桑麻而種地瓜，利反較勝於桑麻。」[9]

　　福建沿海的絲織業比山區略好，泉州的絲織業尚有一定規模。晉江縣的物產志提到晉江生產的絲綢有：「絹、紗、絲布、羅，有二樣，一為硬羅、一為軟羅，但不如蘇杭佳。亦有織鵝絨者，不如漳州佳；土綢、合苧，假羅，斜紋布，不及蘇州斜、上海斜，素紗緞，用湖絲織，如江南法，名本機緞。」[10]

2　陳樹蘭等，《永安縣續志》卷九，〈風俗志〉，第 630 頁。
3　李葆貞，順治《浦城縣志》卷一，〈土產志〉，第 4 頁。
4　黃恬、祖之望，嘉慶《浦城縣志》卷七，〈物產〉，北京，方志出版社 2005 年，第 129 頁。
5　葉振甲，康熙《大田縣志・物產》，《清代孤本方志選》，北京，線裝書局，2001 年版，第 149 頁。
6　李紱纂，乾隆《汀州府志》卷六，〈風俗〉，乾隆十七年刊本，第 3 頁。
7　郭柏蒼，《閩產錄異》引《嘯月亭雜記》。
8　李拔，乾隆《福寧府志》卷十二，〈食貨志・物產〉，寧德地區方志委 1990 年，第 308 頁。
9　盧建其，乾隆《寧德縣志》卷一，〈物產〉，《中國地方志集成》，福建府縣志輯，11，第 613 頁。
10　方鼎等修纂，乾隆《晉江縣志》卷一，〈物產〉，第 57 頁。

可見，當地絲織業所用生絲還是從江南運來，但織出來的各種遠不如江南，近不如漳州。清代的漳州仍是著名的絲織品產地，「紗絨之利，不脛而走。機杼軋軋之聲相聞，非盡出女手也。」[11] 這句話的意思是說，龍溪縣的絲織業中有男性工人。按，所謂「女紅」是一種家庭副業，比較適合業餘勞動。中國的婦女大多要承擔沉重的家務，只能以業餘時間從事女紅。因而，比較適合他們的是技術簡單的棉紡織業，或是沒有時限的刺繡之類的行業。而絲織技術比較複雜，一定要專業工人才能做好。江南一帶的織機一向是由男性織匠壟斷，看來清代漳州的絲織機也是由男性專業工匠來做的。清雍正《福建通志》記載了漳州三種絲織品。「天鵝絨，本出倭國，今漳人以絨織之。置鐵線其中，織成割出。機製雲蒸，殆奪天工。」「土潞紬」、「漳紗，舊為海內所推。」[12] 天鵝絨又稱「漳緞」，是清代漳州進貢朝廷的貢品之一，它在民間也享有盛譽。乾隆年間，彭光斗在《閩瑣記》一書中說：「羽毛紗緞，堆花漳絨，一衣之費，動需白鏹一流，視布帛猶糞土矣。時興絨織蟒袍，值逾數倍，人爭購之。奇技淫巧，日異月新，可歎也。」[13] 可見，漳緞現在很流行，例如清代的臺灣，「海船多漳、泉商賈，貿易於漳州，則載絲線、漳紗、剪絨。」[14] 道光《廈門志》記載「出洋貨物」，其中有：「漳之絲綢紗絹。」[15] 這說明漳州的絲織業從明代一直繁榮到清代中期。

清代福建仍然輸入絲綢，王澐的《漫遊紀略》說：「閩不畜蠶，不植木棉，布帛皆自吳越至。……商賈貿絲者大都為海航。」[16] 福建的順昌縣「里巷衣冠多尚京式」。[17] 又如沙縣「今則繪緞、呢、羽、狐、羔、羅、葛焜耀道途，華飾甚矣。」[18] 清末的《閩縣鄉土志》說：「綢緞，上海輪船運來」。這一狀況一直延續到民國時期，當時福建的絲織品主要來自江南，每年輸入值達數十萬元，1931 年最多，為 118 萬元。但 1936 年又降至 3.6 萬元。

11　吳宜燮等，乾隆《龍溪縣志》卷十，〈風俗志〉，乾隆二十七年刊本，第 2—3 頁。
12　郝玉麟等，雍正《福建通志》卷十，〈物產志〉，文淵閣四庫全書本，第 47 頁。
13　彭光斗：《閩瑣記》，福建省圖書館藏 1980 年抄本，第 26 頁。
14　黃叔璥，《臺海使槎錄》卷二，〈商販〉，第 35—36 頁。
15　周凱、凌翰等，道光《廈門志》卷五，〈船政略〉，鷺江出版社 1996 年，第 138 頁。
16　王澐，《漫遊紀略》卷一，〈閩遊〉，《筆記小說大觀》第十七冊，江蘇廣陵古籍刻印社 1983 年，第 5 頁。
17　許庭梧，光緒《順昌縣志》卷一，《中國方志叢書》，臺北，成文出版社，1967 年，第 84 頁。
18　徐逢盛，道光《沙縣志》卷一，〈風俗〉，清道光十四年刊本，第 18 頁。

二、棉紡織品產銷

　　清代福建不種棉花是有名的，乾隆年間遊歷很廣的李拔論福建：「予嘗北至幽燕，南抵楚粵，東遊江淮，西極秦隴，足跡所經，無不衣棉之人，無不宜棉之土。……閩中地號炎海，天氣溫暖，土脈疏潤，最宜種植。而棉花絕少出產，購自江浙，價常加倍。又其甚者，男子惟捕蜃蛤，女子不解織紝，寸絲尺布，皆須外市，苟非素封，欲不歎無衣也得乎？」後來，李拔在福寧知府及福州知府任上大力推廣種棉業，獲得一時成功。[19]不過，李拔離開福建之後，閩東的種棉業並未大發展。

　　福建棉花種植不多與天氣有關。福建多雨的氣候不利於棉花生長，尤其是福建山區，雨水比沿海更多，所以，福建山區的棉花生產一直無法擴大，而有些地區種棉業漸漸消失，連帶當地的織棉業一起衰落。道光時有人說汀州府：「而木棉，汀亦稀有，地土亦也。」[20]「今則山中有原泉處，無不墾藝成田。民知耕而食，不織而衣，有由然矣。物土之宜，而布其利，亦隨時有變遷歟！」[21]「閩廣為棉所自出地，而汀人種者絕少，何也？山不童而杉竹參天不毛，而煙藍覆隴，人力亦云勤矣。……野無搶布之甿，巷熄同功之火。」[22]乾隆年間的上杭縣：「（木棉布）杭地所出甚少。」[23]

　　不過，福建有少數地方仍然有棉花種植。以閩北的崇安縣來說：「棉布，製布先將棉維入經車成紝，次入糊盆度過，竹木作架，用緯急維竹箒痛刷，候乾上機。本地出者可及三梭。」[24]浦城縣：「棉……邑中種者曰土棉。」[25]以上是閩北的情況。閩南也有棉花種植。例如漳州的平和縣：「綿布，以吉貝為之，亦曰吉貝布。種於園圃。其種有二：一曰大樹吉貝，高七八尺，可以耐久。一曰吉貝，僅二三尺，此種為多，然一歲一種，不能久也。熟時其實如裂，中綻出如綿，土人採之，以鐵鋌碾去其核；乃用竹木為弓，牽絃以彈，令其勻細，卷為筒，以車紡之，抽其緒而綴之，織以為布。布

19　李拔，〈種棉說〉，賀長齡，《皇朝經世文編》卷三七，第6頁。
20　楊瀾，《臨汀彙考》卷四，〈物產考〉，清光緒四年刻本，第7頁。
21　楊瀾，《臨汀彙考》卷四，〈物產考〉，清光緒四年刻本，第18頁。
22　楊瀾，《臨汀彙考》卷四，〈物產考〉，清光緒四年刊本，第17頁。
23　顧人驥等，乾隆《上杭縣志》卷十一，〈風土志〉，乾隆二十三年刻本，第16頁。
24　魏大名、章朝栻，嘉慶《崇安縣志》卷二，〈物產〉，清嘉慶十三年刊本，第18頁。
25　黃恬，光緒《浦城縣志》卷七，〈物產志〉，北京，方志出版社2005年，第128頁。

類不一，細密者良。」[26] 康熙年間臺灣的《諸羅縣志》評論：「往者，漳、泉資木棉楚、豫；近乃平原沙磧，吉貝相望，各供本郡十之五、六焉。」[27] 如其所說，清代初期閩南種植棉花的數量較多。

不過，從總體來說，福建的棉花產量比不上北方諸省。不得不從外省輸入棉花。例如泉州：「泉所生者謂之土吉貝，少而不適於用，歲仰給於江左。」[28]《同安縣志》則說：「同所產者謂之土吉貝，少而不足於用，歲仰給於江右。」[29] 以上的「江左」是指江南，「江右」是指江西，可見，清代的閩南雖然能夠生產一些棉花，但數量不多，棉花主要來自江南與江西二地。福建沿海民眾採購外來的棉花製成棉布。乾隆《安溪縣志》說：「布雖由本地婦工，而棉花多自北地來者，粗細不一。又有絲經棉緯者，曰絲布，頗細密，不多。」[30] 王澐的《漫遊紀略》說：「閩……不植木棉，布帛皆自吳越至。」[31] 乾隆時期的漳州：「棉苧等布，本機所織，不讓他郡。而苧則取之江右，棉則取之上海」。[32] 同安縣的馬巷鎮：「吉貝……，土吉貝小而不足於用，歲仰給於江右。」[33] 江西布商對福建十分重要，嘉慶年間的《南平縣志》云：「惟西路至沙縣一路，又至順昌一路，為邵汀二郡及江西省往來所必經，布客、烟客，貨銀甚多。」[34] 有的人從事布匹的批發生意：明溪縣的葉泰鵬，「性孝友，為人以誠信聞。康熙甲寅春，有杭客載布百餘捆至胡坊。時值耿變，匝地烽煙，客無所措，因輦布至家，懇為代售。客歸，將代售之款，悉送至客家。客大感激，以半酬之，不受。由是誠信益著，境亦充裕。」[35]

26　王相、昌天錦等，康熙《平和縣志》卷十一，〈物產志〉，廈門大學出版社 2008 年，第 491 頁。

27　周鍾瑄主修、陳夢林等編纂，康熙《諸羅縣志》卷八，〈風俗志〉，第 138 頁。

28　黃任，乾隆《泉州府志》卷十九，〈物產〉，《中國地方志集成》，福建府縣志輯，22，第 481 頁。

29　陶元藻等，乾隆《同安縣志》卷十四，〈物產志・貨之屬〉，民國八年重刊本。

30　沈鍾等，乾隆《安溪縣志》卷四，〈物產〉，廈門大學出版社 1988 年，第 118 頁。

31　王澐，《漫遊紀略》卷一，〈閩遊〉，《筆記小說大觀》第十七冊，第 5 頁。

32　李維鈺，乾隆《漳州府志》卷四五，〈紀遺下〉，乾隆四十一年原刊，嘉慶十一年補刊本，第 9 頁。

33　萬友正，乾隆《馬巷廳志》卷十二，〈物產〉，光緒十九年重刊本，第 19 頁。

34　楊桂森，〈請弭盜議〉，楊桂森，《南平縣志》卷二一，〈藝文志〉，第 65 頁。

35　王維梁、劉孜治，民國《明溪縣志》卷十四，〈劉象清傳〉，廈門大學出版社 2008 年，第 418 頁。

　　棉布是人類消費最多的產品之一，尤其是冬天，穿一襲棉布衣服，顯然比一襲苧布衣服更耐寒。其時織布的利潤相當不錯，許多婦女可以用一部紡車養家，如同安后溪的楊氏，「二十三歲夫歿，堅心苦志，以紡績為業，嫁女娶婦，皆從十指出。守節四十餘載。」又如廈門蓮坂的葉氏，「日織布自給，撫子水成立。」[36] 同安縣：「棉布，布之為類不一，有紅邊布、許厝布，臺灣莊出自東界，陳井布，龍嶼產，皺布出自西界，有斜紋布，出自惠安，近來西界學為之。此皆吉貝所織而成者。」[37] 同安縣的金門鎮、馬巷鎮，一個以紡紗業稱盛，一個以織布業出名，如周凱的《金門志》說當地婦女「多以紡車為事」，「金門與馬巷同轄，乃馬巷婦女皆以織布為業，一婦日可獲利一錢銀有餘，而金門婦女但能紡木棉績苧而已，其利甚薄。若家製為織機，共事織布，其利正不少也。」[38] 漳州的海澄縣與廈門隔海相望，《海澄縣志》記載：「棉布……紡而織之為布，女功以此為素業。」[39] 道光年間的平和縣：「家中老幼衣服，皆以自織者為分內事，故比戶盡紡車聲、機杼聲不絕。」[40] 這些記載表明：福建從興化至閩南泉漳沿海，興起了棉紡織業。

　　在十九世紀初，印度棉花也開始輸入閩粵。一個外國人說：「進口的孟買棉花目前全部銷售於兩廣製造，孟加拉棉花一部分銷於兩廣，但以福建為主。」[41] 藍鼎元稱「漳、泉多木棉，俗謂之吉貝。」在他看來，最好引進閩南的紡織技術，在臺灣發展紡織業。

　　綜而述之，明清福建各府能夠自行種植棉花的地區較少，多數地區是從江南進口棉紗，然後發展織布業。因此，明清時代的福建，需要從外地輸入大量的棉紗和棉布。不過，閩南也會向外地輸出。同安馬巷人以外來棉紗織布，「棉布，為類不一，有紅邊布，許厝布，臺灣庄。」[42] 臺灣庄之名，表示此布輸往臺灣。有一條道光時期廈門的材料：「向來在廈商人，

36　周凱、凌翰等，道光《廈門志》卷十四，第 482 頁。
37　吳堂、劉光鼎等，嘉慶《同安縣志》卷十四，〈物產〉，嘉慶三年刊本，第 24 頁。
38　周凱、林焜熿等，道光《金門志》卷十四，〈風俗記〉，臺灣，中華叢書委員會 1956 年刊本，第 355 頁。
39　鄧來祚等，乾隆《海澄縣志》卷十五，〈風土志〉，乾隆二十七年刊本，第 17 頁。
40　曾洋水纂，道光《平和縣志》卷十，〈風俗志〉，第 458 頁。
41　彭澤益，〈鴉片戰爭前廣州新興的紡織工業〉，《歷史研究》1983 年第 3 期。
42　萬友正，乾隆《馬巷廳志》卷十二，〈物產〉，光緒十九年重刊本，第 19 頁。

將本省漳州府屬及同安縣土產之棉布等物，由海道運至寧波、乍浦、上海、天津、錦州、蓋平及臺灣鹿港一帶銷售。」[43]

一個缺乏棉布的省分卻向外地輸出棉布，這種現象是在商品經濟較發達的水準上才可能出現。它的產生有兩個前提：第一，人們的消費水準較高，按照不同的品味選擇不同性質的產品。第二，市場比較活躍，不存在人為地阻斷貿易的情況。廈門是清代國內海上交通樞紐，商業較發達，出現這種現象是合理的。同時，這種現象的出現，也說明當地棉布市場相當活躍。

三、夏布的經營

清代福建的苧布業。清代福建的苧布在國內市場上有一定的名氣。「北蒸閩品貴，纖薄勝明光。縷襲千絲細，衫輕六月涼。」[44]據《閩政領要》記載，清代福建大量輸出苧布的縣有：建安、甌寧、泰寧、建寧、武平等山區縣。如泰寧縣：「苧，俗呼苧麻，凡陸地之不可為田者，土人蒔之，亦外商貿易。」[45]琢磨這句話，可知其苧麻種植十分廣泛。清流縣：「苧布、線，土產，四鄉皆有。鄉無不績之婦，故耳。」[46]汀州出產夏布：「苧，即苧麻也。以灰水漚之，其色白，治以為布，最精，圓紗者曰夏布，扁紗者曰綮布。桐布，練苧為之，色白，如雪，出寧化。葛布，汀產以連、上、武、永所出為佳。」[47]楊瀾說：「苧一科數十莖，舊根至春復生，歲四收。解其皮淨剝之。績為布苧，寧化四鄉皆有。鄉無不績之婦，惟泉上有細等紗穀者。」[48]而寧化的細苧布暢銷外省，「歲以千萬計」。[49]又如延平府：「白苧布，辟縷而織曰織，紡縷而成曰紡，以綿紗間織者曰腰機。各縣俱有出，將樂尤佳。」[50]

43　李文治，《中國近代農業史資料》第一輯，北京，三聯書店出版社，1957 年，第490 頁。

44　葉振甲，〈詠苧詩〉，引自陳朝宗，民國《大田縣志》卷四，〈物產志〉，廈門大學出版社 2009 年，第 196 頁。

45　許燦等，乾隆《泰寧縣志》卷一，〈輿地志・物產〉，泰寧縣方志委 1986 年點校乾隆三十四年本，第 31 頁。

46　喬有豫，道光《清流縣志》卷九，〈食貨志〉，第 373 頁。

47　李紱纂，乾隆《汀州府志》卷八，〈物產〉，乾隆十七年刊本，第 1 頁。

48　楊瀾，《臨汀彙考》卷四，〈物產考〉，清光緒四年刻本，第 6 頁。

49　李世熊，康熙《寧化縣志》卷二，〈土產〉，第 166 頁。

50　陶元藻等，乾隆《延平府志》卷四十五，〈物產志〉，乾隆三十年刊本，第 31—32 頁。

如順昌縣：「苧，其皮用織夏布，一科數十莖，宿根至春自生，歲三四收，田種尤佳。」「夏布，緝苧麻為之。元坑出者更佳。」[51][52] 永安縣的女工，「在鄉者猶操井臼以助夫耕，近縣者但工紡績並襄中饋。惟有夏布、羅布以及草包可以獲利。」[53] 南平縣：「苧布，各鄉多有，唯細密精緻，幾類紗羅，曰銅板，出峽陽者佳，遠市四方。」[54] 將樂縣的苧布最佳：「苧，一本數十莖，歲四收之，以春生者為上。解皮刮淨，是為苧麻。績之為布，四鄉皆有。蓋閩地不蠶，婦悉治績也。但布粗細絕異：一扁紗不紡，織縷頗粗，曰『機布』，備褡袋、蚊帳之用，取攜極廣；一員紗不漂，絲線頗細，曰『生布』，以備汗衫衣褲，鄉人染為袍掛；一紡紗付漂，色白如雪，細縷密扣，曰『乾布』，上者價與絹同，可衫，以襯紗縠，亦有製為巾蛻，暑月用為手拭，是曰『花帕』。將人出外，買之以當土儀。又南鄉一種『順布』，不紡不漂，織紝極疏，西客挾貲收買，歲數十百金，既不可衣，不知彼處何用也。」[55] 清初王澐的《漫遊紀略》說：「苧，諸郡有之，邵武、將樂、永春者佳。」建寧縣是著名的苧麻產地。「販之者以千萬計，貨此客外者，南北千里之遙靡不至焉，其有頂細者，色白如雪，值亦等羅絹。」[56] 又如《嘯月亭筆記》記載：「建邑城鄉婦女紡麻織布最為勤力……每歲出布數十萬匹者……本邑客商貨賣鄭州、亳州，為建邑第一物產。」清代苧麻業中，一向流行聘請男織匠的制度，如福建連城縣：「時屆初夏，家家悉紡績苧麻……第不能自織耳。」[57] 連城縣所產布便只有聘請外來織匠了。乾隆《長汀縣誌》的〈物產志〉記載了當地出產白苧布、麻布、葛布、蕉布、黃麻布。其黃麻布：「以水漚之，有紋似程鄉繭，他處人呼為辟汗紬。」[58] 清代道光年間，泉州一帶流行棉苧混織物品。其原料苧絲來自外地。府志記載：「苧，所出少，

51 吳天芹等，乾隆《順昌縣志》卷三，〈物產志〉，清乾隆三十年刊本，第 15 頁。

52 王澐，《漫遊紀略》卷一，〈閩遊〉，《筆記小說大觀》第十七冊，江蘇廣陵古籍刻印社 1983 年，第 5 頁。

53 陳樹蘭等，《永安縣續志》卷九，〈風俗志〉，第 630 頁。

54 楊桂森，嘉慶《南平縣志》卷一，〈物產〉，第 3 頁。

55 徐觀海等，乾隆《將樂縣志》卷五，〈土產志〉，廈門大學出版社 2008 年，第 207—208 頁。

56 朱霞，乾隆《建寧縣志》卷六，〈物產〉，清乾隆二十四年刊本，第 24 頁。

57 童榮南，《風俗志》，王集吾，民國《連城縣志》卷十七，〈禮俗〉，《中國地方志集成》，福建府縣志輯，35，第 167 頁。

58 許春暉纂，乾隆《長汀縣誌》卷八，〈物產〉，清乾隆四十七年刊本，第 20 頁。

不足於用，仰給他州及外省。」[59] 又如漳州也很流行混紡織品，「而苧則取之江右」[60] 漳泉二府自江西輸入的絲數量頗為可觀，江西方面有資料記載：「贛州各邑皆業苧，閩賈於二月時放苧錢，夏秋收苧，歸而造布。」[61]

北方產棉布而少產葛布，閩粵盛產葛麻而少產棉布，棉布適於冬天穿著，棉布適於冬天穿著，葛麻適宜夏天服用。於是，福建農民生產夏布而換取用於冬天的棉布。康熙《德化縣志‧物產》：「邑無棉絲，工少冬布，夏布苧成，精者為良。紡而成者，力作所衣，麻葛之屬，時有作者。女無別工，惟績是事。抱涼貿溫，民亦足衣。」相同的情況同樣出現在北方，北方民眾自己生產棉布，有些人也會購取夏布穿著。在清代商品經濟發展的前提下，閩粵和北方省分之間，形成了兩大商品交換流，北方棉布源源南下，閩粵葛、麻布也絡繹北上。由於輸出苧麻布被閩粵不少地區當做平衡棉布進口的重要手段，所以閩粵地區苧麻紡織業的商品生產有一定的規模。

第二節　造紙業的經營

福建是竹紙生產大省，晚明福建紙業的進步，使其成為國內主要紙張供應地，一直到民國時期，福建紙業在國內占有領導地位。

造紙業是福建山區最發達的手工業之一，幾乎每個縣都有。延平府是著名的造紙中心，「紙，一名毛邊，一名南京，一名書紙，俱在將樂。一名太史聯，一名文章紙，俱出永安，即所謂貢紙也。一名連四紙，出尤溪。惟順昌所產種類頗多，不及備載。」[62] 如其所載，延平府除了南平縣與沙縣之外，其餘四個縣（永安、順昌、將樂、尤溪）都是重要的紙產地。其中順昌縣尤為傑出，乃至府志無法記載各類紙名。永安生產貢紙，《永安縣志》：「貓竹，桂溪人用造紙，行販四方，今呼為貢紙，仍古名也。其實

59　懷陰布，乾隆《泉州府志》卷十九，〈物產〉，光緒壬午重刊本，第30頁。
60　李維鈺，乾隆《漳州府志》卷四五，〈紀遺下〉，乾隆四十一年原刊，嘉慶十一年補刊本，第9頁。
61　吳其濬，《植物名實圖考》卷十四，《續修四庫全書》，1118，〈子部‧譜錄類〉，第28頁。
62　陶元藻等，乾隆《延平府志》卷四十五，〈物產志〉，乾隆三十年刊本，第31頁。

與貢川無業紙者。」[63]「紙，即紙也，最上為太史聯，次文章紙。」[64] 道光
年間永安生產的紙種類更多：「紙，有中簾、小簾、太史，有高簾、大扣、
梧桐洋紙，出桂溪等處。又有夾紙、草紙，出忠洛、西洋等處。油紙出馬
鞍峽山乾。」[65]

　　據乾隆《順昌縣志》記載：順昌的紙，「有扛連、毛邊二種，行至京
都。近有蒼絲、古連，其紙署粗。」[66] 將樂是順昌的鄰縣，當地在明朝即生
產毛邊紙，清代的將樂已是和順昌同等的產紙大縣，王澐的《漫遊紀略》說：
「楮，延建諸郡山中皆造之，粗者以藁，細者以竹，其用廣，順昌、將樂
特著。」[67] 又據《閩政領要》記載，「延平府順昌、將樂二縣之紙」為福建
名產之一，「各省賴以資用」。[68] 這說明乾隆年間的將樂縣紙業已經與順昌
齊名。《將樂縣志》記載：

> 扛連紙。湖管、三溪各圖皆出，而以高灘圖者為最潔白厚實，過於
> 玉華諸村落。每捆六帖，有中、邊、靠不同，中二帖，完全無破碎，
> 次二貼則少有破損矣；至於靠，則半張者愈多。近惟官紙則悉揀完
> 整。客商收買北上者，不能也。官紙之例，始於乾隆癸酉、甲戌間。
>
> 書紙。西鄉楊家山、義豐圖皆造書紙，然楊家山者薄而不白，義豐
> 頗勝而廉，格甚小，多運江右、湖廣間貨之。惟龍西山最闊者為「切
> 邊」，略狹一二分者為「鼓連」，結實細嫩，色白如雪，且不用米粉，
> 年久不蛀。又將軍頂有龍鳳紙，一張即切邊二張，蓋未割斷也。[69]

　　建寧府諸縣都產紙。如浦城縣：「邑中最佳者曰伯召毛邊，以張伯召
得名，又稱為奏本紙。其次曰太史簾、曰荊川、曰生熟料毛邊，及毛八、
毛六、毛四。而花箋、毛太、方高又次之。單夾、雙夾粗紙為下。其專以
竹青為之者曰南平，以竹青雜料為之者曰竹殼紙，以樹皮或籐為之者曰棉

63　裴樹榮，雍正《永安縣志》卷五，〈賦役志‧物產〉，永安市方志委 1989 年點校
　　道光十三年孫義增刊本，第 143 頁。
64　裴樹榮，雍正《永安縣志》卷五，〈物產志〉，第 146 頁。
65　陳樹蘭等，道光《永安縣續志》卷九，〈物產志〉，第 672 頁。
66　吳天芹等，乾隆《順昌縣志》卷三，〈物產志〉，清乾隆三十年刊本，第 15 頁。
67　王澐，《漫遊紀略》卷一，〈閩遊〉，《筆記小說大觀》第十七冊，江蘇廣陵古籍
　　刻印社 1983 年，第 5 頁。
68　德福，《閩政領要》卷中，〈各屬物產〉，光緒重刊本，第 24 頁。
69　徐觀海，乾隆《將樂縣志》卷五，〈土產〉，廈門大學出版社 2007 年，第 208 頁。

紙。」[70] 李彥章在道光年間路過浦城時詠及當地的造紙業：「山中竹為田，多竹足以豪。燒灰江西石，造紙浦城槽。石爛竹可腐（石灰自江西來，槽中用以腐竹），醞釀如醞糟。一簾成一紙，百紙名一刀（吾閩以紙約百張為一刀）。上者標奏本，次者稱方高。竹青及雜料，各以精粗淘。細膩極選別，捆販來喧嘈。用者不知惜，誰識作者勞，獨感百年前，玉板真堅牢。新槽不如舊，槽料何相撓。豈惟飽蠹魚，亦易澀柔毫。太息物力貴，片紙多生毛。」[71]

清代閩西造紙業的發展最為可觀。回顧歷史，明代的汀州府產紙不多，據崇禎年間的《汀州府志》的〈物產志〉，明代汀州八縣中，僅歸化一縣出紙。[72] 但到了清代初期，造紙業在汀州迅速崛起。「紙，竹穰、楮皮、薄藤、厚藤，凡柔韌者，皆可造。而竹紙多出連城、歸化。」[73] 歸化縣的竹紙製造發展最快，當地有人說：「歸化地磽無生計，民皆傭旁縣造紙。先生課之種竹，求得養竹法十餘事，逾年竹成，歸化紙遂為閩中冠。」[74] 連城縣：「紙以竹穰為之。粗者名火紙，稍細而厚者名古紙。土人用以事鬼。又有連史、官邊、烟紙、高連、夾板等紙。」[75]

歸化、連城以外的各縣造紙業也隨之發展。乾隆十八年的《上杭縣志》說：「杭以毛竹初長，伐搗為紙，始于白沙里。今通邑有山處多種竹，皆出紙。獲利歲以萬計。邑貨出產之贏，此為第一。」[76] 乾隆二十三年的《上杭縣志》說：「紙……杭之黃白紙獲利最多。」[77] 上杭縣「造紙何止萬家」。而武平縣亦有千家。[78] 清流縣：「紙，嫩竹久浸，取出搗爛下槽中，以竹織

70　黃恬，光緒《浦城縣志》卷七，〈物產〉，北京，方志出版社 2005 年，第 129 頁。
71　李彥章，《榕園全集 · 詩鈔》卷十二，《出山小草》，道光二十年刊本，第 5 頁。《清代詩文彙編》第 584 冊，上海古籍出版社 2010 年，第 452 頁。
72　唐世涵等，崇禎《汀州府志》卷四，〈土產〉，明刊本，第 1—22 頁。
73　李紱纂，乾隆《汀州府志》卷八，〈物產〉，乾隆十七年刊本，第 2—3 頁。
74　莫樹椿，《師竹堂集》卷五，清咸豐二年刊本。又見：郭松燾，〈張少衡先生墓誌銘〉，閔爾昌，《碑傳集補》卷二三，第 19 頁。
75　李龍官、徐尚忠，乾隆《連城縣志》卷四，〈戶役志〉，廈門大學出版社 2008 年，第 89 頁。
76　趙成等，乾隆《上杭縣志》卷一之九，〈物產〉，乾隆十八年刊本，第 11 頁。
77　顧人驥等，乾隆《上杭縣志》卷十一，〈風土志〉，乾隆二十三年刻本，第 16 頁。
78　莫樹模，《師竹堂集》卷五，〈復武平李潤齊孝廉〉，第 8 頁。

簾抄之成紙。土產，各種具備。」[79] 迨至清代中後期，汀州已經成為福建主要紙產地。光緒《長汀縣志》云：「邑人賃山栽竹，設槽造紙，為汀貨之最云。」[80] 楊瀾說：「汀地貨物，唯紙遠行四方。各邑製造不同。長邑有『官邊』、『花箋』、『麥子』、『黃獨』等名。色紙則有『黃丹』、『木紅』。若市間所鬻竹紙、貢紙，則來自歸（化）、連（城）兩邑。長邑無之。歸邑紅紙最佳，其金銀紙則以錫箔刷粘，紙面或染以黃為冥帛。連邑紙有『連史』、『官邊』、『烟紙』、『高廉』、『夾板』等名，皆以竹穰為之。」[81] 當時閩西種竹的規模是相當大的。「汀境竹山，繁林翳薈，蔽日參天。製紙遠販，其利兼贏。」[82] 可見，當地的種竹製紙業起了擴展當地森林覆蓋率的作用。

清代的北京與江南諸地都是福建紙的市場，為了在異鄉加強聯絡，他們在北京、蘇州等都設有會館，例如：江南各城市有多處福建紙商的會館：

邵武會館，位於蘇州閶門外南濠街，邵武商人建於清康熙五十六年；

汀州會館，位於蘇州閶門外上塘街，汀州紙商建於清康熙五十七年；

延建會館，位於蘇州曹家巷，延平、建寧二府商人建於清雍正十一年。[83]

清代福建紙商做北方貿易。「延邵二郡紙商每歲由閩航海；荷神庇得順抵天津。」[84] 他們在天津和北京都設有會館。

第三節　陶瓷業與礦冶業

陶瓷與礦產都是明清時期福建重要的商品，也是閩商經營的主要內容之一。

79　喬有豫，道光《清流縣志》卷九，〈食貨志〉，第 374 頁。

80　劉國光等，光緒《長汀縣志》卷三十一，〈物產〉，光緒五年刊本，第 70 頁。

81　楊瀾，《臨汀彙考》卷四，〈物產考〉，第 15 頁。

82　楊瀾，《臨汀彙考》卷四，〈物產考〉，第 2 頁。

83　轉引自范金民，〈明清時期江南與福建廣東的經濟聯繫〉，《福建師範大學學報》2004 年 1 期，第 16—17 頁。

84　李景銘，《閩中會館志》，延邵會館，民國三十二年刻本。

一、福建的陶瓷生產

　　清代初年，戰爭造成瓷器市場蕭條，康熙《德化縣志・物產》說：「建窯之磁，雖走天下，作艱價微，為利寔小，慕名徵求，邑乃大困。」其後，隨著清代經濟的恢復和發展，德化瓷器也有相當的擴張。乾隆《德化縣志》：「穴而伐之，綆而出之。碓舂細滑，入水飛澄，淘淨石渣，頓于石井，以灑其水，乃塼埴為器。烈火煆煉。厚則綻裂，薄則苦窳。土性然也。罌、瓶、罐、瓿，潔白可愛。飲食之器，多粗拙。雖有細者，較之饒州所作，終不能及。」[85]總之，從總體而言，德化瓷不如景德鎮瓷。明代多數人都認為德化瓷器不如景德鎮瓷器，如王勝時說：「德化陶器，純素，微類定州。其質厚重，不及浮梁。」[86]《閩政領要》也說：「至於寧德、德化之磁器，亦轉販各省，但質粗技拙，遠遜江窯。」[87]不過，德化窯也有自己的特點。清初王勝時說：「德化陶器，純素……或作仙佛像，今浮梁（景德鎮）反效之矣。」[88]按，景德鎮窯模仿德化窯製造仙佛像出售，這應是景德鎮製瓷史上的重要變化。因為，以往的製瓷業皆以實用器皿為主，德化窯創製仙佛像，開拓了實用瓷器之外的一大行業，發展前景無限。景德鎮霸氣進入這一行業，也是不可阻擋的。清代福建出口的瓷器有許多是景德鎮產品。前些年在福州平潭縣的島外礁石間發現了一艘康熙年間的沉船，船上的景德鎮青花瓷達數萬件，這些瓷器應是由定居福州的閩南商人將其運往廈門等閩南港口，不幸半途遇難，沉沒於碗礁附近。這些瓷器到了閩南港口，其中多數應為外銷所用。

　　在閩南一帶，晉江的磁竈歷來是瓷器和陶器的重要產地。考古發掘證明：早在唐宋時期，磁竈生產的各類陶器就輸入東南亞諸國。明清時代，當地瓷器生產甚多。乾隆《晉江縣志》云：「磁器，出磁竈鄉，取地土開窯，燒大小缽子、缸甕之屬，甚饒足，併過洋。」[89]乾隆《泉州府志》：「磁

85　魯鼎梅修、王必昌纂，乾隆《德化縣志》卷四，〈物產志〉，德化縣志編纂委1987年點校本，第114頁。
86　王勝時，《漫遊紀略》卷一，〈閩遊・器物〉，江蘇廣陵古籍刻印社筆記小說大觀本，第17冊，第5頁。
87　德福等，《閩政領要》卷中，〈各屬物產〉，上海圖書館藏乾隆刊本，第25頁。
88　王勝時，《漫遊紀略》卷一，〈閩遊・器物〉，第5頁。
89　周學曾等，道光《晉江縣志》卷七三，〈物產〉，福建人民出版社1990年標點本，第1762頁。按，此條原出於方鼎等人的乾隆《晉江縣志》第一卷，〈物產〉。

器，出安溪高坪，但不甚佳。其甃甕則出晉江磁竈。」[90]琢磨以上兩條記載，可知晉江甕竈生產的「磁器」主要是陶器，因此，不可以「瓷竈」取代「甕竈」。甕竈生產的磁器並以大型甕缸出名，東南亞一帶城鄉所需甕缸，應當主要由甕竈鄉供應。同安縣生產磁器的規模也很大。乾隆《同安縣志》說：「磁器，如缸、甕、壇、瓦、磚之類，若沄溪、窯頭、缸頭、后洋、大路尾皆有瓦窯、磁窯，隨處燒造，然粗而不精。」[91]民國《同安縣志》的記載大至相同[92]，這說明同安縣的瓷器製造從清代一直延續到民國時期。

　　清中葉以後，漳窯瓷器逐漸退出海外市場，但是，漳窯的本地市場卻十分穩定。明清之際南勝漸成為漳州主要瓷器產地。康熙《平和縣志》說：「甃器，精者出南勝、官寮，粗者出赤草埔、山隔。」[93]道光《平和縣志》的〈物產志〉重複了這段話。迄至光緒三年的《漳州府志》仍給南勝窯瓷器好評：「磁器：出南勝窯者，殊勝他邑。」[94]這說明南勝的瓷器生產一直延續到晚清。不過，晚清的漳窯品質有所下降：郭柏蒼說：「漳甃⋯⋯其紋如冰裂。舊漳琢器雖不及德化，然猶可玩，惟退火處畧黝；越數年，黝處又復潔淨。近製者，釉水、胎地俱鬆。」[95]進入民國之後，漳窯之名就不如寧德等地的窯口了。

　　就福建的範圍而言，清代與德化窯並稱的是寧德窯。同安的《馬巷廳志》云：「碗青，金門古湖瓊林，掘井口取之。江西景德及德化、寧德各窯所需。」[96]此處說的雖是燒製瓷器的藍色原料礦，但該書將寧德窯與景德鎮窯、德化窯並稱，凸顯了寧德窯的地位。清代的《閩政領要》提及福建的主要商品，在「德化之磁器」外，也提到「寧德之磁器」，漳窯反而不在其中。寧德縣靠海的飛鸞鄉有一個名為碗窯的村鎮，乾隆《寧德縣志》云：「碗窯，舊志二座，俱在二都，今其地業是者甚眾，難以數計。如碗窯村

90　黃任等，乾隆《泉州府志》卷十九，〈物產志〉，光緒重刊本，第30頁。
91　陶元藻等，乾隆《同安縣志》卷十四，〈物產・貨之屬〉，乾隆三十二年刊本。
92　吳錫璜等，民國《同安縣志》卷十一，〈物產〉，民國十八年鉛印本，第22頁。
93　王相、昌天錦等，康熙《平和縣志》卷十一，〈物產志〉，廈門大學出版社2008年，第491頁。
94　沈定均、吳聯薰等，光緒《漳州府志》卷三九，〈物產志〉，清光緒三年漳州芝山書院原刊，北京，中華書局2011年點校本，第1759頁。
95　郭柏蒼，《閩產錄異》，長沙，嶽麓書社1986年，第39頁。
96　萬友正，乾隆《馬巷廳志》卷十二，〈物產〉，光緒十九年重刊本，第19頁。

林口、洋墘、鼻鼇、崎頭等處俱有，四處惟碗窯村為盛。」「磁器，出二都。質泈遜于江右。按本邑因有碗窯之業，漳、泉、興、榮處無業之民□聚二都，以造碗謀食。強悍好鬥其性也。」[97] 由此可知，閩東從事瓷器製造的多為閩南人。事實上，迄今為止，飛鸞鄉的碗窯村仍然是閩南語流行區域。碗窯村的特點是位於海邊，其產品可以直接載上海船運銷中國北方，以價格低廉取勝。

以上對明清時期福建山海瓷器生產大勢的考察可知：除了少數民窯之外，福建陶瓷器生產以粗瓷及陶磚為主，就製瓷業本身而言，不太出名的晉江甕竈鄉、寧德碗窯鄉、閩清東橋鄉都是製瓷業重地，而且在晚清和民國時期都有大發展，在國內沿海的北方市場銷路頗暢。因此，研究福建瓷器歷史，切忌說清以後福建製瓷衰退了，事實上，它只是外銷少了，內銷多了。因所見有關福建製瓷業的書籍常說清以後福建製瓷業衰落，希望以後不要犯這一錯誤。

二、冶鐵業的經營

清代福建仍為重要的產鐵之地。乾隆九年十二月初七，福建巡撫周學健在給戶部的題本中，提到福建八縣上報的礦稅。[98]

沙縣爐戶陳玉成呈報，在於縣轄八都地方山場開煽小爐十座；黃岐山呈報，在於縣轄八都麻姑山地方山場開煽小爐十座。

尤溪縣爐戶汪啟順呈報，在於縣轄二十九都金雞地方山場開煽大爐一座；許萬全呈報，在於縣轄七都小璜地方山場開煽大爐一座；王華峰呈報，在於縣轄四都階雲橋上地方山場開煽大爐一座。

永安縣爐戶饒黃朋呈報，在於縣轄林田下松溪地方山場開煽大爐一座。

長汀縣爐戶賴九如呈報，在於縣轄成上、成下地方山場開煽小爐二座。

歸化縣爐戶賴煥文呈報，在於縣轄十六都地方山場開煽小爐二座。

上杭縣爐戶傅長盈呈報，在於縣轄境內平式等處地方山場開煽小爐五

97　盧建其等，乾隆《寧德縣志》卷一，〈物產〉，寧德縣方志辦 1983 年，第 96 頁。
98　中國人民大學清史研究所編，《清代的礦業》，乾隆九年十二月初七日，福建巡撫周學健題，中華書局 1983 年，第 511—512 頁。

座。

大田縣爐戶詹天寵呈報，在於縣轄三十八都丘地等處地方山場開煽小爐十座；張進興呈報，在於縣轄三十一都白葉隔嶺尾地方山場開煽小爐十座；陳大昌呈報，在於縣轄三十六都新坑口地方山場開煽小爐十座。

漳平縣爐主林俊明呈報，在於縣轄後嗣地方山場開煽小爐一座；陳洪林呈報，在於縣轄後嗣地方山場開煽小爐一座；陳洪林呈報，在於縣轄田頭宅地方山場開煽小爐一座；邱永興呈報，在於縣轄蓋德地方山場開煽小爐一座；李順興呈報，在於縣轄溪底地方山場開煽小爐一座；鄧燕翼呈報，在於縣轄赤榜溪地方山場開煽小爐一座。

表 5—1　清乾隆九年十二月福建八縣鐵礦爐主情況表

縣屬	爐主名字	鐵礦所在地	爐型	冶鐵爐數量	備註
沙縣	陳玉成	八都	小爐	10 座	沙縣小爐 20 座
沙縣	黃岐山	八都麻姑山	小爐	10 座	
尤溪縣	汪啟順	二十九都金雞	大爐	1 座	尤溪縣大爐 3 座
尤溪縣	許萬全	七都小璜	大爐	1 座	
尤溪縣	王華峰	四都階雲橋上	大爐	1 座	
永安縣	饒黃朋	林田下松溪	大爐	1 座	
長汀縣	賴九如	成上、成下	小爐	2 座	
歸化縣	賴煥文	十六都	小爐	2 座	
上杭縣	傅長盈	平式等處	小爐	5 座	
大田縣	詹天寵	三十八都丘地等處	小爐	10 座	大田縣 30 座
大田縣	張進興	三十一都白葉隔嶺尾	小爐	10 座	
大田縣	陳大昌	三十六都新坑口	小爐	10 座	
漳平縣	林俊明	後嗣地方	小爐	1 座	漳平縣小爐 6 座
漳平縣	陳洪林	後嗣地方	小爐	1 座	
漳平縣	陳洪林	田頭宅	小爐	1 座	
漳平縣	邱永興	蓋頭	小爐	1 座	
漳平縣	李順興	溪底	小爐	1 座	
漳平縣	鄧燕翼	赤榜溪	小爐	1 座	
				福建省八縣總計大爐 4 座，小爐 65 座	

在閱覽這一表格時要注意，其一，有一些縣雖有鐵礦，但未向朝廷申報。例如，明代的古田縣、龍溪縣、安溪縣都是產鐵大縣，但以上表格中

沒有這三縣的名字；又如清代道光年間楊瀾論及汀州的鐵礦：「各邑常產，惟鐵歲輸爐課。」[99] 這說明除了長汀、上杭、歸化、連城之外，汀州的武平、永定、寧化、清流都應有鐵礦開採，而以上表格僅記載了三個縣有鐵礦，其實，長汀等縣也有鐵礦。《長汀縣志》：「鐵，邑人開冶廠輸爐課，總名為福鐵，運販江右居多」[100] 又如連城縣，明代當地有四座鐵爐，清乾隆年間，連城縣：「鐵，共爐三座，有生鐵，熟鐵鋼。」[101] 可見，連城縣的鐵礦從明代一直延續到清乾隆時期，但此處未予記載。再如閩南的德化、安溪都是有名的產鐵縣，此處都未記錄。德化縣：「鐵礦，出礦山崎。採礦熔鐵者例納邑進士山租。邑原有七爐供餉，然每時興時廢。」[102]

其二，申報的各縣未必如數上報鐵爐數量，例如，尤溪縣是福建最著名的產鐵縣，明代當地有 22 座鐵爐，此處卻只有三座大爐，明顯少報了。

其三，福建的爐課稅不多。乾隆《長泰縣志》記載當地的善化里有三座鐵爐，「爐課稅二兩一錢九分四釐。」[103]

此外，福建官府對鐵爐的課稅仍然是很輕的。《閩藩政事錄》記載：「鐵爐課稅……向由各縣募量誠實良民議取供給，加供詳司請給爐帖……每年共應徵銀二百一十九兩五錢。」[104]

乾隆以後，福建冶鐵業仍在發展，如上杭縣，在乾隆九年僅有 5 座小爐，清末，當地的爐數略有增加。民國《上杭縣志》稱：「本縣舊有鐵爐七座。」文中所說「舊有」，其時代應是清代末年。龍巖州除了漳平縣之外，寧洋及龍巖縣都有冶鐵業。道光《龍巖州志》：「鐵，州邑俱產，各招商納課，開礦煽爐。」[105] 各縣鐵爐興廢不常，清流縣在明代有數座鐵爐，清初廢除。道光年間的縣志云：「即邇年夢里之大昌、橘山下等爐亦廢，

99　楊瀾，《臨汀彙考》卷四，〈物產考〉，清光緒四年刻本，第 7 頁。

100　楊瀾，道光《長汀縣志》卷三十一，〈物產・貨屬〉，咸豐四年刊本。

101　李龍官、徐尚忠，乾隆《連城縣志》卷四，〈戶役志〉，廈門大學出版社 2008 年，第 89 頁。

102　魯鼎梅修、王必昌纂，乾隆《德化縣志》卷四，〈物產志〉，德化縣志編纂委 1987 年點校本，第 114 頁。

103　張懋建，乾隆《長泰縣志》卷十，〈風土志〉，乾隆十五年刊本，第 6 頁。

104　姚桂纂輯，《閩藩政事錄》，第一冊，〈正集錢糧事例〉。上海圖書館藏抄本，第 30 頁。

105　陳文衡，道光《龍巖州志》卷八，〈土產志〉，清光緒十六年補刊本。

今所存者，止苦竹坑口之榮興爐而已。」[106] 道光年間的漳平縣，「爐課銀，一百兩。內豁免無徵銀四拾壹兩陸錢柒分，實徵爐課伍拾捌兩叁錢叁分。」[107] 據姚桂纂輯的《閩藩政事錄》，嘉慶年間福建八縣的爐稅如下：

表 5—2　嘉慶年間福建八縣鐵爐稅表[108]

縣名	稅收	縣名	稅收	縣名	稅收	縣名	稅收
沙縣	28 兩	尤溪	43 兩	永安	28 兩	長汀	10 兩
歸化	10 兩	上杭	10 兩	大田	10 兩	漳平	60 兩

因鐵器可以製造武器，清朝對鋼鐵買賣管制較嚴，福建官府規定：「閩省商民，販鐵販鋼，運往外省及本省售賣者，例應報明地方官申請司□，注明擔數、往賣數處。」[109]

福建冶鐵業發展的另一表現是：福建鐵商到外地經營鐵礦。例如粵東的鐵礦多由福建人開採，「凡韶惠等處，係無主官山，產出鐵礦，先年節被本土射利奸民號山主、礦主名色，招引福建上杭等縣無籍流徒，每年於秋收之際，糾集兇徒，百千成群，越境前來，分布各處山崗，創寮住箚，每山起爐，少則五六座，多則一二十座，每爐聚集二三百人，在山掘礦、煽鐵取利。山主、礦主利其租稅，地鬼、總小甲利其常例，土□小民，利其雇募，又各與之交通，接濟米粮、柴炭、牛隻。」[110] 這麼多的外地人來到當地，給其治安與環境帶來許多問題，所以，在廣東方志裡，常可看到對外地礦徒的抱怨。上杭縣在雙方衝突中最後找到了折中的方法，主要開採河中的沙礦。民國《上杭縣志》說：「水西渡濱河一帶，盛產鐵沙。當菡洋鐵爐盛時，每見河邊排列冀箕數十，浪淘水盡而烏溜溜純粹墨黑沙在焉。自宮子前至石灰嶺，沿路擔沙腳夫絡繹不絕。自爐廠歇業，遂絕蹤矣。」一些邊遠山區，鐵礦仍然存在。「長潭尾、擠下灘、黃地爐廠純用鐵礦。語云：『不怕千里礦，只怕百里炭』。該處炭山最盛，致用不竭。」[111]

106　喬有豫，道光《清流縣志》卷九，〈食貨志〉，第 357 頁。

107　蔡世鈸，道光《漳平縣志》卷三，〈賦役志〉，漳平市地方志編纂委員會的委 2002 年，第 122 頁。

108　姚桂纂輯，《閩藩政事錄》第一冊，〈正集錢糧事例〉，第 30 頁。

109　姚桂纂輯，《閩藩政事錄》第二冊，〈採辦運解〉，第 30 頁。

110　戴璟、張岳，嘉靖《廣東通志初稿》，卷三十，〈鐵冶〉，第 512—513 頁。

111　丘復等，民國《上杭縣志》卷十，〈實業志〉，民國二十八年上杭啟文書局刊本，第 8 頁。

　　大致而言，明清時代的鋼鐵生產，主要有生鐵、熟鐵、鋼三種，南方以閩粵生產為盛。廣東的生鐵鑄造勝於福建。鐵有生熟二種，「初鍊（煉）去礦用以鑄瀉器物者為生鐵。再三銷拍可以作鍱者為熟鐵，以生熟相雜和，用以作刀劍者為鋼鐵。」[112] 高爐煉出生鐵後，或製成鐵塊出售，或澆鑄鐵器，或再煉為鋼、熟鐵，加工成各種工具，這裡統稱為製鐵業。福建的生鐵不如廣東，唐順之說：「生鐵出廣東、福建，火鎔（熔）則化，……今人鼓鑄以為鍋鼎之類是也。出自廣者精，出自福者粗，故售廣鐵則加價，福鐵則減價。」[113] 福建是與廣東並稱的國內兩大生鐵產區之一，所以，福建鑄鐵業也很發達，《八閩通誌》記載：建安縣有九座「鑄冶」，顧名思義，這九座鐵爐是專門從事澆鑄生鐵器皿的。由此可見當地鑄鐵業的生產規模。

第三節　伐木業與造船業

　　福建是多山的省分，境內覆蓋著連綿不斷的亞熱帶森林，這種地貌限制了水田的擴展，但其副產品是木材資源豐富。自南宋以來，福建一直是東南各省木材市場的原料提供者。福建生產的木材，源源不斷地運輸東南各省。

一、伐木業

　　清代中國經濟中心區森林已基本消失，如江南一帶：「惟沿村有樹，其河港之在野者罕所植，間有之，亦必取作器。小則伐為薪。」[114] 福建沿海的情況也是如此，因故，山區的森材在市場上銷路極好。

　　杉木是使用最廣的木材。《龍巖縣志》：「杉，有赤白二種，蒔宜山窠深處，其利甚溥。」[115] 楊瀾說：「沙木，插枝生者，方可大數圍。為室奉，為棺槨之奉，胥取材焉。即以作器皿，亦韌久耐□。」[116]「此材為棟

樑、棺槨、舟船、百器之需，利用最博。」[117]清代福建的種杉業日益發展，如南平縣，「向陽之山多杉木，民與山主夥為業，十年之計，惟富者優為之」[118]。泰寧縣「邑號杉陽，以縣北之山多產杉木，其巨有合抱者，通商貿易」[119]。清流縣亦為木材產地，在石山出產者，「堅而紋細」，土山出產者，「堅而紋大」。「產於永里、保里者尤佳」。[120]清代的連城縣：「杉板，有赤白二種。赤者實而多油，白者虛而乾燥。有野雞斑，以此作棺最良。」[121]清代汀州一帶的民眾種杉規模最大：「初栽插時跨山彌谷、櫛比相屬，動輒數十里，十年後□止以谷量也。以故素封之家，不窺市井，不行異邑，坐而待收，利貽數世。胥以此為富給之資。……長汀，則潮州商來計山論值，運至水濱，泛筏而下，縣中沿流鄉村多以此致富。」[122]木商採伐、加工、運放木料的生產單位叫木廠。清代沙縣「其開山廠以取材則汀州人也」[123]，伐木需要勞力多，大的木廠雇工數量頗為可觀。

清代福建沿海的城市，不論是福州、泉州還是漳州，都是以木建築為主，因此，福建市場上木材的消費量極大。因閩江上游跨越建寧府、延平府、邵武府、汀州府等四府，而四府的木材都運到閩江下游。如將樂縣：「杉，赤白二種，赤者堅結多油，白者漂虛性燥，以儲棟樑、舟車、棺槨、百器之用，利人最溥。先時將產最多且大，為木商砍運達省會，通海船。今雖大者僅滿尺，而價復不貲矣。」[124]又如永安縣：「杉樹在昔頗饒，而時價已百倍於昔。商人競採，運之外郡，求一勝棟梁之任者，已不能旦夕遇。」[125]再如清代建寧縣開採的杉木：「大者用鋸解，名方板，貨之四方，以為棺木。長尾則不用解裁，貨之四方，以為宮室。」[126]除此之外，福建

117　喬有豫，道光《清流縣志》卷九，〈食貨志〉，第357頁。
118　楊桂森修，嘉慶《南平縣志》卷八，〈風俗〉，清同治十一年重刊本，第6頁。
119　施文燾等，乾隆《泰寧縣志》卷一，〈物產〉，第31頁。
120　喬有豫，道光《清流縣志》卷九，〈食貨志〉，第357頁。
121　徐尚忠等，乾隆《連城縣志》卷四，〈戶役志〉，第89頁。
122　楊瀾，《臨汀彙考》卷四，〈物產考〉，清光緒四年刻本，第5—6頁。
123　徐逢盛，道光《沙縣志》卷一，〈方輿志·風俗〉，清道光十四年刊本，第18頁。
124　徐觀海，乾隆《將樂縣志》卷五，〈土產〉，廈門大學出版社2009年，第186頁。
125　裴樹榮，雍正《永安縣志》卷五，〈物產志〉，永安市方志委1989年點校道光十三年孫義增刊本，第147頁。
126　清·韓琮、朱霞、徐時作等，乾隆《建寧縣志》卷六，〈物產〉，2003年福建省圖書館據清乾隆24年（1759）刻本複製本，第48頁。

木材還向江浙一帶出口，「建寧（府？）木植多在深山通潤之處。秋冬砍伐，俟春水漲發，由溪順流而下，木客於南臺收買紮排，海運江浙售賣。」[127] 閩西的木材則向江西與廣東出口，如上杭縣，「杭土杉植極盛，此材為棟樑居室舟楫百器之需，利用最博，一邑所出，不僅供一邑之用，客商販往江西、潮州者倍之。」[128] 永定縣「先年甚多，三十年來，連筏捆載運賣漳潮，今本邑亦價貴難求矣。」[129] 由此可見，清代前期福建木材輸出是十分驚人的。

　　福建山區的木材大量輸出，由商人經營運銷各地。例如泰寧縣「邑號杉陽，以縣北之山多產杉木，其巨有合抱者，通商貿易。」[130] 永安縣：「商人競採，運之外郡。」[131] 建寧縣開採的杉木：「貨之四方，以為宮室，士人自運，或外商行販，道途搬木，相離不絕。」[132] 這些木材有的運到廣東的潮汕，有的運到福州海口，例如將樂縣：「先時將產最多且大，為木商砍運達省會，通海船。」[133] 也有運到江西的，再運江南的。寧化縣：「徽賈買山，連筏數千為綑，運入瓜步，其價不貲。」[134] 其中福州是最大的集散地。「木客于南臺收買，紮牌海運江浙售賣。內地各處，多資利用，而福防廳之商稅，又全籍木料以充數也。」[135] 這是海路運輸。因閩江上游跨越建寧府、延平府、邵武府、汀州府等四府，而四府的木材都大量運到閩江下游出口。福州臺江西面的幫洲為木商聚集之地，當年這裡的江邊停著許多木筏，綿延數里。不少商人到福州做生意，形成了閩北木商集團。例如建寧縣商人艾時愷：「常販杉木，客三山，雄於財。」吳盛英：「嘉慶間為木商，有盜其木者，文貞察知其人，告之曰：區區何足惜，恐黑夜盜竊跌傷手足耳。因舉數十根贈之。誡以後勿復爾。」又如建寧縣的商人聶

127　德福等，《閩政領要》卷中，〈各屬物產〉，上海圖書館藏乾隆刊本，第 25 頁。

128　趙成等，乾隆《上杭縣志》卷一，〈物產〉，第 1 頁。

129　伍煒等，乾隆《永定縣志》卷一，〈土產〉，第 69 頁。

130　許燦等，乾隆《泰寧縣志》卷一，〈輿地志‧物產〉，泰寧縣方志委 1986 年自刊本，第 30 頁。

131　裴樹榮，雍正《永安縣志》卷五，〈物產志〉，第 147 頁。

132　韓琮、朱霞、徐時作等，乾隆《建寧縣志》卷六，〈物產〉，第 48 頁。

133　徐觀海，乾隆《將樂縣志》卷五，〈土產〉，廈門大學出版社 2009 年，第 186 頁。

134　李世熊，康熙《寧化縣志》卷二，〈土產志〉，第 119 頁。

135　德福，《閩政領要》卷中，〈物產〉，乾隆刊本（約刊於乾隆三十二年），第 25 頁。

衍美：「生平重信義，輕貨財，以木商起家。」[136]

　　浙江商人在臺江採購大量的木材運回浙江的乍浦等港。為了方便到福建運木材等商品，浙商在南臺設立了會館，福州于山還保留了一塊弗淳所寫的〈安瀾會館碑記〉，碑文云：「吾浙與閩省連疆，而材林之用半取給於閩。每歲鄉人以海舶載木出五虎門，由海道連運者遍於兩浙，故臺江之中洲，吾鄉人之為木商者咸集焉。」

二、造船業

　　清代的泉州和漳州都是遭受環境破壞較為嚴重的區域，許多山頭樹木都被伐盡，成為光禿禿的石山。因此，依賴木材的造船業也隨之衰敗。其時，福建造船業的中心轉到閩江流域的福州。因閩江流域的伐木業興盛，每年都有大批木材從山區運到福州的洪山鎮，福建海洋造船業因而集中於此。順帶說一句，杉木是福建的特產，臺灣的山地雖然森林茂密，但杉木很少，其它各類硬木只能用於修造船舶的某個部分，船舶的主體還是要用杉木。所以，臺灣水師所需要船舶，一向是由福建各府縣代造，而且主要集中於閩江口製造。

　　關於清代福建典型的船舶，可以看當時的記載。例如，朝鮮的《李朝實錄》記載了一艘到來的福建商船：「濟州明月浦，有漂到異國船，船長二百三十尺，廣四分長之一，凡三桅，其最大者百五十尺，圍圓二十五尺，材產西洋，價值銀二千五百兩云。毛布為帆，廣百尺，長加二十尺，每一桅另有織竹簟帆，廣等布帆而差長。舵長七十尺，以鐵束其柄，有六碇，木四而鐵二。船後為層屋，屋有四房，當中桅傍又為板屋，內為六房。屋上為樓，設窗檻，以金塗之。」這艘三桅大船，長達 23 丈，寬約 6 丈，是一艘可以與冊封舟相比的大型福船，該船上載 1161 擔糧食和 9670 箱紙，載貨量至少在二千擔以上。[137] 可見，清代福建臺灣的船舶已經非常成熟了。

136　錢江、范毓桂等，民國《建寧縣志》卷十七，〈質行〉，民國八年刊本，第 8、12、16 頁。

137　朝鮮《李朝實錄》正宗，卷四十八，二十二年正月庚辰。轉引自郭松義，〈清代國內的海運貿易〉，北京，中國社會科學院歷史研究所清史研究室，《清史論叢》第四輯，1982 年 12 月版第 95 頁。

　　清代福建海舶越造越大。朱仕玠：《小琉球漫誌》卷四：「海舶大者長至十數丈，次亦不下十丈。」郭松義的〈清代國內的海運貿易〉一文，曾引述了齊學裘的《見聞續筆》第二卷，謂南方䑸船「大者能裝三千石，小者能裝一千六百石。」[138] 姚瑩說到臺灣：「商船大者載貨六、七千石，小者二、三千石。」[139] 而松浦章的〈清代福建的海外貿易〉一文，也引用了乾隆十六年管轄閩海關的福州將軍新柱的奏摺：「在洋商船，大者載貨七八千石，小者載貨五、六千石。」[140] 福建船之大是有名的，其時，造一隻江南沙船，需要八千兩銀子，而福建商船大過沙船一倍，巨型洋船更大。大者可載萬餘石，小者亦可載數千石。造大船費金數萬元。每艘船一年一個來回，可得數千金，少亦數百金，船主和水手分紅，每名水手可分紅二三十金。[141]《廈門志》云：「洋船即商船之大者。船用三桅，桅用番木，其大者可載萬餘石，小亦數千石。」[142] 而前引一個外國遊客所見，暹羅的中國商船載重可達九百噸。可見，當時的福建商船一直以載重較大聞名。由於貿易風的關係，清代福建與海外市場的貿易，一年只能進行一次，在順風季節出發，當風向轉變後返回。為了在這有限的一次貿易中獲得較多的利潤，閩人儘量將海船造得更大些。這是清代福建船隻在海上稱雄的原因。

　　清代福建造船業最大的變化是去海外造船。乾隆年間，福建商人「探聽暹羅木料甚賤，易於造船，自乾隆九年以來，買米造船運回者，源源接濟。」[143] 其時，有一個歐洲人考察了亞洲的造船業，「每噸船位的造價，在福建是三十元五角八分，在廣東是二十元八角三分，在越南是十六元六角六分，而在暹羅則僅十五元而已。」[144] 為了降低成本，當時福建的船隻在港口下水時，僅用普通的木頭，待其第一次航行到泰國，便在那裡換上

138　轉引自郭松義，〈清代國內的海運貿易〉，《清史論叢》第四輯，第 95 頁。

139　姚瑩，《東槎紀略》卷一，〈籌議商運臺穀〉，臺灣古籍叢編第 4 輯，第 503 頁。

140　臺灣故宮博物院，《宮中檔乾隆朝奏摺》第一輯，第 815 頁。轉引自，松浦章的〈清代福建的海外貿易〉。

141　杜黎，〈鴉片戰爭前上海航運業的發展〉，上海《學術月刊》1964 年第 4 期。

142　周凱等，《廈門志》卷五，〈船政略〉，第 138 頁。

143　《清高宗實錄》卷二八五，北京，中華書局，1985 年影印本，第 6—7 頁。

144　田汝康，〈十七世紀至十九世紀中葉中國帆船在東南亞航運和商業上的地位〉，北京，《歷史研究》1956 年第 8 期。

「上等木材所製的桅杆、舵及木錨。」而大型的木船，大都造於原材料便宜的泰國，一個外國人看到：「這些帆船，不論是殖民地的或用於中國通商方面的，載重量為二千擔至一萬五千擔，即載重一百二十至九百噸不一。九百噸的帆船，我僅見過三四艘，都在暹羅。」[145] 閩人在海外造船，由於成本較低，所用木料與鐵釘，都比國內更好，所以，在海外造的大船，比在省內造更為結實。不過，由於在海外造船多選用從福建帶去的匠人，因此，這些船隻，仍然反映了福建的造船技術。

小結

　　手工業是福建商品生產的重要內容。清代福建重要手工業有冶鐵業、造紙業、製瓷業和紡織業。在紡織業方面，清代福建最有影響的是夏布生產，不過，古老的葛布、蕉布生產在清代已經很少見了，市場上流行的夏布多為是苧布。大致上，福建缺乏棉布，卻多有各種苧布，清代福建紡織商品流是：夏布北上，棉布南下。也就是說，福建出口大量的夏布，但要從外省進口巨額棉布。這是規模可觀的長距離交換。其中輸入的棉花是供福建沿海家庭紡織業使用。這從一個側面反映清代福建沿海具有一定規模的棉紡織業，事實上，福建沿海還向其它地區輸出棉布，表現了一個沿海省分較為先進的小商品經濟。福建的鋼鐵和紙張也是市場廣闊的特產，當時的北方人主要用煤炭煉鋼，而煤炭的硫磺含量較高，煉出的鋼鐵性脆，不堪鍛煉。而南方的煉鐵礦場多用木炭和木柴煉鋼，出產的鋼鐵不含硫磺，鋼質較為柔韌。製造高品質的刀劍，都要用南方的鋼鐵。這是閩鐵暢銷北方市場的原因。然而，清代的閩鐵數量已經比不上廣鐵了。福建所造竹紙主要有兩種名號，其一為連史紙，其二為毛邊紙。清代國內市場的文化用紙，基本上被這兩種紙張所占領，宣紙的使用僅是在繪畫領域。因此，清代福建紙銷量很大。福建高級竹紙的白潔度也是很高的。據文獻記載，為了造高級白料紙，造紙工人經常將竹紙原料放在清溪水流中浸泡數月，讓其自然漂白，然後才用以造紙。因此，清代的福建之紙經常被用於奏疏用紙。福建的製瓷業，仍然以德化瓷器為上，不論在國內國外，仍然保持一

145　聶寶璋編，《中國近代航運史資料》第一輯，上冊，上海人民出版社 1983 年，第 53 頁。

定的市場。此外要說到的是冶鐵業的雇傭制度。一個土高爐配套的種產業，至少需要三五百人一起工作，他如造紙、榨糖等行業，都是需要人工的。這些雇傭數十人至數百人的產業，都是民營企業，它代表著一種先進的生產力，有人稱之為資本主義萌芽，因而有爭議。不過，自明清以來，東南諸省有大量的民營企業，這是真的。就個別企業的命運而言，這些企業有起有落，很少傳遞三代人以上。但是，它作為一種行業的常態，卻能延續到清代後期。我們研究近代中國工業的發展，不應忽略明清以來東南民營企業的發展。明清與宋代不同的是：宋代冶鐵業多為官府控制，清代這類產業大都是民營的，這也體現了時代的進步吧。

第六章　清代前期福建的商業性農業

清代前期福建商業性農業發達，福建生產的武夷茶、荔枝、龍眼乾、菸草、紅白糖等商品暢銷國內市場，並在國際市場上占有一定地位。

第一節　福建菸草業及其推廣

福建是中國最早引進菸草的地方之一，清代福建商人的推出的「建烟」，因其品質及加工方法優秀，使其在國內長期保持優勢地位。建煙製造業也隨著閩商傳播四方，對清代的商品經濟產生重大影響。[1]

一、清初建菸在國內的影響

清代初無菸草之禁，在清軍中流傳的吸煙習俗很快隨著清軍傳遍全國各地。江南的葉夢珠說：「順治初，軍中莫不用烟，一時販者輻輳，種者復廣。」[2]「陳鼎〈滇黔土司婚禮記序〉云：『時國家初定東南，文武軍民俱吸烟，烟大行。』」[3]閩人的吸菸習俗也傳遍四方，「食烟，……本草云：凡食烟者將烟納入烟管大頭內，點火燒吸。吸滿口吞咽。頃刻而遍一身，

1　對菸草在中國傳播的研究，既有歷史學家的成果，也有科學史專家的成績。在福建菸草史研究方面，林仁川的〈明清福建的生產與貿易〉（《中國社會經濟史研究》1999 年第二期），有較多的發現。

2　葉夢珠，《閱世編》卷七，〈種植〉，上海古籍出版社 1981 年，第 167 頁。

3　陳琮，《烟草譜》卷二，〈販烟〉，嘉慶二十年刻本，第 5 頁。

令人遍體俱快。仍噓出之，食物之最奇者。聞之閩人，呼烟為芬，呼烟管為芬吹。」[4] 清代的北方菸草更為流行：「沙漠朔風急，煙筒萬管齊。自饒衝雪具，不用辟寒犀。」「吐納誠何意，生民倍用憐。寧無二鬴食，不斷一筒煙。」[5]「嗜烟，諺云：『開門七件事』，今則增烟而為八矣。上自公卿大夫，下逮農工商賈婦人女子，無人不嗜。」[6]「蓋烟草初行時，市井間設小桌子，列烟具及清水一碗，凡來食者，吸烟畢，即以清水漱口，投錢桌上而去。」[7]「客有嗜烟者，家貧，不能常繼，輒拾包烟之閩紙揉碎爇火而吸之。詢其故，客曰亦頗有烟味。」[8] 姚瑩《識小錄》：「煙草……食之法，細切如縷，灼以管而吸之。令人如醉。祛寒破寂，風味在麴糵之外。今日偉男髻女無人不嗜。」[9]

　　因福建是最早流行種菸的地方，清代有許多人都相信建菸是最好的。松江府青圃人陳琮說：「黃烟，吾郡多食淡黃烟，亦產於閩中，俗名抖絲，最上者為上印，至有千錢易烟半勷者；其次，二印三印，最下者為四印，亦名箬烟。然他處多不甚行。明齋小識云：『黃烟行于松郡，亦祇華、婁、青三邑行之，其味香而韻苦，不易燃，呼吸稍緩，又即息。外郡人莫解其味。』」[10] 對於閩中黃絲菸，《烟草譜》記載：「烟色，烟色淡黃者，如金絲貢絲之類，老黃色者，賈人用姜黃末拌入，以為飾觀。紫色者，如八仙小桃之類，又有一種黑色者，梅谷偶筆所謂黑於菟，言其性之猛烈也。柴杰〈烟草詞注〉云：「烟，惟紫黃色者，其味最佳。紫氣，黃絲烟中名品。」[11] 清初福建菸，不僅品質好，價格也不貴。江南一帶「一時販者輻輳，種者復廣，獲利亦倍，初價每斤一兩二、三錢，其後已漸減。今價每斤不過一錢二、三分，或僅錢許，此地種者鮮矣。」[12] 這個故事表明，建菸將江南當

　4　陳琮，《烟草譜》卷二，〈食烟〉，嘉慶二十年刻本，第6頁。
　5　朱仕玠，《筠園刪稿》卷下，〈淡巴菰三首〉，第5頁。北京師範大學圖書館藏稀見清人別集叢刊，第八冊，廣西師範大學出版社，第447頁。
　6　陳琮，《烟草譜》卷二，〈嗜烟〉，嘉慶二十年刻本，第15頁。
　7　陳琮，《烟草譜》卷二，〈烟桌〉，嘉慶二十年刻本，第8頁。
　8　陳琮，《烟草譜》卷二，〈嗜烟〉，嘉慶二十年刻本，第15頁。
　9　姚瑩，《識小錄》卷五，〈烟草〉，臺灣文海出版社，近代中國史料叢刊續輯，第55冊，第2284頁。
　10　陳琮，《烟草譜》卷一，〈黃烟〉，嘉慶二十年刻本，第9頁。
　11　陳琮，《烟草譜》卷二，〈烟色〉，嘉慶二十年刻本，第4頁。
　12　葉夢珠，《閱世編》卷七，〈種植〉，上海古籍出版社1981年，第167頁。

地的種菸業擠垮。「建烟，閩中以百里所產常供數省之用，非人力獨勤，種植獨饒，良由地氣也。《永春州志》云：『烟草葉大如芋，種盛閩中。』《漳州志》云：『今各省皆尚之，外省亦有種者，然惟漳烟種稱最，聲價甲天下。漳又長泰最勝。』《在園雜志》云：『其在外國者名髮絲，在閩者名建烟，然建烟有真建、假建，頭黃、二黃之別。』」[13]

北方人對建菸的評價也很高。「本草彙言，沈氏曰：烟草生江南浙閩諸處，今北地亦種植矣。然北方製烟不切成絲，將原晒烟片揉成一塊，如普兒茶、磚茶之類，用時拈碎作末，納烟袋中，謂之烟葉子。又名錠子烟。閩人呼烟止謂之『葉子』而不言烟。」[14]

因清代菸草的市場廣闊，福建種菸業十分廣泛。郭起元的〈論閩省務本節用疏〉寫道：「今則煙草之植，耗地十之六七。原煙出自西北邊外，謂可以驅寒耳。今則遍於東南，飲煙者無間暑寒，為用與食鹽等，而又勝之，閩中更甚。……閩田既去七、八，所種秔稻、菽、麥，亦寥寥耳，由是仰食於江、浙、臺灣、建延。」[15]這段文字，反映了清代初年，福建吸菸習俗全國最盛，而種菸之普及，也領先於其他各省。閩中的收菸季節，遠自貴州、雲南的菸客都到福建來購菸。「伯可先生走閩粵販烟。今閩地於五六月間，新烟初出，遠商翕集，肩摩踵錯，居積者列肆以斂之。懋遷者牽車以赴之。村落趁墟之人，莫不負挈紛如。或遇東南風，樓船什百，悉至江浙為市，以收成之豐歉定價值之貴賤。琴画樓詞注云：『烟草，到處有之。而由福建海舶來者為多』。」[16]

建菸品質好是有其技術作保障的。《烟草譜》記載種菸、製菸的幾道工序：

> 摘蕊，烟苗盛時抽條發蕊，視中莖之翹出者既摘去其頂穗，并除葉間傍枝，勿令交揉，則聚力於葉。惟留一二本，聽其開花收種，若留頂穗則本不長生傍枝，則葉不厚。[17]

13　陳琮，《烟草譜》卷一，〈建烟〉，嘉慶二十年刻本，第 6 頁。

14　陳琮，《烟草譜》卷一，〈烟葉子〉，嘉慶二十年刻本，第 8 頁。

15　郭起元，〈論閩省務本節用書〉，錄自賀長齡，《清經世文編》卷三六，北京，中華書局 1992 年影印本，第 20 頁。

16　陳琮，《烟草譜》卷二，〈販烟〉，嘉慶二十年刻本，第 5 頁。

17　陳琮，《烟草譜》卷二，〈摘蕊〉，嘉慶二十年刻本，第 3 頁。

打葉，烟葉已老，土人各提筐笂採之，謂之打葉。以日中一二時打者良。[18]

罨葉，食物本草，菸草一本其頂上數葉曰蓋露，味最美。此後之葉遞下，味遞減，罨葉時，須分別罨之，罨，必令黃色以三日為期，擇其不黃者再罨。[19]

曬葉，《廣群芳譜》云，春種夏花，秋日取葉曝乾，以葉攤于竹簾上夾縛平墊，向日晒之，翻騰數遍，以乾為度。[20]

烟梗，烟葉成熟後，其梗已枯，閩人取以錘軟，絞為繩，夜則燃火，行風中不滅。可用以代燭。[21]

鉋烟，烟葉晒乾，先剪去其蒂葉上粗筋，細細剔盡，然後用版兩片，將烟葉夾好，鉋落，紛紛形如細髮，外國故有髮絲之名。[22]

焙烟，烟有生熟兩種，生者不用焙，熟者以火酒噴製或用油炒。[23]

封烟，烟已焙乾，以紙包裹，各標名色，本草云：每十六兩為一封，今則輕重不一。或十兩或八兩，疊置箱中，以待售者。[24]

烘烟，烟性易霉，霉則色變而味減。其法以烟置箬籠內，用盆火微烘之。以燥為率。每於四五月梅雨時、八月中俗謂本樨蒸時候烘之。不宜見日。蓋黃烟宜烘，不宜晒。水烟宜晒不宜烘。性各別也。[25]

　　大致來說，清代晒烟的時代，產自閩中的建菸在國內市場有較好的聲譽，銷售量也很大。具體地說，清代福建最出名的產菸地有漳州、永定、浦城等地。由於建菸享有大名，其他省分剛開始種植菸草時，都冒充建菸的大名，往往名不符實。乃至陸燿的《烟譜》要為建烟辯護：「大抵真正閩產，製造亦佳。」[26]

18　陳琮，《烟草譜》卷二，〈打葉〉，嘉慶二十年刻本，第3頁。
19　陳琮，《烟草譜》卷二，〈罨葉〉，嘉慶二十年刻本，第3頁。
20　陳琮，《烟草譜》卷二，〈曬葉〉，嘉慶二十年刻本，第3頁。
21　陳琮，《烟草譜》卷二，〈烟梗〉，嘉慶二十年刻本，第4頁。
22　陳琮，《烟草譜》卷二，〈鉋烟〉，嘉慶二十年刻本，第4頁。
23　陳琮，《烟草譜》卷二，〈焙烟〉，嘉慶二十年刻本，第4頁。
24　陳琮，《烟草譜》卷二，〈封烟〉，嘉慶二十年刻本，第4—5頁。
25　陳琮，《烟草譜》卷二，〈烘烟〉，嘉慶二十年刻本，第6頁。
26　陸燿，《烟譜》，第1頁。

二、清代閩商的菸草經營

清代建菸聞名天下。其中，最早出名的是最先引進菸草的漳州。[27] 許多史料都指明：菸草最早由漳州石碼的馬氏人家最早種植。江西《安遠縣志》記載：「明天崇間始入中國。初傳於漳浦，稱『石馬名烟』。」[28]「徐震脩云：『製烟始於漳泉馬氏，名蓋露品……』」[29]「萬曆末，有攜至漳泉者，馬氏造之，曰淡肉果。」[30] 清代初年黎士宏的《仁恕堂筆記》云：「煙之名，始於日本，傳於漳州之石馬。」[31] 石碼是漳州府的一個小鎮，不過，它不屬於漳浦，而是屬於海澄縣。而後該地種菸業大發展，因故，「海澄之石馬鎮」[32] 被列為福建重要的菸產地之一。

因種菸業的利潤很高，清代漳州各縣都大種菸草，《烟草譜》云：「烟地。漳泉之地，凡壤狹田少處，山麓皆治為隴晦，所謂磄田也。……《香祖筆記》，田家種之連畛，頗獲厚利，始於閩中，今則遍地皆種之矣。」[33] 清初漳菸名聲很大，康熙年間的《漳州府志》說：「烟草，相思草也。甲于天下，貨于吳、于越、于廣、于楚漢，其利亦較田數倍。」[34]「煙草，今各省皆尚之。外省亦有種者。然惟漳煙稱最，聲價甲天下，漳又長泰最勝。人多種之，利甚多。或云食此可辟瘴。」[35]《長泰縣志》也說：「煙草……本邑最勝，人多種之，利甚多。」[36] 民國《長泰縣志》：「本邑種植頗多，以楓洋產為佳。」[37] 龍溪縣農民：「惟種蔗及烟草，其獲利倍，故多奪五穀之地以與之。田漸少，而粟彌匱乏，幾何其不枵腹耶？」[38] 可見，當地的種蔗業和種菸業造成糧食生產減少。南靖縣「地之高者種吉貝、烟草、地

---

27 陸燿，《烟譜》，清道光十三年，沈氏世楷堂刻昭代叢書本，第 2 頁。

28 董正等，乾隆《安遠縣志》卷一，〈物產〉，臺灣成文社影印乾隆十六年刻本，第183—184 頁。

29 陳琮，《烟草譜》卷一，〈蓋露〉，嘉慶二十年刻本，第 7 頁。

30 方以智，《物理小識》卷九，〈草木類〉，文淵閣四庫全書本，第 38 頁。

31 黎士宏，《仁恕堂筆記》叢書集成續編第 95 冊，第 45 頁。

32 陳琮，《烟草譜》卷二，〈烟地〉，嘉慶二十年刻本，第 1 頁。

33 陳琮，《烟草譜》卷二，〈烟地〉，嘉慶二十年刻本，第 1 頁。

34 蔡世遠等，康熙《漳州府志》卷二十六，〈民風〉，1984 年福建省圖書館抄本，第 13 頁。

35 蔡世遠等，康熙《漳州府志》卷二七，〈物產〉，第 4 頁。

36 張懋建等，乾隆《長泰縣志》卷十，〈物產志〉，乾隆十五年刊本，第 6 頁。

37 鄭豐稔等，民國《長泰縣志》卷四，〈地理志·土產〉，民國三十六年刊本，第 6 頁。

38 吳宜燮等，乾隆《龍溪縣志》卷十，〈風俗志〉，乾隆二十七年刊本，第 2 頁。

瓜。」[39] 平和縣在康熙年間已經種植菸草，縣志載：「烟草，種出東洋，近多蒔之。取葉置乾，切為細絲，吸其烟食之，輒醉。」[40] 當地的小溪鎮很快闖出了名聲：「熟絲出漳州平和，俗所稱『小溪烟』是也。」[41] 道光《平和縣志》云：「烟草，種出東洋，近多蒔之，取葉置乾，切為細絲，吸其烟，食之輒醉。」[42] 光緒年間的平和縣：「亦種烟草，利遍江浙。」[43] 雲霄縣：「烟絲，取淡芭菰晒乾為之。」[44]「俗多種甘蔗、烟草，獲利尤多。」[45]

清代的漳菸有許多品種。清初黎士宏的《仁恕堂筆記》談到漳州石碼菸時說：「今則無地不種，無人不食。約天下一歲之費以千萬計。金絲、蓋露之號，等於紫笋、先春。關市什一之征，比於絲麻絹帛。朝夕日用之計，侔於菽粟酒漿。」[46] 這句話既寫出了清代吸菸之盛，也點出了漳菸的地位，而且讓我們知道漳菸的種類之多。清代《贛縣志》記載：「今閩人以其葉製烟，有『石馬』、『畬塘』、『金絲』之名，實皆閩地也。贛與閩接壤，故種者亦多。」[47] 以上所提到的「石馬」、「小溪」都是漳州的地名。平和的小溪鎮以茶油炒菸，因而有「熟絲」之名。「徐震脩云：『製烟始於漳泉馬氏，名蓋露品。』幾（畿）輔通志云：『草頂數葉，名曰蓋露，或曰蓋露惟頂上三葉，色最青翠，味亦香冽，俗美其名曰醉仙桃，曰賽龍涎，曰擔不歸，曰胡椒紫，曰辣麝，曰黑於菟，皆是物也。』秦武域《聞見瓣香錄》云：『今湖南北菸舖招牌多書蓋露名烟。』」[48] 金城所著的《浣霞摸心記》云：「蓋漳為閩海省下游極南郡……所屬七邑，內南靖、長泰、平和三縣皆山區奧壤；其龍溪、海澄、漳浦、詔安四邑，皆濱海……山多

39　王寶序等，乾隆《南靖縣志》卷二，〈風土〉，乾隆四十二年刊本，第45頁。

40　王相等，康熙《平和縣志》卷十，〈風土志〉，康熙五十八年刊本，第17頁。

41　蔣方增，道光《瑞金縣志》卷二，〈物產〉，道光二年刊本，第38頁。

42　曾沚水等，道光《平和縣志》卷十一，〈物產志〉，廈門大學出版社2008年，第490頁。

43　王相、昌天錦等，康熙《平和縣志》卷十，〈風土志〉，廈門大學出版社2008年，第458頁。

44　薛凝度等，嘉慶《雲霄縣志》卷六，〈物產志〉，嘉慶十九年刊本，第3頁。

45　薛凝度等，嘉慶《雲霄縣志》卷三，〈風俗志〉，嘉慶十九年刊本，第4頁。

46　黎士宏，《仁恕堂筆記》，叢書集成續編第95冊，第45—46頁。

47　沈均安等，乾隆《贛縣志》卷七，〈物產〉，臺灣成文社影印清乾隆二十一年刊本，第507頁。

48　陳琮，《烟草譜》卷一，〈蓋露〉，嘉慶二十年刻本，第7頁。

田少，又都種烟葉、糖蔗。」[49] 一直到乾隆年間刊刻的《龍溪縣志》，仍然有：「烟草……今所在皆有，惟漳烟稱最。」[50] 石碼是漳州龍溪縣靠近廈門的一個市鎮，廈門所需要的各種山區產品，多由漳州山區運到石碼，然而運到廈門的廈港碼頭。當地菸草業發達。道光年間在漳州做過官的姚瑩說：「在外國者名髮絲，在閩者名建煙，最佳者名蓋露，各因地得名。如石馬、佘糖、浦城、濟甯乾絲、油絲，有以香拌入者，名香煙。以蘭花子拌入者，名蘭花煙。至各州縣本地無名者甚多。始猶閒有吸之者，今則遍天下矣。」[51] 可見，當時出名的漳菸有蓋露等名號，在國內享有盛譽。

清代福建各地都生產名菸。在閩北區域，建寧府的浦城縣很早就成為著名的菸產地。《清一統志》記載，「烟草，出浦城縣者為佳。」[52]「明天崇間始入中國。……傳于建寧，稱『金絲建煙』。」[53]「如浦城之漁梁山、漳州之天柱山，海澄之石馬鎮，以及龍巖州三都、登瀛皆種烟草。」[54] 乾隆年間陸燿著《烟譜》，「烟草處處有之……第一數閩產，而浦城最著」。[55]「市所鬻有生熟二種，皆出福建。生絲出建甯浦城。」[56]《閩政領要》曰，「浦城、建陽之蓮子，生熟烟絲……均有客商販運，各省賴以資用。」[57] 可見，清代中葉浦城菸的名氣之大，無與倫比。其產量不會亞於永定。乾隆年間的浦城菸是向皇帝進貢的貢品。《烟草譜》云，「浦城烟亦以地得名者，閩中甞與武彝茶建蘭等同入上方，故名貢絲。」[58] 由於浦城屬於建寧府，所以，而建寧府簡稱，「建」，所以，建菸的大名，最早應是由浦城菸闖出來的。

除了浦城之外，清代閩北各縣都生產菸草。如邵武府：「煙草，本名

49　金城，《浣霞摸心記》卷上，錄自中國社會科學院歷史研究所明史研究室編，《清代臺灣農民起義史料選編》，福建人民出版社 1983 年，第 146 頁。

50　吳宜燮等，乾隆《龍溪縣志》卷十九，〈物產志〉，乾隆二十七年刊本，第 22 頁。

51　姚瑩，《識小錄》卷五，〈烟草〉，臺灣文海出版社，近代中國史料叢刊續輯，第 55 冊，第 2284 頁。

52　和珅等，《大清一統志》卷三百三十一，〈建寧府〉，文淵閣四庫全書本，第 52 頁。

53　董正等，乾隆《安遠縣志》卷一，〈物產〉，臺灣成文社影印乾隆十六年刻本，第 183—184 頁。

54　陳琮，《烟草譜》卷二，〈烟地〉，嘉慶二十年刻本，第 1 頁。

55　陸燿，《烟譜》，第 1 頁。

56　蔣方增，道光《瑞金縣志》卷二，〈物產〉，道光二年刊本，第 38 頁。

57　德福，《閩政領要》卷中，〈各屬物產〉，第 24 頁。

58　陳琮，《烟草譜》卷一，〈浦城烟〉，嘉慶二十年刻本，第 6 頁。

淡巴菰，郡地廣種之。」[59]泰寧縣煙農以種菸為驕傲：「筐葉百錢強，竟藝無空地。辛劬笑耕農，未省煙田利。」[60]延平府的永安縣：「烟葉，有蓋露、中烟、秋烟等名。其烟骨種田用之。」[61]「比來佃田者不顧民食，將平洋腴田種蔗栽煙，利較穀倍。一值雨水不調，拖欠田租，貽悞田主。現今生齒日繁，寄居者眾，穀產不足於食，其可不亟謀以保庶哉！」[62]《順昌縣志》將菸草列入〈物產志〉的「貨之屬」[63]。嘉慶年間的《南平縣志》：「年來烟草獲利，載者甚夥，城壩山陬，彌望皆是，且有植於稻田者。」[64]道光《沙縣志》記載：「烟葉，有蓋露、機尾、中十、秋烟等名，其烟骨用以種田。」[65]「或間二歲以栽烟。」[66]總之，清代延平府六縣都有菸草生產，而以沙縣夏茂的菸草為最。

泉州府很早引進了菸草種植。《德化縣志》云「烟葉，崇禎初年始種之。邑田僅一收，邇來民稍習勤，冬至種麥，清明附種烟葉於麥旁，麥熟即厚壅以糞，大暑後收烟種稻，稻更豐收。但下年只可種麥與稻，以休地力，若仍種烟，多難活。」[67]《晉江縣志》云：「薰，種來自海外，名淡芭菰。葉大如芋葉，即烟也。土烟不及漳。」[68]同安的《馬巷廳志》：「薰，種來自海外……同西界村民多種此。然烟場稠而稻田稀，失本計矣。」[69]乾隆《泉州府志》云：「安溪出者勝於漳浦、石碼。近村民亦多以此占稻田，

59　張鳳孫等，乾隆《邵武府志》卷六，〈物產〉，乾隆三十五年刊本，第 13 頁。

60　朱仕玠，《筠園刪稿》卷下，〈淡巴菰三首〉，第 5 頁，北京師範大學圖書館藏稀見清人別集叢刊，第八冊，廣西師範大學出版社，第 447 頁。

61　陳樹蘭等，《永安縣續志》卷九，〈物產志〉，永安縣方志委 1989 年點校道光十三年刊本，第 673 頁。

62　陳樹蘭等，《永安縣續志》卷九，〈風俗志〉，第 630 頁。

63　吳天芹等，乾隆《順昌縣志》卷三，〈物產志〉，清乾隆三十年刊本，第 15 頁。

64　楊桂森等，嘉慶《南平縣志》卷八，〈風俗〉，同治十一年增刊本，第 6 頁。

65　徐逢盛等，道光《沙縣志》卷六，〈物產志〉，道光十四年原刻，同治十年重修本，第 13 頁。

66　徐逢盛等，道光《沙縣志》卷七，〈風俗志〉，道光十四年原刻，同治十年重修本，第 17 頁。

67　魯鼎梅修、王必昌纂，乾隆《德化縣志》卷四，〈物產志〉，德化縣志編纂委 1987 年點校本，第 115 頁。

68　周學曾等，道光《晉江縣志》卷七三，〈物產志〉，福建人民出版社 1990 年，第 1762 頁。

69　萬正友，乾隆《馬巷廳志》卷十二，〈物產〉，光緒九年刊本，第 19 頁。

最失本計。」[70]

　　興化幫與閩東的製菸業。興化府的種菸業主要是在仙遊縣。仙遊是興化菸的產地。因此，當地方志對菸草的評價極高：「姻（烟）草……性去濕、辟瘴，亦能固齒、殺蟲，其幹蒿截寸長，插冬禾旁，能使禾苗茂盛，不插則槁。山田賴之。今晚稻禾亦多用之。」[71]民眾種植菸草十分廣泛：「東西二鄉多水田……東鄉間種烟葉、花生，獲息較贏。亦以渥土膏；沙田多種蔗。烟葉之熟視早稻。花生與蔗之熟視晚稻，其種之總在春，故民之業，農者四時皆勤而冬夏尤甚。」[72]清代興化菸暢銷閩東，是當地產業骨幹之一。興化幫中最早出名的是福州的王大盛菸號。《閩縣鄉土志》追憶：「太原王，明季時有王朋兄，自莆田販煙來，遂以創售炒烟為世業，族聚最盛」。「朋兄姓王，莆田人，販煙到此，逢霉以油炒之，轉變芳美。銷售最廣，今興義境王大盛炒煙庄是也。」[73]鄭麗生的《閩廣記》也有記載：「〈朋兄烟〉。福州特製烟絲有二種，一為厚烟，一為炒烟，皆以管吸之。炒烟俗呼〈朋兄烟〉，創自清初。相傳太原有王朋兄者，因避流寇之亂，於順治七年輾轉入閩。時烟葉方從海外輸入，嗜者少，價甚賤。朋兄從泉州、興化轉販烟絲來榕，難糊其口。一日天雨，烟絲為屋漏所濕，極懊喪。姑置釜中焙乾。不意香味倍佳，大利市，遂設肆於下渡，標榜曰：『王大盛炒烟』。初砌泥塊為橫几，就以交易。故閭閻間有『王大土櫃頭』之語。其烟吸時易燃，而烟灰棄地即滅，無引火之虞。最為農工及船戶所喜，暢銷於沿海各縣，亦遠至北京，漸起家。」[74]以上有關王朋兄的籍貫有兩種記載，一者說其莆田人，一者說其太原人。按王氏家族有兩大堂號，其一為太原王，其二為瑯琊王，福建的王氏家族多自詡為太原王，他們在其門楣上常會刻上堂號。王朋兄家族自稱為太原王，世代相傳，後人遂以為其祖先為太原人。其實，王朋兄應為莆田人。他於明末在福州發明油炒菸，油炒的菸絲燃燒速度快，且有一股特殊的香味，所以，一旦出現，大受歡迎。據《閩廣記》的記載，

70　黃任等，乾隆《泉州府志》卷十九，〈物產志〉，清光緒重刊本，第30頁。
71　葉和侃等，乾隆《僊遊縣志》卷九，〈地輿志・物產〉，同治十二年刻本，第3頁。
72　葉和侃等，乾隆《僊遊縣志》卷八，〈邑肇志・風俗〉，同治十二年刻本，第9頁。
73　朱景星修、鄭祖庚纂，《閩縣鄉土志》，〈地形略一〉，清光緒三十二年排印本，第261頁。
74　鄭麗生，《閩廣記》卷二，〈朋兄烟〉，福建文史館據廈門大學圖書館藏抄本點校，福州，海風出版社2009年，第51頁。

「朋兄康熙間卒，有四子，厥後世承其業，益稱殷富，蕃衍益昌，廣置田廬，以食以居。……凡經三百年不替，守成之功，有足多焉。」[75] 可見，福州王大盛炒菸在清代享譽 300 餘年。除了興化外，閩東的福州府與福寧府都有菸草生產。福州府也有種菸，如乾隆年間的《連城縣志》：「烟，即淡巴菰，鄉民多植之。」[76] 比較兩部縣志不同的語氣，可見菸業在當地的發展。

總之，建菸在東南各省的傳播，引起了當地社會的動盪，這是清代值得重視的一個跡象。不過，閩贛山區最後引進了福建沿海仙遊等縣的菸梗驅蟲技術，使人們對菸草的認識發生轉變，菸草獲得進一步推廣。沿海先進技術在閩贛邊區的傳播，應是菸商的貢獻之一。

三、清代建菸在國內的傳播

菸草首先傳入福建與廣東，後來，菸草種植業主要由福建、廣東傳入江西、浙江等地。

1. 菸草在江西的傳播

福建商人很早就將菸草推廣到江西。大致而言，清初漳州人跑到汀州種菸，汀州菸業普及後，又有一部分漳州人和汀州人跑到江西租山種菸。如清代初年江西贛縣：「鄉居之民力耕者眾，近多閩廣僑戶栽菸牟利，頗奪南畝之膏。」[77] 龍南縣，「烟草，邑鄉里中近年競植之，煙一作蔫，一曰食菸，一曰淡巴菰。先是，種傳自福建，近贛屬邑遍植之，甚者改良田為蔫畬，致妨穀收以獲厚利。」[78] 雩都縣：「啟禎間自閩入，今到處有之。雩所產惟北鄉銀坑、橋頭者佳。近縣惟赤砂盤、郭屋寮二處，頗能及之。」[79]《瑞金縣志》說：「瑞近於漳，土性所宜，不甚相遠。又製熟烟，必得茶油為用，瑞故產油之地，故漳泉之人麇至駢集，開設烟廠，銷售既廣，種

---

75 鄭麗生，《閩廣記》卷二，〈朋兄烟〉，第 51 頁。

76 章朝栻，嘉慶《連江縣志》卷三，〈物產志〉，嘉慶十年刊本，第 38 頁。

77 黃德溥等，同治《贛縣志》卷八，〈風俗〉，第 2 頁。

78 鍾益馭等，光緒《龍南縣志》卷二，光緒二年刊本，第 5 頁。

79 王穎等，同治《雩都縣志》卷五，〈田賦志・土產〉，成文社影印同治十三年刊本，第 452 頁。

者益多，當春時平疇廣畝，彌望皆烟矣。」[80] 乾隆《石城縣志》說：「石於（與）閩接壤，故其品亦佳。」[81] 贛州的菸草「種傳自福建，贛屬邑遍植之。甚者改良田為烟畬，致妨穀收，以獲厚利。閩賈爭挾貲覓取。」[82] 又如贛縣「烟草也，種出日本，明末始入中國。閩人以其葉製烟。贛與閩接壤，故種者亦多。」[83] 在贛東北，則有浦城人到玉山、廣豐等地種菸。玉山縣菸草業「閩人來玉者，率業此以起其家。」[84]《廣信府志》云：「煙……俗稱石馬、小溪，皆閩地。廣豐與浦城接壤，浦出名煙，而葉實有藉於豐。他邑亦間有之，無如豐盛。」[85] 據林仁川的研究，乾隆年間在玉山開設菸店的龍巖人有：謝敏齋的八仙號、謝盛初的正山號和合利號、謝華玉的恒裕號、謝之勳的顯發號；嘉慶年間龍巖人開的商號有：謝傑玉的恒利號、謝傑村的啟順號、謝復太的和順號、謝步之的發祿號。[86]

江西的種菸業先由福建移民開拓，而後漸將本地人也捲了進去。石城縣「與閩接壤，三十年來始得其種並製作法……無田可耕者賃山種植取息瞻養」。[87] 資溪縣（今貴溪縣）：「烟，味辛性散，人多種之。」[88] 江西中部的新城縣最為突出：「新城僻處萬山中，戶口日增，田畝無幾。彼栽菸必擇腴田而風俗又慣效尤。一人栽菸，則人人栽菸，合千百人人栽菸若干畝，便占腴田若干畝。」[89] 到了清代中葉，江西的山區能生產各種菸草。乾隆年間的南城縣：「邑人近效閩俗，連畦盈畝，城內尤多。勝於種蔬。」[90]

80　蔣方增，道光《瑞金縣志》卷二，〈物產〉，道光二年刊本，第 38 頁。

81　黃鶴雯，乾隆《石城縣志》卷一，〈輿地志・物產〉，故宮博物院編，海南出版社影印乾隆四十五年刊本，第 49—50 頁。

82　朱辰等，乾隆《贛州府志》卷二，〈物產〉，第 340 頁。

83　黃德溥等，同治《贛縣志》卷九，〈地理志・物產〉，第 4 頁。

84　黃壽祺修等，同治《玉山縣志》卷一，〈物產〉，成文社影印同治十二年刻本，第 334 頁。

85　連柱等，乾隆《廣信府志》卷二，〈地理志・物產〉，第 228—229 頁。

86　林仁川，〈明清福建的生產與貿易〉，《中國社會經濟史研究》1999 年第二期，第 34—35 頁。

87　楊佰年等，乾隆《石城縣志》卷一，〈物產〉，臺灣成文社影印乾隆四十六年刊本，第 186 頁。

88　楊長棻等，同治《貴溪縣志》卷一，〈地理志・物產〉，臺灣成文社影印同治十二年刊本，第 393 頁。

89　劉昌岳修，同治《新城縣志》卷一，〈地理志・風俗〉，嘉慶十年大荒公禁止栽菸約，同治九年刊本，第 17 頁。

90　梅廷對等，乾隆《南城縣志》卷一，〈物產〉，乾隆十七年序本，第 48 頁。

同治時期的南城縣，「有小溪炒絲、皮絲、貢絲、條絲、刨花絲，皆名油絲；又乾絲、白絲，奇品無油。」[91] 興國縣，「興邑種烟甚廣，以縣北五里亭所產為最。秋後吉郡商販踵至，利視稼穡反厚。或謂妨五穀宜禁，或謂小民生計所繫，不必禁。前人論詳矣。」[92] 江西北部的永豐縣成為著名菸草產地，廣豐縣：「烟葉，色以黃者為上，各鄉俱出。」「烟葉，歲出倍他處。民獲贏利焉。然亦兢兢所有取之耳。」[93] 玉山頗有感慨：「夫淡巴菰之名著於永豐，其製之精妙則色香臭味莫與玉比。日傭數千人以治其事。而聲價馳大江南北，騾馬絡繹日不絕。從古貨殖之利，孰富於此？」[94] 可見，永豐、玉山的菸草先是冒用浦城的生絲之名，許多菸草被運到浦城出售，其後，贛東北的菸草業也闖出了自己的名聲，《烟草譜》說：「衡烟出湖南、蒲城烟出江西，油絲烟出北京」[95]，可見，在當時人眼裡，「蒲城烟」就是出自江西的名菸。

2. 菸草在江浙的傳播

福建商人的很早就將菸草業引進蘇州。「《蘇州府志》云：『烟草向無此種，明季始種，知吳中種烟不後於閩省也。』」[96] 松江府也有種植：「土切烟，烟葉盛于閩，今則徧地皆是。吾松稻麥棉花之外，農家賴其利亦多種之，謂之土切烟。或謂之杜切。味不甚嘉，蓋亦地氣使然也。《奉賢縣志》云：『烟草一名淡巴菰，奉賢亦間有植之者。』」[97]

浙江種植菸草的地方也不少。《海鹽縣志》說：「煙草性辣而驅寒，向產於閩、廣。大定以後，率土皆樹煙，嘉郡尤多，不惟供土著之需，亦

91　李人鏡等，同治《南城縣志》卷一，〈物產〉，臺灣成文社影印同治十二年刊本，第 453 頁。

92　孔興浙等，乾隆《興國縣志》卷七，〈物產〉，臺灣成文社影印乾隆十五年刊本，第 351 頁。

93　連柱等，乾隆《廣豐縣志》卷二，〈地理志·物產〉，臺灣成文社影印乾隆四十九年刊本，第 90—91 頁。

94　武次韶等，道光《玉山縣志》卷十一，〈風俗志〉，臺灣成文社影印道光三年刊本，第 160 頁。

95　陳琮，《烟草譜》卷一，〈土產〉，嘉慶二十年刻本，第 5—6 頁。續修四庫全書第 1117 冊，第 416—417 頁。

96　陳琮，《烟草譜》卷一，〈蘭花烟〉，嘉慶二十年刻本，第 7—8 頁。

97　陳琮，《烟草譜》卷一，〈土切烟〉，嘉慶二十年刻本，第 10 頁。

且比閩廣之產矣。」[98]《杭州府志》云：「烟草，一名薑葵，本產於閩，今土人多種此為業。」[99] 浙江的金華府、衢州府和處州府都是種植菸草的地方，《東陽縣志》云：「煙草，向固無之。明末始種，今乃益盛，皆當禁限者也。」[100] 它的引種與閩人有關。雲和縣：「煙草，俗呼烟葉，本閩產，今土人多種之。」[101] 又如清代宣平縣，「菸……本產閩地，今土人多種此為業。」[102] 因種菸的利潤較高，吸引了本地民眾。景寧縣：「農人種禾或兼藝麻及栽烟葉，無產之家，佃田以耕」[103]，衢州的西安縣：「煙草，……西邑山間，近亦植之。」[104] 菸草在浙南推廣之後，往往侵占了水稻田。如遂昌縣：「本地植之者多，利勝於種稻。」[105]「近又多種煙草，悉擇腴田冀獲重利。然煙苗價廉而季夏採葉曝乾即售，雖不得善價，而所虧尤少。靛種貴而工料數倍於種穀，與煙草收遲而售必在冬春，遭價賤則虧折無算。往往有因侈志而傾家者。」[106] 可見，由於民眾一窩蜂似地競相種植菸草，有時會引至市場價格下跌，導致菸農虧損。

3. 除了江浙外，國內許多地方的種菸業都與福建有關

山西的菸草是由一個山西商人帶回三晉的。「菸，《曲沃志》：沃舊無此種。邑人張士英自閩中攜歸、明季民窮。賴此少有起色。名曰烟酒、可以已寒療疾、晉人種煙草昉於曲沃。今則并、代、汾、潞胥盈望矣。」「烟草州縣間出而味遜曲沃」。[107] 這都說明，山西的菸草是從福建引進，而後影響了其他各縣。陸燿說：「余嘗隨宦至山西之保德州，凡河邊淤土，

98　徐用儀等，光緒《海鹽縣志》卷八，第17—18頁。轉引自李文治，《中國近代農業史資料》第一冊，第83頁。
99　陳琮，《烟草譜》卷一，〈杭烟〉，嘉慶二十年刻本，第8頁。
100　康熙《東陽縣志》卷三，〈物產〉，康熙二十年刊本，第11頁。
101　伍承潔等，同治《雲和縣志》卷十五，〈風俗志‧物產〉，清同治三年刊本，第16頁。
102　皮樹堂等，光緒《宣平縣志》卷十七，〈物產志〉，第1276頁。
103　周杰等，同治《景寧縣志》卷十二，〈風土志〉，同治十二年刻本，第6頁。
104　姚寶煃等，嘉慶《西安縣志》卷二十一，〈物產〉，臺灣成文社影印嘉慶十六年刊本，第798頁。
105　胡壽海等，光緒《遂昌縣志》卷十一，〈物產‧貨屬〉，光緒二十二年本，第1202頁。
106　皮樹堂等，光緒《宣平縣志》卷五，〈風土志‧民事〉，臺灣成文社影印光緒四年刊本，第342頁。
107　儲大文等，雍正《山西通志》卷四十七，〈物產〉，文淵閣四庫全書本，第31、42頁。

不以之種禾、黍，而悉種烟草。嘗為河邊嘆云云。蓋深怪習俗惟利是趨，而不以五穀為本計也。」[108] 由此可見建菸在當地的影響。

北京周邊也種菸草，施閏章的〈西山即事〉說：「山上桃園山下田，花時雨後瀉紅泉。田家近日生涯改，半割平岡學種烟。」[109]「煙草食物本草：閩產者佳，燕次之。春種夏花，秋日取葉，切細如髮，草頂數葉，名曰蓋露。《昌平州志》：『先白浮山村產者良，後城中更勝。』」[110]「至於種煙，所減之粟米，較之燒酒所耗，亦十分之六七。」[111]「今世公卿士大夫下逮輿隸、婦女，無不嗜煙草者。田家種之連畛，頗獲厚利。……今處處有之，不獨閩矣。」[112] 可見，當地的製菸業似與閩人有關。清代的北京人喜歡飲用福建的花茶，他們同時也可能喜歡上了福建的菸草。《閩廣記》記載福州王大盛菸號的油炒菸，「亦遠至北京，漸起家。」[113] 據陳琮的《烟草譜》，北京也是盛產油炒菸的地方，是否是福州人影響了北京的油炒菸生產？這是一個有待研究的問題。

湖北的菸草也來自閩中。乾隆《石首縣志》記載：「近者鄉多種煙草，姚旅《露書》淡巴菰是也。種來八閩，收當三伏。縣之藝以獲利者，幾勝五穀，而六湖山地尤勝。此亦不免妨農而小民鶩利難以驟禁也。」[114]

清代福建菸商的擴張是全國性的，早在順治年間，就有一個龍巖商人在河南開封開設了福泰號；雍正年間，謝晏波先後在江西瑞金及臺灣的諸羅開設了晏記菸號；謝次紅雍正年間在湖北宜昌開設了宜昌號，他的族人謝俊良開設了永昌號；嘉慶年間，謝贊陶在蘭州開設了贊記，謝聖餘同在蘭州開設了聖記。[115] 這類史料很多，只是保留下來的不多而已。

108　陸燿，《烟譜》，第 1 頁。

109　施閏章，《學餘堂詩集》卷四十九，〈七言絕‧西山即事〉，康熙四十七年刻本，第 8 頁。

110　李衛等，雍正《畿輔通志》卷五十六，〈土產〉，文淵閣四庫全書本，第 42 頁。

111　方苞，〈請定經制劄子〉，光緒《畿輔通志》卷一○七，第 15 頁。李文治，《中國近代農業史資料》第一冊，第 83 頁。

112　王士禎，《香祖筆記》卷三，文淵閣四庫全書本，第 2 頁。

113　鄭麗生，《閩廣記》卷二，〈朋兄烟〉，福建文史館據廈門大學圖書館藏抄本點校，福州，海風出版社 2009 年，第 51 頁。

114　王維屏，乾隆《石首縣志》卷四，〈民政志〉，海南出版社 2001 年，故宮珍本叢刊，第 141 冊，第 20 頁。

115　林仁川，〈明清福建的生產與貿易〉，《中國社會經濟史研究》1999 年第二期，

　　總之，明清之際引進福建的菸草，在福建商民的培育下，迅速成長為一個利潤較高的行業。福建商人帶著菸草到各地經商，不經意之間，將菸草傳遍四面八方。因福建是最早種菸的地方，「建菸」之名享譽天下，這給福建帶來了很大的利潤。清代閩商資本的積累和菸草業是分不開的。不過，到了清代中葉，閩商將種菸業帶入湖廣、雲南等山區，這些地方的人工比福建便宜，閩商在湖廣等地推廣菸草種植，並生產出品質更好、價格便宜的菸草，中國菸草業重心因而轉移到內地。晚清福州口岸消費的菸草大都來自武漢口岸。福建自身雖有永定、浦城等地仍有發達的菸草種植，但總體上已經比不上西南山區了。當然，若是換一個角度來看，菸草業在內地的推廣，也標誌著閩商資本向西南內地的發展。

第二節　果蔬與糖品產銷

　　清代以來，福建生產的紅白糖、乾果、脫水蔬菜都是國內市場享有盛譽，它也是福建商人經營的基本內容之一。

一、清代福建的糖品產銷

　　製糖業是福建重要產業。清代的《漳州府志》論述道：「俗種蔗，蔗可糖，各省資之。利較田倍。又種橘煮糖為餅，利數倍，人多營焉。」一些老人歎息道：「今棄佳種而趨末食，則田漸少而粟愈不足。設一旦有方二三年之水旱，亦或海波鯨沸，舟楫不通，則枵腹而待斃耳。」[116] 這說明漳州一帶糖業之盛。清代閩南人普遍使用糖車，清代的《惠安縣志》記載：「煮糖，取蔗入蔗車榨出，汁用桶盛之。」[117] 可見，清代惠安縣也使用蔗車。清代福建蔗車有所改進，《天工開物》說蔗車的輥筒是用木製的，劉兆麟把蔗車稱為「木車」。乾隆時期的《臺海使槎錄》則把蔗車稱為「石車」，可見，當時已改用石頭製造輥筒。石頭輥筒體重耐磨，榨蔗能力遠勝於木製輥筒，使用石輥筒是一個進步。江西興國詩人張尚瑗有〈閩南糖車〉一詩：「閩南多蔗林，青蔥被廣陌。……製糖有常格。鋸齒磨輪形，驅牛負其軛。

　　　第 34—35 頁。
116　蔡世遠等，康熙《漳州府志》卷二六，〈民風〉，康熙五十三年刊本，第 13 頁。
117　吳裕仁等，嘉慶《惠安縣志》卷十三，〈物產〉，第 6 頁。

植如穀磨剬，汁似漕床滴。坎地置瓷罌，涓涓受瀝液。旁為釜甑具，熾火
播以炙。既濟功斯成。燦然熬波白。作甘配酸城，飴餳隨俗適。」[118] 這說
明糖車已經在閩南地區推廣。

　　清代福建沿海民眾經常到山區各縣租種田地種植甘蔗，從而導致福建
山區製糖業興起。汀州的製糖業相當普及，《汀州府志》云：「甘蔗，土
人取以搗汁，以為沙糖。」[119] 其後，當地人也開始種蔗製糖，崇安縣：「南
鄉則豐陽、會仙諸里，其地宜蔗，以種蔗之田而種禾，則田肥。邇來種蔗
者少，肥田亦瘠矣。」[120] 清代的永安縣，「近多占腴田以種，殊可惜也。」[121]
「比來佃田者不顧民食，將平洋腴田種蔗栽煙，利較穀倍。」[122] 順昌縣：
「糖，煮蔗為之，名砂糖。以麥芽煎秫為者，名白糖。」[123] 不過，山區的
蔗糖產量比不上沿海：「土糖頗頑，味亦帶苦。不及上洋所運之大蔗糖也。」
山區各縣都有出產，較多的如將樂縣：「穫蔗，小而堅，不可啖，種之者
皆以煮糖。」「紅糖，近高灘甚盛，歲出千萬斤。」[124]

　　清代中葉，臺灣糖業極盛。連橫說：「夫臺灣產糖，三縣（臺灣、鳳山、
諸羅）為多，彰化尚少。及至乾嘉之際，貿易絕盛，北至京津，東販日本，
幾為獨攬。郡中商戶至設糖郊，以與南北兩郊相鼎立，謂之三郊。挹注之
利，沾及農家。年豐物阜，生聚日眾，一時稱盛。」[125] 清代福建糖業重點
轉向臺灣，福建自身產糖主要是自銷。據《惠安縣志》，「邑中出者多販
賣福州、涵頭，其往蘇（州）者，皆臺灣所出。」[126] 這說明臺灣糖侵奪了
福建沿海糖區在江南市場的銷路。然而，清代中葉臺灣糖業也受到戰爭的
影響。連橫說：「洎蔡牽之亂，俶擾海上，凡十數年，帆檣斷絕，貨積不

118　張尚瑗，〈糖車〉，孔興浙、孔衍倬等，乾隆《江西興國縣志》卷二五，〈藝文〉，
　　　乾隆十五年刊本，第23頁。
119　李紱纂，乾隆《汀州府志》卷八，〈物產〉，乾隆十七年刊本，第6頁。
120　管申駿纂修，康熙《崇安縣志》卷一，康熙九年刻本，第18頁。
121　陳樹蘭等，道光《永安縣續志》卷九，〈物產志〉，永安縣方志委1989年點校本，
　　　第649頁。
122　陳樹蘭等，《永安縣續志》卷九，〈風俗志〉，第630頁。
123　吳天芹等，乾隆《順昌縣志》卷三，〈物產志〉，清乾隆三十年刊本，第15頁。
124　徐觀海，乾隆《將樂縣志》卷五，〈土產〉，廈門大學出版社2009年，第176、208頁。
125　連橫，《臺灣通史》卷二七，〈農業志〉，北京，商務印書館1983年，第460頁。
126　吳裕仁等，嘉慶《惠安縣志》卷十三，〈物產〉，民國二十五年鉛印本，第6頁。

行，價乃愈落，而農家損矣。」[127] 可見，由於蔡牽之亂，臺灣糖業受到損失。清中葉以後，廣東糖業後業居上。閩浙總督程祖洛在談到臺灣製糖時曾說：「查商船之所以日少者，其故亦有二，臺灣所產，只有糖米二種，近來粵省產糖充旺，紛紛外販，至臺地北販之糖，獲利較薄。」[128] 可見，當時的廣東糖已經成為臺灣糖業的對手。

　　明清時期，閩商將福建製糖術逐步外傳，對各省及國外的製糖業都產生了很大的影響。清代廣東人說：「按，粵東蔗糖行四方，始於閩人，今則利侔於閩矣。」[129] 可見，在廣東最早發展製糖業的是福建人。福建人還到江西去種蔗製糖，雩都縣「瀕江數處，（蔗林）一望深青，種之者皆閩人。」[130] 清代浙江的製糖技術也得益於福建：「甘蔗有紫白二種，紫者產出龍遊，僅供咀嚼；白者種自閩中來，可碾汁煉糖，與閩中所鬻糖利幾相伯仲，但不知以糖為霜耳。」[131] 臺灣原為福建的一個府，人口百分之八十以上原籍福建，因此，臺灣的製造白糖之類的技術肯定得益於福建，總而言之，明清時期福建的製糖術對東南各省影響很大。

　　福建製糖術還向東南亞傳播。麥哲倫於十六世紀初遠航菲律賓時，就發現有福建人在當地教土著種蔗煮糖；荷蘭人在印尼大力招徠閩粵人民去當地發展製糖業。1650 年，巴達維亞城附近的華人製糖作坊有 20 家，1710 年發展到 125 家，同時期巴達維亞的荷籍人製糖坊僅四家，閩粵人糖坊占絕對優勢。[132] 從荷蘭人對福建製糖術的興趣中我們可知道，雖然荷蘭人可能引進了印度的技術，但其轄下殖民地的製糖業還是以中國製糖術為主，這可能是福建生產的絕白洋糖比印度同類產品更適於外銷的原故。

二、荔枝等福建主要果品

　　清代福建銷售的主要果品有荔枝、龍眼、柑橘、橄欖等製成蜜餞的各類果實。

127　連橫，《臺灣通史》卷二七，〈農業志〉，北京，商務印書館 1983 年，第 460 頁。
128　閩浙總督程祖洛等，《臺案彙錄丙集》，臺灣文獻叢刊第 135 種，第 201—204 頁。
129　沈廷芳等，乾隆《廣州府志》卷四十七，〈物產〉。乾隆二十四年刻本。
130　林有席等，乾隆《贛州府志》卷二，〈物產〉。乾隆四十七年刻本。
131　陳夢雷等，《古今圖書集成》草木典卷一百一十三，〈甘蔗部〉，第 66035 頁。
132　汪慕恒，《印尼華僑工業的發展和被排擠》。

　　荔枝。荔枝號稱果中之王，釋如一說：「荔枝木堅勁，實重，梢脆，同氣聯枝，一朵壘壘相綴，至五六十顆。一樹計實五六十斛，勁枝協力支持以成其熟也。因此命名也。樹大者，二三人圍高四五丈，幾百年猶生不歇，葉似冬青，花繁似桔，而春榮，實大似雞卵而夏熟。……肉豐潔似水晶，味甘芳而多液，為百果之上珍。」[133]清代閩荔是貢品，郭柏蒼說：「國朝荔支貢，由延建抵浦城。以瓦盆架船上。」[134]清代陳定國的《荔譜》云：「荔支世推閩中第一」。[135]這說明了福建荔枝在國內的地位。清代市場上的荔枝主要來自閩粵二省，通常認為廣東荔枝不如福建所產。「荔支盛稱閩廣，然《百粵風土記》云：荔支色清，大如楊梅，肉薄核大，味甘而不酸。如閩龍眼之下者。」[136]福建的荔枝特好，是因為掌握了特種技術。例如廣東名士屈大均說：「核種十五年始實，實小不可食。……故不及閩。」[137]這說明當時的廣東雖有荔枝，但他們仍然使用核種術，因此，不如福建多次嫁接的荔枝好。清代福建荔農的荔枝嫁接術相當複雜細緻。郭柏蒼的《閩產錄異》一書云：

> 龍眼用接荔支用檜（檜，就樹接也。檜枝之檜，以兩木相接，故稱檜）。檜者，春初擇佳種之細枝，就本枝刮去麤皮，搗稻草，摶黃泥束之。泥乾即澆至霜降前後，刮處生根，並泥鋸之，特植於圂，謂之圂。再以稻草作繩，綑其本。若遽受霜雪，則皮剝矣。皮剝之方，他日成林亦歇枝。圂至三四年，去其花，使不結實；再二三年，又去花之半，則成實矣。[138]

　　《閩產錄異》這本書我很早就看到了，但每次翻閱，總有一些新的體會。少年時在語文課本上讀到米丘林嫁接梨蘋果的故事，以為嫁接果枝是西方傳入中國的技術，仔細讀郭柏蒼所載福建果農的荔枝嫁接術，才知道這是中國的傳統技術。福建果農為了培養出優秀的荔枝，會用十來年的時

133　釋如一，《福清縣志續略》卷二，上，第 215 頁。

134　郭柏蒼，《閩產錄異》卷二，〈果屬〉，長沙，嶽麓書社 1986 年，第 61 頁。

135　陳定國，《荔譜》，引自蔡襄，《荔枝譜外十四種》，福建人民出版社 2004 年，第 69 頁。

136　陳雲程，《閩中摭聞》，〈福州府〉，第 16 頁。

137　屈大均，《廣東新語》卷二五，〈荔枝〉，北京，中華書局 1985 年版，第 624 頁。

138　郭柏蒼，《閩產錄異》卷二，〈果屬〉，長沙，嶽麓書社 1986 年，第 58—59 頁。

間多次嫁接一棵果樹，將其培養成味道好、產量高的品種，這是千百年荔農提煉出來的技術，也是對世界林業科學的巨大貢獻。按照郭柏蒼的說法，福建荔枝主要優秀品種有：大核、酥核、焦核等。具體地說，泉州的「宋家香蒂」最好，漳浦縣的「焦核」、「細核」可排在第二位，而福州、興化的「酥核」排在第三位。當然，各家的排位是不同的。

　　由於宋代蔡襄《荔枝譜》的影響，人們一直以為蔡襄的家鄉仙遊縣的荔枝最好。方以智說：「楓亭驛（隸仙遊縣）荔枝甲天下，長樂縣次之」。[139]彭光斗說：「荔枝，仙泉名甲天下。然在閩中亦惟福興漳泉數郡所產最夥，亦最佳。至他郡則罕見矣。」[140]其中的「仙泉」應是指仙遊縣和泉州。晉江荔枝：「五月熟者，為火山，肉薄味酸。六月熟者，早紅、桂林、金鐘、白蜜、狀元紅之類，皆佳品也。七月熟者，俱山荔枝，品類數十，殼粗厚，佳者良有風韻。」[141]

　　《漳州府志》云：「閩中惟四郡有之，漳產不減興、泉。其木堅理難老，有三百歲者，枝葉繁茂，生結不息，亦其驗也。近多砍其樹煮汁染網，而老樹無存矣。」[142]所謂的的「閩中四郡」，是指福建沿海的福州、興化、泉州、漳州四府。其中仙遊為興化府的一個縣。《福清縣志》云：「荔枝，樹高數丈，大至合抱，頗類桂木、冬青之屬。四時榮茂不凋。花似木犀，青白色，微香。實初青漸紅，肉白如脂玉。性畏高寒，縣北數里皆不可種。」[143]可見，儘管荔枝是一種高大的喬木，但其畏寒的性質，使其無法在緯度稍高的區域種植，這是它在福建只能在沿海四郡種植的原因。

　　由於荔枝在市場上可以賣到較高的價格，清代福建沿海廣泛種植荔枝。釋如一說：「福建下四郡俱出，福州最多，延亙原野，一家至萬株。」[144]「鳳崗三十六宅、七十二鄉皆產荔，其次為上街鄉，上街與侯官市隔一土壤，

139　方以智，《物理小識》卷九，〈草木類〉，第 18 頁。
140　彭光斗，《閩瑣記》，第 21 頁。
141　周學曾等，道光《晉江縣志》卷七三，〈物產志〉，福建人民出版社 1990 年標點本，第 1760 頁。
142　沈定均、吳聯薰等，光緒《漳州府志》卷三十九，〈物產志〉，北京，中華書局 2011 年，第 1762 頁。
143　林昂等，乾隆《福清縣志》卷二，〈地輿志・土產〉，福清縣方志委 1987 年，第 45 頁。
144　釋如一，《福清縣志續略》卷二，上，第 215 頁。

而侯官市皆植龍眼，無一荔樹。亦土性隨所宜也。」[145]《閩政領要》一書將荔枝列為福州閩縣、侯官兩縣的土特產，卻不提興化府，說明清代福州的荔枝產量應比興泉諸府為多。福州府的長樂縣也是重要的荔鄉。陳定國說：「勝畫出長樂六都，家植園圃庭除間，土人仰資為田。」[146] 福州之外的其它各府產荔不如福州，應是市場的原因。例如，漳州位置較為邊遠，荔枝只能在本地銷售。《漳州府志》云：「其木堅理難老，有三百歲者，枝葉繁茂，生結不息，亦其驗也。近多砍其樹煮汁染網，而老樹無存矣。」[147] 當地人砍伐老荔枝樹為染料，可見，這些人覺得荔枝的價值不在其果實。雖然這是一時的現象，但也反映了清代荔枝市場的局限性。

　　龍眼是一種與荔枝齊名果樹。因其成熟於農曆八月，其時桂花盛開，故有「桂圓」之稱。由於龍眼成熟的季節要比荔枝晚一兩個月，甜度不如荔枝，一度被稱為「荔奴」。不過，龍眼真正的價值在於乾果。釋如一說：「福清處處有之，廣州所出，核大而肉爛，不及吾閩，商販流布，以此別之。或生食，或浸蜜食，或曝乾煎煬食，健脾、益智、延壽。」[148] 江南一帶的民眾將晒乾的桂圓視為補品，因此，桂圓十分暢銷，這又更勝荔枝的季節性了。

　　種龍眼也使用嫁接術，周亮工記載：「去閩會二十里東南隅，多龍眼樹。樹三接者為頂圓。核之初種，經十五年始實，實甚小，俗呼為『胡椒眼』。覓善接者，鋸木之半，去大實之幼枝接之；至四五年，又鋸其半接如前。若此者三數次，其實滿溢，倍于常種。若一二接即止者，形小味薄，不足尚也。」[149]

　　清代福建桂圓暢銷全國。釋如一說：「福清處處有之，廣州所出，核大而肉爛，不及吾閩。商販流布，以此別之。」[150] 福建的龍眼品種裡，又

145　郭白陽，《竹間續話》卷三，福州，海風出版社2001年，第53頁。

146　陳定國，《荔譜》，引自蔡襄，《荔枝譜外十四種》，福建人民出版社2004年，第69頁。

147　沈定均、吳聯薰等，光緒《漳州府志》卷三十九，〈物產志〉，北京，中華書局2011年，第1762頁。

148　釋如一，《福清縣志續略》卷二，上，北京，書目文獻出版社《日本藏中國罕見方志叢刊》，1990年影印本，第215頁。

149　周亮工，《閩小記》卷一，第16頁。

150　釋如一，《福清縣志續略》卷二，上，第215頁。

以漳州龍眼為貴。「龍眼謂荔奴，以龍溪所產抱雞子種為最貴，小如珠，無核，亦珍品也。」[151]

在荔枝、龍眼之外，柑橘也是福建重要的果實。福建柑橘有兩大品種是國內有名的。其一為漳州的乳柑，後人或寫為蘆柑。其二為福州的福橘，清代人寫成「福桔」。《漳州府志》云：「漳南產柑橘，其種不一，而顆皆碩大。蘆柑為最，紅色柑次之。蘆柑色稍黃，紅柑則正赤，皆佳種也。三衢所產似亦當稍讓。連江一種，差小而味甘，當在武陵蜜橘之列。」[152]王勝時說：「柑橘一類，俗以黃者為柑，丹者為橘，閩產為天下最，清漳尤稱佳。」[153]李世熊評論：「則今閩漳所產，恍惚似之，此當為真柑矣。」[154]漳州蘆柑之外，福州蜜桔也受到稱讚。因「福桔」之名吉祥，江南及北京等城市人家過年時，桌子上一定要擺上福桔。郭白陽說：「南港二百零八鄉皆產橘，洪江上流又有橘園洲。彌望千樹。橘有數種，比常橘大而皮厚者為風橘，小而味酸者為金橘。釀橘為酒曰橘燒。鄉人以橘為福州特產，稱為福桔。」[155]好的福橘：「皮紅而光潤，肉與皮若不相連屬，三枚得一斤。名曰橘甂。剪其蒂，以瓦缸開口，鋪早稻藁層置之，可及秋初。」[156]總之，清代福桔之名遠揚南北兩京及大江南北諸城。

福建柑橘可製橘餅銷售。橘餅出漳州，陳恭先生有詩云：「漳南飴蜜十分調，紅玉千槌向齒消。百餅青筐霞片散，東風吹入賣餳簫。」[157]福桔亦可製成橘餅：「漳泉人於臺江設廠，推去橘紅，醃而壓之，煮為桔餅……其市甚廣。」[158]桔餅因而成為福州著名產品。據《閩縣鄉土志》，晚清福州每年輸出福桔約「三百餘萬斤。」[159]

柚子是福建省另一種出名的果品。《平和縣志》云：「柚，有紅白二

151　郭白陽，《竹間續話》卷三，福州，海風出版社 2001 年，第 52 頁。
152　郭白陽，《竹間續話》卷三，福州，海風出版社 2001 年，第 53 頁。
153　王勝時，《漫遊紀略》卷一，〈閩遊〉，第 6 頁。
154　李世熊，《寧化縣志》卷二，〈土產志〉，第 95 頁。
155　郭白陽，《竹間續話》卷三，福州，海風出版社 2001 年，第 53 頁。
156　郭柏蒼，《閩產錄異》卷二，第 69 頁。
157　郭白陽，《竹間續話》卷三，福州，海風出版社 2001 年，第 53 頁。
158　郭柏蒼，《閩產錄異》卷二，第 69 頁。
159　朱景星等，《閩縣鄉土志》，第 347 頁。

種，出小溪者佳。」[160] 平和柚子又有「泡」之名。所謂泡，閩語之意為大而鬆軟的球。清朝人經常寫成「拋」。《閩雜記》記載：「閩果著稱荔支外，惟福橘、蜜羅柑。竊以為福橘之次，當推平和拋。他處出者，瓤中肉兩層，上下直生相銜，獨平和出者，橫直雜嵌，不分層數，香味皆可敵荔支，第色遜耳。」[161] 平和縣位於漳州府南部。《漳州府志》云：「漳南以產柚著名，沿北溪兩岸約五十里皆栽柚。鄉人呼柚曰軟仔，其種有文旦、坪山、六月柚等。文旦，古稱香欒，長泰所產，品質最良，瓤白，甜美無比，他地所植均不及之。」[162] 如其所云，長泰文旦也是佳果。但因長泰文旦是在廈門出名，所有國內市場上又有「廈門文旦」之名。

福建橄欖也是非常有名的佳果。《平和縣志》云：「橄欖，尖而小者為美，名曰丁香。圓而大者稍遜，其味先澀後甘。」[163]《閩產錄異》云：「樹如木樨子，高三四丈。植於山麓，或沙洲。凡風颶、潮汐不及之處，不可種。」著名的橄欖品種有：檀香、丁香、蜜果、碧玉多種。福建橄欖暢銷於外省：「橄欖客以麻囊裹蕉葉，而實於木桶、虛桶之上，半使通氣，踰閩嶺，愈芳脆，吳越人以為茶品。」[164] 福州的橄欖形成大規模的商品化生產，種植面很廣：「自洪山橋至水口，沿江兩岸皆植橄欖，橄欖以檀香種，產在安仁溪者為佳，脆而香也。」[165] 清代的橄欖成為蜜餞主要原料，人們以鹽水或是蜂蜜浸泡橄欖，製成各類蜜餞橄欖，暢銷於江南及兩京城市。汀州的上杭、永定二縣：「居郡下流，地近潮漳，氣益煖。故多產青菓柑橘之類。」[166] 除了蜜餞橄欖之外，福建人還以烏梅、李奈浸泡成各類蜜餞。清代蜜餞作為福建特產之一，向各地銷售。德福的《閩政領要》指出福州府附廓的閩縣、侯官兩縣出口的商品以「荔枝、龍眼、福桔、橄欖」為多。[167] 清代福建的土特產成為經濟中的重要內容。例如漳州龍溪縣：「俗種蔗，蔗可糖，各省資之，利較田倍；又種桔煮糖為餅，利數倍，人多營焉；煙

160　曾澐水纂，道光《平和縣志》卷十一，〈物產志〉，第 470 頁。

161　施鴻保，《閩雜記》卷十，第 164 頁。

162　郭白陽，《竹間續話》卷三，福州，海風出版社 2001 年，第 53 頁。

163　曾澐水纂，道光《平和縣志》卷十一，〈物產志〉，第 472 頁。

164　郭柏蒼，《閩產錄異》卷二，第 65 頁。

165　郭白陽，《竹間續話》卷三，福州，海風出版社 2001 年，第 54 頁。

166　曾曰瑛修、李紱、熊為霖纂，《汀州府志》卷六，〈風俗〉，乾隆十七年刊，第 5 頁。

167　德福，《閩政領要》卷中，〈各屬物產〉，上海市圖書館藏乾隆刊本，第 24 頁。

草者，相思草也，甲于天下，貨于吳、于越、于廣、于楚漢，其利亦較田數倍；其它若荔枝、龍眼、梨、柚、落花生之屬，俗亦最貴。故或奪五穀之地而與之爭，而穀病。」[168]

　　福建因處於亞熱帶區域，出產的各類果品與長江流域和黃河流域果品有較大的區別，所以，至清代發展出有一定規模的果品輸出生產。並且形成福建經濟的重要支柱。在對臺灣交流方面，福建的荔枝被引種臺灣，而臺灣的鳳梨也銷售於廈門等地。形成了物種的交換。

三、香菇和筍乾

　　香菇。香菇是一道很好的菜肴，人們很早就採集菌菇做菜，這就促進了香菇採集業的發展。例如明代的順昌縣有許多野生菇：「香蕈，一名菌，俗謂之菇，其品不一。胭脂菇生山林平沃地面。鮮紅而光澤，其底與莖俱白。香蕈菇生深林腐木上，味香美，木耳菇亦生木上。」[169]《將樂縣志》云：「香蕈，木生曰蕈，土生曰菌，統之皆菇也。種類甚多……次則朱菇，夏秋之交，日雨浸淫，乃生朱菌，赤面白肌，本帶微紅，味極甘滑，然必歷年發菇之地採者，不毒。」[170]《邵武府志》：「蕈，形似蓋，其品不一，總呼為菇，生山林平地中及木上，味最佳，凡生地上無名野菇多毒。」[171]汀州亦為香菇產地。《臨汀彙考》云：「香蕈產歸化者佳，用香樹如法製造。……新出時甫登釜鬲，香聞四座，與口蘑競美。」[172]可見，福建各地山區都有香菇生產。

　　在各類菇種之內，除了紅菇是採集而來之外，明清時代，人們開始種菇。將樂縣：「香蕈……種類甚多，於深山中砍楮株，各木寸斫其皮，米飲沃之，冬春生菇，褐面白背，氣芳味脆，入焙烤乾，氣益香美，是曰香蕈。此上品也。」[173]連城是重要的菇產地之一，「香蕈，《本草》：木生為蕈，地生為菌。土人總呼曰菇。生松下者曰松菇，生茅下者曰茅菇；朱色者曰

168　蔡世遠等，康熙《漳州府志》卷二六，〈民風〉，第 13 頁。
169　馬性魯，正德《順昌邑志》卷八，〈物產〉，第 121、116 頁。
170　徐觀海，乾隆《將樂縣志》卷五，〈土產〉，廈門大學出版社 2009 年，第 172 頁。
171　張鳳孫等，乾隆《邵武府志》卷六，〈物產〉，乾隆三十五年刊本，第 9 頁。
172　楊瀾，《臨汀彙考》卷四，〈物產考〉，第 2 頁。
173　徐觀海，乾隆《將樂縣志》卷五，〈土產〉，廈門大學出版社 2009 年，第 172 頁。

朱菇，白大如盤者曰雞肉菇，充貢者曰香菇。冬春之交，於深山中砍櫧櫧等木，又米汁沃之而生，雨雪盛則菇亦盛而香。」[174] 浙江處州人擅長種植香菰。「香蕈，相木伐之，以種。」[175] 在閩浙贛生產香菰的多為浙江人。景寧縣，舊志云：「鄉民貨香菌者，曩時皆于江右閩廣，今更遠在川滇楚襄間。邑雖產此，實則有之僅也。其業至苦，始則相山度木有產蕈者，以重直得之。依林結廠，以冬伐木製造，逾三數載，蕈始生。然必地氣善，晴雪以時，乃大發生。否則喪其資本。歲以夏月貨畢，秋抵家一臨。經月即行矣。」[176] 福建山區多有浙江菇農。《永安縣續志》：「香菇……出山廠中，浙江人造。入蔬香美。」[177] 浙江人事實上壟斷了香菰的生產與銷售。

　　福建是著名的筍產地，楊瀾論及筍：「閩則處處皆有，但亦只毛竹所芽，大僅盈握，冬筍垂盡，又有苦筍，則尤小而爽脆異常，風味特勝。」[178]平常人家大都喜歡食筍。「竹之筍，福興泉漳之間烹而饌之。延建汀邵之間，蒸而悶之，鹽而糟之。」[179]《臨汀彙考》云：「匠人於春月先入山巡視，筍初茁，一日輒數尺，怒生最有力，檢弱小不堪用者劚以供饌。盈筐壓擔，家家取給。值園蔬正缺時，山城一快境也。」[180]竹筍歷來是很受歡迎的食品，「筍皆茅竹所芽，冬筍垂盡，則有苦筍，以湯水煮去苦汁。漂以清水，脆爽特異，風味殊勝。」[181]有人品賞各種筍：「筍類極多，以江南筍為佳，綠筍、冬筍次之。烏筍、綿筍、箭筍、貓筍、黃筍又次之。苦筍先出，亦有一種趣味。」[182]延平府的筍最為著名。「竹筍，一名江南筍，正月出，衣黃赤色，肉白，味清甘；一名貓兒筍，正、二、三月出，衣黃，肉白，重一二斤至數斤不等，所謂閩筍即此，俗又呼為明筍。煮熟，以火焙乾，販行四方。

174　李龍官、徐尚忠，乾隆《連城縣志》卷四，〈戶役志〉，廈門大學出版社 2008 年，第 89—90 頁。

175　周杰等，同治《景寧縣志》卷十二，〈風土志・物產〉，同治十二年刻本，第 17 頁。

176　周杰等，同治《景寧縣志》卷十二，〈風土志〉，同治十二年刻本，第 7 頁。

177　陳樹蘭等，道光《永安縣續志》卷九，〈物產志〉，永安縣方志委 1989 年點校本，第 673 頁。

178　楊瀾，《臨汀彙考》卷四，〈物產考〉，清光緒四年刻本，第 1—2 頁。

179　何喬遠，《閩書》卷一百五十，〈南產志〉，第 4455 頁。

180　楊瀾，《臨汀彙考》卷四，〈物產考〉，清光緒四年刻本，第 1—2 頁。

181　李龍官、徐尚忠，乾隆《連城縣志》卷四，〈戶役志〉，廈門大學出版社 2008 年，第 90 頁。

182　鄧一矗纂修，崇禎《尤溪縣志》卷四，〈物產志〉，第 596 頁。

一名斑筍，四月出，色黃；一名折筍，三月出，衣黃赤，肉白味甘，高巖產者佳。折筍，或云接筍，大如拇指，長四五寸，生於南平縣新興里高山上，山下有澗泉，土人取筍浸泉中一夕，其色白，味佳，郡人用以餉賓，為筍之最。一名苦筍，形同折筍，味苦，四月出；一名綠筍，衣黃綠色，肉白，味最清美，土人重之，饋送不過四五莖而已。一名黃筍，肉黃，味漸澀，七月出；一名茭筍，八月出，衣綠，肉白，味甘，有大禾、早禾之名。民多種於池邊，或田間有水處；一名方筍，十月出，枝小，形方，肉黃黑色；一名冬筍，十月出，即貓兒筍，初產未出土者，又有綿筍，箭筍。」[183] 以上列舉的各類筍，除了茭筍即是茭白，應屬於蔬菜，其他各種筍，都是各類竹的幼苗，文人清客視為上品食物。新鮮的筍可以放置幾個星期不壞，若是將其製成筍乾，甚至放置數年也不會變質。

　　明清時期，閩筍在江南市場出名。「閩筍乾，即貓竹笋。有大片、蘇尖。」[184] 關於筍乾的製法，《崇安縣志》記載：「筍百斤用鹽五升、水一小桶，候沸湧扚出汁，候乾，旋添筍汁煮熟，撈出壓之。」[185] 南平是筍乾的主要產地：「煮熟，以火焙乾，販行四方。」[186]「遠市吳越江淮，為南邑之溥利焉。」[187] 永安縣：「惟有貓筍，土人曝為明筍，販行四方，頗獲厚利焉。」[188]；「筍……舊有稅，至立春日已出為春笋則無稅矣。……此遠市吳越江淮，為南邑之溥利焉。」[189] 永安縣：「惟有貓筍，土人曝為明筍，販行四方，頗獲厚利焉。」[190] 楊瀾對南平的筍乾大加讚美：「延平屬邑，切片暴乾為明筍，歲千萬斤，販行天下，汀則弗如。」[191] 明清時期，閩浙贛山區的竹筍大量運銷沿江及沿海的城市。崇安商人彭夢蛟，「嘗販

183　陶元藻等，乾隆《延平府志》卷四十五，〈物產志〉，乾隆三十年刊本，第 31 頁。
184　陳樹蘭等，道光《永安縣續志》卷九，〈物產志〉，第 672 頁。
185　魏大名、章朝栻，嘉慶《崇安縣志》卷二，〈物產〉，清嘉慶十三年刊本，第 17 頁。
186　陶元藻等，乾隆《延平府志》卷四十五，〈物產志〉，乾隆三十年刊本，第 31 頁。
187　楊桂森等，嘉慶《南平縣志》卷一，〈物產〉，同治十一年增修本，第 4 頁。
188　裴樹榮，雍正《永安縣志》卷五，〈賦役志・物產〉，永安市方志委 1989 年點校道光十三年孫義增刊本，第 141 頁。
189　楊桂森等，嘉慶《南平縣志》卷一，〈物產〉，同治十一年增修本，第 4 頁。
190　裴樹榮，雍正《永安縣志》卷五，〈賦役志・物產〉，永安市方志委 1989 年點校道光十三年孫義增刊本，第 141 頁。
191　楊瀾，《臨汀彙考》卷四，〈物產考〉，清光緒四年刻本，第 2 頁。

筍至吳城。」[192] 福建筍乾輸出量很大。《將樂縣志》論及竹筍：「春暮漸長，去籜煮熟，少者入市，多則入榨，逼去筍汁，端午節後，入焙烤乾，謂之明筍。歲千萬斤。出貨外者，此上種也。」[193] 《閩政領要》記載：「邵武府屬泰寧、建寧二縣之夏布、筍乾」[194]，皆有客商販運。《順昌縣志》：「筍，其類甚多，惟有二種，未出土者名沙筍，已出土者名玉筍，行至京都。」[195] 筍類食品，銷售之廣，於此可見。

四、榨油業

　　福建榨油業的主要原因都來自山林中的茶樹、桐樹、柏樹，而其產品用處，亦以工業為主。

　　茶油製造與銷售。茶油是茶樹籽榨出的油。「油茶，類茶稍高大，子可榨油，名茶油。」「茶，高三四尺，名種不一，採製之法，亦精粗不同。」[196] 「茶樹有大小二種：大者高丈數尺，實大如雪梨；小者高六七尺，實大如栗。皆剝其粗房，取仁榨油。」[197] 榨茶油的茶子出於茶子樹。「茶子樹，質堅葉厚，花與茶花相似，子可壓油，故曰茶油。又曰木油，甘香潔清，用入食饌，可制腥膻。性和平，能潤腸胃。最益人。霜降摘子，而花即茁，含苞結實，瓜期相代。其油居菜油、麻油之上。」[198] 和其他食用油相比，茶油的特點是可放置數年至十幾年，因此，許多名貴香油都選擇茶油為原料。「揚州香油專用茶油，故茶油所行甚遠。」[199] 安溪縣：「所產惟桐油、茶油較多。茶油有大小之異，小茶油較貴，婦人用以澤髮。」[200] 明清時期，茶油成為福建主要商品生產之一，種植廣泛。王世懋說：「余始入建安，見山麓間多種茶，而稍高大，枝幹槎枒，不類吳中產，問之，知為茶油，

192　魏大名、章朝栻，嘉慶《崇安縣志》卷八，〈人物‧義行〉，第 722 頁。

193　徐觀海，乾隆《將樂縣志》卷五，〈土產〉，廈門大學出版社 2009 年，第 171 頁。

194　德福等，《閩政領要》卷中，〈各屬物產〉，清乾隆刊本，第 24—25 頁。

195　吳天芹等，乾隆《順昌縣志》卷三，〈物產志〉，清乾隆三十年刊本，第 15 頁。

196　張鳳孫等，乾隆《邵武府志》卷六，〈物產〉，乾隆三十五年刊本，第 12 頁。

197　李世熊，康熙《寧化縣志》卷二，〈土產志〉，第 167 頁。

198　王穎等，同治《雩都縣志》卷五，〈田賦志‧土產〉，成文社影印同治十三年刊本，第 454 頁。

199　喬有豫，道光《清流縣志》卷九，〈食貨志〉，第 374 頁。

200　沈鍾等，乾隆《安溪縣志》卷四，〈物產志〉，廈門大學出版社 1988 年，第 118 頁。

非蔡君謨貢品也。已歷汀延邵郡，愈益彌被山谷，高者可一二丈，大者可拱把餘，以冬華、以春實。榨其實為油，可鐙、可膏、可釜，閩人大都用之，然獨汀之連城為第一，閩之人能別其品。」[201] 據此，茶油不僅可以食用，還可用於梳頭、點燈，使用價值很高。所以，福建西部山區大種茶籽樹，生產茶油。何喬遠說：「又有茶油之茶，建、劍、汀、邵多有之，而連城為第一。」[202]《邵武府志》說：茶油，「延建汀邵皆出，閩下四府及江西諸處皆用以燃燈。熬熟亦可和諸菜食之。」[203] 柏油、桐油和生漆。

　　茶油之外，福建柏油的產量也很高。柏油是以烏柏子壓榨出油，「烏柏，葉似梨杏，花黃白子，可壓油。」[204]《清流縣志》云：「烏柏，花黃子白，實如雞頭，液如豬脂，烏（鴉）喜食其子，因以名之。葉可染皂，子可壓為油，燃燈最明，俗謂之柏油燭。」[205] 柏油燭，「燃燈最明」。《邵武府志》：「烏柏，葉可染皂，子可取蠟子中核，可榨油。」[206]《尤溪縣志》：「烏柏，各都俱有，而尤都獨多，其樹多種田邊，葉落於田甚肥，可榨油」[207]；李世熊說：寧化、歸化間，「凡田傍有臼木者，其田價必增，以臼葉可肥田，子又可採蒸取脂，澆燭貨遠，於人甚有利也」。[208] 白蠟油也是南方山區的一項著名產品，「又有蟲白蠟，冬青樹有蟲作繭於樹上，蟲自苞出，食樹津液，久之紛白如絮，剝取煎煉，凝白如脂，即白臘也。澆燭、入藥皆用之。」[209] 將樂縣有白蠟生產，白蠟：「以蟲種置於樹，至秋採為之。其樹冬青，一名萬年枝，俗呼蠟樹。蟲窠生樹小枝上，其枝即枯，蠟粘枝而生。」[210] 蠟燭製造需要蠟油，將樂縣「蠟，有柏、黃、白三種，白者多。」[211]

201　王世懋，《閩部疏》，第 11—12 頁。

202　何喬遠，《閩書》卷一百五十，〈南產志〉，第 4452 頁。

203　韓國藩等，萬曆《邵武府志》卷九，〈物產・貨之屬〉，第 32 頁。

204　李龍官、徐尚忠，乾隆《連城縣志》卷四，〈戶役志・物產〉，廈門大學出版社 2008 年，第 93 頁。

205　喬有豫，道光《清流縣志》卷九，〈食貨志〉，第 358 頁。

206　張鳳孫等，乾隆《邵武府志》卷六，〈物產〉，乾隆三十五年刊本，第 12 頁。

207　鄧一蕭纂修，崇禎《尤溪縣志》卷四，〈物產〉，書目文獻出版社《日本藏中國罕見方志叢刊》，1990 年影印明崇禎九年刊本，第 598 頁。

208　李世熊，康熙《寧化縣志》卷二，〈土產志〉，第 122 頁。

209　喬有豫，道光《清流縣志》卷九，〈食貨志〉，第 374 頁。

210　李敏等，弘治《將樂縣志》卷二，〈食貨・土產〉，第 55 頁。

211　黃仕禎，萬曆《將樂縣志》卷一，〈物產志〉，福建人民出版社 2009 年，第 28 頁。

　　桐油也是福建山區的重要商品，「桐子所壓者，可以用油漆及燒煙造墨等用，有花桐、光桐二種」。[212] 汀州人出外墾山，多種桐樹榨油。楊瀾說：「山中特多油桐，鄉人種藍者，初入山即種此，以其樹易長，子可壓油也。早春先開淡紅花，實大而圓，每實中二子或四子，大如大楓子。」[213] 乾隆《上杭縣志》：「油，有茶、桐、菜三種，但杭地闊人稠，本地所出，不敷本邑之用，恒藉江右益之。」[214]

　　明清時代，榨油業是福建的重要產業之一。「油：菜油，菜子所壓者，麻油，芝麻所壓者，桐油，桐子所壓者，柏油，柏子所壓者，茶油，茶子所壓者。」[215]

　　榨油是一種繁重的手工業，原料在入榨之前，先要碾成細粒，再蒸熟，方可入榨，前幾道工序，就要耗費大量人工；作坊主人為了提高效率，還得添置碾、磨、鍋等設備。榨油階段，耗費人工更多，「凡造油，刳巨木為槽，炒熟麻菜實，舂爛，納於槽中，壓出其油。」[216] 榨具動力有兩種，一種榨具是以人力為動力，將楔形木塊打入榨油容器，把油擠出來，一種榨具以水力機械為動力，推動大錘，猛擊木楔。後一種方式提供的錘擊力極大，榨油也多，不是大型作坊，無法備置這種大型水力機械。而福建山區這種作坊是很多的。

　　福建南平是漆產地之一，縣志記載：「漆，出儒嶺。大暑時傍暮橫割漆樹，以蚌殼啣入，次黎明收，造漆至立冬止。認漆法，以紙釘浸漆燃之，不溢位者真，和油及雜水湯必溢位。」[217] 邵武府亦為漆產地，「漆，高二三丈，六七月間取汁成漆。」[218] 李世熊論及寧化的漆：「寧漆多產龍上下諸里，民多食其利。」[219] 福建漆向江西傳播。乾隆《贛縣志》云：「漆，浙徽閩廣皆產，贛漆即閩種也。」這說明贛漆從福建傳來，而後贛縣人亦

212　馬性魯，正德《順昌邑志》卷八，〈物產〉，第 114 頁。

213　楊瀾，《臨汀彙考》卷四，〈物產考〉，清光緒四年刊本，第 18 頁。

214　趙成等，乾隆《上杭縣志》卷九，〈物產志〉，乾隆十八年刊本，第 11 頁。

215　李敏等，弘治《將樂縣志》卷二，〈食貨・土產〉，將樂縣地方志編纂委員會 2001 年自刊本，第 56 頁。

216　張岳，嘉靖《惠安縣志》卷五，〈物產〉，第 21 頁。

217　楊桂森等，嘉慶《南平縣志》卷一，〈物產〉，同治十一年增修本，第 4 頁。

218　張鳳孫等，乾隆《邵武府志》卷六，〈物產〉，乾隆三十五年刊本，第 13 頁。

219　李世熊，康熙《寧化縣志》卷二，〈土產志〉，第 167 頁。

開始種漆樹製漆：「贛人業之者甚多，取時曝以烈日，盛以木罌，賈人販之四方，仍稱閩漆。品居廣漆之上，與浙徽相埒，價值亦同。」[220] 瑞金的漆，「出縣東湖陂，視贛漆更勝。但不如贛漆之多耳。」[221] 興國縣的漆：「居廣漆之上。」[222] 廣信府的情況很相似：「漆……種來自閩，七邑間出品。視袁州稍劣。」[223]

第三節　福建山區的棚民與種山經濟

明末清初，來自各地的流民進入山區謀生，他們在山林裡搭蓋棚廠，居住和製造各類特產，發展富有特點的種山經濟。[224] 這些流民又被稱為棚民。棚民之中，以汀州人最具特色。

一、清代流民進入山區的潮流

福建山區地廣人稀，物產豐富，對流民有很大的吸引力，清人說：「大率建利在山，不主而不稅，木、竹、礦、鐵、筍、紙、茶、苧、菰、蕈、榛、栗之屬，有力者自為之，故流寓者往往不返。」[225] 因此，在沿海經濟陷於滯脹、人口過剩的情況下，沿海人民紛紛擁向山區，種植經濟作物或開礦、種糧，形成了一股開發山區的潮流：「至延建各屬各處棚民……其籍隸本省者則多係漳泉兩府及永春三處之人，或開種山場，或煽鐵做紙，或燒炭燒磁，託業雖各不同，要皆搭蓋棚廠，在山居住。」[226] 這就是在清代歷史上引人矚目的棚民經濟。

清代福建山區也流行田面權。例如崇安縣：「市田者與置田者各不問其田，而僅問其佃，佃為世守，主為傳舍者有之。或有買田而換佃者有之。

220 沈均安修、黃世成、馮渠纂，乾隆《贛縣志》卷七，〈物產志〉，臺灣成文社影印清乾隆二十一年刊本，第 503 頁。

221 蔣方增，道光《瑞金縣志》卷二，〈物產〉，道光二年刊本，第 39 頁。

222 蔣敘論等，道光《興國縣志》卷十二，〈土產志〉，臺灣成文社影印道光四年刊本，第 338 頁。

223 連柱等，乾隆《廣信府志》卷二，〈地理・物產〉，第 228 頁。

224 曹樹基，〈明清時期流民和贛南山區的開發〉，《中國農史》1985 年第 4 期。

225 鄧其文，康熙《甌寧縣志》卷七，〈風俗〉，康熙三十四年刊本，第 27 頁。

226 佚名，《福建省例》戶口例，舉行保甲編查船民棚民奏，臺灣大通書局出版，臺灣文獻叢刊第 199 種，第 426 頁。

佃田之名曰賠，賠為田皮，買為田骨，田與某耕種，亦止書苗之數，而並不及田之丘段。雖主家換賠，亦聽佃人自相授受，佃去則租無矣。而主家竟不知田之所在。此邑中常有無租而仍納空糧之田主，有匿田耕種收穫而無課之佃戶也。」[227] 其時，官府對地主的保護不足。「糧從田出，課賴租輸。居官者以為錢糧軍國重務，考成敕關，徵比之期，視輸賦者如讎，箠楚弗恤。至於佃戶抗租，以為細事，或批鄉長查覆，或著鄉長催還。鄉長亦以為細事，置若罔聞。及准差拘，差役又以為細事，□發之後，任意沉擱。幸而到案，官以欠租者多貧民，從而姑息之。獨不思賦不可逋，租顧可抗耶？田主獨非民、田主之肌膚，曾佃戶不若耶？抑皆富民，可以輸納而無籍於租穀耶？彼見夫田主之無如伊何也愈肆，抗欠效尤者以為某某欠租，田主如彼何也？刁風日熾，佃戶欠租每至五六年不等。及田主另租佃，強者霸耕搶割，因而爭鬥，致傷命案者有之。」[228] 田面權的出現，表明佃戶對田地有控制權，因而可以長期經營。

有些地方還會出現佃戶欺侮地主的現象。如建寧府，「點佃逋主之租，又從而詭移其田，顧先赴訴以惑聽」[229]。「至於稼穡，農夫一售主田，數相貿課，易三兩人，而主不得知。負租者比比皆然」[230]。所以，在福建民間一直有久佃成主的說法。

租佃制的實況，使外地民眾可以到山區租山種地。在苧業中盛行抵押貸款制度。苧農「力薄而指苧稱貸，熟而償之」[231]。廈大所藏南平小瀛山契約中，就有一張典押契；契中規定「當出青錢三仟足文，其錢每月每千行息三拾文，算約至來年春苧出之日，備辦本利送還，不敢小欠分文，如有少欠，其地任馮叔祖前去召耕，收租管業，不得異說阻擋等弊。」契中規定的月息為百分之三，年息就是百分之三十六，這一利息在清代很普通。最後借債人還是無力償付，失去了土地。苧農分化是很普遍的現象，如宣

227　管申駿纂修，康熙《崇安縣志》卷一，〈風俗〉，康熙九年刻本，第 19 頁。此條原引自傅衣凌，《休休室治史文稿補編》，北京，中華書局 2008 年，第 293 頁。
228　張彬等，雍正《崇安縣志》卷一，〈風俗〉。
229　丁繼嗣等，萬曆《建寧府志》卷四，〈風俗〉，明萬曆三十四年刊本膠捲，第 52 頁。
230　車鳴時，萬曆《政和縣志》卷一，〈風俗〉，第 25 頁。
231　馮夢龍，《壽寧待誌》卷上，〈風俗〉，第 47—48 頁。

平縣「有種苧閩人五十餘家，共負債千計，力不能償，各欲典妻鬻子」。[232]
這些苧農吃苦耐勞，他們被迫典妻鬻子，大多是到了沒有吃的地步。不過，
自從美洲植物番薯和玉米傳入中國後，情況大有變化。迄至清代中葉，南
方山區已經普遍種植番薯和玉米。山地棚民一邊開發山地，種植藍靛等植
物，另一方面，他們也在地裡套種番薯、玉米，從而保證了食物來源，這樣，
這些汀州移民的生活漸趨穩定，南方山區靛農起義也少了。

　　棚民中不完全是貧民，他們中也有富戶，富戶向當地人批租山場，貧
民受雇於富戶。沿海流民大都擁有先進技術，他們對開發山區經濟貢獻很
大。如沙縣：「物產茶，土著不善種植，山地皆種與汀、廣、泉、永之人，
並有將山旁沃壤棄而出租者。」[233] 流入福建山區的棚民還有江西人、浙江
人，福建沿海下四府人的比重較大，清代的南平縣：「凡棚廠民耕山搭廠
皆下府匪徒。」[234] 四方民眾匯集於福建山區，對開發山地有重要意義。

　　山地種植業中，有種麻、種靛和種茶。如贛東北的《玉山縣志》說：
「閩建來玉，多以種苧為生。」[235] 又如浙南景寧縣：「北沿大溪，田瘠畏旱，
多種麻靛，閩人雜處。」[236] 以生產武夷茶最多的崇安、建陽、甌寧三縣而論，
《崇安縣志》說，每年茶商帶到崇安的購茶錢以百萬計，但本地人並不富
裕，這是因為種茶的都是外地人，本地人所得唯「地骨租而已」[237]，說明
崇安茶園多是外地人租種開闢的。再如建陽縣：「建陽山多田少，荒山無糧，
以歷來管業者為之主。近多租與江西人開墾種茶。其租息頗廉，其產殖頗
肥。」[238]「甌寧縣一邑不下千廠」，這些廠戶「種茶下土，既出山租，又
費資本」[239]，可見這些租佃戶有一定的實力。他如延平府的沙縣：「物產茶，
土著不善種植，山地皆種與汀、廣、泉、永之人，並有將山旁沃壤棄而出

232　皮樹堂等，光緒《宣平縣志》卷十一，〈人物志‧義行‧梁尚壁傳〉，臺灣成文
　　社影印光緒四年刊本，第 795 頁。
233　卞寶第，《閩嶠輶軒錄》卷一，廈門大學圖書館藏本，第 27 頁。
234　楊桂森，嘉慶《南平縣志》卷二十一，〈請弭盜議〉，第 66 頁。
235　武次韶等，道光《玉山縣志》卷十二，〈土產志〉，臺灣成文社影印道光三年刊本，
　　第 166 頁。
236　周杰等，同治《景寧縣志》卷十二，〈風土志〉，同治十二年刻本，第 3 頁。
237　魏大名、章朝栻，嘉慶《崇安縣志》卷一，〈風俗〉，清嘉慶十三年刊本，第 3—4 頁。
238　陳盛韶，《問俗錄》卷一，〈建陽縣‧茶山〉，第 54 頁。
239　蔣蘅，《雲寮山人文抄》卷三，〈禁開茶山議〉，咸豐元年刊本，第 21 頁。

租者。」[240] 種茶業需要大量勞動力，山區人口較少，僅靠本地勞動力無法擴大生產，所以山地大量租給外地人開墾種茶。

從以上史料看，從外地到山區的流民並非全是破產的農民，他們之中的一些人擁有專業技術，也有資本，因而選擇到山區從事某項商品生產。由於他們的人數眾多，便形成了一股開發山區商品經濟的潮流。

二、汀州人與棚民經濟

清代福建西南的汀州也是人口較多的地方。道光九年的長汀縣計有494,157 人，寧化縣計有 379,240 人，上杭縣計有 153,319 人。[241] 以上數縣的人口似乎比不上沿海，但是，問題在於：汀州境內山高林深，是福建水田最少的地方，因此，當地人口壓力是很大的。自明朝以來，汀州民眾流行到外地租山種地的謀生方式。他們以種植藍靛聞名於世，兼種茶油樹、桐樹等山地植物。由於本縣的山地不夠，他們攜帶藍靛的種子，到各地租山種地。《寧德縣志》說「邑以種菁為業者，大抵皆汀人也」。[242] 連江縣：「藍澱……連舊所無，今汀郡人攜種而來，深山窮谷，遍植之矣。」[243] 清代的永安縣：「靛，即靛青，出山廠中，汀州人製。」[244]《永安縣志》評說當地的商賈：「靛青客，汀州人（採藍亦汀州人）。」[245] 在福建山區，到處都是栽種藍草的汀州人。清代的永安縣：「靛，即靛青，出山廠中，汀州人製。」[246] 又如《寧德縣志》說「邑以種菁為業者，大抵皆汀人也」。[247]

汀州人一邊開發山地，種植藍靛等植物，一邊在地裡套種番薯、玉米。汀州民的山地作物分為幾種，早期植物選種藍靛，一二年就會有收成；中期植物選種桐樹和茶油樹，三五年便能結果榨油；長期植物選擇杉林，十幾年後，他們種植的杉木成林，往往可以賣出好價錢。江西龍泉（遂川）

240　卞寶第，《閩嶠輶軒錄》卷一，第 27 頁。

241　梁方仲，《中國歷代戶口、田地、田賦統計》，第 466 頁。

242　盧建其等，乾隆《寧德縣志》卷一，〈輿地志‧物產〉，第 91 頁。

243　章朝栻，嘉慶《連江縣志》卷三，〈物產志〉，嘉慶十年刊本，第 37 頁。

244　陳樹蘭等，道光《永安縣續志》卷九，〈物產志〉，第 672 頁。

245　陳樹蘭等，道光《永安縣續志》卷九，〈風俗志〉，第 631 頁。

246　陳樹蘭等，道光《永安縣續志》卷九，〈物產志〉，第 672 頁。

247　盧建其等，乾隆《寧德縣志》卷一，〈輿地志‧物產〉，寧德縣方志辦 1983 年點校本，第 91 頁。

縣的種山者是很典型的。「泉山故多荒棘，康熙間粵閩窮民知吾泉有山可種，漸與隻身入境，求主佃山。約以栽插杉苗，俟成林時，得價而均之。山主寧不樂從？佃者倚山搭寮，以前五年為闢荒，則自種旱稻、姜、豆、薯、蕷等物，後五年為熟土，始以杉苗插地，滋長未高，仍可種植食物。如此前後十年之內，專利蓄餘，彼已娶妻作室，隱厚其基。逮二十年後，售木受價，或百或千。」[248] 於是，他們的經濟大翻身。

由此可見，汀州人的山地經濟，一般要 20 來年才能有較大的收穫。在大收穫之前，汀州人的生活極苦，一般是吃不了這種苦的。汀州人以苦為樂，他們的子子孫孫不斷到外地租山種靛，逐步向南方各省的山區發展。由於他們吃苦耐勞的特性，不論到什麼地方，都能成功地扎下根來，成為與土著有些差別的客家人。綜合看中國南方諸省的客家文化，可知他們出發於福建西南部，然後向廣東、廣西、江西、湖南、四川諸省發展，在浙江、安徽南部也有他們的人。換一個角度看，這是汀州人耕山文化的傳播和發展，因而造就中國南部一個重要的民系。[249]

第四節　福建海洋經濟的構成

如果不是將古代各省經濟都看成是一個僵化的模式，我們必須承認，清代中國的十八省，都有自己的特點。其中福建經濟的特點在於具有海洋文化的性格。

一、明清福建海洋經濟的形成過程

海洋經濟發展的最高點，在於該地經濟與海洋連為一體，休戚相關。中國傳統的農業經濟是自然經濟，農人手中只要有一把鋤頭、一片土地，他們就可以耕地生存；海洋經濟則建立在「耕海」基礎上，他們的主要經濟來源與大海有關，海洋給他們帶來利潤與食物，沒有海洋，他們固有的生存方式就無法延續下去。

古代閩南區域發展起來的是一種以海上商業為前驅的海洋經濟。早在

248　周壆，〈泉邑物產說〉，杜一鴻等，乾隆《江西龍泉縣志》卷十三，〈風物志〉，故宮博物院編，故宮珍本叢刊第 116 冊，海南出版社 2001 年刊，第 221 頁。
249　參見拙著，《福建文明史》上卷，中國書籍出版社 2016 年，第 110—122 頁。

唐宋之際，泉州人「每歲造舟通異域」，開拓了閩南通向西亞北非的「海上絲綢」之路。明清時代，閩南生產的各種瓷器和陶器，是東南亞各地最常見的日用品。閩南的白糖，更是受到歐洲國家的歡迎。因月港成為晚明對外貿易的主要港口，漳泉潮一帶的絲織業也發展起來。[250] 明清時代福建海上貿易的發達，改變了閩南人的經濟結構。自從明代中葉開始，泉州沿海就出現了城鎮化的傾向[251]；這一趨勢同樣出現於漳州與潮州。陳全之在嘉靖十九年至嘉靖三十年期間撰寫《蓬窗日錄》的時候，「漳之龍溪縣海沙（滄？）、月港者，夷貨畢集，人煙數萬。」[252] 明末泉州的安平鎮（又名安海鎮）已經是著名的海港城市，「安平一鎮在郡東南陬，瀕於海上，人戶且十餘萬，詩書冠紳，等一大邑。」[253] 明代大廈門灣周邊市鎮的發展，最終導致廈門城的崛起。[254]

　　閩南經濟結構的變化同樣出現於農村。例如，這一時代泉州農村，不再以糧食生產為其主要產業，而是發展在市場上可以取得較高價值的商業性農業。萬曆年間的《泉南雜志》記載：「甘蔗，幹小而長，居民磨以煮糖，泛海售焉。其地為稻利薄，蔗利厚，往往有改稻田種蔗者。故稻米益乏。」[255] 這條史料說明當地人種蔗業的規模已經影響了糧食生產，於是，他們的糧食消費主要靠海上貿易通道進口。[256] 這種狀況在晚明愈演愈烈，明代的《泉州府志》說：「且近年以來，生齒日繁，山窮於樵採，澤竭於罟網，仰哺海艘，猶呼庚癸。非家給人足之時。顧物力甚絀。」「封疆逼狹，物產磽瘠，桑蠶不登於筐繭，田畝不足於耕耘。稻米菽麥，絲縷綿絮，由來皆仰資吳浙。惟魚蝦嬴蛤之利稍稍稱饒。」[257] 當地物資的缺乏，迫使本地從外地進

250　徐曉望，〈明代福建絲織業考略〉，《福建史志》2004 年 1 期。

251　徐曉望，〈論晚明泉州區域市場發展的瓶頸〉，《福建論壇》文史哲版，2009 年第 8 期。

252　陳全之，《蓬窗日錄》，上海書店出版社 2009 年，第 40 頁。

253　何喬遠，《鏡山全集》卷五二，〈楊郡丞安平鎮海汛碑〉，日本內閣文庫藏明刊本，轉引自，安海志修編小組，新編《安海志》，1983 年自刊本，第 136 頁。

254　徐曉望，〈論明代廈門灣周邊港市的發展〉，《福建論壇》文史哲版，2008 年第 7 期，徐曉望，〈論晚明泉州區域市場發展的瓶頸〉，《福建論壇》文史哲版 2009 年第 8 期。

255　陳懋仁，《泉南雜志》卷上，叢書集成初編第 3161 冊，第 7 頁。

256　徐曉望，《福建通史‧明清卷》，福建人民出版社 2006 年，第 347—349 頁。

257　陽思謙等，萬曆《泉州府志》卷三，〈風俗〉，泉州市編纂委員會 1985 年影印明萬曆刊本，第 55 頁。

口各種消費品，「泉地斥鹵而磽确，資食於海外，資衣於吳越，資器用於交廣，物力所出，蓋甚微矣。」[258]

漳州農村的變化也不亞於泉州，清初的龍溪縣農民：「惟種蔗及烟草，其獲利倍，故多奪五穀之地以與之。田漸少，而粟彌匱乏，幾何其不枵腹耶？」[259]康熙年間的《漳州府志》說：「煙草，相思草也。甲于天下，貨于吳、于越、于廣、于楚漢，其利亦較田數倍。」[260]講閩南話的龍巖也是著名的菸草產地。龍巖菸商走遍全國各地開設菸廠。[261]

乾隆時郭起元論福建：「閩地二千餘里，原隰饒沃，山田有泉滋潤，力耕之，原足給全閩之食。無如始闢地者，多植茶、蠟、麻、苧、藍靛、糖蔗、離支、柑橘、青子、荔奴之屬，耗地已三之一。其物猶足供食用也。今則煙草之植，耗地十之六七。……閩田既去七、八，所種秔稻、菽、麥，亦寥寥耳，由是仰食於江、浙、臺灣、建延」[262]。由此可見，當時福建主要是靠各種小商品的輸出，換取糧食、布匹的輸入，從而形成了可觀的商品流通。在閩南人的故鄉，即有發達的漁業[263]、蔗糖業[264]、製茶業[265]和種稻業[266]，他們來到臺灣，便將這些產業帶到臺灣，刺激了當地商品經濟的發展。

閩南人更為突出的是下南洋貿易。他們下南洋謀生，為南洋諸國開闢了一個又一個的城鎮，為東道國工商經濟的發展奠定了基礎。「竊謂海者，閩人之田也。閩地狹窄，又無河道可通舟楫，以貿遷江浙兩京間，惟有販海一路，是其生業」[267]。一旦實行海禁，對他們的影響極大，「南洋未禁之先，閩廣家給人足，游手無賴，亦為欲富所驅，盡入番島，鮮有在家饑

258　懷蔭布等，《泉州府志》卷十九，〈物產志〉，光緒重刊乾隆二十八年本，第 1 頁
259　吳宜燮等，乾隆《龍溪縣志》卷十，〈風俗志〉，乾隆二十七年刊本，第 2 頁。
260　蔡世遠等，康熙《漳州府志》卷二十六，〈民風〉，1984 年福建省圖書館抄本，第 13 頁。
261　林仁川，〈明清福建菸草的生產與貿易〉，《中國社會經濟史研究》1999 年第 3 期。
262　郭起元，〈論閩省務本節用書〉，錄自賀長齡，《清經世文編》卷三六，北京，北京，中華書局 1992 年影印本，第 20 頁。
263　徐曉望，《福建通史‧明清卷》，福建人民出版社 2006 年，第 247 頁。
264　徐曉望，〈福建古代的製糖術與製糖業〉，《海交史研究》，1992 年第 1 期。
265　徐曉望，〈清代福建武夷茶生產考證〉，《中國農史》1988 年 2 期。
266　徐曉望，〈論宋元明福建的糧食復種問題〉，《中國農史》，1999 年第 1 期。
267　何喬遠，《鏡山全集》卷二四，〈開洋海議〉（崇禎三年在南都作），第 13 頁。

寒，竊劫為非之患。既禁以后，百貨不通，民生日蹙，居者苦藝能之罔用，行者嘆致遠之無方。」[268] 從當時福建省沿海區域對海洋的依賴性來看，可以承認其為海洋型經濟。

二、福建的海洋經濟構成

　　自古以來，福建與臺灣就不是所謂的自然經濟，由於自然條件的限制，多山的福建缺乏種植糧食的田地，每人平均占有的糧食數量遠遠少於其它省分。在這一背景下，不管閩人怎樣發展糧食生產，並為發展糧食種植業想盡一切辦法，福建省的糧食自給都是十分困難的。因此，早在南宋時代便出現了糧食短缺的情況。面對這種狀況，閩人有兩種選擇：其一，將所有有限的土地都種糧食，這樣也許可能達到自給自足，但是，由於糧食商品價值較低，福建人除了有口飯吃，他們的生活水準將是極為低下的。其二，福建人以發展商品經濟為主，在出售商品的基礎上，換得糧食與其它的物質。歷史的事實表明：閩人走了第二條路。第二種道路的發展空間是無限的，但它也給閩人帶來更深的問題，由於商品經濟的發展，原來有限的田地被用作經濟作物生產，在福建歷史上，甘蔗、菸草、茶葉、果樹的生產，都曾大量侵占農田，結果使福建的缺糧現象變得更為嚴重，所幸的是：福建面臨海洋，與外地聯繫廣泛，從海路輸入糧食較為方便，因此，只要不發生戰爭，閩人要從海外得到糧食較為容易。這一經濟結構造成閩人對海洋的依賴性。值得注意的是：這種經濟結構也為沿海省分所仿效，我們從閩人的糧食來源地可以看出：宋代閩人的糧食來源較為容易，因為：福建的鄰省浙江、廣東都是糧食產地，閩人輸出雜貨，運入糧食，一直沒有太大困難，直到明代中葉，沿海經濟仍然保持這一態勢。但到了明末清初，江蘇、浙江與廣東等沿海省分商品經濟的發展，使其相繼淪為缺糧區，而閩人採購糧食糧食的距離越來越遠。在明代中葉，浙江鄰近福建的台州與溫州都可輸出糧食，廣東的潮州、惠州也以糧食輸出聞名。但到了明代後期，以上糧食產區的糧食輸出已無法供應福建的糧食缺口，閩人開始到江南的蘇州、廣東的高州等較為遙遠的區域運入糧食。迄至清代中葉，浙江的溫州、台州，江南的蘇州、松江，以及廣東的潮州、惠州都成為缺糧

268　藍鼎元，《鹿洲全集》，〈論南洋事宜書〉，廈門大學出版社 1995 年，第 55 頁。

區，閩人雖然開發了臺灣，仍然無法滿足自身的糧食需要，於是，閩人開始從北洋輸入大豆，從南洋的安南、暹羅輸入大米，貿易的距離更為遙遠。這一事實表明從福建沿海發展起來的商品化過程，在明代與清代，大大影響了中國沿海區域，它使各地的商品經濟發展，但同時也使他們一個個淪為缺糧區。在歷史上，除了臺灣之外，中國大多數地區的商品經濟發展，都是以犧牲糧食生產為代價的，這是中國歷史的一個不解難題。

其次，商品經濟是一種可以無限擴張的經濟，福建經濟一旦捲入這一管道，便會沿著這一管道向前發展，閩人的生活方式使他們從家鄉的幾畝山田裡跳出來，他們不再以農田為經營對象，而是發展各種產業，只要這一方式可以謀生，他們便會努力去做。這一變化造成閩人生活方式的多樣化，許多人捲入手工業生產與商業貿易，他們不再眷戀家鄉，而是走向全國各地，或是走向他們不太熟悉的海外世界，隨著閩人生活方式的改變，他們對市場的依賴性越來越深，這也使福建經濟倒回去的可能性越來越小，不論是在宋代、元代，還是明代、清代，福建經濟都是典型的小商品經濟，而且，它對市場的依賴性越來越強，這種經濟首見於福建沿海，而後向沿海各地漫延，其實也向內地漫延。不過，這種商品經濟的特點是對海外市場的依賴性，沒有海外市場的開拓，商品經濟的發展肯定是有限的。因此，閩人對海洋的依賴性還不只是糧食來自海外，而是其經濟結構的運轉，一定要依賴海外市場。

福建歷史上小商品經濟的特性使福建民眾走向世界。商品經濟不是自給性的經濟，不可能在家鄉的幾畝地上取得自足，他們必須走出家門，到遼闊的世界各地謀生，事實上，閩人也這樣做了，他們自古以來便在東南亞與海外國家謀生，從人口比例而言，福建至今仍是中國在外謀生人口最多的一個區域，也是與海外聯繫最為密切的區域。這種聯繫，是更高一層對海洋的依賴，若沒有海外的發展與聯繫的存在，閩人便不可能維繫他們的生活方式。

由此可見：福建經濟結構的特性使其與海洋結下了不解之緣，福建歷史上海洋文化極為發達，是與其經濟結構有關係的。由此我們也可知道：為何中國歷史上的海禁政策在其它省分可以徹底施行，而在福建卻無法貫徹，這是因為閩人與大海結下了不解之緣，他們只有在大海上，才能實現

自己的生活方式。與大海隔絕，對他們而言，是生存方式的斷絕，當然是不可接受的。明代在討論海禁問題時，他們發現：海禁令在山東、在江蘇都得到貫徹，而在廣東、浙江二省，也並非不能實行，唯獨在福建，海禁之令從來沒有得到徹底的實行，面對閩人屢屢犯禁的事實，他們不得不承認：「海者，閩人之田也！」在這種情況下，禁止閩人航海根本是無法實現的。

總之，福建的經濟結構使閩人有一股走向大海的衝動，這種衝動使他們發展了繁盛的海洋文化，從而給中國社會造成極大的影響。

小結

在東南諸省中，福建省的地理環境相對較差，省境內山多地少，可開墾的平原尤其少，所謂福建沿海四大平原，都只有數百平方公里，對其他省分來說，或許連四小平原都算不上。但福建也有自己的優勢：山是青的，水是綠的，山地種植業發達。而且福建面臨的臺灣海峽是東亞最重要的貿易通道，閩人可以將生產的各類商品賣到海外各國以及沿海諸省，這是發展商品經濟的良好條件。

清代福建是商業性農業較為發達的省分。其主要原因在於：閩商在對外貿易中導引白銀流入中國，閩中的白銀較他省為多。這些白銀轉化為資本，導致多種行業的發展。福建是多山地區，發展糧食種植的天地不大，所以，多數投入農業的資本轉入商業性農業。清代福建有三項經濟作物聞名天下。其一為黑白糖生產，這項生產早在宋元時期就有一定的名氣。明代福建的白糖一度聞名國際市場，在國內市場上，福建的冰糖也是十分有名的。清代福建仍然是國內重要糖產區。清代福建新興的種植業是菸草生產。這種植物於明代後期引進福建，菸草消費在明末已經成為一種流行習慣。清代前期，福建生產的菸絲暢銷全國，福建全省各地都有發達的菸草生產。漳州菸商在各地賺到的錢寄回家鄉，被用於土堡和土樓建設。福建漳州永定、南靖、平和等縣的土樓群，多數是由菸商利潤建設的。不過，菸草還不算福建贏利最大的項目。清代武夷茶才是福建發展最快的商業性農業，清代江南和北方都有南貨店，主要出售福建、廣東的各種商品，其

中又以福建製造的各種雜貨為多。這反映了福建特產在國內市場有廣泛的
銷路。

　　清代福建以武夷茶為主的對外貿易還是相當發達的。1840 年之前的
一百年裡，歐洲、美洲諸國向中國購取武夷茶的白銀在三億兩以上。約占
當時國際貿易的百分之十以上的比例。清代前期的武夷茶主要來自福建省。
不過，清代前期的武夷茶不是由福建口岸出口，而是從廣州口岸出口，因
而造就了清代廣州兩百年的繁榮。可以說，清代初年的廣州從一個十來萬
人的小城市成長為近百萬人口的巨大城市，其主要因素是武夷茶貿易。對
清廷而言，武夷茶出口為中國換取白銀數億兩，大大改善了中國的金融市
場，對清代經濟的發展起了重要作用。

　　除了商業性農業外，清代福建手工業也很發達，閩鐵、閩紙、木材及
福建的筍乾、龍眼等產品遠銷外省及海外多國，為福建省賺取大量的銀圓。
閩人以手中銀圓的一部分購買來自臺灣和南洋的大米，從而過著比內地農
民更好的生活。這種生活方式是福建背山面海環境的因地制宜，也是最恰
當的選擇。由於閩人的生活普遍與海洋有關，可以說是海洋經濟。

第七章　清代前期福建的市鎮和商人集團

　　清朝統一臺灣之後，開放海禁，以航海為主業的福建商人遠航中國沿海各港以及東亞、東南亞的港口，建立了龐大的商業網絡，並形成以海洋為後盾的商業特點。

第一節　閩南群港與閩南商人

　　清朝統一臺灣後，開放沿海的所有港口，並允許上海（初期是連雲港）、寧波、廈門、廣州四個港口的對外貿易。閩南港口因而發展海上貿易，閩南海商在各地都有很大發展。

一、清代閩南的港口

　　和明朝的海禁政策不同，清代的海禁政策只是針對海外貿易，對國內的沿海貿易從來不禁止。因此，清代國內的沿海貿易相當發達。這給予閩南商人很好的發展機會。清代開禁之後，閩南商人駕駛自己的大帆船沿著傳統的路線到江浙與廣東港口做貿易，晉江人：「富者上吳下粵，舟車所至，皆可裕生涯。」[1] 漳州平和縣：「其行商而四方，于吳、于越、于廣矣。坐

1　周學曾等，道光《晉江縣志》卷七二，〈風俗志〉，福建人民出版社 1990 年標點本，第 1754 頁。

賈亦有居積致富者焉。」[2] 其中以晉江諸港商人最為有名。

　　由於地理位置的關係，晉江的海港眾多。清代的晉江相當於現代的泉州市區、晉江縣、石獅市，其主體為伸入海中的晉江半島。晉江半島有許多深水港可供民船出入，例如圍頭、祥芝、永寧、石獅、陳埭諸鄉，都有自己的海港。不過，明代晉江的對外貿易主要由安海港商人控制，明末的安海港號稱有十萬之眾，是南方有名的市鎮。其時安海人主要來自周邊的鄉村。然而，清代初年的戰爭中，安海港被徹底破壞，居民大部遷入廈門，還有很多人返回家鄉。這就使安海的商業文化傳播到周邊區域。過去安海周邊多為漁業港口，迨至清代，這些漁港有很多人改行經商，於是，來自泉州晉江船幫和商幫崛起，成為海洋領域著名的泉州幫。清初福建水師將領多為泉州人，他們頗為照顧自己的老鄉。因此，清初泉州海商及船幫發展很好。從泉州人建的天后宮遍布中國沿海港口來看，他們是中國海商的核心。換句話說，中國海商以福建人最強，福建人中，以閩南海商為大，閩南商幫中，又以泉州人的勢力最強大。泉州海商實為中國海商的中堅力量。

　　泉州海商在外也遇到廣東海商的競爭。廣東海商的中間力量是潮州商人，他們與福建海商的關係，既有合作，也有競爭。南海周邊凡建於清代早期的天妃宮，大都由泉州、漳州、潮州人合作，其中泉州人排在前位。但到了清代中期，廣東經濟崛起，潮商的力量越來越強大，他們的力量慢慢地超過泉州幫。不過，這是後話了。

　　由於明朝長期以來實行海禁政策，而且這一政策在北方沿海執行較為徹底。因此，迄至清代初年，中國的海上力量主要集中於閩粵沿海，而且以福建船商為主。福建海商的傑出代表是鄭成功海洋集團。鄭成功以廈門港為其基地，占據平潭、金門、東山、南澳等沿海島嶼，最盛時擁有數千艘船隻。不過，這些船隻主要活動於臺灣海峽，清朝控制下的北方海疆以及廣東海疆，大都屬行海禁，以便扼殺鄭成功、鄭經的海上力量。那時候，閩南海船到其他港口貿易是犯禁的。儘管如此，閩南海船還是偷偷到福建之外的海港貿易。史冊記載，鄭經手下大將劉國軒派出間諜船駐點山東港

2　曾泮水纂，道光《平和縣志》卷十，〈風俗志〉，第 458 頁。

口，一旦朝廷有什麼重要的軍事消息，便派船駛向廈門或是臺灣，向劉國軒報告。此外，施琅在收復臺灣後，由澎湖派船直接駛向天津，直接向皇帝上奏。這兩件事都說明：閩南港口與北方港口之間存在著海上聯繫。

　　清朝統一臺灣之後，開放海禁，國內港口之間可以任意往來。不過，經過明朝三百年的海禁，北方諸港的海洋力量遭到毀滅性的打擊，清代初年，多數北方港口都只有小型漁船供漁民使用，大型海船很少。這就給了閩南海商發展的機會。來自閩南的海船逐步探航北方各個港口，運去各類南貨，於是，北方海港重新繁榮起來。查看清代初年各個海港，會發現到處都有閩南人的影子。他們每到一個海港，都會建立閩南人的船幫和商幫，他們還會建立自己的會館，祭祀海神媽祖。因此，我們考察福建以北的各地港口，大都會有一個天后宮。以東北的錦州來說，它創建於雍正二年（1724 年），乾隆二十六年（1761 年）進行了較然而規模的擴建。不過，要注意的是：北方天后宮的創建是一個漸進過程。最早是閩人在浙江及江蘇的沿海港口創建天后宮，而後北上山東、天津諸港，再後才是北進東北的港口。這是一個數十年的過渡過程。錦州天后宮遲至雍正年間才建立，其直接建立者來自山東，應當主要是閩南人在山東的後裔。儘管如此，它還是福建商人的依託。我在錦州天后宮後院中看到一塊牌子：「泉州會館」。反應了它與閩商的關係。

　　泉州海商在道光年間遭受一次沉重的打擊。《廈門志》記載：「商船半傷於道光十一年七月在浙江之普陀山颶風，沉船七十餘號。計喪資本百餘萬。鹿耳門沙線改易，南風不能泊，多失事。又人心不古，出海昧心，故意沉失，遂致不復重整。又窺避配運兵穀，皆改商為漁矣。」[3] 晚清泉州船商又遭到來自歐洲的商船競爭，泉州船商時一步衰落。

二、廈門港的沿海貿易和城市的發展

　　清代初年，朝廷將臺灣歸入臺廈道管轄，並規定廈門為唯一的對臺通商港口，這使大陸對臺灣的貿易主要集中於廈門。廈門對臺貿易最盛時，每年有上千艘對渡臺灣的橫洋船。到沿海各港口的廈門船隻也很多。當時

3　周凱等，《廈門志》卷五，〈船政略〉，第 134 頁。

的廈門，「服賈者以販海為利藪，視汪洋巨浸如衽席，北至寧波、上海、
天津、錦州，南至粵東，對渡臺灣，一歲往來數次；外至呂宋、蘇祿、實力、
噶喇巴，冬去夏回，一年一次。初則獲利數倍至數十倍不等，故有傾產造
船者。然驟富驟貧，容易起落。舵水人等藉此為活者以萬計」[4]。可見，清
代的廈門是一個與海上貿易密切相關的城市。清代中葉，泉州籍、漳州籍
從事海上貿易的富商大都聚居於廈門。鴉片戰爭前夕，一個英國人曾這樣
評價閩南商人：

> 廈門的港口是優良的⋯⋯當地人民似乎是天生的商人與水手。由於
> 他們家鄉的貧瘠，多數人無業可就，但是更主要的是他們的性格驅
> 使他們離鄉背井，到臺灣、到中華帝國的各個主要商業中心，或者
> 到印度洋群島，或者到他們本土沿岸的漁場去。無論他們到什麼地
> 方，就很少再貧困下去，相反地，他們往往變得富裕起來。由於他
> 們資金多，人又勤勞和擅長經營，他們於是支配著全島和全省的貿
> 易。他們的家鄉觀念很重，每當他們獲得少量財產，不是立即回家，
> 就是把大筆款項匯回來⋯⋯難怪，大部分的中國船隻屬於廈門商人
> 所有，大部分投入沿岸貿易的資金也是他們的財產。[5]

這裡所說的廈門商人實際上是閩南商人的代名詞，由於閩南商人大都
是通過廈門這一港口航行到世界各地。所以，英國人將他們稱之為廈門商
人。以上史料表明：早在鴉片戰爭之前，英國人就給閩南人的海洋文化予
以崇高的評價，認為他們是東亞海洋文化的代表者。中國沿海城市及東南
亞國家的商業主要由閩南人控制，他們是歐洲商人最大的對手。100 多年
前的英國號稱「日不落帝國」，英國商人經營的商業遍布世界每一個角落。
然而，偏是英國人給予閩南人如此之高的評價，這讓人有些意外，但並沒
有誇張。要知道，閩南人在宋元時期便航行於太平洋與印度洋，泉州港在
元代就有「東方第一大港」之稱，閩南人身上凝聚著東方民族共同創造的
海洋文明精華，創造了光輝燦爛的海洋文化。

4　周凱，《廈門志》卷十五，〈風俗記〉，廈門鷺江出版社 1996 年，重刊道光十二
　　年刊本，第 512 頁。
5　〔英〕胡夏米，〈「阿美士德」號中國北部口岸航行報告〉，見福建師範大學歷史
　　系福建地方史研究室主編，《鴉片戰爭在閩臺史料選編》，福建人民出版社 1982 年，
　　第 97—98 頁。

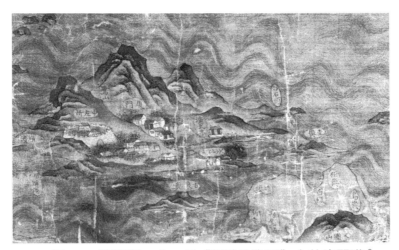

圖 7-1　清康熙二十二年《福建沿海圖》上的廈門港[6]

三、清代閩南商團的特點

　　清代閩南商團大致可分為泉州籍商團和漳州籍商團。泉州籍商團以晉江人為核心，這是因為，晉江不僅是泉州的首邑，而且最早發展起到海外謀生的海洋文化。晉江人早在唐宋時代便是傑出的商人，泉州港成為他們赴海外謀生的主要港口。明代初年，由於朝廷的海禁政策，泉州人赴海外較少，但是，在嘉靖年間對外貿易的高潮中，泉州人再次崛起，其中，晉江半島上的民眾因人多地少，在本地難以謀生，有許多人下海貿易，在海洋貿易中致富，成為泉州商團的骨幹。他們主要定居於晉江半島的安海鎮，周邊的永寧衛等市鎮的民眾都是晉江商團的主力。其中傑出人物是施琅等人。清代初年，晉江半島的安海、蚶江、圍頭等港口不僅是廈門港的支港，而且各自擁有數十艘到數百艘大船，成為中國主動對外貿易的主力。清代中國對菲律賓、馬來西亞、印尼、泰國、越南等地的貿易商船，大都屬於晉江半島諸港的泉州商人所有，東南亞的甲必丹多為泉州人，與這一點有關。在國內航線上，晉江人同樣顯示強大的實力，晉江以北的中國沿海諸港，大都有閩南商團的會館和附屬的天妃廟，這些商團多以泉州人為核心，其中晉江人為多。

6　中國測繪研究院編纂，《中華古地圖珍品選集》，哈爾濱地圖出版社 1998 年，第148 頁。

　　以晉江人為核心的泉州商團其主體為晉江、南安、惠安三邑人。這三邑人共同地域信仰是晉江龍山寺觀音。因此，泉州商團所到之處，除了媽祖廟之外，大都會建觀音寺，有時直接稱之為某地龍山寺。關帝崇拜也是他們信仰的主要內容，所以，在三邑商團團聚之處，大都會有媽祖廟、觀音殿和關帝廟共存的現象。

　　漳州商團以龍溪人、海澄人為核心。這一商團在明代影響極大，並形成控制明代海外貿易兩百年的月港商團。明末，在菲律賓貿易的漳泉商人遭到大屠殺，其中漳州人傷亡更多於泉州人。清代，漳州人在菲律賓的勢力逐漸易手，其人在馬尼拉等地的勢力不如泉州商團。清代由於月港的淤塞，漳州商人大都移居廈門港。其時廈門屬於泉州的同安縣，所以他們漸成為同安人。漳州籍閩南語專家認為，今日的廈門話，有七成是漳州音，只有三成是泉州音。所以，廈門的居民其實以祖籍漳州的人更多。

　　漳州商團在清代前期還是十分有名的。《龍溪縣志》云：「大商巨賈，握算持籌，以外洋為臈壑，危檣高艦出沒，駛風激浪中。脂膩所歸，無所畏苦。」[7]可見，清代前期，漳州海商的影響很大。

　　漳州龍溪人、海澄人和同安人共同的信仰是媽祖和吳真人。吳真人吳本是宋代漳泉交界處的名醫，後來被民眾看成神仙。他的祖廟在泉州同安縣的白礁以及漳州海澄縣的青礁。廈門人認為吳真人和媽祖是夫妻，因此，將他們放在一座廟中祭祀。同樣的信仰使同安人和龍溪人、海澄人團結一致，形成相形獨立的社團。漳州南部的漳浦、平和、詔安、東山、南靖諸縣，在宋以前大都屬於漳浦縣地，因此，他們在外多能相互團結，組成南漳州社團。不過，這一帶的民眾從事商業的不如泉州人、龍溪人多，他們到臺灣之後，多是開發農業。在臺灣的農村，南部漳州人有較大的勢力。

　　清代漳州海商主要從兩大港口出發，其一為廈門港，其二為東山島的東山港。在東山港出海的商人多為祭拜當地著名的關帝廟，因此，凡是認定祖廟為東山關帝廟的分廟周邊，大都是南漳州人的地盤。

　　全漳州共同信仰是漳州開闢者陳元光和平和縣的三坪祖師，在漳州人較多的地方，往往有陳元光和三坪祖師的分廟。

7　吳宜燮等，乾隆《龍溪縣志》卷十，〈風俗志〉，乾隆二十七年刊本，第3頁。

　　漳州海商在晚清遭受重大打擊。廈門海關曾經詳細調查周邊漳州和泉州的經濟狀況。他們發現：在太平天國占領漳州期間，漳州商人遭受毀滅性的打擊，整個漳州商團約損失了 6000 萬兩白銀的財產。此後，漳州海外商團為了拯救家鄉，紛紛賣掉在海外的資產，返鄉投資，很快將漳州建設成為晚清至民國初年有名的中等城市。不過，漳州人在海外的家產，大都落入泉州商人及潮州商人的手中，這是漳州商團至今不如泉州商團及潮州商團的原因。

　　泉州也有邊緣各縣組成的商團。例如泉州內地的永春、德化、安溪三縣人組成的商團。其中德化人和永春人以瓷業聞名，而安溪人以茶業聞名。德化人的德化瓷及安溪人的烏龍茶，都是聞名天下的商品。其中安溪人的烏龍茶在清代後期受到追捧，因此，由安溪為主體的閩南茶商發展很快，控制了福建茶業的主體。事實上，不僅臺灣茶業是由安溪商人控制的，就連閩北武夷山最早的烏龍茶，也是由安溪商幫創建的。安溪人在茶業經營中致富之後，向海外各地發展。他們的地域信仰特點是清水祖師，安溪人較多的地方肯定有清水祖師廟。其中較為著名的有臺灣三峽清水祖師廟和馬來亞清水祖師廟。在臺灣，清水祖師廟是臺灣最多的廟宇之一。它反映了泉州安溪商幫勢力的發展。

　　從總體而言，閩南商幫的根基是航海業，他們是清代最大的海商集團。因其行業的關係，閩南商幫分布較廣，北到遼寧的丹東，東到日本的橫濱，南到印尼的爪哇，西到緬甸的仰光，都有閩南商人的會館。他們在國內主要基地除了本土之外，就是臺灣和廣東了。據 1926 年的調查，臺灣的閩南人約占 83%，控制了主要商業工業。可以說，臺灣基本就是閩南人的天下。清代廣東的沿海大都流行閩南話，表明他們多為閩南移民的後裔。著名的廣東行商，如伍姓、潘姓，都是來自閩南的商人。

第二節　福州港與福州商人

　　清代開放開放海禁，這使沿海城市有巨大的發展。當時的福州是東南沿海僅次於廣州的大城市，福州商人在東南各地跑碼頭，建立了廣泛的商業聯繫。

一、清代福州城區的發展

　　清代的福建領有臺灣，作為福建的省會，福建沿海、山區與臺灣的繁榮，使福州城的工商業有更大的發展。明清時期，福州已是一個有數十萬人口城市，從清初荷蘭人所繪福州地圖來看，清代福州城區北至屏山，南達閩江的南臺，已經具備了 20 世紀福州城的基本規模。鼓山住持道霈為霖說：「福州為八閩省會，人物殷盛，車馬駢闐。」[8]明清之際，唐王抵達洪塘，「自洪山塘抵城，迎駕人數十萬。」[9]清雍正年間有人說：「臣予童時所見會城內荒蕪冷落之區，今皆屋瓦鱗次，人語誼呶，則生聚之盛可知矣。」[10]這表明清初福州所受破壞都恢復了，並有發展。清代中葉林雨化說福州，其城區人口「不下數十萬家。」[11]乾隆年間林希五說：「附省居民，不下數十萬家，加以四方往來雜處之眾。」[12]這些史料都說明福州有數十萬人口。

圖 7-2　清康熙二十二年《福建沿海圖》上的福州港。[13]

8　道霈為霖，〈河口萬壽橋碑記〉，此碑現立於福州于山王天君廟內。

9　海外散人，《榕城紀聞》，中國社會科學院歷史研究所清史，研究室編，清史資料第一輯，中華書局 1980 年，第 4 頁。

10　黃鷟來，〈育嬰堂記〉，郝玉麟等，雍正《福建通志》卷七二，〈藝文〉，第 87 頁。

11　林雨化，《林希五詩文集》卷上，〈上楊蘅圃方伯書〉，清道光十年刻本，第 4 頁。

12　林雨化，《林希五詩文集》卷上，〈上楊蘅圃方伯書〉，清道光十年刻本，第 4 頁。

圖 7-3　清初荷蘭人所繪福州城市，近處為閩江邊的南臺市區[14]。

資料來源：轉引自臺灣陳怡行碩士的碩士論文〈明代的福州：一
　　　　　個傳統省城的變遷（1368—1644）〉。

　　經過明清之際激烈的戰爭之後，清初的南臺重又迎來一個繁榮的階段。乾隆年間潘思榘的〈江南橋記略〉說：「南臺為福之賈區，魚鹽百貨之湊，萬室若櫛，人煙浩穰，赤馬餘皇，估舶商舶，魚蜑之艇，交維於其下；而別部司馬之治，権史之廨，舌人象胥蕃客之館在焉，日往來二橋者，大波汪然，縮轂其口，肩摩趾錯，利涉竝賴。」[15] 當時的南臺是福建最大的貿易中心，《大清會典則例》提到福建海口的稅收：「繫南臺、廈門、泉州、涵江四口各號海船，每尺科稅銀五錢，一年兩次徵收。」[16] 這說明南臺是當時福建最重要的海港，其貿易額遠勝廈門、泉州、涵江等海口。為了維護福州的治安，清朝在南臺駐軍：「同城南臺營參將一人（駐箚南臺），中軍守備一人，千總二人，把總四人，兵九百名。」[17] 清宮所藏福建的地圖上，

13　中國測繪研究院編纂，《中華古地圖珍品選集》，哈爾濱地圖出版社 1998 年，第
　　148 頁。
14　清初荷蘭使者進入福州，與福建官府探討合作問題，本圖為荷蘭使者團中的專職畫
　　家所繪。臺灣的故宮博物院發現此圖後，按原圖重新繪製。
15　潘思榘，〈江南橋記〉，道光《福建通志》卷二九，〈津梁〉，第 5 頁。
16　乾隆帝主編，《欽定大清會典則例》卷四十七，〈戶部 · 關稅上〉，文淵閣四庫
　　全書本，第 36 頁。
17　乾隆帝主編，《欽定大清會典則例》卷一百十一，〈兵部〉，文淵閣四庫全書本，

清晰地繪出了南臺的市區。清代的南臺熙熙攘攘，外地遊客許旭說：「福州自城南還珠門抵南臺二十里，百貨填集，珍奇充牣，觸目燦爛。比之閶門，何啻幾十倍！閩中子女玉帛，羽毛、齒革，無不甲於天下。」「閩中千家萬戶，煙火相望，庶富如此。」[18] 文中的閶門是蘇州最繁華的地方，許旭在這裡說，當時時福州的南臺要比蘇州還要熱鬧。當然，這是個別觀點。清代前期鄭開禧的詩中提到：「城南十里臺江路。」[19] 梁上國的〈南臺十詠〉：「江上居人三萬戶，同時敲徹玉堂宮。」「三橋暝色罩層江，萬點燈光簇釣艘。」[20] 吳玉麟的〈釣龍臺登高〉：「士女如雲集，笙歌送日斜。」[21] 南臺的節日尤其熱鬧：「南臺神廟之盛，過於會城。元宵，鄉人醵金設宴賽會，名曰樂神，又曰伴夜。煙火連天，笙歌達旦。」「五保三街渾熱鬧。」[22] 從這些古人的詩文中，可以想見南臺市區的繁榮。

　　清代的南臺是福建省的商品批發中心。乾隆時期的《閩政領要》第二卷記載〈各屬物產〉：「其餘如福州府屬閩侯二縣之荔枝、龍眼、福桔、橄欖，長樂之夏布，福清之紫菜，興化府屬莆田、仙遊兩縣之苧布、紅花、落花生，泉州府屬廈門之海粉，同安等縣之甘蔗，漳浦之水墨二晶器皿、眼鏡，龍溪之冰糖、桔餅、閩姜，延平府順昌、將樂二縣之紙，建寧府屬各縣之杉木，崇安之茶葉，建安、甌寧之夏布、香菇、冬筍，松溪之筍乾、紅菇，浦城、建陽之蓮子、生熟煙絲，邵武府屬泰寧、建寧之夏布、筍乾，汀州府屬上杭縣之鐵、棕器、武平之葛布，福寧府之紫菜，寧德之磁器，臺灣府屬之紅白糖、落花生，永春州之夏布，德化縣之磁器，龍巖州之藤枕、茶葉、落花生寧洋之紙，均有客商販運，各省賴以資用。」可見，清代的南臺成為閩江流域及沿海的商品交匯之地。各地商人將福建各地的產品運至福州，而後輸往各地。

　　清代的南臺熙熙攘攘，乃至福建巡撫于成龍說：「南臺種類雜處，人

　　　　第 41 頁。

18　許旭，《閩中紀略》，清道光吳江沈氏刻本，第 24、27 頁。

19　鄭開禧，〈南臺雜詩〉，《臺江文史資料，第 1—12 輯合訂本》，第 259 頁。

20　梁上國，〈南臺十詠〉，《臺江文史資料，第 1—12 輯合訂本》，第 256 頁。

21　吳玉麟，〈釣龍臺登高〉，《臺江文史資料，第 1—12 輯合訂本》，第 257 頁。

22　吳玉麟，〈南臺上元夜竹枝詞十二首〉，《臺江文史資料，第 1—12 輯合訂本》，第 257—259 頁。

心易為煽動，倘有小警，未免煩憲臺閩外之慮。」[23]清初的許旭說：「福州自城南還珠門抵南臺二十里，百貨填集，珍奇充牣，觸目燦爛。比之閶門，何啻幾十倍！閩中子女玉帛，羽毛、齒革，無不甲於天下。」「閩中千家萬戶，煙火相望，庶富如此。」[24]文中的閶門是蘇州最繁華的地方，許旭在這裡說，當時時福州的南臺要比蘇州還要熱鬧。他這樣說是有原因的。清代前期，朝廷實行海禁，大多數城市沒有對外貿易，商業蕭條。唯有福建的城市仍然保持著時斷時續的對外貿易，所以，福州的南臺一時間能比蘇州更為繁榮。清朝統一臺灣之後，開放海禁，沿海各城市都獲得發展，南臺也進入了一個新的繁榮時期。清代前期鄭開禧的詩中提到：「城南十里臺江路。」[25]梁上國的〈南臺十詠〉：「江上居人三萬戶，同時敲徹玉堂宮。」「三橋暝色罩層江，萬點燈光簇釣艘。」[26]吳玉麟的〈釣龍臺登高〉：「士女如雲集，笙歌送日斜。」[27]南臺的節日尤其熱鬧：「南臺神廟之盛，過於會城。元宵，鄉人釀金設宴賽會，名曰樂神，又曰伴夜。煙火連天，笙歌達旦。」「五保三街渾熱鬧。」[28]從這些古人的詩文中，可以想見南臺市區的繁榮。

當時福州的製菸業也十分有名，《閩縣鄉土志》追憶：「太原王，明季時有王朋兄，自莆田販烟來，遂以創售炒烟為世業，族聚最盛」。「朋兄姓王，莆田人，販烟到此，逢霉以油炒之，轉變芳美。銷售最廣，今興義境王大盛炒烟庄是也。」[29]鄭麗生的《閩廣記》也有記載：「朋兄烟，福州特別烟絲有二種，一為厚烟，一為炒烟，皆以管吸之。炒烟俗呼朋兄烟，創自清初。相傳太原有王朋兄者，因避流寇之亂，於順治七年，輾轉入閩。時烟葉方從海外輸入，嗜者少，價甚賤。朋兄從泉州、興化轉販烟絲來榕，糊其口，一日天雨，烟絲為屋漏所濕，極懊喪如。置釜中焙乾。不意香味

23 于成龍，《于清端政書》卷四，〈上吳撫臺論閩疆事宜〉，文淵閣四庫全書本，第31頁。

24 許旭，《閩中紀略》，清道光吳江沈氏刻本，第24、27頁。

25 鄭開禧，〈南臺雜詩〉，《臺江文史資料，第1—12輯合訂本》，第259頁。

26 梁上國，〈南臺十詠〉，《臺江文史資料，第1—12輯合訂本》，第256頁。

27 吳玉麟，〈釣龍臺登高〉，《臺江文史資料，第1—12輯合訂本》，第257頁。

28 吳玉麟，〈南臺上元夜竹枝詞十二首〉，《臺江文史資料，第1—12輯合訂本》，第257—259頁。

29 朱景星修、鄭祖庚纂，《閩縣鄉土志‧地形略一》，第261頁。

倍佳，大利市，遂設肆於下渡，標榜曰：王大盛炒菸。……其菸吸時易燃，而菸灰棄地即滅。無引火之虞。最為農工及船戶所喜，暢銷於沿海各縣，亦遠至北京，漸起家。」[30] 以上有關王朋兄的籍貫有兩種記載，一者說其莆田人，一者說其太原人。按王氏家族有兩大堂號，其一為太原王，其二為瑯琊王，福建的王氏家族多自詡為太原王，他們在其門楣上常會刻上堂號。王朋兄家族自稱為太原王，世代相傳，後人遂以為其祖先為太原人。其實，王朋兄應為莆田人。他於明末在福州發明炒菸，而後盛行天下。因王朋兄是炒菸的發明者，所以，福州王大盛炒菸在清代享譽 300 餘年。油炒的菸絲燃燒速度快，且有一股特殊的香味，所以，一旦出現，大受歡迎。清代「福烟」之名享譽天下，與其有關。

　　總而言之，福州從各個方向分別輸入本省土產、外省商品、洋貨，又將這不同的貨物轉銷海外、外省、省內各處，充分發揮集散地的功能。由於這些貨物大都在臺江市區交換，使臺江區自身得到很大的發展。

二、清代福州商人的活動

　　明清以來福建、臺灣商業的發展，使福州成長一個僅次於廣州的沿海大都市，市內工商業極為繁榮。福州人生活在這種環境裡，養成了重商的習俗。為了謀生，他們跑遍了省內各地，在沿海許多城市也建立了三山會館。他們還向海外發展，富有開拓精神，這類精神值得後世繼承發展。

　　福州經商習俗普及。不論是儒者還是大官僚，為了謀生，都開張商店。小市民從小在商店做學徒，成人後以經商為生。福州許天放是翰林，他與親家商量合夥做生意：「現接開東街一間當店，本錢一萬，汝來合夥，一人出銀五千，汝再對三千，得息均分。」[31] 有錢人家開大店，小市民開小店。福州城大街小巷分布著許多商店。福州的古代評話說道：「橫洋巷口酒米店，惠澤境內選棕毛」，「洋頭口店鑄銅鑼，茶亭粉店多熱鬧」，「斗中街一排製頭梳，月片池中銅鈷店。」這些商店不少是亦工亦商，前門賣貨，內廳加工。如《閩都別記》第 359 回記載了一個油燭店，一日有一自稱為老闆娘表兄的人「聞表妹店中十分興旺，欲來幫夥，帶有些須銀來幫搭店

30　鄭麗生，《閩廣記》卷二，〈朋兄烟〉，廈門大學圖書館藏抄本。
31　里人何求，《閩都別記》（下），福建人民出版社 1987 年，第 587 頁。

中，只學作燭手藝。」[32] 可見，這家店在買油燭的同時，還兼製油燭。又如第 287 回安泰橋的玉器古玩店，除買玉器古玩之外，店內也製造各種玉器。這種類型的店很多，清代梁章鉅說：「省會之銅器店以百計。」[33] 郭柏蒼《閩產錄異》也寫道：「福州有紙房三四十所，以扣紙染花箋，矸蠟則成蠟箋。」[34] 這類店都是亦工亦商的店鋪。許多福州人年輕時便成為商店的學徒，而後漸漸成為商人。如《閩都別記》中的徐得興、俞百均「二人都是十五六歲時，並在福州鼓樓前藥材店學藝」，後來，俞百均得了一千兩銀子，即與故友徐得興作夥計，「在福州鼓樓前開藥材店。」[35] 可見，普通市民將兒子送去當學徒，是一條最常見的謀生之路。

在這種風氣影響下，普通福州人將成為大商人當作自己的理想，許多人因經營得當而成為鉅賈。《閩都別記》載，福州懷德坊有一家姓樊的小商人，主人「鳳鳴為絨線行牙人，長子站絲線店，次子學打線藝」。「因家道不足，將子分開，只女家中炊爨，自開賣絲線小店。不是大市頭，少人來買。鳳鳴常出去為牙人，惟女在店後門口，作絲線兼守店。」此女與學校新生許嘉雲戀愛，懷孕後許嘉雲死去，這類事情在當時算是辱沒門風的事件。但其父樊鳳鳴因得女兒獻上許嘉雲的千金，回答女兒：「莫說有千金相贈，只富貴之門面，亦光我門風，那有不喜之理！」其後樊鳳鳴經營有方，「將此千餘金造貨，未過月分，便得大價。又造別幫，即刻轉為大造戶。」「未二三年，鳳鳴在南大街買大店，開絨線店」。[36]《閩都別記》一書對樊鳳鳴的經商才華大加讚揚，並充滿感情地歌頌商人階層，這在傳統小說中並不多見。

為了經商成功，福州人養成了跑碼頭的風俗。樊鳳鳴雖然發了財，仍將幾個兒子打發去外地經商，「次子、三子去泉州開店」。泉州的市面上有不少福州人，「兩邊街有長樂、福清人開光餅店，亦有連江、羅源人合開老酒店，古田人開紅麴米店。」[37] 其時，福州與閩江上游的貿易最為興盛，

32　里人何求，《閩都別記》（下），第 431 頁。

33　梁章鉅，《歸田瑣記》卷二，北京，中華書局 1981 年，第 30 頁。

34　郭柏蒼，《閩產錄異》卷一，長沙，嶽麓書社 1986 年，第 31 頁。

35　里人何求，《閩都別記》（上），第 186、189 頁。

36　里人何求，《閩都別記》（下），第 560—562 頁。

37　里人何求，《閩都別記》（下），第 564—565 頁。

由建寧府、邵武府、延平府及汀州府北部運來的各類山貨都在福州南臺屯積，然後轉賣到沿海各地，所以，福州人常到閩西北經商為生。《閩都別記》第 31 回記載，福州人俞百均和莫姓朋友到建州開藥店，另有徐得興到邵武府建寧縣藥材店做生意。[38] 實際上，閩北各地都有福州人開的會館，而且「三山會館」往往是當地最大的會館，我在浦城縣、邵武縣、建甌縣等縣都見到過三山會館，最令人驚奇的是，在邵武和坪鎮、順昌洋口鎮及武夷山市的下梅村與星村鎮，都有規模不凡的三山會館，說明當時的福州商人深入閩北的市鎮，並在當地很有影響。

　　南臺的行商與沿海各省也有關係，如南臺的支家，「為杉木行牙儂，家道頗豐。」[39] 常有商人找他購木，「此客要買大扛木數十條，來問支大哥可有麼？支翁曰：前月才被寧波客盡販去，一條亦無，待有運至來看。」[40] 福建運往江南的材木大都要在寧波轉站，所以，有些福州商人還到寧波去開木行，然後批銷江南各地。如福州人危而亨「在浙江寧波與人合夥開杉木行」，他曾「帶三千餘銀來福州盤販杉木。」[41] 由於上述的各種原因，古代福州和江南之間的貿易特別盛行。福州有不少商人專跑這條線路。《閩都別記》中的重要角色之一林保，原為木匠，後來「得工資回來，遂與妻計議改圖別業，幫搭鄉人行商船往蘇州作客。」[42] 他「往來江蘇貿易十餘年」，積有萬貫家資。[43] 又如第 331 回記載，某人的母舅「手中做有數千家當」，其侄說他「舅自失明後，蘇州不能去，生意去若干？」可見，他也是個專跑蘇州的商人。再如 266 回，劉鶴齡的乃兄亦是專跑蘇州做買賣的。《閩都別記》記載了臺江的大行商吳光，他從國外輸入無數的珍寶，僅一條船上即載有：「奇楠香五百斤、人參六百斤、燕窩一千斤、珍珠大小三斛、珊瑚長短二十四樹，其餘珍奇珠寶無數。」[44] 這麼多的珍寶當然不是福建本省市場所能消費得了的。因而，他的商船一年跑國外進貨，一年跑國內各碼頭推銷。在國內諸名城中，他特別重視淮揚各城市，派了「次子鴻濟、

38　里人何求，《閩都別記》（上），第 180—181 頁。
39　里人何求，《閩都別記》（下），第 528 頁。
40　里人何求，《閩都別記》（下），第 532 頁。
41　里人何求，《閩都別記》（上），第 208 頁。
42　里人何求，《閩都別記》（上），第 102 頁。
43　里人何求，《閩都別記》（上），第 525 頁。
44　里人何求，《閩都別記》（上），第 333 頁。

三子鴻韜，四子鴻略在淮安坐莊，料理十六間行務」，投入了家族的主要力量。[45]

　　跑碼頭的習俗使福州人養成了海外冒險的風格。福清人：「商旅出營什一堵者，亦多於他所。」[46]自明清以來，福州人到海外經商已經成為習慣。《閩都別記》中記載了不少福州商人在海外活動的情況。如林仁翰、吳雲程等人的遠航歷經幾十個國家，備嘗艱險，在海上漂流數十年後，才得以返回家鄉；又如216回所載的郝元等六人，被暴風漂至異鄉，在異國生活了四五十年，子孫繁衍至六十四人，後造大船，衣錦返鄉。透過這些故事迷人的色彩，我們看到，古代福州商人和海外諸國人民之間的關係極為密切。例如扶餘國，「該國離中華甚遠，聞木船至便喜」，後來，國王欲以御妹太平春召吳雲程為夫。[47]古代福州商人的海外貿易也和各國的大力支持分不開。長期的海外冒險，使福州商人視四海為家，《閩都別記》主角之一鐵麻姑在遠航前對親人說道：「萬里不為遠，三年不算遲，總在乾坤內，何須歎別離。」[48]這首豪邁的詩充分反應了福州商人勇於冒險的精神。

第三節　閩北市鎮與閩北商人集團

　　閩北的建寧府、延平府、邵武府等三府位於福建的西北，境內山環水複，森林覆蓋面積大，自古以來物產豐富，糧食自給有餘。明清時代，閩北的糧食、木材、紙張、茶葉、筍乾等商品源源不斷地遠往外地；在貿易中，閩北商人成長起來，成為國內市場上有一定影響的商幫。

一、閩北的物產、交通及商人集團發展的背景

　　閩北位於福建的西北，海拔高於沿海區域，然而，閩北核心城市南平水面的海拔僅有70多米，北部浦城縣城所在地的海拔也只有200來米，因此，閩北稱不上高原，最多只能說是閩北高地。閩北的地理特點在於境內有許多高山丘陵，中國東南最高峰黃岡山的海拔達2000多米，整個閩北夾

45　里人何求，《閩都別記》（上），第122頁。
46　林昂等，乾隆《福清縣志》卷二，〈風俗〉，福清縣方志委1987年，第40頁。
47　里人何求，《閩都別記》（中），第73—78頁。
48　里人何求，《閩都別記》（中），第582頁。

在武夷山脈和鷲峰山脈之間，山地和丘陵占閩北面積的 90% 以上，可以耕作的僅是山谷間的河谷盆地以及有水灌溉的山谷。有一位在浦城做官的官員說：「田疇刻鏤，原隰龍鱗，余或以它事郊行，見川原灌溉，陂池相屬，始知五穀之垂穎，桑柘之成陰，有自矣。」[49] 這些山谷間的田地構成閩北糧食生產的主力，整個閩北糧食自給有餘，但因山地制約了閩北糧田的擴張，而山林經濟發展的機會較為廣闊，以浦城來說：「浦當南北之衝，土地綿亙，多阡陌山林澤藪之利，視他邑為饒。」[50] 據縣志記載，當地有茶葉、生漆、蜂蜜、筍、酒等商品。閩北歷來以物產豐富而聞名，建陽一帶有「茶筍連山，桑麻遍野」之說。政和縣志的作者以羨慕的口氣說：「建陽諸縣有沙糖、紙張、明筍、油燭、書籍、布疋，雜物出產，而政和並無一物，是政和之土較諸縣瘠矣。」[51] 明清時代，閩北各種商品生產都有很大的發展。如乾隆年間《閩政領要》一書介紹：「延平府屬順昌、將樂二縣之紙；建寧府屬各縣之杉木，崇安之茶葉，建安、甌寧之夏布、香菇、冬筍，松溪之筍乾、紅菇，浦城、建陽之蓮子、生熟烟絲；邵武府屬泰寧、建寧二縣之夏布、筍乾……均有客商販運，各省賴以資用。其武夷茶、紅白糖、筍乾，永春州夏布等貨，販運最為行遠。」「本省貿易之大，無過茶葉、杉木、筍乾三項。」[52] 以上史料表明，閩北在福建小商品生產中占有重要地位。發達的土特產生產，促進了當地的商業經濟，如沙縣：「城中多逐末，粟、米、麥、豆、茶、筍、紙、木，邑中之賈，恃以生息者孔多也」。[53]

閩北土特產經濟發展的第二個因素是其交通位置。閩北諸府位於福建的西北部，多條出省經過閩北。例如經過延平府城、建寧府城、建陽、崇安然後進入江西的分水關大路，又如經過建寧府城、建陽、浦城出浙江江山縣的仙霞嶺路，都是福建出省大道。又如經延平府城、邵武府城到江西的杉關大路，也是福建通往西部的主要商道。商道分布格局，造成閩北延平府城、建寧府城、邵武府城的商業繁榮。

延平府城臨水環山，是東南有名的山城，「自建寧門抵延福門，臨

49　黎民範等，萬曆《浦城縣志》卷十二，〈祠廟〉，第 4 頁。
50　黎民範等，萬曆《浦城縣志》卷十一，〈賦稅〉，第 3 頁。
51　車鳴時，萬曆《政和縣志》卷八，〈荒政志〉，第 5 頁。
52　德福等，《閩政領要》卷中，〈各屬物產〉，第 24—25 頁。
53　徐逢盛等，道光《沙縣志》卷一，〈風俗〉，清道光十四年刊本，第 18 頁。

建溪，自延福門抵西水門，臨樵川，自西水門抵大北門，臨山澗，自大北門抵建寧門，城壁延袤，環高岡之巔。」[54]「延平府城築自宋，周圍九里一百八十步，為門十有一，曰鐔津門在子城東……曰延平門，曰延清門，曰披雲門，俱臨溪。」[55] 實際上，延平府城是一個沿江修築的城市，東面是從建寧府城南下的建溪，西面的溪水被稱為「西溪」，匯合了來自邵武府城富屯與來自汀州的沙溪，延平的正面是南下的劍溪。因此，延平府城臨溪的一面成為三方船泊停靠之處，開有三座城門，民間俗稱面對福州的門為延福門，又稱大水門，面臨建溪的城門是小水門，而面臨西溪的城門也被稱為水門。城中的沿江大道西起四鶴門，東達建寧門，當中跨越三個水門，約有五里路長，「通衢大市，在府治南，自四鶴門遠至建寧門。」[56] 在明清之際，這條街道被稱為「通衢天市」。除此之外，延平府城還有九條街道：「和豐街、朝宗街、噀雨街、偃風街、平政街、演慶街、石犀街、夢魚街、十字街。」[57]

從建寧府往西或是往北，有兩條大路通向外省。建寧府向西的大路經過建陽抵達崇安縣。崇安縣與江西省相鄰。此處的武夷山脈卻不像其他地段那麼寬闊，崇陽溪的峽谷向西延伸，而江西境內的鉛山河谷也向東延伸，雙方之間的分水嶺雖然雄峻，相對其他地段的武夷山脈而言，跨度不算太大。所以，崇安的分水嶺成為福建省通往外地的最重要的通道。明人稱這條商道為分水關大路，有時也簡稱為「大關」。福建商人在翻越分水關之後，便進入長江水系的信江，信江注入翻陽湖，並與長江、贛江相通，而長江與贛江都是南方最重要的商道，因此，福建商人只要進入信江，便與全國的商業網絡相通了。

二、清代前期的閩北商人

閩北商人。乾隆《邵武府志》云：「舊時邵光泰三縣之民鮮為商賈，商賈亦少至。財源嗇薄，安於食稻衣布，故其俗樸。近來亦樂商賈。筵宴

54　孔自洙等，順治《延平府志》卷三，〈經政志〉，第 1 頁。
55　孔自洙等，順治《延平府志》卷二，〈風俗志〉，第 1 頁。
56　黃仲昭，弘治《八閩通誌》卷十四，〈坊市〉，第 275 頁。
57　鄭慶雲等，嘉靖《延平府志》卷三，〈坊市志〉，第 7 頁。

服飾，往來酬贈，漸尚華侈，有傾家產以婚嫁子女者矣。」[58] 可見，經濟的轉型，是民眾對商業觀點變化的原因。過去邵武人以糧食種植為主，自種自食，可以不經商，現在則要想方設法將生產的商品銷售出去，他們就不能不經商。其他各縣也有同樣的情況：當地的苧布生產與紙張製造逐漸出名，《延平府志》說：「鄉有苧布之利，故喜于為商，日流於侈靡而亡實。」[59] 清代，閩北不少人以經商為生。如將樂丁大琬：「營販為生，篤於孝，每晨出貿易。」徐日森，「比長，貿遷於外。」胡孟啟之父：「貸數金行貨。」[60] 建寧縣：「何為京，字紹南，幼家貧，賈於邵，家遂豐。」「何天受，字國寵，幼孤，以賈致四方財，家遂裕。」[61] 徐家修，「以賈起家」。高國珍，「家貧業賈」。[62] 一些儒者迫於生活，也改行經商。如泰寧的李純行，「幼習儒，以養親就賈」。[63] 政和的秦守敏出生儒生世家，「世業儒，不治生產」，家庭日常生活無法維持。秦守敏年十三即業農，十年後「就賈，公平獲殖，家小康。」[64] 建陽的江潮十三歲從外祖父處得到「七笏」銀子，「由是服賈，家稍充裕」。[65] 這些有知識的商人，往往可以取得較多的利潤。建寧縣「李德慈……幼讀書，質甚敏，有貧不能卒讀，棄而服賈，能億中。雖老于賈者不能及。由是家業漸豐。」梅蕊茂，「應童子試，因違規不售，遂棄儒服賈，遂獲巨貲。」[66] 邵武監生王馨，「幼習儒，以貧去而從賈，家為起」。[67] 建寧人徐夢蘭，「年十六，棄儒就賈，佐何松亭理邵武、泰、建萬全鹽務者三十餘年。」[68]

在研究閩北商人起源時，我注意到一個現象：在歷史機會出現之時，並非所有的人都能抓住機會，事實上，由於各地對商業的觀念不同，其商

58　張鳳孫等，乾隆《邵武府志》卷六，〈風俗〉，乾隆三十五年刊本，第2—3頁。

59　孔自洙等，順治《延平府志》卷二，〈風俗志〉，第81頁。

60　徐觀海，乾隆《將樂縣志》卷九，〈鄉行〉，第345—347頁。

61　錢江、范毓桂等，民國《建寧縣志》卷十七，〈質行〉，民國八年刊本，第4頁。

62　錢江、范毓桂等，民國《建寧縣志》卷十七，〈質行〉，民國八年刊本，第12、13頁。

63　洪濟、江應昌等，乾隆《泰寧縣志》卷八，廈門大學出版社2007年，第165頁。

64　李熙，民國《政和縣志》卷三十，〈孝友〉，廈門大學出版社2010年，第603頁。

65　李再灝、江遠青等，道光《建陽縣志》卷十二，〈義行〉，建陽縣方志委1986年點校道光十二年本，第474頁。

66　錢江、范毓桂等，民國《建寧縣志》卷十七，〈質行〉，民國八年刊本，第15頁。

67　李正芳、張葆森等，咸豐《邵武縣志》卷十四，〈義行〉，邵武縣方志委1986年點校咸豐五年本，第401頁。

68　錢江、范毓桂等，民國《建寧縣志》卷十七，〈質行〉，民國八年刊本，第13頁。

人發展的機遇也不同。有些區域的商人抓住機遇，逐漸發展為大商人，而另一些區域，民眾未能形成重商文化，其發展不如外地。以光澤來說，該縣位於閩贛交界處，福建與江西貿易的主要商道穿過光澤縣境，當地商業發展的條件勝過其他許多地區。就方志的記載而言，古代光澤人崇拜儒學和農業，對商業不太重視。如「光澤縣舊志云：『人性獷直嗇用寡好，民多積蓄，不樂行商。』」[69] 從明代後期開始，過境商業和土特產將當地人捲入商業中去，有些當地開始經商。但是，200 年之後，光澤的商人集團並不發達。道光《光澤縣志》云：「本業多農而少商，轉徙不出鄉，富亦不逾十萬。」[70] 可見，清代的光澤人經商範圍多在本鄉本土，因而難以大發展，戀土情結成為他們發展的障礙。比光澤更甚的是，還有些地方很久都保持不經商的作風。例如：閩北的政和縣靠近浙南，「政蕞爾邑，百工未備，土木裁縫等匠，不尚淫巧。陶冶則自設廠製賣。向無富商巨賈操奇贏以牟大利。此賈暹所謂多務本而少逐末也。」[71] 政和人經商，要到 20 世紀才形成風氣。

　　總的來說，明清時期的閩北三府中，建寧府的浦城商人，延平府的順昌商人、沙縣商人及將樂商人，以及邵武府的建寧商人，都是較有活力的商幫，而其他各縣的商人多為中小商人。從行業來說，閩北主要有茶商、糧商、木商、紙商、菸商等。

三、閩北商人的特點和活動範圍

　　閩北商幫最大的特色是流行異姓兄弟合夥製。如建寧商人朱臺與黃惠一生合夥。「朱臺、黃惠，塗人耳，同業賈，結為兄弟。臺行賈，惠居貨。兩人肝膽相孚。貲既盈，凡掌握，聽一人，計口授餐，稱體製衣，無爾我多寡之形，且兩姓娣姒雍睦如一家，臧獲趨事如一主臺。」「謝鼎登同友熊碧玉二人，自總角合賈。協力同心，患難吉凶，無分爾我。兩家冠婚喪祭，互為維持，交好數十年如一日。」[72] 有一則史料記載明代的順昌商人：「鄭金、呂榮年，順昌人。二人幼相友善，以鬻販為生。所至人推其誠。

69　張鳳孫等，乾隆《邵武府志》卷六，〈風俗〉，乾隆三十五年刊本，第 2 頁。
70　高澍然等，道光《光澤縣志》卷八，〈風俗略〉，道光二十年刊本，第 2 頁。
71　程鵬里、魏敬中等，道光《政和縣志》卷一，〈風俗〉，第 357 頁。
72　錢江、范毓桂等，民國《建寧縣志》卷十七，〈質行〉，民國八年刊本，第 2 頁。

年三十，合貲僅百金。偶被盜去。鄭曰：此金置吾舍，知者為盜，不知者謂吾匿。遂稱貸償之。是歲獲利大，人咸曰：天報善人如此。一日，鄭往水口販鹽，計所得倍其值，鄭初不知，比發，復如水口，告商人曰：『日者鹽誤多值，今番請損。』商人不信，鄭無如之何。與呂公之初，不以呂之不知而私。凡所貯一鑰二匙，出入各不相問。置家人產業，盡屬鄭。呂無幾，微疑。二呂遭回祿，鄭營室甚壯，既成，與呂居之。年七十，宴親朋為分前貲，餘百金，買田以賑宗族之貧。具屢賓之。扁曰：義重管鮑。」[73] 清代的浦城商人吳世熹和（徐？）率英亦是合作夥伴：「浦城吳世熹（式丹）祖舫齋尚書之母舅也。尚書家本有恒產，其封翁（率英）為邑諸生，勤於讀書，不善理生計，而世熹工於營運，常販鬻蘇州，輒得利。封翁因出己貲，求世熹代為經理。二人親串，本相得，世熹慨允之。浦產諸物，歲至蘇州者，如茶葉、蓮子、香蕈，諸物獲利頗厚，而係為封翁代運者，每不得利。世熹所自運者，則倍獲如常。封翁初不以為疑，而世熹則大以為歉。乃另定章程，一年劃為兩次，以祖貲悉歸春運，以己貲悉歸秋運。則是年春運盡絀而秋運極贏；次年易己貲為春運，以祖貲入秋運，則又春贏而秋絀。再次年仍祖春運而吳秋運，而春絀秋贏又如之。浦城人常以為笑柄。於是世熹語封翁曰：君非商賈中人，可不必事此。但專勤本業，盡心課子，所有生計，吾當任之。時吳家日起，富甲一鄉。乾隆丁酉，尚書舉於鄉，世熹令封翁挈之進京，長途資斧，京居薪水，悉為籌備。次年尚書遂成進士，入翰林，改刑部，世熹皆厚資之。歲以為常。後尚書請於朝，以侍郎任內加一級一品封誥貤贈世熹，浦人榮之。」[74] 建寧縣的張克庸，「承父命棄儒業賈，客浙台」，並在台州學得醫術。其後他來到「建郡星村市」，施展醫術，所活甚眾。他與人合夥茶業。「後夥為茶商，有折逋銀數千兩，庸將己產盡售償之，以是不能復賈。」[75] 這是一個合夥失利的例子。又如邵武的王馨，「與同邑某合賈，各貸金千兩，已而折其半，某又耗其餘，乃復貸獨賈，獲贏十倍，與某平分之，人以為難。」[76] 王馨在夥伴賠本之後，

73　張萱，《西園聞見錄》卷六，〈朋友〉，民國二十八年哈佛燕京社重刻本，第33頁。華文書局印行本，第507頁。

74　梁恭辰，《北東園筆錄初編》卷六，〈貤封異姓〉，揚州廣陵古籍刻印社，筆記小說大觀第十四冊，第4頁。

75　錢江、范毓桂等，民國《建寧縣志》卷十七，〈質行〉，民國八年刊本，第19頁。

76　李正芳、張葆森等，咸豐《邵武縣志》卷十四，〈義行〉，邵武縣方志委1986年

獨自運營，獲利後與夥伴均分，這種以德為重的品格折服了許多人。

四、外省商幫在閩北

　　儘管明清時期的閩北成為商人活躍的區域，本地的糧商、紙商、木商、茶商等商人集團也有一定的發展。但是，閩北從總體而論，商人集團並不發達。大多是中小商人。一些以農業為主的郡縣，歷來不擅長工商業。所以，工商業皆被外地人壟斷。如南平縣：「居人既拙於謀，又憚遠出，鹽商質庫，悉為他鄉客。惟百工之屬，或居其二三焉。」[77]事實上，閩北最大的特點是外地商人在閩北的發展。明清閩北山區經濟發展以後，許多外地商人進入山區市鎮經營。如永安縣的西洋墟：「距縣六十里南路，近來五方雜處墟市，大半下南人經商買賣。」《永安縣志》評說當地的商賈：「邑之鹽商，福州人。當商三間，本邑人。爐商，本地與下南人合夥。木商，本處人，汀州亦多。如閩筍客，販賣江、浙、漢、廣等處，貨脫，買布回發（舊盡本邑人，近亦有寧化、江西人）。發運至江南、廣東、福州者。香菇客，浙江人（採造發售）。糖品客，漳平、寧洋人。布客，江西人（染布，亦江西人）。靛青客，汀州人（採藍亦汀州人）。」[78]該鎮上外地商人之多，可想而知。沙縣的情況亦有類似之處：「惟布帛之利，江浙之民取之。其開山林以取材則汀州人也。其販雜貨以求利則下南人也。」[79]

　　閩北山區的茶業生產發達，當地縣志說：「武夷茶之名著於世……操是業而專其利者以客籍為多，而崇人無與焉。」[80]武夷茶最早由山西商人運銷北方恰克圖，與俄羅斯貿易。後來由廣東行商運銷廣州出口。因而許多外地商人到武夷山投資。例如，建寧縣商人凃某在武夷山置有茶山，約值200餘兩白銀。[81]據載，廣東行商來到武夷山之後，以預付款項的方法將武夷山主要茶產地都掌握在手，茶葉一生產出來，就被他們運到廣州去出售。雍正《崇安縣志》記載，雍正年間前赴武夷山的商人，「若茶、若紙、若筍，

　　　點校咸豐五年本，第 401 頁。
77　楊桂森等，嘉慶《南平縣志》卷八，〈風俗〉，第 6 頁。
78　陳樹蘭等，道光《永安縣續志》卷九，〈風俗志〉，第 631 頁。
79　徐逢盛等，道光《沙縣志》卷一，〈風俗〉，第 18 頁。
80　鄭豐稔等，民國《崇安縣新志》卷十九，民國三十一年刊本，第 6 頁。
81　錢江、范毓桂等，民國《建寧縣志》卷十七，〈貿行〉，民國八年刊本，第 19 頁。

商旅攜貲至者歲數十萬」；[82] 嘉慶《崇安縣志》說：「土產茶最多，烏梅、薑黃、竹紙次之。客商攜貲至者，不下數百萬。」[83] 這說明嘉慶年間流入武夷山區的資金比之雍正年間增長了十倍以上。清代前期，為了購取武夷山的茶葉，英國人實行預購制度，他們將銀兩預付給廣州行商，而行商將銀錢裝箱運到武夷山，通過當地茶行預付給茶農。[84] 當時廣東人在武夷山區很活躍。新城商人汪敏在武夷山遇到一事：「有東粵顏時璋估閩，折閱，無以歸，扃戶自縊。敏排闥解救，悉其故，罄囊以抵所虧。不數年，顏行道訪尋，倍返之。」[85] 可見，這是一個經營茶業的廣東商人。據載，廣東行商來到武夷山之後，以預付款項的方法將武夷山主要茶產地都掌握在手，茶葉一生產出來，就被他們運到廣州去出售。《崇安縣志》說：「五口通商後，則由下府、潮州、廣州三幫至縣採辦，而轉售于福州、汕頭、香港。」[86]「茶葉經營均操於下府、廣州、潮州三幫之手，商京果者為福州人，商綢緞者為江南人，商布匹藥材者為江西人，商洋貨者為興化人。本地人只糶米、刨煙、做餅、賣酒及販運雜貨而已。」[87]

外省商人也集中於福州購取閩北的木材。浙江商人說：「吾浙與閩省連疆，而材木之用，半取給於閩，每歲鄉人以海舶載木出五虎門，由海道連運者，遍於兩浙。故臺江之中洲，吾鄉人之為木商者咸集焉。」[88] 為了供給外省商人的採購，福州商人經常深入閩北。《閩都別記》第 31 回記載，福州人俞百均和莫姓朋友到建州開藥店，另有徐得興到邵武府建寧縣藥材店做生意。[89] 實際上，閩北各地都有福州人開的會館，而且「三山會館」往往是當地最大的會館，我在浦城縣、邵武縣、建甌縣等縣都見到過三山會館，最令人驚奇的是：在邵武和坪鎮、順昌洋口鎮及武夷山市的下梅村與星村鎮，都有規模不凡的三山會館，說明當時的福州商人深入閩北的市鎮，

82　張彬等，雍正《崇安縣志》卷一，〈土產〉，清雍正十一年刊本，第 37 頁。

83　魏大名、章朝栻，嘉慶《崇安縣志》卷一，〈風俗〉，清嘉慶十三年刊本，第 3 頁。

84　*Chinese Repository*, Vol.VIII, 1839 年 7 月。轉引自姚賢稿，《中國近代對外貿易史資料》第一冊，第 265 頁。

85　邵子彝，同治《建昌府志》卷八，〈人物・善士〉，同治刊本，第 49 頁。

86　鄭豐稔等，民國《崇安縣新志》卷十九，第 6 頁。

87　鄭豐稔，民國《崇安縣新志》卷六，〈風俗〉，第 1 頁。

88　弗淳，〈安瀾會館碑記〉，按此碑坐落在福州倉前山北麓，而安瀾會館落成於乾隆四十五年。

89　里人何求，《閩都別記》（上），第 180—181 頁。

並在當地很有影響。

第四節　閩西市鎮與閩西商人

　　傳統的閩西包括清代的龍巖州和汀州府，其中汀州府位於福建西南部，而龍巖縣原為漳州管區，清代成立龍巖州。清代汀州商人主要經營山區產品，且以靛青、菸草、紙張的經營聞名天下。

　　清代乾隆初年汀州的農村經濟已經恢復到明末的繁榮。府志記載各縣市場如下：

　　長汀縣，共一市五墟，與崇禎年間一樣；
　　寧化縣，一市十墟，比崇禎年間多一墟；
　　清流縣，共四市十四墟，比崇禎年間少三墟，多二墟；
　　歸化縣，共三市十一墟，比崇禎年間多三墟；
　　連城縣，共一市五墟，與崇禎年間一樣；
　　上杭縣，共一市，與崇禎年間一樣；
　　武平縣，共一市二墟，比崇禎年間多一市二墟。

　　從總體數量而言，乾隆年間汀州各縣的墟市總數比之明末崇禎年間要多了一市五墟。[90] 清代的《汀州府志》會記載各縣的街道數量：

　　長汀縣。……府前街（在府治前）、十字街（在朝天門內）、上東門街（在朝天門內）、縣前街（在縣治前，今名小教場）、射圃前街（在舊廣儲門外）、朱紫坊街（在射圃前街右）、店頭街（在鎮南門外）、五通廟街（在麗春門右）、水東街（在濟川橋東）、半邊街（在濟川橋沿河南下）、橋頭街（在濟川橋東）、營背街（在南廨寺邊）、官店背街（在惠政橋西）、東關營街（在太平橋頭）、河田街（在青泰里）、館前街（在歸陽里館前驛）。[91]

　　以上記載表明清代的汀州府城長汀縣有 16 條街，可謂山中鬧市。

90　曾曰瑛修、李紱、熊為霖纂，乾隆《汀州府志》卷五，〈街市〉，乾隆十七年刊，第 8—12 頁。
91　曾曰瑛修、李紱、熊為霖纂，乾隆《汀州府志》卷五，〈街市〉，乾隆十七年刊，第 8—9 頁。

　　清代閩西商人中，連城商人，永定、龍巖的菸商，上杭縣的靛商都是全國著名的商人集團。

一、清代閩西商人的典型——連城商人

　　閩西是福建的山區，境內山高林密，可耕地極少，有「九山一田」之稱。崎嶇的山地阻擋了閩西與外地的交通，也影響了當地商業的發展。然而，就是在這一背景中，連城人選擇出外打工和經商，逐步形成了規模可觀的連城商人集團。他們敬族愛鄉，樂善好施，為家鄉的發展出了大力。

（一）連城商人發展的地理環境與背景

　　連城縣座落於武夷山脈的南部，位於寧化縣之東南，長汀縣之東，是一個山多地少的地方。然而，再過一百年，即清乾隆年間，連城的街市不增反降，乾隆《汀州府志》記載：「十字街（在譙樓前）、小街、水南街（俱在縣南文川橋前）」。「縣市（在縣南正街）、莒溪墟（在縣南河源里）、北團墟（在縣北北安里）、紅門墟、御史墟、賀公墟。」[92] 以上統計僅共一市五墟，與崇禎年間一樣，但少於康熙年間。其緣故，可能是乾隆《汀州府志》抄了崇禎《汀州府志》吧。

　　明清連城市場較有特色的是廟會的舉辦。這一廟會舉辦數百年，一直到清代還在進行。連城「四月八日為會，迎五顯大帝，先期京、浙、江、廣各處客商，俱齎土貨，集縣貿易，十日而散。」[93]

　　按，連城的交通條件不好，本地的山區產品很難運到外地，只好選擇一年一次的廟會，讓各地商人到連城來採購土特產，這是一個不錯的主意。這類廟會，流行於明清時期的閩西，實際上，這也是當地交通不便的一個反映。總之，明清時期的連城還是一個小城，商品經濟亦不顯著。但就是在這種背景裡，連城商人闖出家鄉，有了可觀的發展。

（二）明清時期連城商人的發展

　　連城是一個山區小縣，「地瘠且偏，不通商賈，山無果木，水無魚鹽

92　李紱、熊為霖纂，乾隆《汀州府志》卷五，〈街市〉，同治重刊乾隆本，第 10 頁。
93　杜士晉，康熙《連城縣志》卷二，〈輿地志〉，第 49 頁。

之利。」[94] 民眾的生存十分困難。儘管如此，連城還是有一些產業的，其中以伐木業和造紙業較為有名。清初杜士晉說：「地不通商，男不負販……姑田、河源殖紙為業，而海汛不通矣。貿本以營，而廣路且梗矣。土碗猶漏巵耳，不堪用。鐵窯則地方大害也。」[95] 以此推之，明末當地的主要行業有造紙、製陶及煉鐵。明末清初的張來鳳說「閩海之民逃亡也，不自連城而止也，而連城為甚；連城之民之逃亡也，亦不自今日始也，而今日為極。則以地不通商，無負販之業；地亦有微產，而近今多阻故也。即如產紙也，海忽不航；紙售外洋獲大利，售于江右僅值耳。產磚、碗一也，器粗，止售境內無利。又產木，粵中多盜，難行。區區耕石田，糊口維艱。」[96] 由此可見，連城田地太少，民眾靠山林之產為生，但是，屢屢出現的海禁，使當地商品無法出口，民眾無以為生，嘉靖年間陶文淵說：「竊念連城，汀之一邑耳。其土多亢燥磽瘠，不堪耕植；其俗雖儉，而不阜於財。」「計田賦不過七千石，而計田不過一萬四千頃，約歲收入計丁口，不足以給半載。是以農隙凡壯丁俱出境傭工就食。」[97] 可見，是環境迫使連城人不得不出外謀生。

早期出外的連城人以打工為主，後來漸有從事商業的。康熙年間的《連城縣志》說：「不通舟楫而行客少，各務生理而商外多」。[98] 可見，當時已經有不少連城人經營商業。隨著商品經濟的發展，許多人從事商業。「閩，古之荒服，而連則荒服中僻壤也。山居其九，田居其一……區區數鍾田，家給不足矣。」[99] 由此可知，連城是一個極度缺糧的地方，其原因於：連城縣境內群山連綿，可耕地太少。「縣志云：閩中僻邑，習尚朴素，士慕詩書，民安稼穡，富者僅足於供輸，貧者間免於饑凍。途無行貨之婦，……而商賈為多。」[100]「國朝土瘠民貧，男耕女織，戶多賈販，

94　杜士晉，康熙《連城縣志》序，北京方志出版社 1997 年，第 7 頁。

95　杜士晉，康熙《連城縣志》卷五，〈官師志〉，第 90—91 頁。

96　張來鳳，〈連城縣逃亡紀序〉，杜士晉，康熙《連城縣志》卷八，〈藝文志〉，第 195 頁。

97　陶文淵，〈連城縣志序〉，轉引自杜士晉，康熙《連城縣志》序，連城縣方志委 1997 年自刊本，第 11—12 頁。

98　杜士晉，康熙《連城縣志》卷二，〈輿地志・風俗〉，第 48 頁。

99　杜士晉，康熙《連城縣志》卷四，〈籍產志〉，北京，方志出版社 1997 年，第 90 頁。

100　曾曰瑛修、李紱、、熊為霖纂，《汀州府志》卷六，〈風俗〉，乾隆十七年刊，第 3 頁。

利盡錙銖。」[101] 周天化「性至孝，幼貧，隨父肩擔營生，來往姑田，跬步不離。」楊日梃「居楊坊，世業農。初商於閩海，以木業起家。」謝進盛，「服賈奉親」，謝恩庸「服賈養親」。[102] 連城人在長期的在外打工中，也成長起一些商人，伍文蔚「因家貧，父命往外貿易。」[103] 李身融「家計艱難，因經商於外，卒能成家。」李鉉，「居家嚴整，服賈以供甘旨。」許多人從年幼時就從事商販，「黃廷奎，幼貧，服賈養親，能奉甘旨。」「賴一德，年十二，值庚申歲饑，負薪易米，以養父病。」謝獻彥「擔簦負販養親，備極勞苦，俾兄獻臣一意力學。」[104] 林吉時「父歿，家赤貧，二弟幼，不能自存。經商四川，所得悉分之。」兄弟一儒一商，是汀州常見的模式。連城羅報文「家不中資，父歿，弟幼讀，恐其廢學，商于粵，膏火之資，歲供無缺。後旋里，置產頗豐，兄弟怡怡，疾革，遺命均分。」童汝慶、童汝基兄弟，「基幼讀，慶貿易資之。」連城芷溪的黃登鵬：「生三子，長登庸、次鵬、季鷟。鵬與季同學，兄經商給之，間日輒至校，陰置錢床下。」童紋宗「家貧，不忍勞父母，棄儒而賈。」他的弟弟也是商人。「仲弟武宗，貿江右，歲時封遺罔缺。旋以親老棄賈歸養，積金悉分之。」官福田「世業商。年十六，從父慶潭商于粵。不二載，父卒，所遺商業，悉聽命諸兄。漸不振，諸兄相繼返里。乃慨然念先人創業之艱，則守之。更集小股，販梅村錫版紙運澳門，得贏輒遺甘旨奉母兄。」[105] 有些人是棄儒經商。如黃拱高：「邑庠生，黃國舉長子。父死戊子寇難，母寡弟幼，家道赤貧，負薪治圃，以供菽水。旋貿易江右五載，獲金數百歸覲。」又如黃廷高，「因喪亂棄儒服賈，勤儉成家。」羅學仕「事親以孝聞，少習儒，以貧改服賈，家漸豐，養親多致珍味。」[106] 再如吳坤松「好學工書，因貧業賈。」楊登臺「少穎悟，讀書數行下。以家貧輟學，行商福州。」鄧謳疇「家貧，棄儒服賈，常以詩書自隨。」黃翀萬「家世書香，獨以商業起家，

101　曾曰瑛修、李紱、熊為霖纂，《汀州府志》卷六，〈風俗〉，乾隆十七年刊，第3頁。
102　王集吾、鄧光瀛，民國《連城縣志》卷二十三，〈鄉行〉，第739—757頁。
103　杜士晉，康熙《連城縣志》卷七，〈人物志〉，第174頁。
104　李龍官、徐尚忠，乾隆《連城縣志》卷八，〈人物志〉，廈門大學出版社2008年，第175—179頁。
105　王集吾、鄧光瀛，民國《連城縣志》卷二十三，〈鄉行〉，第733—767頁。
106　李龍官、徐尚忠，乾隆《連城縣志》卷八，〈人物志〉，第173、184、189頁。

有遠識。」[107]

　　廣東、江西以及福建沿海，是他們經常往來的地方。「余漢臣，服賈
江右，得贏餘，即歸養親。」[108]羅起彰，「負販養親，隨父往粵」。張文誥「順
治初，經商潮陽。」[109]「王道，遠賈粵豐」，沈庠，「攜弟康貿商三山」；
伍文蔚，「續因家貧，父命往外貿易」。[110] 由此可見，連城商人的貿易規
模不小。李家倫「諸弟遠出，不憚千里。」許多人在外陷入困境，童有懋：
「父病篤於漳州旅舍，有懋星夜馳往，侍奉湯藥，獲痊。」「沈仙麟，年
十八，隨父一鯉歸至老龍，舟破父溺，仙麟泅水赴援，漂流里許，得漁人
救援，父子克生。」其中一些人喪身外地。「羅尚志，幼孤，父客死於外，
五歲柩始迎歸。」童廷瑞「經商於浙時，有友人汪姓者同舟病故，代殯之，
收其行李、遺金，還其子。」羅五采「弟死江右，攜柩歸里，撫孤姪如己
子。」羅友皋「弟死於粵，無子，皋曲體親志，扶弟柩歸葬。」「黃開鳳，
採薪灌園，易米養親，父卒青巖，質身貸銀，殯槥歸里。弟客死江右，母
憂之。遂往負遺骸，及時安厝，以慰親心。」[111]吳慶浩「設典肆瑞金。」
周道察「年十八，商于漳。」又如李旼儒：「奉父之江右」，「貨殖廣東、
江南等地。」也有些人在外獲得成功。黃焱興「先世商南雄，至父紫臣而
業大。焱興兄弟四，在雄開設篤誠字號。」有些商人遠走中國西南，如連
城李墩：「時家道頗落，檢餘資服賈松江、兩廣、雲貴等處，倍利而歸。」
羅德滋「長與兄商于蜀。蜀產良藥，回必購求，便人取求。」羅炤致「幼貧，
隨二伯父往湖南、廣西，遂在桂林貿易。臨桂縣所屬之大榕江，行人苦涉，
因捐資置義渡焉。于文昌門外將軍橋建築路亭，修桂林福建會館。捐店八
間，年租千元，以為香火。」[112]

　　迄至清代中葉，連城商人集團已經有相當可觀的發展。清代中葉童榮
南[113]說：「行貨商，居貨賈，熙來攘往，天下皆然。連之民能株守一隅哉？

107　王集吾、鄧光瀛，民國《連城縣志》卷二十三，〈鄉行〉，第 747—752 頁。
108　李龍官、徐尚忠，乾隆《連城縣志》卷八，〈人物志〉，第 175—179 頁。
109　李龍官、徐尚忠，乾隆《連城縣志》卷八，〈人物志〉，第 184、190 頁。
110　杜士晉，康熙《連城縣志》卷七，〈人物志〉，第 170、171、174 頁。
111　李龍官、徐尚忠，乾隆《連城縣志》卷八，〈人物志〉，第 174—191 頁。
112　王集吾、鄧光瀛，民國《連城縣志》卷二十三，〈鄉行〉，第 735—767 頁。
113　童榮南，連城人，道光乙酉年（1825 年）拔貢。

比年生計，雖遜從前，然紙販、木商，浮梁買茶亦猶是，游武夷、入百粵，而贛旅尤多。至出鑛鎔銀，技能獨擅，足跡所經，殆亦半天下焉。連邑六里，典居其四，出入協一，最為便民。」[114] 童榮南的這段話表明：連城商人主要從事紙張、木材、茶葉等與山區物產有關的行業，他們活動的區域，主要是在江西、廣東和閩北，其中有些人還經營典當。從其經營內容來看，富有深厚的山區商人的色彩。

對連城商人的分析，讓我們感受到經濟與文化對人類的影響。連城商人從山區走向沿海及閩粵贛浙各大城市，然而，他們在異地經商的內容，仍然與連城本土的物產有關。不過，長汀、武平等地的物產與連城差不多，而長汀武平出外經商的人似乎不如連城多。這說明連城人的經商選擇不盡是經濟的因素，還有一些文化的因素。在連城這個較小的範圍內，人們形成了以經商為榮的風氣，如道光年間楊瀾論連城：「地不通舟楫而財貨常充，家不盡素封而各執一業。」[115] 琢磨這句話，讓人感到連城商人的自豪。與其形成對照的是：同為汀州所屬各縣，許多地方民眾仍然以不涉商業為榮。如清流縣：「外貨不至，城鮮貿易」。又如歸化縣「舟楫不通，無大商巨賈，率多市販以治生業。」這說明歸化人中有一些小商販，但沒有鉅賈。作為長汀首邑的長汀人「衣稅食租之子，不出戶庭；力田治山之民，常安本分。」琢磨這句話，則可瞭解長汀人以農業為重，不離鄉土。與長汀習俗相近的，還有武平縣，當地人也是以農業為主，罕有其他行業。但是，在大致相同的經濟背景下，上杭、永定二縣與連城一樣形成了重商文化，上杭縣：「人物富贍，甲於諸邑，為錢貨殷賑之區，關津四會，故市井之見精而詩書之氣少。」[116] 清代永定的菸商是最有名的，如道光《永定縣志》記載：「前志云永民挾千金貿易者百不得一，則不然矣。乾隆四十年以後，生齒日繁，產菸亦漸多。少壯貿易他省，或間歲或三五歲一回里，或旅居成室如家。永民之財多積於貿易，捐監貢及職銜者人以千數，外地置產者所在多有，千金之貲，固不乏人。」[117]

114　童榮南，〈風俗志〉，王集吾、鄧光瀛，民國《連城縣志》卷十七，〈風俗志〉，第 629 頁。
115　楊瀾，《臨汀彙考》卷三，〈風俗〉，清光緒四年刊本，第 24 頁。
116　楊瀾，《臨汀彙考》卷三，〈風俗〉，清光緒四年刊本，第 22—24 頁。
117　巫宜福等，道光《永定縣志》卷十六，〈風俗志〉，道光十年刊本，第 2—3 頁。

（三）誠信經商與連城商人的慈善事業

　　從文化的觀點來看，連城商人經商的成功，與他們注重誠信有關。連城商人謝超以德服人，「商於潮，潮有負官緡者，謀以妻為超妾，超償其負而還其妻。未幾，潮盜謀刼超貲，盜婦固與負官緡者妻善，謀泄，妻走達超，超遁去。又商于吳，時告逋不下千餘緡，超取券焚之，卒無所責。」[118]又如羅修：「有賈人廖姓亡金七十，修獲之，即招還。賈人與謝，不受。」[119]又如李君郁：「世有隱德。經商延平，見路蘒者，捐資殮之。與友同客沙陽，友失舟折本，欲自盡，君郁力勸，並傾囊贈之，其輕財重義可風也。」[120]張文誥「順治初，經商潮陽。適海寇破烏垾背，有吳亞二失金於路，文誥獲之。移時，二亞泣訴而來，云全家被虜，將賚金以贖，不意失落。文誥聞之，立付還之。」黃拱高，「夜宿白水鎮，聞鄰人哭聲，裂瓦詢之，乃鬻妻償債也。高遂贈金五十，俾得團聚。」謝廷綱「客于杭，遇有旅人自經，救之。詢其由，告以被劫本空，因傾囊以助焉。」[121]又如童南玉「貸金者誤多償，輒返之。為人排解，間出資以息其爭。」[122]鄧謳疇「商粵數十年，以信義著。」謝進盛「服賈奉親」，「稱貸無力者焚其券，佃逋難償者置弗取，有誤兌多金者還之。買羅姓田數百金，後聞其祭產，慨然還之，不索原價。」謝光閭「遊浙，友李佐周數口羈棲，贈金數十乃得歸。周感激，售祖墳以償。閭聞阻之，仍厚贈俾復葬。周貧恤舊。」楊欽「重信義，尤敬禮儒者。承父業商于閩，歲大比，文人輻輳會城，造訪者必與欸洽，借貸者或忘姓名。」吳作周「好行其德，嘗出金為人息爭，人盜其金不問，負債無力償者焚其券。好獎善，亦不憚繩人之失。里閭之爭，恆得一言而解。」那些有誠信的商人往往得到大家的信任，羅學敏是一個紙商，他長期運紙到廣東的口岸，「為潮河紙綱董事，整綱飭紀。」「重修大埔會館。」又如黃孟蛟，「旅潮任紙綱商董，商幫重之。」[123]閩西其他地區也有人販菸為生，連城官福田在澳門經營紙業和菸業。「會贛客存菸葉百擔香港，

118　杜士晉，康熙《連城縣志》卷七，〈人物志 • 謝超傳〉，第166頁。

119　杜士晉，康熙《連城縣志》卷七，〈人物志 • 羅修傳〉，第169頁。

120　李龍官、徐尚忠，乾隆《連城縣志》卷八，〈人物志〉，第183頁。

121　李龍官、徐尚忠，乾隆《連城縣志》卷八，〈人物志〉，第184—189頁。

122　王集吾、鄧光瀛，民國《連城縣志》卷二十三，〈鄉行〉，第741頁。

123　王集吾、鄧光瀛，民國《連城縣志》卷二十三，〈鄉行〉，第752—761頁。

託代售。偵價當漲，函客。客報以達若干價可售。己而價漲，獲利踰所定之數，悉匯與之。客喜曰：『吾不識官君，今獲利遠踰我所定，我何敢專利？』乃分半貺之。辭曰：『我代君沽，獲利君之利也。』固不取。既以信義為商界重，乃別創菸紙行於粵。」[124] 以上各例表明連城商人以信義為重，樂意幫助共同經商的夥伴。他們這種性格的另一面，便是敬宗愛鄉的慷慨施予。

綜上所述，連城商人是從貧瘠的山區闖出來的一個商人集團，他們經營之道的成功在於誠信和義氣。他們有了較多的收入之後，將許多錢投入家鄉的慈善事業，對家鄉公益事業和文化事業的發展，起了積極作用。可見，明清時期的連城商人為社會的進步做出了積極貢獻。

二、龍巖與永定的菸商

清代汀州的製菸業。菸草這種植物原產於美洲高原地帶，所以，閩人引進菸草後，很快發現：在高涼的山地種植菸草品質最好，而且，若是用山區所生產的茶油炒製菸草，最受民眾歡迎。事實上，平和的小溪菸之所以受到廣泛稱讚，便是因為它生產於漳州的山區。於是，萌發於福建沿海的製菸業向福建的山區發展。汀州府位於漳州府的西部，當地種菸業由漳州引進。《長汀縣誌》云：「烟，即菸，一名淡芭菰。種出東洋，海內競蒔之。莖葉皆如秋葵而高大，如蒲公英，子如車前子。取葉晒乾之，細切如絲，置少許於管，然而吸其烟，令人微醉，可以辟瘴。」[125] 種菸業很快在汀州各縣普及。王簡庵的《臨汀考言》說：「自康熙三十四五年間漳民流寓於汀州，遂以種煙為業。因其所獲之利息數倍於稼穡。汀民亦皆效尤。邇年以來，八邑之膏腴田土，種煙者十居三四。」[126] 汀州是山區，糧食運輸不易，所以，菸草種植業受到糧食供應的制約。菸草種植過多，會導致糧荒出現，其時若是無法從外地得到糧食，便會餓死人，所以，當地一些有識之士反對種菸。經過一番調整，種菸業主要在汀州府的永定縣和上杭縣發展。《長汀縣志》載：「汀煙以杭永為盛，長邑所製，有生熟色，有黃黑，別名有

124　王集吾、鄧光瀛，民國《連城縣志》卷二十三，〈鄉行〉，第 767 頁。

125　許春暉纂，乾隆《長汀縣誌》卷八，〈物產〉，清乾隆四十七年刊本，第 17 頁。

126　王簡庵，《臨汀考言》卷六，〈諮訪利弊八條議〉，第 9—11 頁。北京出版社四庫未收書輯刊，第 8 輯，21 冊，第 198—199 頁。

金絲、蓋露，然皆杭永人為之。」[127] 這時的「杭、永」，即為上杭及永定二縣。

　　乾隆《永定縣志》記載：「煙，即淡巴菰細切為絲者，始於閩，故閩福煙獨著名天下。永以膏田種煙者多。近奉文嚴禁，即僅種于旱地、高原，亦損肥田之冀十之五六，但貨於江西、廣東，多帶米布棉苧之類，四邑給用，是兩利也。」[128] 道光《永定縣志》論及永定皮絲：「又永產為道地，其味清香和平，本省他處及各省雖有其產，製成絲色味皆不能及。國朝充餉後，永地種菸愈多，製造亦愈精潔，蓋永地山多田少，種菸之利，數倍於禾稻，惟此土產，貨於他省，財用資焉。是亦天厚其產以養人也。」[129]「膏田種菸，利倍于穀，十居其四。」[130] 道光年間的永定縣是相當繁榮的：清乾隆年間的《汀州府志》僅記載永定縣的兩條街：「大街，在縣前；新街，一通教場，一通城隍廟，一通西門。」[131] 可見，直到乾隆前期，當地經濟還很落後。然而，此後永定的菸草商人經營成功，永定人迅速富了起來。永定商人：「商不遠販則否。吳楚滇蜀不乏寄旅；金豐、豐田、太年之民，渡海入諸番如遊門庭，未為不遠也。但邑產固薄，挾千金貿易者百不得一。遠商亦無來永行貨者。」[132] 可見，當地民俗有了很大變化，因經營菸草的需要，永定民眾不得不遠走異鄉，經營商業。永定縣自足自給的經濟也無法再維持下去了。清代乾隆年間的永定：「陶冶織作不給土著之用，舉其有餘而懋化於他境者。」[133] 除了菸草之外，當地物產還有簑枕、箸、杉板、菸刀、鞭炮。道光《永定縣志》記載：「紙爆，在城及禮田、恩阬、龍漈等鄉俱有造，歲販賣於漳潮等處，甚夥。」[134] 商品經濟的發展，造成永定城鄉經濟的繁榮，而該縣的墟市數量大增，道光《永定縣志》記載了當地共有 26 個墟市。[135]

　　上杭縣也閩西產菸地之一。乾隆年間的兩部《上杭縣志》都記載了當

127　丘復等，民國《長汀縣志》卷十，〈物產志〉，民國三十年刊本，第 20 頁。

128　王見川，乾隆《永定縣志》卷一，〈土產〉，乾隆二十二年刊本，第 69 頁。

129　巫宜福等，道光《永定縣志》卷十，〈物產〉，道光十年刊本影抄，第 12 頁。

130　巫宜福等，道光《永定縣志》卷十六，〈風俗志〉，道光十年刊本影抄，第 2 頁。

131　李紱、熊為霖纂，乾隆《汀州府志》卷五，〈街市〉，同治重刊乾隆本，第 12 頁。

132　王見川，乾隆《永定縣志》卷四，〈禮俗〉，第 95 頁。

133　王見川，乾隆《永定縣志》卷一，〈土產〉，第 69 頁。

134　巫宜福等，道光《永定縣志》卷十，〈物產〉，道光十年刊本，第 12 頁。

135　巫宜福等，道光《永定縣志》卷七，〈疆域志〉，道光十年刊本，第 7 頁。

地的菸草業。乾隆二十三年顧人驥等人的《上杭縣志》云：「烟，一名淡巴菰，種出東洋，海內取葉晒乾之，切細如絲，置少許于管中燃而吸其烟，令人微醉，可以辟瘴。」[136] 乾隆十八年趙成的《上杭縣志》云：「煙，原名淡巴菰。杭山多田少，可種之地甚少，人情射利，棄本逐末，向皆以良田種煙，實害農之大者。近亦奉文切禁矣。」[137]

靠近閩北的明溪縣，一度發展過菸業。《明溪縣志‧劉象清傳》記載：「查吾明煙絲店，均由廣昌人開設。曩年，是項煙店曾開至數十家。先係由廣昌運煙葉來明，後因挑運維艱，於是在明租地栽種，不獨運費可省，且煙料比廣昌為佳。是以所製煙絲，其煙葉全由在明栽種，並有運銷他縣者。」不過，由於廣昌菸幫與當地人發生矛盾，明溪縣官府一度禁止廣昌人種菸。[138]

清代的龍巖州也是著名的菸草種植地。如康熙年間的龍巖縣：「煙，俗云芬草，崇禎初年始種之。邇來稱盛，蒔殖園田俱宜，夏秋二登。以蓋露厚肥為上品。用力視耘籽加勤，糞溉加禾稼數倍。土地亦有豐瘠之殊，天時亦有旱潦之異。食報亦有上下之分。要以利之所在，民爭騖焉。其與農夫爭土而分物力者，已十之五矣。」當地士大夫對菸草業的興盛，也有擔憂。「若夫煙盛而粟衰，商多而農少，亦巖之本計失乎？」[139] 乾隆《龍巖州志》提到：「煙，俗名芬，利多溥。」[140] 乾隆《龍巖州志》有關菸草的記載雖然簡短，卻能讓人體會當地菸業的盛況。而且，這一段記載在道光《龍巖州志》再次重複，說明一直到道光年間，龍巖縣的製菸業還是相當興盛。事實上，從陳琮《烟草譜》提到閩人稱菸草為「芬」這一點來看，他所接觸的正是龍巖菸商，這也反映了龍巖人在菸草業中的特殊地位。

136　顧人驥等，乾隆《上杭縣志》卷十一，〈風土志〉，乾隆二十三年刻本，第 12 頁。

137　趙成等，乾隆《上杭縣志》卷一之九，〈物產志〉，乾隆十八年刊本，第 11 頁。

138　王維梁、劉孜治，民國《明溪縣志》卷十四，〈劉象清傳〉，廈門大學出版社 2008 年，第 427 頁。

139　鄭憕等，康熙《龍巖縣志》卷二，〈土產〉，康熙二十八年刊本，第 26 頁。

140　徐銑等纂修，乾隆《龍巖州志》，卷九，〈物產志〉，福建省地圖出版社 1987 年，第 12 頁。

三、清代上杭的靛商

　　製造靛青是一個與紡織業關係密切的產業。在紡織界有「金染缸」一說，這是說，給布匹染色可以使布匹的市場價格驟升，一匹染色的布匹的市場價格往往是白坯布的一倍以上。由此可見，染料業市場潛力是深遠的。

　　東南的製靛業原以福建沿海一帶最發達，到了明清之際，來自沿海的民眾漸漸深入閩浙贛邊山區發展，福州的靛業，反而衰落，沒沒無聞。清代的《閩產錄異》記載：「舊記閩縣、侯官、長樂為多……南臺靛街，昔年貨者聚焉，故名。」[141] 外地商人往往到福州的南臺出售靛青。寧化商人劉志臻：「生平未嘗一語凌人，亦未嘗一事欺人。嘗貿易會城，人誤持大青數斤與之。已登舟矣，乃發裝得之，竟停棹納還原主人。」[142] 此文中的「大青」，即為染布用的靛青。清末的《閩縣鄉土志》說：「靛，多由永安溪運來，年銷一萬餘兩；」[143] 文中所說的永安溪即為閩江的上游沙溪，這條河流發源於閩西山區，當地種靛業，應由汀州人控制。「靛，即靛青，出山廠中，汀州人製。」[144] 福州的山區也有一些靛業。連江縣：「蘭澱，連舊所無，今汀郡人攜種而來，深山窮谷遍植矣。」[145] 寧德縣的民眾：「居山者不事鋤耘，聽從菁客佃作。如西鄉幾都，菁客盈千，利歸他人而已。」[146] 縣志說「邑以種菁為業者，大抵皆汀人也」。[147] 在閩浙贛山區，到處都是栽種藍草的汀州人。

　　當時汀州人種靛有獨特的技術，例如《建昌府志》說：「藍靛，近自汀得種種之，然終不似汀之宜染也。」[148] 在與各地菁民的競爭中，汀州菁民因技術上的優勢成為最終的勝利者，所以，汀州人可以到各地租山種靛。

141　郭柏蒼，《閩產錄異》卷一，長沙，嶽麓書社 1986 年，第 24—25 頁。

142　李世熊，康熙《寧化縣志》卷四，〈人物志〉，福建人出版社 1989 年，第 284 頁。

143　朱景星等，《閩縣鄉土志》，〈商務雜述〉，第 351 頁。

144　陳樹蘭等，道光《永安縣續志》卷九，〈物產志〉，永安縣方志委 1989 年點校本，第 672 頁。

145　李奉、章朝栻，嘉慶《連江縣志》卷三，〈物產〉。

146　舒應元，萬曆《寧德縣志》卷一，〈鄉都‧議〉，明刊本膠捲，第 5 頁。

147　盧建其等，乾隆《寧德縣志》卷一，〈輿地志‧物產〉，寧德縣方志辦 1983 年點校本，第 91 頁。

148　夏良勝等，正德《建昌府志》卷三，〈物產〉，天一閣藏明代方志選刊，上海古籍社 1964 年景印明正德刊本，第 17 頁。

　　清代汀州人不僅進入了閩北和閩東，還進入了浙江南部。浙南的遂昌、宣平、雲和、常山、麗水等縣的縣志，都記載前來開山種靛者都是「閩人」，《上杭縣志》也說：「本邑之種藍者其利猶少，杭人往南浙作靛，獲利以枚數。」[149] 浙南的《遂昌縣志》云：「遂昌種藍者多閩人。」[150] 麗水縣：「靛，俗呼靛青，閩人始來種之。俱在山，今漸種于田矣。」[151] 開化縣「靛，近年邑中處處種之。」[152] 景寧縣：「靛，俗呼靛青，種傳自閩人，今種者頗多。」[153] 分水縣：「種靛多閩人。」[154] 龍泉縣：「工藝悉資外境，僑居十之五六。」[155] 順治《宣平縣志》云：「靛苧諸利，歸之閩人。」[156] 乾隆《宣平縣志》云：「大抵宣山多田少，頗宜麻靛。閩人十居其七，利盡歸焉。」[157] 道光《宣平縣志》云：「麻始于江右人，靛始於閩人，二省之居宣者十有其七，利盡歸焉。」[158] 浙江雲和縣，「赤石（四都）、桑嶺（九都）之間，純乎閩音。多福建汀州人僑居者。」[159] 可見，汀州上杭人在山區種靛業中非常活躍，他們外流的數量不少，乃至在僑居人口占有很大比例。江西山區也有類似的情況。清代乾隆年間的贛州府：「深山荒谷，則粵閩僑居，蠻蜑之習有時而染。」[160] 如贛縣：「粵閩僑居，獷悍之習時染。」[161] 又如「靛，俗呼靛青，閩人始來種之。今山民多取利焉。」[162] 在汀州人的影響下，

149　趙成等，乾隆《上杭縣志》卷一之九，〈物產〉，乾隆十八年刻本，第 11 頁。
150　胡壽海等，光緒《遂昌縣志》卷十一，〈物產・貨屬〉，光緒二十二年本，第 1201 頁。
151　張銑等，道光《麗水縣志》卷十三，〈物產〉，道光二十六年刻本，第 18 頁。
152　范玉衡修，乾隆《開化縣志》卷五，〈物產〉，乾隆乙卯年刊本。亦見，徐名立等，光緒《開化縣志》卷二，〈疆域志〉，光緒二十四年刻本，第 1 頁。
153　周杰等，同治《景寧縣志》卷十二，〈風土志・物產〉，同治十二年刻本，第 17 頁。
154　陳景潮，〈開種苞蘆利害論〉，道光《分水縣志》卷一，〈風俗〉，道光二十五年刊本，第 34 頁。
155　潘紹詒等，光緒《處州府志》卷二四，〈風土志〉，光緒三年刊本，第 15 頁。
156　俁景、胡世定，順治《宣平縣志》卷一，〈風俗志〉，順治十二年刻本，第 5 頁。
157　陳加儒等，乾隆《宣平縣志》卷九，〈風俗志・民事〉，臺灣成文社影印乾隆十八年刊本，第 493 頁。
158　皮樹堂等，光緒《宣平縣志》卷五，〈風土志・民事〉，引道光志，第 342 頁。
159　伍承潔等，同治《雲和縣志》卷十五，〈風俗志〉，清同治三年刊本，第 12 頁。
160　朱宸等修、林有席等纂，乾隆《贛州府志》卷二，〈風土〉，第 321 頁。
161　沈均安等，乾隆《贛縣志》卷一，〈風俗〉，臺灣成文社影印清乾隆二十一年刊本，第 157 頁。
162　伍承潔等，同治《雲和縣志》卷十五，〈風俗志・物產〉，清同治三年刊本，第 15 頁。

很多當地人也捲入種靛業。宣平縣：「靛，藍所出也。始則閩人種之於山，今宣民種皆在田。……銀錢出色，惟此為最。」[163] 道光年間的宣平縣：「今土著亦效種靛，近又多種烟草。悉擇腴田，冀獲重利。」[164]《樂清縣志》引述府志：「溫郡紅花、靛青，頗利民用，實地之專產。」[165] 有一些人還進入閩北種靛，王應山說：「靛出山谷，種馬藍草為之。皆上府及溫處流人所作。利布四方，謂福建青」。[166] 總之，清代的國內靛業，以汀州商人資本的影響最大。

小結

清代福建的城市化有所發展，沿海的福州、廈門、泉州、漳州都成為國內小有名氣的城市。這些城市與村鎮構成商業網絡，遍及福建城鄉各個角落。在商業運作中，興起了各地的商幫。

清代商幫最引人注目的是晉商和徽商，他們活動於文化中心的都市地區，為人們所熟悉。其實，晉徽兩幫之外，還有一支與之相頡頏的海上商幫——那就是閩商！閩商活動的主要地盤是沿海諸港，著名的區域商幫有泉州商幫、漳州商幫、興化商幫、福州商幫。其中興化幫基本融入了福州幫。這些商幫的興起和發展與沿海城市有關。清代前期，多數近代著名的大城市尚未興起，因此，福建沿海的福州、泉州、漳州、廈門等城市的地位相對較高。由這些城市及周邊區域發展起來的商人集團行遍天下，形成了較大的影響。他們中間最傑出的代表應是廣州十三行商人當中的茶商。清代道光年間的伍秉鑑以家產達 5000 萬銀元震驚世界，被譽為世界歷史上最富的五個人之一。

在沿海商人的帶動下，福建山區商人集團也開始出名，其中有閩北的紙幫，閩西的靛業商人以及永定、龍巖的菸商。這三大幫商人深入中國南方內地，在各地山區發展紙業、靛業、菸業。尤其是永定、龍巖的菸商，

163　皮樹堂等，光緒《宣平縣志》卷十七，〈物產志〉，第 1273 頁。
164　皮樹堂等，光緒《宣平縣志》卷五，〈風土志・民事〉，第 342 頁。
165　鮑作雨等，道光《樂清縣志》卷十五，〈物產志〉，北京，線裝書局 2009 年，第 1024 頁。
166　王應山，《閩大記》卷十一，〈食貨考〉，第 5 頁。

他們深入湖北、湖南、貴州等山區發展菸業，迄至清末，內地諸省生產的菸絲已經超越福建省。菸業給閩商帶來巨大的利潤。永定、龍巖菸商賺錢回家後，普遍蓋起土樓，用以自衛。遍及福建南方的土樓和土堡，實際上都是菸業利潤的產物。反過來說，這些耗資巨大的建築物普遍出現，也說明清代福建商幫的雄厚實力。

　　清代的閩商另一個特點是在地化。他們在海外諸國，在國內沿海諸省都建立了自己的商幫，隨著時間的推移，他們逐漸當地語系化，閩商的色彩淡化，而臺灣商人、江浙海商、廣東海商、山東海商隨之興起，多少年之後，這些外在的閩商全部在地化，甚至連家鄉的福建話都不會講。於是，閩商的範疇只能縮小到本土的範圍。此外，閩商活動的主要地盤是海洋，這使他們與晉商、徽商有很大的區別。晉商的成功在於金融，徽商的本色是鹽商，這兩樣商業都倚仗朝廷給予的特權，一旦特權失去，其商團也就消失。乃至閩商集團中的十三行商人，也成為歷史陳跡。閩商主要活動領域是海洋，只要海洋航行還存在，閩商就不會失去力量。自宋元明清以來，閩商一直是國內外有名的商幫，他們的商業網絡遍布東亞各個角落，在歷史上對東南亞的城市化起了重要作用。福建商幫其實不止是沿海商人，福建山區的閩北商幫和閩西商幫也是十分有名的。他們在造紙業、靛業等方面具有全國性影響，而且具有相當的實力。總的來說，清代福建商幫是具有雄厚實力的一個大幫。

第八章　清代前期閩商的國內商業網絡

　　如上所述，宋元明清以來，福建在連通中國與海外國家貿易方面發揮重要作用。閩商將海外商品帶入中國之後，在沿海各大城市推銷，並將各地的商品運到沿海港市，從中獲取利潤。對閩商而言，國內市場是他們商業網絡中最重要的組成部分。

第一節　閩商與江南市場

　　明清的江浙區域已經成為中國的市場中心及經濟中心，福建則是當時的對外貿易中心，也是海外白銀輸入中國的主要過道。就此而論，江浙與福建的貿易應是明清區域貿易中最發達的。

一、閩浙交通和商業

　　總的來說，當時的商道主要沿著河流走。閩浙之間，錢塘江與閩江兩條大江自然成為聯絡兩省的主要商道。而兩江上游之間的商道，則由崇山之間的山路構成。福建通往浙江的山路主要有兩條，其一繞道江西鉛山河口鎮，是為當時主要的出閩大路；其二翻越仙霞嶺，從浦城到浙江的江山縣。

　　福建與江浙之間的海路交通。福建與江浙二地面臨東海，擁有眾多的港口，較為著名的大港有今屬江蘇的上海、乍浦，今屬浙江的寧波、溫州，

以及屬於福建的福州、泉州、廈門等港口。東海位於太平洋西北部，秋冬盛行東北風，春夏盛行東南風，帆船順風而行，一年至少可以往返一趟。不過，明代由於倭寇入侵東南海疆，閩浙二省都實行嚴厲的海禁，雖然沿海運輸不在禁止之列，但也受到多方面的限制。

　　清朝略地東南之初，為了抑制鄭成功海上力量的發展，曾經實行海禁，這一政策嚴重妨礙了福建與江南之間的貿易。但到了康熙二十三年統一臺灣之後，朝廷取消海禁，開放沿海貿易。福建商船北上，重建江南與福建之間的貿易路線。黃叔璥的《臺海使槎錄》記載廈門港到北方的水路：「廈門至上海，四十七更；寧波近上海，十更。俱由廈門經料羅，在金門之南澳可泊數百船；沿海行至惠安之崇武澳，泊舡可數十；經湄洲至平海澳，可泊船數百；至南日澳，僅容數艘。南日至古嶼門，從內港行；古嶼至珠澳，復沿海行：二地皆小港。南日、古嶼東，出沒隱見，若近若遠，則海壇環峙諸山也。白犬、官塘，亦可泊船。至定海，有大澳泊船百餘。至三沙烽火門、北關澳亦如之；此為閩、浙交界。至金香、鳳皇、三弁、石童、雙門、牛頭門，盡沿海行；至石浦所、亂礁洋、崎頭門、舟山、登厓澳，盡依內港。其登厓澳之東，大山疊出，即舟山地；赴上海、寧波，至此分綜；從西由定海關進港數里即寧波，從北由羊山放大洋至吳淞，進港數里即上海。九月後，北風盛，尤利涉。自登厓澳從西北放小洋，四更至乍浦；海邊俱石岸，北風可泊於羊山嶼。」[1] 其時造一隻江南沙船，需要八千兩銀子，而福建商船大過沙船一倍，巨型洋船更大。大者可載萬餘石，小者亦可載數千石。造大船費金數萬元。每艘船一年一個來回，可得數千金，少亦數百金，船主和水手分紅，每名水手可分紅二三十金。[2] 其時，因多年海禁的原因，江南缺乏可以航海的大商船，於是，福建商船的到來，壟斷了上海、乍浦等港口的海上運輸業，在江南各城市形成了較大的商業勢力。常有福建商船到江南一帶做生意。例如，有一隻來自閩南的船隻「嚮往福州、上海等處貿易。」[3]

1　黃叔璥，《臺海使槎錄》卷一，〈赤嵌筆談〉，第 15—16 頁。

2　杜黎，〈鴉片戰爭前上海航運業的發展〉，上海《學術月刊》1964 年第 4 期。

3　楊廷理，〈拿獲匪船審明正法〉，乾隆五十六年六月二十八日，《楊廷理詩文選集》，福建教育出版社 2017 年臺灣古籍叢編第 4 輯，第 278 頁。

　　福建從江南進口的商品以棉紡織品為多。王澐的《漫遊紀略》說：「閩……不植木棉，布帛皆自吳越至。」[4] 褚華的《木棉譜》云：「閩粵人於二三月載糖霜來賣，秋則不買布，而止買花衣以歸。樓船千百，皆裝布囊累累，蓋彼中自能紡織也。」[5] 福建布商成為江南一帶的財神。吳偉業的〈木棉吟序〉：「隆萬中，閩商大至，州賴以饒。」清代初年，因海禁及戰爭的因素，海上運輸線中斷，對江南棉業經濟產生巨大影響：「今累歲弗登，價賤如土，不足以供常賦矣。」[6]〈木棉吟〉：「眼見當初萬曆間，陳花富戶積如山，福州青襪鳥言賈，腰下千金過百灘。看花人到花滿屋，船板平鋪裝載足。……薄熟今年市價低，收時珍重棄如泥。天邊賈客無人到，門裏妻孥相向啼。」[7] 清代經濟恢復之後，福建商賈湧進江南市場，如鎮洋（太倉）縣志稱：「木棉，州境皆種，然惟邑產者佳。以楊林塘岸土沙埴得宜，故閩廣人販歸其鄉者，市題必曰太倉鶴王市棉花。每秋航海來賈於市，亡慮數十萬金，為邑首產。故先列焉。閩人曰：『鶴王市棉花，較他產柔韌而加白，每朵有朱砂斑一點，離市十數里外即無』。」可見，當時太倉棉花在福建市場上有極高的聲譽。[8]

　　由此可見，明末的福建與江浙二地已經結成深厚的貿易關係，雙方經濟的發展，都有賴於對方的市場、原料、資本。在正常的經濟條件下，閩浙之間的貿易促進了雙方的繁榮，換句話說，明末江浙與福建的繁榮，在很大程度上依賴於雙方的貿易。而其依賴程度之深，早已不是可有可無的。

　　明清江南城市的風氣奢華，並對全國各地的城市產生巨大的影響，福建也不能例外。李世熊的《寧化縣志》說：「往承平時，白下、閶門之賈，歲再往還，里巷衣冠。必曰京式，器御酒果，非吳下不珍」[9]。江浙習俗的影響，大大改變了閩人的習俗。

4　王澐，《漫遊紀略》卷一，〈閩遊〉，《筆記小說大觀》第十七冊，江蘇廣陵古籍刻印社 1983 年，第 5 頁。

5　褚華，《木棉譜》，叢書集成初編本，上海商務印書館 1937 年，第 11 頁。

6　吳偉業，《梅村家藏集》卷十，〈木棉吟序〉，宣統三年刻本，第 15 頁，《清代詩文集彙編》第 29 冊，第 62 頁。

7　吳偉業，《梅村家藏集》卷十，〈木棉吟〉，宣統三年刻本，第 15 頁，《清代詩文集彙編》第 29 冊，第 62 頁。

8　金鴻修、李鑲纂，乾隆《鎮洋縣志》卷一，〈封域類・物產〉，第 138 頁。

9　李世熊，康熙《寧化縣志》，卷一，〈風俗志〉，福建人民出版社 1989 年，第 13 頁。

二、江南城市的福建會館

蘇州城的福建商人。清代蘇州是江南最繁華的城市。福建人在蘇州建立多個會館：

> 三山會館，位於蘇州萬年橋大街，福州商人建於明萬曆年間；
>
> 霞章會館，位於蘇州閶門外南濠街，漳州商人建於清康熙三十六年；
>
> 邵武會館，位於蘇州閶門外南濠街，邵武商人建於清康熙五十六年；
>
> 汀州會館，位於蘇州閶門外上塘街，汀州紙商建於清康熙五十七年；
>
> 興安會館，位於蘇州閶門外南濠街，興化商人建於清康熙年間；
>
> 泉州會館，位於蘇州閶門外張家花園南，泉州商人建於清康熙年間；
>
> 延建會館，位於蘇州曹家巷，延平、建寧二府商人建於清雍正十一年。[10]

以上會館多建於蘇州閶門附近，這是因為，閶門一帶為運河路過的市區，外來帆船雲集於此，市面非常熱鬧。其中不少船隻是與閩商做生意的。蘇州的汀州會館始建於康熙年間，位於閶門之外最熱鬧處。碑刻記載：「蘇垣汀州會館，在吳閶門外，上津橋之東。康熙五十七年，吾鄉上杭六串紙幫集資創建，取名汀州，意示大公。其實為上杭紙業之一部分也。」[11] 他們「貿遷有無，遨遊於斯地者不下數千人」。[12] 福州商人的三山會館也在這一帶。清道光十年（1830 年）蘇州重修三山會館，捐款的福州商人有洋幫 32 人、乾果幫 16 人、青果幫 16 人、絲幫 29 人、花幫 20 人、紫竹幫 3 人，共計 116 人。諸行領頭人中，洋幫的林建盛捐光洋 200 元，乾果幫生記號捐光洋 50 元，青果幫同發號捐光洋 18 元，絲幫方永耕捐光洋 40 元。[13]

閩商匯聚於閶門一帶，使其地為蘇州繁榮之地。雍正年間，署江蘇巡

10　轉引自范金民，〈明清時期江南與福建廣東的經濟聯繫〉，《福建師範大學學報》2004 年 1 期，第 16—17 頁。

11　佚名，〈重建汀州會館記〉，宣統二年，《明清蘇州工商業碑刻集》，江蘇人民出版社 1960 年，第 369 頁。

12　佚名，〈汀州會館天后宮記〉，乾隆《吳縣志》卷一百零六，〈藝文〉。

13　蘇州〈道光十年重修三山會館勸助姓名碑〉，引自《明清蘇州工商業碑刻集》，江蘇人民出版社 1960 年，第 352 頁。

撫何天培說：「福建客商出疆貿易者，各省碼頭皆有，而蘇州南濠一帶，客商聚集尤多，歷來如是。查係俱有行業之商」。[14] 蘇州織造胡鳳翬也說：「閶門南濠一帶，客商輻輳，大半福建人民，幾及萬有餘人」。[15] 李果說：閶門一帶，「閩粵徽商雜處，戶口繁盛。」[16] 其實，閶門一帶，最盛的還是福建海商，清代朱仕琇的文章中寫到余氏商人出賈蘇州：「吳俗奢麗，自閶門至楓橋多閩中海賈，各飾郡邸，時節張燈陳百戲，過從宴犒豔服，以財相炫。」[17] 閶門之熱鬧，於此可見。

　　上海的福建會館。上海作為中國的主要港口，約始於清代初年。清朝平定臺灣之後，在東南沿海設立四個海關，即雲臺山、寧波、廈門、廣州。雲臺山所在地即為連雲港，因其開放之初可供貿易的商品不多，後改為同屬江蘇省的上海。福建商人一向有經營北海貿易的傳統，他們的船隻來到上海運載棉花、絲綢等商品南下，而給上海運去蔗糖、紙張、蜜餞、木材等各種南貨，因而上海有了「南貨店」之類的商店。上海還是通向日本的貿易中心，福建商人多要到上海申請赴日本的許可證。由於以上理由，當上海開放之後，福建商人很早就來到這一發展潛力巨大的港口。其時，由於清朝的海禁，中國沿海各地居民幾乎都「忘記」了航海技術，而福建人在鄭成功、施琅時代一直是中國水師的主力，延續了中國人航海的傳統文化，所以，上海一開放，他們和福州海商、潮州海商一起進入上海，壟斷了當地的海上事業。乾隆十八年的江南提督林君陞的奏摺云：「劉河、川沙、吳淞、上海各口，有閩粵糖船，肆、伍月南風時候來江貿易；玖拾月間置買棉花回棹。」[18] 這一條史料反映了福建商人在江南的活動規律，十分有價值。清代福建、臺灣與江南三地之間，出現了三角貿易。閩臺商人以臺灣

14　《雍正朱批諭旨》，〈雍正元年五月四日署江蘇巡撫何天培奏〉。轉引自范金民，〈明清時期江南與福建廣東的經濟聯繫〉，《福建師範大學學報》2004 年 1 期，第 16—17 頁。

15　《雍正朱批諭旨》，卷二百，〈雍正元年四月五日胡鳳翬奏〉。轉引自范金民，〈明清時期江南與福建廣東的經濟聯繫〉，《福建師範大學學報》2004 年 1 期，第 16—17 頁。

16　李果，〈讓道記〉，道光《蘇州府志》卷 139 詩集一。范金民，〈明清時期江南與福建廣東的經濟聯繫〉，《福建師範大學學報》2004 年 1 期，第 16—17 頁。

17　朱仕琇，《梅崖居士文集》卷十，〈太學生余君墓誌銘〉，清刊本。

18　《宮中檔乾隆朝奏摺》卷五，第 689—690 頁。轉引自陳國棟，〈清代中葉廈門的海上貿易（1727—1833）〉，《中國海洋發展史論文集》第四輯，第 79 頁。

的糖輸至上海，又從上海購得江南的棉花、棉布、生絲、糧食等商品運到福建，再從福建購得各種手工業商品運到臺灣，同時，他們從臺灣購得糧食運入福建。發達的三角貿易，使福建商團富了起來。康熙年間上海有一個擁有二十八隻大船的船商張元隆，所雇傭水手「多閩省人氏假名冒籍。」[19]他的成功反映了閩商在上海港的勢力。後來張元隆被巡撫張伯行查處。張伯行說：「今現查出元隆自置船隻皆以百家姓為號，頭號趙元發，二號錢兩儀，三號孫三益，四號李四美，五號周五華之類。則其立意要洋船百隻之說不虛矣。又經臣新審華亭縣經承，據開出元隆在該縣冒領照票之船有楊日昇等廿八隻，俱非華邑民人。一處如此，其在別縣移甲換乙冒領照票當又不止百隻矣。」[20]張元隆船隊之大，可想而知。上海東關外的閩商勢力強大：「其地閩粵會館六七所，類多宏敞壯麗。」[21]建於上海的福建會館有：

泉漳會館 上海咸瓜街 泉州漳州三縣商人 乾隆二十二年

建汀會館 原在上海董家渡，後移翠微庵 建州汀州二府商人 道光五年

三山會館 上海福州路 福州建寧二府商人 光緒二十三年

滬南果桔三山會館 上海火車站旁 福州果桔商人 光緒末年

花糖洋貨公所 上海豫園 汀泉漳三府花糖洋行商 道光初年[22]

其中規模最大的應是泉漳會館，上海泉漳會館建自乾隆年間，其「規模之宏遠，氣象之堂皇，橫覽各幫，洵無多讓。」道光十一年，上海縣為泉漳會館地產不准盜賣告示碑，有協盛號等五十一座商號署名；道光十二年的興建泉漳會館碑，上有 48 艘船以及 42 座商號捐款；咸豐七年重建泉漳會館捐款碑，共有 70 艘船捐款。可見泉漳會館實力非凡。[23]

浙江北部的乍浦是清代江南主要口岸之一。乍浦的發展主要是在清代。清初的乍浦人口很少。清初朱彝尊詠乍浦：「乍浦逼瀛壖，孤城小於甕。

19 張伯行，《正誼堂文集》卷一，〈海洋被劫三案〉，《四庫全書存目叢書》，〈集部〉，第 254 冊，濟南，齊魯書社，1997 年，第 17 頁。

20 張伯行，《正誼堂文集》卷二，〈瀝陳被誣始末疏〉（康熙五十一年）。

21 王韜，《瀛壖雜志》第 1 卷，小方壺輿地叢抄第四十冊，第 9 頁。

22 范金民，〈明清時期江南與福建廣東的經濟聯繫〉，《福建師範大學學報》2004 年 1 期，第 16—17 頁。

23 《上海碑刻資料選輯》，第 233 頁。

居民八九家，僅足遄飢凍。邇來弛海禁，伐木運堂棟。排空駕檜巢，近水壓茭葑。」[24]當地人回顧：「乍浦自前明倭警後，居民僅百餘家，地甚荒落。海禁既弛以來，生齒日多，閩粵甌越，諸商賈雁戶雲集，異時荒榛，宿奔之墟，今皆高簷邃宇，鱗次櫛比。市中魚鹽蜃蛤，海物填委，犀珠香象，翠毛重繡之屬，航深逾嶺，自遠而至。」[25]當時閩浙之間木材貿易極盛。乍浦「大約逐年進口稅數，木當其五之二，糖及甬商所帶洋貨當其五之一，其餘南來無數雜貨當其五之二。」乍浦是江南各口岸的木材批發中心，「木貨，自吾浙嘉湖二郡並江南蘇松常等郡，所在棺料、屋料，多取給焉。來自福建者什九，來自本省溫州者什一。來自福建者多佳，大率俱係杉木，其大料間有松木長至八九丈者。一皆建貨。惟松板則來自溫州云。福省之南臺鎮為木植湊集總所，乍浦木商逐號請人坐莊彼處，陸續置辦。另有辦寧德、福安貨者，為數無多，則就地輸稅出口，此為寧德福安幫。」[26]如其所云，福建出口浙江的木材主要來自閩北和閩東，其中閩北建州的木材最受推崇，而福州的南臺鎮是木材主要轉駁口岸。福建余正健的〈三山會館序〉：「閩省之貿遷於乍浦者不一事，而業杉者十居二三。」[27]他們在乍浦建有會館：「自海禁既弛以後，閩人之間於乍浦者，各建祀天后，用酬航海安瀾之庇，亦稱天后宮，在南門內者為三山會館，即李確蜃園遺址，基廣八畝九分九釐。康熙四十五年福州諸商江聯公、張明敬、鄭錫侯等建，置田延僧，永香火焉。」「在南門外者，蕭山街為莆陽會館，乾隆十三年興化諸商陳文芹、林大岳、吳雲裕等建，基廣一畝。」此外，當地還有汀州人的鄞江會館。[28]

　　浙江南部是苧麻產地，福建商人常來採購。「（溫州府永嘉縣）本縣呈詳：商民林厚源、陳聚源、歐萬和、吳孟利、蘇萬茂、呂瑞隆、黃永泰、俞立生、林文茂、鄭泰元等呈請：身等航海販運，南海來甌貿易，轉買苧麻回梓，因向遭麻行苧販，浮薄居心，從外郡採買苧麻到甌，每於打捆之

24　朱彝尊《曝書亭集》卷十七，〈古今詩十六〉，第 12 頁。
25　徐熊飛，〈乍浦備志序〉，鄒璟纂，道光《乍浦備志》，道光二十三年補刻本，江蘇古籍社《方志集成鄉鎮志專輯》第 20 冊，第 99 頁。
26　鄒璟纂，道光《乍浦備志》卷三，〈城池〉，第 148—149 頁。
27　鄒璟纂，道光《乍浦備志》卷九，〈祠祀〉，第 301 頁。
28　宋景關纂，乾隆《乍浦備志》卷一，〈城市〉，乾隆五十七年增刊本，第 13 頁。

際，每件內藏麻頂、苧殼兩條，名曰『尾步』，約重三四斤不等，再每件外插青茅竹根一枝，名為『竹標』，約重二斤不等。但苧麻每件僅重五十斤，內外遭此藏插標步，致俞加壹，甚則一五不等，以致身等屢虧資本，裹足不前。曾於乾隆十二（1747 年）年六月內，集同眾商立規。」[29]

「乾隆二十三年（1758 年）十月日給閩省眾商：林合興、周源興、吳泰武、吳恒順、陳大盛、張順益、侯興源、林錦盛、李永發、劉大林、趙□□、黃日裕、鄭源美、泮萬茂、方恒聚、吳合利、陳協茂、戴永聚、彭集利、林厚源、吳萬春等，公請勒石嚴禁，碑存天后宮內。」[30]這一石碑的建立，有利於閩商在浙南的活動。

第二節　閩商的北方市場

清朝開放海禁之後，福建商人駕駛著大船到北方港口貿易，從而使晚明已經存在的南北海洋貿易恢復。清代前期，這類南北貿易已經達到相當的規模，給閩商帶來巨大的利潤。

一、清初福建與北方市場的貿易

明清之際，天下大亂，明朝的海禁如同廢紙，海上運輸有很大發展。雖說清朝在康熙年間也實行海禁，但這一海禁政策已經很難做到斷絕海上航行。清廷運籌統一臺灣時，曾發現：臺灣的劉國軒在山東的沿海一帶布置交通船，一旦清廷有所涉及臺灣的政令，他們便從山東直航臺灣，所以，劉國軒能很快得到清軍調動的消息。施琅在統一臺灣後，為了搶功，他從澎湖派出商船直航天津，直接上奏朝廷。若不是當時民間有許多商船走北方航線，劉國軒與施琅都不可能如此輕巧地派人北上天津與登萊。

清廷統一臺灣之後，因海患的解除，海禁亦廢止。清代謝占王說：「操舟航運自古有之，而要其大旨，今勝於古。近今更勝於前，其故無他，在舟師之諳與不諳而已。」「前代天津、奉天通商未廣，江南海船多至膠州

29 崔錫，〈奉各憲勒石嚴禁永除苧麻內藏麻頭苧殼并竹標等弊碑〉，金柏東，《溫州歷代碑刻集》，上海社會科學院出版社 2002 年，第 290 頁。
30 崔錫，〈奉各憲勒石嚴禁永除苧麻內藏麻頭苧殼并竹標等弊碑〉，金柏東，《溫州歷代碑刻集》，上海社會科學院出版社 2002 年，第 291 頁。

貿易，不須經過登州，則登州海面既無商賈往來，舟人伎倆無從練習。」「自從康熙年間大開海道，始有商賈經過登州海面，直趨天津、奉天。萬商輻輳之盛，亙古未有。」「閩廣海船，……若赴天津，須先至江南，盡山停泊，等候西風，向東開行一日，避出淺沙，北行方保無虞。故赴天津、奉天，歲止一次。」[31]黃叔璥的《臺海使槎錄》「向北過崇明外五條沙轉西，三十四更入膠州口；過崇明外五條沙對北，三十二更至成山頭。向東北放洋，十一更至旅順口；由山邊至童子溝島，向東沿山七更至蓋州、向北放洋七更至錦州府。」[32]雍正年間，藍鼎元的〈漕糧兼資海運疏〉云：「臣生長海濱，習見海船之便利，商賈造舟置貨，由福建廈門開駕，順風十餘日，即至天津。上而關東，下而膠州、上海、乍浦、寧波，皆閩廣商船貿易之地，來來往往，歲以為常。天津現有閩船可問，亦罕見有漂溺者。」[33]由此可見，清福建商船經常走北方航線。

　　清代閩臺與天津港口的貿易也很發達，陳國棟所見檔案史料表明：曾有一隻商船於六月二十五日自臺灣開行，閏六月初八日住泊廟島賣糖，二十八日開船放洋赴天津。[34]雍正九年，從福建抵達天津的貿易船隻有 52 隻，雍正十年，從福建抵達天津的船隻有 42 隻，可見，大致說來，清代雍正年間，福建至天津的商船約在四五十艘之間。[35]當時來自臺灣的船也被稱為福建船，其實，其中應有不少是從臺灣出發的。另一種可能是：福建船隻從福建沿海出發後，在臺灣賣貨購糖，然後北上天津等地。

　　在膠東方面，煙臺、芝罘、青島都有福建人的會館。

　　其時奉天省（今遼寧省）的對外港口是錦州（壺盧島附近）、金州（大連附近）與蓋州（營口附近）。金州城內有天后宮，蓋州城有福建會館，它與福建商人的經營有關。[36]又據何炳棣的研究，在民國六年的《瀋陽縣志》

31　謝占壬，〈海防提要序〉，賀長齡，《皇朝經世文編》卷四八，第 33 頁。

32　黃叔璥，《臺海使槎錄》卷一，〈赤嵌筆談〉，第 16 頁。

33　藍鼎元，《鹿洲全集》，〈漕糧兼資海運第四〉，廈門大學出版社 1995 年，第 809 頁。

34　陳國棟，〈清代中葉廈門的海上貿易（1727—1833）〉，吳劍雄主編，《中國海洋發展史論文集》第四輯，第 78 頁。

35　松浦章，〈清代における沿岸貿易について—帆船と商品流通—〉，小野和子編，《明清時代の政治と社會》第 595—605 頁。京都大学人文科学研究所，1983 年。

36　加藤繁，〈康熙乾隆時代關內外的通商貿易〉載，《中國經濟史考證》第三卷，吳傑譯本，商務印書館 1973 年，第 141、第 146 頁。

上記載了瀋陽的「閩江會館」。[37]

福建通往北方的船隻大都為大中型船隻。當時廈門以樑頭的長短衡量船的大小，樑頭在一丈七尺以上者為大船，小的商船樑頭在七尺以下。我們知道，清代廈門的大船載重可達 5000 石—8000 石，《廈門志》云：「商船自販貨往來南洋及南北通商者，有：『橫洋船』、『販艚船』。」販艚船一般比橫洋船略小，「販艚船又分南艚、北艚。……北艚者，至溫州、寧波、上海、天津、登萊、錦州貿易之船。船身略小，樑頭一丈七八尺至二丈不等。」[38] 但從上述的稱呼來看，北艚也屬於大船之例，只是比不上橫洋船而已。「橫洋船者，由廈門對渡臺灣鹿耳門，涉黑水洋。黑水南北流甚險，船則東西橫渡，故謂之『橫洋』，船身樑頭二丈以上。……橫洋船亦有自臺灣載糖至天津貿易者，其船較大，謂之『糖船』，統謂『透北船』。以其違例，加倍配穀。」[39] 可見，當時廈門走國內航線的最大船隻也有到北方市場的。

福建與北方貿易的貨物主要是大豆、紙張、茶葉、糖，福建輸出茶葉、紙張、糖，輸入大豆等北方糧食。在北京有福建的延邵二郡紙商會館，該館的碑記記載：「吾閩延邵二郡紙商會館，為祀天后而建也……延邵二郡紙商，每歲由閩航海，荷神庇，得順抵天津……乾隆四年……合建會館。」[40] 至於茶葉，北京一向以喝福建花茶為時尚，至今如此。從貿易歷史來看，至少清代北京已時興這一習俗。至於豆類，是奉天諸省的特產，價格十分便宜，閩中也有大豆生產，但品質不如北方大豆。大豆可以製造各種豆類食品，豆料可以餵牲畜，在福建消費很大，清代北方大豆開始進入福建市場。在《李朝實錄》中記載了一隻漂到朝鮮的商船，名為「金寶發」，其船主為福建海澄縣人陳嘉瑞，船上貨物有：「黃豆、青豆、綠豆、烏豆、糙米共一千一百六十一擔。」這應是在北方採購的商品；其他貨物還有：「箱紙九千六百七十箱，又有《孫龐衍義》、《說唐》、《征西》、《曲簿》、《南營北調》等書。」這些商品應為從福建運往北方未及銷售之物。[41] 清代

37　何炳棣，《中國會館史論》，臺灣學生書局 1966 年，第 40 頁。
38　周凱等，《廈門志》卷五，〈船政略〉，第 129 頁。
39　周凱等，《廈門志》卷五，〈船政略〉，第 129 頁。
40　李景銘，《閩中會館志》，延邵會館，第 367 頁。
41　《李朝實錄》正宗，卷四十八，二十二年正月庚辰。

前期黃叔璥的《臺海使槎錄》記載：臺灣商人「至山東販賣粗細椀碟、杉枋、糖、紙、胡椒、蘇木，回日則載白蠟、紫草、藥材、繭紬、麥、豆、鹽、肉、紅棗、核桃、柿餅；關東則販賣烏茶、黃茶、紬緞、布疋、椀、紙、糖、麵、胡椒、蘇木，回日則載藥材、瓜子、松子、榛子、海參、銀魚、蟶乾。」當時閩臺與北方貿易商品種類之多，於此可見。

二、清代前期北方的福建會館

　　明清時代北京有多處福建會館。關於福建會館的起源，《閩小記》記載林僉憲的故事，謂嘉靖登基後將武宗的宮女差遣出宮，有一閩籍宮女尋其舊日主人，人們告訴她要到福州會館去，這表明正德、嘉靖年間，北京已經有福州會館。[42] 一般認為，這一時代的會館多為士大夫的會館，由在北京做官的閩籍士大夫所建。其後，閩人陸續建立新的會館。大致而言，北京的福建會館主要是閩籍科舉士子會聚的地方，閩籍商人對這類會館十分羨慕，因而也建立了自己的會館。總的來說，城南的福州會館有三處，以福清人為主的福州會館設於葉向高故居，計有 67 間房間；清代新建二所會館，其中福州新館有 58 個房間，丞相路福州會館有 25 個房間。福州會館附有多處房產與墓地。清代福州府下的福清縣在北京亦有會館，位於虎坊路，另有福清義地 5 畝。

　　泉州商人在北京的會館有多處，其中泉郡會館有兩處，分別擁有 5 間和 2 間房間。另附有房產、墓地多處。泉州首邑晉江縣在北京有兩處會館，其中晉江邑館有 18 個房間，而其館產也有 13 個房間。泉州所轄各縣中，惠安和同安亦有會館，同安會館有 32 個房間，惠安會館有 7 個房間。安溪縣在北京會館有兩處，共擁有房間 86 間。

　　原屬泉州的永春縣在清代成為永春州，永春老館設於乾隆年間，永春會館設於清道光三十年，有十個房間，另有房產 9 間。

　　清代漳州在北京有三處會館，其中漳州西館建於雍正四年，擁有 51 個房間。漳州首邑龍溪之會館擁有 44 個房間。漳浦是漳州的大縣，在北京有兩個會館，都建於明代，其中一處由黃道周故居改成，擁有 16 個房間。

42　周亮工，《閩小記》，福建人民社 1985 年，第 31 頁。

　　龍巖縣在北京擁有新老兩處會館和墓園，共有房產 64 間。

　　興化府在北京有莆仙會館，此外，莆田及仙遊二縣各有多處會館。莆陽會館有 4 處，其中老館有 38 個房間，會館有 28 個房間，而新館有 19 個房間。仙遊會館有三處，其中一處有 14 個房間。

　　建寧府在北京有兩個會館，其中一處有 43 個房間。延平府在北京的會館建於明末，名為延平郡館，計有 30 個房間。邵武府在北京的墓地達 3 畝，房產八間半。[43]

　　在北京的會館中，多數士大夫的會館，其中也有一些商人的會館，例如，閩北商人建設的延邵會館。[44]北京之外的閩人會館，則多為商人會館。

　　據日本學者松浦章搜集的朝鮮資料，順治朝與康熙朝，福建漂到朝鮮的商船有 10 艘。[45]反映了當時福建與渤海沿海沿岸發達的貿易。又據松浦章搜集朝鮮與琉球方面的材料，從順治朝到道光朝，因失事漂到朝鮮的福建船隻有 35 艘，而漂流至琉球的福建船隻達 29 艘，其中大多數是走北洋貿易的福建商船。[46]一般地說，清代帆船的海損率約為 1%，所以，從清代失事的船隻數量可以看出當時福建走北洋船隻之盛。

　　福建與北方口岸之間，也有貿易障礙，這就是北方沿海的沙灘與封凍。在江蘇沿海與渤海沿海區域，到處都是漫延數百里的沙灘。這些沙灘坡度太緩，福建的尖底船無法停靠，所以，福建與北方市場的聯繫，只能與北方個別良港通航，也就是說：只有在北方有港口的區域，福建大船才可能駛入。明清時期北方的重要港口不過是天津、膠州、營口等個別口岸，這大大制約了福建與北方的貿易。

　　由於清廷的一些規定，在許多情況下，福建船隻並不直接去北方港口，而是在寧波與上海進行貨物轉換。也就是說，福建船隻將貨物運到寧波與

43　白繼增，《北京宣南會館拾遺》，中國檔案出版社 2011 年，第 346—348 頁。

44　上官懋本，〈延邵紙商會館碑文〉，《明清以來北京會館碑刻選編》，北京，文物出版社 1980 年，第 98—99 頁。原出李景銘，《閩中會館志》，延邵會館，民國三十二年刻本。

45　松浦章，〈從「問情別單」看李朝時代漂至朝鮮的中國帆船〉，此處轉引自劉素芬，〈清朝中葉北洋的海運〉，吳劍雄主編，《中國海洋發展史論文集》第四輯，臺灣，中央研究院、中山人文社會科學研究所 1991 年，第 104 頁。

46　參見，劉素芬，〈清朝中葉北洋的海運〉，同上，第 121 頁。

上海，然後由北方的平底船將貨物運到北方港口，這一種貿易形式在當時相當興盛。《福建省例》記載：「查得奉天、山東二省豆石，奏准由海運浙，收寧波府之鄞縣發賣，後因運到鄞港之豆漸多，閩商來此貿易者，遂由鄞縣填票帶豆回閩，如遇歉歲，仍飭停運。（米價每石二兩以上停運）」[47]

　　近幾十年來，北方港口的媽祖廟引起學界廣泛的興趣，在對這些港口調查後發現，它的建立大都與閩粵商人有關。如福建的延平府建寧府的紙商從海路到天津、北京貿易。「延邵二郡紙商每歲由閩航海；荷神庇得順抵天津。」[48] 他們在天津和北京都設有會館。清末民國時期，福建與東北的貿易十分興盛，福建商人運去蔗糖、菸草、紙張等南方商品，運回大豆、棉花、豆料等東北商品。在遼寧沿海，福建商人建立許多會館，因而，在瀋陽、丹東、營口、錦州等城市，都有福建商人的會館。這些會館氣勢宏大，大都成為港口最傑出的建築。

　　北方港口大都有天后宮，如天津、營口、煙臺、廟島天后宮，都是當地著名的建築。這些港口天后宮的建造，與煙臺天后宮有類似之處，大都是福建漁民與商幫共建的。其中，廟島天后宮位於渤海與黃海之間的海口，北方往來船隻經常在此地停靠。北方船民的習俗是：到廟島天后宮停靠時，將自己船隻的模型獻於天后像前，以求天后的保佑。至於天津港，則以天后為主要保護神，據文獻記載，天津的天后宮始建於元代中葉，其時是為了漕運。清代的天津已成為北方大港，各地來天津貿易的大船甚多，由於天津市區一直是靠貿易成長起來的城市，所以，當地人對航運與商業之神天后十分尊崇。天津傳統節日中規模最大的皇會，即是拜天后的節日。清代的皇會要連續好幾天，其中有一節目，抬天后像巡遊之後，要請天后像駐蹕閩粵會館數天，名曰「天后回老家」，由此可見閩粵商人在天津商業中的地位。據云：直到鴉片戰爭之後，每年七八月間，總有一二百艘閩粵洋船到天津港口停泊。[49]

47　《福建省例》乾隆四十九年，〈酌定商船購運浙省多餘豆石回閩售賣章程〉。

48　李景銘，《閩中會館志》，延邵會館，民國三十二年刻本。

49　祝慶緣等，《天津港史》，北京，人民交通出版社 1986 年，第 82 頁。

第三節　廣東十三行商人與閩粵經濟互動

　　廣東是福建的鄰省，有海路可通。明清時期，福建與廣東的貿易相當興盛。其主要貿易內容為糧食、武夷茶等商品。

一、清代閩粵經濟互動

　　閩粵糧食貿易與福建區域經濟結構的轉換。福建是一個多山的地區，境內群山臚列，平地很少。號稱福建四大平原的福州平原、莆仙平原、泉州平原、漳州平原，每塊不過幾百平方公里。因而福建歷來耕地較少。明代記載福建耕地的最高數字不過了 1400 多萬畝。而福建人口增長很快，早在南宋時期就是人多地狹的區域。在這種背景下，福建人發展糧食種植業是沒有前途的，唯一的發展方向是工商業。但是，若不能解決糧食問題，就沒法養活工商人口，工商業發展的基礎也就無從說起。廣東對福建的糧食出口，其重要性也就在這裡，沒有來自廣東的糧食，福建沿海就無法發展工商業。

　　這種情況明代就有，清代就更厲害了。例如泉州：「泉地斥鹵而磽确，資食於海外，資衣於吳越，資器用於交廣，物力所出，蓋甚微矣。充方物者，唯有荔枝；備珍羞者，莫如海錯。然而山澤之產，多寡難知，有無不時。按籍而求，多不可得也。」[50] 而有了源源不斷的廣東糧食，沿海民眾就可以發展其他行業。從另一個角度來看，缺糧的地區若要取得糧食，就必須發展某種行業，以其利潤購取糧食。晚明福建以出產紅白糖、紙張、木材、茶葉、荔枝、香菇、冬筍等商品出名，並通過這些商品的出口換來廣東、浙江的糧食。福建這種經濟結構的形成，與來自廣東的糧食有關。也可以說，若是沒有來自廣東的糧食，福建經濟結構的變換是困難的。

　　福建與廣東之間的糧食貿易也刺激了廣東商品的發展。明代的漳州人在對日本及呂宋的貿易中得到了大量的白銀，但因缺糧，漳州人不得不以白銀購買廣東的糧食。潮州糧食的大量輸出，使漳州人手中的白銀大量流入潮州。這對潮州經濟發展是有利的。明代晚期的潮州成為有名的富裕區域。由於福建對糧食的需求較大，廣東首府廣州也向福建輸出糧食。由於

50　懷蔭布等，《泉州府志》卷十九，〈物產志〉，光緒重刊乾隆二十八年本，第 1 頁。

廣州糧食輸出過多，導致廣州也出現了缺糧的情況。西江上游的糧商得知消息，便從廣西採購糧食運銷廣州，於是，廣西的糧食生產欣欣向榮。糧食貿易對廣東西部的帶動最為明顯。廣東西部的高州一直是嶺南經濟最落後的區域之一。但由於糧食的大量輸出，沿海港口吳川從一個沒沒無聞的村落成長為規模可觀的城市。

　　迨至明代晚期，廣東的經濟發展已有超越福建之勢。明末閩人評價廣東：「粵中繁富，十倍閩中。」[51] 這種評價在明代前期是找不到的。另外，廣東地廣人稀的消息傳到福建，使福建人視廣東為樂土。福建沿海的興化府、泉州府、漳州府，長期以來苦於人口過剩，歷來有許多人向外移民。由於運糧船往來於閩粵沿海，便有許多人搭乘這些船隻向廣東移民。至今為止，廣東、廣西與海南的沿海，諸如潮州、惠州、廣州、高州、欽州都有許多閩語人口，他們應是宋明以來福建移民的後裔。這些移民來自福建最有活力的沿海區域，他們富有經營經驗，他們來到廣東沿海定居，對廣東沿海經濟的發展做出一定的貢獻。例如，明代福建的白糖生產是國內一絕，但到了清代，廣東的白糖生產更勝於福建。如《廣州府志》云：「按粵東蔗糖行四方，始於閩人，今則利侔於閩矣。」[52] 其次，明代國內市場上的荔枝、龍眼等鮮果主要來自福建，但到了清代，廣東的荔枝生產壓倒了福建，這都是福建移民對廣東經濟的貢獻。

　　明代福建主要依賴廣東的糧食輸入。清代臺灣開發後，來自臺灣的糧食輸入福建，這使福建對廣東糧食的依賴性大大降低。不過，隨著福建人口的大量增加，對糧食需求也越來越多。廣東西部及珠江下游的廣州，仍為福建糧食供應地。其他商品也輸入福建。「按，廈門販洋船隻，始於雍正五年，盛於乾隆初年，時有各省洋船載貨入口，倚行貿易徵稅。並准呂宋等夷沿入口交易，故貨物聚集、關課充盈，至嘉慶元年，尚有洋行八家，大小商行三十餘家，洋船、商船千餘號，以廈門為通洋正口也。向來南北商船由商行保結出口，後因蚶江、五虎門三口並開，奸商私用商船為洋駁（較洋船為小）載貨挂往廣東虎門等處，另換大船販夷，或逕自販夷、回

51　李世熊，〈明兵部職方主事李公（魯）家傳〉，錄自李魯，《重編爐餘集》卷五，民國重刊本，第9頁。
52　沈廷芳等，乾隆《廣州府志》卷四七，乾隆二十四年刻本，第12頁。

棹則以貴重之物，由陸運回，粗物仍用洋駁載回。倚匿商行，關課僅納日稅而避洋稅，以致洋船失利，洋行消乏，關課漸絀。至嘉慶十八年，僅存和合成洋行一家，呈請洋駁歸洋行保結。經廣郊金廣和於嘉慶二十二年以『把持勒索』控，總督董批行查禁。奸商肆然無忌。道光元年，洋行全行倒罷，詳請以商行金源豐等十四家公同承辦洋行之事，維時本地以商船作洋船者，尚有十餘號，而各省洋船及呂宋夷船不至。自後洋船、洋駁亦漸稀少。私往詔安等處各小口整發。商行亦見凋罷。迨至道光十二、三年，廈門商行僅存五六家，關課虧缺。」[53] 可見，鴉片戰爭前，廈門商業情況一度較差。史料表明，清代前期廣東與福建之間仍有許多船隻航行，「緣蔡卯係廣東澄海人，自置單桅船一隻，領給澄海縣牌照名蔡萬順。蔡卯自為出海，雇募蔡董為舵工，蔡愚、蔡喬經、蔡芳、蔡順、陳水發、陳阿仁、蔡喬仰並喊救之陳智輝、蔡容理，蔡絹為水手，嚮往福州、上海等處貿易。」[54] 如外人記載：

> 1831 年和澳門與江門貿易、或在該地停泊的沿海貿易船隻如下：來自福建廈門者八十艘；來自福建漳州府者一百五十艘。來自廣東惠州與潮州府者三百艘，來往江門與福建者三百艘；來自廣州至鎮江及遼東者十六艘。後者係福建的大型帆船。其他是小些的帆船，載重自數百擔至三四千擔不等。克勞福君估計中國對外貿易船隻噸數有七萬噸。[55]

以上這段話有許多值得人們注意之處，其中專門點出福建船是大型的帆船；其次，福建船隻主要來自廈門與漳州，我們知道：廈門在清代屬於泉州府的同安縣，所謂來自廈門的福建船隻，應主要是泉州的，漳州的船隻被另外列出，應是相對泉州而言，其數量比泉州船更多。在《平和縣志》中也可以看到，康熙年間，平和縣人郭奏從澳門回到漳州平和縣。[56] 江門應

53　周凱等，《廈門志》卷五，〈船政志〉，第 141 頁。
54　楊廷理，〈拿獲匪船審明正法〉，乾隆五十六年六月二十八日，《楊廷理詩文選集》，福建教育出版社 2017 年臺灣古籍叢編第 4 輯，第 278 頁。
55　R. M. Matin, *China; Politcal, Commercial and Social*, VO1.2, p.137. 轉引自轟寶璋，《中國近代航運史資料》第一輯，上冊（1840—1895），上海人民出版社 1983 年，第 60 頁。
56　曾洋水纂，道光《平和縣志》卷十，〈風俗志〉，第 459 頁。

是在澳門附近，所以，其船隻往往要進出澳門港。清代福建與廣東西部之間有發達的糧食貿易，廣東的高州、雷州與廣西的西江上游，都是盛產稻米的地方，福建的缺糧區要從此地輸入大米，所以，有 300 艘福建船隻往來於江門與澳門是可信的。那麼，他們是在做什麼生意呢？除了糧食之外，還有茶葉與鴉片。英商胡夏米在鴉片戰爭前調查福建可資貿易的貨物，他採購了二種安溪茶，並說：「安溪茶，廣州經常售價是十八兩或二十兩。」「合豐牌，一箱大葉安溪茶，廣州市價約十六兩」[57]。由此可見，安溪茶也在廣州市場上賣，為英國商人採購。安溪位於閩南，其下游城市為泉州、廈門，安溪茶輸入廣州與澳門，應是走海路。

當時澳門與泉州之間的另一種貿易商品是鴉片。鴉片戰爭前，有許多來自澳門的夷船在福建沿海出售鴉片，道光四年三月：「有呷板夷船在洋游奕，載賣鴉片烟土，奸民勾通滋弊，通飭營汛，一體巡防驅逐。自後七年三月，九年三月，八年五月，十年正月，皆寄椗外洋，隨時驅逐。」[58] 這些材料表明，道光初年已經有外來夷船在廈門口岸外海販賣鴉片。管理廈門的同知許原清有「戒食鴉片烟告示十條」：

> 鴉片始自西洋荷蘭及咬嚼吧等國，原係毒草及腐屍敗革煎煮而成。彼國前明萬曆年間至中國，貪我富庶，造此毒物使中國人食之。柔其筋骨，耗其精神，惰其志氣，破其貲財。欲令薰蒸遍於天下，然後逞彼狡謀，將圖不軌。彼國不肯自食，有竊食之者立斬。中國初猶不知其意，迨後有人親至咬嚼吧，為伊墝多年，歸而言之，始知彼國奸謀如此。[59]

按，以上文字使我們知道：清代官府推測鴉片最早是荷蘭人有意引進中國的。荷蘭人與中國的直接貿易，大約起於萬曆年間，對萬曆皇帝墓的挖掘使考古工作者知道：萬曆皇帝是最早的鴉片吸食者。閩人吸食鴉片還沒有看到明代的例子。清康熙末年，藍鼎元已經說到鴉片煙：

57　〔英〕胡夏米，〈「阿美士德」號中國北部口岸航行報告〉，見福建師範大學歷史系福建地方史研究室主編，《鴉片戰爭在閩臺史料選編》，福建人民出版社 1982 年，第 80—81 頁。
58　周凱，道光《廈門志》卷五，〈船政略〉，第 143 頁。
59　周凱，道光《廈門志》卷十五，〈風俗記〉，第 521 頁。

鴉片烟不知始自何來？煑以銅鍋，烟筒如短棍。無賴惡少，群聚夜飲，遂成風俗。飲時以蜜糖諸品及鮮果十數碟佐之，誘後來者。初赴飲不用錢，久則不能自已，傾家赴之矣。能通宵不寐，助淫慾，始以為樂，後遂不可復救。一日輟飲，則面皮頓縮唇齒齘露，脫神欲斃。復飲乃癒。然三年之後，無不死矣。聞此為狡黠島夷誑傾唐人財命者，（南洋諸番稱中國為唐，猶言漢云。今臺灣人稱內地亦曰唐山。）愚夫不悟，傳入中國已十餘年。廈門多有，而臺灣特甚殊可哀也。[60]

如藍鼎元所說，吸食鴉片煙的習俗是康熙中期從南洋傳入福建的。吸煙習慣後在民間漫延，到了清代中期，已經相當嚴重了，所以，官府開始禁煙。乾隆年間的《閩瑣記》記載：

鴉片不知何物，浮浪者喜服之。雖嚴禁不能止。聞服是物者，精神陡健，飲啖異常，可晝夜不疲，然須佐以酒肉，日日服之，否即羸瘦委頓，如久病狀。常服者，三兩年後亦必死，與蠱藥無異。其服法，取片一小丸，和煙草置竹筒內，燃火咂之。一丸可輪咂四五人，每咂只可一二口，已薰然如醉矣。初服時或嫌其嗅，服久則覺其香，頃刻離之而不可。洵海上逐臭之夫也。[61]

黃叔璥的《臺海使槎錄》云：

鴉片煙，用麻葛同鴉土切絲於銅鐺內煮成鴉片，拌煙另用竹箇實以椶絲，群聚吸之。索值數倍於常煙。專治此者，名開鴉片館。吸一、二次後，便刻不能離。暖氣直注丹田，可竟夜不眠。土人服此為導淫具；肢體萎縮，臟腑潰出，不殺身不止。官弁每為嚴禁。常有身被逮繫，猶求緩須臾，再吸一箇者。鴉片土出噶喇吧。[62]

周凱曾經勸說民眾不可吸食鴉片：「更聞廈門富家，恐其子孫之嫖賭破財也，許在家食鴉片，謂可收束其身心。是欲速其死而絕其嗣也。可謂不知義方之甚者矣！」鴉片戰爭前，官府已經開始禁止民間吸食鴉片。周

---

60 藍鼎元，《鹿洲初集》卷二，〈與吳觀察論治臺灣事宜書〉，第 15—16 頁。
61 彭光斗，《閩瑣記》，福建省圖書館藏手抄本，第 26—27 頁。
62 黃叔璥，《臺海使槎錄》卷二，〈赤嵌筆談〉，第 29 頁。

凱說：

> 鴉片烟來自外夷，枯鑠精髓，有性命之虞。新令尤嚴，買食者杖
> 一百，枷號兩個月；不將販賣之人指出者，滿杖；職官及在官人役
> 買食者，俱加一等；興販、種賣、煎熬者，充軍；開設烟館者，絞
> 監候，地保鄰右俱滿徒。而愚民不醒，性命以之。其流弊有九，曰：
> 喪威儀，失行檢，擲光陰，廢事業，耗精血，蕩家資，虧國課，犯
> 王章，毒子孫。入其中者，亦能自知其弊，無如蔽錮已深，終不得
> 脫。甚有其身被逮繫，求緩須臾，再一啜吸者。愚滋甚矣。其病根
> 曰（引）癮，亦曰念。初食時受人引誘，殆以為戲，漸至不能暫離，
> 癮至而不得，有甚於死。[63]

這些禁令已經相當嚴厲了，仍然無法阻止福建沿海一帶的吸食鴉片之
風。這是因為走私者帶來源源不斷的鴉片。清代福建地方官說：

> 至鴉片不能斷絕，更無論矣。以泉州言之，如衙口施姓、深滬陳姓、
> 陳埭丁姓，素皆恃鴉片為生業。夷船一到彼處，則盈千累萬，交水
> 師哨船代為交易。其運送各處銷售，或由惠安洛陽、陳三壩，晉江
> 河市等處，送至仙遊地面發賣；或由南安埔頭、小羅溪等處，送至
> 永春、尤溪交界地面，再用大船載至延建地方銷賣。建溪船戶，多
> 係南安人，搬運既便，興販尤多。風聞泉州煙土，每塊值銀五六圓，
> 建甯則每塊值銀十六七圓，小民貪利，瞀不畏死，獲利愈多，趨之
> 愈眾。[64]

臺灣也無法阻擋鴉片的進襲。朱仕玠的《小琉球漫誌》和朱景英《海
東札記》都對臺灣鴉片消費進行了描述。例如朱景瑛說：

> 鴉片產外洋咬嚼吧、呂宋諸國，為渡海禁物。臺地無賴人多和烟吸
> 之，謂可助精神，徹宵不寐。凡吸，必邀集多人，更番作食，鋪席
> 於地，眾偃坐席上，中燃一燈以吸，百餘口至數百口為率。煙筒以
> 竹為管，大約八、九分，中實樷絲頭髮，兩頭用銀鑲首，側開一孔，
> 如小指大，以黃泥搯成壺盧樣，空其中以火煆之，嵌入首間，小孔

63　周凱，《廈門志》卷十五，〈風俗記〉，第 520 頁。
64　杜彥士，〈英船攜帶烟土在閩省海口銷售當一律嚴辦折〉，齊思和等整理，《籌辦
　　夷務始末》（道光朝）卷九，北京，中華書局出版社 1964 年，第 254 頁。

上置鴉片煙於壺盧首，煙止少許，吸之一口立盡，格格有聲。飲食頓令倍進。日須肥甘，不爾腸胃不安。初服數月，猶可中止；迨服久偶輟，則困憊欲死，卒至破家喪身。凡吸者面黑肩聳，兩眼淚流，腸脫不收而死。[65]

　　由此可見，在乾隆年間，鴉片已經在福建沿海及臺灣一帶氾濫，官府也開始禁鴉片。然而，嘉慶、道光年間，吸食鴉片的惡習又有發展：「閩粵兩郡，幾無虛口。在好之者以身試法，在售之者以土易金……。」[66]官府對鴉片的禁止日益嚴厲：「鴉片烟來自外夷，枯鑠精髓，有性命之虞。新令尤嚴，買食者杖一百，枷號兩個月；不將販賣之人指出者，滿杖；職官及在官人役買食者，俱加一等；興販、種賣、煎熬者充軍；開烟館者，絞監侯，地保鄰右俱滿徒。」[67]如此嚴厲的法令，仍然無法禁絕鴉片。臺灣吸食鴉片的人也很多。「臺灣城市之富戶，半富於洋船，實半富於洋船之鴉片。」[68]仔細琢磨這句話，可知臺灣走私鴉片的情況嚴重。

　　鴉片戰爭前，在中國銷售的鴉片主要產自海外，據說是來自印度，先由荷蘭人向中國出售，後來是英國商人販運。鴉片貿易導致中國人民受害，白銀外流。從區域貿易而言，當年鴉片進入中國，是從廣東一帶走私進入福建的。

二、清代廣東十三行商人與武夷茶貿易

　　如前所述，漳泉商人在明代廣東海上貿易中發揮重要作用。早期的漳泉商人亦商亦盜，他們冒犯海禁前來廣東沿海貿易，發展了廣東與東南亞的貿易聯繫。廣東與福建的海上航運也因他們而發展起來，明代廣東糧食大量輸入福建。葡萄牙人來到中國沿海之後，漳泉商人又最早成為葡萄牙人的翻譯兼商人，從事澳門與中國內地之間的貿易。這使他們在廣東對外貿易領域形成較大的勢力。按照廣州外貿的制度，外國商船來華之後，都由廣州十三行商人接待。這樣，廣州的十三行商人壟斷了對外國的貿易。

65　朱景英，《海東札記》卷三，〈記氣習〉，福建教育出版社2017年《臺灣古籍叢編》第4輯，第159頁。
66　翟灝，《臺陽筆記》，〈鴉片煙論〉，第25頁。
67　周凱等，《廈門志》卷十五，〈風俗記〉，第520頁。
68　陳盛韶，《問俗錄》卷六，〈鹿港廳·番社〉，第110頁。

　　據梁嘉彬的研究，廣東的十三行歷來與閩商的關係密切，早在康熙年間，就有來自福建同安的潘啟官在廣州開設同文行；廣州的茶葉貿易興盛之後，又有福建晉江人黎光華在廣州開設資元行；其他各行商中，也多有福建人，例如晉江安海人伍秉鑑的怡和行，詔安人葉上林的義成行，同安人潘瑞慶的麗泉行，詔安人謝嘉梧的東裕行等等。[69] 民國時期，梁嘉彬教授在媽祖閣中見到一塊立於嘉慶末年的〈重修媽祖閣碑記〉，碑記中有十三行商人為媽祖閣捐獻之題名，上款：「謝東裕（詔安人）行捐銀肆佰壹拾員，伍詒光（晉江安海人）堂捐銀貳佰壹拾員，盧慎餘堂捐銀貳佰壹拾員，潘同孚（同安人）行捐銀貳佰壹拾員，劉東生（徽州人）行捐銀壹佰伍拾員、萬源行捐銀壹佰壹拾大員，梁天寶行捐銀壹佰零伍員，順泰行捐銀壹佰大員。[70] 以上為澳門媽祖閣捐錢的十三行商人，其祖籍多為福建。可查明的捐錢商人中，僅有劉東生行的主人是徽商。可見，清代廣東行商以漳泉商人為多，漳泉商人中，又以漳州人為多，其原因在此。來自閩南龍溪的潘家，以經營茶葉聞名。其中潘文巖多次到菲律賓做生意，甚至還到過瑞典。他進入廣州後，曾經接盤兩大破產的洋商。潘文巖死後，其子潘有度將潘家的生意做到高峰，大約在 1820 年前後，潘氏家族的的財產高達一千萬銀元，馴至 19 世紀 40 年代後期，估計潘家已經有兩千六百萬銀元。[71] 來自泉州的伍氏家族是和潘氏家族同樣以富裕有名的十三行家族。在伍秉鑑之時，他的家產最多時達五千萬銀元，被美國人稱為世界最富的人。

　　清代廣州出口商品中，以茶葉最重要。英國人之所以到廣東貿易，與武夷茶有很大的關係。清代中國對外貿易最大宗商品是茶葉，並以出產於武夷山的紅茶為主。從武夷山到廣州，有一條傳統的貿易線路。首先翻越武夷山脈到江西河口鎮，再從河口鎮乘船到南昌，接著從南昌換船上溯贛江上游，翻越大庾嶺進入廣東，從廣東上游的北江沿江而下，來到廣州。這條商路相當漫長，本來，從武夷山沿閩江下游到福州是武夷茶最好的出海路線。但在清代初期，福州不是對外貿易港口，可以出售茶葉的是廈門

69　梁嘉彬，《廣東十三行考》，廣東人民出版社 1999 年，第 256、259、283、300、303、328 頁。

70　梁嘉彬，《廣東十三行考》，廣東人民出版社 1999 年，第 394—395 頁。

71　陳國棟，〈潘有度：一位成功的洋行商人〉，氏著，《東亞海域一千年——歷史上的海洋中國與對外貿易》，山東畫報出版社 2006 年，309 頁。

港。所以，運到福州的茶葉還要換乘海船才能運到廈門。清代初年，武夷茶商主要從廈門了出口，但在廣州口岸也可買到武夷茶。乾隆二十四年（1759 年）之後，清朝規定廣州為接待來自歐洲商船的唯一港口，廈門的武夷茶商大都遷至廣州。於是，英、法、美等國的商船也彙集廣州，其數量逐年增多，從每年十幾艘上升到幾十艘，迨至道光年間，每年到廣州貿易的外國船隻有 100 來艘。於是，廣州成為中國對外貿易中心。

廣州行商經營武夷茶採用包買制。徐經說：「其時建人以武夷所產出易於粵，亦甚寥寥。其後招集粵人聚於星村，通洋之市遂以武夷主之。而凡建屬之產盡冒武夷，於是有山無不種茶。」[72] 據載，廣東行商來到武夷山之後，以預付款項的方法將武夷山主要茶產地都掌握在手，茶葉一生產出來，就被他們運到廣州去出售。所以，從武夷山到廣州的貿易線路形成之後，就被廣州行商牢牢控制，即使有小部分茶商將武夷茶運到廈門出售，也無法改變大局。從英國人方面來說，雖然他們最早在廈門買到武夷茶，但他們感到在廈門的貿易要受到官吏層層敲詐，成本較高，而在廣州貿易，成本較低，又可得到上好的武夷茶。於是，他們最終選擇廣州為主要貿易港口，乾隆皇帝的新規定，只是加強了英國商人的選擇。不過，茶葉貿易全部集中到廣州，也使廣東行商能夠壟斷武夷茶貿易，促使茶價逐步上升。久而久之，又使英國人懷念廈門、寧波等港口通商的時代。

其一為道光七年的〈廣泰張蒼記包福昌工夫□件〉。

立議單人張蒼記號今在廣面接到福隆寶行定武夷大箱福昌字號工夫茶六百件，每件約重六十三斤，言明每佰斤茶價銀照交紅毛公司番價，如交廿五兩，結客價銀拾六兩三錢，如交廿六兩，結客價銀拾七兩三錢，如交廿八兩，結客價銀拾九兩三錢，實銀算，不折不扣，不加箱罐、棧用一併在內。客自運至粵省交卸。即付訂單銀肆千貳百兩，其餘茶銀照寶行開發。承辦之茶，務要揀選上等貨色，泡水清綠，條索圓結，官堆均勻。其茶準於八月到樣，九月中到半，十月中到齊，不得遲誤。如過期不到及貨色低潮，即將此茶退還原客另賣，收過收單銀兩加壹五息送還寶行。倘夷船來少，行亦不得推卸。此係信義相交，立此議單，交寶行收執為憑。

72　徐經，《雅歌堂文集》卷十一，〈上制府議禁種茶書〉，清同治十二年刊本，第 1 頁。

經手人衛廣泰號

道光柒年三月吉旦立議單人張並茂蒼記號

其二同為道光七年的〈全字義聚包辦工夫□字號小種卜件〉：

立議辦茶單義聚茂記今接到福隆寶行定辦正隆、聚隆、福華、福蘭、福珍、福馨共六個字號武夷工夫大箱茶，每個字號計茶陸百□拾件，每件約重陸拾三斤，每百斤淨茶價照交紅毛公司番價，如交貳拾五兩，結客價銀拾柒兩三錢，如交貳拾陸兩，結客價銀拾捌兩三錢，如交貳拾捌兩，結客價銀貳拾兩三錢，如交貳拾九兩，結客價銀貳拾貳兩三錢，如交三拾兩，結客價銀貳拾三兩三錢，實銀，不折不扣，不加箱罐連行用運費一應在內。訂明第個字號先交定單銀三千兩，共交定單銀壹萬捌千兩，其餘價銀准照廣利行結客日期如數全盤找楚。議統計辦茶原本銀除定單外，所出原本銀若干，福隆行補回本號，每兩每月息銀壹分，算至結算日。除應本息外，再有贏餘，係福隆行著四成，本號著六成。倘或夷人退價及或有意外事故，致有虧缺，不足本兩並壹分之息，係福隆行亦照補足本兩並壹分利息與本號收，毋得異言，此係信義相孚，兩情尤協，特立此議單，交執為照。

另接辦好上小種三百件，好中小種三百件，其定單銀期各款事例，俱照大箱二。

此照

經手人金子興記

道光七年三月　義聚茂記單

　　以上兩件訂貨單應為廣州的福隆寶行向武夷山諸茶號訂購茶葉的訂單，俱由「義聚茂記」承辦。福隆寶行所付出的銀子，一次為向福昌字號訂購茶葉的「肆千貳百兩」，一次為向正隆、聚隆、福華、福蘭、福珍、福馨等商號定購的「壹萬捌千兩」，出手豪闊。福隆寶行與「紅毛公司」做生意，每百斤小種武夷茶，福隆寶行可賺進七八兩白銀。在武夷山方面，福隆寶行雖然貸出大筆銀兩，但這兩筆銀子都規定了一分至一分五的利息，只要從中經手的「義聚茂記」不倒閉，福隆寶行的利潤都是穩定的。此外，

廣州歐美商人購茶的價格值得注意，從契約中瞭解，當時歐美茶商付出的茶價為每百斤 25—30 兩白銀！而廣州茶行在廣州付給內地茶號的價格為 16.3—23.3 兩白銀，這個價格也是很高的。有一個研究者說：「19 世紀初，廣州每擔紅茶成本為 20.2 兩白銀，東印度公司以 27 兩收購，行商利潤為每擔 6 兩 8 錢，即 30% 為利潤，而東印度公司在英國出售的茶價為每磅 3 先令或即每擔 60 兩。」[73] 相互印證，可知以上史料是可信的。由於貿易中利潤很高，大大刺激了武夷山茶葉的迅猛發展。

清代廣州茶葉輸出規模。歐洲人流行喝中國茶葉是在清代初年，迄至清代中葉，西歐國家都要從中國進口茶葉。見下表：

表 8—1　廣州出口茶葉的消費國（乾隆十五年，1750 年）

國名	英國	法國	荷蘭	瑞典	丹麥
運銷量	21543 擔	14944 擔	9422 擔	12629 擔	12304 擔

姚賢稿，《中國近代對外貿易史資料》第一冊，第 265 頁。

以上共計 70842 擔。若每擔售價 20 兩白銀，共值 1,416,840 兩。這說明清代乾隆初期，歐洲人雖然開始消費中國茶葉，但其數量不多。然而，自此之後，歐洲人消費的中國茶葉數量大增，其中主要原因在於英國人改變了自己的飲食習慣。受英國上層社會的影響，這一時代的英國人早餐開始喝牛奶紅茶，這使英國人消費的牛奶數量大增。使中國茶外銷在 40 年內番了幾番。見下表：

表 8—2　東印度公司自中國輸至英倫本土茶葉量的發展趨勢 [74]

1760—1764 年	42065 擔	75.%
1765—1769 年	61834 擔	111.2%
1770—1774 年	54215 擔	97.5%
1775—1779 年	33912 擔	61.0%
1780—1784 年	55590 擔	100%
1785—1789 年	138417 擔	249.0%
1790—1794 年	136433 擔	245.4%

73　Samuel Ball, *An Account of the Cultivation and Manufacture of Tea in China*., P.353—354, Longmans, London, 1848. 轉引自：張曉寧，〈廣東十三行衰敗原因試探〉，《中國社會經濟史研究》1996 年第二期。第 86 頁。

74　嚴中平，《中國近代經濟史統計資料選輯》，科技出版社，1955 年，第 16 頁。

1795—1799 年	152242 擔	273.9%
1800—1804 年	221027 擔	397.6%
1805—1809 年	167699 擔	301.6%
1810—1814 年	244446 擔	439.7%
1815—1819 年	222301 擔	399.9%
1820—1824 年	215811 擔	388.2%
1825—1829 年	244704 擔	440.2%
1830—1833 年	235840 擔	424.2%

1763—1833 年每年平均數、指數，1780—1784 年平均 100。

由此可見，迄至 1820 年之後，英國輸入的茶葉已經是 1780 年的四倍，40 年內增長 4 倍，當時英國人消費茶葉增長之快由此可見。在鴉片戰爭的前五年內，英國人消費的茶葉進一步增長，見下表：

表 8—3 中國對英國茶葉輸出表 [75]

（年度自 7 月 1 日起到次年 6 月 30 日止）單位：磅（1 磅 =0.9072 市斤）

茶葉類別	1836—1837 英國	1837—1838 英國	1838—1839 英國	1839—1840 英國	1839—1840 新加坡、印度
廣東武夷	9053	—	65333	233451	64000
福建武夷	—	—	—	—	—
功夫 *	23819200	1624134	29292600	17259051	1875840
紅梅 *	531200	384534	326266	175423	56903
珠蘭 *	596533	658667	301467	274334	23250
安溪 *	164667	70667	106000	—	—
小種 *	2444400	1010267	866333	656575	176298
花香 *	943200	466000	895600	535396	40778
揀焙 *	38267	28933	57200	257771	—
白毫 *	393200	584266	535067	177017	15900
屯溪 **	4136400	4249733	4051867	3284119	262839
熙春 **	2631600	1464267	1307600	1537487	224268
皮茶 **	359733	238933	519006	116969	3109
雨前 **	668800	853867	668133	656943	218980
圓珠 **	602666	458000	763867	676233	86319

75 *Chinese Repository*, Vol.IX, 1840.8, P191. 轉引自姚賢稿，《中國近代對外貿易史資料》第一冊，第 282 頁。北京，中華書局，1962 年。

藝珠 **	419466	296533	418267	344160	58514
紅茶總計	29021200	25827468	32495066	19347018	2252969
綠茶總計	8818665	7561333	7728800	6615901	854020
總計（磅）	37839865	33388801	40223866	25962919	3106989

注：上表中，凡有 * 號者為紅茶，凡有 ** 者為綠茶。

除了英國之外，當時美國消費的中國茶葉也很可觀。見下表：

表 8—4　中國對美國茶葉輸出表[76]
（年度自 7 月 1 日起到次年 6 月 30 日止）單位：磅

茶葉類別、年代	1836—1837	1837—1838	1838—1839	1839—1840
武夷（紅茶）	—	—	—	14133
功夫（紅茶）	186800	63600	243467	306606
小種（紅茶）	2331067	4110266	903866	2587733
包種（紅茶）	309600	514667	467600	569200
白毫（紅茶）	106934	212400	9467	105200
花香（紅茶）	—	—	26000	13333
烏龍（紅茶）	—	—	—	175733
屯溪（綠茶）	424133	45600	63334	10374800
雨前（綠茶）	8437067	6361200	5542266	1464266
皮茶（綠茶）	1669866	1426934	533733	1100533
熙春（綠茶）	1332400	874133	554534	1475200
圓珠（綠茶）	1038667	922000	849067	1146800
紅茶總計	2916400	4900933	1650400	3596265
綠茶總計	13665066	10284134	8170667	15737332
總計（磅）	16581467	15185067	9821067	19333597

以上銷售英美的茶葉主要是紅茶與綠茶。這些茶葉來自何地？一般地說，綠茶主要來自浙江，而紅茶來自福建武夷山。今日中國人所喝茶葉可分三種：綠茶、烏龍茶、紅茶。這三種茶的劃分主要根據發酵成度。紅茶是全發酵茶，烏龍茶是半發酵茶，綠茶是未經發酵的茶葉。綠茶是中國傳統的茶葉，而烏龍茶與紅茶是清代初年武夷山茶農發明的茶葉。[77] 茶葉發酵

76　*Chinese Repository*, Vol.IX,1840.8, P191. 轉引自姚賢稿,《中國近代對外貿易史資料》第一冊，第 282 頁。

77　徐曉望，〈清代福建武夷茶生產考證〉，《中國農史》1988 年第 2 期。

之後，綠茶的苦澀味沒有了，取而代之的是濃香味。所以，外國人較易接受。嘉慶《崇安縣志》載有茶名：「武夷茶……國朝仍充土貢。附山為巖茶，沿溪為洲茶。巖為上，洲次之。有小種、小焙、花香、松蘿、蓮心、白毫、紫毫、雀舌諸品。」[78] 崇安縣令劉埥的《片刻餘閒集》也說到武夷茶：「武夷茶高下共分二種，二種之中，又各分高下數種。其生於山上巖間者，名巖茶。其種於山外地內者，名洲茶，巖茶中最高者曰老樹小種，次則小種，次則小種工夫，次則工夫，次則工夫花香，次則花香。洲茶中最高者曰白毫，次則紫毫，次則芽茶。」[79] 將以上茶名與英國人購進的紅茶之名相對照，就可證明英國人所購紅茶大都產於武夷山。[80] 其中在英國最流行的功夫茶，實際上是武夷茶中比較一般的茶葉。

為了購取武夷山的茶葉，英國人實行預購制度，他們將銀兩預付給廣州行商，而行商將銀錢裝箱運到武夷山，通過當地茶行預付給茶農。[81] 雍正年間的《崇安縣志》記載，雍正年間前赴武夷山收購茶葉和紙張等土產的商人，「攜資至者歲數十萬」；[82] 到了嘉慶年間，嘉慶《崇安縣志》則說：「客商攜貲至者不下數百萬。」[83] 這說明嘉慶年間流入武夷山區的資金比之雍正年間增長了十倍以上。大量資金的流入刺激了當地茶葉經濟的發展。「武夷以茶名天下，自宋始，其時利猶未溥也。今則利源半歸茶市。茶市之盛產，星渚為最。初春後，筐擔屬於路，負販之輩，江西、汀州及興泉人為多，而貿易于姑蘇、廈門及粵東諸處，亦不盡皆土著。」[84] 清代廣州的武夷茶輸出，使大量白銀輸入閩北，帶動了閩北山區製茶業的發展，使閩北商品經濟的發展的發展達到較高的水準。與此同時，產自閩北的武夷茶，也是廣州口岸繁榮的一個重要原因。在鴉片戰爭前，廣州已經成為一個百萬人的大城市，這與武夷茶貿易有相當關係。從閩商的角度來看，祖籍福

78　魏大名、章朝栻，嘉慶《崇安縣志》卷二，〈物產〉，清嘉慶十三年刊本，第 34 頁。
79　劉埥，《片刻餘閒集》，乾隆十九年刊本，第 32 頁。
80　按，中國今天最大的紅茶產區是安徽的祁門，但據當地史料，祁門製造紅茶的技術是在鴉片戰爭之後從福建引進。
81　*Chinese Repository*, Vol.VIII, 1839.7. 轉引自姚賢稿，《中國近代對外貿易史資料》第一冊，第 265 頁。
82　張彬等，雍正《崇安縣志》卷一，〈土產〉，清雍正十一年刊本。
83　魏大名、章朝栻，嘉慶《崇安縣志》卷一，〈風俗〉，第 3 頁。
84　魏大名、章朝栻，嘉慶《崇安縣志》卷一，〈風俗〉，第 3—4 頁。

建的十三行商人在廣州開闢武夷茶貿易是十分成功的。

第四節　清代泉州與澳門之間的貿易

　　一般認為：澳門的鼎盛時期是在明末，清代澳門即走下坡路。但是，對清代澳門貿易情況研究太少，對其中澳門華人的經營情況的研究，更少之又少，其實，不少材料表明：清代澳門還保持著相當活躍的貿易，其中，澳門與福建之間是一條重要的貿易線。當時有材料記載：

> 1831 年和澳門與江門貿易、或在該地停泊的沿海貿易船隻如下：來自福建廈門者八十艘；來自福建漳州府者一百五十艘。來自廣東惠州與潮州府者三百艘，來往江門與福建者三百艘；來自廣州至鎮江及遼東者十六艘。後者係福建的大型帆船。其它是小些的帆船，載重自數百擔至三四千擔不等。克勞福君估計中國對外貿易船隻噸數有七萬噸。[85]

　　以上這段話有許多值得人們注意之處，其中專門點出福建船是大型的帆船；其次，福建船隻主要來自廈門與漳州，我們知道：廈門在清代屬於泉州府的同安縣，所謂來自廈門的福建船隻，應主要是泉州的，漳州的船隻被另外列出，應是相對泉州而言，其數量比泉州船更多。江門應是在澳門附近，所以，其船隻往往要進出澳門港。我們知道：清代福建與廣東西部之間有發達的糧食貿易，廣東的高州、雷州與廣西的西江上游，都是盛產稻米的地方，福建的缺糧區要從此地輸大米，所以，有三百艘福建船隻往來於江門是可信的。此外，從廈門、漳州與澳門之間的貿易量來看，每年有二百三十艘福建船到達澳門，這也是個可觀的數字，那麼，他們是在做什麼生意呢？學術界對這一問題似乎尚未引起興趣，在福建方志中也查不到記載。但是，媽祖閣的碑記為我們透露出信息，請見黃宗漢〈香山濠鏡澳媽祖閣溫陵泉敬堂碑記〉所附 155 人捐款題名單。由於題名者很多，不可能在此全抄，這裡首先列出它的格式：

　　安邑王芳春 100 兩

85　R. M. Martin, *China; Politcal, Commercial and Social*, VO1.2, p.137. 轉引自《中國近代航運史資料》第一冊（1840－1895），第 60 頁。

……
……
……

　　題名碑就是按照這一格式列出 155 名捐款者的名單、姓名、捐銀數量。那麼，他們是什麼地方人呢？題名碑所列名單的籍貫都僅注明某邑、某邑，其中安邑 17 人、晉邑 60 人、同邑 58 人、南邑 12 人、惠邑 2 人、永邑 1 人，其餘 5 人不明。和泉州府所轄的各縣名相比，很顯然，晉邑就是晉江，同邑就是同安，永邑就是永春，他們全是泉州府所轄各縣人！[86] 他們捐獻銀兩的數量不等，列在頭一位的安溪人王芳春捐銀 100 兩，其它捐銀 20 兩以上的有數十位。其中捐銀 1 圓至 2 圓的也有不少。看來，捐獻者中也是以從事雜役與打工的人為多；不過，其中捐銀十兩以上的，可能都是商人；而捐款 20 兩以上的，無疑是有一定資產的商人。此處且列出捐款頭十名的籍貫：

安邑 王芳春 100 兩
安邑……80 兩
晉邑……60 兩
安邑……60 兩
安邑……32 兩
安邑……30 兩
同邑……30 兩
同邑……24 兩
同邑……24 兩
同邑……24 兩

　　就前十名而言，安溪商人表現出強大的實力，在前十名中占了 5 名，共集資 320 兩；同安人其次，共 4 人、102 兩；作為首邑的晉江，總人數雖多，但在前 10 名中僅一人捐資 60 兩。在這一系列中，同安人占第二位不奇怪，

86　清代初期泉州府轄晉江、同安、惠安、南安、德化、安溪、永春等七縣，後來永春、德化與大田三縣從泉州劃出，成立永春州，不過由於早期的隸屬關係奠定的基礎，永春人一直被視為泉州人的同鄉，所以，澳門泉敬堂碑記裡永春人也列入其中。

因為同安所轄廈門，在清道光年間已是對外開放的港口，其總數 58 人、在最有實力的前 10 名商人中占了 4 名，總排名第 2 位，都是其實力的反映。而安邑雖然只有總數為 17 人的商團，在前 10 名裡，捐款總量卻占了第一位，卻是讓人十分意外的。究其原因，顯然與安溪的茶葉貿易有關。

清代是安溪縣生產發酵茶類（包括紅茶、烏龍茶）漸漸出名的時代。英商胡夏米在鴉片戰爭前調查福建可資貿易的貨物，他採購了二種安溪茶，並說「安溪茶，廣州經常售價是十八兩或二十兩。」「合豐牌，一箱大葉安溪茶，廣州市價約十六兩。」[87] 由此可見，安溪茶也在廣州市場上賣，為英國商人採購。看了黃宗漢的〈香山濠鏡澳媽祖閣溫陵泉敬堂碑記〉所附捐款題名碑記，我才知道：安溪茶葉進入世界市場還有另一條重要路線——即通過澳門轉運！從安溪茶商在題名碑上列在首位來看，它足以證明：閩澳之間茶葉貿易數量不少。當時福建茶葉是世界上最熱門的商品，歐洲商人將其運往本土銷售，常有數十倍的利潤，所以，各國商人竟相加入茶葉貿易，葡萄牙人通過泉州商人進行轉口貿易，也是一種與英國人壟斷地位競爭的方式，由於這一點，可想而知泉州商人在澳門會受到重視，因為，它給澳門帶來了商業機會。

當時澳門與泉州之間的另一種貿易商品是鴉片。在上述題名碑上，有 60 名晉邑的商人，其中，施姓、丁姓為數不少。晉江的丁姓以陳埭丁氏最有名，他們是否名列其中呢？我細勘之下，發現了丁拱辰的名字！丁拱辰是清道光年間著名的製炮專家，出版過《演炮圖說》一書，在鴉片戰爭前後，他為廣東地方當局製造大炮多尊，丁拱辰是晉江陳埭丁氏家族的人，這有當地的族譜記載為證。看到丁拱辰的名字，使我想到：題名碑上的丁氏只怕大多為丁氏家族的成員，而題名碑上的施氏，則可能是晉江著名的衙口施氏。這兩個家族，在道光前後是以經營「洋藥」聞名的。鴉版戰爭前夕，清代福建地方官說：

> 至鴉片不能斷絕，更無論矣。以泉州言之，如衙口施姓、深滬陳姓、陳埭丁姓，素皆恃鴉片為生業。夷船一到彼處，則盈千累萬，交水

---

87 〔英〕胡夏米，〈「阿美士德」號中國北部口岸航行報告〉，福建師範大學歷史系福建地方史研究室主編，《鴉片戰爭在閩臺史料選編》，第 80—81 頁。

師哨船代為交易。其運送各處銷售，或由惠安洛陽、陳三壩，晉江河市等處，送至仙遊地面發賣；或由南安埔頭、小羅溪等處，送至永春、尤溪交界地面，再用大船載至延建地方銷賣。建溪船戶，多係南安人，搬運既便，興販尤多。風聞泉州煙土，每塊值銀五六圓，建甯則每塊值銀十六七圓，小民貪利，瞀不畏死，獲利愈多，趨之愈眾。[88]

那麼泉州一帶的鴉片來自何處？福建地方官沈汝瀚云：

> 泉州情形……各海口奸民，從前係用自置草烏船，經常赴澳門夷船，販買轉運，隔省作奸。事本周折，且常有匪徒，在洋伺劫，更屬利害相牽，故不致十分充斥。迨自晉江奸民林因等，串同已正法之王略等，勾結夾板夷船，運載煙土，由粵至泉州外洋游弈，自此路益近，而上益多，本愈輕而利益重。各處強村富戶，紛紛向買……至透漏臺灣並乍浦、寧波、上海、山東、天津之土，係晉惠二縣本有商漁船只，在外洋地面自向夷船販買，揚船徑去。此泉郡煙土來去蹤跡，及囤積分銷情形。[89]

這是說鴉片戰爭前泉州與澳門之間的鴉片走私情況，當時泉州人去澳門販運鴉片，而後經銷福建各處，並轉運國內各地。隨著鴉片走私的發展，有專門的走私船直接到泉州一帶行銷。眾所周知，鴉片戰爭之後，清朝禁煙措施廢除，鴉片貿易無所禁忌，泉州一帶的鴉片走私更為盛行，這就是泉州商人到澳門販煙的背景，媽祖閣上丁氏與施氏等家族的題名，便說明了這二個家族在鴉片戰爭之後，仍然進行這一貿易。不過，丁施二姓中當然以進行合法貿易的商人為多。以丁拱辰來說，他在鴉片戰爭期間積極幫助清朝官方造炮，反映了他反對鴉片貿易的立場。

總之，澳門是國際貿易線上的一個重要節點，閩人在這裡活動悠久。即使到了清代，閩人在澳門經濟中仍然占有重要地位。

清代中國對外貿易的中心從福建轉到廣東，這與武夷茶貿易有關。武

88　《籌辦夷務始末》（道光朝）卷九，杜彥士奏。
89　沈汝瀚，《泉務學治錄》，〈稟查辦鴉片煙土及各處海口情形〉，見福建師範大學歷史系福建地方史研究室主編，《鴉片戰爭在閩臺史料選編》，福建人民出版社1982年，第293—294頁。

夷茶是清代中國出口的主要商品，也是世界上貿易量較大的商品。隨著武夷茶貿易的發展，廣州港越來越繁榮。清乾隆年間，發現歐洲商人在窺探中國各個港口的乾隆皇帝，乾脆下令讓主要歐洲國家的商人都到集中到廣州貿易，以便管理。要注意，這一命令促成了華商對武夷茶的壟斷，對英國商人尤其不利，所以，不能將乾隆皇帝的這一政策等同於歷史上的海禁。二者性質絕對不同。要知道，追求壟斷其實是市場經濟必然伴生的一種現象。歐洲國家殖民世界三百年，細察他們所追求的，也就是對殖民地貿易的壟斷，因為，只有壟斷才能保證資本的絕對利潤。乾隆皇帝禁止英國人到廣州以外的港口貿易，　是對英國人野心有所察覺，相應採取的措施。他這一措施恰好造成了廣州行商對武夷茶貿易的壟斷，英國人原來計畫到福州買紅茶，到寧波買綠茶，多口岸的好處是可以讓中國的港口自相競爭，壓低茶價。武夷茶貿易被集中到廣州之後，英國商人只能到廣州十三行商人手中購取武夷茶，導致茶價日益上升，英國商人對此怨聲載道，他們派人調查武夷茶貿易線路後，向清朝廷要求開放福州港以及恢復歐洲人到上海、寧波、廈門諸港貿易的權力。這就是五口通商的由來。不過，清政府的命令還是有漏洞的，例如，很少到廈門貿易的西班牙商人該怎麼處理？新的規定並未介紹。事實上，西班牙的商船不時到廈門港貿易，似未受到禁令的影響。

　　廣州港壟斷茶葉貿易後，對於福建省來說，很奇怪的一點是：武夷茶是在福建生產的，但其出口的貿易港卻不是福建的港口，武夷茶在國際貿易中形成的高額利潤，不是流入福建省，而是流入廣州。於是，廣州漸漸成長為百萬人級別的城市，而在福建，不論是福州港還是廈門港，對外貿易都比不上廣州，福建省總體上已經被廣東超越，中國對外貿易中心也從清代初年的福建省轉移到廣東省。這是無可奈何的。

　　擁有大利的廣州十三行商人雖然大都是福建移民，但是他們大都在地化，成為廣州人，而不是福建人。福建商人的在地化，從其家族來說，他們是發展了，但從福建整個省來說，這些家族商人的外地化，他們與家鄉的聯繫就淡薄了，一開始是匯錢少了，後來是整個家族都在外地扎根，慢慢地忘記家鄉話。通常幾代人之後，他們就成為當地的主戶，整個福建商團的聲勢大不如前代。

小結

　　清代福建商人的海洋網絡遍布環中國海的各個港口。清朝開海令發布之後，國內沿海航線上到處都是福建商船的帆影，這些商船駛進浙江、江蘇、山東、河北、遼寧、廣東諸省的港口，建立了與福建相聯的商業網絡。這些網絡中，福建與江浙二省的聯繫是最重要的。閩商給江南運去福建的黑白糖、水果、蜜餞、紙張、木材、苧布以及海外的香料，運回棉花、棉布、大豆、豆餅等物資，這條線使泉州、福州的海商都富裕起來。要注意的是：當年的船幫主要是漳州商人和泉州海商，所以，在江浙海口，閩南海商對海洋商業網絡的影響更大一些。

　　從江浙港口向北，就到了山東沿海的港口，這裡的港口多有福建商人的會館，祭祀海神媽祖是其共同的特點。山東港口的閩籍海商多為閩南人的後裔，尤其是泉州商人更多一些。從山東向北，就是河北及遼寧沿海的港口，在這些港口活動的福建海商，多為曾在山東生活一代以上閩商的後裔。所以，他們被稱為魯商，也是可以的。不過，他們仍然祭祀媽祖。閩商北上的另一條路是沿著運河北進。因而運河沿岸的港口多有閩人會館，或叫天后宮，比如運河節點上的淮陰、臺兒莊就有天后宮。以上是閩商網絡在北方沿海的展開。在國內沿海一線的港口裡，稱雄一時的大都為福建商人。例如，廣州、澳門的泉州商幫，上海、寧波的福建商幫，天津的閩粵商幫，都是當地著名的海幫。

　　福建與廣東是鄰省，也是競爭的兩個省。大約在宋元時代，福建經濟領先於廣東，所以，這兩個時代的海上貿易也以福建省為好。明代前期，這一模式不變。明代後期，閩商大舉投資廣州和澳門兩個重要城市，大量的閩商資本及其他各省的來資，使珠江三角洲城鎮大發展，以海外商品及手工業品為主的「廣貨」開始揚名南方諸省。清代前期，廣州興起。乾隆年間，朝廷限制歐洲主要國家的對華貿易，將其集中於廣州口岸，這導致廣州十三行壟斷了歐洲國家的對華貿易。這個商團的核心潘氏、伍氏，都是福建移民。馴至道光年間伍秉鑑之時，伍氏的財產達到 5000 萬圓，被稱為世界歷史上最富有的商人之一。

　　清代澳門是依附廣州而發展的，相對廣州而言，它只是一個約有三四

萬人的小鎮。不過，它仍然是廣東及南海的一個重要港口，閩商在這裡活動悠久，占有重要的經濟地位。

　　對於一個商團來說，福建商幫的特點之一是當地語系化。也就是說，不管他們到了哪裡，幾代人之後，往往成為本地人。以廣州十三行來說，然而，由於潘氏、伍氏等茶商在廣州經營上百年，他們已經被外人視為廣東人。鴉片戰爭後，中國茶葉外貿中心從廣州轉移到福州，伍氏集團也到福州發展，他們已經被視為廣東幫。張集馨的《道咸宦海見聞錄》便談到咸豐年間廣東幫在福州的活動。總之，福建商人的在地化，導致他們對本省的投資越來越少，他們後來也成為異鄉的商幫了。

　　儘管清代福建商幫大發展，他們在本省卻缺少投資機會，多數人在其經商的地方成為本地商人。就總體而言，清代福建的發展速度開始下降了。

第九章　清代前期臺灣閩粵移民的拓展

　　清代臺灣是一個發展較快的區域，大批來自閩粵的移民促進臺灣人口的增長、土地開發，臺灣很快從一個人煙稀少的邊荒區域發展為中國東南經濟文化相當發達的區域。這一發展大勢符合明清中國向東、向南發展的歷史趨勢。

圖 9-1　清代臺灣沿海圖，錄自《皇輿遐覽——北京大學圖書館藏清代彩繪地圖》[1]。

第一節　臺灣的閩粵移民和人口增長

　　清代的閩粵沿海一帶人滿為患，而臺灣是近在咫尺富饒之地，因此，

1　北京大學圖書館編，《皇輿遐覽——北京大學圖書館藏清代彩繪地圖》，北京，中國人民大學出版社 2008 年，第 251 頁。

閩粵人大量移居臺灣，奠定了臺灣人口的規模，這對臺灣歷史產生重要影響。

一、清初閩粵對臺灣移民

　　明代中葉，福建人口大增，田地不足耕耘，沿海民眾因生活所迫，逃到海島開墾荒地，諸如海壇島等海中島嶼，都被移民開發。其中一些人來到臺灣。《明史‧雞籠傳》記載：「臺灣在彭湖島外距漳泉止兩日夜程，地廣而腴。初，貧民時至其地，規魚、鹽之利。後見兵威不及，往往聚而為盜。」據福建的方志記載，嘉靖三十三年（1554 年）陳老等海盜結巢澎湖，嘉靖四十二年（1563 年）林道乾集團逃入臺灣，俞大猷追海盜林道乾至臺灣沿海，見海道紆迴，不敢深入，留守軍於彭湖。道乾在臺灣造船出海，突至馬尼拉一帶，與西班牙人大戰，失利後，又一度回到臺灣。其後，臺灣一直是閩粵海盜的根據地，著名海盜曾一本、林鳳都到過臺灣。此後，閩人逐漸入臺墾荒，成為臺灣早期居民之一。

　　荷蘭人於明末盤據臺灣，為了發展經濟，他們大量吸引中國人前去墾荒。這一時代東方貿易的主要內容是生絲、瓷器、糖等物資，而且都要從大陸輸入。由於明末大陸的形勢多變，荷蘭人商品來源不能保證，於是荷蘭人想在當地發展一些產業，尤其是糖的製造。當時的東方只有中國人才能大量生產糖，所以，荷蘭人吸引福建人到臺灣開墾。明末，臺灣已能生產糖 150 萬斤。福建人吃苦耐勞，開墾了臺灣的土地。熊文燦撫閩時，福建大旱，芝龍出錢招乃招饑民數萬人，用海舶載至臺灣，開墾荒土為田，向鄭氏納租。現在看來，鄭芝龍運災民去臺灣與荷蘭人有關，荷蘭人力圖吸引移民，鄭芝龍利用這一機會，將災民移遷臺灣，這對雙方都是有利的。荷據臺灣的後期，臺灣的漢人已經有 25000 人之多。

　　鄭成功擊敗占據臺灣的荷蘭殖民主義者，從此開始了閩人向臺灣大移民的時代。據記載，鄭成功第一次入臺的部下約有 25000 人，第二批有 5000 人。康熙三年（1664 年）鄭經從廈門退往臺灣，所帶部下約為六七千人。其後，清廷實行遷海政策，沿海民眾失業，遷往臺灣的人口不少。鄭克塽降清時，臺灣約有 12 萬人。

　　清廷統一臺灣之後，鄭氏官兵與部分原籍泉漳的百姓回歸原籍，季麒

光記載當時隨施琅回大陸的難民有 12130 人，逃亡有 7711 人，兩項相加就接近兩萬人了。這是官方的記載，實際數字應當更多。[2] 於是，臺灣出現了人口減半的暫時現象。那麼這一時代的臺灣有多少人？清朝留下的數字往往是相互矛盾的。清廷統一臺灣是康熙二十二年的事，就康熙末年周元文《臺灣府志》所載人口來看，臺灣府在康熙二十二年有 12727 戶，16820 口，另有鳳山縣轄番民八社 3592 人，合計僅 20412 人。[3] 然而，蔣毓英的《臺灣府志》被發現後，人們又看到另外一種人口數字。據康熙二十四年（1685 年）臺灣首任知府蔣毓英所撰《臺灣府志》，當時臺灣共有民口 30229 口，番口 8108 口，澎湖民口 523 口，計民戶 38860 口，另有水陸軍隊 10000 餘人[4]。總計軍民約 50000 人上下。以上兩項人口數字表明，清朝統治臺灣之初，朝廷所掌握的臺灣人口僅三五萬人吧。

清朝統治臺灣之後，臺灣人口開始高速增長。然而，令人奇怪的是：官方統計的臺灣人口數一直不多，清朝統治臺灣始於康熙二十二年。從康熙三十年開始，官府每隔五年就審核一次臺灣人口，然而，每次審核臺灣人口不過增長數百人，迨至康熙五十年，臺灣府總人口也不過 22419 人。[5] 這個人口數已經低得讓人難以相信，然而雍正年間福建編纂《福建通志》，該志所載臺灣府屬「實在人丁男子成丁一萬八千八百二十七丁。」[6] 比康熙年間的人口數更低了？讓人看了莫名其妙。

按，官方所掌握的臺灣人口數字很低，是因為清代早期福建要按照人丁數徵取人丁費，官府掌握的可徵稅人口數字少，臺灣總體稅收也少了。所以，臺灣官府對詳細調查臺灣人口興趣不大，因為，這只會增加臺灣民眾的負擔。換一個角度看，這也可以看成是清朝的「仁政」，清朝不願大幅度增加民眾負擔。不過，清代早期臺灣人口數不可相信，早就成為大家的共識。

2　李麒光，《東寧政事集》，〈請免二十三年半徵文〉，香港人民出版社 2006 年，第 155 頁。

3　高拱乾纂輯、周元文繼修，康熙《臺灣府志》卷五，〈賦役志〉，臺灣史料集成，臺北，文建會 2004 年，第 229—230 頁。

4　蔣毓英，乾隆《臺灣府志》卷七，〈戶口〉，廈門大學出版社 1985 年，第 71、101 頁。

5　高拱乾纂輯、周元文繼修，康熙《臺灣府志》卷五，〈賦役志〉，第 229—230 頁。

6　郝玉麟等，雍正《福建通志》卷十三，〈戶役志〉，第 31 頁。

　　臺灣土地肥沃，而人口又少，吸引了閩粵人民大量進入臺灣。然而，早期的清朝是將臺灣當作邊荒要地來控制的。為了控制臺灣，清初朝廷規定：只有臺灣府城附近的鹿耳門港可以和福建的廈門港通航，其它港口都被封鎖了。《閩政領要》說：

> 臺灣一府，孤懸海外，在省之東南。臺郡北路，與閩縣之五虎門對峙，一葦飛渡，事甚徑便。緣五虎門洋面直達江浙，故向來臺船來往，必令在廈門鹿耳門兩口挂驗出入，不許由五虎門放洋。責成北路營迅巡哨稽查。所以嚴偷越重防範也。[7]

　　如上所述，清朝尤其重視對閩江口港口的封鎖，害怕海盜襲擊這一帶，影響了福建與江浙一帶的海上航路。因此，官府不願開放福州港與臺灣的對渡。福建官府讓廈門的獨口開放，不是清朝要優惠廈門，而是清朝想讓廈門承擔風險較大的任務。清朝官府規定：「廈門有海關，稽查出洋商旅，福建都統將軍管理。凡官于臺者，攜帶人數必具文書，開列人名，詳本省藩司；藩司給票，將所詳人名開後。既至廈門，將票呈海關挂號驗訖，始敢登舶。」[8]「內地民人過臺者，例應呈縣給照，由廈門文武驗放，渡海抵臺，由鹿耳門文武驗照，始准入口。」[9]可見，當時一個百姓入臺，要經過三四道關，假如每道關的官吏都要索賄的話，三四道關足以卡住多數想渡臺灣的民眾。所以，民眾渡臺，只好以偷渡的方式。

　　由於臺灣港口眾多，官府其實無法將閩粵移民拒之門外。「臺之門戶，南路為鹿耳門，北路為鹿港、為八里坌，此正口也。其私口則鳳有東港、打鼓港，嘉有笨港，彰有五條港，淡水有大甲、中港、椿稍、後隴、竹塹、大按，噶瑪蘭有烏石港，皆商艘絡繹。至於沿海僻靜，港汊紛岐，在在可以偷渡。士也懷篋，農也負鋤，商賈負販而雲集，來往不時，居處靡定。其內地游手無賴之徒，重罪逋逃之犯，溷跡雜沓而並至。有業者十無二、三，地力人工不足以養群，相聚而為盜賊，則所以稽察而緝捕之者難在周密。」[10]

7　德福，《閩政領要》卷二，〈臺郡情形〉，第9頁。

8　朱仕玠，《小琉球漫誌》卷一，〈泛海紀程〉，福建教育出版社2017年，《臺灣古籍叢編》第4輯，第22頁。

9　德福，《閩政領要》卷二，〈臺郡情形〉，第10頁。

10　姚瑩，《東槎紀略》卷三，〈答李信齋論臺灣治事書〉。

　　大致上朝廷禁得越嚴，偷渡的利潤越大，所以，連清軍官兵也往往參加偷渡，用兵船載運私客。泉州蚶江的〈新建蚶江海防官署碑記〉：「蚶江為泉州總口，與臺灣之鹿仔港對渡。上襟崇武、獺窟，下帶祥芝、永寧，以日湖為門戶，以大小墜山為藩籬，內則洛陽、浦內、法石諸港，直通雙江。大小商漁，往來利涉，其視鹿仔港，直戶庭耳。利之所在，群趨若鶩，於是攬載商越，弊竇生焉」。可見，清代閩人偷渡臺灣幾乎是不可阻止的。康熙末年周元文說：「臺郡當初闢之區，地廣人稀，菽粟有餘，原稱產米之地。自數十年以來，土著之生齒既繁，閩廣之梯航日眾；綜稽簿籍，每歲以十數萬計。」[11] 面對這一事實，清朝逐漸調整策略，取消渡臺禁令，閩南一帶民眾渡臺合法化。雍正年間的《福建通志》評論臺灣：「地宜五穀。邇來士知讀書，民務稼穡，漳、泉子弟視為樂土，相率而往者，歲數千人。」[12] 對民眾來說，臺灣土地肥沃，吸引力極大。「林爽文者，漳州之平和人也。父勸，貧不聊生，于乾隆三十八年挈妻子渡臺，傭工於彰化，遂居彰之大里杙莊。勸生四子，長即爽文，次勇，次躍興，次壘。」「莊大田，漳州平和人，乾隆七年隨父莊二渡臺灣占藉諸羅縣，父死，遷居鳳山篤加港地方。莊大田無他技能，勤于耕種，家道小康。」[13] 乾隆末年有這樣一件事：「據總兵陸廷柱稟稱：汛弁在鹿耳門外拏獲李淡無執照船一隻，共載民人張桃等男婦二百四十四名口。訊係自內地偷渡來臺灣，欲到北路五條港入口。遇風飄到鹿耳門等語。」[14] 這是被官兵查獲偷渡的一例。又如嘉慶九年（1804年）一份約書記載：由客頭羅亞亮帶彭瑞瀾一家男婦老幼九人前往臺灣，交付花邊銀 31 元。伙食及小船盤費在外。[15]

　　由於傳統習俗的影響，中國古代地方官從來就是將人口增長當作自己的主要政績。儘管清朝有禁止偷渡臺灣的政策，但是，臺灣的地方官還是鼓勵人口增長的。為了本地的人口增加，地方官會出臺各種鼓勵人口增加的政策。因此，只要移民能夠突破海上封鎖的屏障，他們到各地耕種，都

11　周元文，〈申請嚴禁偷販米穀詳稿〉，高拱乾纂輯、周元文繼修，康熙《臺灣府志》卷十，〈藝文志〉，第 422 頁。

12　郝玉麟等，雍正《福建通志》卷九，〈風俗〉，文淵閣四庫全書本，第 20 頁。

13　佚名，《平臺紀事本末》乾隆五十一年十一月。臺灣文獻叢刊第 16 種。

14　乾隆帝等，《欽定平定臺灣紀略》卷五十，第 23 頁。

15　黃榮洛，《渡台悲歌》，臺北，臺原出版社，1990 年，第 61 頁。

會受到官府和百姓的歡迎。也許後人覺得這類矛盾政策很可笑，可是，清代官場的情況就是如此，比其衝突更厲害的政策都有。總之，不能以現代人的法制觀念去看古代社會。

二、清代前期臺灣人口的增長

　　隨著移民的不斷到來，清代臺灣人口增長較快。康熙後期黃叔璥引前人的評論：「惟臺灣一區，沃壤千里，人眾百萬」[16]康熙末年朱一貴起義發生時，藍鼎元評論臺灣已經有：「其地方數千里，其民幾數百萬」之說。[17]僅參加朱一貴起義的民眾，按藍鼎元之說就有「三十萬人」。[18]這說明清康熙末年，臺灣人口已經很可觀了。其後臺灣人口繼續增長。乾隆年間的《重修臺灣縣志》記載：「內地窮民，在臺營生者數十萬」[19]，「今閩、粵十餘郡人，蜂屯蟻聚，歲有增添；各立門戶，彼此爭勝；地不加廣，人多叢集；偷渡之禁愈嚴，而潛踪頂冒而來者不可勝計。」[20]嘉慶年間翟灝說：「然自鳳邑之南，沿傀儡山逶邐以至於海數十里，井竈億萬，生齒日繁。」[21]這都說明臺灣人口增長速度較快。清代前期臺灣官府統計的人口較少，不過是朝廷有意寬待臺灣而已。雍正乾隆年間，朝廷標榜「盛世人丁，永不加賦」，地方官發現，對朝廷隱瞞人口已經沒有意義了。官府統計臺灣的人口也逐漸走上正軌。嘉慶十六年（1811年），臺灣官府進行了一次較為詳細的人口調查，數字載於道光年間陳壽祺編成的《福建通志》。其結果如下：

表 9—1　嘉慶十六年臺灣府人口統計表

縣名、戶口	戶數	口數
臺灣縣	28145	341624
鳳山縣	19120	184551
嘉義縣	126628	818659

16　黃叔璥，《臺海使槎錄》卷四，〈赤嵌筆談〉，引理臺末議。
17　藍鼎元，《平臺紀略》，〈朱一貴之亂〉，第40頁。
18　藍鼎元，《東征集》卷二，〈檄擒舊社紅毛寮餘孽〉，第2頁。
19　王必昌纂輯，乾隆《重修臺灣縣志》卷二，〈山水志〉，乾隆十七年修成，臺灣文獻叢刊第113種。
20　金溶，〈臺灣縣志序〉，王必昌纂輯，乾隆《重修臺灣縣志》，臺灣文獻叢刊第113種。
21　翟灝，《臺陽筆記》，〈粵莊義民記〉，第3頁。

彰化縣	40407	342166
淡水廳	17943	214833
噶瑪蘭廳		47240
臺灣府總計	232243	1949073

＊以上數字來自陳壽祺纂輯：道光《福建通志》卷四十八，〈戶口志〉，第41—42頁。

　　如上所記，清中葉嘉慶年間臺灣的人口數不足兩百萬。然而，由於道光《福建通志》遺失過重修，所以，有些章節不夠清晰。它的戶口志所載臺灣府人口也有些問題。不同的人依據道光《福建通志》統計臺灣人口數，往往會有不同的結果。例如，連橫的《臺灣通史》統計嘉慶十六年（1811年）臺灣府的人口為241217戶，2003861口。其中人口數在200萬以上，而不是不足200萬。其它書籍的記載往往不同。問題出在什麼地方呢？細察陳壽祺《福建通志》原著，該書統計嘉慶年間臺灣戶口僅有232243戶，1949073口，錯誤是出在澎湖廳的人口出現了兩次。澎湖群島原來隸屬臺灣縣管轄，清代的廳是預備縣機構，澎湖廳新成立，它的人口可計入原來的臺灣縣，也可以自成體系。以上《福建通志》所載嘉慶十六臺灣縣的人口數字，包括了澎湖廳的「共三千一百六十九戶，男婦大小戶口總共四萬一千二名口。」可見，澎湖廳人口已經被載入。然而，道光《福建通志》在臺灣府人口數字後又附載：「道光八年編查保甲煙戶，通澎一十三澳，共八千九百七十四戶，男婦大小共五萬九千一百二十八丁口（澎湖續編）」。這是另一種道光年間澎湖廳的人口數。由於道光年間澎湖人口數排在嘉慶年間臺灣府人口數之後，作者不經細察，很容易將嘉慶年間臺灣府人口總數加上道光年間澎湖人口數，於是有了臺灣府約241217戶，2003861口的總數。實際上這是重複的，澎湖廳人口被算了兩次。對於這個錯誤，梁方仲早就提醒過。梁方仲《中國歷代戶口、田地、田賦統計》對臺灣戶口的統計引用了陳壽祺的《福建通志》第四十八卷的記載，明確列出臺灣五縣的人口數量[22]，並且在注解中說明：「臺灣縣戶數及總口數為清嘉慶十六年的數字」。這個注解說明作者瞭解這些數字中，《福建通志》第四十八卷的澎湖廳的人口數出現了兩次，其中一次為嘉慶十六年的數字，另一次為道光八年澎湖廳的數字。不搞清楚這點，就會多加一次澎湖廳人

22　梁方仲，《中國歷代戶口、田地、田賦統計》，第466頁。

口數，從而導致全臺灣人口數差錯。

　　如上所述，臺灣府在嘉慶十六年的人口已經接近 200 萬了。其後，臺灣人口仍在增長。道光年間姚瑩說臺灣：「漢人蕃衍，丁口已二百五十餘萬。」[23] 和福建沿海各府州的人口相比，臺灣人口數不算高，但與內地諸省相比，臺灣道光年間的人口密度，已經相當可觀了。

第二節　廈門與臺灣南部的發展

　　清朝統一臺灣之初，將臺灣當作邊防重點，嚴格限制大陸的商船到臺灣。其時，大陸與臺灣對渡最為密切的城市是廈門和臺灣府城（今臺南市），這一限制導致清初的臺灣的府城成為臺灣開發的基點，清代閩粵移民是以臺灣府城為基礎，而後向全臺擴張。臺灣府城的發展受到廈門極大的影響。

　　有關明清廈門史的研究，以傅衣凌先生的〈清代前期廈門洋行考〉[24] 最早，其後有吳振強的〈廈門的沿海貿易網〉[25]，陳國棟〈清代中葉廈門的海上貿易〉[26]；林仁川的〈福建對外貿易與海關史〉[27] 用相當的篇幅論述了明清時期的廈門港。以上論著對廈門史的開拓貢獻頗多。我的小論文是：〈論明代廈門灣周邊港市的發展〉。[28] 我的觀點是：明代後期大廈門灣周邊城鎮的發展為廈門的崛起奠定了基礎，因明末戰爭的關係，大批逃避戰亂的人口移居海島，促進了廈門城市的崛起。廈門是泉州人和漳州人共居的城市，它的方言混合了泉州、漳州共同的特色，它的海港與中國北方港口及東南亞諸港都有聯繫。這對臺灣府城的影響是巨大的。

23　姚瑩，《東槎紀略》卷一，〈埔裏社紀略〉，臺灣古籍叢編第 4 輯，第 514 頁。

24　薩士武、傅衣凌等，〈清代前期廈門洋行考〉，《福建對外貿易史研究》，福建省研究院社會科學研究所 1948 年（繁體版）；又見，傅衣凌，〈清代前期廈門洋行〉，《明清時代商人及商業資本》，中華書局 1956 年（簡體版）。

25　吳振強著、李金明譯，〈廈門的沿海貿易網〉，《廈門方志通訊》1986 年第 2 期。

26　陳國棟，〈清代中葉廈門的海上貿易（1727—1833）〉，吳劍雄主編，《中國海洋發展史論文集》第四輯。臺北，中研院中山人文社會科學研究所 1991 年。

27　林仁川，《福建對外貿易與海關史》，鷺江出版社 1991 年。

28　徐曉望，〈論明代廈門灣周邊港市的發展〉，《福建論壇》文史哲版，2008 年第 7 期。

一、廈門港與臺灣府城的發展

清代初年，由於清廷對臺灣港口的限制，使臺灣對大陸貿易，大都集中於廈門港。臺灣府城（今臺南市）及臺南南部的發展與廈門港息息相關。

清代廈門是南方重鎮。康熙二十三年，清朝在廈門設置「閩海關廈門衙署」。此後的廈門成為清朝對外貿易的主要港口之一，英國、西班牙等歐洲國家的船隻也來到廈門貿易。林仁川據馬士《東印度公司對華貿易編年史》的記載統計：從 1684 年到 1735 年（雍正十三年），共有 35 艘次歐洲船隻到廈門貿易。其載重量從 200 噸～ 500 噸不等，採購了茶葉、生絲、樟腦等商品[29]。外來商船來自英國、西班牙、暹羅等地。

清代初年，廈門是閩南商人去東南亞貿易的主要口岸。清代福建與東南亞的關係密切。「閩廣人稠地狹，田園不足于耕，望海謀生，十居五六。內地賤菲無足重輕之物，載至番境，皆同珍貝。是以沿海居民，造作小巧技藝，以及女紅針黹，皆于洋船行銷。歲收諸島銀錢貨物百十萬，入我中土，所關為不細矣。」[30]當時的閩人多從廈門出海，到東南亞謀生。據《廈門志》的記載：清初，「粵省澳門定例，准番船入口貿易，廈門准內地之船，往南洋貿易」[31]。由此可見，當時閩粵二省不同在於：廣東是允許外國商船來華貿易，而福建的特點則是允許當地商人去海外貿易。因此，清代前期，去東南亞的福建人要比廣東多。清代中葉，廣東方面也允許廣東商人去海外貿易。不過，由於福建商人在海外有更長的歷史，造成清初海外中國商人多為閩人，而廈門正是他們出發的口岸。

清代廈門城市也有了進一步的發展。據乾隆三十四年的《鷺江志》記載，廈門「稽查烟戶計共一萬六千一百餘戶。」若每戶以五人計算，其時廈門人口約 80500 人，在當時已是一個有一定規模的商業城市。迄至道光十二年，廈門「查照門牌甲冊，除僧、尼、道領縣牒照仍歸縣造並無屯丁灶丁外，核實土著居民大小男女共十四萬四千八百九十三名口。內男八萬

29　林仁川，《福建對外貿易與海關史》，鷺江出版社 1991 年，第 171、172 頁。
30　藍鼎元，《鹿洲全集》，〈論南洋事宜書〉，廈門大學出版社 1995 年版，第 55 頁。
31　周凱等，《廈門志》卷五，〈船政〉，廈門，鷺江出版社 1996 年；轉引自傅衣凌，〈清代前期廈門洋行〉，《明清時代商人及商業資本》第 199 頁。

三千二百二十九丁，女六萬一千六百六十四口。」[32] 可見，幾十年內，廈門的人口幾乎增長了一倍。「百餘年來，生齒日繁。閭閻民居，不下數萬戶。儼然東南一都會焉。」[33] 陳化成論廈門：「廈門東抗臺、澎，北通兩淛（浙），南連百粵，人烟輻輳，梯航雲屯，豈非東南海疆一大都會哉！」[34] 廈門的繁華也聞名於東南：「廈防廳為吾閩第一優缺。海舶麇集，市廛殷贍。官廨尤極豪奢。大堂左右設自鳴鐘兩架，高與人齊，內署稱是。署中蓄梨園兩班，除國忌外，無日不演唱。」總之，迄至清代中後期，廈門已經是一個有 14 萬人口的港口城市。

清代初年，朝廷將臺灣歸入臺廈道管轄。臺廈道駐蹕廈門，管轄臺灣島和澎湖群島。翟灝的《臺陽筆記》說：「閩之鷺門，東渡重洋，為臺灣一郡四縣。自南至北，緜亘千餘里。」[35] 由於這一關係，清朝規定廈門為唯一的對臺通商港口，一直到乾隆四十九年（1784 年），才增添了泉州蚶江作為對臺貿易港口。這使廈門獨占對臺貿易長達一百零一年。即使廈門的獨占對臺貿易結束後，其它港口也未能動搖廈門港在對臺貿易中的獨特地位。臺灣商人與廈門的聯繫也是最密切的。「臺地郊商，生理多在廈門。」[36]

廈門的風俗奢華：「衣服華侈，迴於他處，最靡者，役隸、優伶被服勝於士大夫。婦人服飾尤務為工巧新奇，昔朱子守漳時，教婦人用公兜，出門蒙花帕蓋首，俗曰網巾兜。外服寬袖藍襖，島中尚仍其俗。今則炫服靚粧，持傘代杖，遨遊道上，相率入寺燒香矣。」廈門女子善刺繡：「地不宜桑，女無蠶織。紡織間有之。惟專事刺繡。工巧者自贍其口尚有贏餘。如前端午結綵勝，歲可得二三十金。以五色絲刺雲、日、花、草、麟、鳳、魚、龍、美男子、婦人之狀，皆妍麗精緻。未免作無益以害有益，有妨女紅。然富家女恃此為美觀，貧家女借此為衣食，亦理法所不禁也。」[37] 這些習俗都影響了臺灣府城的民俗。

從廈門赴臺灣的船隻，廈門人稱之為「橫洋船」，因其要渡過臺灣海

32　周凱，《廈門志》卷七，〈關略志〉，第 176—177 頁。

33　黎攀鏐，〈敘〉，周凱，《廈門志》，鷺江出版社 1996 年標點本，第 3 頁。

34　陳化成，〈廈門志序〉，周凱，《廈門志》，第 4 頁。

35　翟灝，《臺陽筆記》，〈玉山記〉，臺灣文獻叢刊第 20 種，第 19 頁。

36　姚瑩，《東溟奏稿》卷二，〈雞籠破獲夷舟奏〉，第 37 頁，臺灣文獻叢刊第 49 種。

37　周凱等，《廈門志》卷十五，〈風俗記〉，第 514—515 頁。

峽中流巨大的洋流，所以，橫洋船相對較大。朱仕玠記載他所乘的渡臺船隻：

> 登海舶。舶首左右刻二大魚眼，以像魚形，長約十丈餘，闊約二丈，深約二丈。舶腰立桅，尾立舵。桅長約十丈，桅本約三十圍。舵長約二丈餘，巨約一丈。舵前相距二丈餘，設立板屋，寬約一丈餘，深約一丈，內供養天后像。左右立四小艙，以為臥室，名曰麻離。板屋後附立一小龕，高約三尺，橫闊約五尺，以置羅盤，定子午針。板屋外右首立水艙，縱橫約八尺，深如之，以貯飲食所用水。以海水鹹苦，不可食。登舶之後，陳牲醴，焚楮帛，鳴金伐鼓，以祭海神。二十九日乙酉，從小擔嶼張篷出口。初出口時，風濤搏擊，舟中之人，吐眩顛仆，十人而九。惟出海、舵工、鴉班、水手諸人，笑語自若。凡海舶主事者曰出海，定羅盤子午針者曰舵工，經理張弛篷索者曰鴉班，其餘俱名水手。舶篷編竹為之，長約八丈，闊四五丈。或值黑夜舟行，海風怒呺，舟楫振撼，篷索偶失理，鴉班上下桅竿，攀緣篷外，輕踰鳥隼，捷若猿猱，洵稱絕技。
>
> 海舶固畏風，又苦無風。風靜水平，連天無際，舶不下椗，則乘潮而北，隨汐而南，方向莫定。椗以鐵力木為之，頭椗重七八百斤，以次遞殺。巨舟四椗，次三椗、二椗，下鉛筒約四十餘尋。鉛筒以純鉛為之，形如秤錘，高約三四寸，底平，中剗孔，寬約四分，深如之，繫以棕繩。投鉛筒下海，底孔粘海泥；舵工睨泥色，即知其處，舟行自不錯誤。按廈門位西北乾方，臺灣位東南巽方。凡海道出口有二，春夏多南風，則由小擔嶼或大擔嶼；海不甚深，大擔嶼與小擔嶼相近；秋冬多北風，則由繚羅山下，海深不測。[38]

這些記載表明清代前期的帆船航海術已經相當成熟。兩岸民眾往來於廈門港與安平港之間。

二、臺灣府城的發展

清代初年，朝廷限定臺灣與大陸交通的港口是臺灣府城周邊外圍鳳山縣的安平鎮。安平鎮原為荷蘭人所建的熱蘭遮城，鄭成功入臺之後，將行

38　朱仕玠，《小琉球漫誌》卷一，〈泛海紀程〉，第22—23頁。

政中心設於赤嵌，並將熱蘭遮城改名為安平鎮，以紀念在戰爭中被毀的晉江名鎮安平。安平鎮建立後，又成為鳳山縣的所在地，此地附近的鹿耳門便成為與廈門對渡的主要臺灣港道。廈門來的船隻進入鹿耳門之後就是「臺江內海」，渡過臺江內海即為赤嵌媽祖廟下的臺灣府城港口。當時的臺灣府城直接命名為臺灣，林謙光說臺灣縣附近的情況：

> 臺灣為海中孤島，地在東隅形似彎弓，中屬臺灣市，市以外皆海。由上而北至淡水、雞籠城界，與福建相近。其東則大琉球也。離灣稍遠。由下而南，至加洛堂、郎橋止。其西則小琉球也。與東港相對，由中而入，一望平原，三十餘里，層巒聳翠，樹木翁茂即臺灣澳之所也。而澳外復有沙隄，名為崑身，自大崑身至七崑身止，起伏相生，狀如龍蛇，復有北線尾，鹿耳門，為灣澳之門戶。大線頭海翁窟為臺城之外障，船之往來，由鹿耳，今設官盤驗云[39]。

官府規定，往來兩岸的船舶只能廈門和臺灣鹿耳門之間航渡。所以臺灣府城成為必經之地。清初的臺灣縣城有一定規模。「街市以一折三，中通車行，傍列市肆，髣髴京師大街，但隘陋耳。」「曩鄭氏之治臺，立法尚嚴，犯姦與盜賊，不赦；有盜伐民間一竹者，立斬之。民承峻法後，猶有道不拾遺之風：市肆百貨露積，委之門外，無敢竊者。」[40] 這種嚴屬看來過分，不過，早期嚴酷的規定，也給臺灣創造了商業發展的很好條件，臺灣商人可以在露天放置商品，不怕盜竊。關於臺灣府城的城市規模，「雍正元年五月，所司查驗府治房店，將破壞瓦厝、草厝悉為開除；凡得大瓦厝七千零七十四間、小瓦厝一千七百零三間；小者每間折半科算，共七千九百二十五間。」[41] 林謙光說：「臺灣縣居中，其所轄則有……大街、橫街、新街、禾寮港街、瀨口街、大井頭、嶺後、油桁、柴市等街」。「赤嵌城亦紅毛所築，在臺灣海邊，與安平鎮相向，其城方圍不過半里」。[42] 林謙光的時代，臺灣府城還不算大，迨至王必昌修《臺灣縣志》的乾隆十七年，臺灣府城已經具有一定的規模。它的東安坊有十字街等十條街；西定

39　林謙光，康熙二十九年《臺灣府紀畧》，四庫全書存目叢書，史部214冊，第270頁。
40　郁永河，《裨海紀遊》卷上，第358頁。
41　黃叔璥，《臺海使槎錄》卷一，第30頁。
42　林謙光，康熙《臺灣府紀畧》，〈城郭〉，四庫全書存目叢書，史部214冊，第270—274頁。

坊有帽仔街等十四條街；寧南坊有六條街，鎮北坊有竹仔街等 15 條街。一個新興的邊遠城市僅過了百餘年的開發史，便有了 45 條街，可抵福建一個中等城市了。按照乾隆年間《臺灣志略》的說法：臺灣府城：「合四坊、一保、十九里、二莊，12877 戶，共男女 108705 丁口」[43]，所以說，乾隆年間的臺灣府城規模不算小。乾隆年間的臺灣府城較為繁榮：「四坊之內最為繁盛者，如南勢街、北勢街、新街、南貨街、大井頭、水仙宮、帽子街、總爺街、岳帝廟等處，市井繁盛，百貨雲集，行鋪俱掛燈為額，大書字型大小於上，黃昏燃燭，光同白晝，市中交易，皆用番錢，繫紅毛、呂宋各處所鑄銀餅，團長不一，其式上印番花，實則九三色。重七錢二分者，曰大錢，重三錢六分者，曰中錢，青蚨無大版，止二行低小者。谷尚奢侈，宴會必豐，男子衣服多用綾綢，即傭販之輩，非紗帛不褲。」[44]

圖 9-2 清代中期的臺南市區圖

資料來源：高賢治等，《縱覽台江——大員四百年地輿圖》，
臺南市台江公園管理處 2012 年，第 32 頁。

---

43 尹士俍，《臺灣志略》中卷，〈民風土俗〉，文建會 2015 年臺灣史料集成本，第273 頁。

44 尹士俍，《臺灣志略》中卷，〈民風土俗〉，第 273 頁。

　　對於府城外的安平鎮，林謙光說：「安平鎮城在一崑身之上，東抵灣街渡頭，西畔沙坡抵大海，南至二崑身，北有海門，原紅毛夾板船出入之處，按，一崑身周圍四五里，紅毛築城用大磚、桐油灰，共搗而成。城基入地丈餘，深廣亦一二丈，城牆各垛俱用鐵釘釘之，方圍一里，堅固不壞，東畔設屋宇市肆，聽民貿易。城內曲屈如樓臺」。[45] 尹士俍說：「安平鎮，人煙稠密。西港仔、洲仔尾各處多網師、船戶、鹽丁、場夫，編竹結茅于樹木陰翳中，饒有景色。」[46] 可見，安平鎮也是一個經濟活躍的地方。

　　以上記載說明清初的臺灣府城規模較小，但因臺灣與廈門之間的貿易逐漸旺盛，臺灣府城很快發展起來。康熙五十四年（1715 年）遊訪臺灣的外國人稱讚道：「被稱為臺灣府的首府，以人口稠密、道路優美與貿易發達見稱，實足與許多中國人口最稠密的壯麗都市相匹敵，凡是人們所歡喜的任何東西都可以在那裡買到。此島本身所能供給者為米、糖果、菸草、鹽及中國人嗜食之熏鹿肉。各種果實、衣料、羊毛、木棉、麻及一種樹皮類似蓪麻的植物及各種藥草——大部分是歐洲所不知道的。又由外國輸入者如中國及印度的棉紡織品、絲織品、漆器、陶器及歐洲的手工業品。」「各街兩旁幾全是商店，很像樣地羅列著絲織品、陶磁器、漆器及其他商品，中國人長於此道。這些街道具有壯麗的走廊，設道路平坦，人不擁擠。」[47] 康熙後期的《臺灣府志》論當地風俗：「間或侈靡成風，如居山不以鹿豕為禮，居海不以魚蝦為禮，家無餘貯而衣服麗都。」[48] 總之，康熙年間的臺灣府城是一個小而熱鬧、商業發達的城市。它的發展，主要得益於融匯臺灣土產及其與廈門的交通。

　　廈門港與安平鎮的對渡，基本維持明末閩臺對渡的格局。這一狀態的形成，與清代早期臺灣的開發主要集中於南部有關。在明代大員港的基礎上，當時福建移民多來到大員附近開墾田地，臺灣主要的出口商品稻米與蔗糖，也都生產於南部，所以，清廷開放安平鎮與廈門港對渡是合理的，

45　林謙光，康熙《臺灣府紀畧》，〈城郭〉，第 270—274 頁。

46　尹士俍，《臺灣志略》中卷，〈民風土俗〉，第 274 頁。

47　Mailla，《臺灣訪問記》（1715），載《臺灣經濟史五集》，收入《臺灣研究叢刊》第 44 種，第 125—126 頁。轉引自黃福才，《臺灣商業史》，第 103 頁。

48　高拱乾纂輯、周元文繼修，康熙《臺灣府志》卷七，〈風土志〉，臺北，遠流出版公司 2004 年，第 317 頁。

也是符合當時閩臺貿易實際的。這一時代，閩南商人從臺灣運送稻米與蔗糖到廈門港，其中稻米在廈門出售；而白糖則被商人運到上海、寧波二港出售，運回棉花與布匹在福建銷售；由廈門開往臺灣的船隻，則運去閩南生產的一切日用品，其中包括從江南運來的絲綢等商品。當時的臺灣人口較少，消費量也少，臺灣發展起來的城市只能是臺灣府城。為了維護廈門與臺灣的交通，官方對海舶的管制十分嚴格。「臺灣，海疆也，海防同知一官，實關緊要。蓋鹿耳門為全郡門戶，而南北各港口亦其統轄者。凡商船自廈來臺者，有糖船、橫洋船之分；由泉防廳給發印單，開載柁工、手水、姓名、年貌、并所載貨物，於廈之大嶝門會同武汛照驗人貨相符，放船出口。其自臺回廈，亦由臺防廳查明柁水姓名、年貌、及貨物數目，換給印單，於臺之鹿耳門會同武汛點驗出口。倘出入有私冒夾帶者究之。其所給印單，臺、廈兩廳彼此彙移查銷。如有一船未到，及久不銷者，即移查焉。」[49] 這一制度維護了廈門獨占臺灣貿易的地位。

　　臺灣府對臺灣諸港的管理也十分嚴厲：「領給臺灣、鳳山、諸羅三縣船照，設有船總管理，均有行保，赴南北各港販運。船總行保具結狀填往某港，同縣照送臺防廳登號給與印單，以水程之遠近，定限期之遲速，到港時汛官驗戳入口，仍填所載貨數蓋戳出口，回至鹿耳門，將印單繳驗進澳。各港汛官，每五日摺報備查。有踰限者，嚴懲船總行保，仍行各汛挨查，以防透越。近年又兼南路理番，則以臺灣縣三社、鳳山縣八社歸其管理，已另鑄關防頒用矣。」[50] 由主港與支港之間建立的官方管理體系，官府將臺灣主要船舶控制在手裡。不過，這一制度的另一面，就是偷渡與私渡的發展。

第三節　對渡調整與臺灣中北部的發展

　　清代中葉廈門、蚶江與臺灣鹿耳門、鹿仔港的相向對渡，是臺灣中部開發的反映。由乾隆末年到道光年間臺北艋舺港的通航，則是臺灣北部發展的保證。

49　朱景英，《海東札記》卷二，〈記政紀〉，第 150 頁。
50　朱景英，《海東札記》卷二，〈記政紀〉，第 151 頁。

一、臺灣中部鹿港周邊的發展

　　清代前期，臺灣的開發主要集中於南部，中北部相當荒涼。如鹿仔港在《福建沿海圖》上是這樣記載的：「要緊地方，無民人居住。無屯糧。有汲無樵。港澳南北風可以泊艍船。」「笨港屬諸羅縣轄，緊要地方，離海二里。有民居屯糧。汲樵。港澳南北風可以泊艍船。」鹿仔港與笨港都是臺灣中部著名的港口，當時二港如此荒涼，即使在這裡設對渡港口也是沒有意義的。以故，當時僅限於安平鎮與廈門港對渡是合適的。

　　但是，隨著臺灣經濟的發展，南部可開墾的良田基本開發完畢，新移民便向臺灣中北部挺進。臺灣中北部的稻米與蔗糖的產量逐漸超過南部，這樣，僅限於安平鎮通航廈門就覺得不合適了。在臺灣中部的鹿仔港一帶，興起了走私貿易。這一地方的商船直接航行到泉州的蚶江，形成較大規模的貿易。朱景英云：「（臺灣）郡境通海之處，各有港澳。定例只許廈門、鹿耳門（即安平鎮港）商船往來。此外臺灣縣有大港，鳳山縣有茄藤港、打鼓港、東港，諸羅縣有蟳港、笨港、猴樹港，彰化縣有海豐港、三林港、鹿仔港、水裏港，淡水廳有蓬山港、中港、後壠港、竹塹港、南嵌港、八里坌港，凡十有七港，均為郡境地小船出入販運其中，各設官守之。笨港列肆頗盛，土人有南港、北港之稱，大船間有至者。鹿子港則煙火數千家，帆檣麋集，牙儈居奇，竟成通津矣。中港而上，皆可泊巨舟，八里坌港尤夥。大率笨港、海豐、三林二港為油糖所出；鹿仔港以北，則販運米粟者私越其間」[51]。這條材料說明當時臺灣東岸北部已經出現了一些具備作為通商港口的地方：「北路米由笨港販運，南路米由打狗港販運。」[52] 雖說這些貿易主要限於臺灣沿海，但也有一些走私船從事對渡貿易。不過，要說明的是：據康熙年間的臺灣港口圖，臺灣西部缺少良港，除了八里岔港與安平鎮鹿耳門港可以泊大船外，其他唯有鹿仔港、笨港可以泊中等船隻。所以，真正具備對渡條件的臺灣中部港口，也就是鹿港與笨港了。

　　為了適應新形勢的變化，乾隆四十九年（1784 年）清政府調整了口岸開放政策，增補臺灣中部的鹿港與泉州的蚶江對渡。立於蚶江的〈新建蚶江海防官署碑記〉云：

51　朱景英，《海東札記》，臺北，中國方志叢刊影印乾隆刊本，第 8 頁。
52　黃叔璥，《臺海使槎錄》卷一，第 32 頁。

蚶江為泉州總口，與臺灣之鹿仔港對渡。上襟崇武、獺窟，下帶祥芝、永寧，以日湖為門戶，以大小墜山為藩籬，內則洛陽、浦內、法石諸港，直通雙江，大小商漁往來利涉。其視鹿仔港，直戶庭耳。利之所在，群趨若鶩，於是，攬載商越，弊竇滋焉。歲甲辰，當事者條其利弊上諸朝，議設正口。迺移福寧府通判于蚶江專笁，掛驗、巡防，督催臺運，暨近轄詞訟，而以鷁鴣巡檢改隸轄屬。

自此以後，臺灣彰化縣的鹿仔港與泉州府晉江縣的蚶江港成為對渡港口。行者往來會方便些，他們可以選擇赴臺港口了。「彰邑與泉州府遙對。鹿港為泉、廈二郊商船貿易要地。內地來鹿者，廈門以南風為順，磁頭深滬次之。崇武以北風為順，獺窟次之。故北風時，廈船來鹿，必至崇武、獺窟方放洋。南風時，蚶江、獺窟船來鹿，必至磁頭、深滬方放洋。」[53]

隨著蚶江與鹿港對渡的開放，清朝為了管理的方便，一度宣令所有渡臺船隻都要走蚶江與鹿港，這給廈門商人帶來很大的不便。於是，在福建政界頗有影響的儒生鄭光策為他們請願：

緣漳泉田土歉薄，向須臺米接濟。而臺灣之海口，在府城則為鹿耳門，彰化則為鹿仔港，南北兩處皆船戶往來停泊之區。但南路多產糖油，北路多產米穀，南路僅有鳳山臺灣二縣，貨物所出有限；而北路則諸羅、彰化、淡水三處，幅員既長，貨產亦夥。而鹿港地處適中，夫腳不費，是以臺灣商賈，聚於鹿港者更多。至內地往臺貿易者皆係廈門之船，蓋亦以廈門為海路衝衢，各省舟船所總匯，內則漳泉各屬溪港可通，買賣轉輸銷售較易。故臺地以鹿港為重，內地以廈門為重。廈船不可不往鹿港，而鹿港之船亦不得不歸廈門。自因蚶江多偷渡之船，遂定議另開一口，凡廈門之船，只許配往府城，而欲往鹿港者，則必須轉折至蚶江，由蚶江掛驗，方許出口，否則即為違例。揆定例之意，初以蚶江與鹿港相對，比之廈門，為地較近。且各口船戶，歸各口掛驗，亦易於稽查。誠為法良意美。顧未思海洋情勢，但論風信之順道，不論地形之遠近。商賈趨利之法，亦止論貨賣之難易，而不計程途之短長。一自設口，限定分途，其不便之弊端，實有數種。一則自廈門往鹿港，地形斜對，凡得南

風、西風，皆可借勢以達者，必由蚶江掛驗，則自廈門當候正南風，然後可以轉折至蚶江，既掛驗後，又須守候正西風，然後可以直過鹿港。海中候風最難如意，待兩風之艱辛，自不如待一風之簡捷，其為不便一也。至鹿港既攬載後，又不得徑歸廈門，例須先收蚶江掛驗，然後可以轉舵歸廈。其候風之苦，既已如前，若徑歸蚶江卸貨，則彼處地僻一隅，止通泉州府城一路，且已有本地販運之船，足資使用。所有客貨，銷售無幾，即使幸而得售，而彼地又無他貨可以攬販重載，其情勢不得不復歸廈門。往返迂迴，耽延時日，其不便二也。且廈門所有船戶，半屬漳州之龍溪、海澄及泉之同安等處，原有熟識行戶出入保結，今若將廈船移泊蚶江，則捨近就遠，捨故就新，既非人情所宜，且人地生疏，到彼求覓牙保，必被掯勒，其不便三也。……故近年往鹿港各船戶往往停舟廢業，而兩地貨物亦漸湧貴。蓋由商賈艱於往來故也。[54]

　　在鄭光策的要求下，乾隆五十五年（1790 年），閩浙總督伍拉納上奏：允許廈門的艍船直接到鹿仔港貿易，而不要經過蚶江。這樣，閩臺對渡的港口便從一對對渡口岸發展到二對對渡口岸。不僅泉州蚶江可以發船到鹿港和安平港，而且，廈門港也可以發船到臺灣開放的二個港口，而且允許交叉對渡。

　　鹿仔港或簡稱鹿港，它在乾隆年間逐漸成長為臺灣中部的一個集市。此地泉州距泉州較近，從泉州沿海的蚶江等港口直航鹿仔港，可以不要經過澎湖，直接便當。在清廷正式開放鹿港之前，當地常有泉州人的船舶自行前來貿易。正式對大陸通商之後，就發展更快了。《海東札記》說「鹿子港則煙火數千家，帆檣麇集，牙儈居奇，竟成通津矣。」「大率笨港、海豐、三林三港為油糖所出。」[55] 這說明臺灣中部的鹿仔港和笨港都有很大的發展。與其對渡的大陸一側的通商口岸是泉州的蚶江以及周邊的崇武、獺窟、祥芝、永寧、日湖等港口，在這一時期也有較大發展。就物產而言，清代的福州、泉州是福建的手工業基地，福建特產木材、紙張、武夷茶出自福州港，而棉布出自泉州一帶，而廈門的背後，只有一個漳州城市，雖

54　鄭光策，《西霞文抄》卷下，〈與吳雲衣先生書〉，清刊本，第 49—51 頁。
55　朱景英，《海東札記》卷一，〈記巖壑〉，臺灣文獻叢刊第 19 種，第 8 頁。

說漳州盛產菸草等商品，但其手工業規模不如福州和泉州，因此，在雙口對渡時期，泉州蚶江對臺商業潛力比廈門更大。這是泉州商人在臺灣崛起的背景。

鹿港的繁榮大致也有 100 年間，乾隆、嘉慶、道光三朝，鹿港遐邇知名。《彰化縣志》說：「鹿仔港，烟火萬家，舟車輻輳，為北路一大市鎮。西望重洋，風帆爭飛，萬幅在目，波瀾壯闊，接天無際，真巨觀也。」[56]「鹿港大街，街衢縱橫皆有，大街長三里許，泉、廈郊商居多，舟車輻輳，百貨充盈。臺自郡城而外，各處貨市，當以鹿港為最。港中街名甚多，總以鹿港街概之」[57]。不過，嘉慶年間，鹿港原有的新港已經有淤塞現象，船舶主要停靠於新開闢的王功港。「王功界在海口，距市廛幾二十里。」當地修建天后宮之後，「港澳淤淺處頓獲寬深，賈舶連□停泊，俱無風浪之驚。」「鹿仔港居臺灣南北之中，與泉州之蚶江對渡，雖分王功、新港兩口，究以王功為正口，水道深通，海舶雲集，不似新港非遇大潮，舟不能至者。」[58]

道光後期，鹿港逐漸淤塞，港口的發展逐漸停滯。作為海港的鹿港興盛時期大約從乾隆中期到道光末期的一百來年間。

二、臺灣北部港口的開放與發展

清代中葉以後，大陸商品經濟有很大發展，尤其是沿海一帶的港口崛起，成為突出的現象。其時，大陸沿海從北到南有：營口、錦州、大連、山海關、天津、煙臺、上海、寧波、溫州、福州、廈門、汕頭、廣州，這和明代東部主要城市集中於大運河一線是不一樣的。清代沿海城市群最缺乏的是糧食，最歡迎的食物，大概是產於臺灣的紅白糖。然而，臺灣南部米糖的產量有限，於是，臺北的發展逐漸展開。而臺灣北部的對外貿易日益重要。

臺灣北部港口的發展與福建城市有關。其中，福州的影響是潛在的。福州在清代前期已經是東南名城，來自閩西北山區的木材、紙張、茶葉、

56　周璽，道光《彰化縣志》卷一，〈封域志〉，臺灣文獻叢刊第 156 種，第 21 頁。

57　周璽，道光《彰化縣志》卷二，〈規制志〉，臺灣文獻叢刊第 156 種，第 40 頁。

58　鄧傳安，《蠡測彙鈔》〈勸修王功港天后宮疏引〉，北京，書目文獻出版社 1983 年標點本，第 23 頁。

香菇、筍乾等商品匯聚於福州的南臺港，再轉運中國沿海港口，從而成為東南貿易中心。[59]臺灣有不少物產都來自福州。康熙年間周元文談到臺灣造船業時說：「臺郡僻在海外，百物不產，一切木料以及釘鐵、油、蔴、風帆、棕、絲等項，盡須遠辦於福州，紆迴重洋，腳價浩繁，又有遭風飄失之虞。」[60]可見，臺灣對福州有相當的需求。不過，當時對臺貿易主要掌握在泉州、漳州商人手中，所以，去八里岔貿易的商船主要來自泉州蚶江及廈門二港。他們從臺灣北部運出大米和蔗糖，運入各種手工業品，從而帶動了臺北的經濟。

　　臺灣北部的開發遲於臺灣南部，但在乾隆年間，已經初具規模。乾隆年間余文儀引舊志：「淡水廳：廳所屬為竹塹、淡水二保，市廛漸興、人煙日盛。淡水內港戶頗繁衍，風俗樸實，終年鮮鬩鬥、爭訟之事。所產稻穀獨賤，一切布帛、器皿價昂數倍（「舊志」）。」[61]可見，當淡水廳建立之初，臺北盆地的淡水和竹塹都繁榮起來了。除了臺北盆地基本開發之外，臺灣東北部的宜蘭也進入開發時期。臺北的興盛吸引了新時期的投資方向。臺灣民謠：「一府二鹿三艋舺」，這是說，臺灣的發展，以臺灣府城（即安平鎮）為先，其後是鹿港，再後是艋舺。

　　臺灣北部最早發展起來的也是大米生產，而後蔗糖生產也有一定規模。在清代中期，隨著板橋林家等墾殖大戶的成功，臺北平原漸成田連阡陌的富庶區域，因而可有大量的糧食和蔗糖輸出，於是，臺北的港口應運而出。

　　從交通條件來看，臺灣北部的發展，首先在於臺灣北部港口的開放。不過，清代前期，臺北的淡水與廈門之間也有貿易。乾隆初年董天工說：

> 淡水舊設社船四隻，舉淡水莊民殷實者詳明取結，赴漳泉造船給照，在廈販買布帛煙茶器具等貨，來淡發賣。即在淡買米粟回棹，接濟漳泉民食。雍正元年，增設社船六隻。乾隆八年，定社船十隻，每年九月至十二月來淡一次，回棹帶米出口，餘月赴鹿耳門貿易。九

59　福建社會科學院歷史研究所、福州臺江區政府，《福州臺江與東南海陸商業網絡研究》第一章，福州，海峽書局 2011 年。

60　高拱乾纂輯、周元文繼修，康熙《臺灣府志》卷十，〈藝文志〉，臺北，遠流出版公司 2004 年，第 427 頁。

61　余文儀，乾隆《續修臺灣府志》卷十三，〈風俗志〉，臺灣文獻叢刊第 121 種。

年，定臺道軍工所辦大料社船，配運赴廈，再配商船來臺交廠。自
九月至十二月止，不限次數，聽其往淡。[62]

由於受到官府的嚴格控制，淡水與廈門之間的貿易不算興盛。當時發
於淡水入海口的船舶，要到福州港，都要有些特別的理由。撰寫《臺海使
槎錄》的黃叔璥受命赴臺煉製硫磺，按規定要從廈門來回。他去的時候，
按照規定從廈門走。數月後要回福州，本來也是要從廈門走的，可是，他
的船隻在海上遇到風暴，大風一直將他們的船隻送到閩江口，黃叔璥的船
隻也就直接進入閩江到福州上岸，沒人問他為什麼不繞道廈門？看來，遇
到風暴是個很好的理由。不過，由於清初臺灣北部經濟不夠發達，所以，
臺北直接與福州通航的呼聲也不是很大。

閩臺對渡進入雙口岸時期後，兩岸限渡政策引起了各方面的思考。正
如鄭光策提出的那樣：「即如廈門各船或上往天津，或上海、寧、台、福州，
下至潮、惠、瓊、廣、安南，隨時往來貿易，未嘗有禁，何以獨往臺灣偏
劃成此疆爾界，絲毫不相假借」[63]？這個問題引起清朝官府的思考，以後清
廷的閩臺對渡政策越來越寬鬆。

在平定林爽文的戰事中，為了給臺灣的清軍供應物資，清廷雇傭民船
裝載軍資，他們很快發現：對臺灣運輸以福州港與臺灣北淡水港對渡最為
便捷。自廈門至鹿耳門十二站，蚶江至鹿仔港九站，閩安口至北淡水八站。[64]
鄭光策等福州學者開始考慮發展福州與臺北港口之間的貿易。乾隆五十五
年，朝廷允許臺灣北部的八里岔港口與福州的五虎門港對渡。此後，福州
港與臺灣北部港口之間的貿易大有發展。嘉慶十五年（1810 年）又允許廈
門、泉州的船隻可以到八里岔貿易，這對臺北的發展是一個刺激。臺灣有
專門做福州等港口生意的商人組織。「聚貨而分售各店曰『郊』。往福州、
浙江者，曰『北郊』，泉州者曰『泉郊』，廈門者曰『廈郊』，統稱『三
郊』。」[65] 道光年間的《淡水廳志》記載：「淡廳貨之大者，莫如油、米，

62　董天工，《臺海見聞錄》卷一，〈船政〉，臺灣文獻叢刊第 129 種。

63　鄭光策，《西霞文抄》卷下，〈與吳雲衣先生書〉，第 51 頁。

64　臺北故宮博物院編，《宮中檔乾隆朝奏摺》63 輯，臺北，故宮博物院 1987 年，第
　　80 頁。轉引自松浦章，《清代臺灣海運發展史》，卞鳳奎譯本，臺北縣博揚文化
　　有限公司 2002 年，第 17 頁。

65　唐贊袞，光緒《臺陽見聞錄》卷下，〈風俗〉，第 146 頁。

次麻、豆，次糖、菁；至茄藤、薯榔、通草、藤、苧之屬，多出於內山，樟腦、茶葉惟淡北內港始有之，商人雇船裝載，擇內地可售之處，本省則運至漳泉、福州，往北則運至乍浦、寧波、上海，往南則運至蔗林、澳門等處。幾港路可通遠者，無不爭相貿易。」[66] 其中，福州已經是臺灣重要的貿易對象港口。

八里坌港位於臺灣北部淡水河的出海口。

淡水河是臺灣第一大河，它的下游水量豐富，海船可以深入內河數十公里。在八里坌港內腹有一個名為「艋舺」的地方，艋舺是原住民乘座的一種小船，又稱「蟒甲」，乾隆初年的《重修福建臺灣府志》記載，當地有大澳，「番民往來，俱用蟒甲者，刳獨木以為舟。澳內可泊數百；至此載五穀、鹿脯貨物。內地商船，間亦到此。」[67] 這說明，此地原來是當地土著貿易的一個集散點，隨著臺灣北部的開發，艋舺逐漸成為一個較大型的集市。從艋舺寺廟的建設來看，乾隆五年（1740 年），當地舊街附近出現了龍山寺，而後寺的周邊形成新店街和龍山寺街；乾隆十一年，艋舺又出現了天后宮與福德宮，而天后宮街和土地後街相應形成。這都說明乾隆前期，艋舺已經初具規模。乾隆五十七年，清廷允許八里坌港對大陸通商，廈門及泉州的商人紛紛來到當地貿易，但因八里坌位於淡水河口的南部，隨著河流沙洲的變化，八里坌港逐漸淤塞，於是，廈泉商人的商船直接駛向淡水河深處的艋舺，導致艋舺港市的發展。丁紹儀云：「八里坌距艋舺止三十里，商賈之輻輳，昔推八里坌，今推艋舺云。」[68] 道光年間任職於臺灣的姚瑩說：「艋舺通商，戶多殷實」。[69]「艋舺居民鋪戶約四五千家，外即八里坌口，商船聚集，闤闠最盛，淡水倉在焉。同知歲中半居此，蓋民富而事繁也。」[70] 同知是府級官員，是為知府的助手，將其派駐艋舺，表明

66　鄭用錫，道光《淡水廳志》卷二，道光十四年刊本，第 106 頁。轉引自林玉茹，《清代竹塹地區的在地商人及其活動網絡》，臺北，聯經出版有限公司 2000 年，第 54 頁。

67　林呈蓉主編，《臺北縣史料彙編（淡水編）》，佛光人文社會學院編譯出版中心 2001 年，第 15 頁。

68　丁紹儀，《東瀛識略》卷一，〈建置〉，臺灣文獻叢刊第 2 種，第 6 頁。

69　姚瑩，《東槎紀略》卷四，〈答李信齋論臺灣治事書〉，臺灣古籍叢編第 4 輯，第 563 頁。

70　姚瑩，〈臺北道里記〉，林呈蓉主編，《臺北縣史料彙編‧淡水篇》，佛光人文

官府對艋舺的重視。當地泉州人擅長經商。如「洪騰雲，字合樂，亦晉江人。道光四年，隨父入臺，居淡水之艋舺，年十三。及長習賈，為米郊。淡為產米之地，艋舺適扼其口，帆船貿易，以此出入。而騰雲工籌算，與泉廈互市，數年之間，產乃日殖。」[71]臺灣北部的其他地方也有發展。如基隆港，「惟雞籠一區，以建縣治，則其所轄之地不足；而通商以後，竟成都會，且煤務方興，末技之民四集，海防既重，訟事尤煩。」[72]竹塹一帶，「數萬餘家之烟火」，當地民眾已經感到有築城的需要。道光六年，竹塹林長青等 26 戶商舖倡議修竹塹城，並為此捐助 3 萬元番銀。[73]不過，從總體而言，臺灣北部的發展還是在清代後期。

　　總的來說，臺灣經濟在清代初年被捲入大陸沿海商圈，導致田園式的發展在臺灣結束，並走上商品經濟較快發展的道路。換一個角度來說，正是清代大陸沿海商品經濟的發展，給予臺灣經濟極大的發展空間。臺灣正是在這一背景下高速成長。如果說清初的臺灣還是蠻荒區域，清代中葉，臺灣已經成為中國東南經濟文化較發達的區域，其成功的原因在於：閩南人海洋經濟在臺灣較成功的移植。

　　然而，閩臺六口對渡仍然無法滿足民眾的需要，也使朝廷感到管理方面的麻煩。蓋因當時的船隻常以遭風為由，任意航行到自己願意去的港口進行買賣。官府反而感到不好收稅。經過一番討論後，朝廷終於允許閩臺六個港口之間，可以任意對渡。這是嘉慶十五年（1810 年）的事情。

　　當開放成為一股潮流之後，臺灣方面開放的港口越來越多，其後，由於宜蘭平原的開發，地方官要求開放當地的烏石港與福建貿易，又因為鹿港的淤塞，人們要求開放附近的海豐港。於是，道光六年（1826 年），閩浙總督孫爾準向朝廷奏准烏石與海豐二港的開放，與福建口岸對渡。[74]從而形成臺灣歷史上的「五口通商」。

　　道光二十三年，朝廷許可江南的港口可與臺灣港口直接通商。這些事

　　　社會學院編譯出版社中心 2001 年，第 215 頁。
71　連橫，《臺灣通史》下冊，卷三五，第 698—699 頁。
72　唐贊袞，光緒《臺陽見聞錄》卷上，〈臺北府〉，第 15 頁。
73　鄭用錫等，《淡水廳築城案卷》，臺灣文獻叢刊第 171 種，第 1—5 頁。
74　孫爾準奏稿，《臺案彙錄丙集》卷七，〈戶部・為內閣抄出閩浙總督孫爾準奏移會〉，臺灣文獻叢刊第 176 種，第 284—286 頁。

實都表明臺灣經濟的發展，使它的地位越來越重要。因此，它需要與全國其他口岸的交通，以發展自身經濟，加強兩岸循環。[75] 其中，清代中葉臺灣北部的發展最為突出。

移民入臺，開墾了臺灣。研究臺灣史卓有成就的曹永和先生寫到：「開拓的一般趨勢，大致至康熙四、五十年間，臺灣縣境開發殆盡，分別向南向北開拓。至雍正年，南已至琅嶠下淡水一帶，嗣後即全由南而北，西部平原北至雞籠淡水，肥沃易耕之地，大多經人開拓。開拓開始時，作點狀的分佈，點逐漸擴展，至與其他各點相互連接，再經擴展變為面，面逐漸伸展，至乾隆末年西部肥沃平原地帶開盡，以後漸及較瘦地區或山麓，再進去交通不便之隔離地方。嘉慶年間即進展去開拓宜蘭平原，自嘉慶末年至道光年間，開始進入埔里地方，咸豐年間已成為漢人部落。此時也漸入東部卑南開墾。」[76] 至此，就傳統農業的觀點而言，臺灣開發已基本完成。

第四節　臺灣移民社會的基本特點

明清之際的臺灣，雖然經歷了荷蘭、西班牙人的殖民，最終是閩南人控制了臺灣，因此，清代初年的臺灣，來自閩粵二省的移民大量進入臺西平原區域，逐漸成長為臺灣人口的主體，正如陳孔立的研究，清代臺灣是一個移民社會。關於清代移民社會的特點，李國祁、陳其南和陳孔立都有完整的論述。[77] 鄧孔昭和周翔鶴對清代臺灣移民的婚姻問題進行了專題研究。[78] 這些研究都是很成熟的。

一、臺灣的地域人口結構

臺灣人重視鄉貫和血緣關係，早期臺灣人分類居住，形成了泉莊、漳莊和粵莊。這種關係的形成有一個過程。

75　徐曉望，〈貿易導向與閩臺交通的歷史回顧〉，本文原名〈貿易導向與閩臺地緣關係發展〉，原是為 2000 年高雄港市學術研討會準備的論文，後該會因故未開，論文發表於呂良弼主編，《海峽兩岸五緣論》方志出版社 2003 年 11 月。

76　曹永和，《臺灣早期歷史研究》，臺北，聯經出版事業公司 1981 年，第 21 頁。

77　陳孔立，《清代臺灣移民社會研究》，廈門大學出版社 1990 年，第 14—30 頁。

78　鄧孔昭主編，《閩粵移民與臺灣社會歷史發展研究》，廈門大學出版社 2011 年。

　　施琅統一臺灣之後，臺灣形勢尚不穩定，為了防止臺灣再次出現反對清廷的勢力，清廷在施琅的建議下，制定了一些限制渡臺的規定，其中除了嚴防偷渡、禁帶家眷等幾條外，最為特別的是對廣東人移民臺灣的限制：「粵地屢為海盜淵藪，以積習未脫，禁其民渡臺。」[79] 當時管理臺灣方面，靖海侯施琅發揮巨大作用。但在明清之際，施琅率軍隊路過粵東，曾經遭受當地武裝襲擊。因此，施琅對粵東地方武裝的印象很不好。後人評說：「臺灣始入版圖，為五方雜處之區，而閩粵之人尤多。先時鄭逆竊踞海上，開墾十無二三。迨鄭逆平後，招徠墾田報賦。終將軍施琅之世，嚴禁粵中惠潮之民，不許渡臺。蓋惡惠潮之地素為海盜淵藪而積習未忘也。琅沒，漸弛其禁，惠潮民乃得越渡。」[80] 不過，早期的禁渡政策對廣東人十分不利，在這關鍵的十幾年裡，泉州人和漳州人分別占領了臺灣最好的土地，後來的廣東客家人，就只好向山區發展了。其時臺灣較為發達的地方是在臺灣南部，其地面對福建的泉州、漳州，與廣東汕頭亦相距不遠，若沒有這一條規定，粵人渡臺的數量肯定會比現有的數量更多一些，但這一規定的存在，使早期粵人渡臺成為不合法的行動，而閩人獨占渡臺之利，所以，早期渡臺，多為泉州人與漳州人。清廷對渡臺又一重大限制是：早期只許廈門一個口岸渡臺，後來又增補泉州的蚶江為渡臺口岸，清中葉以後，渡臺口岸進一步增加，但由於臺灣在當時是福建的一個府，合法渡臺口岸多在福建，因此，有清一代，閩人渡臺要比廣東人多得多。在福建各府中，以泉州人最多，這是因為鄭成功與施琅都是泉州人，廈門也是屬於泉州的港口，所以泉州人渡臺較早，他們多占據平原，招來鄉親開墾，形成了泉州人優勢。漳州人以廈門為其海口，在廈門很有勢力，鄭成功及施琅的部下，都有許多漳州人，所以，他們能在臺灣占據相當多的地方。而客家人來臺較遲，但發展較快。閩粵兩省中，福建地近臺灣，偷渡臺灣較其他區域更為容易，這也是臺灣多閩人的原因之一。據 1926 年日本人在臺灣的調查，臺灣漢族中有 83.1% 來自福建，其中泉州籍占 44.8%，漳州籍占 35.1%，汀州、龍巖、福州等籍占 3.2%，粵籍移民占 15.6%，其餘諸省為 1.3%，可見臺灣人主要是泉州與漳州的移民。從語言來看，臺灣一直是閩南方言

79　莊金德，〈清初嚴禁沿海人民偷渡來臺始末（上）〉，《臺北，《臺灣文獻》第 15 卷第 3 期 1964 年，第 2 頁。

80　黃叔璥，《臺海使槎錄》卷四，第 31 頁。

占優勢的地區。

臺灣的族居和鄉居。臺灣開發之初，移民多是偷渡到臺灣，他們很少是同族人一起行動。因而清代早期臺灣沒有同姓的大宗族：「凡祭於大宗，於春分、於冬至；祭畢，飲福。臺無聚族者，同姓皆與焉。家祭，於忌辰、於元旦、清明、五日中元、除夕；主未祔者，更於冬至。」[81]「臺鮮聚族，集異姓之人，結拜為兄弟，推一人為大哥，不論年齒也，餘各以行次相呼，勝於同胞。」[82] 他們在異鄉相互幫助。「土著既鮮，流寓者視同井猶骨肉。疾病死喪相恤，貧無歸者，集眾捐囊助之，雖慳者猶畏譏議。」[83] 由於逐步形成了同鄉人共同居住一地的情況，這也就是臺灣多「閩庄」、「粵庄」之類稱呼的由來。清代臺灣的鄉貫是極為重要的。一旦發生訴訟、械鬥之類的事件，同鄉人總是幫同鄉。著名的臺灣分類械鬥，大都是以鄉貫為單位的。「再查臺灣地方本無土著，以全郡而論，漳泉廣東三處民人居其大半。而福州、汀州、興化等府民人寄籍者亦多，除郡城縣城及港口鎮集各處，俱為五方雜處之區。其餘村庄原係自分籍貫，各為一庄居住。惟因閩庄、粵庄，彼此交錯，田業毗連。」[84] 粵莊或說客莊，如上所述，它的居民大都來自廣東的梅州、潮州諸縣，他們以客家話為主，在臺灣的勢力不可小視。「廣東饒平、程鄉、大埔、平遠等縣之人赴臺傭雇佃田者，謂之客子。每村落聚居千人或數百人，謂之客庄。」[85] 同鄉之情可以將生活在異地的民眾聚集在一起。無論是儒生、官員，還是商人、醫卜之流，都以同鄉的面目出現，他們相互幫忙，互通資訊，在異鄉擰成一股力量。使同鄉在交往中加深了感情，而且，一旦有什麼事發生，同鄉人總是相互幫助，共渡難關。同鄉關係的發展，就是異姓結會了。《平臺紀事本末》說臺灣：「地廣物衍，民競利而鄙廉讓。閩、廣之人，各分氣類。」[86] 他們懷念家鄉的親人，並將這類關係移植到臺灣的異姓之間，便形成了異姓結義的行為：「臺鮮聚族，集異姓之人，結拜為兄弟，推一人為大哥，不論年齒也，餘

81　周鍾瑄主修、陳夢林等編纂，康熙《諸羅縣志》卷八，〈風俗志〉，第142頁。
82　王禮主修、陳文達編纂，康熙《臺灣縣志》卷一，〈輿地志‧風俗〉，第123頁。
83　胡樸安，《中華全國風俗志》上編，河北人民出版社1986年，第126頁。
84　乾隆帝等，《欽定平定臺灣紀略》卷五十，第8頁。
85　藍鼎元，《鹿洲初集》卷二，〈與吳觀察論治臺灣事宜書〉，第18頁。
86　佚名，《平臺紀事本末》乾隆五十一年十一月。臺灣文獻叢刊本。

各以行次相呼，勝於同胞；妻女不相避，以伯叔稱之。狃習既久，不無瓜李之嫌。此亦鄉村間之習俗，邑中未聞有是也。」[87] 多數異姓結會還是以同鄉人為主，他們結會後，少數人也可擊敗多數人。例如，臺灣的粵人組合能力很強。「雖在臺地者閩人與粵人適均，而閩多散處，粵恒萃居，其勢常不敵也。康熙辛丑朱一貴為亂，始事謀自南路粵莊。中繼我師破入安平，甫渡府治，南路粵莊則率眾先迎，稱為義民。粵莊在臺能為功首，亦為罪魁。」[88] 清朝官府對臺灣的統治建立在利用各莊矛盾的基礎上：「臺地素無土著，皆漳、泉、廣三郡之人徙居焉。地分南北，廣人實居其南，別以主客之名，而莊以立（漳泉人呼粵莊為客莊）。此疆彼界，判然畛域。故往往有漳人作亂而泉人攻之者，泉人謀逆而漳人揭之者。若漳泉合謀不軌，則粵民必倡義以誅之，示有不成功者。」[89] 面對閩南人占優的狀況，粵人卻能通過聯合爭取到較好的生存環境，取得相當的發展。

　　臺灣的分類居住看似臺灣的特點，其實，它也發生於閩粵兩省的歷史。閩粵漢族大都來自中原區域，他們來到南方之後，因語言的關係，同鄉來往較多，因而抱團取暖，形成同鄉團體。重視同鄉關係是閩粵的歷史特點。例如，唐末光州刺史王緒及其部下王審知等人率光州吏民南下福建，後來固始縣的王審知兄弟在福建建立閩國割據政權。他們以同鄉關係團結起來，相互照應，扎根於福建，取得很大成功。今天多數閩人家族都說自己是固始移民的後代，可見他們的成功。清代臺灣閩南人族群和客家人族群的出現，實際上是閩粵古史的再現。

二、閩粵人與臺灣番民混血情況的出現

　　清代臺灣閩粵人與番民的混血是不可忽略的情況。清廷對臺灣的移民政策處在不斷變化中，尤其是對婦女。早期由於清朝將臺灣視為禁區，不允許婦女渡臺，造成臺灣多是單身男子的社會。「各莊佣丁，山客居七、八，靡有室家；漳泉人稱之曰客仔。」[90] 這些單身青壯年到臺灣以打工為生，數年後或是返鄉，或是在臺灣落地生根。隨著臺灣的開發，許多田地待人

87　王禮主修、陳文達編纂，康熙《臺灣縣志》卷一，〈輿地志·風俗〉，第 123 頁。
88　黃叔璥，《臺海使槎錄》卷四，第 31 頁。
89　翟灝，《臺陽筆記》，〈粵莊義民記〉，第 3 頁。
90　周鍾瑄主修、陳夢林等編纂，康熙《諸羅縣志》卷八，〈風俗志〉，第 148 頁。

耕種，在臺灣定居，明顯能得到較多的利益，所以，他們大都設法留在臺灣，此時臺灣婦女太少的社會特點便顯得十分突出。對於清代臺灣的婦女數量，學術界一向有爭議。也有人認為，臺灣社會的女性數量其實不少，以蔣毓英所撰第一代《臺灣府志》來說，男女比例不是很懸殊。這一點應當無法否認。不過，清代早期的臺灣，外來單身漢較多。於是產生許多問題。「鄉間之人，至四、五十歲而未有室者，比比而是。閩女既不可得，或買掠販之女以為妻、或購掠販之男以為子。女則自十四、五歲至二十歲，男則自五、六歲至十五、六歲，均不為訝。」[91] 所以，很多情況下是幾個男人集資娶一個原住民的老婆，這種情況在古代中國的下層社會很常見。當然，有錢的男人娶幾個老婆也是有的。這就導致漢族與番民的混血。為了解決單身漢過多的問題。朝廷官員也在想辦法。畢竟數十萬單身漢進入臺灣，對臺灣的治安造成很大問題。清代的臺灣是一個「五年一小反，十年一大反」的區域，一些學者為臺灣治安而考慮，建議開放婦女渡臺，所以，雍正十年（1732 年），清廷允許婦女渡臺。但臺灣的官員下意識中常將臺灣當作軍事禁區，也有不少人建議控制臺灣移民的增長，其中主要點是不允許婦女渡臺。因此，乾隆四年又下令禁止婦女渡臺。但這一政策也受到許多官員的反對，乾隆九年（1744 年）再次開放，允許搬眷。此後，乾隆十二年又禁，乾隆二十五年再次開禁。這都反映了清廷對臺灣政策的搖擺。清代官員說：「至禁止攜眷之例，自雍正十年至乾隆二十五年，屢開屢禁。經前任總督楊廷璋酌請定限，一年永行停止。而挈眷來臺灣者，至今未絕。總因內地生齒日繁，閩粵民人渡海耕種謀食居住，日久置有房產。自不肯將其父母妻子仍置原籍，搬取同來亦屬人情之常。若一概嚴行禁，絕轉易啟私渡情。」[92] 清朝開放婦女進入臺灣之禁後，大陸進入臺灣的女性應當增多了。例如，林爽文的父親「貧不聊生，于乾隆三十八年挈妻子渡臺」。[93] 乾隆末年臺灣官軍查獲一艘偷渡船：「共載民人張桃等男婦二百四十四名口。」[94] 其中有男也有女。不過，如本書第二章所述，清代的福建由於流

91　王禮主修、陳文達編纂，康熙《臺灣縣志》卷一，〈輿地志・風俗〉，臺北，文建會 2005 年臺灣史料集成本，第 123 頁。

92　乾隆帝等，《欽定平定臺灣紀略》卷六十三，第 11 頁。

93　佚名，《平臺紀事本末》乾隆五十一年十一月，臺灣文獻叢刊第 16 種。

94　乾隆帝等，《欽定平定臺灣紀略》卷五十，第 23 頁。

行溺女嬰習俗，各地都是男多女少，尤其閩南的情況相當嚴重，所以，即使有閩南人帶家眷渡臺，真正偷渡臺灣的閩南婦女也不會很多。另外，臺灣女性貴重，婚姻流行高聘金習俗。藍鼎元曾向官府建議：「民生各遂家室，則無輕棄走險之思。臺俗婚娶論財，三十老女，尚有待年不嫁者。此等怨曠，最足傷天地之和，召水旱之災，所當急為嚴禁。凡民間室女年二十四五以上者，限三月之內逐一嫁完，違者拿其父兄治罪。」[95] 這種政策導向是值得肯定的。

　　由於種種因素所起作用，許多在臺灣的閩粵人想結婚，只有選擇臺灣的原住民，這就造成了清代臺灣漢番混血的情況。諸羅縣第一任知縣季麒光就是布告中就指出本縣的遊民「二三為群，窺誘番婆」。[96] 清代任番民通事的那些人：「皆納番婦為妻妾」[97]，普通漢人也有娶番民女性的。朱仕玠說：「至漢人牽番女，儀節較繁；近奉嚴禁，其風稍息。」[98]「內地無賴人，多竄入生番為女婿；所生兒名土生仔。」[99] 清代中葉，有些地方的土生仔很多。林樹梅到琅嶠附近的社寮港，此地有土生团千餘輩，「分二十一莊聯絡。」[100] 中國下層社會的婚姻狀況，其實是相當混亂的。有時一個人的財力無法付足嫁娶所需要的金錢，他們會幾個人合夥娶一位妻子。這就形成了一妻多夫的家庭。當然，那些有錢有勢的人物，也會一人娶幾個媳婦，促進家族的繁衍。除了多妻和多夫家庭外，還有租妻、典妻生子之類的習俗。在「不孝有三，無後為大」的思想意識裡，人口生產成為人生最大的目標，這使閩臺漢族迫切與平埔族融合。至於平埔族，由於他們以農業為主的生活方式近似於漢族，在不斷吸取漢族農耕文化的基礎上，他們與漢族通婚，共同生活，也就不斷融入漢族中去。有一些番民還會計算。「番素樸愚，不知戤等，今新港、蕭壠、大武壠等社多通漳、泉言語，以錢物貿易，餘社則以其所有，易布絮、煙、鐵之類而已。」[101] 這類番民悄悄地

95　藍鼎元，《鹿洲初集》卷二，〈與吳觀察論治臺灣事宜書〉，第 18 頁。
96　季麒光，《東寧政事集》，〈安諭民番事〉，第 227 頁。
97　郁永河，《海上紀遊》卷下。
98　朱仕玠，《小琉球漫誌》卷八，〈海東賸語下〉，第 80 頁。
99　朱仕玠，《小琉球漫誌》卷七，〈海東賸語中〉，第 74 頁。
100　林樹梅，《歠雲文抄》，卷三，〈琅嶠圖記〉，福建教育出版社 2017 年臺灣古籍叢編第 5 輯，第 423 頁。
101　季麒光，《蓉洲詩文稿選輯》，〈番俗紀略〉，香港人民出版社 2006 年，第 117 頁。

進入閩南人中，幾代人後，就會被視為同鄉了。

　　乾隆年間有人說：「熟番自歸版圖後，女始著衣裙……邇年來漸被聲教，男婦俱製短衫袴，與漢人無異。」[102]「熟番歸化既久，男女服飾同於土人，但兩睛稍圓為異矣。番人謂內地為唐山。」[103] 甚至所謂的生番也成為官府管理的對象。「（雍正）十三年題準福建臺灣府屬彰化縣生番一百九十九名彙入彰化縣版籍，歲貢鹿皮折銀二兩四錢，彙入奏銷。」「乾隆三年題準臺灣府屬合番社向化生番男婦二百八十五名附入臺屬版圖，歲貢鹿麞皮各一張，變價充餉。」[104] 在古代中國，南方各地少數民族人口只要被納入官府的戶籍，他們就會被視為與漢族平等的編戶齊民，過上幾代人，他們之間就沒有差異了。

　　應當說，中國傳統民族觀點與西方國家有很大的區別，漢族從來不拒絕其它亞洲民族的加入，甚至以吸收其它民族為加強統治的不易秘訣。不論是明朝還是清朝，對南方少數民族的方針都是教化。只要這些番人接受儒學教化，都會被視為漢族同體。中國南方諸省客家的形成，其實就是南方山區少數民族接受儒學價值觀的過程。臺灣平埔族也不能例外。清代臺灣基層官員都盼著將平埔族化為向朝廷繳納賦稅的平民，他們將這類原住民，稱為「熟番」，以區別在深山生活的「生番」。在經過數十年至上百年的治化後，他們確實達到了自己的目的。迄至清代後期，臺灣大量平埔族也就與閩南人混為一體了。清中葉以後的臺灣原住民，一般是指生活在臺灣東部山區的「生番」。由於這一原故，臺灣的原住民數量長期停滯，迄至 1906 年，臺灣土著居民不過 11.3 萬人，1993 年的臺灣高山族，也僅有 19.2 萬人。[105] 大致說來，由於漢族人口增加較快，還在清代初年，臺灣的漢族人口就占絕對優勢，而臺灣的平埔族原住民，不斷地融入漢族中去。這些漢族新血液，很自然地選擇臺灣最流行的閩南話，所以，他們也成為臺閩臺漢族的組成之一。這一過程，與福建歷史上土著與南下漢族融合的過程具有同等性質。

102　朱仕玠，《小琉球漫誌》卷八，〈海東賸語下〉，第 78 頁。
103　朱仕玠，《小琉球漫誌》卷五，〈瀛涯漁唱〉，第 54 頁。
104　《欽定大清會典則例》卷三三，〈戶部〉，第 30—31 頁。
105　周婉窈，《臺灣歷史圖說》，臺北，中研院臺研所籌備處 1997 年，第 66 頁。

　　閩粵漢族大都來自北方中原區域，由於路途遙遠，來到閩中的中原漢族多為單身漢。他們到閩中之後，大都娶本地人為妻。例如唐末的閩王審知便娶惠安女子黃氏為妻，後來，黃氏所生子女被王審知視為嫡系子女。現代福建漢族大都為中原血緣，而其女性體質則為南方婦女的血緣，與歷史有關。閩粵歷史上一些無法娶妻的男子，也會收養義子，延續家族的香火。以王審知來說，早年他的嫡妻沒有兒子，便收養王延稟為義子，其人後來擔任了建州刺史。樂於收養義子後來成為閩南的一種習俗。明清時代的閩南人，收養義子長大之後，會讓他到冒險到海外經商，本家坐收利息。如果沒有親子，閩南人也會以義子繼承家業。清代臺灣移民流行收義子的習俗，這與清代閩南人的習慣是一致的。因此，從總體而言，清代臺灣是閩人歷史的再現。

　　清代臺灣番族融入漢族，不僅是全盤接受漢族核心的儒學文化，同時也將他們自身的文化特點帶入漢族，對豐富漢民族文化作出自己的貢獻。雖說這方面的研究不多，但也不是無跡可尋。例如，臺灣原住民稱結婚為「牽手」，頗具浪漫意味。現在這個詞不僅在臺灣人中流行，還成了大陸最流行的詞語之一。又如臺灣番民多榨蔗汁而食，明清之際在臺灣和福建流行的榨蔗汁的機械，應當受到臺灣原住民的啟發吧。

　　如果說人口的組成是決定人類文化的最主要因素，在清以前，臺灣的人口還是以土著佔優勢，當時的臺灣文化與大陸文化的差異較為顯著。明清之際，鄭成功收復臺灣，漢族對臺灣的移民大增，並在清代成為臺灣人口的主流，當然，其中也包括「熟番」與漢族的同化，由於臺灣漢族主要來自福建，因此，可以說清代的閩臺是一個共同的文化區域。

三、臺灣的分類械鬥

　　如前所述，清代閩南區域鄉族械鬥十分厲害。這種陋俗同樣展現於臺灣。清代官員發現：「惟因閩庄、粵庄，彼此交錯，田業毗連。遂有搆釁相爭之事。」各莊衝突，肯定不利於對匪類的打擊，官府無奈地看到：「（臺灣）地廣物衍，民競利而鄙廉讓。閩、廣之人，各分氣類，睚眥之怨，糾鄉眾、持白梃以鬥；好事輕生，其習尚然也。」[106]「漳泉廣東民人，各分

106　佚名，《平臺紀事本末》乾隆五十一年十一月，臺灣文獻叢刊本。

氣類，固屬風俗不純，而閩粵各庄，彼此鄰近，即偶有為匪之事，不能合成一氣，轉可互相舉首。且民風之淳薄，原無一定，全視吏治為轉移。從前地方官撫輯不得其宜，惟知貪圖安逸，諸事廢弛，甚或遇有械鬥重案，意為出入，從中取利。奸民等全無儆懼。日久遂釀成大案。將來賊匪蕩平之後，若府縣皆得其人痛改積習，於民間結會聚鬥之事有犯必懲，秉公辦理，嚴加約束，自不致別滋事端。」[107]

　　乾隆皇帝對臺灣分類械鬥也是很清楚的。「上命軍機大臣傳諭福康安、李侍堯曰：臺灣地方奸民糾眾械鬥之事，非止一次。皆由該處多係漳泉二郡及廣東民人在彼居住，而漳泉兩郡民人素有嫌隙及與廣東民人彼此不睦，其里居田土互相錯處往往紛爭搆釁械鬥滋事。而地方官並不實力查辦，惟思將就完案。以致奸民無所儆畏，因而釀成事體。此次林爽文等倡亂不法刼縣戕官亦即因糾眾昌（倡）會而起。」[108] 可見，乾隆皇帝也知道臺灣的械鬥。林爽文起義暴發之前臺灣就有大規模的械鬥：「徐嗣曾曰：此等奸民糾眾滋事，不過么麿烏合。上年臺灣即有漳泉兩處匪徒械鬥滋擾等案，一經黃仕簡帶兵前往督辦，立即撲滅。」[109] 問題在於：臺灣各地鄉族因械鬥而形成了有實力的地方武裝。「惟是臺灣風俗剽悍，軍器最多，皆因械鬥私造。此番懲創之後，民人等震懾兵威已甚畏懼，而閩粵不和積習，尚恐驟難更易。惟有嚴密查辦，不准存留軍器。地方官如能永遠奉行實力查禁，則械鬥之風亦可不杜自息」。[110] 這類械鬥武裝經常引起大規模的反清起義。

　　　　內地之民，聚族而居，眾者萬丁己耳，彼此相仇，牽於私鬥，無敢倡為亂異者。臺之民不以族分，而以府為氣類；漳人黨漳，泉人黨泉，粵人黨粵，潮雖粵而亦黨漳，眾輒數十萬計。匪類相聚，至千百人，則足以為亂。朱一貴、黃教、林爽文、陳錫宗、陳周全、蔡牽諸逆，後先倡亂，相距或三十年，或十餘歲，雖不旋踵而減，然戕官陷城，生民塗炭，兵火之慘，談者寒心。糜國家數十百萬之金錢，勞將帥累月經年之戰討，而後蕆事。人心浮動，風謠易起，

107　乾隆帝等，《欽定平定臺灣紀略》卷五十，第8—9頁。
108　乾隆帝等，《欽定平定臺灣紀略》卷四十，第16—17頁。
109　乾隆帝等，《欽定平定臺灣紀略》卷一，第9頁。
110　乾隆帝等，《欽定平定臺灣紀略》卷五十八，第21頁。

變亂之萌，不知何時；其難在守常而知變。[111]

清代中葉，個別村莊的械鬥往往蔓延到全臺。陳盛韶說：「閩粵分類之禍，皆起於匪人。其始小有不平，一閩人出，眾閩人從之；一粵人出，眾粵人和之，不過交界處擴禁爭狠。而閩粵頭家即通信於同鄉，備豫不虞，於是臺南械鬥傳聞淡北，遂有一日千里之勢。匪人乘此撥為風謠，鼓動全臺，閩人曰：『粵人至矣。』粵人曰：『閩人至矣。』結黨成群，塞隘門，嚴竹圍，道路不通，紛紛搬徙。匪人即乘此焚其廬舍，搶其家資。哭聲遍野，火光燭天，互相鬥殺，肝腦塗地。」[112] 清代官員考慮：「如能將漳泉廣東村庄酌為遷徙，各分界址，使其相離較遠，固可以稍杜爭端。」[113] 然而，遷莊安插，會產生許多問題，清朝最終沒有這樣做。清代官員曾經教導臺灣民眾：

> 汝等漳泉百姓，但知漳泉是親，客庄居民，又但知客民是親，自本鎮道府視之，則均是臺灣百姓，均是治下子民，有善必賞，有惡必誅。未嘗有輕重厚薄之異。即在汝等客民與漳泉各處之人，同自內地出來，同屬天涯海外離鄉背井之客，為貧所驅，彼此同痛。幸得同居一郡，正宜相愛相親，何苦無故妄生嫌隙，以致相仇相怨，互相戕賊。本鎮每念及此，輒為汝等寒心。今與汝民約，從前之事，盡付逝流，一概勿論。以後不許再分黨羽，再尋仇釁，各釋前怨，共敦新好，為盛世之良民。或有言語爭競，則投明鄉保，耆老據理勸息。庶幾興仁興讓之風，敢有攘奪鬪毆，負嵎肆橫，本鎮執法，創懲決不一毫假借。其或操戈動眾相攻殺者，以謀逆論罪，鄉保耆老管事人等，一併從重究處。汝等縱無良心，寧獨不畏刑戮。本鎮以殺止殺，無非為汝等，綏靖地方，使各安生樂業，速宜凜遵無貽後悔。[114]

總之，清代前期的臺灣人重視鄉貫與血親關係，男多女少，各村莊之間，為爭土地擁有權等問題，經常械鬥。這類社會問題與其閩粵社會是相

111 姚瑩，《東槎紀略》卷四，〈答李信齋論臺灣治事書〉，臺灣古籍叢編第 4 輯，第 563 頁。
112 陳盛韶，《問俗錄》卷六，〈鹿港‧分類械鬥〉，第 138 頁。
113 乾隆帝等，《欽定平定臺灣紀略》卷五十，第 7 頁。
114 藍鼎元，《東征集》卷五，〈諭閩粵民人〉，文淵閣四庫全書本，第 20 頁。

同的。不同在於：閩粵民眾更重視宗族的血親關係，而臺灣清初的社會，流民較多，他們分散入臺，不可能組成宗族關係，所以，同鄉關係受到重視。不過，他們異姓結為兄弟的習俗，其實也是血緣關係的延伸。臺灣社會發展的趨勢，還是向著再造宗族社會前進。

小結

　　清代閩粵對臺灣移民是重要的社會現象。連續不斷的移民浪潮，使臺灣人口高速增長，迄至鴉片戰爭爆發之前，臺灣已經成為中國人口較密集的區域，臺灣因而進入中國經濟文化最發達的區域之一。這與明清以來中國向南向東區域發展的大趨勢是相同的。臺灣早期開發區在臺灣的南部，這與廈門港對它的拉動有很大關係。清代前期的廈門港是國內主要商港，同時還是中國對外貿易的重要港口之一，發達的海上貿易將臺灣帶入國際市場和國內市場，從而促進了臺灣南部的發展。與臺灣中部鹿港隔海峽相望的是泉州，泉州沿海一帶的港灣是中國海商薈萃之地，清代前期國內航線上的多數商船都屬於泉州幫所有，泉州群港之一的蚶江被選為清代中葉的主要對渡臺灣港口，便於泉州商幫在臺灣的發展，清代臺灣的商業網點多由泉州人控制與此有關。臺灣北部的港口有巨大的發展潛力，約在清代中葉，臺灣的開發浪潮逐步波及臺灣北部，臺北的艋舺等港口帶動當地經濟的發展。臺灣北部因而進入較高速度的增長模式，為晚清臺灣的發展奠定基礎。

　　清代臺灣開發是一個突出的文化現象。和臺灣相比，海南島同樣是一個物產豐富的島嶼，它的開發歷史遠勝臺灣，但其發展速度卻比不上臺灣，這是因為，清代前期海南島得到商業資本不像臺灣那麼多，也缺乏重點開發專案，可輸出的商品不多。相對而言，清代臺灣開發層次較高，可輸出的商品較多，在福建官府的大力經營之下，獲得較為深厚的發展動力。

　　清代臺灣社會重視宗法及地緣關係，這是閩粵文化的移植。臺灣社會展現的分類居住、與本地少數民族混血，甚至是械鬥、賭博、吸食鴉片等陋俗，同樣展現於閩粵社會及其歷史。如果說清代初年的臺灣因其多為移民社會，有一些時代造成的特點，迄至清末，臺灣社會其實更像同時代的閩南社會。這是因為，它的發展基因是一致的。

第十章　清代前期臺灣的海洋經濟

　　自明清以來，福建沿海已經有發達的海洋經濟，福建人從來不是過著自給自足的日子，而是積極發展海上貿易，靠商品經濟發展自己。福建人抵達臺灣之後，因地制宜，發展最適合臺灣地理的稻、糖出口經濟，並在與大陸及海外貿易中發展經濟。這種經濟，應是海洋經濟。

第一節　臺灣的糧食生產

　　清代前期的臺灣是一個以農業為主的區域，在農業發達的基礎上，臺灣的人口增長很快，鴉片戰爭前，臺灣已經有了 250 萬上下的人口。

一、臺灣糧食生產的發展

　　臺灣農業起源很早。宋元時期的古書已經記載了大海東方的流求有小米、黃豆之類的作物。明代後期，臺灣已經有了原住民的農業，因此，林

圖 10-1　清代福建沿海和臺灣圖，錄自《皇輿遐覽——北京大學圖書館藏清代彩繪地圖》[1]。

1　北京大學圖書館編，《皇輿遐覽——北京大學圖書館藏清代彩繪地圖》，北京，中國人民大學出版社 2008 年，第 77 頁。

鳳等海盜才會到臺灣搶米。不過,臺灣原住民的稻米產量不高。郁永河說:「土番又不務稼穡,當春計食而耕,都無蓄積。」[2] 大致來說,臺灣原住民的農業主要是女性的農業,由女性播種、收割。由於女性還要承擔其它家務,所以,她們不可能對農業投入太多。在明末清初,臺灣番民以廣種薄收為主,這與閩粵一帶的精耕農業有很大的差距。不過,臺灣早期的旱稻生長期很長,稻穀灌漿充實,碾出的大米好吃。臺灣稻穀的另一特色是稻穀耐藏,可在倉庫中保存十年以上,所以,臺灣官府徵收田賦,都是徵收稻穀,這與大陸是有區別的。

　　清代早期入臺的民眾發現:臺灣土壤肥沃,但農業不發達。《小琉球漫誌》云:「臺土黑墳,甚肥沃,不須下糞。」[3] 關於臺灣田地的肥沃,寫於康熙末年的〈赤嵌筆談〉記載:「土壤肥沃,不糞種;糞則穗重而仆。種植後聽其自生,不事耘耡,惟享坐獲;每畝數倍內地。」[4] 這段文字說明,在臺南平原上種植稻子十分方便,只要播種,不要施肥。其時,臺灣農業人口很少。郁永河詠臺灣:「臺灣西向俯汪洋,東望層巒千里長;一片平沙皆沃土,誰為長慮教耕桑?」郁永河為其解釋:「山外平壤皆肥饒沃土,惜居人少……地力未盡,求闢土千一耳。」[5] 毫無疑問,臺灣農業有很大的發展潛力:

> 雖沿海沙岸,實平壤沃土。但土性輕浮,風起揚塵蔽天,雨過流為深坑。然宜種植,凡樹菽芃芃鬱茂,稻米有粒大如豆者;露重如雨,旱歲過夜轉潤,又近海無潦患,秋成納稼倍內地。更產糖蔗雜糧,有種必獲。故內地窮黎,襁至輻輳,樂出於其市。惜蕪地尚多,求闢土千一耳。五穀俱備,尤多植芝麻。[6]

　　閩南人抵達臺灣,對臺灣的黑土地愛不釋手。許多人從家鄉帶來大批農民到臺灣開闢田園。例如王世傑,早期是為明鄭軍隊服務的商人,後來得到允許到竹塹一帶墾田。入清之後,他先是返鄉招募鄉親,「集泉人百

2　郁永河,《裨海紀遊》卷上,第 360 頁。
3　朱仕玠,《小琉球漫誌》卷七,〈海東賸語中〉,第 68 頁。
4　黃叔璥,《臺海使槎錄》卷三,〈赤嵌筆談〉,第 5 頁。
5　郁永河,《裨海紀遊》卷上,第 360 頁。
6　郁永河,《裨海紀遊》卷上,第 357 頁。

數十人至（竹塹），斬茅為屋。先墾竹塹社地，就番田而耕之，引水以溉，歲乃大稔。」他們站住腳以後，繼續開發周邊土地，從數百甲到數千甲，「歲入穀數萬石」。[7] 類似王世傑這樣對臺灣開發作出貢獻的人還有很多。連橫在《臺灣通史・王世傑傳》中還列出了徐立鵬、郭青山、李尚、郭奕榮、徐錦宗、歐天送、羅朝宗、陳仁愿、周家、姜朝鳳、林耳順、許山河等人，他們或是來自福建的泉州、漳州，或是來自廣東的陸豐、海豐等縣，都為臺灣的開墾作出巨大的貢獻。[8]

　　閩粵人到臺灣最大的特點是發展水稻農業。用福建、廣東的水稻取代臺灣原有的陸稻，是臺灣耕作史上的一次重大革命。當然，這有一個過程，並非馬上實現的。〈赤嵌筆談〉記載：「近年臺邑地畝水衝沙壓，土脈漸薄；亦間用糞培養。淡水以南，悉為潮州客莊；治埤蓄洩，灌溉耕耨，頗盡力作。」[9] 這段文字說明，在臺南平原上種植稻子十分方便，只要播種，不要施肥。然而，潮州人到臺灣南部之後，還是發展水利農業，應是他們所占區域土地不那麼肥沃吧。清初的臺灣「三縣皆稱沃壤，水土各殊。臺縣俱種晚稻。諸羅地廣，及鳳山淡水等社近水陂田，可種早稻；然必晚稻豐稔，始稱大有之年；千倉萬箱，不但本郡足食，并可資贍內地。居民止知逐利，肩販舟載，不盡不休，所以戶鮮蓋藏。」[10] 如其所云，當時臺灣的稻米生產主力是晚稻，只有個別多水的地方才在晚稻之外種植早稻。按，明清福建山區也是以一季晚稻為主，這是因為，一季晚稻的成熟前後要120—150天，福建山區無霜期不長，保證一季晚稻成熟之後，剩下的日子要種上一季早稻就會覺得無霜期不夠了。若是勉強種植早稻，大約不夠成熟就要收割，因此，早稻收成較少，而且晚稻種植期也須壓縮。兩季加起來，總收成不會比一季晚稻多多少。因此，擅長核算成本的農民，都不願種雙季稻。福建南部的田地，因其地近熱帶，氣候炎熱，無霜期較長，不僅有雙季稻，還有稻＝稻＝麥三季連作。[11] 臺灣南部為熱帶氣候，全年罕見霜雪，可以種植兩季或是三季糧食作物。事實上到了清代中期，臺灣確實有雙季稻種植，

7　連橫，《臺灣通史》卷三一，〈王世傑傳〉，北京，商務印書館1983年，第557頁。

8　連橫，《臺灣通史》卷三一，〈王世傑傳〉，第557—558頁。

9　黃叔璥，《臺海使槎錄》卷三，〈赤嵌筆談〉，第5頁。

10　黃叔璥，《臺海使槎錄》卷三，〈赤嵌筆談〉，第3—4頁。

11　徐曉望，〈論宋元明福建的糧食復種問題〉，《中國農史》，1999年第1期。

而且早晚兩季都可豐收，一甲水田每年可收穀百石。

　　臺灣肥沃的土壤吸引了閩粵一帶的農民。[12] 郁永河說：「故內地窮黎，
襁至輻輳，樂出於其市。惜蕪地尚多，求闢土千一耳。五穀俱備，尤多植
芝麻。」[13] 移民進入臺灣後，大片鹿場被開墾為田地。「昔年近山皆為土番
鹿場；今則漢人墾種，極目良田。」[14]「自比年以來，流亡日集，以有定之
疆土，處日益之流民，累月經年，日事侵削。向為番民鹿場麻地，今為業
戶請墾，或為流寓佔耕，番民世守之業，竟不能存什一於千百。」[15]《諸羅
縣志》云：「三十年來附縣開墾者眾，鹿場悉為田，斗六門以下，鹿、獐
鮮矣。」[16] 應當說，臺灣西部平原從獐鹿奔跑的草原變為糧食耕地，這一變
化是精耕農業發展的基礎，但對番民的傳統生活方式也是一個巨大的衝擊。
番民若跟不上這一變化，他們會被逼得向內山退去。康熙末年和乾隆後期，
臺灣發生了兩次轟動全臺的大暴動，即朱一貴起事和林爽文起事。事變中，
官府調動番社之兵鎮壓民變，因故，在戰鬥中，漢番民眾都遭受巨大傷亡。
在經濟上，番民也遭受重大損失：「前林蔡二逆之亂，番逃入內山，三年
不敢歸，田園盡被漢人混佔。」[17]「臺灣初皆番地，厥後，漳、泉、惠、潮
民至，有強佔私墾者，有典贌給墾者，有墾成絕賣者。番止約略收口糧數
碩，而番地盡為閩粵所有。計通臺九十二社，田園皆失，存者不過萬分之
一。」[18] 從這些記載來看，當年平地上的番民大都失去田地，其中只有少數
番民轉而採用閩南的精耕農業，成為閩南人吧。

　　郁永河於清朝統治臺灣不久便到了這塊土地，當時的臺灣農民還是在
臺灣縣城（今臺南市）附近耕作，然而，隨著大量移民進入臺灣，他們逐
步向臺灣南北各地挺進，發展農業。臺灣西部平原成為田連阡陌的良田。
「臺灣一府地方寬闊，近來田土開闢日廣，天時和暖，四季皆可種植，與
內地迥不相同，產穀最饒。」[19] 臺灣早期的府志論述臺灣：「田園皆平原沃

12　林仁川、王蒲華，〈清代福建人口向臺灣的流動〉，《歷史研究》1983 年 4 月。
13　郁永河，《裨海紀遊》卷上，第 357 頁。
14　黃叔璥，《臺海使槎錄》卷三。
15　黃叔璥，《臺海使槎錄》卷八，第 7 頁。
16　周鍾瑄主修、陳夢林等編纂，康熙《諸羅縣志》卷十二，〈雜記志〉，第 298 頁。
17　陳盛韶，《問俗錄》卷六，〈鹿港廳‧破業戶〉，第 124 頁。
18　陳盛韶，《問俗錄》卷六，〈鹿港廳‧番社〉，第 110 頁。
19　德福，《閩政領要》卷中，〈兵眷米穀〉，第 85 頁。

野，歲僅一熟；非凶年，可以無饑。」[20] 可見，位於熱帶區域的臺灣沃野千里，農民相對富裕。

黃叔璥的〈赤嵌筆談〉說到臺灣：「土壤肥沃，不糞種；糞則穗重而仆。種植後聽其自生，不事耘耡，惟享坐獲；每畝數倍內地。」[21] 開發之初，臺灣地廣人稀：「臺土宜稼，收穫倍蓰，治田千畝，給數百人，日食有餘。」[22] 藍鼎元的詩詠臺灣：「臺地一年耕，可餘七年食。」[23] 糧食生產過剩，只有在國內市場上才可找到出路，如《閩政領要》所說：「豐收之歲，所產米粟除供臺澎等處民食外，其餘粟石運至內地接濟漳泉民食。」[24] 實際上，這時的福建等地，十分需要來自臺灣的大米。康熙三十二年冬，「有年，商人販糴內地，四郡居民資焉。」[25] 此時距施琅兵入臺灣僅有九年，臺灣米穀已經在向福建沿海四府輸出了。

黃叔璥的〈赤嵌筆談〉有關於清初臺灣農業的描述：

> 正月，諸邑收菜子，一名油芥，九、十月間種；碾油只供膏火，不可食。二、三兩月，鳳邑收黃豆，十月、十一月間種，下澹水八社尤多；諸邑收大麥、小麥，十月、十一月間種，近臺屬者二月收，遠處者三月收。四月，臺邑絲瓜、紅涼瓜（即菜瓜）、甕菜、莧、茄、菜豆（即豇豆）熟；鳳山八社水田收雙冬早稻，一名安南蚤，十月、正月種；民間西瓜熟，正月種；三邑糖廍事畢。五月，臺邑番檨、西瓜熟；鳳山瓜、檨、蔬果於四月間先熟，五月幾盡矣；諸邑收早麻，即芝麻，正月、二月間種，瓜檨亦盛出。臺、鳳地暖，凡所種植，先期成熟；諸邑近北漸寒，頗似內地，所出之物稍遲。六月，三邑刈黃麻，黃梨、龍眼、波羅蜜、梨仔芨出，民間種晚稻，農務方興，略無間隙；諸邑收晚麻，番民收稷米、高粱、蕎麥。七月，三邑靛青，正月、二月間種者，薑、芋、檳榔、浮留藤俱盛出；諸邑收大頭婆早稻，正、二月間種。八月，諸邑再收黃豆及黑豆、菉豆，俱五月

20　高拱乾纂輯、周元文繼修，康熙《臺灣府志》卷七，〈風土志〉，第317頁。
21　黃叔璥，《臺海使槎錄》卷三，第5頁。
22　郁永河，《裨海紀遊》卷上，第372頁。
23　藍鼎元，《鹿洲全集》，蔣炳釗、王鈿校本，廈門大學出版社1995年，第914頁。
24　德福，《閩政領要》卷中，〈臺郡情形〉，第11頁。
25　高拱乾纂輯、周元文繼修，《臺灣府志》卷九，〈外志〉，第376頁。

間種；番民收薏苡。九月，三邑收菁子；諸邑收圓粒粟，一名一枝蚤，
園田皆可栽種，若早播者，則於八月收。十月，三邑收白占稻、紅
埔占稻；白占種於田，紅埔占種於園；番薯熟，早種者七、八月先出，
田家食至隔年四月方盡；鳳山下澹水武洛糯米芋熟，長二尺餘，與
別芋迥殊。十一月，三邑大蔗、芊蔗熟，大蔗即甘蔗，芊蔗一名芒
蔗，一名竹蔗；三邑農家豎廍興工碾糖；鳳山採捕烏魚；內山之番，
不拘月日，捕鹿為常；平埔諸社，至此燒埔入山，捕捉麇鹿，剝取
鹿皮，煎角為膠、漬肉為脯及鹿茸筋舌等物，交付贌社，運赴郡中，
鬻以完餉。十二月，臺、鳳進貢西瓜及王瓜，皰茄熟；南北兩路荷
花盛開；塗鱔魚出，天時蒙霧，齊浮水面，捕獲倍多。臺邑土壤褊小，
絕少水田，農人多種瓜、藝麻，雜植蔬豆，栽蔗碾糖，間種早稻以
佐食，納糧食每於兩路糴買輸將。

麥有大麥、小麥，而小麥最佳。稷之屬有細米，黃、白二種，蕭壠、
麻豆諸社有之。[26]

　　這段筆談從各時段各地收種內容的角度敘述了臺灣四季物產，讓人知
道在臺灣四季每月可以吃到什麼東西。這種寫法十分別致，也是十分珍貴
的史料。事實上，我讀福建史料上千卷，都沒有看到足以相當的系統性記
載。研究這段記載讓我們知道：其一，臺灣原住民已經進入種植業，但是，
他們種植的稻米多是旱稻，不是水稻。旱稻又稱陸稻，在福建並不稀罕，
福建山地民族——畬族，便是以種植旱稻出名的一個少數民族。畬族每到
春天會放火燒山，然後在春雨中播下稻種，秋後收割。旱稻的稻米很好吃，
其問題在於破壞山地環境，產量較低。所以，旱稻在福建逐漸被淘汰，漸
漸被水稻取代。漢人進入臺灣之初，臺灣還是以旱稻為主，而漢人去後主
要發展水田農業。這是一大區別。其二，臺灣的旱地作物相當豐富，主糧
有有黃豆、粟、大麥、小麥、蕎麥、稷、高粱、番薯、芋。其三，臺灣人
種植的水稻有「白占稻」、「紅埔占稻」之稱，關於水稻品種，〈赤嵌筆談〉
又說：

稻有秔、糯。秔稻種於水田者曰早占、曰晚占，色白；種於園者曰
埔占，色赤。糯稻種于水田者曰赤秫，殼色赤；種於園者曰禾秫，

26　黃叔璥，《臺海使槎錄》卷三，第3—5頁。

粒大，色白。麥有大麥、小麥，而小麥最佳。稷之屬有細米，黃、
白二種，蕭壠、麻豆諸社有之。[27]

這裡將水稻分為粳米和糯米二種，與中國傳統分法有所不同。農界通
常將稻米分為：秈米、粳米、糯米三種，糯米柔軟，粘性很強，但產量較低，
一般用於製作白粿、年糕之類的食物。農民會控制糯米的種植量。在秈米
和粳米兩種米中，粳米較圓，相對柔軟好吃，秈米是長型，較尖，粗糙耐餓。
福建農民主要種植秈米。其秈型稻種主要來自東南亞古國占城，因而又有
「占米」之稱。〈赤嵌筆談〉的作者似乎分不清粳米和秈米，他口中的粳米，
應當就是秈米，所以有「早占」、「晚占」，「埔占」之類的稱呼。秈米
的一大種類是紅米，如果將臺灣的「紅埔占稻」理解為紅米，那麼，臺灣
的紅米種植也是相當廣泛的。從這些糧食品種來看，其實臺灣原住民應與
大陸泉州、漳州一帶很早就有交往，所以糧食品種大都是一樣的。朱景英
對臺灣稻米的描述更為準確：

稻之屬：若秔稻，有早占、埔占、尖粟、三杯、圓粒各種；秫稻有
赤殼、虎皮、鴨母、鵝卵各種。早占種於二、三月，成於六、七月，
田中種之。埔占種於三、四月，成於八、九月，園中種之。圓粒無多。
三杯殼薄而米白，但不耐久貯。尖粟殼厚而米麤，收倉十年不腐，
故各屬正供，惟收此種。鵝卵秫性極黏，諸秫中最佳者。又鳳山、
淡水、東西港早冬種於十月，收於三、四月，名曰雙冬，又為他邑
之所無也。[28]

閩語裡「占」與「尖」同音，如朱景英所證，尖（占）米確實是一種
秈米。他對旱地可種稻也做出了解釋：臺灣草莽初闢，露水豐潤，稻穀自長，
無需施肥灌溉。他也指出了臺灣最早的雙季稻積存臺灣南部，這裡的氣候
已經進入熱帶，整年氣候，水汽豐沛，因而可以種雙季稻。不過，在清代
前期，臺灣種植雙季稻的只是個別地方。「臺灣地氣和煖，無胼手胝足之
勞，而禾易長畝，較內地之終歲勤勞者，其勞逸太異，此臺農之足樂也。」[29]

27　黃叔璥，《臺海使槎錄》卷三，第 3—5 頁。
28　朱景英，《海東札記》卷三，〈記土物〉，第 159 頁。
29　高拱乾，〈初至臺灣曉諭兵民示〉，高拱乾纂輯、周元文繼修，康熙《臺灣府志》
　　卷十，〈藝文志〉，第 406 頁。

　　稻米之外，番薯和花生在臺灣糧食生產中也很有地位。《海東札記 ·
土物》云：「番薯有紅、白二種，產同中土。臺人亦資以供常餐。海外土
浮而沃，樹藝較內地倍肥澤焉。」臺灣雖是產米區，但窮人家食用番薯也
是很普遍的。

　　瞭解臺灣原住民主要發展旱稻種植，便可知道，臺灣早期的氣候非常
適應種植稻米：「臺地土壤肥沃，田不資糞，種植後聽之自生，不事耘耔，
坐享收成，倍於中土。」[30] 據說早期臺灣稻子不需要澆溉。但是，隨著人口
的增多，原有的露水已經不夠水稻吸用，古老的旱地陸稻種植產量便不夠
了。許多地方出現了：「今戶口日增，且比歲不收，民多貧寠，多有衣食
不充者。」[31] 在這種情況下，就只有發展精耕細作的水稻農業了。福建水稻
引進臺灣，必然帶給臺灣的農業革命，導致水田農業的普及。水田農業的
特點是需要引水灌溉稻田。閩南人到了臺灣，自然會修築水渠和陂圳。例
如鳳山縣的「井水港，在半山莊，縣北七、八里。水源長，由岡山溪廻環
數里而來，灌半屏、仁壽兩莊田。大旱不涸。然未築圳，田高者用桔槔引
水，下者就田畔障支流入。」蓮池潭：「康熙四十四年，知縣宋永清重濬。
周圍二百餘丈，灌田二、三百甲。魚蝦之利甚多。」[32]

　　據雍正《福建通志》的記載，康熙、雍正年間的臺灣府已經有 121 座
陂。其中臺灣縣有參若陂等 18 座陂，鳳山縣有將軍陂等 26 座陂，諸羅縣
有埔姜林陂等 73 座陂；彰化縣有燕霧庄陂等 4 座陂。[33] 和福建沿海每個縣
都有數百處陂圳相比，臺灣清代前期的陂圳數量不算多，反映了水田農業
緩慢的推廣過程。其後，經歷了雍正、乾隆、嘉慶以及道光的百年過程，
臺灣的水利工程越來越多。據道光年間的《問俗錄》一書，臺灣水利設施
會設置管理人員。「臺地宜稻，溉稻之水皆由東北內山出，四通八達可流
五六十里，至於海嵎。大者謂溪，小者謂圳，水堤謂埤，水所絕謂水尾，
水所發謂埤頭。總其事謂埤長，分其事謂圳長。道達溝塗，修利堤防，是
其專責。埤長有二，在水源者，必內山粵人強梁者當之，乃能沿溪一帶呼

30　朱景英，《海東札記》卷三，〈記土物〉，第 159 頁。
31　朱仕玠，《小琉球漫誌》卷七，第 73 頁。
32　王瑛曾纂修，乾隆《重修鳳山縣志》卷二，〈規制志〉，臺灣叢書 1968 年點校本，
　　第 39、38 頁。
33　郝玉麟等，雍正《福建通志》卷七，〈水利〉，第 85—86 頁。

應俱靈，不致潰決。在中坎者，地勢高昂，水停不流，築埤分水，必以田園廣闊之業戶，圳溝多經其地者當之。埤長收水租，圳長取辛勞穀，均出自佃人，故臺灣不畏水旱，而需水之時多爭水之訟。」[34] 可見，當時的水利工程已經很普及了。水利工程的增加，使臺灣糧食增長。林樹梅在給官方的信中提到：「鳳山水利已成，歲可增收早稻十五萬六千餘石。」[35] 這是個可觀的數量。

隨著水利工程的普及，勤奮的臺灣農民加緊耕種：「且臺灣地土膏腴，一年兩熟。」[36] 可見，在乾隆年間，臺灣已經流行雙季稻了。從單季稻發展到雙季稻，這是臺灣農業發展史上的又一次革命，其動力來自閩粵雙季稻的移植。清代早期移民臺灣的閩粵農民熟悉雙季稻的耕作，他們未在臺灣推廣雙季稻，是因為臺灣地廣人稀，缺乏勞動力。乾隆年間的臺灣，勞動力大有增加，因而可以展開雙季稻種植，從而獲得較高的產量。古人的雙季稻與今時不同在於：古代的稻種生長季往往需要 120 天至 150 天，若非擁有長達 300 天以上的無霜期，很難安排雙季稻的種植。以福建省來說，福建北部無霜期較短，種雙季稻，一旦遇到某年寒流南下較早，水稻收成會大幅度下降。即使是正常年份，由於早稻的種植時間較短，收成也不理想。而現在流行的雙季稻中的早稻，完整的生長季只需要 100 天，甚至更短。其問題是灌漿時間不足，所以早稻產量不高，而且不好吃。福建南部則與北部的情況不同，閩南亞熱帶地區，一年罕見霜雪，因而可以從容安排雙季稻，早稻也可得到充分的生長時間。事實上，閩南最肥沃的土地流行種三季，兩季水稻加一季麥子。因而能獲得很高的畝產量。

臺灣農業的發展，需要繼續開闢曠土。於是，進入臺灣的農民開始進入臺灣中部的丘陵地帶，尋找機會，開墾農田。臺灣有個奇特的現象，就是軍工廠採木於前，民眾開墾於後，形成大片不向官府納稅的「私莊」。清代臺灣的建築和造船都需要大量的木頭，於是有了專門的「軍工廠」，以砍伐木材為其要務。大片森林被砍倒後，入臺開墾的農民便入駐此地了。

34　陳盛韶，《問俗錄》卷六，〈鹿港廳‧埤長〉，第 122 頁。

35　林樹梅，《歗雲文抄》卷一，〈與曹明府水利告成并陳善後事宜書〉，臺灣古籍叢編第 5 輯，第 386 頁。

36　乾隆帝等，《欽定平定臺灣紀略》卷五十七，第 10 頁。

《閩政領要》說：臺灣的山林，原本是禁止民眾開採的。「一經軍工匠役砍伐之後，民人即隨之而開墾。現有清水溝、集集埔、八娘坑、廣福新莊、南仔嵌、頂藔、二重埔、頭重埔、牛牯嶺、虎仔坑、萬丹坑、臘塞頭、葫蘆肚、小登、臺萬、斗六、阿罩霧、大小黃竹坑、校栗、林沙、歷巴來、積積、三十張犁等二十一處私墾未經報升地畝。向為總通事林秀俊、陳媽生、張達京等隱占收租。」[37]官府對這一事件的處理是將林秀俊、張達京遷往內地，開墾地歸官收稅，荒地退還番社。儘管有官府的限制，新開墾的番地仍然是致富的重要來源。「鄉村之富戶，半富於番地，實半富於番地之溢額。」[38]按照《閩政領要》的說法，林秀俊和張達京等人，因任通事而成為巨富，因而引起官府的忌妒。他們的致富方式是在軍工廠採伐原始森林之後，將這些土地包給流民耕種，從而獲得巨額田租致富。這裡就要說到臺灣的租佃制度了。關於臺灣的租佃制度，以往的研究很多，通常認為它始於荷蘭人統治時期。

臺灣經濟的主體是閩南人。閩南人抵達臺灣後，與荷蘭人合作，因而，他們的制度受到荷蘭人的影響。黃叔璥引當時人的記載：

> 臺灣田賦，與中土異者三：中土止有田而臺灣兼有園（有陂塘貯水者為田、旱種者為園），中土俱納米而臺灣止納穀，中土有改折而臺灣止納本色。蓋自紅夷至臺，就中土遺民令之耕田輸租，以受種十畝之地名為一甲，分別上、中、下則徵粟，其陂塘堤圳修築之費、耕牛農具籽種，皆紅夷資給，故名曰王田，亦猶中土之人受田耕種而納租於田主之義，非民自世其業而按畝輸稅也。及鄭氏攻取其地，向之王田皆為官田，耕田之人皆為官佃，輸租之法一如其舊，即偽冊所謂官佃田園也。鄭氏宗黨及文武偽官與士庶之有力者，招佃耕墾，自收其租而納課於官，名曰私田，即偽冊所謂文武官田也。其法亦分上、中、下則。所用官斗，較中土倉斛每斗僅八升。且土性浮鬆，三年後即力薄收少，人多棄其舊業，另耕他地；故三年一丈量，蠲其所棄而增其新墾，以為定法。其餘鎮營之兵，就所駐之地自耕自給，名曰營盤。及歸命後，官、私田園，悉為民業；酌減舊額，

37　德福，《閩政領要》卷中，〈臺郡情形〉，第12頁。
38　陳盛韶，《問俗錄》卷六，〈鹿港廳‧番社〉，第110頁。

按則勻徵。既以偽產歸之於民，而復減其額以便輸將，誠聖朝寬大
之恩也。（諸羅雜識）

內地之田論畝；二百四十弓為一畝，六尺為一弓。臺郡之田論甲，
每甲東西南北各二十五戈，每戈長一丈二尺五寸；計一甲約內地
十一畝三分一釐零。內地上則田一畝，各縣輸法不一，約徵折色自
五、六分至一錢一、二分而止；一甲為地十一畝三分零，不過徵至
一兩三錢零。今上則徵八石八斗，即穀最賤每石三錢，已至二兩六
錢四分零，況又有貴於此者；而民不以為病。地力有餘，上者無憂
不足，中者截長補短，猶可借漏卮以支應；若履畝勘丈，便難仍舊
貫矣。余有請均田減賦疏。[39]

　　臺灣的田制初興於荷蘭時期，其根源為中國傳統的租佃制。中國傳統
農業一向以租佃制為主，荷蘭人統治臺灣時，許多閩南人進入臺灣耕種，
他們必須向荷蘭人交一筆錢，類似中國傳統的「租金」。於是，中國傳統
租佃制變相在臺灣流行開來。受到荷蘭人的影響，臺灣的田制有些特點。
例如，臺灣土地的基本單位是「甲」，一甲約合清畝 11.31 畝；農民向荷
蘭人繳納的賦稅，是以糧食為單位而不是銀錢；荷蘭的稅則也比較高。他
們的這一套制度，在明鄭統治臺灣時基本沿襲下來，僅是有所改變。清初
的臺灣也是如此，萬變不離其宗。這表明臺灣的田制以中國傳統租佃制為
主。對於臺灣的租佃制度，學界以往的研究已經獲得很大的成功，而且著
重於租佃制的性質方面。相關結論都是很扎實的。我在這裡想換一個角度
看租佃制的歷史作用。從實用的角度看，這套制度對清初臺灣是有好處的：
它可以田主出資，農民耕地的方式獲得農業發展的果實。早期流民大都沒
有資產，而擁有田地的清朝將領及傳統地主人丁不足，他們大都指定一塊
荒土讓流民開墾，秋收之際，按田主的投資和農民勞動力投資來分配。若
是完全由農民開墾種植，田主所收租金約在十分之一上下，數量不多。若
田主出耕牛、種子，多數是對半開分成。因而有能力經營都會向田主租種
大片土地，而後分包給小戶人家或是新來的流民。於是，他們成為二租主。
這是一種很靈活的制度，特別有利於新土地的開發。

　　隨著移民的進入，臺灣許多地方的農業基本成熟。例如道光年間的彰

39　黃叔璥，《臺海使槎錄》卷一，第 26 頁。

化縣：

> 彰化負山面海，草萊漸闢，地多廣衍膏腴。其高原平岡者為旱園，
> 可治埤圳灌溉者為水田，利賴不在江、浙之下。耕穫有早晚二季，
> 耰鋤力作，冐（冒）雨耕犁，耘耔勤勞，戴星出入。地有壙土，民
> 無惰農，所以力穡有秋也。暇日則牽車牛以服賈，殘冬則操斧斤以
> 入山。場功既畢，則剉蔗為糖，至三、四月乃止。渥蒙列聖加恩，
> 海外薄賦輕徭，熙熙然擊壤歌衢之世矣。[40]

以上記載表明臺灣的開發也是一個漸進的過程。最初臺灣原住民所種
稻米為旱稻。這與臺灣氣候滋潤有關。土著隨意栽下的稻種都可以扎根發
芽壯大成熟。種稻人不須花很多力氣。而後隨著漢人的增加，傳統旱稻產
量太低，漢人開發了水稻。最早的臺灣水稻只種一季，後來有了雙季稻。
由於臺灣南部位於熱帶，可以種三季水稻。在嘉慶年間已經有了：「其地
一歲三收」[41] 的說法。連橫論臺灣：「時土田初闢，一歲三熟，糖米之利，
挹注外洋，故至者日盛。」[42] 看來連橫的時代，臺灣每年種水稻三季，已經
是很普遍的情況。不過，從發展時序來看，臺灣是先有旱稻，再有水稻。
水稻種植從一季發展到兩季、三季有個過程。

不管是什麼地方，處在發展的什麼階段，農業都是經濟發展的基礎。
清代前期的臺灣，正是有了發達的農業，才有了各行各業的興盛。

二、臺灣的糧食供應問題

清代是臺灣農業大發展的時代，在閩粵民眾辛勤地耕作之下，臺灣西
部平原及東北部的宜蘭平原得到開墾，大片水稻田成為農業的基礎，稻米
產量豐富。那麼，臺灣究竟有多少田地？每年生產多少水稻？為什麼能向
大陸輸出那麼多的糧食？若是其它府州，官府都會留下田畝的基本數字，
但清代臺灣府的田畝數字讓人意外。

據周元文整理過的《臺灣府志》，清朝治理臺灣之初的康熙二十二

40　周璽，道光《彰化縣志》卷九，〈風俗志〉，第 290 頁。
41　翟灝，《臺陽筆記》，〈粵莊義民記〉，第 4 頁。
42　連橫，《臺灣通史》上冊，卷八，〈田賦志〉，第 124 頁。

年，臺灣計有田園 18453 甲有奇，以後歷年會增報一些新墾地，迄至康
熙四十九年，合計通府新舊田園為 30109 甲有奇。[43] 這個數字顯然是偏少
的，不符合實際情況。如果臺灣只有這些土地，那能養活多少人？許毓良
曾經研究過這個問題。由其在檔案館梳理的官方史料說明：康熙三十七年
（1698 年），臺灣縣擁有 126322.7 畝田園，以每人日食一升為計，可能
養活 31580 人；鳳山縣有 90022.58 畝田園，可能養活 22505 人；諸羅縣
有 95862.42 畝，可能養活 23965 人。[44] 三縣共計 312207.7 畝，估計可養活
78050 人。很顯然，康熙末年的臺灣人口絕對不止七八萬人。所以，臺灣
實際擁有的田園數量遠在官方的數字之上。

　　從康熙末年到乾隆初期，臺灣府的田地數有所增長。據乾隆年間的《清
一統志》記載，臺灣府的田園有兩項數字，其一為：48634 甲，約等於 55
萬畝；另一項是 186321 畝，兩項總計為 73.6 萬畝。[45] 梁方仲等人根據清朝
檔案計算嘉慶二十五年臺灣府的田地，其時《戶部則例》記載的臺灣田園，
也只有田園 47345 甲 8 分有奇，又一項為 2029 頃 88 畝有奇，又續報田園
612 甲 1 分 3 厘有奇，以 1 甲 =11.31 畝為計，三項加起來共計 745381 畝。[46]
以上是兩則官府的統計資料，較為可靠。二者比較，可知臺灣從乾隆到嘉
慶年間的數十年裡，在官府簿冊裡僅僅增加了 9391 畝田地！這一統計可以
說是挂一漏萬。實際上，乾隆、嘉慶年間的臺灣進入大開發時期，臺灣各
地都增加了許多村莊，人口、田地數量大增，新增田地肯定不止此數。再
做一個橫向比較，嘉慶二十五年，福建擁有四縣的邵武府擁有 951729 畝田
地，只有兩縣的興化府擁有 1431161 畝田。[47] 二者的田地數量都遠超臺灣田
地數量。以臺灣府遼闊的臺西平原而言，田地總量肯定比邵武府、興化府
更多，所以，清代臺灣府田地數量肯定少報了。其實，官府對這一點也是
知道的。陳盛韶說：「通臺丈量之始，東北靠山，西南邊海，多未丈及。
其中間丈量者亦草率完事。書差藉此舞弊，隱匿田額。業戶買田一甲，止
完正供一甲，其實溢額甚多，溢甲之田即帶採買穀若干石。官民私相授受，

43　高拱乾纂輯、周元文繼修，康熙《臺灣府志》卷五，〈賦役志〉，第 232、236 頁。
44　許毓良，《清代臺灣軍事與社會》，第 497 頁。
45　和珅等，《清一統志》卷三三五，〈臺灣府〉，第 4 頁。
46　梁方仲，《中國歷代戶口、田地、田賦統計》，第 408、413 頁。
47　梁方仲，《中國歷代戶口、田地、田賦統計》，第 408 頁。

從無有告發者。」[48]

　　那麼，清朝為什麼不認真清算臺灣府的田地數量？這是因為，清朝在雍正乾隆年間，國庫充實，因而實行「盛世增丁，永不加賦」的政策，標榜以寬大治民，不像明朝那麼苛刻。朝廷對於邊遠的臺灣府採取懷柔的方針，雖然知道此地富裕，官府在財政充裕的背景下，一直沒有認真審查臺灣究竟有多少田地，乃至乾隆年以後，臺灣田地數一直沒有增長，乾隆在臺灣的徵稅數量也維持較低的水準。這應當說是清朝的仁政。

　　臺灣田地的產量。《臺灣通史》的作者曾經引用藍鼎元的著作：「即今臺中郡治之地，其田最沃，有泉可溉，每甲歲可得穀百石。」[49] 折算畝產為 8.84 石穀！若每石穀可以碾出半石大米，臺灣畝產大米為 4.42 石。這是很高的產量。臺灣的中等田地當然不可能有這麼高的收成。按，臺灣官府因民眾造反而得到查抄沒收的田地，這些田地通常由地方紳士包稅。「其田園各分三等，上田每甲納穀三十二石，中二十六石，下二十石。」前引史料說明，臺灣上田每甲可收百石穀子，官方的稅收是 32 石，其稅收比例是 32%。假設對中等田的稅收也是這個比例，那麼，中等田的每甲的產量應為 82 石穀子。平均中等田的畝產為 7.25 石穀子。折算 3.63 石大米。同時期的福建省，水田平均畝產約為兩石米，臺灣的畝產是超高的。這與雙季稻有關。與大陸的畝產量相比，林俊的〈汪公陂記〉說：漳州的汪公陂築成後，「可田一十萬畝，畝收穀一鍾而餘」[50]。一鍾相當於六斛四斗，也就是 6.4 石。這應是十萬畝農田的平均產量，若與臺灣中田的畝產比較，臺灣的中田要比漳州的中田畝產多 0.85 石。考慮到臺灣的土壤比漳州土壤更肥沃，這個結論是可以接受的。至於閩臺最高畝產量比較。清代福建最肥沃水田的畝產，林則徐有個估計：「閩中早晚二禾，畝可逾十石。」[51] 這是清代大陸畝產最高紀錄之一，比上述臺灣上田的畝產量還要高一些。總之，將福建與臺灣稻米產量相比較，可知我對清代臺灣畝產量的估計不會

48　陳盛韶，《問俗錄》卷六，〈鹿港廳・採買〉，第 128 頁。

49　連橫，《臺灣通史》卷八，〈田賦志〉，第 133 頁。

50　林俊，〈汪公陂記〉，鄧來祚等，乾隆《海澄縣志》，卷二二，〈藝文志〉，乾隆二十七年刊本，第 11 頁。

51　林則徐，〈江南催耕課稻編敘〉，《林則徐全集・文錄》第五冊，福州，福建海峽出版社 2002 年，第 394 頁。

太離譜。

關於臺灣開墾田地總數的估計。1890 年的《閩縣鄉土志》寫道：「計城廂居民約四十萬人，每人日食三勺，約日食三千石。」[52] 這樣，福州城市人口全年共需 109.5 萬石的糧食。計每人日食 0.75 升米。假設臺灣人食量與福州人相當，也是每日 0.75 升，每年 365 天，需要 273.75 升，那麼清道光年間臺灣 250 萬人口，需要 684.4 萬石大米。如上所述，臺灣的中田畝產為 3.63 石大米，那麼，清道光年間，臺灣至少需要 188.54 萬畝水田才能保障臺灣人的日常供應。此外，道光年間臺灣每年可輸出 200 萬石的稻穀，折算 100 萬石大米，加上臺灣人每年的消耗量，合計 784.4 萬石上下。那麼，臺灣至少要有 216 萬畝種水稻的田地，才能夠臺灣人食用並輸出大陸。如果考慮到正常的年景只會有七八成收穫，那麼，臺灣在道光年間至少擁有 250 萬畝水田。

我們知道日據初期臺灣擁有的田地在 70 萬甲到 85 萬甲之間，估計清代道光年間臺灣真實的田地數在 65 萬甲之上。而臺灣的旱地數量要比水田多一倍。以周元文《臺灣府志》記載的臺灣田地來說，其時臺灣共擁有 30109 甲田園，其中園地（旱地）為 20947 甲有奇，水田為 9161 甲[53] 有奇，水田約占田地總數的三分之一。假設道光年間臺灣真實的田地有 66 萬甲，那麼，它的三分之一就是 22 萬甲，折合 248.32 萬畝水田。以中等畝產 3.63 石大米為計，清代臺灣水稻生產的潛力為：901.4 萬石大米。即使每年只有七八成收成，也足以供應全臺灣人口食用了，但要輸出大陸二百萬石穀，年收成應在八成以上。

設若清道光年間臺灣有 250 萬畝水田，和福建諸府相比，福建省田地最多的福州府僅 277.5 萬畝田地，建寧府 213.4 萬畝田地[54]，其中包括一半以上的旱地，臺灣的田地優勢是明顯的。

臺灣的農業創造了臺灣各項產業最大的產值。臺灣的米價有各種記載。

52　朱景星修、鄭祖庚纂，《閩縣鄉土志》，〈商務雜述五〉，清光緒三十二年排印本，第 352 頁。

53　高拱乾纂輯、周元文繼修，康熙《臺灣府志》卷五，〈賦役志〉，第 236 頁。

54　梁方仲，《中國歷代戶口、田地、田賦統計》，第 408 頁。

陳盛韶兩次提到臺灣的米價：「道光五年前，鹿港米貴不過二千餘錢。」[55]「道光五年以前，米價每石不過二千餘，六年以後臺灣歉收，各省水旱頻仍，海船販運日多，動輒貴至三四千、五六千。」[56] 陳盛韶又說，「穀一石折洋銀一圓」。[57] 按照臺灣每石穀子出米一半的傳統演算法，二圓銀錢可買一石米。本書估計清代臺灣的糧食產量為 784.4 萬石上下，若一石大米價值 2 圓鷹洋，總值 1569 圓鷹洋！清代前期，臺灣任何產業，不論是糖業、漁業、榨油業等，其產值多為幾十萬兩白銀，最多不過一百多萬兩白銀。所以，農業才是臺灣最重要的行業。即使是清代晚期，烏龍茶、樟腦、紅白糖等行業興起，加起來也比不上糧食生產，這是必須注意的。

對於清代的傳統農業，大陸傳統觀點認為這是一種自然經濟。這種觀點是不是過時了？我年輕的時候，曾在閩北山區農村住過幾年，與農民生活在一起，最大的感受是他們極其擅長「算帳」，不論有沒有文化，他們都能自行算帳。每年收成多少，可以拿出多少錢購買消費品，購取肉類要多少錢，他們每天都在計算。瞭解這一點，再看歷史上的農民經濟，我的心得是：中國農民所從事的經濟活動，都是小商品經濟，所謂自給自足的自然經濟，對大多數人來講都是不存在的。中國農民每時每刻都在計算他們的付出會有多大的市場回報，轉化為貨幣是多少錢？越是貧窮的農民，越要計算，否則無法生存。清代糧食生產是臺灣經濟的基礎，誰若認為這是一種自然經濟，那是錯的。一個漳泉農民到臺灣來謀生，他先是為富人打工，計日取酬。有了一定的資金，他才可以向地主租借一塊田地，他的資金或多或少，決定了他是自己耕田還是付牛租，讓牛耕田。人的身體健康是最重要的，工作太重、太疲勞，身體垮了，一切投資都會付諸流水。他不能不慎重地計算投入與產出。在臺灣開發之初，瘴疫流行，不知多少人勞累一生而一無所得，最終埋骨異鄉。只有那些幸運者才能發家致富。因此，他們雖然從事糧食生產，他們的目標很清楚：發家致富。誰若以為他們從事農業生產，就是自然經濟，那太膚淺。他們的生活目標從來就是成為富翁。臺灣優越的自然條件，加上閩粵農民的努力，造就了臺灣廣大

55　陳盛韶，《問俗錄》卷六，〈鹿港廳・海運〉，第 113 頁。
56　陳盛韶，《問俗錄》卷六，〈鹿港廳・義倉〉，第 121 頁。
57　陳盛韶，《問俗錄》卷六，〈鹿港廳・採買〉，第 126 頁。

的農民階層，他們不僅自給自足，還能向市場提供商品糧和各類小商品，本質上，他們是依賴市場的小生產者，當然，這在福建、廣東也是一樣的。臺灣發達的小商品經濟，建立在扎實的農業基礎上。

第二節　臺灣的小商品生產

　　清代前期的臺灣，除了顯著的大米出口之外，還向大陸出口蔗糖、花生油等各種商品，有多餘的商品還銷往海外各地。這種經濟的性質應是屬於海洋經濟。

一、臺灣的蔗糖製造業

　　日益擴大的大陸市場對民眾產生巨大的吸引力，臺灣不僅有稻米生產，還有自明朝延續下來的蔗糖生產。清初季麒光的《東寧政事集》說：

> 蔗苗種於五、六月，首年則嫌其嫩、三年又嫌其老，惟兩年者為上。首年者熟於次年正月、兩年者熟於本年十二月、三年者熟於十一月，故硤煮之期亦以蔗分先後。若早為砍削，則漿不足而糖少。大約十二月、正月間始盡興工，至初夏止。初硤蔗漿，半多泥土；煎煮一次，濾其渣穢；再煮入於上清，三煮入於下清，始成糖；入礴，待其凝結，用泥封之；半月一換，三易而後白，始出礴；曬乾，舂擊成粉入簍：須半月為期。未盡白者，名曰糖尾；並再封礴。蓋封久則白、封少則縪，其不封者則紅糖也。所煎之糖，較閩、粵諸郡為尤佳（〈東寧政事集〉）。[58]

　　清代黃叔璥的《臺海使槎錄》記載了臺灣府的糖廍：

> 每廍用十二牛日夜硤蔗，另四牛載蔗到廍，又二牛負蔗尾以飼牛。一牛配園四甲或三甲餘，每園四甲，現插蔗二甲，留空二甲，遞年更易栽種。廍中人工，糖師二人，火工二人（煮蔗汁者），車工二人（將蔗入石車硤汁），牛婆二人（鞭牛硤蔗），剝蔗七人（園中砍蔗，去尾，去籜），採蔗尾一人（採以飼牛），看牛一人（看守

58　季麒光，〈東寧政事集〉，此處引自余文儀，乾隆《續修臺灣府志》卷十七，〈物產志〉。

各牛），工價逐月六、七十金。[59]

　　臺灣糖廍最引人注目的是：榨蔗所用的機械、動力牛、雇工數量以及榨蔗的流水線。榨蔗機械的核心是兩個石輥筒相互碾磨，將蔗汁擠出來；黃牛是拉動石碾的基本動力。要將一座糖廍運行起來，至少要 17 名雇工；糖廍整個榨蔗工程是一套流水線工藝。那一時代的榨糖工業已經應用現代工業的流水線原理，讓人不可思議。

　　按，《天工開物》記載明末福建的糖廍，多是小規模的，用一頭牛拉動。像臺灣糖廍這樣大的製糖企業，福建較少。這是因為，福建很少有田連阡陌的大地主，蔗糖業大多作為農民的副業而存在。只有在臺灣那種新開發的地方，土地便宜，資本才有可能購取大片土地，因而會有大型蔗園和大型製糖企業。這類工廠內部分工明確，每一道工序使用多少個工人都有詳細規定。可以說是一種工廠手工業。除了以牛為動力的蔗車外，臺灣還有牛磨。按，將甘蔗磨成漿而後煉糖，是福建的傳統工藝，它的效率肯定比不上蔗車。清初的臺灣既有蔗車，也有牛磨。季麒光說：「牛磨，歲徵銀六百四十八兩；蔗車，歲徵銀八百兩。查蔗車每張徵銀八兩，在偽鄭實為寬典。若牛磨之利甚微，而每張徵銀二十四兩，實從來所未有。」[60] 從其稅率計算，清朝統治臺灣之初，牛磨有 27 張，蔗車有 100 張。從清朝在臺灣的抽稅額來看，余文儀纂於乾隆年間的《續修臺灣府志》第五卷〈賦役志〉記載，其時臺灣府實有蔗車有三百四十六部，牛磨五十部。其製糖業規模逐漸超過福建。

　　臺灣糖的品質比福建、廣東兩省為佳，這使其不論在國內市場還是國際市場上，都有很好的聲響。臺灣種植甘蔗很多。郁永河初進臺灣便發現：「蔗田萬頃碧萋萋，一望蘢蔥路欲迷；綑載都來糖廍裡，只留蔗葉飼群犀。」此中「群犀」是指臺灣的黃牛群。臺灣人「取蔗漿煎糖處曰糖廍。蔗梢飼牛，牛嗜食之」。[61]〈赤嵌筆談〉記載臺灣農民重視甘蔗的生產：「十一月，三邑大蔗、芉蔗熟，大蔗即甘蔗，芉蔗（一名芒蔗，一名竹蔗）；三邑農家

59　黃叔璥，《臺海使槎錄》卷三，第 10 頁。
60　季麒光，《東寧政事集》〈請免二十三年半徵文〉，第 157 頁。
61　郁永河，《裨海紀遊》卷上，第 359 頁。

堅廊興工碾糖。」[62]《諸羅縣志》云：「十月場功畢，剉蔗為糖，牛醡之；至三、四月乃止。」[63]臺灣農民三四月種蔗，十月至次年三四月榨蔗，可知製糖業是一個全年辛苦的行業。在壓榨甘蔗的季節，勞動強度很大。雇工是必須的，又是臨時性的，它與現代工廠有很大區別。康熙年間的周鍾瑄《諸羅縣志》記載：「園多蔗，蔗可糖，勤者歲得數千觔，販於各省。」[64]朱仕玠的《小琉球漫誌》第五卷〈瀛涯漁唱〉說：「糖之息倍于穀，臺地富戶，每歲貨糖吳、越，所息不貲。」他的詩歌詠道：「漫訝飛霜暑路中，舳艫貨殖倍三農，海東千里饒甘蔗，何啻人間千戶封。」由此可見，臺灣的糖在臺灣經濟中占有重要地位。康熙年間高拱乾的《臺灣府志》感慨地說，「不謂爾民弗計於此，偶見上年糖價稍長，惟利是趨；舊歲種蔗，已三倍於往昔；今歲種蔗，竟十倍於舊年。」[65]寥寥數語，生動地反映了臺灣蔗田的迅猛發展。康熙年間郁永河說：臺灣出糖，「歲產五、六十萬，商舶購之，以貿日本、呂宋諸國。」[66]清雍正年間的臺灣、鳳山、諸羅：「三縣每歲所出蔗糖約六十餘萬簍，每簍一百七、八十觔；烏糖百觔價銀八、九錢，白糖百觔價銀一兩三、四錢。全臺仰望資生，四方奔趨圖息，莫此為甚。」[67]在國內市場上，臺灣糖很快成為主角。「糖觔未出，客人先行定買；糖一入手，即便裝載。每簍到蘇，船價二錢有零。」[68]這條史料說明，當時的臺灣糖已經向江南的蘇州等城市出口。其時，臺灣糖在日本市場上也大受歡迎。自 1637 年至 1683 年，中國船隻輸往日本的砂糖數量，平均每年達 169 萬斤。[69]這些蔗糖，主要來自福建與臺灣。日本在江戶時代大力發展中國商品的替代生產，不過，由於日本位於亞洲的東北方，境內無法種植甘蔗，所以，日本人所需要的烏糖、白糖，一直要從臺灣進口。其時

62　黃叔璥，《臺海使槎錄》卷三，第 4 頁。

63　周鍾瑄主修、陳夢林等編纂，康熙《諸羅縣志》卷八，〈風俗志〉，第 145 頁。

64　周鍾瑄主修、陳夢林等編纂，康熙《諸羅縣志》卷八，〈風俗志〉，臺灣文獻叢刊第 141 種，第 138 頁。

65　高拱乾，〈禁飭插蔗并力種田示〉，高拱乾、周元文，康熙《臺灣府志》卷十，〈藝文〉，第 412 頁。

66　郁永河，《裨海紀遊》卷上，第 372 頁。

67　黃叔璥，《臺海使槎錄》卷一，〈赤嵌筆談〉，文淵閣四庫全書本，第 29 頁。

68　黃叔璥，《臺海使槎錄》卷一，〈赤嵌筆談〉，第 29 頁。

69　岩生成一，〈近世日支貿易に関する數量の考察〉，日本，《史學雜誌》第六十二編，第十一號，第 30—34 頁。轉引自曹永和，〈從荷蘭文獻談鄭成功研究〉，《臺灣文獻》第 12 卷，第 1 期。

日本的對外通商港口是長岐：「長岐最愛臺貨，其白糖、青糖、鹿獐等皮，價倍他物。」[70]

二、臺灣多種小商品生產

　　米蔗之外，臺灣有規模的行業還有榨油、捕魚、捕鹿以及藍靛業等等。清初郁永河是較早進入臺灣的文人。他的《裨海紀遊》記載臺灣的物產，除了糖之外，引人注目的是鹿皮和鹿脯。黃叔璥說到臺灣十一月的農事：「內山之番，不拘月日，捕鹿為常；平埔諸社，至此燒埔入山，捕捉麏鹿，剝取鹿皮，煎角為膠、漬肉為脯及鹿茸筋舌等物，交付贌社，運赴郡中，鬻以完餉。」[71]「鹿皮雖輕，數張一束，可當白糖一石，則又萬餘石矣。」[72]可見，鹿皮是臺灣重要的貨物。捕魚和獵鹿也都商業化了。「贌社者，招捕鹿之人；贌港者，招捕魚之人；俱沿山海蓋草為寮。時去時來，時多時少。雖為賦稅所從出，實亦奸宄所由滋。」[73]所謂「贌」，是福建話，和租佃制有關。翻譯成現代語言，最合適的是「承包制」。這條記載說明臺灣的捕鹿業和漁業，都有人承包。「郡縣有財力者，認辦社課，名曰社商；社商又委通事夥長輩，使居社中，凡番人一粒一毫，皆有籍稽之。射得麏鹿，盡取其肉為脯，并收其皮。日本人甚需鹿皮有賈舶收買；脯以鬻漳郡人，二者輸賦有餘。」[74]承包人當然是為了謀取利益而不是自足。按照季麒光的估計，臺灣每年大約可以出產四五萬張鹿皮[75]，大都輸出日本。所以，清初官商很重視鹿皮。鹿皮之外，「鹿肉售於廈門諸海口」[76]。「又米、穀、麻、豆、鹿皮、鹿脯，運之四方者十餘萬。」[77]可見，鹿皮、鹿肉的輸出在臺灣經濟中占有一定地位。不過，隨著大片鹿場被開墾為良田，臺灣可以捕鹿的地方越來越少，國際市場上，臺灣鹿皮輸出漸少。迄至道光年間，捕鹿已經是臺灣中部山區「生番」的行業了。「沿山一帶，有學習番語、

70　劉良璧纂輯，《重修福建臺灣府志》卷十九，〈雜記〉，第 668 頁。
71　黃叔璥，《臺海使槎錄》卷三，第 4—5 頁。
72　季麒光，《東寧政事集》，〈詳請預定洋船〉，第 192 頁。
73　黃叔璥，《臺海使槎錄》卷一，第 27 頁。
74　郁永河，《裨海紀遊》卷下。
75　季麒光，《東寧政事集》，預計〈糖額詳文〉，第 189 頁。
76　黃叔璥，《臺海使槎錄》卷二，〈商販〉，第 35—36 頁。
77　郁永河，《裨海紀遊》卷下。

貿易番地者，名曰番割。販鐵鍋、鹽、布諸貨，入市易鹿茸、鹿筋、鹿脯、鹿角出售，其利倍蓰。生番引重，以番女妻之。」[78] 這說明一直到清代中晚期，臺灣仍然有捕鹿業。

臺灣的漁業也有一定地位。清代有不少福建漁民從廈門到臺灣來從事捕魚業。「烏魚於冬至前後盛出，由諸邑鹿仔港先出，次及安平鎮大港，後至瑯嶠海腳，於石罅處放子，仍回北路。或云自黃河來。冬至前所捕之魚名曰正頭烏，則肥；冬至後所捕之魚，名曰倒頭烏，則瘦。漁人有自廈門、彭湖伺其來時赴臺採捕。鳳山雜餉，給烏魚旗四十九枝。旗用白布一幅，刊刷『烏魚旗』字樣，填寫漁戶姓名，縣印鈐蓋，插於船頭，帶網採捕。」[79]《海東札記》云：「鳳山縣雜餉款內，有採捕烏魚旗九十四枝。旗用白布一幅，刊刷『烏魚旗』字樣，填寫漁戶姓名，鈐蓋縣印，植船頭網取，旗每枝徵銀一兩五分，是為臺賦水餉之一。」這是從明代一直延續到清代的漁業稅。朱仕玠詠：「瑯嶠山下施眾集，正是烏魚大上時。」他為自己的詩作注解：「烏魚形似鯶，每歲冬至前自東海來，聚鳳山瑯嶠山下散子，以億萬計。大者五、六斤，小者一、二斤，味甚甘美。腹有魚子，膩滑。」[80] 臺灣的鹹魚子是臺灣著名的漁業產品，銷售面較廣，有其大陸市場。此外，臺灣的沿岸漁業也很發達，這類海邊取食的海產，應當是臺灣本地漁民的保留項目，以本地消費為主。

食鹽生產。蔣毓英的《臺灣府志》說：「鹽，有煮法、有晒法；臺止用晒法。臺、鳳二縣出。」[81] 臺灣製鹽，始創於明鄭時期，入清以後，縣官季麒光發現，原來的鹽農不少人隨大軍退往內地，因鹽田規模不大，也沒有商人應徵承包臺灣鹽田生產，只好向上司說明，未能恢復官府對鹽田的管理。因此，早期臺灣鹽是民眾自營的。一直到雍正四年，官府才找到機會收回鹽田，管理鹽田生產。

> 臺地自入版圖之後，鹽皆歸於民曬民賣。其鹽埕餉銀，由臺、鳳兩邑分徵批解。緣民曬民賣，價每不平；雍正四年四月內，歸府管理。

78　陳盛韶，《問俗錄》卷六，〈番割〉，第 109 頁。
79　黃叔璥，《臺海使槎錄》卷一，第 31 頁。
80　朱仕玠，《小琉球漫誌》卷五，〈瀛涯漁唱下〉，第 52 頁。
81　蔣毓英，康熙《臺灣府志》卷四，〈物產〉，廈門大學出版社 1985 年，第 42 頁。

其鹽場分設四處：洲南、洲北二場，坐落臺邑武定里；瀨南一場，坐落鳳邑大竹橋莊；瀨北一場，原坐落鳳邑新昌里，今割歸臺邑管轄。四場曬丁計三百三十五名；洲南場設巡丁八名、洲北場設巡丁十名、瀨南場設巡丁四名、瀨北場設巡丁六名，晝夜巡邏。每場設管事一人，派家丁一人，專司稽查，以防透漏。夏、秋恒多雨水，鹽埕泥濘，不能曬鹽；惟春、冬二季天氣晴爽，方可收曬。四場鹽埕，共二千七百四十三格。每埕所出之鹽，盡數用制斛盤量收倉，每月照數給價曬丁收領。洲南、洲北、瀨北三場，每交鹽一石，給定價番廣銀一錢二分；瀨南一場所出之鹽粒碎色黑。遜於他場，每交鹽一石，給定價番廣銀一錢。計四場收入倉鹽，每年約九萬、十萬、十一萬石不等。府治內設鹽館一處，聽各縣販戶莊民赴館繳課領單。每鹽一石，定課價番廣銀三錢、腳費銀三分，執單赴場支鹽，各處運賣。每年約銷八、九萬石不等。所賣鹽銀，除每月支發鹽本及各場、館辦事人役工食外，餘悉存貯府庫，按月造冊申報督撫兩憲鹽法道。[82]

姚瑩記載：「噶瑪蘭僻處海外極邊，彈丸之地，田園供租，至於三萬，閭閻已難藏富。又征鹽課餉銀二千三百餘兩，年額行銷臺郡瀨北場鹽七千石，案經前人議定奏准遵行，至今甫十餘年，並無缺欠課餉。」[83]從最後「並無缺欠課餉」一句來看，當時食鹽是非常有利的生意，所以沒有人會欠官府的錢。事實上，他們從官府三錢三分銀拿到一石鹽，運到市場後，鹽價就由他們說了算了。若是運到內地，不知又抬高多少倍了。中國自流式的格埕曬鹽法，鹽丁只需要付出勞動力，其它成本很低，所以，直到今天，還是製鹽的主力方式。臺灣的鹽專賣每年可以給官府帶來三萬三千兩白銀，而給經營商帶來的利潤，就無法計算了，應當有數十萬兩銀子。總之，製鹽業是臺灣重要產業之一。至於臺灣鹽的銷量，丁紹儀的《東瀛識略》第二卷〈糧課〉記載：「乾隆二十四年，始定銷鹽十一萬石；嗣又加銷溢額鹽二萬石。道光初，又加代銷漳州府屬官辦滯銷引鹽一萬七千石：年共應銷鹽十四萬七千石，應徵正溢課銀四萬八千五百餘兩。」這個數量不算小。

---

82 尹士俍，乾隆《臺灣志略》卷上，第 131 頁。
83 姚瑩，《東槎紀略》卷二，〈籌議噶瑪蘭定制〉。

　　臺灣在清代中葉興起的產業有榨油業和樟腦業。其中榨油業以花生為主。

　　黃叔璥《臺海使槎錄》云：「田中藝稻之外間種落花生，俗名土豆，冬月收實，充衢陳列。居人非口嚼檳榔，即啖落花生。童稚將炒熟者用紙包裹鬻於街頭，名落花生包。」[84]清代中葉，花生的地位逐漸重要起來：「南北路連隴種土豆，即落花生也。沙壤易滋，黃蕍遍野。每冬間收實，充衢盈擔，熟啖可佐酒茗，榨油之利尤饒，巨桶分盛，連檣壓舶販運者，此境是資。」[85]隨著臺灣經濟的發展，花生油成為臺灣的名產。李元春的《臺灣志略》說：「貨，糖為最，油次之。糖出於蔗；油出於落花生，其渣粕且厚值。商船賈販，以是二者為重利。」[86]《閩政領要》點出臺灣府的兩大名產是：紅白糖和落花生：「均有客商販運，各省賴以資用。」[87]花生能與紅白糖並列，可見花生的地位十分重要。

　　晚清臺灣的樟腦業全球有名。據一些史料分析，早在清代前期，臺灣的樟腦業就發展起來了。[88]道光初年在臺灣做官的姚瑩說：

> 緣軍工大廠所用本地土料木件，向係南路之琅璚、北路之淡水兩匠首承辦，而北路為最多。匠首杜長春又最久歷，以煎煮樟腦獲利。噶瑪蘭新開，未設匠首，其本地游民無食，入山採伐木植，為居民建蓋房屋，農具器用，皆賴於此。其地並無松杉，惟產硬木，即軍工小料之木也。是以淡水大匠首杜長春派令承辦軍工，歷年四載，每載一百二十件無誤。嗣因附近蘭民，往往入山煎煮樟腦，售賣漸多，而杜長春之樟腦滯銷不行，乃請入蘭設立料館，以採軍工為名，而實在欲收樟腦之利。蘭地各山小料匠以為歷辦軍工無誤，一經設館，不無多所派累，頗有怨言。而私煮樟腦者亦不肯遵禁，遂勾結眾料匠，拒杜長春，不任立館。杜長春大受肆辱，而逃匿其情，以抗辦軍工具控。……蓋蘭地採料者，皆沿山架寮，自頭圍至員山、大湖凡七處，各有頭人，多者十數寮，小者四、五寮，每寮小匠或

84　黃叔璥，《臺海使槎錄》卷三，第5—6頁。

85　朱景英，《海東札記》卷三，〈記土物〉，第37頁。

86　李元春，《臺灣志略》卷一，臺灣文獻叢刊第18種。

87　德福，《閩政領要》卷中，第24頁。

88　陳支平主編，《臺灣通史》第三卷，〈清代上〉，福建人民出版社2020年，第261頁。

　　三、四十人至一、二十人不等，皆赤手無賴，故不避生番，身入險
阻，歲常為番殺者數十人而不顧，其頭人亦無大資本，即以隨時賣
料為工資，採者與頭人均其利焉。藉以活者，斯甚眾矣。若煎煮樟
腦者則又不然，蓋亦略有身家，而出資鳩工牟利矣。此二者本不相
涉，因煎腦者為杜長春病，欲并之而不可，則思除之，迫而與採料
者合，乃并採料者亦病之矣。採料、煎腦二者既合為杜長春病，然
後淡水匠首始疲於軍工，而船政大敝。[89]

　　這條史料表明，鴉片戰爭前在宜蘭一帶山區，已經有許多人入山採製
樟腦了。正如陳盛韶所說：「匠首之利在樟腦。」[90]可見，當時的樟腦業已
經很重要了。

　　除了大米、蔗糖、花生、樟腦外，臺灣還有一些土特產：「澱菁盛產
而佳，薯榔肥大如芋魁，故皂布甲於天下。水藤出內山，長條遠蔓跨山嶺；
採者得一莖，窮其本即可數百觔。麏鹿麕皮，皆邑產，今少有焉。卓戈紋，
番布也。番毯、毛被，番婦所織，剝樹皮雜獸毛為之。」[91]

　　總之，清代前期的臺灣已經形成稻米、蔗糖以及花生油、鹿皮、鹿肉、
魚乾、魚子的出口型經濟，並從大陸輸入各種消費品。這種經濟，其實是
明清以來福建泉州與漳州一帶以大出大進為特點的泉漳經濟模式的再現。

　　值得注意的是：清代臺灣糖業的發展，衝擊了福建本省的糖業。閩南
沿海一帶的糖商，紛紛到臺灣發展，本土的製糖業反而因缺乏市場有所衰
退。不過，漳泉本土的民眾並沒有放棄小商品生產，他們轉而發展菸草生
產。清代的漳州是國內著名的「福烟」產地，石碼一帶的「福烟」暢銷全國。
至於泉州，則以手工業生產聞名。泉州的紡織品一直暢銷於南洋和臺灣。

三、臺灣海洋經濟的構成

　　清代中國東部的開發，最為顯著的是東北和臺灣，這兩個區域開發的
共同特點是商品經濟先行。東北三省的口岸中，山海關、錦州、營口、大
連逐步成為海上貿易的港口，來自東北的大豆、食油、豆餅成為沿海諸港

89　姚瑩，《東槎紀略》卷四，〈與鹿春如論料匠事〉，臺灣古籍叢編第 4 輯，第 564 頁。
90　陳盛韶，《問俗錄》卷六，〈鹿港廳・軍工廠〉，第 136 頁。
91　李元春，《臺灣志略》卷一，〈物產〉。

最暢銷的商品；來自臺灣的商品則是大米、紅白糖和花生油。由於大陸的市場廣大，臺灣的商品多數時間是不足供應，這就拉動了臺灣經濟的發展。乾隆年間的記載：「一切商漁船隻，出入口岸，統由鹿耳門汛弁、安平大港文武弁互相盤驗，年共徵粟一十八萬餘石。」[92] 從臺灣稅關徵收稻米數量之多來看，當年臺灣輸出稻米數量更為驚人。它對臺灣農業肯定有拉動效應。臺灣原住民時代，臺灣人種稻，夠吃就算了。他們不會出賣糧食。迨至閩粵移民大種水稻，臺灣逐漸成為東南區域輸出糧食最多的地方。這一事實表明清代前期臺灣經濟大發展的動因。

迨至道光年間，臺灣總人口達到 250 萬人。就人口密度而言，這時臺灣的人口已經接近中國東部發達區域。清代的臺灣是福建的一個府，在其開發之初，掌管臺灣的福建水師提督施琅：「申海禁，不許惠潮之人入臺，故多漳、泉人。」[93] 清代人一般認為，臺灣人口中，來自漳泉的閩南人約占八成，來自潮汕及嘉應州的廣東人約占二三成，因此，福建人後裔在臺灣占據絕對優勢，這也是清代前期福建對臺灣影響極大的原因。

清代前期福建海洋經濟及其對臺灣的拉動。在研究海洋經濟時，我注意到一個問題：臺灣與海南同為中國的兩個大島，地理條件相似，但海南商品經濟的發展卻遠遠落後於臺灣，其中的原因是什麼？我認為與閩南人在島內所占比例以及明清閩南人的經濟導向有關。由泉州人、漳州人、潮州人構成的閩南人，是中國最擅長經商的一批人，他們不論到什麼地方，都會在當地經營各類生意，形成商業社會。海南島上的閩南人數量不多，他們大多由南宋時期移民海南，雖然他們也經營商業，但因人數較少，未能形成相當的商業規模。前赴臺灣的閩南人，多來自明清之際的閩粵，這一時期的閩粵，已經是商品經濟最發達的區域。乾隆時郭起元論福建：「閩地二千餘里，原隰饒沃，山田有泉滋潤，力耕之，原足給全閩之食。無如始闢地者，多植茶、蠟、麻、苧、藍靛、糖蔗、離支、柑橘、青子、荔奴之屬，耗地已三之一。其物猶足供食用也。今則煙草之植，耗地十之六七。……閩田既去七、八，所種秔稻、菽、麥，亦寥寥耳，由是仰食於江、

92　德福，《閩政領要》卷中，〈臺郡情形〉，第 11 頁。

93　連橫，《臺灣通史》卷七，〈戶役志〉，第 115、118 頁。

浙、臺灣、建延。」[94] 由此可見，當時福建主要是靠各種小商品的輸出，換取糧食、布匹的輸入，從而形成了可觀的商品流通。在閩南人的故鄉，既有發達的漁業[95]、蔗糖業[96]、製茶業[97]和種稻業[98]，他們來到臺灣，便將這些產業帶到臺灣，刺激了當地商品經濟的發展。

　　以漁業來說，閩南人很早就進入臺南的港口捕魚，明代中晚期，每年都有數百艘閩南的漁船到臺灣南部海場捕魚。[99]漁民將捕獲的魚製成魚乾或是鹹魚，運到大陸市場出售。這是早期臺灣經濟的重要內容。閩南人進入臺灣內地後，稻米種植成為他們的主業，他們最早在臺南附近開墾農田，被迫向荷蘭人繳稅。這裡要說明的是，即使是在荷蘭人占據臺灣時期，在臺灣從事各項產業的也是居住在城堡之外市鎮上的閩南人，而居住於城堡之內的荷蘭人，大多是荷蘭東印度公司的雇員，他們多為士兵及軍官，並有少數會計人員和牧師，所以，荷據時期的臺灣產業，是以閩南人為基礎的。荷蘭人也從事商業，但他們所經營的內容，主要是以中國生產的絲綢、瓷器、蔗糖換取日本的白銀[100]，所以，這一時期的臺灣，實為中國商品的轉運站。[101]總的來說，清代初期的浙江、福建與廣東潮州，都是經濟發達區域，而且商品經濟發展，沿海城鎮化程度較高，有向外發展的需求，也對海外形成巨大的拉力。臺灣近在咫尺，從晚明以來，大陸沿海就對臺灣產生了巨大影響。福建沿海一帶缺乏大米而製糖業興盛，可以說，臺灣的米糖二業就是受大陸市場影響而發展起來的。這也造成清代前期的臺灣不可能是閉鎖的自然經濟，而是與海洋有關的商品經濟，亦可稱之為「海洋經濟」。從本質而言，清初臺灣的海洋經濟，是東南沿海區域海洋經濟的

94　郭起元，〈論閩省務本節用書〉，錄自賀長齡，《清經世文編》卷 36，北京，北京，中華書局 1992 年影印本，第 20 頁。

95　徐曉望，《福建通史·明清卷》，福建人民出版社 2006 年，第 247 頁。

96　徐曉望，〈福建古代的製糖術與製糖業〉，《海交史研究》，1992 年第 1 期。

97　徐曉望，〈清代福建武夷茶生產考證〉，《中國農史》，1988 年 2 期。

98　徐曉望，〈論宋元明福建的糧食復種問題〉，《中國農史》，1999 年第 1 期。

99　曹永和，〈明代臺灣漁業志略〉，氏著，《臺灣早期歷史研究》，臺北，聯經出版事業公司 1979 年，第 165 頁；徐曉望，〈論明代臺灣北港的崛起〉，《臺灣研究》2006 年第 2 期。

100　〔日〕中村孝志，《荷蘭時代的臺灣史研究·上卷·概說·產業》，臺北，稻鄉出版社 1997 年。

101　徐曉望，〈論荷據時期臺灣市鎮的性質〉，王碧秀主編，《五緣文化與兩岸關係》，同濟大學出版社 2010 年。

移植。

第三節　福建與臺灣的兩岸貿易

　　臺灣盛產糧食和蔗糖，但其手工業尚不發達。清代福建沿海區域大多缺乏糧食，而臺灣的發展彌補了這個空檔，因此，清代臺灣大米、蔗糖等物資大量輸出福建及廣東各地。

一、清代前期大陸的海洋經濟大勢

　　清代前期是中國經濟走出明清更替的動亂及破壞進入又一個繁榮期的時代。清朝和明朝海洋政策的不同點在於：明朝完全不允許歐美列國的商人進入中國，多數地區、多數時間實行海禁；清朝的海洋政策最值得肯定的一點是實現國內開放，也就是說，允許國內船隻進行沿海港口貿易，並允許福建和廣東兩省的民眾到海外貿易。在對待歐美諸國的態度上，清朝最初開放了廣州、廈門、寧波、雲臺山（後改上海）四個口岸，而後將對歐美諸國的貿易集中於廣州口岸，這一海洋政策的調整，對中國沿海影響極大。

　　首先，在明朝實行海禁政策的時代，中國北方諸港基本被凍結，北方諸省的沿海經濟遠不如內陸經濟發達。清朝政策調整，來自福建的商船到北方諸港尋求貿易機會，逐步帶動了北方諸港活躍起來，漸漸形成中國沿海商業網絡，其中北方重新恢復活力的重要港口為：營口、大連、錦州、山海關、天津海港、煙臺、雲臺山諸港，這些港口與南方的上海、寧波、溫州、福州、泉州、廈門、汕頭、廣州等海港之間，有著頻繁的船舶往來，這張海上貿易網絡的發展，使中國經濟重心進一步東移。

　　明代中國主要城市分布於長江與運河沿線，尤其是長江及運河交界處的南京、揚州、蘇州以及杭州發展最好。清代這些城市繼續繁榮，但上海等沿海城市的崛起已經不可忽視。我認為：這些城市的崛起，導致中國經濟重心進一步向東轉移，並為晚清以後中國沿海大發展奠定了基礎。[102]

102　徐曉望，《明清東南海洋經濟史研究》，〈自序〉，北京，中國文史出版社 2014 年，第 1 頁。

　　清代前期東南沿海的發展有一個共同特點就是：本地商品經濟發達，大量農民放棄糧食種植而經營小商品經濟，導致東南沿海出現大面積的缺糧現象，例如福建的泉州、福州、廈門、漳州，廣東的廣州、潮汕，浙江的寧波、溫州、杭州，江蘇的蘇州、上海都是這類地區。[103] 對這些區域來說，維持經濟運轉的基本是糧食的輸入，這就使來自東北和臺灣的糧食有了很大的市場。

二、清代前期臺灣與福建的貿易

　　清代前期福建海洋經濟的發展，使本土商品生產發達，糧食缺口卻日益擴大。「竊查漳、泉一帶，田少人多，所出米穀，不敷民食……全賴臺灣米穀販運接濟。」[104] 這說明漳泉兩府沿海的糧食生產極為困難，例如金門島：「島地斥鹵而瘠，田不足於耕。近山者多耕，近海者耕而兼漁。水田稀少。所耕皆磽确，山園栽種雜糧、番薯、落花生豆，日常苦旱歉登。又無陂塘可以灌注。但於隴頭鑿井立石，為桔橰以灌之，務農者最勞力習苦。」[105]「民多食紅薯雜糧，從前食湖廣米及粵之高州。迨臺灣啟疆，遂仰臺運，自廈轉售，風潮遲滯，市價頓增。」[106] 可見，這些島嶼都要依賴臺灣大米。廈門對外來糧食依賴性最高，「惟廈門為洋艘出入，百貨聚集之所，商賈輻輳、食指更繁，向籍商販洋米、臺米接濟。如值米販稀少，即有貴食之虞。」[107] 漳州府、龍巖州。漳州是長期與泉州並稱的我省兩大缺糧區，嘉慶年間漳州知府金城寫道：「所屬七縣，內南靖、長泰、平和三縣皆山區奧壤。（糧食夠吃！）其尤溪、海澄、漳浦、詔安四邑皆濱海……一歲兩收皆豐稔，亦不敷本地民食，悉仰給於臺灣。」[108] 陳盛韶的《問俗錄》說：「臺灣沿海多種番薯、花生、甘蔗、豆麥。近山沃衍宜稻，一年耕有五年之食。內地福、興、漳、泉四府山多田少，必藉臺米接濟。吳、

103　徐曉望，〈試論清代東南區域的糧食生產與商品經濟關係問題〉，南京《中國農史》1994 年第 3 期。

104　閩浙總督李侍堯奏，乾隆五十二年。《臺案記錄丙集》，第 187 頁。

105　林焜熿等，道光《金門志》卷十四，〈風俗記〉，第 353 頁。

106　林焜熿等，道光《金門志》卷十四，〈風俗記〉，第 354 頁。

107　德福，《閩政領要》卷中，〈歲產米穀〉，第 22 頁。

108　金城，《浣霞摸心記》卷上。引自中國社會科學院歷史研究所明史研究室編，《清代臺灣農民起義史料選編》，福建人民出版社 1983 年，第 146 頁。

越、粵東米貴，海舶亦聞風販賣。臺、鳳兩縣由鹿耳門口出，嘉義縣由五條港口出，彰化縣由鹿仔港口出，淡水由八里坌口出，皆屬正口。其它私口，小船附載不少，如噶瑪蘭有蘇澳，竹塹有大安，彰化有鰲溪是也。」[109]道光年間，閩北產茶區也出現了糧食危急。道光年間黃清美在論述臺灣大米輸出時說：「十年來省垣受臺灣之益，五年來延建並受臺灣之益。」[110]這表明臺灣之米一度運到閩江上游。福建對臺灣糧食依賴性越來越強了。

　　清代中葉，臺灣運到福建的大米很多。「復又兵米、眷米、及撥運福興漳泉平糶之穀，以及商船定例所帶之米，通計不下八九十萬。」[111]「不特漳泉一帶籍以接濟民食，即內地兵糈眷米，亦賴臺米散給養膳。」[112]吳振強估計，清代臺灣輸出的大米，最盛時每年有 100 萬石[113]，林仁川、陳傑中的估計也差不多。[114]清乾隆年間，臺灣人口不過 100 多萬，人均輸出一石糧食，是當時商品化程度較高的區域。迨至道光年間，在鹿港做官的陳盛韶估計：「豐年，臺灣大率販運二百餘萬石。」大陸的需求引起臺灣市場的波動：「道光五年以前，米價每石不過二千餘，六年以後臺灣欠收，各省水旱頻仍，海船販運日多，動輒貴至三四千、五六千。價愈貴，富人愈囤積居奇。」[115]除了福建外，臺灣米還向廣東的潮州等地輸出：道光年間廣東的龍廷隗寫道；「惠潮仰給於臺灣、外夷之米。」[116]

　　閩臺之間的糧食運銷使臺灣產生對福建市場的依賴性。清代官員高其倬說：「臺灣地廣，民間所出之米，一年豐收，足供四五年之用。民人用力耕田，固為自身食用，亦圖賣出賺錢，一行禁止，則囤積廢為無用，即不便於臺民，又不便於泉漳百姓。」他認為應當廢除禁止臺米輸出的禁令，

109　陳盛韶，《問俗錄》卷六，〈鹿港・義倉〉，第 121 頁。
110　黃清美，《止齋遺書》卷五，清刊本，第 3 頁。
111　陳壽祺等，道光《福建通志》卷五一，〈倉儲〉，臺灣華文書局影印本同治十年刊本，第 15 頁。
112　德福，《閩政領要》卷中，〈兵眷米穀〉，第 85 頁。
113　吳振強，《廈門的興起》，新加坡大學出版社 1983 年，第 131 頁。
114　林仁川、陳傑中，〈清代臺灣與全國的貿易結構〉，廈門，《中國社會經濟史研究》1983 年第 1 期，第 33 頁。
115　陳盛韶，《問俗錄》卷六，〈鹿港・義倉〉，北京，書目文獻出版社 1983 年，第 121 頁。
116　龍廷槐，《敬學軒文集》卷一，〈與瑚中丞言粵東沙坦屯田利弊書〉，道光甲午年刊本，第 10 頁。

其益有四：「一、漳泉二府之民，有所資藉，不苦乏食。二、臺灣之民，既不苦米積無用，又得賣售之益，則墾田愈多。三可免漳泉臺灣之民，因米糧出入之故，受脅勒需索之累。四、漳泉之民，既有食米，自不搬買福州之米，福民亦稍免乏少之虞。」[117] 由此可見，臺灣糧食輸入福建漳泉一帶，對福建糧食問題的解決，是大有好處的。其實，對臺灣來說，福建市場也是臺灣必不可少的一部分，以糧食來說，清道光三十年，洋米輸入福建漸多，對臺灣產生很大影響，「內地……不食臺米，則臺米無去處，而無內渡之米船。無內渡之米船，即無外來之貨船。往年春夏外來洋圓數十萬，今則來者寥寥，已數月無廈口商船矣。各廳縣雖有海口，幾成虛設。」[118] 由此可見，臺灣糧食對福建市場的依賴程度相當高。林樹梅說：「臺產惟穀最多，其餘百貨皆仰給於內地，內地亦資臺穀接濟，故商船多載貨來臺易穀，商販不來，則穀多價賤，貨少價昂，無以便農，亦無以便商。」[119]

對福建而言，臺灣也是一個很好的市場。「臺灣錢，淹腳目」，是清代流傳的一句諺語。關於臺灣的富庶，郁永河寫到：

> 蕩平之後，設鎮兵三千人，協兵南北二路二千人，安平水師三千人，澎湖水師二千人；三邑丁賦就地放給外，藩庫又歲發十四萬有奇，以給兵餉。兵丁一人，歲得十二兩，以之充膳、製衣履，猶慮不敷，寧有餘蓄？蓋皆散在民間矣。

> 又植蔗為糖，歲產二三十萬，商舶購之，以貿日本、呂宋諸國。又米、穀、麻、豆、鹿皮、鹿脯，運之四方者十餘萬。是臺灣一區，歲入賦五六十萬，自康熙癸亥削平以來，十五六年間，總計不下千萬。入多而出少，較之內地州縣錢糧，悉輸大部，有去無回者，安得不彼日瘠而此日腴乎？又臺土宜稼，收穫倍蓰，治田千畝，給數萬人，日食有餘。為賈販通外洋諸國，則財用不匱。民富土沃。[120]

總結起來，郁永河認為臺灣富庶原因有三：其一，臺灣駐軍的軍餉及

---

117 〈雍正四年七月浙閩總督高其倬請開臺灣運米之禁摺〉，《雍正朱批奏摺》，其文亦見連橫《臺灣通史》卷二七，〈農業志〉，第456頁。

118 徐宗幹奏，錄自連橫，《臺灣通史》卷九，〈度支志〉，第145頁。

119 林樹梅，《歗雲文抄》卷二，〈論徵臺穀書〉，臺灣古籍叢編第5輯，第397—398頁。

120 郁永河，《裨海紀遊》卷下，福建教育出版社2017年《臺灣古籍叢編》第3輯，第372頁。

福建省撥給的軍費補貼。其二，臺灣出口的各種商品帶來的收入。其三，臺灣農業發達，民眾不缺吃的。因此，臺灣可以有較高的消費水準。

臺灣市場使用銅錢和銀圓交易。這與福建省是一樣的。但是，臺灣所鑄銅錢較小，成為一個問題。連橫說：

> 康熙二十七年，福建巡撫奏請臺灣就地鑄錢，部頒錢模，文曰「康熙通寶」，陰畫「臺字」以為別。當是時，天下殷富，各省多即山鑄錢，唯臺錢略小，每貫不及六斤，故不行於內地。商旅得錢，必降價易銀歸。鑄日多而錢日賤，銀一兩至值錢三四千，而給兵餉者，定例銀七錢三，兵民皆弗便。[121]

迫於形勢，臺灣官府不得不於康熙三十一年停鑄銅錢。臺灣市場上反而使用舊錢。朱仕玠說：

> 臺地用錢，多係趙宋時錢，如太平、元祐、天禧、至道等年號。錢質小薄，千錢貫之，長不盈尺，重不越二斤。土人云：康熙二十二年既定臺灣，土中掘出錢千百甕，荒唐不可信。或云：此錢自東粵海舶載至。予觀瀛厓勝覽，其誌爪哇國，言民間殷富，貿易用中國古錢，流寓多廣東漳州人。三佛齊市亦用中國銅錢。大約海外諸國，有漢人流寓其地，即間用中國古錢。是臺地古錢，載自東粵海舶，為可信也。[122]

關於臺灣用宋代古錢，可以得到其它史料的映證。黃叔璥：《臺海使槎錄》說：「用小制錢外，多用昔年所鑄臺、廣、昌、南紅銅錢，并明時舊錢。鵝眼、荇葉，散若流泉。見行鼓鑄，輪郭周好，交易則棄而不用，亦足異矣！」[123]

朱景英的《海東札記》記載：

> 余往北路，家僮於笨港口海泥中得錢數百，肉好、深翠，古色可玩。乃知從前互市，未必不取道此間。果竟邈與世絕哉？然邇來中土不

121　連橫，《臺灣通史》卷九，〈度支志〉，第 152 頁。
122　朱仕玠，《小琉球漫誌》卷七，〈海東賸語〉，第 67 頁。
123　黃叔璥，《臺海使槎錄》卷二，〈赤嵌筆談〉，第 28 頁。

行小錢，洋舶亦多有載至者。[124]

　　按，臺灣一地使用宋代銅錢，其實是元朝、明朝以來福建民間的習慣。我已經在《元代福建史》和《晚明福建史》中敘述。大致而言，元明二代建國之初，為了推銷紙幣，嚴禁使用銅錢。這導致巨額銅錢流出中國，成為日本及東南亞諸國的貨幣。其後，因元明兩代的紙幣貶值，基本退出市場，民間只好起用銅錢交易。又因元明二代基本不鑄銅錢，或是僅鑄少量銅錢，民間只好使用宋代的舊錢。不過，隨著商品經濟的發展，現有的宋代銅錢數量跟不上日益擴大的市場，於是，在福建和廣東民間興起了銅幣鑄造業。在中國古代，私鑄銅錢是很重的罪，所以，私鑄者不敢鑄造當朝的銅錢，而是仿造宋代的銅錢，從而保證了市場的流通需求。然而，私鑄貨幣肯定無法保證品質，這就導致錢幣越鑄越小，越鑄越薄，甚至含銅量也在下降，乃至晚明見到中國銅錢的歐洲人，往往將東南亞流通的中國銅錢稱之為「鉛錢」。製造宋代銅錢的主要是在福建的漳州和廣東的潮州，都是閩南語區域，所以，宋錢能在閩南語區域流行很久，最終進入臺灣。

　　在福建、廣東兩省，使用宋錢的習俗在清代得到改變。這是因為，清朝是鑄造銅錢的。他們的銅，一是來自雲南，一是來自日本。由於日本銅較為便宜，購買日本銅鑄造銅錢成為沿海諸省很看重的一件事。大批品質有保證的清代銅錢流出市場，逐漸將民間的劣幣逐出市場，所以，清代福建人大都改用品質較好的清代銅錢。臺灣位於邊遠區域，清代前期仍然沿襲明鄭時代的習慣，使用那種民間鑄造小而薄的銅錢，這也是一時的現象。實事上，清朝占領臺灣後，一度在臺灣推行清朝新鑄錢，開設鑄錢局，卻因新幣不如舊幣，錢局設置不久便廢除了。由於地處邊遠地帶，臺灣的宋錢流行很久，而且產生一系列問題。清朝為了平息物價，專門為臺灣鑄錢：

　　乾隆五年，開福建鼓鑄局。先是福建於乾隆四年，以臺灣一郡錢貴殊常，該處向用小錢，每錢三文抵內地大制錢二文之用，從前每番銀一兩易小錢一千五百文，近止易八百餘文，兵民交困。議將收存黃銅器皿八萬餘觔，先於省城開鑄錢萬餘串，儘數運往臺地，搭放兵丁月餉。其福建內地辦銅鼓鑄之處，另行籌議。至是巡撫王士任

124　朱景英，《海東札記》卷四，〈記叢璅〉，第 172 頁。

奏請採買滇銅二十萬觔，照鼓鑄青錢之例，添辦白鉛十六萬六千
觔、黑鉛二萬六千觔、點錫八千觔，合成四十萬觔，開局於省城，
設爐八座，錢幕滿文鑄「寶福」二字。每年二十四卯，鑄青錢四萬
八千五百三十三串三百文有奇。道光四年，以福建銀價昂貴，鼓鑄
成本虧折，奏准自本年夏季起暫停鼓鑄。[125]

可見，到了清代中葉，福建鑄的清朝銅錢逐步進入臺灣。這一改變，
較其它地方為遲。

除了銅錢用於日常生活外，清代臺灣金融業流行銀元。郁永河說：「市
中用財，獨尚番錢。番錢者，紅毛人所鑄銀幣也。圓長不一式，上印番花，
實則九三色。臺人非此不用，有以庫帑予之，每蹙額不顧，以非所習見
耳。」[126]黃叔璥說：「交易最尚番錢，紅毛所鑄銀幣也。長斜無式，上印番字，
銀色低；潮以內地兼金與之，反多滯難。」[127]可見，在臺灣市場上，民眾
不太喜歡稱重的銀錠，歡迎重量與價值都有保證的銀元。「番錢來自外洋，
為商賈所重，而不行於生番。」[128]這些銀元又稱洋錢，在東南亞的歐洲殖
民地很流行：

> 洋錢，大者一博，動以千計。洋錢，銀錢也，來自咬嚼吧、呂宋諸國。
> 臺地交易賞費皆用之。大者，一枚重七錢二分。有二當一者，曰「中
> 錢」；有四當一者，曰「茇仔」，且有八當一、十六當一者。臺人
> 均謂之「番錢」，亦稱「番餅」。[129]

翟灝《臺陽筆記》番錢說：

> 番錢者，洋人以市貨也。其國無銅鑄，自七錢至一分，皆銀為之。
> 洋艘之來，錢滿其載，盈千纍萬。來則澳廈充塞，沿及江南。有人
> 頭、雙柱、劍馬之別，而銀色亦各有差。由是番錢遍布，白鏹幾為
> 滯物而不能流通矣。[130]

125　陳壽祺等，道光《福建通志》錢法，同治十年刊本，第 10 頁。
126　郁永河，《裨海紀遊》卷上，第 358 頁。
127　黃叔璥，《臺海使槎錄》卷二，〈赤嵌筆談〉，第 28 頁。
128　鄧傳安，《蠡測彙鈔》，〈番俗近古說〉，北京，書目文獻出版社 1983 年，第 6 頁。
129　朱景英，《海東札記》卷三，〈記氣習〉，第 157 頁。
130　翟灝，《臺陽筆記》，〈番錢說〉，第 19 頁。

又如《福建通志》記載：

> 福建暨廣東近海之地，多行使洋錢，以銀為之，來自西、南二洋。
> 約有數等：大者曰馬錢，為海馬形；次曰花邊錢；又次曰十字錢。
> 花邊錢亦有大、中、小三等。大者重七錢有奇，中者重三錢有奇，
> 小者重一錢有奇。又有刺作人面，或為全身，其背為宮室、器皿、
> 禽獸、花草之類，環以番字；亦有兩面皆為人形者。閩粵之人稱為
> 「番銀」，或稱為「花面銀」。凡荷蘭、佛郎機諸國商船所載，每
> 以數千萬圓計。考漢書載安息、大秦諸國附近西海者，多以銀為錢。
> 太平寰宇記載海西諸國錢有騎馬、人面諸品，蓋其遺制至今尚存
> 云。[131]

儘管民間廣泛使用洋錢，但是，福建民間流行的方式還是給洋錢稱重。
《廈門志》記載：

> 廈門率用番錢，銀肆取巧，挖鑿至破爛不堪，大為人累。一再破案，
> 猶有怙惡不悛者。道光十年，飭各行商公議，廈秤七錢二分為一圓，
> 計重不計數，俾奸者毋所用其巧，其事乃已。[132]

洋人為什麼會那麼有錢？這是清代中國很長時期想不明白的事。於是，
民間流傳著各種傳說：

> 夫洋人之所謂錢者，豈果取之不盡、用之無竭、而其富倍加於中國
> 哉？考其術，蓋自有說。錢以鉛為母，以草為藥。是二者皆取之於
> 中國。復以人目瞳水點之，以發其光。故天竺教中人死，必蒙其首，
> 不令人見，取其水而去，蓋為此也。揣其意以為鉛與草，皆中國所
> 不甚愛惜者，彼取之以為錢，即以其自造無窮之錢，易吾不能流通
> 之銀，事誠甚得。而況日往月來，川流不息，則彼處之鉛盡變為銀，
> 而吾處之銀盡變為鉛矣。嗚呼！其用心也良苦，而其為智亦太狡
> 矣！[133]

實際上，清代前期流行於東南亞市場上的銀幣，主要來自美洲波爾多

---

131 陳壽祺等，道光《福建通志》，〈錢法〉，同治十年刊本，第10頁。
132 周凱、凌翰等，《廈門志》卷十五，〈風俗記〉，第520頁。
133 翟灝，《臺陽筆記》，〈番錢說〉，第19頁。

等地銀礦的開發。清代前期，福建、廣東等省仍然可以向國際市場輸出生絲、蔗糖、中藥、茶葉等商品，獲得大量的貿易贏餘。為了平衡中國的出口貿易，歐洲諸國不得不運來巨額白銀，形成進入中國的銀元潮流。迄至道光年間，美洲白銀產量下降，導致國際貿易的困難。《廈門志》云：「今各夷交易俱以貨易貨，夷銀不得運回中國。禁極嚴。故販洋迥非昔者比。」[134]晚清歐洲國家重視黃金而漸漸棄用銀圓，與這一趨勢有關。不過，從總體而言，清代前期，中國從國際貿易市場上獲得大量銀圓。臺灣在這個國際貿易環之上，其特色是可以向大陸和日本輸出稻米和白糖等產品，換得大陸及日本的白銀流入臺灣市場。由於出口多而進口較少，臺灣日益富裕。

　　臺灣的富庶表明臺灣人身上的錢較多。其時臺灣開發之初，人們主要生產大米和蔗糖等重要商品，日用百貨大都來自彼岸。「文綺、大布，來自中土，入市者值恒倍焉。」[135]清初臺灣勞動力缺乏，人工的價值遠高於內地。郁永河的《裨海紀遊》說：「臺郡獨似富庶，市中百物價倍，購者無吝色，貿易之肆，期約不愆；傭人計日百錢，趨趄不應召；屠兒牧豎，腰纏常數十金。」當地居民生活水準較高：「臺地舊稱沃壤，民奢侈無節。鳳山舊誌云：『宴會之設，動費中產。廝役牧豎，衣曳綺羅；販婦村姑，粧盈珠翠……』」[136]「且洋販之利歸於臺灣，故尚奢侈、競綺麗、重珍旨，彼此相傚；即傭夫、販豎不安其常，由來久矣。」[137]有文獻記載：「臺俗豪奢，平民宴會酒席，每筵必二兩五六錢以上，或三兩四兩不等。每設十筵八筵，則費中人一二家之產矣。游手無賴，綾襖錦襪，搖曳街衢，負販菜傭，不能具體，亦必以綾羅為下衣。寬長曳地，輿夫多袒裸，而繭綢綿綢褲，不可易也。家無斗米，服值千緡。」[138]「臺地不蠶桑不種綿苧」，「海外百貨叢集，然直倍中土。俗尚華侈，雖傭販輩徒跣載道，顧非紗帛不袴。婦女出不乘輿，袨服茜裙，擁傘踉蹡達中，略無顧忌。匠作冶金範銀，釵笄釧珥之屬，製極工巧。凡鬻冠服履襪者，各成街市，闐然五都，奢可知

134　周凱、凌翰等，《廈門志》卷八，〈番市略〉，第 218 頁。
135　朱景英，《海東札記》卷三，〈記土物〉，臺灣文獻本，第 47 頁。
136　朱仕玠，《小琉球漫誌》卷六，〈海東賸語〉，第 73 頁。
137　黃叔璥，《臺海使槎錄》卷二，〈習俗〉，第 22 頁。
138　藍鼎元，〈與吳觀察論治臺灣事宜書〉，《鹿洲初集》卷二，《鹿洲全集》上冊，第 47 頁。

已。」[139] 可見，臺灣的民俗較為開放，民眾捨得花錢，是一個很好的市場。

　　清代臺灣草莽初闢，農業發達，而手工業落後。多數手工業品來自福建。以紡織業來說，在內地非常發達的家庭棉布紡織業，因缺乏原料，在臺灣並不流行。「臺地婦女，不解蠶織，惟刺繡為事」。「淡白輕紅逐隊分，安知蠶織事辛勤。倦拋繡線無餘事，快嚼檳榔勝酒醺。」[140] 乾隆初年修成的《重修福建臺灣府志》云：「棉布、苧布、麻布，以上三項，俱不多產。」[141] 道光年間，臺灣各項產業已經定型，但是，紡織業仍然不發達。道光《彰化縣志》論當地的「女紅」：「婦女惟事針黹，不出戶庭。刺繡之工，匹於蘇廣。惟蠶事未興，紡織尚少。近有挈女眷來臺者，頗知紡織機布，但皆買棉之彈好者為之。若土產吉貝甚多，皆隨風飄散，視為無用。」[142] 按，臺灣的刺繡多由福州師傅教導出來，但其普及程度後來超過福州，如上所述，她們的水準也很不錯，尖端水準竟然可以和蘇繡、粵繡相比。不過，由於婦女主要精力集中於刺繡，臺灣婦女不大從事紡織業。因此，臺灣大量進口紡織品一點也不奇怪：「凡綾羅、綢緞、紗絹、棉布、葛布、苧布、蕉布、麻布、假羅布，皆至自內地。有出於土番者，寥寥，且不堪用。」[143] 藍鼎元力主在臺灣發展紡織業：「臺地不蠶桑，不種綿苧。故其民多游惰，婦女衣綺羅，粧珠翠，好遊成俗。則桑麻之政不可緩也。……漳泉多木綿，俗謂之吉貝。可令民於內地收其核赴臺種之。并令廣種麻苧，織紝為冬夏布。婦女有蠶桑紡績之務，則勤儉成風」。[144] 其實，臺灣府城一帶也曾發展過紡織業：康熙年間的《臺灣縣志》云：「男有耕而女無織，以刺繡為工。布帛取給內郡，其價高，亦耗財之一端也。近亦有躬紡織以備寒暑衣服，一人習之，千百人從而效之；一家習之，千百家從而仿之。女紅之害，庶幾免矣。」[145] 就此而言，其效果不佳。

　　據《臺海使槎錄》記載：「海船多漳、泉商賈」，他們貿易於漳州，

139　朱景英，《海東札記》卷三，〈記氣習〉，第 157 頁。

140　朱仕玠，《小琉球漫誌》卷五，〈瀛涯漁唱下〉，第 56 頁。

141　劉良璧，乾隆《重修福建臺灣府志》卷六，〈物產〉，第 216 頁。

142　周璽纂輯，道光《彰化縣志》卷九，〈風俗志〉，第 291 頁。

143　周鍾瑄主修、陳夢林等編纂，康熙《諸羅縣志》卷十，〈物產志〉，第 194 頁。

144　藍鼎元，《鹿洲初集》卷二，〈與吳觀察論治臺灣事宜書〉，文淵閣四庫全書本，第 22—23 頁。

145　王禮主修、陳文達編纂，康熙《臺灣縣志》卷一，〈輿地志・風俗〉，第 122 頁。

載回布料等商品。「……海壖彈丸，商旅輻輳，器物流通，實有資於內地。」[146] 棉布的需求量較大，「消用尤廣，歲值百數十萬金」。[147] 儘管臺灣人也像福建人一樣喜歡江南的松江布，但其市面上有許多產自閩南的布匹。清代同安縣的馬巷鎮民眾以外來棉紗織布，「棉布，為類不一，有紅邊布，許厝布，臺灣庄。」[148] 臺灣庄之名，表示此布輸往臺灣。臺灣的方志也承認，臺灣消費的棉布漳泉所出最為大宗，有「池布、井布、眉布、金絨布諸名目，盡白質」，待運抵臺灣後再行染色[149]。有一條道光時期廈門的材料：「向來在廈商人，將本省漳州府屬及同安縣土產之棉布等物，由海道運至寧波、乍浦、上海、天津、錦州、蓋平及臺灣鹿港一帶銷售。」[150]

除了紡織品之外，臺灣進口大陸各地生產的日用品。《諸羅縣志》說：「今則北通吳越，南浮交廣，有冰紈、白縠、縐綈之蒙於暑，有吳綾絲絮、漢府氈裘之燠於寒，有洋布、嗶支、羽毛、哆囉呢之泛於外洋。」[151] 《臺海使槎錄》云：

> 海船多漳、泉商賈，貿易於漳州，則載絲線、漳紗、剪絨、紙料、煙、布、草席、甎瓦、小杉料、鼎鐺、雨傘、柑、柚、青果、橘餅、柿餅；泉州則載磁器、紙張，興化則載杉板、甎瓦，福州則載大小杉料、乾筍、香菰，建寧則載茶；回時載米、麥、菽、豆、黑白糖餳、番薯、鹿肉售於廈門諸海口，或載糖、靛、魚翅至上海。小艇撥運姑蘇行市，船回則載布疋、紗緞、枲棉、涼煖帽子、牛油、金腿、包酒、惠泉酒；至浙江則載綾羅、棉紬、縐紗、湖帕、絨線；寧波則載棉花、草席；至山東販賣粗細椀碟、杉枋、糖、紙、胡椒、蘇木，回日則載白蠟、紫草、藥材、繭紬、麥、豆、鹽、肉、紅棗、核桃、柿餅；關東販賣烏茶、黃茶、紬緞、布疋、椀、紙、糖、麯、胡椒、蘇木，回日則載藥材、瓜子、松子、榛子、海參、銀魚、蟶乾。海壖彈丸，

146　黃叔璥，《臺海使槎錄》卷二，〈商販〉，第 36 頁。
147　連橫，《臺灣通史》卷二六，〈工藝志〉，北京商務印書館，1983 年，第 450 頁。
148　萬友正，乾隆《馬巷廳志》卷十二，〈物產〉，光緒十九年重刊本，第 19 頁。
149　柯培元，道光《噶瑪蘭志略》卷十一，〈風俗志〉，臺灣文獻叢刊第 92 種，第 118 頁。
150　李文治，《中國近代農業史資料》第一輯，北京，三聯書店出版社，1957 年，第 490 頁。
151　周鍾瑄主修、陳夢林等編纂，康熙《諸羅縣志》卷八，〈風俗志〉，第 138 頁。

　　商旅輻輳，器物流通，實有資於內地。[152]

　　臺灣米、糖的出口，使臺灣可以進口大陸各地生產的日用品，於是，兩岸經濟在迴圈中獲得發展。鼎盛時期，廈門商船對渡臺灣鹿耳門，「向來千餘號。」[153]歸根究底，清初臺灣的出口貿易，是其經濟欣欣向榮的根本原因。相形而言，清初海南島雖然也能出口一些大米和蔗糖，但其生產規模遠遠不如臺灣，因而海南的經濟發展步伐逐漸落後於臺灣。

第四節　福建與臺灣的商業網絡

　　清代臺灣的開發，其實有賴於閩南人的海上網絡。清朝最早對臺灣海路封禁很嚴，以後逐步開放，事實上朝廷不太干涉臺灣的海上航線。《諸羅縣志》說：「今則北通吳越，南浮交廣。」[154]當時出發於廈門港、蚶江港、汕頭港的閩南商人，駕駛大船來到臺灣，從臺灣購取烏白糖和大米，銷售閩南生產的各種日用品；然後，他們從臺灣出發，駕駛大帆船到北中國海的各個港口，在上海、煙臺、天津、大連、營口等城市出售產自福建的茶葉、紙張、糖。回程時，他們載運東北的大豆、上海的棉布、浙江的絲綢。這使臺灣的海上貿易大發展。王必昌說：「臺船歲往江、浙、錦、蓋諸州者，以千計。」他記載了臺船過上海之後的北上海路：「向北過崇明外五條沙轉西，三十四更入膠州口。過崇明外五條沙對北，三十二更至成山頭。向東北放洋，十一更至旅順口。由山邊至童子溝島，向東沿山，七更至蓋州。向北放洋，七更至錦州府。」[155]「臺灣地沃而民富，糖蔗米油之利，北至天津、山海關，南至寧波、上海，而內濟福州、漳、泉數郡。」[156]可見，到了清代中期，臺灣不僅是福建的一個邊荒州郡，而是成長為中國海洋網絡的重要一環。它的重要特點是形成了福建、臺灣及中國北方的三角貿易。這種三角貿易使閩南沿海民眾富裕起來，也使臺灣的各種產品得以銷售。

152　黃叔璥，《臺海使槎錄》卷二，〈商販〉，第 35—36 頁。
153　周凱、凌翰等，道光《廈門志》卷五，〈船政略・商船〉，第 133 頁。
154　周鍾瑄主修、陳夢林等編纂，康熙《諸羅縣志》卷八，〈風俗志〉，第 138 頁。
155　王必昌纂輯，乾隆《重修臺灣縣志》卷二，〈山水志〉，乾隆十七年修成，臺灣文獻叢刊第 113 種。
156　姚瑩，《東槎紀略》卷四，〈臺灣班兵議下〉，臺灣古籍叢編第 4 輯，第 554 頁。

臺灣，正是在閩南人的商業網絡中發展起來的。[157] 它的發展和大陸市場息息相關。

清代中葉，全國市場的波動也會影響臺灣市場。有些年分，臺灣的大米及蔗糖出口都受到影響：「查商船之所以日少者，其故亦有二，臺灣所產，只有糖米二種。近來粵省產糖充旺，紛紛外販。至臺地北販之糖，獲利較薄。米穀一項，又以生齒日繁，……致本地價亦增昂。漳泉一帶船戶赴臺，常虞虧本。因而裹足不前。」[158] 道光年間，臺灣經濟發展一度遲滯，是因為它可供出口的商品減少了，取得的利潤也下降了，可見，當時臺灣經濟的繁榮完全依賴於大陸市場。鴉片戰爭前，臺灣的商品經濟已經很發達，姚瑩的《東槎紀略》說：「臺灣，海外一郡耳；懸絕萬里，而糖米之貨利天下。帆檣所至，南盡粵、閩、兩浙，東過江南、山東，北抵天津，以極瀋陽，旬月之間可達也。」[159]

閩南商人也隨著移民的步伐進入臺灣。泉州的《玉山林氏宗譜》記載：康熙二十四年（1685 年），晉江石壁村的林詒祥剛滿 16 歲，出遊臺灣，在臺設立「泉源行」，「以為托跡之所，招商為賈，貿易生計，一家衣食，無憂不給，即此謀始。」又如他的同宗親戚林詒鉉當兵到臺灣，後「辭役革職，營謀生路，在臺關帝廟口開張糖行，財源頗聚。」[160] 大量閩南商人進入臺灣諸港，建立了遍及各處的商業網絡。

臺灣學者研究臺灣的郊行取得了較大的成績。[161] 大致說來，清代前期的臺灣府城的商人組成了三個郊：南郊、泉郊、北郊，南郊所轄所商戶主要從事臺南與廈門港、漳州東山港等福建南部諸港的貿易；泉郊主要從事臺南與泉州沿海蚶江諸港的貿易；而北郊從事福州以北諸港的貿易。「聚

157　傅衣凌，〈明代福建海商〉，《明清時代商人及商業資本》，人民出版社 1956 年；陳國棟，〈清代中葉廈門的海上貿易（1727—1833）〉，吳劍雄主編，《中國海洋發展史論文集》第四輯，臺灣中研院 1991 年。徐曉望，《媽祖的子民——閩臺海洋文化研究》，第六章，〈閩臺與沿海諸省的貿易〉；上海，學林出版社 1999 年。

158　〈道光十一年八月二十七日閩浙總督程祖洛奏〉，百吉等編，《臺案彙錄丙集》，臺灣文獻叢刊第 135 種，第 201—204 頁。

159　姚瑩，《東槎紀略》，〈自序〉，臺灣古籍叢編第 4 輯，第 574 頁。

160　莊為璣、王連茂，〈閩臺關係族譜資料分析〉；莊為璣、王連茂編，《閩臺關係族譜資料選編》，福州，福建人民出版社 1984 年，第 17—18 頁。

161　卓克華，《清代臺灣行郊研究》，福建人民出版社 2006 年。

貨而分售各店曰『郊』。往福州、浙江者，曰『北郊』，泉州者曰『泉郊』，廈門者曰『廈郊』，統稱『三郊』。」[162]

　　他們從臺灣運來的貨物多集中於廈門港和泉州的深滬等港口，然後與福建商品一道載運江南及華北各地。所以，臺南的商戶多為廈門及泉州商號的分支。乾隆年間，鹿港及艋舺二港相繼通商，臺南的郊商也發展到鹿港及艋舺等港口。例如，鹿港有八大郊行，其核心仍是：泉郊、廈郊、南郊，其它是專營種商品的郊行。不過，鹿港沒有北郊而多了一個廈門郊，這是因為，鹿港的商品多是運回泉州深滬等港口，再轉運北方各地，所以鹿港不需要北郊。艋舺的三大郊則是泉郊、廈郊、北郊，泉廈如前，而其北郊一般只到寧波一帶，多數與泉廈商人共同經營。臺灣的臺南、鹿港、艋舺三港市所擁有各個郊行組織，控制了臺灣的主要貿易。

　　清代兩岸貿易的發展，使福建商人與臺灣建立了密切的貿易關係：「商船往來臺洋一次，販貨之獲利與船戶之水腳所得凡數千金。」「臺灣商船，皆漳、泉富民所製。」[163]在泉州現存一座臺灣鹿港郊商人捐獻的鐵鐘，其上銘文云：

> 泉郡南關外浯江舖塔堂鹿港郊公置：
>
> 美記號、建源號、泉記號、振泰號、裕成號、勝裕號、萬泰號、
>
> 振利號、復吉號、復昇號、彝林號、義發號、鰲勝號、泰源號、
>
> 盛泰號、長春號、義美號、源瑞號、振興號、金順號、德利號、寶源號、
>
> 穎豐號、錦豐號、廣裕號、厚裕號、振芳號、源茂號、德順號、洽源號、
>
> 謙泰號、泰成號、合裕號、滋源號、合瑞號、瑞源號、瑞泉號、資生號、
>
> 正利號、盛源號、日升號、成順號、振益號、德豐號、豐裕號、盈豐號

162　唐贊袞，光緒《臺陽見聞錄》卷下，〈風俗〉，臺灣省文獻委員會 1996 年點校本，第 146 頁。

163　姚瑩，《東槎紀略》卷一，〈籌議商運臺穀〉，臺灣古籍叢編第 4 輯，第 503、506 頁。

道光十七年歲次丁酉陽月

日穀旦

　　該銘文表明：當時泉州至少有 46 家鹿港郊的商號，其時泉州的蚶江與臺灣的鹿港為清廷指定的閩臺對渡口岸，所以，在泉州經營蚶江─鹿港之間生意的商號竟有如此之多。其它各地的商業興盛也不亞於蚶江，如廈門，「按廈門商船對渡臺灣鹿耳門，向來千餘號。」[164]

　　閩南人在臺灣主要有兩大商人集團，其一為晉江、南安、惠安人組成的泉州商人集團。他們大都是從蚶江或是深滬渡海到臺灣，行前多要去晉江的安海鎮祭拜龍山寺的觀音。他們到臺灣後，也會建造龍山寺作為自己活動的主要據點。在臺灣各地，共有數百座龍山寺，位於臺南、鹿港、臺北艋舺的三大龍山寺都建於清代前期，規模雄壯，反映了泉州商人的實力。

　　漳州海商大都在廈門開設分行，他們與當地的同安人關係密切，因而組成了廈門幫海商集團。其成員主要來自漳州的龍溪縣、海澄縣及隸屬於泉州的同安縣。他們的特色信仰是保生大帝。保生大帝又稱大道公、吳真人，其祖廟有兩個：二廟分別座落於青礁和白礁。在歷史上，海滄的青礁曾屬於漳州，而今劃歸廈門市，白礁歷史上屬於同安，而今劃入漳州市，行政上的互換反映了兩地間密切的關係。在廈門市，保生大帝與媽祖同是受到最多崇拜的境主神。因此，廈門商人不論到什麼地方，都會帶著保生大帝和媽祖的香火。保生大帝在臺灣的分香也很多，反映了廈門人及海澄人和部分龍溪人在臺灣的開發步履。

　　臺灣本土商人的發展。泉漳商人在臺灣的活動對本地商人也是一個示範。清代前期的臺灣人「負販貿易，頗似泉、漳」[165]，事實上，有不少在臺灣生長的土著民眾開始從事商業。「（臺灣）三邑之民，務本之外，牽車服賈而已，揚帆濟渡而已。」[166] 他們有些人參加對大陸的貿易，成為閩南商人集團的一員。我們看到，在寧波的福建商館中，已經有臺灣人的影響。乾隆六十年「興泉漳臺眾商全住僧沛泉公立」的〈閩商在甬建設會館

164　周凱，道光《廈門志》卷五，〈船政略・商船〉，第 133 頁。
165　周璽，道光《彰化縣志》卷九，〈風俗・商賈〉，第 290 頁。
166　高拱乾纂輯、周元文繼修，康熙《臺灣府志》卷七，〈風俗志〉，第 317 頁。

碑〉記載：清代寧波的閩商會館始建於康熙三十五年，康熙五十七年完工。
乾隆六十年重修。這條碑文的關鍵在於：在閩商集團中，臺灣商人作為與
興化、泉州、漳州並列的一個商人來源地出現了！那麼，他們組成了自己
的商團了嗎？當地還有一塊同治年間的碑刻，這塊〈重修福建老會館碑〉
記載：「閩之商于寧者，有八閩會館，興、泉、漳、臺之人尤多。」「臺
灣自國朝始通版籍，茲館也，臺人與焉，其在康熙二十四年開關以後無
疑。」這表明當時確實有了臺灣商人，而且，撰碑文者將臺灣商人的出現
推前至康熙中期。不過，該碑最後所署各幫捐錢數量很有意思，其文曰：

> 溫陵糖幫捐銀四百拾壹圓；
>
> 興化幫捐銀貳百圓；
>
> 廈門幫捐銀三百圓；
>
> 深滬幫捐銀壹百圓；
>
> 淡水幫捐銀壹百圓；
>
> 同治九年庚午九月
>
> 翰林院庶起士晉江王壽國記并書
>
> 興泉漳臺諸同人勒石。[167]

　　寧波是福建商人北上的第一個重要港口，因此，當時經營江南及華北
貿易都福建商人都會在此留下足跡，其重要性不言而諭。在這塊碑文上記
載福建商幫的組合發人深省。首先，文中提到漳州商人，但具體捐銀名單
中，只有廈門幫，沒有漳州幫，這證明我的說法：廈門幫主要由漳州人與
同安人組成；其次，泉州商人有兩個幫派，其一為溫陵糖幫，其二為深滬幫。
溫陵是泉州的古稱，所以，所謂溫陵糖幫，即為泉州糖幫。深滬是位於泉
州的一個港口，對渡臺灣的蚶江港就在附近。「南風時，蚶江、獺窟船來鹿，
必至磁頭、深滬方放洋。」[168]清代深滬因對臺貿易有很大發展。朱正元說：
「深滬以濱海一隅之地，居民多至數千戶，或云萬戶。合計民財多至千萬，

167　以上寧波碑刻引自，章國慶，《天一閣明州碑林集錄》，上海古籍社 2008 年，第
　　 214—216 頁。
168　周璽，道光《彰化縣志》卷一，〈封域志〉，第 22 頁。

或云數千萬。洵海濱樂土。」[169] 再次，此文中真正的臺灣幫只有淡水幫，淡水位於淡水出海口的北岸，在清代中葉，淡水的出海口是在南岸的八里岔港，而淡水成為對外貿易的主要港口，大致在道光後期，所以，淡水幫的興起較遲，在清代中葉是不會有淡水幫的。其時淡水幫僅捐錢一百圓，說明它是一個新興的幫派。那麼，清中葉以前有獨立的臺灣商幫嗎？通過以上分析，可以知其沒有！當時在寧波的臺籍商人應是附屬於泉州幫，或是廈門幫。泉州幫中又有兩派，溫陵糖幫中應有臺灣人，深滬位於蚶江附近，在蚶江口岸及鹿港之間對渡的臺灣商人也可附屬於這個幫派，所以，清中葉以前做臺灣以北大陸生意的臺灣商人應是附屬於閩南商人的三個幫派：溫陵糖幫、深滬幫、廈門幫。

「溫陵糖幫」之名也說明當時臺灣的糖業主要掌握在泉州幫手中，而泉州糖商多在鹿港開設自己的分號。道光《彰化縣志》記載：「鹿港、泉、廈郊船戶，欲上北者，雖由鹿港聚儎，必仍回內地各本澳，然後沿海而上。由崇武而至莆田，湄洲至平海，可泊百船。」這證明了泉州商人在鹿港採購蔗糖後，首先是回到泉州蚶江一帶，然後再北上。鹿港也有本地商人，「鹿港向無北郊，船戶販糖者，僅到寧波、上海。」[170] 他們應是依附於泉州糖幫。

那麼，清代前期為何獨立的臺灣商人較難見到？這是因為，在臺灣開發之初，閩南人已經形成強大的商幫勢力，一旦臺灣開發，無處不在的閩南商人便深入臺灣各港，創設自己的分號，從而掌握了臺灣的貿易。較大的商人，則多源自內地，因而有「海船多漳、泉商賈」之說。[171] 臺灣的彰化縣是鹿港所在地，道光《彰化縣志》記載：「遠賈以舟楫運載米、粟、糖、油，行郊商皆內地殷戶之人，出貨遣夥來鹿港，正對渡於蚶江、深滬、獺窟、崇武者曰「泉郊」，斜對渡於廈門曰「廈郊」，間有糖船直透天津、上海等處者，未及郡治北郊之多。」[172] 當時經營對臺貿易的商人，大都要將在臺灣採購的商品運到廈門、蚶江等港口之後再北上江南及渤海的港口，

169　朱正元，《福建沿海圖說》，上海，光緒二十八年刊本，第 166 頁。
170　周璽，道光《彰化縣志》卷一，〈封域志〉，第 23 頁。
171　黃叔璥，《臺海使槎錄》卷二，〈商販〉，文淵閣四庫全書本，第 35 頁。
172　周璽，道光《彰化縣志》卷九，〈風俗・商賈〉，第 290 頁。

這是因為，駐臺商人多是廈門及蚶江商人的代表。清代中葉以前，其實沒有嚴格的臺灣商人。臺灣多數商號，都是泉州蚶江及廈門商號的分支，來往於兩地港口的商人，在臺灣，也許可以稱為臺灣商人，在大陸，他們不是以泉州商人自稱，就是以廈門商人為榮，個別商人的籍貫，則是在漳州等地。由於漳泉緊密不分的關係，晚清以前，在大陸各個重要港口，只有泉漳會館或是漳泉會館，從來沒有臺灣商人自己的會館。

清代中葉以後，兩岸商業漸漸發生變化。有些商人在臺灣傳了兩三代人，新一代人便以臺灣為家，成為臺灣人。他們的財產也在臺灣。道光年間陳盛韶說：「鹿港商船數百，今止五十餘號。」[173] 這句話從積極一面來看，鹿港船商最多時有數百號船，經歷挫折之後，還有五十多條可以從事遠洋貿易的大船。這是一筆很大的財產。就泉漳商人掌握的產業來講，清代中葉的閩南，曾經帶來巨大利潤的糖業和菸業都已經衰敗，茶葉進出口中心也從廈門轉到了廣州，而糖業的重點已經轉到了臺灣，閩南本土的手工業只剩下紡織業較為重要，但閩南人生產的布匹不如江南青布暢銷。所以，清中葉閩南人的產業重點已經轉到廣州、上海、臺灣諸地。除了工商業之外，對外勞務輸出興起於閩南，新加坡、馬來亞諸地，開始看重來自閩南及廣東的勞動力。這一時代的閩南人大都以下南洋為最好出路。因此，就閩南人的海峽產業而言，開始偏重於臺灣西岸。道光年間陳盛韶說：「臺灣廣不滿二百里，綿長二千里。濱海之鹿耳門、鹿仔港、八里坌、五條港、商船輻輳，資重不下數十百萬金。」[174] 來自臺灣的資金越來越重要，許多泉漳商人也將經營重點轉到臺灣，他們以臺灣為家，開始以臺灣的角度看問題，許多人自稱臺灣人。在泉漳商人集團中，開始有人敢於自稱臺灣商人，而臺灣商人的地位漸漸提高了。

臺灣商人組成自己的幫會，應是在同治年間寧波福建會館捐款名單中所顯示的淡水幫。晚清以後，臺灣的茶業、樟腦業大發展，經濟繁榮，更勝於福建，於是，臺灣商人漸漸自立。1875 年臺灣建省之後，臺灣人在北京有了自己的會館，開始有了自己的商幫組織，但他們與福建商幫的關係密切。

173　陳盛韶，《問俗錄》卷六，〈鹿港廳・海運〉，第 113 頁。
174　陳盛韶，《問俗錄》卷六，〈鹿港廳・海防〉，第 116 頁。

　　明清時期，中國的海上貿易網絡實際上是由閩南（漳泉潮）人控制的，所以，臺灣商人與漳泉的密切關係，意味著加入閩南人在東亞的商業網絡。其實，臺灣正是閩南人商業網絡的一部分。從臺灣商人發展史來看，他們原為閩南商幫的一個分支，而後成為一個獨立的群體。臺灣的重商文化起源於閩南，也可以說，它是閩南海洋文化的一個組成部分。

　　臺灣作為閩人海洋網絡的一個樞紐，從其海洋經濟發生的一開始，就受到福建海洋經濟巨大的影響。明清時代閩人的重商文化，培育了清代閩臺的商人階層；而閩東南沿海以出口為導向的海洋經濟移植，是臺灣海洋經濟產生的原因，也是臺灣經濟能夠迅速走在中國前列的根本因素。[175]

小結

　　自從明末清初閩南人開發臺灣以來，海上貿易就成為臺灣經濟發展的導向，只有在海外市場上取得較高利潤的商品，才會成為臺灣經濟的支柱。這種經濟，可以稱為海洋經濟，它是海洋文化的一個組成部分，也可說是臺灣海洋文化的經濟基礎。但是，臺灣的海洋經濟並非憑空而來，它是閩南人上千年海洋經濟的結果，閩南人自五代兩宋以來，逐步形成了依賴海洋的謀生方式，他們的生產、貿易、分配、消費諸環節都與海洋有關，在明末清初已經發展為成熟的海洋經濟模式。閩南人歷來感到本土的發展受到地理條件限制，他們的理想是尋找一片更有利於發展的土地。從南宋以來，閩南人遷居嶺南與南洋，都成為當地經濟發展的主動力之一。從後世的角度看，臺灣是閩南人再造福建的成功典範。他們將家鄉的經濟制度與習慣帶到臺灣這片未開發的土地上，在臺灣實現了閩南社會的重現。由於臺灣屬於新開發的區域，地曠土沃，閩南人的生活方式在臺灣得到全面的發揮，因此，我們可以說清代臺灣是閩南高層次海洋經濟的移植。事實上，它是在閩南人的海洋商業網絡中成長，並作為其中的一個組成部分而獲得發展。因此，清代前期臺灣的成功，應當看作閩南人海洋經濟的成果。

　　清代臺灣經濟與福建經濟的不同在於：臺灣有發達的農業為基礎。福

175　徐曉望、徐思遠，〈論明清閩粵海洋文化與臺灣海洋經濟的形成〉，《福州大學學報》2013 年第 1 期。

建位於東南丘陵，全境山地丘陵占 90% 以上，形象地說是：「八山一水一分田」。因此，福建可耕作的田地很少，糧食產量也低。而臺灣的西部平原相當遼闊，經閩粵移民之手開發為阡陌相望的良田。需要說明的是：不論臺灣經濟怎麼發展，農業都是最重要的產業，其產值比之其它產業更多，也更重要。

清代前期中國的統一及沿海航行自由化，使中國傳統商品經濟較快恢復並有較大的發展。尤其是東南沿海區域得利於旺盛的沿海貿易及對外貿易，發展很快。其中，福建省的小商品發展又是東南諸省中最為出色的。大陸經濟的發展，使臺灣商品有了廣闊的市場，而且，來自福建等地的商人為臺灣經濟注入了大量的資金。因此，清代前期臺灣的發展極快，短短兩百年間，臺灣成長為中國商品經濟最發達的區域。

清代前期的臺灣，與大陸市場的關係密切。除了少數糖品由上海轉運日本外，臺灣其它商品大都銷售於大陸市場，尤其是福建市場。清代福建沿海城市化程度略高，農民主要經營經濟作物，這造成沿海城鄉缺糧嚴重，它如食油、染料、燃料對外需求量較大。清代臺灣的開發剛好可以填補這個空白；對臺灣而言，這個新開發的區域，手工業生產缺乏基礎，各種日用品、紡織品都要從福建運來，而海峽西側的福州、泉州、漳州、廈門等城市都是手工業發達的地方，因此，隨著臺灣的開發，閩南商人往來於兩地之間，從福建運去各種手工業商品，從臺灣運來糧食、花生油、靛青等商品。福建和臺灣生產的糖是國內市場最受歡迎的商品之一，閩南商人的糖船每年都從廈門、泉州等港口出發，將糖品遠銷江南、華北、東北諸城市，又從北方運來大豆、棉花等商品，於是在臺灣海峽形成了臺灣、福建、北方之間的三角貿易，這類三角貿易每運轉一次，都給閩臺商人帶來很大的利潤，海峽兩岸的城市也因而發展起來。清代前期臺灣的三個港市──臺灣府城、鹿港、艋舺，都是這樣發展起來。

在清代前期，閩南商人涵蓋臺灣商人，這是因為，早期在臺灣經商的商人，多來自泉州、漳州。其中泉州沿海的晉江人、南安人、惠安人、同安人的勢力尤其大。這是因為，按照清代前期的政策，泉州府屬的廈門、蚶江相繼成為對臺灣貿易的主要港口，泉州人在這些港口占主導地位，還有施琅、吳英等泉州籍水師將領的支持，因此，他們得以控制臺南、鹿港、

艋舺三港的商業網絡。漳州商人主要從廈門港出航臺灣，以龍溪人、海澄人、漳浦人為主。不過，由於信仰的關係，他們之間淡淡地分為兩個集團：廈門人和龍溪人、海澄人都是拜吳真人和媽祖，而泉州三邑人拜媽祖、關帝、吳真人，雙方突出的主神略有差異，所以，臺灣泉漳的分類械鬥大都是在泉州三邑人和同安、漳州人之間。在商團內部也是如此。值得注意的是：隨著時間的流逝，在臺灣的閩南商人漸漸有了自己的想法，有時以臺灣商人自稱，這一趨勢在晚清更為顯著。

第十一章　清代前期福建的海外貿易

　　清朝統一臺灣之後，開放海禁，以航海為主業的福建商人遠航中國沿海各港以及東亞、東南亞的港口，建立了龐大的商業網絡，並形成以海洋為後盾的商業特點。不過這一時代的歐美經濟發展較快，工業革命前後，歐洲的科學技術有很大提高，歐洲殖民者在東南亞殖民地的統治日益鞏固。

第一節　廈門港的對外貿易

　　清代前期的廈門港取代月港、安海港，成為福建省主要對外貿易港口，因福建外貿主要集中於廈門，福州港的對外貿易僅剩下與琉球國之間的貿易。

一、清代廈門港的對外貿易

　　廈門在明鄭時期已經成長為著名的海港。英國人曾在鄭氏統治下的臺灣和廈門建立商館。清朝統一臺灣後，廢除海禁，海上貿易有很大發展。周凱的〈廈門志序〉：「廣袤不及七十里，田畝不及百十頃，區區一塢，孤縣海中。有志何也？蓋自臺灣入版圖，我國家聲教所暨，島夷卉服，悉主悉臣。求朝貢而通市者，史不絕書。廈門處泉漳之交，扼臺灣之要，為東南門戶。十閩之保障，海疆之要區也。故武則命水師提督五營弁兵守之，文則移興泉永道、泉防同知駐焉。商賈輻湊，帆檣雲集。四方之民，雜處

其間。……雖一里也，而規模廓于一邑矣。」[1] 廈門共有 25 條街，只能算一個小城市，但人口密集：「按廈門街市窄狹，民居稠密，架蓆片薄板蔽日。」廈門市內有油市等各種市場：

> 菜市，在東門外三官宮前，每日黎明，諸菜畢集，青蔥夾道，轉售諸小店及負販者。
>
> 豬子墟，在新填地鬼子潭。每旬以一、六為期，販賣小豬。
>
> 舊路頭，鬻販雜穀、瓜匏。每日乘潮長而至，無墟集之名。
>
> 洪本部渡頭，鬻販菜、豆莢，亦乘潮長而至。
>
> 提督路頭，鬻販雜果、芋頭、鹽筍，由行口轉售。雙涵、破墓各鄉地瓜，黎明集聚於此。負販者四更時由廈城紛紛到此處買回散賣，往返二十餘里。貧民日食半資以為糗糧。[2]

雖說廈門是一個海島，但有 13 個渡口與泉州、漳州、同安、漳浦、金門、海澄、石碼等地交通。[3] 而廈門的海外通商港口更不可計數。

這裡要說的是，清朝的海洋政策與明朝有很大不同。明朝在萬里海疆之上，只允許兩個口岸對外通商：月港許出不許進，澳門許進不許出。其他地方都實行海禁，寧波、廈門等港口，都不允許外國船隻到達，沿海貿易也受到阻礙。清朝開放海禁比明朝徹底，上海、寧波、廈門、廣州四個口岸都允許外國船隻前來貿易，上海、寧波的商人可以到日本貿易，廈門口岸的商人可以到東南亞各地貿易。總之，清代初年的開放程度比明代更高。這一政策尤其受到歐洲商人的歡迎，他們往來於中國東南的四個口岸，尋找貿易商品。雖然官吏的索賄讓他們頭痛，但他們可以選擇索賄較少的口岸。不過，清中葉以後，朝廷對口岸的管制就嚴厲多了。

清代初年，廈門是閩南商人去東南亞貿易的主要口岸。「田少海多，民以海為田。自通洋弛禁，夷夏梯航，雲屯霧集，魚鹽蜃甲之利，上裕課

1　周凱，〈廈門志序〉，周凱纂，道光《廈門志》卷首，1996 年廈門市志辦整理道光十九年刊本，第 1 頁。
2　周凱纂，道光《廈門志》卷二，〈分域略・街市〉、〈分域略・墟集〉，1996 年廈門市志辦整理道光十九年刊本，第 30—31 頁。
3　周凱，《廈門志》卷二，〈分域略・津澳〉，第 33 頁。

而下裕民。」[4]閩粵海舶當地人稱為洋船，沿襲鄭和時代「下西洋船」、「下東洋船」之意。「洋船即商船之大者。船用三桅，桅用番木。其大者可載萬餘石，小者亦數千石。粵省澳門定例，准番船入口貿易。廈門准內地之船往南洋貿易。其地為噶喇巴、三寶壠、實力、馬辰（班格爾馬辛）、坵仔、暹羅、柔佛、六坤、宋居勝、丁家盧、宿霧、蘇祿、東浦、安南、呂宋諸國。其出洋貨物則漳之絲、綢、紗、絹，永春窰之磁器，及各處所出雨傘、木屐、布疋、紙箚等物，閩中所產茶、鐵，在所嚴禁。」[5]「出販東洋、南洋之大船，准帶軍器。」[6]關於船上的專業人員，《廈門志》云：「造大船費數萬金，造船置貨者曰財東，領船運貨出洋者曰出海。司舵者曰舵工，司桅者曰斗手，亦曰亞班，司繚者曰大僚（繚），相呼曰兄弟。」[7]《廈門志》又引述〈赤嵌筆談〉：「通販外國之船，每船船主一名，財副一名，司貨物錢財；總桿一名，分理事件；火長一正一副，掌船中更漏及駛船針路；亞班、舵工各一正一副，大繚、二繚各一，管船中繚繰（索），一椗二椗各一司椗，一遷二遷三遷各一，司桅繰（索）。杉板船一正一副，司杉板及頭繚；押工一名脩理船中器物，擇庫一名清理船艙，香工一名，朝夕焚香楮祀神。總舖一名，又司火食，水手數十名。」[8]，可見，這是一個分工明確的組織。各種水手中，亞班給人的印象最深。「凡海舶主事者曰出海，定羅盤子午針者曰舵工，經理張弛篷索者曰鴉班，其餘俱名水手。舶篷編竹為之，長約八丈，闊四五丈。或值黑夜舟行，海風怒呺，舟楫振撼，篷索偶失理，鴉班上下桅竿，攀緣篷外，輕踰鳥隼，捷若猿猱，洵稱絕技。」[9]

　　閩南一帶民眾很早就有下南洋謀生的習慣。「府人民原有三等，上等者以販洋為事業，下等者以出海採捕駕船挑腳為生計，惟中等者力農度日。」[10]《閩政領要》記載：「如漳泉二府更屬民多田少，其比戶得以饒裕者，又全賴洋船貿易以臻富厚也。其間各有熟下港道：在內地北向則浙江、江南、山東、天津以及奉天等省；南向則往廣東；其往販外番則有暹羅、

4　周凱等，《廈門志》卷十五，〈風俗記〉，第 509 頁。
5　周凱等，《廈門志》卷五，〈船政志〉，第 138 頁。
6　周凱等，《廈門志》卷五，〈船政志〉，第 139 頁。
7　周凱等，《廈門志》卷十五，〈風俗記〉，第 512 頁。
8　周凱等，《廈門志》卷五，〈船政志〉，第 139 頁。
9　朱仕玠，《小琉球漫誌》卷一，〈泛海紀程〉，第 22—23 頁。
10　德福，《閩政領要》卷中，〈歲產米穀〉，第 22 頁。

柔佛、班格爾馬辛、呂宋、蘇祿、六崑、邦仔、絲蘭、君代嗎、港口、石赤仔、麻六甲、安南、宿霧、噶喇吧、汶萊、單丹、舊港、笨臺、大唭、宋脈勞、柬埔寨、丁家奴等處。」[11] 清初蔡新說每年下南洋的「閩粵洋船不下百十號」，「統計兩省歲入內地約近千萬」。[12] 清代福建與東南亞的關係密切。「閩廣人稠地狹，田園不足於耕，望海謀生，十居五六。內地賤菲無足重輕之物，載至番境，皆同珍貝。是以沿海居民，造作小巧技藝，以及女紅針黹，皆於洋船行銷。歲收諸島銀錢貨物百十萬，入我中土，所關為不細矣。」一旦實行海禁，對他們的影響極大，「南洋未禁之先，閩廣家給人足，游手無賴，亦為欲富所驅，盡入番島，鮮有在家饑寒，竊劫為非之患。既禁以后，百貨不通，民生日蹙，居者苦藝能之罔用，行者嘆致遠之無方。」[13] 當時的閩人多從廈門出海，到東南亞謀生。清代前期，各省的對外政策不同。「粵省澳門定例，准番船入口貿易，廈門准內地之船，往南洋貿易」[14]。由此可見，當時閩粵二省不同在於：廣東是允許外國商船來華貿易，而福建的特點則是允許當地商人去海外貿易。這一差異和歷史的淵源有關。因為，明代福建的月港便是允許土著商人去海外貿易的，而明代的廣州一直允許海外商人來華貿易。這一差異使清代前期閩人在東南亞保持優勢，各重要港市的華人首領多為閩人。不過，廣東省漸漸發現這一政策對他們的不利。清代中葉，廣東方面奏准廣東商人亦可去海外貿易。其後，廣東出國人數就漸漸趕上福建了。然而，由於福建商人在海外有更長的歷史，造成清初海外中國商人多為閩人，而廈門正是他們出發的口岸。

清初廈門的商業網絡造成廈門海洋經濟的發展。當時的廈門：「服賈者以販海為利藪，視汪洋巨浸如衽席，北至寧波、上海、天津、錦州，南至粵東，對渡臺灣，一歲往來數次；外至呂宋、蘇祿、實力、噶喇巴，冬去夏回，一年一次。初則獲利數倍至數十倍不等，故有傾產造船者。然驟富驟貧，容易起落。舵水人等藉此為活者以萬計。」[15] 可見，清代的廈門是

11　德福，《閩政領要》卷中，〈商漁船隻〉，第6頁。
12　沈定均，光緒《漳州府志》卷三三，〈蔡新傳〉，上海，上海書店出版社2000年，《中國地方志集成》，福建府縣志輯，29，第726頁。
13　藍鼎元，《鹿洲全集》，〈論南洋事宜書〉，廈門大學出版社1995年，第55頁。
14　周凱等，《廈門志》卷五，〈船政〉，廈門，鷺江出版社1996年；轉引自傅衣凌，〈清代前期廈門洋行〉，《明清時代商人及商業資本》，第199頁。
15　周凱，《廈門志》卷十五，〈風俗記〉，第512頁。

一個與海上貿易密切相關的城市。清代中葉，廈門有不少漳泉籍的閩南商人。「廈門故海上一都會，以資自雄者不啻十數家。」[16]「銀城鷺島，民物富庶，山海雄奇」。[17]棄儒經商成為常態，「（林某）棄儒習賈業，比壯有餘積，主海舶為業。曰商行。」[18]在廈門一向有進行外貿的「十三行」傳說，傅衣凌先生對此有專門研究。[19]其後，新加坡學者吳振強及臺灣學者陳國棟的相關研究也頗有成績。[20]

清代廈門城市也有了進一步的發展。據乾隆三十四年的《鷺江志》記載，廈門「稽查烟戶計共一萬六千一百餘戶。」若每戶以五人計算，其時廈門人口約 80500 人，在當時已是一個有一定規模的商業城市。迄至道光十二年，廈門「查照門牌甲冊，除僧、尼、道領縣牒照仍歸縣造並無屯丁灶丁外，核實土著居民大小男女共十四萬四千八百九十三名口。內男八萬三千二百二十九丁，女六萬一千六百六十四口。」[21]可見，幾十年內，廈門的人口幾乎增長了一倍。「百餘年來，生齒日繁。闤闠民居，不下數萬戶。儼然東南一都會焉。」[22]陳化成論廈門：「廈門東抗臺、澎，北通兩浙（浙），南連百粵，人烟輻輳，梯航雲屯，豈非東南海疆一大都會哉！」[23]「自康熙十九年奠定後，人民蕃庶，土地開闢，市廛殷阜，四方貨物輻湊，駸駸乎可比一大都會矣。」[24]「廈門隸泉州府轄，商賈雲集，最稱殷庶。」[25]「嘉禾嶼在海中名鷺島，廣袤五十餘里，商賈雲集，夷舶遠通」。[26]廈門的繁華也聞名於東南。主管廈門海口事務的「廈防廳為吾閩第一優缺。海舶麇集，市廛殷贍。官廨尤極豪奢。大堂左右設自鳴鐘兩架，高與人齊，內署稱是。

16　周凱，《內自訟齋文集》卷十，〈吳宜人壽序〉，清道光二十年愛吾廬刻本。
17　周凱，《廈門志》卷十五，第 508 頁。
18　周凱，《內自訟齋文集》卷七，〈林君墓誌銘〉。
19　傅衣凌，〈清代前期廈門洋行〉，傅衣凌，《明清時代商人及商業資本》，北京，中華書局 2007 年，第 188—205 頁。
20　吳振強著，〈廈門的沿海貿易網〉，李金明譯，《廈門方志通訊》1986 年第 2 期；陳國棟，〈清代中葉廈門的海上貿易（1727—1833）〉，吳劍雄主編，《中國海洋發展史論文集》第四輯，臺灣中研院 1991 年。
21　周凱，《廈門志》卷七，〈關略志〉，第 176—177 頁。
22　黎攀鏐，〈敘〉，周凱，《廈門志》，鷺江出版社 1996 年標點本，第 3 頁。
23　陳化成，〈廈門志序〉，周凱，《廈門志》，第 4 頁。
24　周凱，《廈門志》卷二，〈分域略〉，第 13 頁。
25　德福，《閩政領要》卷上，〈形勢扼要〉，第 4 頁。
26　陳雲程，《閩中摭聞》卷三，〈泉州〉，第 4 頁。

署中蓄梨園兩班，除國忌外，無日不演唱。」乾隆時和坤曾向任職廈防廳
的官員索賄四十萬元，其富可知。[27]總之，迄至清代中後期，廈門已經是一
個有 14 萬人口的港口城市。

二、清代廈門對外貿易的盛衰

清代初年，廈門與廣州並列，同為中國對外貿易中心。當時來自歐洲
各國的商人，分別到廈門與廣州貿易。康熙二十三年，清朝在廈門設置「閩
海關廈門衙署」。此後的廈門成為清朝對外貿易的主要港口之一，歐洲國
家的船隻也常到廈門貿易。清朝統一臺灣不久，1684 年 5 月 26 日，英國
東印度公司的「快樂號」前來廈門，要求恢復貿易。經過五個月的談判和
等待，他們終於得到了滿意的回答。其後，西班牙、荷蘭等國的船隻也出
沒於廈門港口。林仁川據馬士《東印度公司對華貿易編年史》的記載統計：
從 1684 年到 1735 年（雍正十三年），共有 35 艘次歐洲船隻到廈門貿易。
其載重量從 200 噸—500 噸不等，採購了茶葉、生絲、樟腦等商品[28]。除了
歐洲國家外，暹羅等國家的商船也常到廈門。不過，許多歐洲國家覺得廈
門口岸的稅收較重，因而有了其他的考慮。

以英國的東印度公司為例，在廈門與廣州都設有自己的貿易機構。但
在清代初年，英國來到中國的商船數量有限，他們覺得維持兩個貿易機構
有困難。經過多方考慮，英國人最終選擇了廣州為其主要貿易港口，其後，
英國的商船主要到廣州貿易。這對廈門港是一打擊。不過，時間久了，英
國商人覺得廣州方面官員的勒索越來越厲害，便有開拓其他港口的打算。
其時，清朝對外開放的還有上海、寧波及廈門港。乾隆二十年，通事洪任
輝帶著一艘英國商船到寧波港貿易，浙江提督因將此事彙報朝廷。朝廷的
答覆是「知道了」。[29]例子一開，此後數年便有多艘英國茶船到浙江貿易。
而廣東方面發現來船少了，便向朝廷彙報此事。乾隆皇帝考慮再三，覺得
還是廣東集中管理外來船隻為好。迄至乾隆二十四年（1759 年），朝廷為
了控制對外貿易，將對英國、法國、荷蘭等國的貿易限定於廣州口岸，而

27　梁恭辰，《勸戒錄・續編》，卷二，〈紈絝子弟〉，清同治六年刻本，第 11—12 頁。
28　林仁川，《福建對外貿易與海關史》，鷺江出版社 1991 年，第 171、172 頁。
29　陳國棟，《東亞海域一千年——歷史上的海洋中國與對外貿易》，山東畫報出版社
　　2006 年，第 201 頁。

且不准寧波、廈門等口岸與歐洲國家貿易。其後，除了清廷特許的呂宋西班牙人還可以到廈門貿易之外，西方主要國家對華貿易都轉到了廣州。於是，赴廈門港貿易的只剩下西班牙及荷蘭商船。

《廈門志》記載了以西班牙為主的外來夷船：

> 呷板船，又稱夾板船，以其船底用夾板也……呂宋呷板船船式，頭尾係方形。大者檁頭約闊三四丈，長十丈，高五丈餘，舵水一百餘人，裝貨二萬餘石。小者檁頭約闊二三丈，長八丈，高四丈餘，舵水六七十人，裝貨一萬餘担。船用番木製造，堅固不畏颶風。船舷、船底俱用銅板鑲釘。底無龍骨，不畏礁線，艙分三層：第一層船主、貨客、舵工棲止；第二層水手住宿；第三層裝載貨物。船內水櫃、鼎竈等物，俱銼鐵鑄成。船尾有番木舵一門，船頭鐵桯二根，船中番桅三枝，每枝長九丈、十丈不等。桅作三節，布帆三層。每節用活筍繫繩索數十條，或起或落，甚利便。遇颶風，用桅一節；微風用桅二節；無風用桅三節。以索抽帆，隨手旋轉，四面風皆可駕駛，巧捷無比。船艙第一層安放炮位十餘門、鳥鎗三四十枝，器械甚精。其載貨艙蓋用鉛鎔貫其其縫，不得啟視。[30]

《廈門志》又載：

> 乾隆四十六年六月，呂宋夷商萬梨落及郎嗎叮先後來廈，番梢六十餘名，貨物燕窩、蘇木，各帶番銀一十四萬餘圓，在廈購買布疋、磁器、桂皮、石條各物。

> 四十七年二月，夷商郎安敦、牛黎美亞、番梢七十餘名，遭風到廈，貨物蘇木、檳榔、烏木，在廈購買白紙、青白石器、石條、花磚、方磚各物。

> 四十八年九月，夷商郎萬雷來廈，番梢五十餘名，貨物蘇木、檳榔、呀蘭米、海參、鹿脯，在廈購買布疋、磁器、雨傘、桂皮、紙墨、石條、石磨、藥材、白羯仔。

> 五十一年九月，船戶郎吧嚙絲實哥巾礁嘮遭風飄失杉板，桅車，來廈修葺船隻，因貨物不對，旋即駛去。

30　周凱，道光《廈門志》卷五，〈船政志〉，第141—142頁。

嘉慶十二年五月，船戶安未示智遭風到廈，旋即駛去。

十四年五月，船戶郎棉一、番梢六十名，番銀十四萬圓，貨物海參、蝦米、檳榔、鹿筋、牛皮、玳瑁、紅燕窩，呀嚂米、火艾棉，在廈購買布疋、蘇線、土茶、冰糖、藥材、雨傘各物。

道光三年六月，呂宋夷船遭風入廈，旋即駛去。[31]

清代西班牙人在國際貿易中的地位逐步下降。明代，西班牙是強國，而且在美洲的銀礦開採量較大，以富有聞名於歐洲。但到了明末清初，美洲銀礦的開採漸走下坡路，西班牙人運到東方的白銀就越來越少了，從過去每年一船降到數年一船。為了保住寶貴的白銀，西班牙開始限制白銀流入中國的勢頭。西班牙人到廈門港貿易，被限定為數年一次。據傅衣凌先生搜集的史料，從乾隆二十二年（1757年）迄至嘉慶十八年（1813年）的56年裡，總共只有6艘呂宋商船到廈門貿易[32]。

西班牙人之外，清代的海上貿易強國還有荷蘭及英國。荷蘭自失去臺灣殖民地之後，經濟實力受損，漸漸讓出了世界第一貿易大國的位置。荷蘭與清朝關係不佳，多數時間不願派商船到中國貿易。不過，清代澳門與巴達維亞之間有貿易關係，澳門的葡萄牙人經常派船到巴達維亞貿易，倒販中國商品。此外，由廈門及廣東出發的商船也會到巴達維亞貿易。所以，巴達維亞的荷蘭人實際上也不缺中國商品。荷蘭人滿足於巴達維亞的中國絲綢之類的商品轉埠貿易，不再派船到中國來。

清代英國的對華貿易日益發展。雖說清代前期英國人將主要貿易集中於廣州，但是，英國的船有時也會出現在廈門：

紅毛甲板船較呂宋式樣相同，而加倍長大。船身闊可五六丈，長十五六丈，高約二十丈，可裝貨十萬担，大炮十二門，小炮三百餘門。嘉慶二十一年六月來廈，泊大擔口，以遭風討水為詞，越日乃去。其人白面方臉，目精帶紅黃色，頭留全髮，色黃。衣西洋白布，窄袖短褐，下服如中國套褲，兩肩帶金葉一片，譯云夷官之別，以示富貴云。此乃紅毛嘆咭唎（英吉利）國之船。是年駛至天津，奉

31　周凱，《廈門志》卷五，〈船政略〉，第 142—143 頁。
32　傅衣凌，〈清代前期廈門洋行〉，《明清時代商人及商業資本》，第 204 頁。

旨，沿海地方巡查驅逐，不許登岸滋事。[33]

據其記載，這應是英國的一艘偵察船，其目的不是貿易而是瞭解中國各口岸情況，所以，進廈門僅一日便離開了。

鴉片戰爭前二三十年，到廈門貿易的外船極少。道光九年（1829 年）的閩浙總督孫爾準奏摺云：「廈門一處，從前間有番舶入口貿易，但用番銀而不用銅錢。近今十數年並無番船到口」[34]。可見，由於海外商船較少，廈門市場上的白銀也少了。這是清代中葉福建沿海蕭條的原因之一。

清代官府將對歐洲主要國家的貿易集中於廣州港。因怕其他港口走私影響了廣州的茶商，官府的限制令頻頻頒布。嘉慶二十二年（1817 年），廈門口岸又遭到新的打擊。先是，清初武夷茶出口多從廈門口岸輸出。乾隆二十四年之後，廣州漸成清朝唯一的對歐洲主要國家貿易港口之後，廈門茶商轉移到廣州。由於武夷茶為清代最搶手的出口商品，它很早就成為廈門港轉運商品中的重要內容，不少商船是在廈門港採購武夷茶，而後販至廣州。清朝新的禁令打擊了廈門的武夷茶轉埠貿易。周凱的《廈門志》回顧清初以來廈門港的歷史：「准載土產茶葉、碗、傘等貨，由海關汛口掛驗出口販往各番地，兌換燕菜、呢羽等物。嗣因海盜平靖，內地茶商均由海運茶至粵。嘉慶二十二年，兩廣總督蔣恐奸商串通黠夷私相售賣，奏請禁止武夷松羅之茶不准出洋，俱由內河過嶺行走。」其後，武夷茶輸出不再走廈門至廣州的海道，改走江西水道。這對廈門港是很大的打擊，其時廈門雖然還有「碗傘粗貨」等出口，但利潤不多，「口務遂絀」。[35] 按，英國自工業革命之後，資本主義發展很快，並迅速成長為世界強國，控制了中國與歐洲之間的主要貿易。武夷茶出口，主要消費者為英國人。廣州行商為了達到徹底壟斷武夷茶貿易的目的，通過各種運作，終於使清朝下令：不准廈門口岸運營武夷茶！從而達到壟斷武夷茶輸出的目標。其後，武夷茶輸出價格上升，但其利潤都落入廣東十三行商人之手。除了英國之外，東南亞一些國家屢有船隻到廈門貿易，但他們的貨物數量不多。

33　周凱，《廈門志》卷五，〈船政略〉，第 143 頁。

34　《道光朝外交史料》，轉引自傅衣凌，〈清代前期廈門洋行〉，《明清時代商人及商業資本》，第 214 頁。

35　周凱，道光《廈門志》卷五，〈船政志〉，廈門，鷺江出版社 1996 年，第 141 頁。

　　總之，清中葉以後，廈門港的對外貿易便有衰退的跡象。

第二節　閩商與對日本的海上貿易

　　明末日本的德川幕府建立，它與中國的關係發生變化。德川幕府鑒於豐臣秀吉侵華的失利和滅亡，對華態度轉為持重，由於日本方面嚴禁日本人出海，所以，中國沿海猖獗數百年的倭寇活動消失，這為中日貿易的發展奠定了基礎。

一、清代福建對日本貿易的盛衰

　　日本江戶時期德川幕府的對外政策十分有利於華商。其時日本為了防止天主教對日本民眾的影響，實行閉關自守政策，既不允許日本人出海貿易，也限制海外客商到日本貿易。歐洲的天主教國家被禁止在日本港口貿易，葡萄牙失去了進行中國與日本間仲介貿易的權力。其時在日本貿易的主要是中國商人與荷蘭商人，這給予中國商人極大的貿易機會。但由於戰爭的影響，明清之際大陸的船隻無法正式去日本貿易，對外貿易大都掌握在明鄭商團手中。康熙二十二年（1683 年）臺灣問題解決後，海禁大開，清廷出於貿易的需要，曾命令福州、廈門的官員調集官船去日本貿易。而日本方面，因為華船大量的出現，一時興奮不已。為了招商，也為了安撫華商，他們曾一度組織國內的大商人，將中國商人運來的商貨全部購入。於是，這一批中國商人大都發財回家。這一消息傳到中國，第二年有更多的商船去日本，以致日本商人無法招架。據日本人所著《華夷變態》一書的統計，康熙二十四年（1685 年）開到日本的商船達 85 艘，其中來自福建的有 28 艘，為諸省最高。見下表：

表 11—1　清開海令後航日中國船隻數量表 [36]

年次	福建	臺灣	中國船總數	福建臺灣船占比
康熙二十三年	1		24	

36　注：關於《華夷變態》中日貿易船隻數量，日本與中國臺灣學者皆有研究，此處採用臺灣學者朱德蘭的〈清開海令後的中日長崎貿易商與國內沿岸貿易（1684—1722）〉一文統計資料。錄自張憲炎主編，《中國海洋發展史論文集》第三輯，第 372—375 頁。

康熙二十四年	28		85	33%
康熙二十五年	34		102	33%
康熙二十六年	49	2	136	37.5%
康熙二十七年	74	4	194	40.2%
康熙二十八年	23	1	79	30%
康熙二十九年	30	2	90	35.6%
康熙三十年	22	2	90	26.7%
康熙三十一年	24	1	73	34%
康熙三十二年	25	3	81	35%
康熙三十三年	20	1	70	30%
康熙三十四年	17	1	58	31%
康熙三十五年	12	3	57	26.3%
康熙三十六年	27	3	101	30%
康熙三十七年	8	2	69	14.5%
康熙三十八年	9	3	73	16.4%
康熙三十九年	4	5	53	17%
康熙四十年	5	3	66	12%
康熙四十一年	5	4	90	10%
康熙四十二年	6	12	80	22.5%
康熙四十三年	9	14	84	15.7%
康熙四十四年	不詳	不詳	88	不詳
康熙四十五年	2	10	93	12.9%
康熙四十六年	0	4	84	4.8%
康熙四十七年	5	8	104	12.5%
康熙四十八年	3	1	57	7.0%
康熙四十九年	1	1	52	3.5%
康熙五十年	3	8	57	19.3%
康熙五十一年	3	不詳	59	5.0%
康熙五十二年	1	3	40	10%
康熙五十四年	1	2	7	42.9%
康熙五十五年	2	2	14	28.6%
康熙五十六年	7	3	89	11.2%
康熙五十七年	7	4	81	13.7%
康熙五十八年	4	2	73	8.6%

康熙五十九年	6	2	72	11.1%
康熙六十年	5	4	66	13.7%
康熙六十一年	4	4	63	12.7%

　　表 11—1 表明：從福建出發的商船去日本貿易，以康熙二十四年（1685年）至康熙三十六年（1697年）的 13 年間最盛，每年都有一二十艘商船前往日本，有一年竟多達 74 艘。其他各省還有數十艘到日本貿易的船隻。然而，大量的商品進入日本，造成日本白銀外流，形成巨大的貿易逆差。雖說日本產銀豐富，此時也感到銀的緊缺，於是，日本開始限制中國絲綢之類的商品的輸入。日本元祿元年（1688 年），日本限制中國方面的商船數量為 70 艘，其中分配福建方面的為 25 艘[37]。康熙二十九年至康熙三十五年，到日本的福建商船便下降至每年 20 艘左右，康熙三十六年之後更下降至每年數艘。可見，在對日本貿易方面，由福建出航的船隻日益減少。相形而言，由臺灣出發到日本貿易的船隻卻在穩定增長中，早期是每年一二艘，康熙四十二年至康熙四十五年，每年有 10 艘至 14 艘，其後，由臺灣出發赴日本商船也在下降，每年約一二艘。福建和臺灣合計，約占清初赴臺船隻的 20% 左右。

　　然而，要注意的是，清代前期環中國海四處都有福建人的商業網絡。那些由東南亞諸港出發的商船，例如來自占城、廣南、柬埔寨、暹羅、六崑、大泥、麻六甲、咬𠺕留吧、萬丹等地的中國船，大都屬於閩潮商人所有。中國沿海其他口岸出發到日本貿易的商船中，也多有福建商人經營的船隻。如日本學者松浦章指出：一艘寧波洋船船主李進，即泉州同安縣人氏。又如一艘寧波船主王應如為福州人；而福州人王君貽在康熙末年八次到日本，然而，他的船隻或是從江蘇出發（被稱之為南京船），或是從寧波出發（被稱為寧波船）。再如福建商人郭裕觀於康熙末年赴日本貿易，他的船從廣東出發，被稱為廣南船或廣東船。他如魏德卿、柯萬藏，其出發點都不在福建。這說明迄至康熙末年，福建商人廣泛地散布於江南與廣東的港口，他們仍在進行中日貿易，而不是退出了這一貿易[38]。此外，從朱

37　木宮泰彥，《日中文化交流史》，第 650 頁。
38　松浦章，〈清代福建的海外貿易〉，廈門，《中國社會經濟史研究》1986 年第 1 期，
　　第 97—104 頁。

德蘭輯錄的實例看，在從江蘇口岸赴日本的 20 艘船中，有 12 艘船本來是來自福建與臺灣的口岸；在從浙江口岸赴日本的 122 艘船中，有 73 艘原發口岸是在福建、臺灣的港口；而在廣東赴日本的 16 船次中，也有 8 次原發於福建港口；至於從福建港口赴日本的 20 艘大船中，只有 2 艘不是原發於福建的。以上可知原出發地的船次中，總計山東、江蘇、浙江、福建、臺灣、廣東六地口岸對日本共發出 198 次商船裡，原發於福建口岸的有 120 艘，占總數的 60.6%[39]。由此可知福建商人在對日本貿易中的勢力。這是因為，清代的海外貿易多為福建商人經營，他們分布於從廣東到上海的諸多口岸。由於日本對福建船隻的控制，他們便以移居口岸的身分申請日本方面的信牌，所以，在所謂寧波商人與南京商人中，有不少福建商人。從《華夷變態》的記載裡看，程敏公原為福州船主，但後來又成為普陀山船主、寧波船主、廣東船主、山東船主；陳日新原為福州船主，後來也搖身一變為普陀山船主、南京船主、臺（台）州船主、寧波船主；相類似的還有朱客熙、蔡二使、林二官、高允煥、鄭衡儒等人。至於始終以福建船主身分去日本貿易的，還有黃成官、陳聯官等人[40]。總之，在清初旺盛的中日貿易中，福建商人扮演了其中的主角。

然而，隨著時代的變化，日本的金銀越來越少，清代的日本由於黃金與白銀的大量輸出，漸漸感到貴金屬的可貴性，為了防止貴金屬的大量外流，他們開始控制中國絲綢之類的商品的輸入，並限制日本每年白銀輸出量。康熙二十四年，日本限制每年出口白銀不得超過六千貫。按照日本的計量單位，一貫合銀 100 兩，六千貫就是 60 萬兩白銀。康熙二十七年，限制中國來船最高額為 70 艘。這一制度使中國商船許多商品無法售出，大大壓低了中國絲綢之類的商品的價格，日本在中日貿易中取得主動權。而後，因中國商人不斷訴苦，康熙三十四年，日本允許中方商船可以剩貨購日本銅。從此開啟了日本銅向中國的大量輸出。

在中日貿易旺盛的背景下，康熙三十六年，日本對中日貿易的限額增

39　據朱德蘭的〈清開海令後的中日長崎貿易商與國內沿岸貿易（1684—1722）〉一文統計資料。錄自張憲炎主編，《中國海洋發展史論文集》第三輯，第 390—403 頁。

40　朱德蘭，〈清開海令後的中日長崎貿易商與國內沿岸貿易（1684—1722）〉，錄自張憲炎主編，《中國海洋發展史論文集》第三輯，第 378—386 頁。

至 13000 貫（130 萬兩白銀），其中按價易貨為 7000 貫，實際允許白銀流出量為 5000 貫（白銀 50 萬兩）。貿易船數量也調整到每年 80 隻。然而，像洪水一樣的中國絲綢之類的商品還是讓日本吃不消。日本很快感到銅的輸出量太大，康熙五十四年（1715 年）日本頒布正德新令，即每年限額貿易 6000 貫，銅輸出量限為 300 萬斤。康熙後期，日本貿易限額下降到 30 艘船，貿易定額為 4000 貫，銅輸出量從 200 萬斤下降到 60 萬斤。[41] 其後，中國與日本之間的貿易被限制於一定的額度。

二、清代福建對日本貿易的商品

　　清初中國輸往日本的商品以生絲、砂糖、瓷器為主。生絲主要來自江南一帶，閩臺輸往日本的砂糖大都由閩商經營。自 1637 年至 1683 年，中國船隻輸往日本的砂糖數量，平均每年達 169 萬斤。[42] 這些砂糖主要來自臺灣。清初的臺灣、鳳山、諸羅「三縣每歲所出蔗糖約六十餘萬簍，每簍一百七、八十觔；烏糖百觔價銀八、九錢，白糖百觔價銀一兩三、四錢。全臺仰望資生，四方奔趨圖息，莫此為甚。」[43] 這條史料說明臺灣糖業之盛。

　　日本為了防止白銀的外流，除了限制白銀輸出之外，開始大面積仿製中國商品。在容器方面，日本的瓷器不算太好，但日本人主要使用陶器。明清之際，日本的陶器和粗瓷生產量增加，減少了瓷器進口量。日本的蠶桑業也有一定發展，除了高級綢緞，日本人可以生產多種絲綢產品。在茶葉方面，日本人堅持喝傳統的日式清茶，致使武夷茶無法打開日本的市場。總之，日本的江戶時代進口商品有嚴格的盤算，不再像戰國時代盲目進口中國商品。

　　回顧古代的中國與日本貿易，可發現銀和銅是最重要的。早在宋元時期，日本採礦業不夠發達，雖有銀銅礦，但無法大量開採。因此，日本對華貿易主要是以土產、木材換取中國的銅錢。導致中國銅錢大量流入日本。

41　朱德蘭，〈清開海令後的中日長崎貿易商與國內沿岸貿易（1684—1722）〉，錄自張憲炎主編，《中國海洋發展史論文集》第三輯，第 376—378 頁。

42　岩生成一，〈近世日支貿易に関する數量的考察〉，日本，《史學雜誌》第六十二編，第十一號，第 30—34 頁。轉引自曹永和，〈從荷蘭文獻談鄭成功研究〉，《臺灣文獻》第 12 卷，第 1 期。

43　黃叔璥，《臺海使槎錄》卷一，〈赤嵌筆談〉，文淵閣四庫全書本，第 29 頁。

明代，中國礦冶術流入日本，日本白銀開採發達，中國與日本貿易主要是中國絲綢之類的商品換取日本白銀，從嘉靖年間到南明時期，大量日本白銀流入中國。在南明時期，由於戰爭影響了商品，日本發愁的是：很難順利得到中國絲綢之類的商品。但到了清朝統一臺灣之後，清朝的開海令使中國商船全力出動，從中國港口航向東西洋各地，其中來到日本的大船尤其多。這時，日本感到白銀流出量太大，開始推出日本銅的輸出，用以取代白銀。而且，這類限制越來越嚴。從限制白銀輸出到限制日本銅輸出，從瞧不起土貨到鼓勵海產輸出。日本人開始有了商戰的觀念。他們發現，光限制中國絲綢之類的商品輸入是困難的，有時是無法進行的，於是，他們將主要力量放在生產替代商品方面。清代的日本人著力研究《天工開物》這一中國的物產名著，逐漸生產出可與中國相匹敵的商品。於是，日本從中國輸入的商品越來越少，中日貿易不再是高額利潤的同名詞。其時的中日貿易，主要是清朝去日本採購銅，以支持國內的鑄錢業。但由於鑄錢業的重要性，與清廷有較為密切關係的皇商得到清廷的大力支持，在清代中葉，廈門商人每年只能得到一二艘去日本貿易的信牌。乾隆二十六年（1761年）以後，已經完全沒有廈門船隻去日本貿易了[44]。其時，即使是在江南的福建商人，也難以參與中國與日本的貿易，在清廷的支持下，主要是皇商控制了中日貿易。《廈門志》留下這樣一句話：「今蘇州銅局商人，歲至日本購銅，以貨物易之。」[45]

從對日本貿易來看，明代對日本貿易主要是閩商的天下，清代，閩商主力轉向上海、寧波、廣州等港口，閩商在異地的資本已經超過本土。在對日本貿易方面，清乾隆以後，皇商取得對日本貿易半壟斷權，這都使福建港口水上力量的地位下降。

日本的閩僑主要是商人與水手的後裔。明清之際，福州閩江口岸、泉州的安平港、漳州的月港，都有許多商人去日本貿易。清代的日本工商業發展，可出口的商品越來越多。陳倫炯的《海國聞見錄》記載日本：「地產金、銀、銅、漆器、磁器、紙箋、花卉染印，海產龍涎香、鰒魚、海參、

44　劉序楓，〈清代前期的福建商人與長崎貿易〉，《九州大學東洋史論文集》，第16 期，1988 年 1 月，第 140—148 頁。

45　周凱等，道光《廈門志》卷八，〈番市略〉，第 186 頁。

佳蔬等。」其它還有刀和馬。[46] 因此，清代赴日本經商的人還是不少的。其中，有一些人在日本定居，形成了華僑社會。他們在當地建立了媽祖廟。

明代旅日華商在長崎建有三座寺院，其一為東明山興福寺，開創者為浮梁人真圓，原為一所草庵，至寬永九年（1632年）第二代弟子住持時開始建為寺，寬永十八年大致建成。這座寺廟以「南京寺」著稱，傳其主要供奉者為來自江南的商人。其二為分紫山福濟寺，又稱泉州寺，或是漳州寺。其開基祖為寬永五年（1628年）東渡長崎的泉州僧侶覺悔，最初在當地築一庵祀媽祖，後逐漸增修。覺悔於寬永十四年（1637年）示寂，弟子了然後繼為看坊（監寺），直到慶安二年（1649年）建寺。其三為聖壽山崇福寺（福州寺）創於日本寬永六年（1629年），先建一祭祀媽祖之祠堂。寬永九年再擴大為寺。這三座寺廟的正殿都是媽祖神位，同時又以禪寺之名題額。福濟寺內藏有寬永十九年（1642年）之上諭〈吉利支丹禁令〉云：「本寺雖屬媽祖香火道場，實乃祝國焚修，摧邪辨正之伽藍也。是昔起建後，寬永壬午十九年三月，曾蒙鎮守馬場三郎左衛門公轉奉大將軍上諭言：唐船至崎貿易，重禁者莫如邪教。仍恐唐船往來，混載南蠻惡黨之人。況所來者不出南京、福州等處。故爾三寺住持，凡唐人上岸，入寺燒香頂禮，必須嚴查，亦得辨

圖 11-1　日本長崎福州人建的崇福寺，兼福建會館之用。

明白。又給此禁條，張掛在寺，永遠流傳」。[47] 這些資料證明，長崎的所謂「唐三寺」，早期都是媽祖道場，後被改造為正規寺院，仍然是華商祭祀媽祖的地方。不過，由於這些廟宇被改成了正規寺院，媽祖在寺院中每每退居側殿。以崇福寺來說，原來它是媽祖道場，媽祖居於正殿，清初福清黃檗山名僧隱元來到此廟後，集資重建寺院。新建的崇福寺便是以佛祖居

46　陳倫炯，《海國聞見錄》卷上，〈東洋記〉，文淵閣四庫全書本，第11頁。

47　以上史料轉引自：劉序楓，〈明末清初的中日貿易與日本華僑社會〉，臺北，《人文及社會科學集刊》第十一卷第三期（1999年9月），中央研究院中山人文社會科學研究所印行，第455—456頁。

於正殿，而媽祖居於側殿。以江南商人為背景的興福寺，居於中心的也是
祭拜佛祖的大雄寶殿，對媽祖的祭祀被放於側殿。以上是在長崎設立三座
寺院，民間俗稱南京寺、福州寺與漳州寺，從福建人三分有其二來看，當
時日本的華僑以福建人最多。清代前期，清朝與日本的貿易相當興盛。從
上海發出的中國帆船每年都到長崎貿易。不過，這些船隻雖然從上海出發，
其船上員工卻多為福清水手。這是因為，上海的航運業一向以福建、廣東
為主，而早期又以福清人為多。即使在皇商壟斷對日本貿易的時代，皇商
雇傭的船舶及火長、水手，大都是福建人，而且多為福清人。福清人在對
日本貿易方面起了重大作用。從長崎的清代墓地來看，在清代前期，葬於
當地的中國人多為福清人，其次是同安、長樂人。只是到了清朝五口通商
之後，其他省籍人口開始出現於長崎，但仍以福建人為最多。

第三節　琉球進貢及中琉貿易

　　清代中琉關係穩定，琉球船隻每次到中國進貢，都要在福州採購一批
商品，這對福建經濟不無小補。此處考證這些商品的產地，及其對福建手
工業的作用。

一、琉球從福建進口的商品

　　在清代檔案史料裡載有琉球貢船帶回「土產雜物」的免稅清單多份，
此處選擇乾隆四十年十二月在福州返航的兩艘琉球貢船的免稅清單，當時
由福建南臺稅務福住與海防同知永全檢驗貨物，開出清單如下：

　　　中緞九十六匹，稅銀二兩四錢；

　　　土絹一百二十匹，稅銀一兩二錢；

　　　春綢一千三百八十七匹，稅銀二十七兩七錢四分；

　　　上綾九十匹，稅銀二兩七錢；

　　　中縐紗六百十四匹，稅銀十四兩七錢三分六厘；

　　　上羅四匹，稅銀一錢；

　　　中片錦十八匹，稅銀五錢四厘；

　　　絲線六十八斤，稅銀一兩七錢六分八厘；

　　　絲綿一百六十四斤，稅銀一兩八錢三分七厘；

土絲三百八十三斤，稅銀三兩六分四厘；

蟲絲二千一百六十三斤，稅銀十二兩九錢七分八厘；

油傘五千二百九十把，稅銀五兩二錢九分；

細茶葉六萬五千三百七十斤，稅銀三百九十二兩二錢二分，

細夏布一千二百三十匹，稅銀七兩三錢八分；

斜紋布一百四十匹，稅銀八錢四分；

雜色多羅呢二十五丈，稅銀六兩二錢五分；

粗氈二千八十二斤，稅銀四兩一錢六分四厘；

苧麻三千一百二十斤，稅銀二兩五錢六分；

苧麻線一百六十斤，稅銀四錢八分；

棉紗帶六十斤，稅銀一錢八分；

毛邊紙二十一萬六十張，稅銀十三兩四錢四分四厘；

甲紙四萬三千五百十六斤，稅銀二十七兩四錢一分；

紅紙二百張，稅銀八分；

大油紙二千一百張，稅銀八錢四分；

上墨八百六十斤，稅銀二兩一錢五分；

紙畫二十九張，稅銀一錢七分四厘；

白紙扇三千八百把，稅銀二兩二錢八分；

油紙扇一千八百把，稅銀一兩八分；

金扇一百八十把，稅銀一錢八分；

土紙扇九千八百一十把，稅銀二兩九錢四分三厘；

白皮箱二百八十六個，稅銀二兩八錢六分；

土漆盤匣二千五百個，稅銀四兩；

漆三百八十斤，稅銀四兩五錢六分；

線香四千七百斤，稅銀三兩七錢六分；

粗磁器一萬一千四百七十斤，稅銀十一兩四錢七分；

細磁器一千二百六十斤，稅銀二兩五錢二分；

白糖二萬一千六百斤，稅銀二十一兩六錢；

冰糖八千八百斤，稅銀十兩五錢六分；

橘餅一萬斤，稅銀十兩；

蜜浸糖料二千八百斤，稅銀二兩三錢八分；

蜂蜜三百五十斤，稅銀四錢二分；

器錫二百五十五斤，稅銀五錢一分；

篦箕二萬四千一百個，稅銀一兩九錢二分八厘；

牛筋八十五斤，稅銀八分五厘；

胭脂七萬三千張，稅銀十四兩四錢；

壽山石三百斤，稅銀二兩四錢；

宜興罐一百斤，稅銀一錢；

小鼓八十面，稅銀一錢六分；

蘇木一萬六千斤，稅銀二十四兩；

鐵針二萬條，稅銀四錢；

玳瑁四千八十斤，稅銀一百二十二兩四錢；

銀朱七千五百八十斤，稅銀九十八兩五錢四分；

胡椒六千六百四十斤，稅銀五十三兩一錢二分；

象牙五十斤，稅銀一兩六錢；

沉香二十五斤，稅銀七錢五分；

石青一千四百斤，稅銀九十八兩；

紅花八百五十斤，稅銀五兩一錢；

速香七十五斤，稅銀一兩一錢二分五厘；

木香二百五十斤，稅銀一兩；

丁香三十斤，稅銀六錢；

冰片六十斤，稅銀十八兩；

香料二百八十斤，稅銀二錢二分四厘；

織絨二十二匹，稅銀四錢四分；

黃丹一百二十斤，稅銀四錢二分；

蛇皮十二張，稅銀六分；

兒茶七百斤，稅銀二兩三錢三分一厘；

砂仁四千四百四十斤，稅銀十三兩三錢二分；

粗藥材十四萬一千七百十八斤，稅銀一百四十一兩七錢一分八厘；

以上共稅銀一千二百一十五兩八錢三分八厘。（按，這一統計資料的尾數有錯，根據上述數字，實際計算總稅銀為：一千二百一十五兩八錢七

分肆厘。）[48]

　　由此可見，琉球從中國採購的商品包羅萬象，共有 68 種，有紡織品、文房四寶、日用品、食品、藥類、化妝品等等，大致反映了清代中國的物質文明。

二、琉球進口商品分析

　　以下分類考證琉球進口福建商品的情況。

1. 紡織品

　　福建古為盛產蠶桑的區域，但在清代絲綢業已蕭條，所消費的絲綢大多來自外地，[49] 清人論述清代福建的絲綢市場：「閩不畜蠶，不植木棉，布帛皆自吳越至。……商賈貿絲者，大都為海航互市。」[50] 當然，這不是說福建完全沒有絲綢生產，只不過多數來自江南而已。因此，琉球在福建採購的絲綢商品內，如「中緞九十六匹、春綢一千三百八十七匹、上綾九十匹、中縐紗六百十四匹、上羅四匹，中片錦十八匹，絲綿一百六十四斤」等高級產品大多應是江南的產品，但不排除其中有部分是福建產的。例如，據《閩縣鄉土志》的記載，福州出產「羅底紗」，其原料來自外地，琉球採購的「上羅」，也有可能是福州的羅底紗。又如，《閩縣鄉土志》記載，福州出產「絲布」，[51] 這是一種絲棉或是絲苧的混紡物，在近代稱之為「春綢」，因此，琉球所購 1387 匹「春綢」中，也可能有部分是福建產品。此外，冠名為「土絲」、「土絹」的商品，應為福州本地產的。琉球所購物品內有「土絹一百二十匹」，據《閩產錄異》第 19 條的記載：「福州所織絹，薄者名燈紗，厚者名厚絹。」[52] 這二種厚薄絹應就是琉球商人採購的土絹。

　　又如「土絲三百八十三斤」，福建所產絲不如江南，但仍有少量生產，

48　中國第一歷史檔案館編，《清代中琉關係檔案選編》，第 172—174 頁，福州將軍永德奏琉球國貢船回國照例免稅摺，清單一，乾隆四十一年正月二十一日。

49　萬曉，〈失落的「絲綢之夢」〉，福建日報 1992 年 2 月 18 日。

50　王澐，《漫遊紀略》卷一，〈閩遊〉，《筆記小說大觀》第十七冊，江蘇廣陵古籍刻印社 1983 年，第 5 頁。

51　朱景星修、鄭祖庚纂，《閩縣鄉土志》，清光緒二十九年排印本，第 334 頁。

52　郭柏蒼，《閩產錄異》，長沙嶽麓書社 1986 年，第 12 頁。

道光《羅源縣志》謂：「絲，甚少」。[53] 琉球採購之絲名為「土絲」，當然是福建的產品，它的品質比不上江南產品，但因價格關係，在民間亦有一定市場。

「絲線六十八斤」，據《閩縣鄉土志》，福州的「常產」（福州本地常年生產的產品）內有「絲線」一物，按，絲線應屬於價廉的產品，福州能自產絲線，琉球所購絲線應產自福州。

「蟲絲二千一百六十三斤」，「蟲絲」為何物不可解，福建民間有養蓖麻蠶的習慣，蓖麻蠶亦能吐絲作繭，它是一種形體較大的蠶蟲，民間稱其絲為「蟲絲」也不是沒有可能。另外，蟲絲也有可能是「繭絲」的俗寫，《閩縣鄉土志》載福州每年輸出的繭絲價值「二三千兩」銀子。[54]

「細夏布一千二百三十匹」，夏布即為苧布。據清代乾隆時的《閩政領要》一書，福建盛產夏布，「永春州夏布等貨，販運最為行遠」，省屬其他生產夏布的縣還有：長樂、莆田、仙遊、建安、甌寧，[55] 當時江南諸省的夏布都是從福建運去，[56] 琉球採購的夏布，應是福建土產。

「苧麻三千一百二十斤」，苧麻為織成夏布的原料，琉球人採購苧麻，應是回國後自織夏布。由於福建為中國南方苧麻的主要產地之一，所以，琉球採購的苧麻應為福建原產。

「苧麻線一百六十斤」，苧麻線拉力大於棉線與絲線，所以，古代中國婦女所用的線，多用苧麻紡成，直到發明尼龍絲線後，苧麻才被取代。當時琉球商人採購的苧麻線，也應是福建土產。《閩都別記》第 399 回記述：紫雲在福州南街開了一家大線店，「家事幾千金」。[57] 這反映了福州的絲線批發貿易。

「棉紗帶六十斤」，福建商人多從江南運來棉花，本省婦女以之加工為布與其他棉製品，《閩產錄異》云：「興化婦女所織布巾、布帶，年售

盛廣。福州織者亦美結。出泉州者工精。」[58] 琉球商人所購棉紗帶應當也是福建產品。

「織絨二十二匹」，今人所用絨類產品有呢絨、棉絨、絲絨等，但在清代，以絲絨為主。明代漳州所產天鵝絨暢銷海內外[59]，清代仍有生產。[60] 琉球所購織絨，應為福建土產。

「斜紋布一百四十匹」，斜紋布為英國的織品，《閩縣鄉土志》將其歸為進口類，從乾隆時琉球國在福州採購斜紋布看，英國棉布對福建的銷售在鴉片戰爭前已有幾十年歷史了。此外，同安一帶民間也能自產斜文布。

「雜色多羅呢二十五丈，粗氈二千八十二斤」，清初有人說福建：「其肆中所列，若哆羅呢嗶嘰瑣袱之類，皆自海舶至也」。[61] 由此可知，琉球人所購呢絨類產品，大都來自海外，應為英國商品。

以上總計琉球商人購自福州的紡織品共 19 種，其稅銀總值 92.188 兩，占總數的 76%。可見，琉球從中國採購的商品中，以紡織品最重要。

2. 日用品

琉球在華採購的日用品有：雨傘、紙品、墨、扇、皮箱、漆、香料、磁器、錫器、胭脂、牛筋、銀朱等。

「油傘五千二百九十把」，福建是南方多雨地帶，傘是必備生活用品，福建古老的雨傘以竹子做骨架，上糊油紙，收縮自如，是很精巧的手工製品。在洋傘發明以前，福建之傘產量很大，且是福建輸出的主要產品之一。[62]《閩縣鄉土志》記載，晚清福建年輸出紙傘「約十萬三千餘支，多行銷南洋各島。」[63] 琉球所購油傘，應為福州生產的。

「毛邊紙二十一萬六十張」，「甲紙四萬三千五百十六斤」，「紅紙

58 郭柏蒼，《閩產錄異》，第 13 頁。

59 潘吉星，《天工開物校注及其研究》，巴蜀書社 1989 年，第 326—327 頁。

60 徐曉望等，〈福建歷史上的手工業和近代工業〉，見鄭學檬主編，《福建經濟發展簡史》，第 178、199、202 頁。

61 王澐，《漫遊紀略》卷一，第 5 頁。

62 徐曉望等，〈福建歷史上的手工業和近代工業〉，見鄭學檬主編，《福建經濟發展簡史》，第 178、199、202 頁。

63 朱景星等，《閩縣鄉土志》，第 347 頁。

二百張」，「大油紙二千一百張」，福建是中國的主要紙產地之一，「年市數十萬金」[64]，清代的北京、江南等區域都是福建的紙張市場。[65]琉球所採購紙品內，毛邊紙是書寫紙，甲紙即今日的草紙，用於祀神等用途，紅紙用紅顏料染成，《閩產錄異》第34條，「福州紙房三四十所，以扣紙染花箋」，「興化產紅花，施烏梅染紙，價廉工省，然不及京槽重染之深紅。」可見，福州與興化都能生產紅紙，琉球所購紅紙，主要應來自福建。其次，琉球所購物品內，亦有「紅花八百五十斤」，紅花是染料如前所述，而福州市場上有土產「紅花餅」售。[66]琉球所購紅花應為福州土產，這還表明，當時琉球已能自行染紅色，所以需從福建輸入紅花。

「土墨八百六十斤」，清代墨以徽州最好，其原料是松煙，福建雖不是主要墨產地，但由於盛產松樹，製墨不乏原料，所以，也有墨的生產。《閩縣鄉土志》記載福州的「常產」類手工業品中有「墨」，而在「特產」類中，有「油墨」，並標名「陳幼騰專造」。[67]琉球所購土墨，應為福建本地產品。

紙畫二十九張，郭柏蒼的《閩產錄異》第77條「織畫」引《香祖筆記》：「近閩中有織畫，乃破紙作條成之山水、人物、花鳥；布置設色，種種臻妙，亦絕技也。」《閩縣鄉土志》：「紙織字畫，永春海陸運來。」[68]

紙扇。琉球採購物品內多紙扇，例如：白紙扇三千八百把，油紙扇一千八百把，金扇一百八十把，土紙扇九千八百一十把等，紙扇所用原料為竹與紙，都是福建山區的特產，《閩縣鄉土志》將「紙扇」列入「入境加製類」，[69]說明它是用輸入的竹與紙製成，所以，琉球購用的紙扇，主要部分應為福建產品。

「白皮箱二百八十六個」，據《閩縣鄉土志》，皮箱是福州市內主要手工業產品之一，福州每年要從外地輸入大量牛皮，用以生產皮箱，又據

64　郭柏蒼，《閩產錄異》，第22頁。

65　徐曉望，〈明清閩浙贛邊山區經濟發展的新趨勢〉，載，傅衣凌、楊國楨主編，《明清福建社會與鄉村經濟》論文集，廈門大學出版社1987年。

66　朱景星修、鄭祖庚纂，《閩縣鄉土志》，清光緒二十九年排印本，第334頁。

67　朱景星等，《閩縣鄉土志》，第334、344頁。

68　朱景星等，《閩縣鄉土志》，第354頁。

69　朱景星等，《閩縣鄉土志》，第335頁。

《閩產錄異》第 56 條，福州南臺有「牛皮行」與「皮箱行」[70]可見，福州皮箱生產規模較大。琉球所購皮箱，應當也是福建的。

「土漆盤匣二千五百個」，福州漆器是中國最有名的手工業產品之一，乾隆年間，福州沈紹安發明脫胎漆器，[71]從此成為福建主要輸出品之一，《閩縣鄉土志》的「入境加製」類記載：「托胎漆器，沈紹安為最。」[72]琉球所購漆器應為福州產品。

「漆三百八十斤」，福建所用漆有洋漆與國產漆二種，《閩縣鄉土志》記載，福建進口物品中有「西漆」，[73]而轉運物品內有：「漆，陝（西）、貴（州）海運來。」[74]由此可知，晚清福州所用漆主要從外省與海外進口，但據《閩產錄異》所記，福建的清流、歸化、泰寧、南平四縣皆產漆，而且南平青楓嶺的漆底色較清，適於調朱，因此，南平漆器十分有名。[75]這樣看來，琉球早期從福州進口的漆多為福建本地產，自五口通商後，陝西與貴州的漆輸入很多，其後琉球從福州進口的漆則可能是陝、貴所產了。

「粗磁器一萬一千四百七十斤」，「細磁器一千二百六十斤」，清代福建是南方著名的磁器產地之一。《閩產錄異》列入的福建名窯是「德化窯」與「漳窯」，但是，福建磁器的品質不如江西景德鎮瓷器，清代福建布政使周亮工曾作過比較：「閩德化磁茶甌，式亦精好。類宜之填白，予初以瀉茗，黯然無色⋯⋯謝君語予曰：『以注景德甌，則嫩綠有加矣。』試之良然，乃知德化窰器不重於時者，不獨嫌其胎重，粉色亦足賤也。相傳景鎮，取土於徽之祁門，而濟以浮梁之水，始可成，乃知德化之陋劣，水土制之，不關人力也。」[76]因此，福建雖有磁器生產，而且產量不少，但民間仍崇尚景德鎮瓷器，除粗磁器外，富裕人家所用細瓷多從江西來。琉球所購的細瓷主要應是江西產品；但福建的粗磁器產量十分巨大，據乾隆

70　郭柏蒼，《閩產錄異》，第 31 頁。
71　集體著，《福建名勝詞典》，福建人民出版社 1988 年，第 300—301 頁。
72　朱景星等，《閩縣鄉土志》，第 335 頁。
73　朱景星等，《閩縣鄉土志》，第 336、354 頁。
74　朱景星等，《閩縣鄉土志》，第 336、354 頁。
75　郭柏蒼，《閩產錄異》，第 24 頁。
76　周亮工，《閩小記》，福建人民出版社 1985 年，第 38 頁。

年間的《閩政領要》，福建產磁器聞名的縣有：寧德、德化二縣[77]，其實還有閩清、晉江等縣。[78]粗磁價格便宜，利潤較低，從江西運來成本太高。所以，琉球所購粗磁應為福州土產。

「宜興罐一百斤」，宜興罐即宜興陶壺，是沖泡茶葉的最佳容器，清代已流行民間。郭柏蒼云：「泉、漳試工夫茶者……其貯茶之小罐，以極小之『宜興』為上。」[79]宜興罐與茶葉流入琉球，表明福建的茶文化傳入琉球。

「器錫二百五十五斤」，錫器是古代民間常用物品之一，可製成各種壺、罐等容器。福州是一座手工業城市，錫器產量亦大，《閩縣鄉土志》將其列為「入境加製類」[80]，其原料來自廣東。[81]琉球採購的「器錫」應為製成器，產於福州。

「篦箕二萬四千一百個」，「篦箕」，不明何物，應是錯別字，福建產「篦梳」和「篾箕」，篦梳是福州城內三大手工業產品之一，《閩產錄異》云：「出福州洪塘……裝載甚廣」；[82]謝必震指出；此物應為「篾箕」，琉球人用以曬海帶等物。待考。歷史上的福州以竹器生產出名[83]，篾箕以細竹篾編成，應當是福建土產。

「牛筋八十五斤」，《閩縣鄉土志》的「在境自製類一大宗」內有「牛筋弦」一物。[84]

「壽山石三百斤」，壽山石為福州特產，供雕刻圖章等器物賞玩，琉球輸入較多的壽山石，反映其文化事業的興盛。

「小鼓八十面」，福州出產牛皮鼓，在《閩縣鄉土志》的「在境自製類」

77　德福，《閩政領要》卷中，〈各屬物產〉，第 24 頁。
78　徐曉望等，〈福建歷史上的手工業和近代工業〉，見鄭學檬主編，《福建經濟發展簡史》，第 192、201 頁。
79　郭柏蒼，《閩產錄異》，第 40 頁。
80　朱景星等，《閩縣鄉土志》，第 336 頁。
81　朱景星等，《閩縣鄉土志》，第 355 頁。
82　郭柏蒼，《閩產錄異》，第 32 頁。
83　朱景星等，《閩縣鄉土志》，第 344 頁。
84　朱景星等，《閩縣鄉土志》，第 333 頁。

器物中，牛皮鼓屬於「大宗產品」[85]，琉球所購小鼓應屬於福州的產品。

「蘇木一萬六千斤」，蘇木，又稱「蘇方木」、「蘇枋」，可用作紅色染料。晉嵇含《南方草木狀》云：「蘇枋，樹類槐，黃花黑子，出九真。南人以染絳。」[86]九真今屬越南，自宋元以來，蘇木一直是福建主要輸入品之一，[87]琉球採購的蘇木，應是從福州轉購的。

「鐵針兩萬條」，福建的手工製鐵針在前二十年還能看到，它鋒利不亞於現在的鋼針，而且富有彈性與柔性，不像現在的鋼針那樣易斷。鐵針雖是小物，但對原料的要求甚高，在古代中國，北方的鐵多用煤煉成，含硫量高，鐵性易碎，不可做針。南方閩廣的鐵用木炭煉成，適於製刀劍等物，[88]所以南方的鐵針能向各地出口。《閩縣鄉土志》的「本境自售貨」內有「鐵器」與「針線」等物。[89]

「玳瑁四千八十斤」，玳瑁即一種海龜，閩人用其殼製器。《閩縣鄉土志》「在境自製類」有「玳瑁器」。[90]玳瑁與蘇木一樣，都是自宋元以來福建自海外輸入的主要商品之一。[91]

「銀朱七千五百八十斤」，銀朱是古人所用的顏料，「水銀製其渣為丹底」。《閩縣鄉土志》將其歸為「在境自製類」的「常產」。[92]

「胭脂七萬三千張」，《閩產錄異》、《閩縣鄉土志》二書均不載「胭脂」一物，其一可能是其物過於細微，故不載。福建能產銀朱，用其製成胭脂應不算困難；其二，福建的胭脂也是從外地輸入，故不載，但《閩縣

85　朱景星等，《閩縣鄉土志》，第 333 頁。
86　嵇含，《南方草木狀》卷中，楊偉群校點，〈南越五主傳及其他七種〉，廣東人民出版社 1982 年。
87　參見《雲麓漫抄》、《諸番志》、《島夷志略》、《東西洋考》等古籍，此處引自林仁川，〈福建歷史上的對外貿易〉，見鄭學檬主編，《福建經濟發展簡史》第 305、314 頁。
88　徐曉望等，〈福建歷史上的手工業和近代工業〉，見鄭學檬主編，《福建經濟發展簡史》第 190 頁。
89　朱景星等，《閩縣鄉土志》，第 344 頁。
90　朱景星等，《閩縣鄉土志》，第 333 頁。
91　參見《雲麓漫抄》、《諸番志》、《島夷志略》、《東西洋考》等古籍，此處引自林仁川，〈福建歷史上的對外貿易〉，見鄭學檬主編，《福建經濟發展簡史》，第 305、314 頁。
92　朱景星等，《閩縣鄉土志》，第 336 頁。

鄉土志》的「輸入品」一物中沒有胭脂。其產地待考。

「象牙五十斤」，福建在宋代尚有野生大象，元以後不存。閩人所用象牙，應從海外購來。

「沉香二十五斤、速香七十五斤、木香二百五十斤，丁香三十斤、香料二百八十斤」，以上沉香、速香、木香、丁香等香料都是福建自古以來輸入的商品[93]，琉球所購應為福建的轉口產品。《閩縣鄉土志》記載福州的香料屬於「在境自製類」但又注明「泉州海運來」。[94]

「線香四千七百斤」，線時應為香料的加工品，當為福州手工業的產品。

「蛇皮十二張」，《閩縣鄉土志》「常產」內有「蛇皮胡琴」，[95]蟒蛇皮為製胡琴的原料之一，琉球流行從福建傳去的「三絃琴」，所以要從福建購入蛇皮。

「石青一千四百斤」，石青為一種藍色的顏料，可用於染布。福建盛產藍靛，福州南臺昔有「靛街」，「昔年貨者聚焉，故名。」[96]

3. 食物、藥品類

琉球在華採購的食品與藥品有：茶葉、白糖、冰糖、橘餅、蜜浸糖料、蜂蜜、胡椒。

「細茶葉六萬五千三百七十斤」，福建是中國的主要產茶省分，清代正是其茶葉生產最盛期[97]，德福《閩政領要》第二卷論述福建特產云：「其武夷茶、紅白糖、筍乾，永春州夏布等貨，販運最為行遠。」[98]由此可知，武夷茶是清代福建最為暢銷的商品，琉球採購的茶葉應為武夷茶。

93　參見《雲麓漫抄》、《諸番志》、《島夷志略》、《東西洋考》等古籍，此處引自林仁川，〈福建歷史上的對外貿易〉，見鄭學檬主編，《福建經濟發展簡史》第305、314頁。

94　朱景星等，《閩縣鄉土志》，第335—354頁。

95　朱景星等，《閩縣鄉土志》，第333頁。

96　郭柏蒼，《閩產錄異》，第25頁。

97　徐曉望，〈清代福建武夷茶生產考證〉，《中國農史》1988年2期，南京。

98　德福，《閩政領要》卷中，〈各屬物產〉，第24頁。

「白糖二萬一千六百斤」，「冰糖八千八百斤」，福建盛產甘蔗也盛產白糖與冰糖[99]，是當時國內糖市場與國際糖市場的主要供貨者，琉球所購白糖與冰糖應當來自福建。

「橘餅一萬斤」，橘為福建主要水果種類之一，《閩縣鄉土志》云：福州每年輸出福橘約「三百餘萬斤」。[100] 橘餅是由橘製成的食品，《閩產錄異》第 131 條：「漳泉人於臺江設廠，推去橘紅，醃而壓之，煮為橘餅……其市甚廣。」[101] 可見，橘餅也是福州的產品。

「蜜浸糖料二千八百斤」，即蜜餞，福州是中國最主要的蜜餞產地，至今仍以各式蜜餞聞名全國。琉球所購蜜餞應來自福州。

「蜂蜜三百五十斤」，蜂蜜產於全國各地，據《閩產錄異》一書，福建產龍眼蜜、荔支蜜、冬蜜、巖蜜、松蜜等，[102] 在福建市場上的蜜多為福建自產。

「胡椒六千六百四十斤」，胡椒為福建歷來進口的主要商品之一，琉球所購胡椒應是轉運於海外的。

「兒茶七百斤」，應為常用藥物的一種，《閩縣鄉土志》將其列為特產。[103]

「冰片六十斤」，「黃丹一百二十斤」，「砂仁四千四百四十斤」，「粗藥材十四萬一千七百十八斤」，福建屬於亞熱帶雨林區域，生物資源極為豐富，其中多數藥材應產於福建，少數來自浙江等地。

以上考訂了琉球所購 68 種商品的產地，我們可以將其分為四片：產於福州、產於福建（福州之外）、產於外省、產於海外諸國。其中，產於福州的有：

土絹一百二十四匹，稅銀一兩二錢；1.200

春綢一千三百八十七匹，稅銀二十七兩七錢四分；27.740

99　徐曉望，〈福建古代的製糖術與製糖業〉，《海交史研究》1992 年，第 1 期。

100　朱景星等，《閩縣鄉土志》，第 347 頁。

101　郭柏蒼，《閩產錄異》，第 69 頁。

102　郭柏蒼，《閩產錄異》，第 25—26 頁。

103　朱景星等，《閩縣鄉土志》，第 335 頁。

上羅四匹，稅銀一錢；0.100

絲線六十八斤，稅銀一兩七錢六分八厘；1.768

油傘五千二百九十把，稅銀五兩二錢九分；5.290

苧麻線一百六十斤，稅銀四錢八分；0.48

紅紙二百張，稅銀八分；0.08

白紙扇三千八百把，稅銀二兩二錢八分；2.280

油紙扇一千八百把，稅銀一兩八分；1.080

金扇一百八十把，稅銀一錢八分；0.180

土紙扇九千八百一十把，稅銀二兩九錢四分三厘；2.943

白皮箱二百八十六個，稅銀二兩八錢六分；2.860

土漆盤匣二千五百個，稅銀四兩；4.000

線香四千七百斤，稅銀三兩七錢六分；3.760

橘餅一萬斤，稅銀十兩；10.000

蜜浸糖料二千八百斤，稅銀二兩三錢八分；2.380

器錫二百五十五斤，稅銀五錢一分；0.510

篦箕二萬四千一百個，稅銀一兩九錢二分八厘；1.928

牛筋八十五斤，稅銀八分五厘；0.085

壽山石三百斤，稅銀二兩四錢；2.400

小鼓八十面，稅銀一錢六分；0.160

鐵針二萬條，稅銀四錢；0.400

銀朱七千五百八十斤，稅銀九十八兩五錢四分；98.540

兒茶七百斤，稅銀二兩三錢三分一厘；2.331

以上共計稅銀 172.495 兩，占總數的 14.18%。

產於福建的有：

土絲三百八十三斤，稅銀三兩六分四厘；3.064

蟲絲二千一百六十三斤，稅銀十二兩九錢七分八厘;12.978

細茶葉六萬五千三百七十斤，稅銀三百九十二兩二錢二分；392.22

細夏布一千二百三十四匹，稅銀七兩三錢八分；7.380

苧麻三千一百二十斤，稅銀二兩五錢六分；2.560

棉紗帶六十斤，稅銀一錢八分；0.180

毛邊紙二十一萬六十張，稅銀十三兩四錢四分四厘；13.444

甲紙四萬三千五百十六斤，稅銀二十七兩四錢一分五厘；27.415

大油紙二千一百張，稅銀八錢四分；0.840

上墨八百六十斤，稅銀二兩一錢五分；2.150

紙畫二十九張，稅銀一錢七分四厘；0.174

漆三百八十斤，稅銀四兩五錢六分；4.560

粗磁器一萬一千四百七十斤，稅銀十一兩四錢七分；11.470

白糖二萬一千六百斤，稅銀二十一兩六錢；21.600

冰糖八千八百斤，稅銀十兩五錢六分；10.560

蜂蜜三百五十斤，稅銀四錢二分；0.420

石青一千四百斤，稅銀九十八兩；98.000

紅花八百五十斤，稅銀五兩一錢；5.100

冰片六十斤，稅銀十八兩；18.000

織絨二十二匹，稅銀四錢四分；0.440

黃丹一百二十斤，稅銀四錢二分；0.420

蛇皮十二張，稅銀六分；0.06

砂仁四千四百四十斤，稅銀三兩三錢二分，13.320

粗藥材十四萬一千七百十八斤，稅銀一百四十一兩七錢一分八厘；141.718

以上共計稅銀 788.073 兩，占總數的 64.81％。

產於外省的有：

中緞九十六匹，稅銀二兩四錢；2.400

上綾九十匹，稅銀二兩七錢；2.700

中縐紗六百十四匹，稅銀十四兩七錢三分六厘；14.736

中片錦十八匹，稅銀五錢四厘；0.540

絲綿一百六十四斤，稅銀一兩八錢三分七厘；1.837

細磁器一千二百六十斤，稅銀二兩五錢二分：2.520

胭脂七萬三千張，稅銀十四兩四錢；14.400

宜興罐一百斤，稅銀二錢；0.200

以上共計稅銀 39.233 兩，占總數的 3.22％。

原產於海外諸國的有：

斜紋布一百四十匹，稅銀八錢四分；0.840

雜色多羅呢二十五丈，稅銀六兩二錢五分，6.250

粗氈二千八十二斤，稅銀四兩一錢六分四厘；4.164

蘇木一萬六千斤，稅銀二十四兩；24.000

玳瑁四千八十斤，稅銀一百二十二兩四錢，122.400

胡椒六千六百四十斤，稅銀五十三兩一錢二分；53.120

象牙五十斤，稅銀一兩六錢；1.600

沉香二十五斤，稅銀七兩五錢；0.750

速香七十五斤，稅銀一兩一錢二分五厘；1.125

木香二百五十斤，稅銀一兩；1.000

丁香三十斤，稅銀六錢；0.600

香料二百八十斤，稅銀二錢二分四厘；0.224

以上共計稅銀 216.073 兩，占總數的 17.77%。

四個項目小計如下：

原產於福建的商品計稅銀 788.073 兩，占總數的 64.81%；

原產於海外的商品計稅銀 216.073 兩，占總數的 17.77%；

原產於福州的商品計稅銀 172.495 兩，占總數的 14.18%；

原產於外省的商品計稅銀 39.233 兩，占總數的 3.22%。

這些數字說明：首先，產於外省與海外輸入商品較少，二者總計為：255.306 兩稅銀，占福建商品總額的 20%，而產於福州與福建的商品占 80%，這表明琉球在福建採購的商品，主要是福建的土特產，而且主要是福建手工業的產品，這無疑促進了福建手工業的發展；其次，雖說琉球是一個海島國家，但由於日本海禁政策的影響，琉球所需要的一些海外產品從福建轉購；再次，原產於福州的商品遠少於原產於福建的商品，這說明琉球在福州採購的商品內，大多是從外地運來的。

若以「值百抽三」的稅率計算，琉球在福州的採購不過三四萬兩白銀。可見，清代的中琉貿易規模不大，它的意義主要表現在政治方面。

第四節　閩商與南洋諸國的貿易

　　自宋元明以來，福建一直與東南亞保持密切的聯繫，福建向東南亞輸出絲綢、瓷器、白糖、雨傘等手工業產品，自東南亞諸國輸入香料等商品。清代，福建與東南亞的貿易擴大。不僅輸入香料，還要輸入紅木、糧食等商品。福建與南洋的海上貿易有較大發展。

一、閩商與與南洋諸港的貿易

　　福建自宋元以來，對外貿易發達。清代前期，福建經濟對外貿已經有相當的依賴性。例如清代的《閩政領要》一書記載：「漳泉二府更屬民多田少，其比戶得以饒裕者，又全賴洋船貿易，以臻富厚也。其間各有熟下港道：在內地北向則浙江、江南、山東、天津以及奉天等省。南向則往廣東；其往販外番則有暹羅、柔佛……丁安奴等處」[104]。這都說明漳州、泉州在清初實際上是中國海內外貿易的樞紐。漳泉本身的商品生產也因此而發展。清代藍鼎元論閩粵二省：「閩廣人稠地狹，田園不足于耕，望海謀生，十居五六。內地賤菲無足重輕之物，載至番境，皆同珍貝。是以沿海居民，造作小巧技藝，以及女紅針黹，皆于洋船行銷。歲收諸島銀錢貨物百十萬入我中土」[105]。總之，清代泉州、漳州海上貿易網絡的建立，使福建對外貿易發達，從海外流入大量的利潤。

　　清代菲律賓輸入中國的白銀比明代已有減少，但還是中國白銀主要來源之一。《廈門志》記載，清代到廈門貿易的西班牙商船，每次來廈門，都會帶 14 萬枚銀圓。另一方面，福建商船經常到馬尼拉貿易。清代檔案記載：「呂宋地方，係西洋乾絲臘泊船之所。自廈門至彼，水程七十二更。漳泉二府人民，向在該處貿易者甚多。現在住居者，約有一二萬人。地極繁盛，人多殷富。內地載往貨物，俱係乾絲臘番舶運載番銀，至此交易。」[106]方真真統計，1683 年清朝統一臺灣後，當年有 6 艘中國商船到馬尼拉貿易，次年有 8 艘。到了 1685 年突然上升到 43 艘，1686 年為 59 艘，1687 年為

104　德福，《閩政領要》卷中，上海市圖書館藏乾隆刊本，第 6 頁。
105　藍鼎元，《鹿洲全集》，〈論南洋事宜書〉，廈門大學出版社 1995 年，第 55 頁。
106　《宮中檔雍正朝奏摺》第 21 輯 353 頁。轉引自：松浦章，〈清代福建的海外貿易〉，廈門，《中國社會經濟史研究》1986 年第 1 冊。下同。

33 艘。[107] 廈門與馬尼拉之間順風順水，乘季風出航，廈門的大帆船僅需七天即可抵達馬尼拉。閩商運去日用雜貨，販回美洲的白銀。在呂宋群島南部的呂宋群島的宿務、貓務諸港，「中國俱有洋艘往通。」當地物產豐富，與呂宋同。「如鹿麂、牛皮、筋脯、蘇木、烏木、降香、束香、黃蠟、燕窩、海參等類。」[108] 這些商品都是中國需要的。與明代不同的是，清代泉州人去馬尼拉的更多，而漳州人漸少，後來，馬尼拉漸成為晉江華人最多的地方。

　　清代福建與東南亞的糧食貿易較為引人注目。[109] 福建商人自東南亞的暹羅和越南購進糧食。清代的暹羅物產豐富：「產銀、鉛、錫、洋布、沉束、象牙、犀角、烏木、蘇木、冰片、降香、翠毛、牛角、鹿筋、藤席、佳文席、藤黃、大楓子、豆蔻、燕窩、海參、海菜。以銀豆為幣，大者重四錢，中者一錢，次者五分，小者二分五釐。其名曰潑，皆王鑄字號，法不得剪碎。零用找以海螺巴。」[110] 這些商品在福建都有市場。清代福建是一個嚴重缺糧的省分，清代初年，福建的糧食主要由廣東輸入，隨著廣東經濟的繁榮，可供輸出的糧食越來越少。商人的眼光轉向東南亞諸國。暹羅在清初是南洋著名的糧食產地，又是木材產地，與之對比，當時福建港口的建材多靠上游運來，造成成本過高。據一個歐洲人的考察，清代「每噸船位造價，在福建是三十元五角八分，在廣東是二十元八角三分，在越南是十六元六角六分，而在暹羅則僅十五元而已。」[111] 因此，福建商人紛紛往越南、泰國等地造船，海外史料表明，華人在加里曼丹造了一隻五百八十噸的船，僅僅用了兩個月。官府對民間這類行動是允許的。例如《閩政領要》記載：「更有預請附往番邦造船運米者，亦准給予執照，限期回銷。」[112] 所以，福建商人紛紛以買米之名去暹羅造船，這是最合算的貿易形式。他們大多運載各種日用雜貨去暹羅貿易，然後購木造船回國。據乾隆朝的檔案記載，

107　方真真，《華人與呂宋貿易（1657—1687）史料分析與譯著》，第一冊，臺北，清華大學出版社 2012 年，第 94 頁。

108　陳倫炯，《海國聞見錄》卷上，〈東南洋記〉，文淵閣四庫全書本，第 15—16 頁。

109　田汝康，《17—19 世紀中葉中國帆船在東南亞洲》，上海人民出版社 1957 年。

110　陳倫炯，《海國聞見錄》卷上，〈東南洋記〉，文淵閣四庫全書本，第 24 頁。

111　田汝康，〈十七世紀至十九世紀中葉中國帆船在東南亞航運和商業上的地位〉，北京，《歷史研究》1956 年第 8 期。

112　德福，《閩政領要》卷中，〈商漁船隻〉，第 7 頁。

乾隆十九年（1754 年）七月六日以前，本年廈門入口的洋船有 42 艘，共帶回食米 83450 餘石。乾隆二十年七月八日，廈門入口的洋船有 26 艘，共帶回食米 73100 石。平均每艘船載米 3000 餘石。其時廈門大船的載重量「大者載貨七八千石，其次載貨五六千石」。其餘的空載量，應為商人購取的南洋土洋各種貨物[113]。據薩拉辛等人的研究，「1722 年康熙皇帝准予暹羅商人運米三十萬來華，不必收稅。二十年後乾隆皇帝下詔，凡外洋貨船來閩粵等省貿易帶米萬石以上者，免其船貨稅銀十分之五。帶米五千石以上者，免十分之三。」[114] 又如《閩政領要》記載：清代到南洋貿易的船隻，「如帶回洋米有數在一千五百石上者，經督憲蘇奏准定例分別議敘，給予職銜。」[115] 清代下南洋的商船常帶大米回福建出售，東南亞漸成為福建重要的糧食來源地之一。雙方貿易日漸頻繁，謝道承的〈南臺竹枝詞〉：「暹羅一去夢魂遙，遠浦輕帆或可招。試向羅星塔前望，雙江春漲又平橋。」[116] 這首詩反映了泰國與福州之間的關係。福州著名的《貽順哥燭蒂》的平話，即是說一個南臺人到南洋貿易十幾年，其妻以為他死了，改嫁給貽順哥。東南亞諸國糧食向福建出口，緩和了福建的糧食危機。

二、清代福建在東南亞諸國的華僑

明清之際，閩人由於戰亂、經商等原因移居海外各國，形成了海外的華僑，他們主要分布在東南亞各個國家。有的歷史學家認為：從 1801 年到 1850 年，約有 32 萬華人到東南亞打工或是做生意。[117] 這些人多數是在 1840 年以前赴東南亞的。

清代的統治確立後，雖然允許對外貿易，但對閩人移居海外持反對態度，但是，民間對外移民仍然不可制止。《廈門志》提到一種現象：「商民往販外洋，或人回而船不回，大船出而小船回，及出口人多、進口人少

113　轉引自陳國棟，〈清代中葉廈門的海上貿易（1727—1833）〉，《中國海洋發展史論文集》第四輯，第 65—66 頁。

114　薩拉辛・弗拉佛爾（Sarsin Viraphol），《朝貢與利潤：1652—1853 年的中暹貿易》，哈佛大學東亞研究所，1977 年，第 83—93 頁。轉引自王業鍵前文，第 74 頁。

115　德福，《閩政領要》卷上，〈商漁船隻〉，第 6 頁。

116　謝道承，〈南臺竹枝詞〉，轉引自《鄭麗生文史叢稿》，第 448 頁。

117　陳澤憲，〈十九世紀盛行的契約華工制〉，吳澤主編，《華僑史研究論集》，華東師範大學出版社 1984 年，第 84 頁。

者。」[118] 在外留住不歸的人，往往成為華僑。雍正年間閩浙總督高其倬說：「查從前商船出洋之時，每船所報人數，連舵、水、客商總計多在不過七八十人，少在六七十人，其實每船皆私載二三百人。到彼之後，照外多出之人，俱存留不歸。更有一種嗜利船戶，略載些須貨物，竟將遊手之人，偷載至四五百之多，每人索銀八兩或十餘兩，載往彼地，即行留住。此等人大約閩省居十之六七，粵省與江浙等省居十之三四。」[119] 總之，清代前期中國的海外華僑以福建人為多，廣東人次之。雖然朝廷限制他們到海外，但天高皇帝遠的地理環境，使這些禁令如同廢紙，福建人私下偷渡海外，成為一股潮流。

明清鼎革之際，福建人曾經大量移民東南亞，但是，他們在各國的命運不同。南洋諸國中，與福建聯繫最為密切的是菲律賓，其時，西班牙人對菲律賓的統治日益鞏固，但因氣候的關係，來自歐洲的西班牙人不太適應菲律賓的水土，每每在瘟疫中死亡。由於菲律賓的西班牙人數量難以增長，他們對來自中國的移民相當警惕，為了控制菲律賓中國人的數量，他們制訂了多種限制中國移民的規定，並且發動了多次針對中國人的屠殺。所以，清代菲律賓華人的命運是相當淒慘的。清初鄭成功聞知西班牙人虐待中國移民，曾經打算攻擊菲律賓的西班牙人。1662 年夏收復臺灣後，鄭成功派在臺灣傳教的義大利神父李修羅（Fray V.Riccl）攜帶自己的親筆信到馬尼拉去見菲律賓總督馬里格拉那（Marnigue de Lana），鄭成功在信中譴責西班牙人的暴行，並且要求馬尼拉的西班牙人向自己進稱臣納貢。為了加強語言的力量，鄭成功的信中運用古人「嚇蠻書」的體例，發出了「若不照辦，必將如何」之類的威脅。西班牙人接到來書，大受刺激，便決定驅逐在馬尼拉的華人。後來，又覺得沒有華人，很多事情無法辦理。從而允許各個西班牙人家庭和機構留下一些從事服侍西人的華人。對於其他不肯離開的華人，西班牙人大開殺戒，除了逃到山區的華人之外，被屠殺的華人約有二千至四千人。鄭成功聞訊大怒，決定出兵討伐馬尼拉。不幸的是：不久鄭成功染疫病亡。其後，臺灣政局動盪，鄭成功之子鄭經在一場混戰後繼位。鄭成功在福建的部下除了少數退往臺灣，大都投降清朝。遠

118　周凱，道光《廈門志》卷五，〈船政略〉，鷺江出版社 1996 年，第 139 頁。

119　《雍正朱批諭旨》第 46 冊，清刊本，第 26—27 頁。

征馬尼拉一事無形中消亡。迄至康熙二十二年（1683 年），清軍進入臺灣，戰敗後的臺灣明鄭軍隊，也曾考慮奪取菲律賓為寄居之地。不過兵凶戰危，鄭軍大敗之後，並無奪取馬尼拉的必勝把握。因此，他們中間的多數人最終接受了清廷的招安，其中一些不願接受清朝統治的人則逃亡海外。1686 年，逃亡到馬尼拉的鄭氏餘部三百人在丁戈（Tingco）的領導下暴動，他們與西班牙人發生衝突，互有死傷，後被西班牙人鎮壓，華人死傷數百。清朝將這些海外移民當作棄民，不管不顧，任由事件發展，漠不關心。其後，西班牙人對有反抗傳統的華人加強控制，1755 年，菲律賓殖民當局強迫在地千餘華人改信天主教，不肯接受改教的兩千多名華人被驅逐出國。1762 年，英國軍隊襲擊馬尼拉，數千華人暗中組織起來，企圖發動響應英軍的大起義，不幸事泄。西班牙殖民者再次發起大屠殺，被殺華人達六千多人。一直到 1778 年，西班牙殖民當局才廢除了菲律賓的驅逐華僑令。多次屠殺限制了當地華人的增長，1828 年統計，菲律賓華人僅有 5710 人，1839 年才上升到 11575 人。[120]

　　菲律賓歷史上比較突出的一個現象是中菲混血的「密士底蘇」人興起。早期赴菲律賓的華人多為單身男子。他們的勤勞往往得到當地女性的讚賞，因此，很多人都被選為菲律賓人的女婿。其時，華人的理想都是賺一筆回到老家。通常中年以後，這些娶了菲律賓太太的華人會返回家鄉，他們有的會帶回太太和兒女，也有一些人單身回家，因為，他們的家屬不一定願離開菲律賓家鄉。留在菲律賓的華人子女自小由其母親教育，大都信仰天主教，幾代人以後，一般不會講華語。不過，他們身上會繼承華人的勤勞習慣，長大後會以父親從事過的某種工商業為生，於是，在菲律賓形成了以「密士底蘇」為主的城市居民。他們習慣了菲律賓本地的文化，信仰天主教，勤勤懇懇地勞動。1810 年，當菲律賓的華人不足萬餘人之時，「密士底蘇」人會有 12 萬之多，約全國人口的二十分之一。[121]

　　越南與福建有著傳統的聯繫。明朝滅亡後，明遺民陸續南下海外，清康熙十八年（1679 年），有一支 3000 人的船隊來到越南避難，後定居於

120　陳碧笙，《世界華人華僑簡史》，廈門大學出版社 1991 年，第 82—89 頁。

121　陳碧笙，《世界華僑華人簡史》，廈門大學出版社 1991 年，第 87—88 頁。

南圻[122]。在清朝開禁後不久，有一艘福建船到安南貿易，船上 28 人中，船主與 23 名乘員都是福建人，浙江人只有 4 人。[123] 而雍正五年（1727 年）七月十日，福建總督高其倬在奏摺中提及：「臣查，福建往安南貿易之洋船多」[124]。閩人在越南海港聚集成市。如越南中部的會安，「蓋會安各國客貨碼頭，沿河直街，長三四里，名大唐街。夾道行肆，比櫛而居，悉閩人，仍先朝服飾，婦人貿易。凡客此者，必娶一婦，以便交易。」[125] 但是，由於地理條件的關係，越南福建籍的華僑一向不如廣東人多。閩籍華僑中，著名的是鄭懷德（1765—1825 年），他祖籍福建長樂，在越南阮朝歷任戶部、吏部、禮部等各部的尚書，又如海澄人潘清簡、龍溪人陳養純，都在越南仕至尚書級的高官[126]。其他地方也有用華人為官的。例如暹羅：「尊敬中國用漢人為官屬理國政掌財賦。」[127] 再如麻六甲：「國王彷暹羅，用漢人理國事掌財賦。」[128]

　　東南亞物產豐富，對華人具有極大的吸引力。例如馬尼拉：「地宜粟，米長者五六分。漳泉人耕種營運者甚盛，年輸丁票銀五六金，方許居住經商。」[129] 再如暹羅國：「田疇藉以肥饒，故產米之國，石可三。」[130] 清代閩南缺糧，閩南商人多到泰國去造船運糧，所以，有一些福建人在當地定居，成為泰國的華僑。其中著名人物如泰國宋卡的吳氏家族，原為海澄縣山塘鄉西興村人，於清乾隆時抵達宋卡，後被任命為燕窩稅使，他在泰國的經營十分成功，其子孫封侯封公，成為泰國的貴族。與他相似的還有許氏家族，龍溪人許泗漳於道光二年來到泰國，以後成為當地的顯貴之一。[131]

　　清代華僑在東南亞的巴達維亞發展較快。印尼是荷蘭人占據的殖民地。該地的主要城市多由華人建成。臺灣的鄭氏政權失敗後，許多人逃往海外，

122　吳鳳斌，《東南亞華僑通史》，福建人民出版社 1994 年，第 188 頁。
123　松浦章，〈清代福建的海外貿易〉，廈門，《中國社會經濟史研究》1986 年第 1 期。下同。
124　《宮中檔雍正朝奏摺》第 8 輯，第 524 頁。
125　（釋）大汕，《海外紀事》卷四，北京，中華書局 1987 年，第 80 頁。
126　吳鳳斌，《東南亞華僑通史》，第 189 頁。
127　陳倫炯，《海國聞見錄》卷上，〈南洋記〉，文淵閣四庫全書本，第 22 頁。
128　陳倫炯，《海國聞見錄》卷上，〈南洋記〉，第 26 頁。
129　陳倫炯，《海國聞見錄》卷上，〈東南洋記〉，第 14 頁。
130　陳倫炯，《海國聞見錄》卷上，〈南洋記〉，第 22 頁。
131　吳鳳斌，《東南亞華僑通史》，第 189—190 頁。

巴達維亞港的華僑人數激增，清初康熙皇帝在其詔書中說：「朕訪問海外有呂宋、噶喇吧兩處地方，噶喇吧乃紅毛泊船之所，呂宋乃西洋泊船之所，彼處藏匿盜賊甚多。」所謂盜賊，無非就是南明的遺民而已。[132] 清代朱仕玠的《小琉球漫誌》第六卷記載荷蘭人殖民的咬𠺕吧（又譯巴達維亞）城：

> 至王嶼。嶼築小城，緣邊植樹，和蘭藏貨物之處，夾板大船之所泊也，番兵鎮焉。又一日，至咬𠺕吧海港。自海港至城十餘里，望之不見雉堞；惟于綠樹陰末見飛樓層閣、金碧掩映而已：蓋殊方一大都會也。其地東南阻海，西北依山。山悉平行，城內外掘地數尺即水；水與地平，不溢不涸，澄然而清，味臭惡，不可食。其所食水，係汲諸山中泉始出者；載之以舟，因而買之。衣服藏篋笥，置樓上；十日失晒曝，則蒸濕氣。土帶沙礫，雨過輒乾；少時不雨，通衢之地，車馬走集，塵漲如霧。夾山流水，謂之溪港。港流甚大，源不知遠近；環城內外，導達溝渠，紆迴曲折，縱橫成十字。市廛民居，密比如櫛；東西對向，人皆背水而居。地暑濕，多癘疫。[133]

此時的巴達維亞已經是南海名城了。在荷蘭人編的《巴達維亞城日誌》中，記載了福建船前去葛喇吧貿易的多次實例，其中有一艘船載重量約為四百噸，船上乘員達 250 人，載有各種日用雜貨。清代官員認為，前往呂宋、葛喇吧等地的商人中，「大約閩省居十六七，粵省與江浙等省居十之三四」[134]。又如《小方壺輿地叢鈔》第十帙的〈葛剌巴傳〉記載：「自明朝始及至順治年間，福建同安人多離本地，往葛剌巴貿易、耕種，歲輸丁票銀五、六金。此後，每有廈門巨艦，載萬餘石，赴葛剌巴」。漳州的《平和縣志》記載：平和縣民江燦卿於康熙三十九「赴廈門搭船往伽喇吧行醫」，十八年後帶家眷四口回籍。康熙五十七年，一艘入口澳門的葡萄牙船向官府報告：有十四名福建人從咖喇吧搭船回到澳門。其中郭奏、吳謂二人俱平和縣人。[135] 他們返回平和縣家鄉。蘇爾夢說：

> 從雅加達公館檔案用閩南語記載、公館首領基本上是閩南籍移民、

132　《清聖祖實錄》卷二百七十，康熙五十五年丙申冬十月，辛亥。
133　朱仕玠，《小琉球漫誌》卷六，〈海東賸語〉，第 61 頁。
134　《宮中檔雍正朝奏摺》第 8 輯，第 837 頁。
135　曾洋水纂，道光《平和縣志》卷十，〈風俗志〉，第 459 頁。

當地華人廟宇大多數是閩南地方香火的分香等眾多因素來看，可以斷言這一地區的華人移民社會主體是閩南人社會。閩南人何時開始移居到此，尚未發現明確記載，但至遲到 1619 年荷蘭殖民者決定在那裡建立巴達維亞城時，已有幾百閩南人僑居當地。因此，東印度公司總督昆（Jan Pieterszoon Coen）任命了來自同安的移民蘇鳴崗為甲必丹，負責管理他的同鄉的經濟事務與日常生活，在農曆每個月初一為荷蘭人收取人頭稅。一直到 1742 年，華人甲必丹和他的副手「雷珍蘭」、祕書「朱葛礁」都是在甲必丹的家裡辦公。[136]

荷蘭人為了管理華人在巴達維亞採取「以華製華」的策略，1619 年 10 月 11 日，荷蘭東印度公司指派福建同安人蘇鳴崗為第一任甲必丹，其後又設立「雷珍蘭」，作為甲必丹的助手。清代，當地的華僑數量不斷增加，1700 年前後，巴達維亞的華人已達 10000 人上下。[137] 包樂史也認為：即使在荷蘭在當地建立殖民政權後，當地華人數量也不少：「1740 年荷蘭軍隊血洗華人區的『洪溪慘案』發生前，雅加達城內人口不包含奴隸在內有 7233 人，其中歐洲人 1276 名，歐亞混血人 421 名，皈依基督教的印尼人 1038 名，其它如巴利人、摩爾人、望加錫人和印度人等 299 名，而華人則有 4199 名，占總人口的百分之五十八！」[138] 華僑在巴達維亞的經營比較成功，逐漸控制了當地的初級市場，然而，他們的成功引起荷蘭殖民主義者的忌妒，1740 年 5 月，荷蘭人在當地發動大屠殺，有 10000 多名華僑被殺，是為震驚世界的「紅溪慘案」。

荷蘭人統治的爪哇島，除了巴達維亞之外，其他地方也有華人。陳倫炯記載葛喇巴（即巴達維亞）：「原係無來由地方，為紅毛荷蘭所據。分官屬名曰呷必丹。外統下港、萬丹、池問三處。下港產胡椒，萬丹另埠頭，池問產胡椒、檀香，而噶喇吧甲諸島番，埠頭之盛，各處船隻聚集貿易，中國、大西洋、小西洋、白頭烏鬼無來由島番，罄珍寶物食，無所不至。」「荷蘭建城池，分埠頭，中國人在彼經商耕種者甚多。年給丁票銀五六金，方許居住。中國人口浩盛，住此地何啻十餘萬。近荷蘭亦以新唐禁革不許

136　袁冰凌、蘇爾夢（法國），《雅加達華人公館》，來源：福州大學西觀藏書樓網站，2008—07—3019:44:44。

137　D. G. E. Hall，《東南亞史》中譯本，商務印書館 1982 年，第 407 頁。

138　包樂史，《巴達維亞華人與中荷貿易》，廈門大學出版社 1996 年，第 74—75 頁。

居住，令隨船而回。」[139] 漳州人王大海所著《海島逸志》云：「閩廣之人，揚帆而往者，自明初迄今，四百餘載，留寓長子孫，奚止十萬之眾。」[140] 他們在當地娶妻生子，與當地蕃族混血，被稱為「伯拉奈干」。但是，他們仍然能以閩南話為其主要語言。大致來說，一直到 19 世紀五口通商以前，當地華人以閩人為多[141]。

　　麻六甲海峽是聯通南海及印度洋的主要通道。因地域重要，麻六甲多次易手。1640 年以前屬於葡萄牙的殖民地，1641 年，荷蘭人取代葡萄牙人。華人很早就到當地貿易。《華夷變態》記載，康熙二十六年（1687 年），麻六甲的商人說：「今年有來自福州及廈門的小船三十餘隻，也參加商賣。」[142]1648 年荷蘭總督在報告中提到麻六甲居民總數 4884 人中，華人約為 426 人。1750 年當地的華僑達到 2161 人。[143]1795 年，英國人占領麻六甲之後繼續招商，1825 年，麻六甲的華僑數量有 28018 人。[144] 華人在麻六甲的組織，圍繞著青雲亭展開。青雲亭最早是一座供奉觀音的廟宇，出現於 1673 年。最早的廟祝應是一個熱心幫助同鄉的華人，在華人中具有威信。英國人占領麻六甲之後，於 1824 年廢除傳統的甲必丹制度，華人推青雲亭亭主為繼任領導人，於是，以青雲亭為核心，形成了華人幾大姓聯合的華人族群。這個族群的影響一直延續到後世。

　　麻六甲的港口吃水較淺，隨著 19 世紀工業革命後船舶越造越大，英國人開始尋找新的巨型港口。1819 年，一些華人引導英國東印度公司的萊佛士（Sir Thomas Stamfurd Raffles）博士來到新加坡登陸。雄心勃勃的萊佛士將新加坡開闢為自由港，以不徵稅等優惠條件吸引各地商船來到新加坡。於是，苦於麻六甲徵稅的船隻，紛紛轉到新加坡，其中又以華人商船最多。呂實強說：1824 年以後，每年駛往新加坡的中國船隻約為 150—250 艘[145]。

139　陳倫炯，《海國聞見錄》卷上，〈東洋記〉，文淵閣四庫全書本，第 26—27 頁。
140　王大海，《海島逸志》一，《小方壺輿地叢鈔》第十帙，第 479 頁。
141　吳鳳斌，《東南亞華僑通史》，第 217 頁。
142　《華夷變態》上冊，第 778 頁。轉引自松浦章，〈清代福建的海外貿易〉，廈門，《中國社會經濟史研究》1986 年第 1 期，第 97—104 頁。
143　陳碧笙，《世界華僑華人簡史》，第 153 頁。
144　福建省地方志編纂委員會，《福建華僑志》，福建人民出版社 1992 年，第 47—54 頁。
145　引自呂實強，〈中國早期的輪船經營〉，聶寶璋，《中國近代航運史資料》第一輯，上冊，上海人民出版社 1983 年，第 64 頁。

其中一些應為路過，還有一些則是在新加坡運載各種商品。這些商船主要來自福建與廣東。於是，海峽轉運中心逐漸從麻六甲轉移到新加坡。1820年前後，新加坡的人口已經有 12000 人，其中多數為華僑。[146] 以閩人為多。

緬甸是英國人的又一個殖民地。清代初年，緬甸的八募是華商雲集的港埠，它城外大明街附近的江頭城，有「閩廣江蜀居貨遊藝者數萬」。五口通商之後，去緬甸的福建華僑越來越多，據泉州晉江的《延陵錦霞吳氏族譜》，吳家御、吳家楓、吳克把等三人，都在緬甸的仰光謀生，他們並在當地娶妻生子。在仰光一帶，除了廣東街之外，閩僑居住於唐人坡的後路仔、海乾街。他們設置了埋葬家鄉人的塚亭與敬神的觀音亭。[147]

從東南亞的發展形勢來看，華僑在海外的環境是相當艱鉅的。他們在海外，不像歐美國家一樣在殖民地握有統治權，可以充分利用這一權利保護自己的利益。明清時代的華人在東南亞，如同寄人籬下，殖民主義者忌妒他們的成功，想方設法限制他們的發展；甚至在人格上，華人也受到殖民國家的歧視，在社會各方面的發展都受到種種不愉快的干預。但閩人在艱苦環境中磨煉出來的適應力，使他們在各方面的重壓下，頑強地展示自己，他們能取得一點成就，往往要花比別人更多的努力，但就在這一狀況下，海外華僑社會一點一點地發展自己。彭慕蘭在其與史蒂夫‧托皮克合作的《貿易打造的世界──社會文化與世界經濟》一書中，高度評價福建人在東南亞商業中的作用。「福建作為造船、漁業、貿易中心已有一千多年的歷史，即使福建的森林遭到毀滅性砍伐，導致造船業轉移到泰國等地，福建人仍是東南亞主要的船運業者和貿易商。在東南亞各個王國，福建人擔任收稅員、港務長、金融顧問等職務，後來在東南亞的歐洲人殖民地裡，還是福建人擔任這些職務。」[148] 這從一個側面反映了福建人在東南亞的成功。

應當說，東南亞的環境也在不斷地變化中。早期的西班牙統治者，多

146　陳碧笙，《世界華僑華人簡史》，第 157 頁。

147　莊為璣等，《泉州譜牒華僑史料與研究》，第 8 頁。

148　彭慕蘭（Kenneth Pomeranz）、史蒂夫‧托皮克（Steven Topik），《貿易打造的世界──社會文化與世界經濟》，黃中憲譯本，陝西師範大學出版社 2008 年，第 21 頁。

次屠殺中國華僑，在荷蘭，也發生過屠殺華僑的紅溪事件，販賣中國「豬仔」，更是到處可見的不人道「生意」。但是，隨著社會的發展，資產階級人道主義的傳播，殖民者越來越感到不能隨心所欲地使用傳統政策來對付中國僑民，所以，到了清代中後期，東南亞殖民主義者的政策都有一些改善，許多措施，更多地帶上法律的面具，這也給了華人發展的空間。值得注意的是：英國人在東方的經營，於19世紀進入殖民地時代，馬來西亞殖民地的發展，揭開了遠東殖民地之間的競爭。由於英國人設想在短期內超越菲島與印尼，他們對華僑的政策較為寬容，這些政策，使華僑可以在當地成為富翁，雖然還存在許多惱人的歧視，但福建華僑在馬來西亞諸邦有相當發展，以故在清代中期，福建對外移民在新加坡與馬來西亞諸地增長很快。

　　清代是中國華僑史的真正發端，此前中國人在海外定居的數量較少，而在清代，他們在日本、在東南亞都形成了華僑社會，而且，他們在商業方面顯示出較強的實力。由於他們的勤奮，為東南亞所在國建立了最早的商業網絡，更因為他們在這方面的貢獻，奠定了華僑在東南亞商業界的基礎，至今閩人在東南亞工商界的地位很高，與這點是有關係的。

　　總的來說，明清商品經濟的發展，大大改變了福建人的生活方式。過去他們是以糧食種植業為主，多數人過著自給自足的生活。商品經濟發展以後，他們將良田改種經濟作物，開墾山地也成為一種時髦，許多人從事手工業。這一生產結構的變化，造成福建糧食種植業的萎縮，於是，福建不得不向外省輸入大量糧食。不過，由於其他行業的利潤勝過福建糧食種植業，因此，閩人的這種生活方式意味著生活水準的提高。其次，在與海外的聯繫中，美洲植物——番薯、玉米、花生都被引入中國，這使養育更多的人口有了可能。在明清時期，福建人口增長幅度加大，從明代初年的384萬人口，增加到鴉片戰爭前的1500萬左右。人口過多使福建成為人口輸出大省，廣東、江西、浙江等省，都有大量的福建移民，其中，廣東的福建移民至少占其總人口的三分之一以上。福建移民還促進東南亞諸國商品經濟的繁榮。他們往返於海外與家鄉，形成新的生活方式，而這種生活方式，至今仍然影響著福建人。

小結

　　清朝人和現代人觀念有很大不同。以對外貿易來說，現代社會各個港口都以搶得先機為驕傲；但在清代社會，人們都將外貿當作一個麻煩事，各城市儘量推託，不想要對外貿易。明清以來，福建各城市相互推託的最終結果，是廈門被當作對外通商的港口，而在 1840 年以前，福州、泉州、漳州等城市的官員，都以沒有「洋鬼子」為幸。對於清朝的對外貿易港口，通常人們都知道 1840 年以前，清朝只有一個對外貿易港口，那就是廣州，五口通商是以後的事。實際上，人們經常忘記的是：清朝在統一臺灣之初，便解除了海禁，允許東南諸省各選擇一個海港發展對外貿易。於是江蘇選擇連雲港，一年後立馬改為上海；浙江省選擇了寧波，福建省選擇了廈門，廣東省仍然以廣州為對外貿易港口。其時，上海港和寧波港是對日本貿易船隻的始發港；廈門港是福建商船下南洋的出海口，又是接待西班牙商船的唯一港口。不過，西班牙商船來的數量很少。廣州港最初是延續明代的政策，許進不許出。一直到雍正年間才開放廣東商船到東南亞貿易。那時，東南亞好的位置都被講閩南語的閩南人和潮州人占據了。所以，後到的廣東人在商業上發展不如閩南語系商人。然而，廣州的優勢在於：來自英國、法國、美國、瑞典等國的歐洲商人都選擇這個城市採購相對便宜的武夷茶。

　　對福建省外貿另一個打擊對日本貿易不振。日本在明代是亞洲最大的白銀產地，該國輸出中國的白銀，要比來自美洲的白銀還要多。但在清代初年，上百艘到日本貿易的商船讓日本人感到白銀流盡的恐懼，最終採取對華貿易的限制政策，嚴格控制對華貿易規模，規定每年輸出的白銀不可超過六十萬兩。在國內諸港競爭中，福建的港口漸漸輸給江浙的上海港和寧波港，儘管統治這些港口的船幫還是以福建人為主，但始發於福建的船隻越來越少。清中葉以後，多數與日本貿易的商船，都是直接從上海、寧波出發的。就商業資本而言，清代的皇商在官府支持下直接滲透對日貿易，他們控制了日本黃銅的輸入，以日本黃銅鑄造銅幣。在許多貿易中，閩商遭到皇商的排擠，只能做一些小規模貿易。總之，對閩商而言，清代又是閩商出現轉折的時代，輕鬆的貿易漸漸被行商、皇商及歐洲商人取代，他們要做更為艱苦的貿易才能賺到錢。閩商的道路更曲折了。

　　琉球的進貢是福建商人不多的一個亮點。琉球人一直向明朝進貢，在

進入清朝之後，儘管福建的抗清鬥爭還在延續，但琉球人很快認清形勢的發展趨勢，他們改向清朝進貢，並且將進貢當作一次生意，他們帶來許多商品到福州出售，也從福州採購了許多當地的商品，這對福建經濟的發展是一個助益。然而，由於琉球的國家太小，消費市場不大，所以，它的經濟力量不算大。

　　清代前期，福建商人在東南亞有很大的發展。明代歐洲人殖民東南亞初期，他們占據的城市多為數千人至上萬人。清代，福建、廣東居民紛紛下南洋謀生，他們進入東南亞各國開礦、經商，促進了東南亞城市的發展。馬來亞半島的重要城市吉隆坡、新加坡，越南的西貢，爪哇島的雅加達，菲律賓的馬尼拉，暹羅的曼谷，都有大量的華人。不過，閩商在東南亞也遭到歐洲殖民者的嚴厲限制，西班牙人在菲律賓，荷蘭人在爪哇都曾多次屠殺華人，以限制華人數量的發展。迄至 18 世紀後期，歐洲人道主義思想的發展，促使諸國改變了對殖民地的政策。於是，屠殺事件漸漸少了，各類不人道的限制也逐漸開放。在這一背景下，華人去東南亞各國的數量開始增加，他們在東南亞諸國經營商業及各種產業，許多城市因華人而發展，例如馬來亞的吉隆坡和新加坡，成為華人很多的城市。在雅加達和馬尼拉，當殖民政府放寬限制後，華人數量也增長了。

　　若是和明代相比，清代海外華人有成功也有失敗。總體而言，華人在東南亞較為成功，這是因為，東南亞氣候不太適宜歐洲人生活，所以，東南亞國家要發展經濟，還得靠華人。這是其成功的原因。但在日本市場上，由於日本的白銀開採殆盡，銅的出口也受到限制，華人在日本獲得的利潤越來越少。東北亞日本商人集團興起，這使華人在東北亞感到了壓力。

第十二章　清代前期福建的文化藝術

　　清代前期福建沿海區域繼續保持著文化發展的優勢，福州府、興化府、泉州府和漳州府，都有卓越的文化成就。福建山區的延平府、建寧府、邵武府的文化成就雖然比不上沿海，可是，由於武夷茶及糧食生產的優勢，閩北文化的發展有較好的文化基礎。福建西南山區汀州府文化的興起，是清代前期福建文化的一個亮點。閩西出產的畫家、書法家都顯示全國一流的水準，在海內外有一定影響。

第一節　福建的學校、科舉

　　清代實行科舉分配名額制，福建是個小省，名額相對減少，但比新開發區域尚有一定的優勢。清代前期福建的進士名額表明福建尚屬於華東六省文化發達區域。

一、清代前期福建的科舉

　　清代前期（1644—1840 年）近 200 年間，福建進士共 978 人，每科中進士的名額比明代略減，這是由於朝廷分配福建舉人名額相對削減的緣故。清代的內地開發較快，湖南、湖北、廣東等地都成為文化大省，因此，福建的文化地位相對降低，分配的進士名額少了，考中人數也少了。此外，清代的中樞機構多用滿人為相，漢人較少，閩人就更少了。擔任大學士的，

只有安溪李光地、漳浦蔡世遠、蔡新等少數人，這是清代制度造成的。

　　清代前期200年中，福州府中舉388名，泉州府224名，漳州府114名，汀州府72名，興化府61名，建寧府34名，邵武府25名，延平府24名，龍巖州與福寧府各為13名，永春州10名。[1] 以上資料表明，福州府人才濟濟，領先於各地，每一科考試都有一二十名進士，反映了當時省會人士積極向上的氣勢。附帶說一句：由於福州自唐末開始，歷宋、元、明、清都有許多人中舉成為進士，實際上，福州府是全國進士最多的地方。其進士總數甚至超過蘇州。福州府在清代的優勢尤其值得重視，這是因為，宋代福建進士最多的地方是閩北，明代福建進士最多的是泉州府和興化府，只是到了清代，福州才成福建省進士最多的區域，不愧是福建首府。清代中晚期之後，福建出現鄭光策、林則徐、沈葆楨等著名人士，這與福州扎實的儒學教育有關。泉漳分列二三名，說明自明代後葉開始，泉漳位於前列的地位未變。由於鄭成功的影響，清廷對閩南區域十分關注。清代安溪李光地和漳浦的蔡世遠、蔡新先後成為內閣大學士，成為清朝廷的顧問，這與閩南地理重要有關，也和閩南學士的學力有關。另外值得注意的是：清代前期汀州的名次大大靠前，並將興化府擠至第五位，有其歷史淵源。汀州府首縣長汀，早在明代文化就有發展：「明志云：人安樸素，士樂詩書，鄉甲半於郡封。閭閻全無機巧。天崇以來，科名星落，城社烟爐，酒食競為奢華。」迄至清代，汀州文化重興。例如長汀縣：「士習詩書。登顯仕者，赫有聞人。」又如寧化縣：「士多好古，尤喜文詞。他如潑墨染箋，互相效做，模山範水，別有師傅，譜奕調絲，治病相宅，初無口授。各具心靈。」再如連城縣：「士慕詩書」，上杭縣：「士則崇儒重道」，「國朝文物類於大邦，科名甲於諸邑。」[2] 這都表明清代前期汀州人文繁榮。

　　清代前期興化府以兩縣之地能排名第五，不能說其文化衰落。但在興化人看來，明代中前期科舉盛況不再，這也算是退步了。清代前期閩北三府雖然共有83名進士，但比之沿海還是有差距的。說明自明中葉以來，福建文化重心在沿海的格局沒有變化。清代閩北仕及部級大臣的不多，將樂廖騰奎在康熙年間仕至戶部侍郎；浦城祖之望是乾隆四十三年的進士，歷

1　徐曉望等，《福建思想文化史綱》，福建教育出版社1996年，第196頁。
2　曾曰瑛修、李紱、熊為霖纂，乾隆《汀州府志》卷六，〈風俗〉，第1—3頁。

任山西按察使、雲南布政使、陝西巡撫、廣東巡撫、刑部侍郎、刑部尚書等職。其他各府情況要比閩北三府好一些。

　　總的來看，清代閩北文化比之沿海相對滯後，這是說它發展的速度比不上沿海區域，並不是說它是全國最落後的區域。事實上，閩北在明清時期，每科考試大都有一兩人進士及第，這對於許多邊遠地區來說，都是很難達到的成績。內地許多縣，立縣上千年，總共只有屈指可數的幾名進士，它與閩北是無法相提並論的。這裡所說閩北文化的滯後，僅是說宋元閩北文化繁榮不再，但明清閩北文化還是有相當水準的。從經濟上而言，明清閩北經濟的商品化程度明顯高於宋代，只是其發展水準不及發展速度更快的沿海區域而已。從總體而言，清代前期福建文士的水準還是相當高的。這使福建可以和華東其他五省並肩，共同成為中國文化最發達的區域之一。

二、清代前期福建的學校

　　按照陳遵統《福建編年史》的說法，中國古代書院可分為講學、廟祀、課士三種。明代書院遭到兩次打擊，張居正和魏忠賢掌權時，有兩次全國性的打壓書院活動。迄至崇禎元年才恢復各地的書院。福州境內的書院，明末以西門北的共學書院最有名，該書院建在廢除的懷安縣縣學，規模較大，一直興盛到清代前期。康熙年間，張伯行任福建巡撫，將書院的設置當作復興閩學的一件大事來做。福州九仙山下的鰲峯書院，是張伯行沒收一家犯規的寺院改造的。鰲峯書院出現後，與共學書院有個分工。共學書院以課士為主，鰲峯書院著重於講學。福州文化重心漸漸轉到鰲峯書院。張伯行請來羅源教諭蔡璧為共學、鰲峯兩院之師，並選擇福建諸府州優秀學生到福州書院來研讀儒學，由官府提供住宿和伙食。這批學生中出了蔡世遠、藍鼎元等名人。他們原本是一介寒儒，得此機會專心讀書，因而造詣很高。在張伯行、蔡璧主持下，這些學生跟著老師學習和校點儒學著作五十五種，成績也很大。康熙五十五年，名儒陳璸任職福建，又為鰲峯書院增加學田，請來蔡世遠為老師。其後，諸任福建巡撫到任後，常常為鰲峯書院做些事，或是增加建築，或是聘請名儒為書院老師，使鰲峯書院一直有經費保證，一直有名師講課。書院的制度值得注意。道光時期陳壽祺院長當政時的書院：「每月考課三次，生童初六、十六兩期，係院長館課，

二十六一期，係各衙門長官輪流主課。自督撫以逮藩臬兩司、糧鹽兩道及福州府知府，周而復始。肄業生一概在開館前考試，將試卷分別擬定內課，外課及附課，指示並註冊。」[3] 習慣了這種考試之後，書院畢業的學生對科舉考試就比較從容了。這是福建與福州進士較多的原因。

歷代鰲峯書院總是聘請最好的學者為學正，並聘請有名的學者講課。其中著名人物有：林枝春、沈廷芳、朱仕琇、張甄陶、孟超然、鄭光策、游光繹、陳壽祺、林春溥等人。清代的福建書院是研究學術的場所，學者一般不批評朝政，但學術氣氛相當濃厚。因此，清代的福建書院培養了一批學者。例如，鄭光策在鰲峯書院講課，以經世致用為宗旨。在當時考據成風的時代，注入了一股新的思維。他培養出林則徐、梁章鉅、李彥章等學者，對經世致用學派的產生，起了很大的作用。

建立正音書院是清代書院文化中的一個創新。福建話是中國最難懂的方言，康熙和雍正皇帝都發現：他們可以聽懂絕大多數漢方言，惟獨閩粵二省官員鄉音最重，幾不可曉。於是，康熙時便有設正音書院之說，而雍正皇帝乾脆下令閩粵二省各府州縣都設正音書院，推廣官話。所以，翻閱福建方志，不難發現各地都有正音書院。正音書院的設立，對南北文化的交流，以及閩籍士人走上政治舞臺，都發揮了重要作用。

清代前期閩北教育觀察。清代的各府州，重視教育是普遍性的，不過，由於各地財力不同，他們用於教育也不同。以下以閩北為例。

清代初年，閩北各地的學校與書院大都得到修復，然而，這些學校及書院大都被當作科舉考試的預備場所，師生之間以四書教學為主，撰寫八股文成為學校基本課程，所以，這一時期閩北的書院類同於官辦學校，宋元書院研究儒學的風氣不再。

清代延平府、建寧府、邵武府都設有府學，分別為當地最高學府。各縣另設有縣學。由於時代的變化，這些府縣學後多改為中學、小學，遺址保存不多。建甌的孔廟是閩北現存唯一的清代建築。

建寧府是宋元理學重要的根據地，一向受到官府的重視。清代建寧府

3　陳遵統，《福建編年史》中冊，第 968 頁。

學至今保存，是閩北有代表性的傳統學校。建寧府的孔廟設於府學之左側，前為欞星門，次為戟門，主要建築是大成殿，殿後是尊經閣，閣下是春風堂。按照清代的制度，地方官每年春秋都要祭祀孔夫子。春天是選用二月的第一個「丁日」，秋天是選用八月的第一個「丁日」。古人以干支紀載年月日，所以有「甲子」、「丁卯」等日子，每年二八月第一個「丁日」出現，就是舉辦大型祭孔儀式的日子了。祭孔時，全府的主要官員都要參加，府學的學生也是基本成員，有的還會成為「執禮生」，引導官員進行各式祭拜活動。該校大成殿十分雄偉，府學的兩側還設有祭拜魁星的青雲樓以及供奉朱熹、蔡元定、真德秀、劉爚、黃榦的鄉賢祠。清代中葉，建寧府學還設立啟聖祠祭拜孔子的父母，顯示朝廷重視孝道的治國方針。清代建寧府書院還增設名宦祠，祭祀歷史上對建寧府有貢獻的地方官。拜完孔廟之後，還會祭祀鄉賢祠、名宦祠等。

除了府學之外，建寧府城內還設有甌寧縣學及建安縣學，這些學校都是官辦民助，學校的教師由官府派任，府學除教授之外，有 4 名訓導；縣學的教諭之外，也有 2 名訓導。教授、教諭與訓導，在當時都是學官，多由官府派任，並支付薪水。府縣學日常經費，多來自府縣學自有的學田，當地富戶為了支援府縣學，會捐一些田地給學校，以其租金歸府縣學使用。

學校的學生也有限額，府學為 40 名，縣學為 20 名，這些學生主要任務就是考科舉，但因科舉考試極難，許多人終身為學生，無法得到功名。但這些學生常年在校，資格很老，並與官場人物打交道，所以，明清府縣學的學生在地方上有一定勢力。縣官可以通過他們瞭解各鄉的情況，但有些惡劣的學生也可以利用他們對官場的熟悉進行賄賂與訴訟，因此，明清兩代的官府都很重視對學校生員的管理。

府縣學的基本活動原是教學與考試。清代規定地方官考績中要看府縣學學生考科舉的成績，所以，地方官都很重視府縣學教育，有些地方官親自參加教學，或是撥款建校。但因這一時期的全國各地都很重視教學，所以閩北的科舉考試成績並不十分突出。

清代官辦學校的數量有限，所招學生數量有限，所以，民間教學任務主要由書院及社學承擔。閩北的書院大都歷史悠久，也很受到官府的關照，

但因種種原因，都不及宋元時代興盛。許多書院成為祭祀先賢的場所。清代閩北各縣的書院表：

表 12—1　清代閩北書院表 [4]

書院名	方位	主祀神	興廢年代
考亭書院	建陽城西	朱熹	始於宋，清存
瑞樟書院	建陽麻沙鎮	劉子翬	始建於明正統十三年
鳶山書院	建陽禾平里	游酢	始於元，清存
寒泉精舍	建陽崇泰里	朱熹	始於宋，清存
雲谷書院	建陽崇泰里	朱熹	始於宋，清存
廬峰書院	建陽崇泰里	蔡元定	始於宋，清存
環峰書院	建陽城內	黃榦	始於宋，清存
雲莊書院	建陽崇泰里	劉爚	始建於明洪武年間，清存
鰲峯書院	建陽崇泰里	熊禾	始建於明正統年間，清存
同文書院	建陽書坊	朱熹	始於元，清存
屏山書院	崇安縣屏山麓	劉子翬	始於宋，清存
文定公書院	崇安縣城	胡安國	始於元，清存
武夷書院	崇安九曲溪畔	朱熹	始於宋，清存
南山書院	崇安九曲溪畔	蔡沈、蔡淵	始於宋，清存
文蕭書院	崇安澄滸村		清存
少微書院	崇安蘆峰村		清存
粹翁書院	崇安黃柏里		清存
九峰書院	崇安一曲		始於明，清存
崇賢書院	崇安城西		明嘉靖年建，清存
景賢書院	崇安城內		清乾隆十九年建
鳳鳴書院	崇安嵐谷		清光緒十八年建 [5]
星村精舍	崇安星村	不明	始建於明萬曆，清存
見羅書院	崇安星村	李材	始建於明萬曆，清存
建安書院	建寧府城北	朱熹、真德秀	始於宋，清存
屏山書院	建寧府城南	劉子翬	始於元，清存
建溪書院	建寧府城		乾隆十九年建，後改中學
崇正書院	建寧府城	朱熹	萬曆三年建，清存

4　該表統計主要依據康熙《建寧府志》、乾隆《延平府志》及光緒《邵武府志》的學校志。

5　鄭豐稔等，民國《崇安縣新志》卷十二，〈政治、教育〉，第 3 頁。

登瀛書院	建寧府城		嘉慶十年建，後改小學
匯沙書院	建寧府城		道光時建，後改小學
紫芝書院	建安東峰鎮		康熙五十二年建，後改小學
右文書院	建甌黨城		清初建，後改小學
玉溪書院	建甌玉山街		清存，後改小學
迪溪書院	建甌迪口村		清存，後改小學
鶴汀書院	建甌南雅鎮		光緒二十二年建，後改小學
聚英書院	建甌房村		清存
岐山書院	建甌嵐下村		乾隆二十七年建，後改小學
龍山書院	建甌洋口鎮		咸豐年間建，後改小學
屯山書院	建甌麻溪謝屯		清存
藹吉書院	建甌吉陽街		清存
西瀾書院	建甌水吉街		嘉慶年間建，後改小學
毓斌書院	建甌洴溪村		清存[6]
西山精舍	浦城縣東	真德秀	始於宋，清存
湛盧書院	松溪湛盧山下	朱熹	始於宋，清存
星溪書院	政和縣南	朱松、朱熹	始於元，清存
樵溪書院	邵武府城東	李綱	始於宋，明改建為府學
樵川書院	邵武府城	不明	始於乾隆年間
和平書院	邵武禾坪鎮	不明	始於乾隆年間
紫陽書院	光澤縣西	朱熹	始於乾隆年間
雲巖書院	光澤	李方子	始於宋，清存
杭川書院	光澤縣東	不明	始於乾隆年間
三賢書院	泰寧縣城	楊時、李綱、朱熹	始於清康熙年間
新安賢院	泰甯水南五里	朱熹	始於清乾隆二十年
集賢書院	泰寧城	楊時、李綱、朱熹	清代
杉陽書院	泰寧杉陽鎮	楊時、李綱、朱熹	清代
瀘川書院	建寧縣北門	不明	始於乾隆年間
延平書院	南平城南	李侗	始於宋，清存
四賢書院	南平城內	楊時、羅從彥、李侗、朱熹	清存
道南書院	南平城西	楊時	始於康熙五十八年
豫章書院	南平城北	羅從彥	清存

6　詹宣猷等，民國《建甌縣志》卷九，〈學校志〉，第8—13頁。

文公書院	南平城內	朱熹	清存
定夫書院	南平普安里	游酢	清存
衍山書院	南平西門外	黃裳	清存
九龍書院	南平城東南	楊時、羅從彥、李侗、朱熹	始於明，清存
養正書院			始於嘉慶年間
兩吳書院	南平城東南	吳儀、吳熙	清存
二賢書院	順昌城西	廖剛、廖德明	清存
雙峰書院	順昌城內	楊時、朱熹、廖剛、廖德明	始於宋，清易名為華陽
華陽書院	順昌城內		始於乾隆十四年
龜山書院	將樂縣城	楊時	始於宋，清易名為正學
諫議書院	沙縣城內	陳瓘	清存
豫章書院	沙縣洞天巖	不明	廢於清
鳳崗書院	沙縣城南	不明	廢於清
梅崗書院	沙縣城內	不明	清存
南溪書院	尤溪	朱松	始於宋，清存
鎮山書院	尤溪	不明	清存
天崇書院	尤溪	不明	清存
荊川書院	尤溪	不明	清存
正學書院	尤溪	不明	清代，後易名為開山書院
先賢書院	永安城內	楊時、羅從彥、李侗、朱熹	清存
枡櫚書院	永安	不明	清存
雲龍書院	永安貢川鎮	不明	清存
紋山書院	永安	羅明祖	清康熙年建
斗山書院	永安縣城	不明	清存
燕洋書院	永安		始道光十年

　　該表說明，清代閩北各縣還保留85座書院。這些書院有些始創於宋代，一直流傳到清代，說明當地人對這些書院是相當珍惜的。不過，清代的書院與宋元時代的書院名同實不同。宋元的書院是儒者研究儒學的場所，具有較高的水準。明清閩北書院則有很多變化，一部分書院多數只有祭祀的功能，其中較典型的是建陽考亭書院。這一書院的前身是朱熹晚年開創的竹林精舍，宋理宗賜考亭書院之匾，歷來受到官府的重視。明清時代，官

府多次出資修復考亭書院。明清之際的戰亂，使考亭受到較大破壞，康熙年間，縣令藍勳卿再次修復，王紳為其作記；嘉慶年間閩浙總督董教增再次主持大修。歷代為考亭書院捐獻的學田也不少，迄至嘉慶年間，田租已經有「四百四十籮」，當時可折白銀「八十五兩零」。官府修復考亭書院，一是將其作為祭祀朱子的祠廟，二是希望保持宋代閩北的講學之風，使朱子之道傳之後世。但隨著時代變遷，福建理學的重點已經轉到省城的鰲峯書院，考亭書院逐漸淪為地方性的書院。清代的建陽是一個約有二千戶人家的小縣城，由於考中進士的人越來越少，宋代那種家家教子念書現象已經成了過眼雲煙。少數學子分散在各地社學，考試時集中於城內的建陽縣學，因此，考亭書院沒有什麼學生。清代的考亭書院就成為專門祭祀朱熹的場所，宋代許多學子在這裡研究儒經的盛況不可再現。在官方志書裡，考亭書院逐漸成了朱子祠的代名詞。

除了考亭書院外，其他書院也逐漸冷落，因而《建陽縣志》將許多書院收入壇廟志而不是學校志。《崇安縣新志》的教育志雖然列入文蕭書院、文定書院、屏山書院、少微書院、粹翁書院等書院之名，同時又說，「以上具見壇祠」，可見，這些書院僅是奉祀宋元名儒，已經不再是學子雲集之處。

另外一個值得注意的是書院實質水準的下降。清代閩北因茶葉經濟而逐漸富裕起來，許多村鎮有了教子讀書的願望，他們也在境內創建書院。邵武的和平書院是一所民辦的新書院。府志記載：「和平書院，在禾坪縣丞分轄之舊市街，乾隆三十四年士民黃浩然等請以昔年所置迎神號佛田租，建塾延師，以教子弟。臺司嘉其義許之。知府張鳳孫即文昌閣地創造者始，以唐宋舊名名之。」[7] 和平書院遺址尚存，該書院的建立主要是推進儒學教育，其時，邵武縣丞長駐和平鎮，說明當地商業十分發達，當地經濟的興起，民眾的富裕，人們逐漸重視教子讀書，便有了發展儒學的要求。

建陽境內辦得較好的是崇化里書坊的同文書院，此地原為朱熹的藏書之所，元大德時被建為書院。明清時代多次重建。同文書院是道光《建陽縣志》唯一收入學校志的書院，說明該書院尚保存教學的功能。書坊的孔

7　張景祈等，光緒《邵武府志》卷十二，〈學校志〉，第26頁。

廟也一直保存到 20 世紀後期才被撤除。

　　不過，這些鄉鎮的書院品質懸殊很大，除了少數辦得較好的書院外，大多數鄉鎮的書院只不過是在給孩子們發蒙而已，所以，清末這些書院大都被改為小學。

　　另一個必須說明的是，清代依託府學的書院辦得較好。以建甌的建溪書院來說，「建甌書院以建溪為人文薈萃之地，清代歷任知府必聘名人主講，稱為山長，試士每月以初一十六為官課，例課定以每月初九、二十三日，錄取名額每年二月先由知府將郡人士遍試一日，謂之甄別。」[8] 清代邵武的樵川書院是辦得較成功的一個書院，它的位置就在府學之後，始辦於乾隆三年，其後官府不斷撥給學田，有嘉慶年間的，也有光緒年間的，這說明它一直辦到清末。不過，知府張鳳孫在其文中記載，樵川書院的名額限為 20 人，並說「書院輔學校之所不逮也。」這說明邵武的樵川書院實際上是邵武府學的延伸。[9] 與之相當的還有延平府境內的道南書院。

圖 12-1　浦城仙樓山下著名的南浦書院

圖 12-2　崇安五夫里的興賢書院

　　稍遜於府級學校及書院的是縣級書院。大致而言，清代閩北各縣都有一兩座水準較高的書院，以延平府來說，除了延平府的道南書院外，順昌縣的華陽書院，將樂的正學書院，沙縣的梅崗書院，尤溪縣的正學書院，永安縣的斗山書院，都是辦得不錯的。這些書院在清末民國初年，大都被

8　詹宣猷等，民國《建甌縣志》卷九，〈學校志〉，第 8 頁。

9　張景祈等，光緒《邵武府志》卷十二，〈學校志〉，第 17 頁。

改為中學和小學。多數府級書院被改為中學，例如，南平市第一中學的原址即為道南書院。縣級書院最早改為小學，但隨著形勢的發展，這些書院又成為中學的底子。至於閩北鄉鎮的各所書院，在清末民國多改為小學。民國時期小學在中國迅速普及，與原來鄉鎮的社學及書院有一定關係。

清代福建書院的重點其實轉到了沿海四府：福州府、興化府、泉州府和漳州府。道光二十年，傅人偉論及福建各府的書院：「閩之書院，鼇峯、鳳池而外，泉有清源，漳有芝山，其最著也。」[10] 迄至清代晚期，福州城裡出名的有四大書院。除了鼇峯書院、鳳池書院外，尚有正誼書院和致用書院。

三、清代福建的社學

明清的社學類似今日的鄉村小學，它屬於公產，是儒學教育的啟蒙之處。在東周的時候，鄉間村莊被稱為「社」，社中所設學校，即被稱為社學。歷代的儒者都提倡恢復古代的社學制度，宋代福建已經有了社學，以崇安縣而論，「宋時朱文公請郡立社學十有七所」。[11]

清代統治者也多次下令創辦社學，以延平府來說，雍正二年南平縣、沙縣、尤溪縣都增建了幾座書院。但創學容易堅持難，將樂縣的社學原來極多，迄至清代，這些社學大都廢棄，「今現有師徒講業者」，唯東鄉社學、北鄉社學、南鄉社學等三所。[12] 永安縣北二十五里大湖鄉的社學，由舉人賴福創建，清雍正八年賴氏族人重建。[13] 閩北各縣社學數量可見下表：

表 12—2　清代閩北各縣社學表 [14]

縣名	社學數量	縣名	社學數量	縣名	社學數量	縣名	社學數量
建安	3	甌寧	7	浦城	5	建陽	3
松溪	4	政和		邵武	6	光澤	5
崇安	3	泰寧	5	建寧	21	順昌	2
沙縣	3	永安	10	將樂	3	尤溪	14
南平	9						

10　傅人偉，〈芝山文昌祠記〉（道光二十年），佚名，《臺灣教育碑記》，臺灣文獻叢刊第 54 種。
11　何喬遠，《閩書》卷三四，〈建置志〉，第 858 頁。
12　陶元藻等，乾隆《延平府志》卷十，〈學校志〉，177 頁。
13　陶元藻等，乾隆《延平府志》卷十，〈學校志〉，第 20 頁。
14　該表統計主要依據康熙《建寧府志》、乾隆《延平府志》及光緒《邵武府志》的學校志。

　　據上表統計，清代閩北 17 縣共有 103 所社學，平均每縣有 6 座社學。清代閩北人口比明代略增，以此看來，清代閩北各縣社學數量實際上並沒有增長。

　　社學不同於書院，書院在創辦之初是研究儒家經典的場所，而創辦社學的目的只是想普及儒學教育。所以，社學實際上相當於後世的小學。社學數量太少，說明文盲數量占當時人口的絕大多數。

　　總的來說，閩北是中國書院文化起源地之一，當朱熹與其弟子在閩北城鄉辦書院之時，閩北是國內書院文化最發達的區域。其時，來自全國各地的學者都到閩北的書院遊學，印證自己的學術。迄至明清時代，中國學術中心轉到江南城市，閩北的書院也成為地方性的儒學教學場所，因而閩北的書院流於一般化，每個縣僅能保持一兩所品質較好的書院，鄉鎮所設書院，除了少數品質較好，多數相當於小學水準。所以，儘管明清先後建立的書院共達 100 多所，但其中多數在清末民國只能改為小學。明清閩北的社學教育不太興盛，平均每縣只有 4~6 所。如果說學校教育是儒學發展的基礎，明清閩北儒學教育遠遠比不上宋代，因此，明清閩北的文化名士也遠不及宋代，這是教育相對滯後所決定的。但閩北悠久的文化傳統具有堅實的基礎，所以，閩北經歷長時期的沉寂之後，必會迎來盛世的大發展。

圖 12-3　邵武禾坪鎮的和平書院及其頗有氣勢的講堂

第二節　清代前期福建的刻書業

　　清代建陽書坊印刷業衰退，而汀州四堡成為新的刻書業中心，從總體而言，福建仍為中國主要出版地之一。

一、清代書坊的沒落

　　如前所述，明代末年，建陽書坊已經衰落。但這一衰落是一個漸進的過程。清代初年，書坊尚有一定規模的刻書業，康熙六年十月，方以智在建寧府與書商見面，託印《周易時論》、《通雅》等書。[15]康熙三十四年，顧炎武的學生潘耒專程到書坊刻印顧炎武的名著《日知錄》。三藩之亂前後，許旭的《閩遊紀略》仍說：「書版建寧最多。」康熙三十七年，查慎行與朱彝尊連袂入閩，兩人都有詩詠及建陽書坊。查慎行的〈建溪棹歌詞十二章〉說：「西江估客建陽來，不載蘭花與藥材。點綴溪山真不俗，麻沙村裏販書回。」[16]他又說：「欲買麻沙村畔屋，餘年拚作蠹書蟲」。[17]朱彝尊也說：「徽公舊是建陽居，竹樹清疏畫不如。講席至今留未改，人情大抵好相於。得觀雲谷山頭水，恣讀麻沙里下書。此意殘年仍莫遂，扁舟欲去轉躊躇。」[18]可見，兩人因建陽書多，還想在這裡隱居。朱彝尊還進一步說：「民間則吳蜀越閩悉能摹印，而閩之麻沙崇化二坊翻刻流傳日多。士子得書易而怠心生。」[19]顯然，當時書坊印書不少。康熙四十二年（1703年）出版的柳正芳《建陽縣志》仍以誇耀的口氣說：「惟書坊書籍比屋為之，天下諸商皆集。」[20]

　　但是，清初書坊的市場已在縮小，明末清初王士禎云：「近則金陵、蘇杭書坊刻板盛行，建本不復過嶺。」[21]這處的「嶺」，應是指仙霞嶺，明末清初入閩者，多從浙江江山縣越仙霞嶺而進入浦城，所以，在文人的詩文裡，仙霞嶺常被當作福建與江浙的分界線。王士禎的話說明清初書坊雖

15　任道斌，〈關於方以智晚年的活動〉，《清史論叢》，第三輯。
16　查慎行，《敬業堂詩集》卷四四，〈建溪棹歌十二章〉，第 10 頁。
17　查慎行，《敬業堂詩集》卷二四，〈和竹垞建陽〉，第 16 頁。
18　朱彝尊，《曝書亭集》卷十八，〈建陽〉，第 16 頁。
19　朱彝尊，《曝書亭集》卷六七，〈南泉寺新建惜字林記〉，第 7 頁。
20　柳正芳，康熙《建陽縣志》卷一，〈地輿志〉，清康熙四十二年刻本。
21　王士禎，《居易錄》卷十四，文淵閣四庫全書本，第 18 頁。

有印書，但其市場只限於閩贛以南的地方，江南市場上罕見建本。其原因在於：江南印書業的發達，遠超福建。康熙年間金埴的《不下帶編》說：「今閩平版書本久絕矣，惟三地書行于世。然亦有優劣。吳門為上，西泠次之，白門為下。自康熙三、四十年間頒行御本諸書以來，海內好書有力之家，不惜雕費，競摹其本，謂之歐字。見刻宋字書置不掛眼。蓋今歐字之精，超軼前後，後世寶惜，必稱曰『康版』。更在宋版之上矣。」[22] 以上的吳門、西泠、白下，分別為蘇州、杭州、南京的書市，可見，這些江南城市出產的書籍品質很好，所以，建陽書坊產品受到抵制無法進入江南市場。這樣，建陽書坊逐漸降為地方性刻書之地，所刻書只能在閩北流傳。據調查，清乾隆年間，書坊仍在出書，只是品質越來越差。雖說《中國版刻綜錄》一書彙集了上萬例清代刊本資料，但要在其中找到一本清代雍正、乾隆年間的建陽書林刊本十分困難。道光年間，新編的《建陽縣志》在建陽考亭書院出版。咸豐年間，施鴻保聽人說：「或言建陽、崇安接界處，有書坊村，皆以刊印書籍為業。……然書坊村印之書，譌舛脫漏，字跡漫漶，且紙甚醜惡，非獨不供收藏，即繙閱亦覺可憎。數百年擅名之區，不知何時降至此也。」[23] 這條史料往往被研究書坊的人忽略，實際上，它是很說明問題的。它表明直到清咸豐年間，建陽書坊仍在刻書，只是品質下降，文人不屑一顧。我的手頭有一部咸豐四年刊刻的《增補藥性賦》，卷首標明「太醫院羅必煒校正，閩書林斯文堂梓行」。可見，這是一本標準的書坊版書。書坊出版《藥性賦》有悠久的歷史，明代前期熊宗立便刻過《藥性賦》一書。按照一般的規律，後出的書品質應當更好，但手中這本咸豐年間的《增補藥性賦》品質不佳，很難引起藏書家的興趣。事實上，至今在建陽鄉間不難收到一些當地刻印的醫書，但品質都不好，大都刻於晚清。總之，書坊並不是一下子落幕的，它經歷了漫長的衰落過程。我們現在看到的最後的書坊刻本是清光緒年間的《蔡氏九儒書》，其書版仍藏於建陽文化館。直到清末近代印刷術傳入，書坊印書業才告最終結束。

22　金埴，《不下帶編》卷四，〈雜綴兼詩話〉，北京，中華書局本，第 64—65 頁。
23　施鴻保《閩雜記》卷八，〈麻沙書板〉，第 117 頁。

圖 12-4　　清代咸豐年間書林斯文堂出版的《藥性賦》

　　關於清代建陽書坊沒落的原因。對建陽書坊的研究，這幾年進步很大。我在 1989 年出版的《福建經濟發展簡史》一書中擔任明清代手工業的撰寫，對清代建陽書坊沒落的原因我提出三點，其一，與建陽書商遷到江南城市有關；其二，與建陽製茶業的發展有關；其三，與清代文字獄有關。[24]在 1996 年刊印的〈建陽書坊與明代小說出版業〉一文中，我又提出：與閩北文化的總體衰退有關。[25]近來也看到各種探討，雖說我的核心觀點不變，但對這一問題也有了進一步的想法。首先，明清時期商品經濟有很大的發展，刻書的原料都成為商品遠銷江南。在這一背景下，刻書業的成功已經不是取決於原料，而是取決於信息。江南的南京、蘇州、杭州等城市是文人薈萃之地，引導文化潮流。江南的書商生活在濃厚的文化氣氛中，較快知道市場上流行什麼書，他們可以根據市場需求出書。而建陽書坊位於深山之中，消息不靈通，不利於文化產業的發展。這是建陽書坊商人不得不外遷江南的原因。其二，宋代的閩北是公認的文化中心，這裡有一大批學者文人，他們所著書籍具有第一流水平。迄至元明時期，建陽在文化界仍

24　廈門大學歷史研究所、中國社會經濟史研究室編著，《福建經濟發展簡史》，廈門大學出版社 1989 年，第 196—197 頁。

25　徐曉望，〈建陽書坊與明代小說出版業〉，葉再生主編《出版史研究》，第四輯，北京，中國書籍出版社 1996 年。

有一定地位。明代何喬遠說：「建陽，文公之鄉也。士者侈談文公，如東魯之名孔子也。書坊之書盛天下。」[26]但到了明末清初，建陽民間讀書人太少，著書人更少，甚至連編輯都要到外地聘請。居民全體文化水準的衰退，使建陽很難出好書，所以，文化的落後是建陽刻書業衰退的最重要原因。其三，關於清代文字獄對刻書業的影響。清代自康熙年間開始有文字獄，這對書商是極大的震懾。現在很難找到雍正、乾隆、嘉慶年間的建陽版本，似與文字獄有直接的關係。然而，文字獄的影響是全體性的，江南城市受文字獄的影響也許更大，但清代江南仍有發達的刻書業。清代中葉，南方有兩大刻書市場興起，一是福建長汀的四堡鄉，二是江西撫州的滸灣鎮。鄭振鐸認為這兩個地方是清代中國四大刻書中心之一。四堡與滸灣的地理條件與建陽差不多，而且離建陽也不遠，這兩個地方能從無到有發展起相當規模的刻書業，說明刻書業發展的天地還是有的。建陽刻書業衰退似有其他原因。我認為，清代雍正、乾隆以後，應有其他產業吸引了書坊人，這一產業讓書坊人覺得贏利更多於刻書業，所以，他們摒棄舊的刻書業而轉行新的產業。從文獻的記載來看，清雍正、乾隆年間，建陽的武夷茶製造業興起，利潤很高。當時的建陽縣民拋棄農田不種，幾乎是狂熱地開山種茶，凡能開墾的山頭都被開闢為茶園，種植武夷茶。每到採茶季節，江西有數萬採茶工人來到建陽打工。麻沙鎮應當也是當時的產茶中心之一，所以，咸豐年間施鴻保到麻沙時看到：「市屋數百家，皆江西商賈販鬻茶葉，餘亦日用雜物，無一書坊也。」[27]很顯然，當地的製茶業完全壓倒刻書業了。不過，最終結束建陽刻書業的應是近代印刷業，自從西方印刷業傳入中國後，大城市逐漸成為中國的出版中心，不論是福建的建陽書坊、長汀四堡鄉還是江西的滸灣鎮，傳統的刻書業都沒落了。傳承數百年的古老書版成為當地人燒火的木柴，大量珍貴的書版化為一縷縷炊煙，裊裊上升，在夕陽中敘說古老刻書業的逝去。1966 年的文化大革命中，燒書之風在全國興起。建陽的紅衛兵來到書坊，從各家各戶搜出大量的書板投入火場焚燒，這場大火連續三天不滅，將所有殘存的古代書版焚毀殆盡。今天的書坊，只剩夕陽殘照，老樹昏鴉，潺潺溪水，說不盡的古老故事。

26　何喬遠，《閩書》卷三十八，〈風俗志〉，第 943 頁。

27　施鴻保，《閩雜記》卷八，〈麻沙書板〉，第 116 頁。

圖 12-5　最後的遺跡──建陽書坊門和書坊孔廟，遺址上的松林。

二、清代四堡的印書業

四堡鄉位於汀州府長汀縣與連城交界處（古屬長汀，現劃歸連城），清代建陽書坊衰落，四堡卻異軍突起，以刻書業聞名於國內。1956 年，著名版本學家鄭振鐸在廈門大學作「關於中國文學史研究」報告，將四堡與北京、漢口、滸灣並稱為清代四大刻書中心。汀州四堡鄉印書業以清代最盛：「長邑四保（堡）鄉，以書版為產業，刷就發販，幾半天下，而關征從不及之，其獲利亦不小矣。」[28]《臨汀彙考》記載：「長汀四堡鄉，皆以書籍為業。家有藏板，歲一刷印，販行遠近。雖未必及建安之盛行，而經生應用典籍及課藝應試之文，一一皆備。城市有店，鄉以肩擔，不但便於藝林，抑且家為恆產。」[29]

四堡刻書業濫觴於宋，初盛於明，據四堡鄒氏家族的《范陽鄒氏族譜》，明萬曆年間鄒學聖辭官歸鄉，「鎸經史以利後人」。大約此時已有四堡刻本流傳，只是被建本盛名所掩而已。清乾隆、嘉慶、道光三代，建陽書坊衰落，四堡刻書業大盛，產品遠銷閩、浙、贛、粵、桂、湘、川、楚、蘇、魯、滇等 11 省，成為南中國出版基地。道光年間楊瀾的《臨汀彙考》說：「閩版推麻沙，四堡刻本，近始盛行。」據當地馬氏族譜和鄒氏族譜記載，四堡外出經銷書籍的書賈有 629 人，從事刻書業的人在 1000 以上。[30]

28　劉國光等，光緒《長汀縣志》卷三一，〈物產〉，光緒五年刊本，第 70 頁。
29　楊瀾，《臨汀彙考》卷四，〈物產考〉，清光緒四年刊本，第 8 頁。
30　馬卡丹，〈四堡雕板印刷業初探〉，《福建文史》1993 年 6 期。

　　據馬卡丹彙綜各人的研究成果，四堡著名的大書坊有 40 多家，如湘心堂、在茲堂、繼溪堂、同文堂、林蘭堂、百藪堂、怡心堂、經倫堂、文萃樓、萬竹樓、截經閣、文河軒、五美軒、碧青堂、崇文堂、應文堂、敬業堂、梅囿堂、荷初堂、在公堂、孟和堂、務本堂、本立堂、萬卷堂、玉蘭堂、大員堂、彩林堂、洪春堂、正予堂、文苑堂、景軒堂、正望堂、翰香堂、翰寶堂、文海樓、萃芸樓、文香閣、梅中昌、素位山房、種梅山房等。[31] 現在所知四堡出版的書有 225 種，其中啟蒙類書有《三字經》等 12 種，經史子集類 92 種，應用類書《康熙字典》等 70 種，小說類《金瓶梅》等 51 種。

　　四堡版本和建本有同樣的缺點。清代學者黃清美說：「如汀郡板，尤錯誤不可勝指。」[32] 但四堡書賈尚不至於故意刊漏某些段落，所以，四堡的書能有穩定的市場。此外，四堡也出過許多裝帙精良的書籍，例如，有一種用連史紙刊印的《西廂記》十分精美。

　　一直到民國時期，四堡的印書業才開始衰落，民國《長汀縣志》云：「書，邑四堡鄉昔多以書版為業，刻印、製訂，發行頗廣。今石印、鉛板風行一時，存版放失，坊刻幾僅見矣。」[33]

　　明清刻書業的重要變化是向都市區域發展，江南城市南京、杭州都成為重要的出版城市。福建也不例外，省會福州在清代成為主要出版中心。將樂人蕭正模曾受福建巡撫張伯行之命編輯閩中先儒著作，後署正誼堂刊行，這是清代福建刊行理學著作規模較大的一次。

第三節　福建的經史之學

　　清代學者講究經世致用，因而注重經史之學。福建學者在這方面頗有成績。

31　出處同上。不過，馬卡丹分為啟蒙類 12 種，經史子集 71 種，應用類 14 種，詩詞類 21 種，醫學類 29 種，堪輿、筮卜、星算類 27 種，小說類 51 種，似有不當之處。今將詩詞類歸入經史子集，醫學類、堪輿、筮卜、星算類，皆歸入應用類。

32　黃清美，《止齋遺書》卷十三。

33　丘復等，民國《長汀縣志》卷十，〈物產志〉，民國三十年刊本，第 20 頁。

一、清代前期福建的理學和經學

　　李光地，字晉卿，福建安溪人，康熙九年進士。長期在康熙皇帝身邊做官，是清初有名的漢人大學士之一。他原是一個崇敬王學的學者，但在康熙皇帝的影響下，逐步改變觀點。他受命康熙帝，編纂《朱子全書》、《周易折中》、《性理精義》諸書，在編纂過程中，他與康熙帝的往來奏摺、批復達 20 多次。其中討論朱子學的宗旨及編纂方法，態度是相當認真的。《四庫全書》的編者在為《榕村語錄》作提要時指出：「光地之學，源于朱子而能心知其意，得所變通，故不拘拘于門戶之見，其詁經兼取漢唐之說，其講學亦酌採陸王之義，而於其是非得失，毫釐千里之分，則辨之甚明，往往一語而決疑。」可見，李光地在清初復興理學的過程中是有相當貢獻的。[34]

　　由於康熙皇帝提倡朱子學，朱子學在清代前期重興。福建重要學者除了李光地之外，還有蔡世遠、藍鼎元等人。

　　蔡世遠，漳浦人，康熙四十八年進士。他的祖父蔡而煜是黃道周門人，父親蔡璧曾任鰲峯書院第一任主講。蔡世遠仕至翰林院大學士。

　　藍鼎元，漳浦人，長期以幕僚為生。康熙末年參加清軍收復臺灣的行動，出謀劃策，受到重視。官至廣州知府。童能靈，福建連城人，曾主講漳州芝山書院，著有《朱陸淵源考》。陰承方，福建寧化人。孟超然，福建閩縣人。乾隆二十五年進士。曾任四川督學。他們對福建朱子學的傳播各有貢獻。

　　鄭光策與清代經世學派的崛起。鄭光策，福州閩縣人。他於嘉慶初年主講福建第一學府——鰲峯書院。在任期間，大力提倡經世學，培養出林則徐、李彥章、梁章鉅等學生。經林則徐等人的發揚，經世學在道光時期逐漸成為一股潮流。

　　經世學派在學術上主張通經致用，體會先賢濟世為先的寬廣胸懷。鄭光策曾給遠征臺灣的福康安出謀劃策，也曾對閩臺對渡口岸問題提出自己的意見。由於嘉慶時期社會矛盾日益激烈，鄭光策力主「為民興利除害」，

34　鄒永賢，〈李光地與朱子學〉，楊國楨等編，《李光地研究》，廈門大學出版社 1993 年，第 197—211 頁。

反對因循守舊。他提出因勢利導，變法改革；他對漕政的觀察、對理財的注重，都影響了林則徐。林則徐為官後，貫徹了老師的主張，不論在什麼地方做官，都在各地興利除弊。他對當時的經濟問題相當重視，對鴉片導致白銀外流問題，對發行紙幣問題，對漕運問題，對西北水利問題，都有精當的研究。李彥章在其任上，也曾在江南諸省推廣雙季稻；梁章鉅則對當時的鹽政、錢幣問題，都有所探討。總之，在他們師生之間，形成了討論國家大事的風氣，因此，他們在為官後，都能有補於世。[35]

二、清代前期福建的史地著作

清代閩中官員開始編纂《福建通志》，最早的省通志編纂於康熙年間，康熙二十三年刊印，由侯官鄭開極、陳軾編纂。此書顧忌清忌清朝的文字獄，迴避明末閩中抗清之事，對明朝的記載過於簡單，因而全書僅有 64 卷；雍正年間，在福建總督郝玉麟的主持下，由閩縣謝道承等人重纂《福建通志》，在康熙舊志的基礎上，刪汰冗雜，增加新事，全書共達 78 卷。其中沿海島嶼港澳諸圖，是較有價值的。在康熙、雍正兩部《福建通志》的基礎上，乾隆年間又有《福建續志》問世，其主纂者為沈廷芳等人。該書正文有 92 卷，主旨是補充舊《福建通志》，因而該書流傳不廣。

福建方志中尤其值得表彰的是寧化學者李世熊的康熙《寧化縣志》。世熊博聞廣記，無書不覽，善於考證，議論精到。一部 30 多萬字的縣志，牽涉到地理、物產、制度、人物等許多方面，他都能詳細辨證，敘其來龍去脈。特別是〈物產志〉，他廣徵博引，對每一種植物、動物、製造品都能考證其源流，指出其特性及作用。此外，他的文字典雅精美，簡潔流暢，朗朗可誦。以故，此書一出，學者皆予以好評。清朝內閣的學士很少佩服山野之儒，但他們對李世熊《寧化志》的精審詳賅，頗為讚賞。有一種說法：天下方志僅有兩部半是好的，一部是《武功志》，一部是《寧化志》，半部是《朝邑志》，這種說法不一定對，但也可說明《寧化志》在中國方志中的典範作用。清朝乾隆嘉慶年間，乾嘉學派鼎盛，考證之風，染於窮鄉僻壤，故這一時代的方志中，多有考證精詳之作，福建這一時期的方志，

35　參見：黃保萬，〈清代閩中經世學的崛起〉，徐曉望等，《福建思想文化史綱》第230—233 頁。

內容之廣，材料之豐富，明顯超過前人。民國文士郭白陽對陶元藻的乾隆《延平府志》和高澍然的道光《續修光澤縣志》也給予表揚。[36] 後兩部志書的共同特點是注重細節，不僅關注鄉土大事的記載，而且對典章制度、風俗物產都有考證，可信度高。《光澤縣志》作者高澍然是著名的方志學家，後受聘編纂《福建通志》，是道光《福建通志》的主要編纂者之一。

　　陳倫炯的《海國聞見錄》。清康熙年間，同安人陳倫炯隨父遊歷海外諸國，歸國後著《海國聞見錄》，刊印於乾隆九年（1744 年）。該書中有〈東洋記〉、〈東南洋記〉、〈南洋記〉、〈小西洋記〉、〈大西洋記〉諸篇，記載日本和東南亞主要國家的政治及風俗、貿易、物產。

　　王大海的《海島逸志》。乾隆年間，漳州落第舉子王大海漫遊南洋爪哇諸島，歸著此書，刊行於嘉慶十一年（1806 年），共六卷。該書記載荷屬印度（今印尼）的禮教、習俗、政制、貿易、醫學、文學，是清代前期國人涉足海外世界的遊記之一，在鴉片戰爭後影響頗大。魏源的《海國圖志》徵引該書許多內容。

　　陳夢雷與《古今圖書集成》。陳夢雷是福州人，清代著名的學者。耿精忠參與三藩之亂時，他被授予偽官，因而耿精忠失敗後，他被流放東北。獲釋後，陳夢雷受康熙帝之命編纂《古今圖書集成》。因皇家藏書豐富，陳夢雷編纂此書收羅廣泛，未完成全書，已經在學者中享有大名。不過，書稿完成後，一時未及出版，陳夢雷因捲入朝廷複雜的人事，再次流放東北。雍正年間，皇帝命令蔣廷錫重纂該書，蔣氏基本保留了原書體例，但將原作 3600 卷擴充為 10000 卷。《古今圖書集成》是古代最大規模的類書，全書分類摘編古往今來人們關心的內容，從儒家經典到文史雜著，從天文地理到機器製造，從哲學到宗教流派，都有詳細的材料。這是一部百科全書式的著作，可以作為進一步研究的基礎。

　　科技。李世熊《寧化縣志》的物產部分記載了該縣的生物資源，其中穀之屬有 14 種，蔬之屬有 44 種，果之屬有 30 種，花之屬 49 種，藥之屬 37 種，木之屬 25 種，竹之屬 12 種，草之屬 15 種，畜之屬 12 種，毛之屬 19 種，羽之屬 30 種（附蝙蝠 1 種），鱗之屬 14 種（附鯪鯉即穿山甲 1 種），

36　郭白陽，《竹間續話》卷四，福州，海風出版社 2001 年，第 84 頁。

介之屬 5 種，蟲之屬 31 種，共 351 種生物。他對每種生物的異名、特性均有考證，是研究山區生物的可貴參考資料。其中有些物種現已絕滅，通過該書方知其大概。

　　清代福州陳修園是當時著名的儒醫，治好過許多疑難雜證。在客居北京期間，前來就醫的人如過江之鯽，幾無虛日。他的醫著很多，編為《南雅堂醫書全集》，共收錄 70 多種醫學雜著，總計數百萬字。其中《靈素集註節要》、《神農本草經讀》、《醫學從眾錄》等，都是極為有名的作品。他以自身實踐的知識用於古代經典注釋，文字簡潔易曉，以故，他的作品流傳很廣。

第四節　福建的文學藝術

　　清代福建仍為東南的文化大省，人才頗盛，留下的文集數量較多，有一些著作受到當時人的讚譽。

一、福建的詩歌

　　明清之際在南京揚名的詩人林古度是福州府福清人，他早年是曹學佺的詩友，詩風也類似曹學佺，在表面平靜的敘述中，蘊含濃厚的深情。他的〈入白門〉云：「白門迢遞夕陽間，千里閩天一日還。依舊客情無別事，逢人都問武夷山。」身在異鄉的思鄉之情於字眼間透露出來。又如〈潯陽別曹汝載〉云：「扁舟客思共閒餘，分手那堪即到初。明月中秋九江水，愁人無暇作鄉書。」[37] 林古度是明朝的遺民，詩歌中無時不透出易代之後身世的悲涼。他在江南一帶頗負詩名，名詩人王士禎為他編選《林茂之詩選》，推崇備至。

　　晉江丁煒在清初以貢生出仕，最早任漳州教諭，康熙二十九年任雲南姚安知府，晚年仕至湖廣按察使。他的詩清新雋永，被王士禎譽為十才子之一。如其〈拜楊莊介先生像〉：「伏闕批鱗事已遙，長存面貌枕山椒。賈生痛哭終辭漢，韓愈文章半在潮。名世通家新蘊藻，風流遺像秀蘭苕。從知浩氣歸天表，空向滇雲續大招。」此詩感歎文學名人賈誼、韓愈慘遭

37　鄭方坤，《全閩詩話》卷九，文淵閣四庫全書本，第 8 頁。

流放的命運，喻義很深。《漁洋詩話》：「閩詩派自林子羽、高廷禮後三百年間，前惟鄭繼之，後惟曹能始，能自見本色耳，丁雁水煒亦林派之錚錚者。其五言佳句頗多，如：「青山秋後夢，黃葉雨中詩」；「鶯啼殘夢後，花發獨吟時」；「花柳看憔悴，江山待袚除」皆可吟諷。

清代詩人不像明人一味摹擬唐人，而是主張抒寫性情、哲理。清中葉，王士禎〈神韻說〉風行一時，成為詩人奉行的圭臬。因而清詩中頗多佳品，總體成就超越元明兩代。清代詩作如海，八閩僻處天南一偶，縱有佳作，亦不易產生全國性影響，實際上，他們的詩作達到很高的水準。清代閩中詩人最有代表性的是永福黃任。黃任的詩風格多樣，他的七言古詩格調高古，〈李陽冰般若臺篆字歌〉是代表作；五言古詩則承漢樂府遺意，直抒情感，言淺意深；七律詩效法大曆十才子，豪縱悲涼，更勝一籌；他的七絕最佳，如〈昭陵石蹟〉云：「際會風雲未足難，始終恩禮羨貞觀。漢家多少韓彭將，不得銘旌一字看。」此詩詠漢唐君臣際會，實有借古諷今之意，在當時十分難得。袁枚的《隨園詩話》對黃任極為推崇。

建寧張際亮在鴉片戰爭前即為國內著名詩人之一，著有《思伯子詩集》三十二卷、《松寥山人詩集》十卷等。他關心時事，是禁煙派的主將，相傳黃爵滋著名的〈禁煙疏〉即出於際亮之手。在鴉片戰爭前後，他作了許多感事詩，如〈宿草坪〉詩：「十五年來月，依然照草坪。關山頻失路，江海正連營。劍隱秋星氣，風兼塞馬聲。夜長瞻北斗，未敢請長纓。」他的詩風慷慨、深沉、悲涼，是清代中葉著名詩人之一。

建安人鄭方坤是有名的才子，他是雍正元年的進士，仕至山東兗州知府等職。公事之餘，著意文學，編纂多部大型詩集，在詩歌評論界較有貢獻。「《東越文苑傳》稱其博學有才藻，好網羅文獻，著《經稗》六卷、《五代詩話》四卷、《全閩詩話》十二卷、《國朝名家詩抄小傳》二卷、《詩話醍醐》、《嶺海文編》、《嶺海叢編》合近百卷、《蔗尾詩集》十五卷、《文集》二卷。」[38] 其中《全閩詩話》與《五代詩話》都是影響較大的作品。《四庫全書總目》評價鄭方坤的著作：「方坤天分既高，記誦尤廣，故其詩下筆不休，有凌厲一切之意，尤力攻嚴羽《滄浪詩話》，「詩不關學」

38　陳節，〈全閩詩話前言〉，鄭方坤《全閩詩話》。

之非。然於澀字險韻，恆數十疊，雖間見層出波瀾不窮，要亦不免於炫博，此又以學富失之，所謂矯枉者必過直也。」[39]

二、清代閩中散文家

　　清代的閩籍文學家中，李世熊以其文字的精審令人注目。他生於明末，早年即有文名，但隱居不出。唐王在閩中建號，曾力邀李世熊出山，被其拒絕；清軍入閩後，福建總督也曾力促其出山做事，仍然被其拒絕。他的文章用字遣詞十分慎重，自成一體，得到時人的讚賞。

　　清代中葉，桐城派古文流行到全國，閩中亦受其影響。建寧縣名士朱仕琇與桐城派名宿姚鼐交好，他的文章也得到桐城派的欣賞。桐城派古文繼承韓愈以來散文家的觀點，主張寫文章力求簡明扼要，條理清晰，少用典故，不要堆砌材料。在文章結構方面，很注意起、承、轉、合的章法。更要求寫文章以義理為先，並要務實，言之有物，能夠體現個人或是陽剛、或是陰柔的特點。這些觀點實際上是歷代對文章的共同要求，因而桐城派的出現，反映了古代散文發展到頂點的象徵。朱仕琇的文章因其能夠實現桐城派的許多主張而受到桐城姚鼐等人的欣賞。後來朱仕琇主講福州鰲峯書院 11 年，對福州學人的文風產生很大影響。閩中許多士子跟隨朱仕琇，成為他的弟子。如高澍然、龔景瀚都成為小有名氣的作家。迄至清末，嚴復、林紓、陳衍等人興起，號稱「侯官派」，成為桐城派的又一高峰。

三、清代福建的建築藝術

　　清代前期是福建藝術的一個高峰，不論是民間藝術還是書畫等雅文化領域都有傑出的成果。

　　福建傳統院落大都由土牆圍繞起來。小戶人家的土牆較矮，而大戶人家的院牆高達一丈至兩丈，裡面才是木頭的房屋。這類泥牆由生土築成，為了防止大水，院牆的底部往往由石頭壘成。看當地石頭壘成的高度，可大約知道當地最高洪水的水線。古代福建的房屋只有大門的門面才使用磚塊，屋頂使用瓦片。所以，一棟房子的磚瓦使用量不大。若是門面使用磚

39　紀昀等，《四庫全書總目》卷一八五。

塊較多的房子，大都是富貴人家。民間稱之為「尚書第」、「大夫第」。各地的不同在於：閩北的房子多使用青磚，而閩南的房子，多使用紅磚。可見以下各圖。

　　建陽書坊的楠木廳是清代典型的民居。其門面青磚雕刻的細膩使其大門成為一座藝術品。嚴格地說，清代閩北精美的磚塊不是雕刻出來的，而是塑造的。在青磚送入燒窯之前，已經將其塑造成各種形態，燒磚過程，可以看成是瓷器製造過程，將磚塊當成瓷器一樣精心製作，所以會出好作品。清代閩北磚雕或說磚塑，是時空留下的凝固音樂。楠木廳的又一特點是：它的內部所使用的木頭不是傳統的杉木，而是珍貴樹種楠木。楠木的香氣使其不朽不腐不蛀，使用數百年都不會有問題。

圖 12-6　楠木廳──建陽書坊的清代建築

　　福建的南部山區流行一種造型奇特的土樓建築，位於漳州南靖的被稱為南靖土樓，位於汀州永定的，被稱為永定土樓。這類土樓，是一種城堡與住家結合的建築，具有防備寇盜入侵的功能。它的產生，主要是在晚明倭寇入侵的時代。在倭寇活動的盛期，福建沿海各地不時有倭寇侵擾，老百姓無法安居。於是，人口較多的城鎮便築城抗倭，而人口較少的鄉村，民眾多是逃難到山區。福建山區多雨，逃難人群水土不服，死亡率很高，於是，人們就設想將住宅建成可以防盜的堡壘式建築，於是有了土樓的產生。

　　典型的土樓是以生土築成外牆，為了保證外牆牢固，他們將外牆修建得像古人城牆一樣厚，並採用古人的築城技術，每加一層泥土都要夯實，

有時還會加入麻竹之類不朽的植物，以加強土牆的韌性。土樓的土牆一般高四丈到五丈，牆內以木柱、木梁構建成房屋，中間是院落，一定會有一口井，以保證院內人口、牲口的飲水。外圍土牆底層厚度達一丈以上，不開窗。高層開窗，但洞眼較小，便於院內人向外射擊。這種院牆的厚度可以抵擋中型火炮的直射，而其高度，使人不會生出爬牆的想法。每當周邊形勢不對，土樓居民便會躲進土樓，將堅實的大門關起，樓內有糧食有水，即使被包圍一個月以上，也沒有生存之憂。倭亂平息之後，福建南部鄉村仍然時有寇盜發生，所以，這類土樓越建越多，成為閩南山區的一個特點。由於土樓建築十分牢固，所以，它經常可以保存數百年不壞。從本質而言，這類土樓也是土木建築。

四、清代前期福建的書畫藝術

　　清朝福建書法藝術的一個高峰。尤其是福州為文人所聚之地，書法水準較高。「《因樹屋書影》云：『八閩士人咸能作小楷，而會城人士尤工。此兩浙三吳所未見，勿論江以北也。』」福州名士郭白陽說：「鄉先生以書法著稱者，康熙間福清余田生甸，篆隸行草冠一時。侯官謝古梅道承，書學褚河南，又精隸。林鹿原佶，小楷篆隸，剛健可愛。張玉斯天麟，工王、柳、懷素，晚年右臂得軟病，以左手書，尤精工。乾隆間，林邑園茂春，書法神妙。謝發川曦善草書。鄭雲門際唐精篆、籀、八分行書，趙穀士在田，書法尤為世所重。鄭西灃洛英，工行書，喜作水墨蘭石。嘗對友謂其字不如畫。嘉慶間，林少穆則徐，書體歐陽。梁芷林章鉅，書兼歐董。莆田郭蘭石尚先，書法米襄陽，工夫老到，兼長畫墨蘭。道光間何肔過廣憙，篆隸瘦勁，得漢魏遺意。」[40] 在這些書法名家中，又以郭尚先的小楷最有名氣。郭尚先為莆田人，字元開，號蘭石。嘉慶十四年進士，仕至禮部右侍郎。他的書法「本學歐陽，後兼顏褚」，晚年融諸家為一體，線條清俊，一絲不苟，時用重筆，與細劃映照，兼有渾厚清麗的格調，誠為難得之精品。通常認為他是嘉慶、道光間頂級書法家。許多作品剛剛完成，便被朋友拿去。日本、朝鮮商人也以重金求購他的書法作品。他的〈芳堅館題跋〉一文，點評當時流行的各代碑帖，頗有心得，得到大家的尊重。明清之際的王鐸

40　郭白陽，《竹間續話》卷四，第72—73頁。

書法高妙，因其人政治上的失敗被冷落許久，是在他的推崇之下，漸漸出名。如今的王鐸被視為王羲之後最有代表性的書法家，這與郭尚先的表彰大有關係。

　　清代福建的書法家，以伊秉綬最為出名。伊秉綬，字墨卿，寧化人，乾隆進士，官至揚州知府。他以文學、書法、繪畫為江南士人雅重，尤善隸書。郭白陽稱讚伊秉綬的隸書：「勁秀古媚，獨創一家。」對伊秉綬的畫，郭白陽的讚美之詞更是流於言表：「偶作山水，不泥成法，水木雲巒，簡淡幽秀，金石氣溢於楮墨間。然流播絕少，所作墨梅尚多。子念曾，字少沂，工隸法及篆刻，善寫生。花卉每以淡遠相勝，世知之者鮮。」[41]

　　清代閩西藝壇上誕生了三大畫家——上官周、華嵒、黃慎，其成就超越邊景昭、曾鯨等人。我在乾隆時期彭光斗的《閩瑣記》中找到一則罕見的汀州畫家史料，作者似親見黃慎等人：

> 汀郡人多工繪事，若長汀之上官周、永定之張伯龍、寧化之黃慎，皆得宋元人筆法，上官盡氣骨蒼勁，直逼荊關，在張黃之上。張于康熙年間受知安溪李相國，舉充內廷行走，畫極秀潤，微帶院派。今皆亡矣。惟黃尚在，年八十餘，耳聾目眊，猶時時為人作畫。其潑墨山水、人物，遇得意處，輒自詫神來。昔年曾在揚州天寧寺遇之，出入使小奚奴，負一瓢，號瘦瓢老人。詩字亦佳，名下無虛也。黃刻蛟湖詩抄一卷。[42]

　　如其所說，當時汀州最好的畫家其實是永定張伯龍！然而張是宮廷畫家，作品在民間傳播不多，反而不如上官周、黃慎等人的名聲了。在以上三人之外，還有上杭人華嵒。

　　上官周，福建長汀人。善於用線條勾勒山水，煙嵐瀰漫，有超凡脫俗之氣質。他畫的〈廣東羅浮山圖〉，得著名詩人查慎行題詩，有「上官山人今虎頭（顧愷之）」之譽。他的人物畫亦十分有名，傳世的《晚笑堂畫傳》3卷，繪120古人像，有顧愷之的風格。

　　華嵒，號新羅山人，福建上杭縣人。以詩書畫三絕聞名於世，長期在

41　郭白陽，《竹間續話》卷四，第73頁。
42　彭光斗，《閩瑣記》，1980年福建省圖抄本，第10頁。

揚州賣畫度日，晚年病逝杭州。他的山水人物、花鳥蟲魚、草木石獸皆畫
得十分出色，配之以書法與題詩，收藏家視為清代代表作。北京故宮博物
院曾出版《華嵒花鳥冊》。另著有《離垢集》、《解弢館詩集》等作品。

圖 12-7　清代無名氏木雕「四快」像 [42]

圖 12-8　福州于山大士殿的龍纏柱，惠安石雕的代表作。

　　黃慎，號瘦瓢山人，福建寧化人。自幼善畫山川花鳥，後拜上官周為
師，為了開拓胸懷與眼界，他苦研經書與史著，博觀名家筆法，融為一爐，
晚年以詩書畫三絕著稱。他曾漫遊南方各地，臨景寫生，佳作屢呈，後在

揚州賣畫，求購者殆無虛日。不過，黃慎有濟世之志，懷才不遇，旁人以畫師視之，他為此鬱鬱不樂。黃慎的《蛟湖詩抄》有一首自述詩：「愛看古廟破苔痕，慣寫荒崖亂樹根，畫到情神飄沒處，更無真相有真魂。」黃慎的畫筆下，多為荒草衰陽，殘山破垣，意境生冷幽遠，故被列為「揚州八怪」之一。

　　與雕塑不同的是，繪畫和書法是士大夫的藝術，而雕塑歷來不為士大夫所重視，它主要是一種民間藝術。雕塑者多為民間工匠，很少能夠留下真名。然而，他們的作品仍然達到很高的藝術水準。

小結

　　清代中國從兩京十三省擴大到十八省，在中國的西部，出現了新疆、甘肅等面積巨大的省分。相形而言，華東的福建、浙江、江蘇等省都因面積有限。然而，華東諸省中，江蘇、浙江都是人口大省，只有福建屬於人口較少的省分，因此，清代福建在十八省中，已經是中小省分。因清初福建省反清力量較大，又是天地會等反清組織的發源地，清朝中樞對福建省的反清力量一直很頭痛。然而，就是在這種背景下，閩人的科舉仍然保持較高的水準，每次科舉考試，八閩都有數十人中舉，還出了幾位狀元。就人均數量而言，是不亞於江浙二省的。從總體而言，當時華東諸省的考試成績領先於全國，福建省在華東位列中等，沒有影響華東的全國排名吧。

　　福建省內，考試較好的省分是福州府、泉州府、漳州府、興化府，內地諸府，除了汀州府成績較好，他如延平府、建寧府、邵武府、永春州、龍巖州以及福寧州的成績都不算好。清代前期，福州府科舉的躍升令人驚訝。歷史上福建首府人才濟，但在宋代不如閩北，明代不如泉州、興化，只有到了清代前期，福州人才進入爆發期，每科中舉數量幾乎占全省一半，其他各個領域的人才也很多。應當說，由於張伯行、陳璸等名儒入閩任職期間重視學校的教育，福建的鰲峯書院等學校辦得較好，因而能夠培養出大批好的學生。清代福建另一個驚奇是汀州人才的崛起。清代汀州人的靛業、菸業、紙業都十分成功，商業利潤流入文化領域，造成科舉的發達，文化的興盛。清代的閩西出現了華嵒、黃慎、上官周等享譽全國的畫家、

書法家，這是十分了不起的。

　　就文化事業而言，歷史上福建省的特點是各府州各有特色。閩北三府是理學，沿海諸府州是科舉，閩西是畫家和書法家，科舉也很不錯。與福建相比，有些省分的人才集中於省會，一旦省會在戰爭中遭受巨大破壞，該省文化事業會出現停滯現象。福建省則是各府州此起彼伏，不論什麼時代，福建省總有一些文化發達的府州，在國內有些名氣。乃至福建省文化總能保持一個較好的水準。福州作為福建省會，自唐宋以來一直未遭受戰爭的破壞，千百年文化的積累，在清代出現了暴發。晚清福州人才享譽天下，是在清代前期打下基礎的。和江浙一帶文化界遭受文字獄不同，福州文化界人物鑽乾嘉學的不多，但他們看重學問的「經世致用」，因而在道光年間培養出林則徐、梁章鉅、李彥章等著名人物。他們關心時政，講究實學，培養出一代又一代重實事的學者，他們在清代政壇上是一股清流，為國家做了許多好事。

第十三章　清代前期福建的宗教信仰

清代前期，傳統宗教已經深深地融進福建社會，各地的寺院及神明信仰在民間影響很大。

第一節　福建的佛教和道教

清代前期的戰亂結束之後，福建士大夫扶持佛教，促進各大寺院的振興。福建佛教因而保持傳統的勢力。不過，清代前期福建的道教發生了巨大的變化。

一、清代前期福建的佛教

明清之際的道霈為霖（1615—1702 年）是福建歷史上著名的高僧。他長期住持湧泉寺，繼元賢之後，將明清之際的佛教帶到一個高峰。

道霈為霖是建甌人，俗姓丁。民國《建甌縣志》記載：「道霈禪師，字為霖，別號旅泊，鼓山六十五代住持也。」他出家曾拜永覺元賢為師，後遊歷浙江各寺院，「于法華、楞言大旨無不通貫，復歸事永覺于皷山」。元賢去世後，他「繼席開法，四方皈之」。「康熙八年歸建寧，以白雲為披剃所，募眾鼎新，又建城南善見塔，後駐錫東和之寶福。」在此期間，他曾拒絕耿精忠聘他為國師的邀請。「三藩之亂」平定後，他於康熙二十三年「復還皷山」，康熙四十一年圓寂。道霈為霖勤於著述，主要著

作有《旅泊菴稿語錄》196 卷及《大方廣佛華嚴經疏論纂要》120 卷。《華嚴經疏論纂要》是明清最重要的佛教禪宗著作。1925 年，弘一法師刊印《大方廣佛華嚴經疏論纂要》贈送日本各大佛寺一部。

默玄禪師原為建甌徐墩天寶寺僧人，後遊歷江南寺院，受到乾隆皇帝的賞識。乾隆四十五年，朝廷詔令默玄赴北京主持水陸道場功德法會，並讓他擔任主懺法師，默玄自此聞名天下。

由於明清福建佛教界時有元賢、道沛、默玄一類人物出現，所以，福建佛教還是有一定發展的。

從整體而言，佛教自宋代以後，其發展方向不是禪宗而是密宗。密宗研究各種神祕的法術，對百姓具有很大的吸引力。在普通百姓看來，高僧就是有大法力的神仙，他的法術會可以改變人的命運。他們上寺院燒香，一個重要目的是保佑自己的家人，請佛保佑他們無災無病，工作順利，平平安安。因此，他們對高僧的看法，更多地是關注他們的法力，而不是修禪的高深。道沛的《華嚴經疏論纂要》在湧泉寺的藏書殿中，只有他幾個弟子會光顧吧？這是當時佛教的困境和孤獨。

清廷於乾隆十九年（1754 年）廢除官頒僧牒制度，此後，寺院剃度僧尼無禁。福建的福安一帶形成了親戚輾轉引進剃度為僧的習俗，大概形成於此時吧。其後，福安籍和尚成為中國寺院僧人的重要來源之一。不過，官府廢除剃度僧人的考試制度後，不太會念經的頭陀也可成為和尚，僧人的知識水準逐步下降。然而，清人對佛教不太看重。有些人認為：寺院收養些人口對社會也有好處，「匪僻放蕩破敗之餘，無所依歸，勢必梗化背法而不可救。幸有佛氏建寺剎，設田糧，為此輩開一道。……夫豈無慧業文人，困於津梁，持寸鐵而入宗庭，燃五燈以揚祖焰，所謂具帝王福、方許出家者乎！苟也佛教，不令才無所展湮沒終身哉！故曰：『佛者，所以助政教之未周者也。』」[1] 這是把寺院當作救濟院了。如此一來，清代僧人的品質也就不能不降低，佛教世俗化危機從另一面體現出來，就是佛教界有識之士開始拯救佛教。

1　洪清芳等，民國《尤溪縣志》卷八，〈寺觀〉，尤溪縣志編纂委員會 1982 年重刊本，第 472 頁。

　　清代福建的寺院以湧泉寺的地位最尊，佛學最為精湛。為了防止僧人分心，湧泉寺住持經常派僧人到閩北的寺院靜修，因此，閩北寺院的地位相當重要。

　　南平市區的寺院以明翠閣最有名。明翠閣建於南平東門外的石山之上，由於山勢陡峭，空地不多，明翠閣的建築依山就勢，建在懸崖之上。樓閣孤懸空中，下以木柱支撐，木柱的長度自十幾米到二十多米不等，遠處望去，明翠閣如空中樓閣，是為南平名勝之地。明翠閣始建年代不明，晚明著名詩人徐熥有詩詠「明翠閣」：「高閣倚崚嶒，年來幾度登。危欄紫野竹，怪石抱枯藤。上界空香墜，前山翠色凝。因思舊遊者，望斷白雲層。」[2]這說明至少明代後期明翠閣已經存在。民國時期的《南平縣志》記載：「明翠閣，東門外紫霞洞下。巖前左畔有接龍橋，祀送子觀音。鳳冠巖，祀老佛。清康熙三十一年建，乾隆二年併二十七年重修，嘉慶間復修。同治元年燬，是年重建。光緒二十年僧真覺募捐重修。」[3]1926 年，自空和尚再次募建，增修接龍橋與三寶殿，並修了螺旋亭二座，亭內實為旋轉樓梯，分別有 32 級、51 級，高度近 20 米，下起巖下驛路，上達佛殿。據此，文革前所存明翠閣主建築修於光緒年間，擴建於民國時期。該寺建築因 1970 年擴建公路而全部拆毀，今存建築為文革後陸續重修。又據乾隆年間的《延平府志》：「明翠閣在東郊巖巔，閣左有屋三椽，俗稱老佛殿。」由此可知，清代中葉的明翠閣不大，其建築主要建於清代後期。明翠閣負山面江，視野開闊，是南平有名的風景區，歷來有詩人題詠。乾隆年間，會稽陶元藻有〈遊明翠閣〉一詩：「肩輿過城東，仰見石突兀。鳥語春滿山，群峭綠如潑。曲磴盤空行，人語出木末。琉璃駐小紅，翻影盪佛骨。簷高雲氣深，江漲浪花闊。葉葉渡舟輕，舊響灘已沒。來參玉版師，禪味頗清絕。半郭亦半村，蕭散殊可悅。睠彼風日佳，詩思一觸撥。」[4]這詩作水準一般，但真實描寫了明翠閣的環境，讀後令人想見清代中期的明翠閣。該樓中有一不知撰於何代的楹聯：「明媚山川騰劍氣，翠微樓閣落鐘聲」，該聯分別以「明」、「翠」二字為首，隱藏寺院之名，而其內容聯繫到南平「寶劍化龍」的傳

2　徐熥，《幔亭集》卷五，〈同王玉生惟揚弟登劍州明翠閣因懷宗思兼先生〉，文淵閣四庫全書本，第 10 頁。

3　蔡建賢等，民國《南平縣志》卷四，〈名勝志〉，第 175 頁。

4　陶元藻等，乾隆《延平府志》卷十三，〈寺觀〉，第 25 頁。

說，是一幅很有氣勢的楹聯。明翠閣以祭祀觀音為主，在城內擁有許多信眾。民國期間，南平城內的普通寺、梅山寺、興化寺等多被改為學校、機關駐地，明翠閣成為南平近郊最大的寺院，城內的佛教信眾都到明翠閣燒香，於是，明翠閣成為南平城香火最盛之處。每年「正月初一彌勒誕、二月十九觀音誕、四月初八釋迦牟尼聖誕、六月十九觀音成道日、九月十九觀音出家日，眾多善男信女進香。該閣傳統於正月舉辦為期 15 天的拜萬佛活動，常聘請省內外名寺高僧前來講經弘法，廣結善緣。該閣還不定期舉行拜千佛、消災普度等佛事，特別是觀音聖誕日放焰火最為怡神悅目，善眾比肩接踵，異常熱鬧。」[5]明翠閣今為南平市佛教協會駐地。

南平開平寺是另一座著名的寺院。開平寺位於南平市西芹鎮的林學院舊址附近，始建於五代後梁朝。《南平縣志》記載：「開平寺，五代梁開平四年建，舊名報國顯親院，元改為寺。明洪武三十年燬，三十四年重建。寺後有泉曰『佛智』，舊有風篁亭、自在軒。光緒間，寺僧信元建金剛殿門樓，僧蓮茂重修佛殿，復建旁樓。」[6]清末名僧妙蓮法師原為明溪縣人，在開平寺出家。他擔任福州鼓山湧泉寺住持後，曾將湧泉寺的僧人派到開平寺修行，最為著名的是虛雲法師。他如蓮茂、心本、福榮、福源等名僧都在開平寺修行過一段時間。

清代閩東的支提寺依然享有大名。由於寺藏經典在戰亂中毀棄，清雍正四年（1726 年），僧眾募修《大藏經》，「告竣於戊申之夏。計費金五百有奇，凡補葺六百七十八函，金文玉軸，顯煥一新，寶藏琅函，莊嚴如故。」[7]

二、清代前期福建的道教

以三清崇拜為特點的正統道教在福建一向不太興盛，可是，道教在民間卻有許多俗神信仰為同盟軍，所以，道教的影響很大。

5　南平市政協學習文史委員會、南平市民族與宗教事務局編，《南平宗教史略》，暨《南平文史資料》第 8 輯，2003 年印，第 13 頁。

6　蔡建賢等，民國《南平縣志》卷四，〈名勝志〉，第 186 頁。

7　釋普現，〈支提寺重脩龍藏記〉，崔嶷，《寧德支提寺圖志》卷四，李懷先、季左明、顏素開點校本，福州，福建省地圖出版社 1988 年，第 50 頁。

　　清代前期正統道教的衰退。福建正統道教最大的據點是武夷山道觀。在五代兩宋鼎盛時期，武夷山有四十多處道觀，這些道觀往往建在孤峰絕頂，紅柱黃瓦和閩北的碧水丹山將相襯映，十分美麗。然而，今日的武夷山只有秀絕的山水，卻沒有壯麗的道觀建築，這是因為明清之際過往武夷山的官僚，往往向武夷山道士徵討武夷茶，道士們不勝其煩，許多道士逃亡或是還俗，剩下的道士靠種茶為生。周亮工說：「武彝（夷）產茶甚多，黃冠既獲茶利，遂徧種之，一時松栝樵蘇殆盡。及其後崇安令例致諸貴人，所取不貲，黃冠苦于追呼，盡斫所種武彝真茶，九曲遂濯濯矣！」[8] 道士們斫盡賴以生存的茶樹，其命運可想而知！清初，陸柔遊武夷山，住萬年宮，他的《九曲遊記》寫到：「九曲之峰、巖、崖、洞所產惟茶，羽流得以棲息，亦惟茶是給，今困於徵求，售於僧，並於富家，宮中舊有三十六房，今僅三家，岌岌乎有不可存之勢也。」可見，直到清代，道士們仍為無止境的徵求困擾，於是，他們只好將宮觀與茶田售於僧人或富室，自己還俗或流浪天涯，這樣，武夷山道教便徹底衰敗了。以武夷山桃源洞的道觀來說，明代桃源觀鼎盛之時，修建有三皇殿、三官殿、真武殿、娘娘殿、功德祠等建築，清代桃源觀日益破敗。直到 1926 年，著名華僑鉅賈胡文虎遊桃源洞，捐 500 大洋修復道觀，桃源觀才恢復生氣。今人遊武夷山，常為寺院多而道觀少感到不解，其原因在於清代武夷山道教的衰敗。

　　不過，雖說武夷山道觀群落消失，但閩北各縣仍有一些道觀存在。乾隆年間的《延平府志》載有寺觀志，對道觀記載如下：南平縣 6 座、將樂縣 5 座、沙縣 4 座、永安縣 8 座。[9] 按，以上永安縣道觀較多，是因為永安縣將天后宮、臨水宮、夫人宮等民間宮廟都列入道觀，而在其他縣，這類廟宇都列入「祠廟志」。其他尤溪縣、順昌縣沒有道觀的記載。可見，和明代各縣的道觀數量相比，清代延平府的道觀數量減少了。此外，清代康熙年間的《建寧府志》及光緒年間的《邵武府志》，雖有記載各縣道觀，但都列入「古蹟志」，可能其中多數已經消亡。清代道教的衰落與清廷政策有關，清朝統治者較為迷信喇嘛教，遇事求喇嘛教多，求道教少，當時道教的冷落是全國性的。就武夷山而言，宋元之際形成的全真道派逐漸消

亡，全真道士流浪外地，閩北本土只剩下一些不出家的正一道士，他們平常忙自己的工作，遇到有人求上門來，才組成一個團隊為信眾打醮施法。為了獲得民眾的信仰，他們每每到龍虎山向張天師家族求法，並獲得度牒。民國時期，張天師也常到福建巡遊出售度牒，因而閩北正一道派尚能維持下來。

　　清代福建道教的紅頭師公。另一在民間影響較大的道派是「紅頭師公」組成的閭山派，他們原是佛教的門徒，但以捉鬼驅邪為生，其所奉師祖為陳靖姑，福建民眾稱陳靖姑為「陳大奶」，所以，閭山派又被稱為「大奶教」。閭山派演變為道教有一個過渡時期，宋代福州永福縣的張自觀原為該縣能仁寺的和尚，他與道士王文卿交好，王文卿開創清微雷法派，而張自觀自稱神霄雷法派，他的「雷法」應與王文卿有關。該派的特點是祈雨。明代陳大奶教在福建有很大發展，據新發現的《海遊記》一書，明代的閭山派自稱為獨立於三教之外的「巫教」，其教主陳靖姑是觀音指甲所化，可見它與佛教有極大關係。清代道教勢力衰微，道士們做醮之類的法事多由閭山派接手，因此閭山派逐漸被視為道教，尤其是在民國時期。不過，閭山派對觀音菩薩仍然非常重視，每每宣傳觀音菩薩是陳靖姑的後臺，體現出佛道相通的特點。閩北的許多廟宇都奉祀張、蕭、劉、連、楊、邵諸公神明，所謂張公、蕭公、劉公、楊公、連公、邵公等，原來都是閭山派的法師，或稱「聖者」，這些廟宇在閩分布極廣，說明閭山派的影響無處不在。《平和縣志》評論清代道士與巫師的混流：「近日為巫者亦稱道士，非其屬矣，用以交鬼神而已。」[10]

　　法主公與閭山派的關係很深。現代的閭山派被視為道教的一個流派，在福建與臺灣有很大影響。閭山派的首腦人物陳靖姑為法主公之徒。《海遊記》一書說：陳靖姑的師傅是閭山九郎之妻——張大夫人。可見，所謂閭山九郎本姓張，他即是在福州流傳很廣的法主公張自觀。

　　在福州的民間傳說中，閩江流經福州的這一段河流被稱為白龍江，白龍江在釣龍臺之下有一個很深的潭，潭之底下即為「閭山大法院」，閭山大法院千年一開，陳靖姑恰逢其時，投入大法院學法，成為具有法術的大

10　曾洋水纂，道光《平和縣志》卷十，〈風俗志〉，第 460 頁。

法師。福州的下杭路一帶，至今還保留著一座「閭山大法院」，其中供奉法主公張聖者。

閭山大法院系列的巫師在福建民間被稱為「紅頭法師」，影響較大。普通百姓遇到很多問題都需要找紅頭法師行法，他們的行為和道士差不多。漸漸地，紅頭法師都被稱為道士。[11]

圖 13-1　　古田臨水宮請三奶派的「道士」來作法，這些道士尚紅色，被稱為「紅頭法師」。

如前所述，陳靖姑信仰與佛教密宗派下的瑜珈教有關係，她應當屬於佛教的神明。但是，她又是一個在中國本土產生的神，這一形象與道教諸神相距不遠。久而久之，人們將其當成道教的神。里人何求主編的《閩都別記》涉及陳靖姑的傳說有 20 多萬字，可以比上一部長篇小說。事實上，臺灣的出版商將這部分故事單獨出版，命名為：《臨水準妖傳》。以下簡述《閩都別記》中臨水夫人故事的梗概。

《閩都別記》繼承《海遊記》一書，將陳靖姑的出生與觀音菩薩聯繫在一起。據說，閩國時期，泉州洛陽江巡檢宋忠受命造橋，錢糧無著落。

11　約翰・坎普爾士，〈臺灣北部閭山道士法場科儀演練的描述〉，臺南市，《道教學探索》，第二號，1989 年；葉明生，《閭山派的源流與形成》，臺灣道教學研究網站。

觀音菩薩便化為一女子乘彩船出遊洛陽江，聲稱不論任何人能用金錢擲到她身上，她便情願嫁給她為妻。於是泉州城中公子王孫爭相擲錢，但都投不中，這些錢都成了建橋基金。最後，一位賣菜少年王小二擲中彩船上女子，然而，該女子竟化為輕煙逝去。王小二憤而自殺。在觀音菩薩安排下，王小二投胎轉世為劉杞，觀音彈指血化身為陳靖姑。以後，二人配為夫妻。這個故事反映了陳靖姑信仰與佛教的深厚關係。

陳靖姑修道。在《海遊記》一書中，陳靖姑是一個與佛道並列的法教法師。但在《閩都別記》中，已經沒有法教的稱呼，該書直接將陳靖姑寫成一名道士，儘管這樣，陳靖姑的故事仍有深厚的法教色彩。陳靖姑年輕時，是去閩江底的「閭山大法院」學法術。「真人愛之，盡將諸法傳授，召雷驅電、喚雨呼風、縮地騰雲、移山倒海、斬妖捉鬼、退病除瘟諸法皆學精熟。惟不學扶胎救產、保赤佑童。真人問：『何不學』？靖姑曰：『不出嫁之室女怎便入人穢室，故不學也。』」[12]陳靖姑學了各種法術，卻不肯學扶胎救產、保赤佑童之術，這為其將來死於難產埋下伏筆。

陳靖姑出道返回家鄉之後，成為福州一帶的民眾保護神。她曾割肉醫癒父母之病。其後，又收服了為害民間的猴精丹霞大聖、虎婆奶江氏、石夾奶姐妹。然後，她率虎婆奶等人掃除福州一帶的精怪，曾經擊殺蜘蛛精、挨拔鬼、妖僧鐵頭和尚等各種精怪。在明清時期小說中，這類除妖滅怪的事，多由男神來做，但在福州一帶，卻由女神陳靖姑來執行，反映了福州一帶的特點。

陳靖姑破案。陳靖姑與劉杞成婚後，隨夫赴羅源巡檢之任，劉杞「供職甚屬廉正，只是過於仁慈，案情難於立決，幸靖姑安人在內為師，斷皆如神仙。」[13]於是，陳靖姑充當了「女包公」的角色，協助丈夫破獲十三起大案。其間，王繼圖叛亂，妖道袁廣智任軍師，率大軍圍攻福州，因袁廣智有妖術，官兵屢戰屢敗；陳靖姑率一支女兵殺退叛軍，擒獲袁廣智與王繼圖。可見，陳靖姑又是一個女將軍。

陳靖姑成仙。陳靖姑最大的對手是古田臨水洞的白蛇。白蛇是一個母

12　里人何求，《閩都別記》，第二十三回，福建人民出版社1987年，第141頁。
13　里人何求，《閩都別記》，第二十八回，第165頁。

蛇精，專門伺婦女生產時施法，並對幼兒不利。同時，白蛇精還是一個妖怪，她會吃人，率領妖精為害人類。陳靖姑經常和林李二姐妹率一般女兵與其作戰，但未能將其消滅。靖姑 24 歲時，懷孕家居。其兄陳守元奉命祈雨不至，罪該斬首，陳守元哭求靖姑。陳靖姑不得已，脫胎祈雨。長坑鬼與白蛇精乘機害死陳靖姑。道教的張仙上奏天帝，「以陳靖姑為臨水夫人」[14]。陳靖姑成仙後，緝獲白蛇精與長坑鬼。她與林九娘、李三娘、高雪海等姐妹居於臨水宮，成為扶胎救產、保赤佑童的神靈。在閩江流域，「處處立廟，家家奉之」[15]，到處都有陳靖姑的神話故事在流傳。

圖 13-2　古田臨水宮，現存建築是晚清的。

《閩都別記》有關陳靖姑的傳說長達 20 萬字，而且以民間傳說為主。因此，作者沒有完全抹去佛教的痕跡，她與觀音的關係仍然保持。不過，從總體而言，《閩都別記》是將陳靖姑當作道教仙靈的。清代，以陳靖姑為教主的閭山派，逐步成為了道教中的一個流派，至今在臺灣與福建有很大影響。

福建的青頭師公派道士起源於宋元時期的普庵和尚。關於普庵和尚的來歷，我已經在《元代福建史》一書中進行研究，此處就不重複了。福

14　里人何求，《閩都別記》，第八十二回，福建人民出版社 1987 年，第 418 頁。
15　里人何求，《閩都別記》，第五十四回，第 305—306 頁。

建民間十分流行的紅頭師公與青頭師公兩大巫師流派都起源於佛教的瑜珈派，這也許會出乎許多人的意料之外，因為，清以來，紅頭師公與青頭師公在福建與臺灣都被視為道士！從福建的歷史看，巫師與道士都有本土的起源，但都受到佛教的衝擊。中國傳統的巫道文化歷史上被視為淫祀，它的重要特點就是民眾可以自造神靈，自古以來，巫道文化給中國底層社會增添了無數的神仙，就其本質而言，中國傳統的巫道文化是一種多神教系統的文化現象，多神教最大的特點在於：它不像一神教一樣排斥其他信仰！佛教的傳入，對他們而言只是多了一些神靈，而且，「遠來的和尚好念經」，當人們苦於傳統神靈無法解決問題時，他們會將視線投向新的宗教和信仰。唐宋之時，隨著佛教深入福建城鄉的每一個角落，閩人將自己的宗教熱情投向這一外來宗教，他們相信從印度傳來的梵文咒語有莫大的力量，可以改變人生。於是，他們向佛教禪密兼修的一些僧人請教法術，這就產生了受佛教影響的法師。這些法師並不出家，在民間施展法術，或是除妖，或是驅鬼，他們在民眾心中就是巫師！事實上，宋以後的巫師不加入他們的隊伍，很難贏得民眾。所以，宋以後的巫師多為張聖公派下的紅頭法師，或是普庵派下的青頭法師。清朝以後，這兩大系統的法師都自稱為道教！此外要說明的是，瑜珈教 W 的龐雜，也使其受其他宗教的影響，摩尼教也可能滲透了瑜珈教！王見川發現：在澎湖列島的小法師流傳一個故事，這個故事將摩尼列入道教，說他親受老子傳授五雷大法，而後摩尼又傳下閭山和普庵兩個教派。[16]由此可見，福建傳統的巫道文化，糅雜各類宗教意識，非常龐雜。

第二節　福建的商業神和水神信仰

中國商人以信仰神靈而聞名，其中，閩商對信仰的投入，在各商幫中最為顯著。不過，閩商信仰之神種類較多，以下擇要述之。

16　王見川，〈普菴（庵）信仰的起源與流傳：兼談其與摩尼教、先天道之關係〉，氏著，《漢人宗教、民間信仰與預言書的探索》，臺北，博揚文化事業有限公司 2008 年，第 49—51 頁。

一、閩商的大聖信仰

中國最著名的財神是趙公明，趙公明信仰在福建也有傳播，但不像北方那麼興盛。福建底層民眾所拜財神各有所取，大都形象醜陋。受到較多商人愛戴的財神多為地方神，例如：丹霞大聖、蕭公太保等。

福州商人保護神——丹霞大聖。

《閩都別記》一書介紹丹霞大聖：「再說臨水陳夫人所安頓烏石山宿猿洞之丹霞大聖，自歸正法後，受過敕封，又在洞修煉，法術無邊，顯聖佑民，城市鄉村皆有齊天府，俗呼為猴王廟。」這條史料表明，丹霞大聖的祖廟應是在福州烏石山的宿猿洞。

福州最早方志《三山志》的「寺觀志」介紹烏石山宿猿洞：「怪石森聳，藤蘿蓊翳。昔隱者畜一猿，俗因以名之。（唐）景福三年，大築城，隔於牆外。」當地人將宿猿洞猿猴當做神明。今宿猿洞一帶為福建省氣象局管理，該局的同志告訴我，數年前，氣象局內的山上有一白猴洞，洞內尚有一尊神猴之象。民國時期郭白陽的《竹間續話》提及宿猿洞時說：「鄉人祀猴王其中。」[17]可見，宿猿洞一直有猴王祭祀，它是福州的一尊地方神。

如前所述，福州人對猴王的祭祀可以推及唐代。按照《閩都別記》的說法，經臨水夫人教導的丹霞大聖，後在福州成神。「再說臨水陳夫人所安頓烏石山宿猿洞之丹霞大聖，自歸正法後，受過敕封，又在洞修煉，法術無邊，顯聖佑民，城市鄉村皆有齊天府，俗呼為猴王廟。有人來祈禱，信者得顯應，慢者即降禍，故遠近之人莫不敬畏，不敢輕慢。」[18]明清以來，福州應有不少丹霞大聖的廟宇。尤其是清代，閩人對丹霞大聖的祭祀極盛。據民間調查所知，丹霞大聖的神誕日為十月二十五日。福州習俗，每當這一天，各猴王廟都要為丹霞大聖過神誕日。不過，清代閩人常稱猴王廟為「齊天府」，或是齊天大聖廟。在蒲松齡的《聊齋誌異》中，也記載了福州齊天大聖廟的故事：「許盛，兗人。從兄成，賈於閩，貨未居積。客言大聖靈著，將禱諸祠。盛未知大聖何神，與兄俱往。至則殿閣連蔓，窮極弘麗。入殿瞻仰，神猴身人首，蓋齊天大聖孫悟空云。諸客肅然起敬，無

17　郭白陽，《竹間續話》，海風出版社2001年，第26頁。
18　里人何求，《閩都別記》，第二冊，第一三八回，第23頁。

敢有惰容。盛素剛直，竊笑世俗之陋。眾焚奠叩祝，盛潛去之。既歸，兄
責其慢。盛曰：『孫悟空乃丘翁之寓言，何遽誠信如此？如其有神，刀鋸
雷霆，餘自受之！』逆旅主人聞呼大聖名，皆搖手失色，若恐大聖聞。盛
見其狀，益譁辨之；聽者皆掩耳而走。至夜，盛果病，頭痛大作。或勸盛
詣祠謝，盛不聽。」其後，許盛多次大病，一月後許盛兄又病死。最後，
許盛懇禱大聖顯靈，救活其兄，並得財神賜財。其後，許盛「屢至閩，必
禱大聖。他人之禱，時不甚驗；盛所求無不應者。」[19]

　　福州猴王廟在國內很有名，許多清代的文獻都提到福州「齊天府」。
尤西堂《艮齋雜說》謂：「福州有齊天大聖廟，香火甚盛。」褚人穫的《堅
瓠集》說：「福州人皆祀孫行者為家堂，又立齊天大聖廟，甚壯麗。……
無論《西遊記》為子虛烏有，即有水簾洞，豈在閩粵間哉？風俗怪誕如此。」
按照閩人的習俗，每逢神誕日都要為神舉行大型遊神賽會，「四五月間，
迎旱龍舟，裝飾寶玩，鼓樂喧闐，市人奔走若狂，視其中，坐一獼猴耳。」[20]

　　按，清代《西遊記》小說的影響極大，所以，外省人入閩看到猴王廟，
便會說其為齊天大聖孫悟空，實際上，二者原來不是一回事。閩人解釋道：
丹霞大聖「乃千年之猴精，神廟處處有之，其本元神在烏石山宿猿洞，神
通變化，不亞孫行者。」有一個外省人聽到這段話後回答：「咱家見各處
有聖王廟，以為齊天大聖，原來是此丹霞。」[21] 在這裡，有個需要注意的問
題是：明清時期，福州人信奉的丹霞大聖曰益和《西遊記》小說中的齊天
大聖孫悟空混淆起來，大多數人無法區別二者。這是由於《西遊記》出版
後，孫悟空的形象家喻戶曉，所以，人們一見到猴王廟，即認作孫悟空的
廟，根本不去細辨。

　　將丹霞大聖與齊天大聖混同一起，其實不利於丹霞大聖的信仰，因為，
人們總以為福州人祭祀猴王是受了《西遊記》的影響，因而將猴王廟當做
淫祠。有時，官府會將其搗毀。《福建通志》記載，康熙三十七年，「福

19　蒲松齡，《聊齋誌異》卷十一，〈齊天大聖〉，上海古籍出版社 1983 年，第
　　1459─1463 頁。
20　褚人穫，《堅瓠集》餘集，卷二，〈齊天大聖廟〉。
21　里人何求，《閩都別記》，第三冊，第二九一回，第 138 頁。

州知府遲維城毀五瘟神、齊天大聖諸淫祠。」[22]《八旗通志》又載：「遲維城，漢軍正白旗人。康熙三十六年任福建福州府知府。剛決善斷。閩俗尚鬼，多淫祠，……又有所謂齊天大聖、九使等廟。維城痛懲其弊，力請大吏禁止。又親率民壯撲其像，拆毀淫祠百十餘所，陋俗始革，而癘疫亦稀。」[23]這些都表明清初福州有不少齊天大聖廟，否則，不會讓官府動怒，一定要拆掉它。

晚清施鴻保說：「福建省中有齊天大聖廟，其廟閩在臬署東轅門內，像作猴形，執棒翹足而立。香火旺盛。道光庚子，南海吳石如榮光任閩藩，與胡天保、胡天妹、牛頭神等同燬，改其廟祀武帝。方伯去任後，吏有夢神責其與煆者，懼之，許為重建。又夢神引視建處，故今東門外仍有其廟，然香火不如前之盛矣。或云福州府學頭門內，今亦當有其像。」[24]

迄至文革時期，紅衛兵拆廟也是有名的。所以，福州城內的齊天大聖廟，屢拆屢毀，但每次拆掉之後，未過幾年，齊天大聖廟又會重建。文革結束後，福州各地重建了許多祭祀齊天大聖的小廟。不過，官府因妨礙市容的關係，常常下令將這些小廟拆除，因此，除了王莊的齊天大聖廟、水南齊天大聖廟，多數小廟屢拆屢建，屢建屢拆，很難持久。至於有關齊天府的文物，則隨處可見。我在福州工業路旁的一個胡同裡，看到一座名為「荷澤境」的廟宇，廟中有一石香爐，上刻有「齊天府」三字，它應為福州古代猴王廟的遺物。

至於福州的郊區，齊天大聖廟不少。閩安鎮的齊天大聖廟相當漂亮。閩安是福建古鎮，宋代與清代都在這裡設置過海關，收取往來船隻的通關稅，此地的回瀾橋建於唐末五代，是福建著名的古橋之一。而齊天大聖廟就建在回瀾橋的橋頭，說明這座齊天大聖廟已經相當久遠。閩安大聖廟還是傳統的古建築，全木結構，門額上題齊天大聖四字，十分剛健有力。可惜的是，廟內的神像毀於文革中，文革後重塑。由於在文革中，人們看慣了大型的雕像，所以，重雕的神像較大，與真人差不多。

閩安鎮大聖廟內的猴王像是二位，對於這兩位猴王，有人說是猴王夫

22　郝玉麟等，雍正《福建通志》卷六五，文淵閣四庫全書本，第 19 頁。
23　《欽定八旗通志》卷二三七，〈祀名宦祠‧遲維城〉，文淵閣四庫全書本，第 9 頁。
24　施鴻保，《閩雜記補遺》卷五，福建圖書館藏郭白陽輯本，第 8 頁。

妻，有人說是猴王兄弟，一時無定解。若是兄弟，大的應是齊天大聖，小一點的應是通天大聖吧。

　　福州的齊天大聖廟隨著福州移民也傳到了臺灣，臺灣的許多城市都有齊天大聖廟。其中臺南市的萬福庵齊天大聖廟相傳建於清代乾隆年間，該廟中有一棵大樹，樹的底部虯根糾結，像有上百個猴子在跳騰，我想，這棵樹才是萬福庵建於此地的原因。不過，此樹不像有兩百年的歷史，因而，該廟真實的創建年代有待研究。但該廟自稱臺灣的開基齊天大聖廟，雖然臺南的廟宇都愛稱自己的廟宇是開基廟宇已成一個習慣，但我相信，該廟的歷史至少可以追蹤到清代中後期。這是因為，福州人到臺南貿易的歷史悠久，在臺南郊區，我看到一大片福州人的公墓，說明早在清代前期，即有福州人到臺南做生意，他們在臺南的歷史相當久遠。

　　閩北商人的蕭公崇拜。南平與建甌流行蕭公太保崇拜，但二地的傳說不同。建甌的蕭公崇拜始於建甌小松鄉的龍鞍崗蕭公廟。關於龍鞍崗蕭公廟的起源，當地人傳說：五代時期，王審知的兒子王延政在建州城（今建甌城）稱帝，建國號為「殷」。由於殷國轄地很小，南唐的伶官嘲笑王延政：「只聞有泗州和尚，不見有五縣天子。」王延政為了壯大殷國聲勢，開科取士，錄取了 100 名進士。此時恰逢江西龍虎山的張天師入閩，在王延政處做客。王延政為了試一試張天師的手段，便下令 100 名進士潛伏於龍鞍崗的山洞裡，扮作鬼怪，飲酒作樂。另一方面，王延政懇求張天師到龍鞍崗收伏妖魔。張天師掐指一算，知道事有蹊蹺，便向王延政辭謝。王延政勃然大怒，聲稱張天師若不能除妖，便將其驅逐出境。張天師迫於無奈，只好到龍鞍崗作法。只見天師寶劍揮起，頓時電閃雷鳴，風雨交加，山崩地裂，可憐洞中百名進士皆被壓死在山洞中，只有一名進士在洞口觀看氣候，僥倖只斷一腿。張天師行法之後離去，隨行的太監將斷腿進士帶回皇宮覆命。王延政憐憫百名進士慘死，將他們封為太保，並在龍鞍崗立廟祭祀。斷腿的進士名為蕭榛，被封為太保之首，這是蕭公太保的由來。民間傳說，蕭公太保又被稱為獨腿山魈，王延政下令，各縣鎮都要祭祀山魈，所以，古代閩北各山都有祭祀山魈的廟宇。

　　按，從蕭公太保與獨腿山魈的關係來看，蕭公太保的起源與古代南方的山魈崇拜有關。我在《福建民間信仰源流》一書中曾對南方的山魈崇拜

作過論述[25]，大致來說，山魈是林中精靈，其特點是獨足，能施放瘟疫害人，古人為了防止山魈的危害，便立廟祭祀。各縣的五通廟，大都與山魈崇拜有關。

北宋末年，洛陽一帶的蕭姓入閩，居於甌寧縣旗山下，外人稱其為「蕭爨」，後更名為小松村。經四代人的繁衍，小松村人口眾多，其四世祖一支便帶人進山，在龍鞍崗山下的山壟定居，開闢稻田百餘畝，人稱其地為「蕭長壟」。一日夜裡，四世祖某人得到蕭榛的托夢，謂山上有血柴（紅豆杉）多棵，是九十九位太保的心血凝結而成，蕭家人可告知周邊村莊之人，將血柴伐下，製成棺木，並運到建寧府城出售，並將其部分收入為其在龍鞍崗蓋廟。紅豆杉是一種柴質堅好的木頭，木質中含有香料，做成棺材，數百年不會腐朽。所以，蕭家人和村民將紅豆杉伐下運到建城之後，賣得大價錢。其後，他們在龍鞍崗上建起最早的蕭公太保祖殿，殿中供奉蕭公之像和九十九位太保之香位。

以上傳說表明建甌小松村的蕭公太保信仰有悠久的歷史，今廟中尚存一隻雕鑿於明嘉靖年間的石香爐，可惜這只香爐被人當做磨刀石使用多年，香爐上字跡大都磨損，但依稀可辨「嘉靖」之類的字樣。

不過，小松蕭公信仰雖然起源很早，但只在建陽與建甌交界處的鄉村流行，建甌城中並沒有蕭公廟。迄至清代後期，武夷茶種植遍及建陽、建甌諸地，小松所在之地的茶葉經濟盛行，富起來的小松村民將蕭公太保視為保護神，這使蕭公太保信仰向四方傳播，影響更大。咸豐七年四月二十二日，楊輔清率太平軍數萬人圍攻建寧府城，知府劉雲樵徵發市民守城，雙方交戰激烈，死傷很多。戰鬥最激烈時，太平軍的地道挖到建城東門之下，並引發炸藥。就在建城存亡之際，蕭公太保顯聖，有人看到天空中有一蟒袍金冠烏面紫鬚之人將手中摺扇揮了一揮，於是太平軍引爆的炸藥非但沒能炸毀城牆，升騰的硝煙向太平軍飄去，妨礙太平軍行動，楊輔清炸城計畫破產。其後，建城附近大雨連綿數天，各地開來的援軍也逼進建城，楊輔清只好退出閩北。戰事結束後，建甌人認為是蕭公太保顯靈保佑建城，部分信徒集資在通仙門城頭搭建蕭公太保廟，蕭公漸成為建城的

25　徐曉望，《福建民間信仰源流》，福建教育出版社 1993 年，第 71—81 頁。

保護神。清末民初，建甌西部水吉一帶的茶葉貿易極盛，許多信徒因經營茶葉而成為巨富，在他們的渲染之下，蕭公太保被視為財神，蕭公廟宇越建越多。今天建甌周邊主要蕭公廟有通仙門蕭公廟、坑里蕭公廟以及小松龍鞍崗的蕭公廟。

　　建甌之外，閩北的崇安、政和等縣也有蕭公崇拜，《崇安縣新志》記載：「縣公署原有太保廟一所，俗謂太保姓蕭（城坊謂為太保爺，鄉人謂為獨腳仔，以其係一足也。或云蕭何為制律始祖，故各縣署崇奉之，後遂誤為怪物，其言近足），甚神，故地方官亦虔奉之。今廢。」可見，崇安有關蕭公的傳說與建甌略有不同，崇安縣衙門將蕭公附會為漢代的蕭何，但在民間傳說中，蕭公是獨足怪物，顯然，它實際上是一種山魈崇拜。政和縣「有太保廟，祀九十九位太保爺爺」[26]，這與建甌縣是一樣的。

　　南平的蕭公崇拜起源於城郊上洋村溪源庵風景區。「溪源庵，在鳳冠巖下。庵半依廠，中祀蕭公法明，夏六月，四處村農，從庵乞香祈雨，或宿神前祈夢。」[27]可見，蕭公在周邊各鄉民眾中極有影響。上洋村民間傳說蕭公原是一位外地來的雇工，他是大田縣人。《大田黃城林埔蕭氏族譜》載其祖先於宋初入閩，在林埔洋定居。蕭公是其第十三代子孫。蕭公年輕時四處打工為生，28歲來到南平上洋村，是財主暨公家的長工。他白天做工，晚上修煉，45歲時辭別暨公，到溪源鳳冠巖山洞中修道，此洞現存，被稱為蕭公洞。蕭公是一位瑜珈教的法師，清順治年間施中的〈溪源庵〉一詩說：「山僧矜古今，往往說蕭公。」這說明清初溪源庵是由僧人管理的，如前所述，瑜珈教大師往往是僧人或是頭陀。溪源庵流傳的《蕭公經》說：「二十五歲奉瑜珈，又無師父傳罡印，聖者親入顯跡巖，定光菩薩相遇會，准定吉凶又無差。……忽然一夜功行滿，驀溪地上坐蓮花。」[28]在上洋村，蕭公常常為民祈雨築路，預卜豐歉，收伏妖魔鬼怪。民國《南平縣志》記載：「蕭法明，嘉熙間頭陀，卓錫溪源庵。嘗伏毒龍於井中，收妖魔於石洞。敕封溪源顯跡德雲靈應蕭公大師，至今遺跡猶存，遇旱禱雨，及祈嗣祈夢，率多驗。」[29]民國時期，每年大年初一，上洋一帶的男性村民都要到溪源庵

26　李熙等，民國《政和縣志》卷二十，〈禮俗志〉，民國八年刊本，第8頁。
27　蔡建賢等，民國《南平縣志》卷四，〈名勝志〉，第189頁。
28　鄭金華等編，《溪源峽谷與蕭公文化》，本書編委會2001年自刊本，第64頁。
29　蔡建賢等，民國《南平縣志》卷三二，〈方外傳〉，第1228頁。

去拜蕭公，廟公也會給村民送上蕭公之像，並給男孩頒發紅色的福桔，以示一年順利吉祥。迄至正月初五、初九、十五等日子，上洋村周邊各個村莊都會奉迎蕭公佛像到各村巡遊，以鎮伏各地邪齋醮魔妖怪，保佑村民平安。夏季的六月二十九蕭公誕，溪源庵舉行大型廟會，來自四面八方的香客都匯聚溪源庵上香，聽法師念經，熱鬧非凡。

蕭公信仰後來傳播到南平市區，《南平縣志》記載：「蕭公廟，梅山上，聖者堂西，祀宋蕭法明。」[30] 不過，近代以來的南平蕭公廟多是三神並祀，或是五神並祀。例如，南平馬站的聖公殿，除了祭祀蕭公、劉公、張公外，還祭祀連公師傅與邵將軍，有時，連公與邵將軍也被稱為聖公，這就成了五聖公。

聖公崇拜在福建中部較為盛行，永泰縣有著名的張公，邵武縣有劉公，南平縣與建甌縣有蕭公，古田與南平的交界處有連公，他們都是瑜珈教的聖者，與陳靖姑崇拜有密切關係。有時四位聖者被人們連在一起稱呼，這就是《三教源流搜神大全》一書所說的張、蕭、劉、連四大聖者。[31]

二、清代前期福建的水神信仰

在工業革命之前的時代，商人出門主要走水路。商品流通造成了江河運輸量大增，閩江、汀江、九龍江、晉江的上游，每天都有木筏、帆船順流而下，許多商人押運自己的貨物隨船而行。俗話說，「行船使馬三分險」，福建境內多山，河流在山地裡穿行，灘多、礁多，航行十分困難，每每產生意外。這就使水神崇拜顯得十分重要。

福州與馬祖的玄天上帝信仰。在古人的星圖上，北極附近的星團組成龜蛇相纏之陣，在民間被神化為「玄武之神」。在古人那裡，玄武代表著北方之神。在「五行天運說」中，北方屬水，所以，古人稱玄天上帝為最高水神。由明代南州散人吳還初所寫的《天妃娘媽傳》中，媽祖的原型林默娘是玄天上帝的女兒，後來為了拯救苦難的人類才下凡民間。玄天上帝信仰在中國有悠久的歷史，唐太宗封玄武為佑聖玄武靈應真君，宋真宗避

30　蔡建賢等，民國《南平縣志》卷四，〈名勝志〉，第 178 頁。
31　佚名，《三教源流搜神大全》卷四，〈大奶夫人〉，第 183 頁。

始祖趙玄朗之諱，改玄武為真武，因此，玄天帝廟在民間名字很多：如佑
聖宮、玄武廟、真武廟等。已知福州最早的玄武廟是連江佑聖宮，始建於
南宋嘉定六年，由本縣人孫士楚捐住宅改建。[32] 福州城內的玄天上帝廟則以
屏山真武廟為早，據《福州府志》的記載，「真武廟，在北城全閩第一樓，
正德二年，太監梁裕所建。」[33] 就可靠的記載而言，這是福州第一座由官府
建的玄天上帝廟。梁裕來自北京，他所建真武廟，其香火應是直接從北京
引來的。

　　不過，梁裕此人在歷史上的聲譽不佳，他是明武宗時大宦官劉瑾的同
黨，擠掉原任太監而到福州任職。當年趙佑批評皇帝重用宦官，「鎮守內
臣鄧原、麥秀頗簡靜，而劉璟、梁裕擠代之。」[34] 梁裕後從福建調任雲南，
更加胡作非為：「時鎮守太監梁裕驕蹇侈汰，一釀酒靡米八百石，恣情橫費，
漁取無厭。」[35] 御史張璞「正德八年出按雲南。鎮守中官梁裕貪橫，璞裁抑
之，為所誣，逮赴詔獄，死獄中。」[36] 劉瑾下臺後，梁裕也受到處分，臭名
遠揚。他所建的鎮海樓真武廟因而沒沒無聞，不見後人續載。

　　福州後來較為出名的真武廟位於倉山。倉山原名藤山，位於閩江之中
的南臺島。古代的南臺島是福建省鹽倉所在地，由海路運來的食鹽都存於
藤山下的鹽倉中，「嘉靖間，商人創私立倉百餘所。」[37] 真武祭祀對商人來
說有特別的意義，其一，玄天上帝位於北方，北方屬水，祭祀真武可以躲
避火災；其二，玄天上帝是最高水神，當年運輸食鹽都是走水路，為保安
全，祭祀水神是重要的。倉山北側的天寧寺中有一塊巨大的巖石，名為「雙
江臺」，《閩都記》：「天寧臺，在光孝寺中，今為真武廟。」[38] 雙江臺真
武廟與全閩第一樓遙遙相望，當地香火應是從鎮海樓引來。雙江臺之西為

32　邱景雍，民國《連江縣志》卷二一，連江縣志編纂委員會 1989 年點校民國二十二
　　年本，第 344 頁。
33　喻政，萬曆《福州府志》卷十六，〈典禮志〉，福州，海風出版社 2001 年，第 200 頁。
34　張廷玉等，《明史》卷一八八，〈張文明等傳〉。
35　文徵明，《莆田集》卷三十一，〈明故資善大夫都察院右副都御史致仕盛公墓志
　　銘〉，文淵閣四庫全書本，第 11 頁。
36　《明史》卷一八八，〈張文明等傳〉。
37　王應山，《閩都記》卷十四，〈郡南閩縣勝蹟〉，北京，方志出版社 2002 年，第
　　145 頁。
38　王應山，《閩都記》卷十四，〈郡南閩縣勝蹟〉，第 144 頁。

黃柏嶺，這裡北臨閩江，俯望福州全城，風景十分秀麗。明嘉靖年間，作過金華知府的進士陳京在這裡築亭，以供往來民眾休息，並在大石上刻「望北臺」三字。[39] 陳京是福州人，福州府志上有他的傳記：

> 陳京，字世周，懷安人。嘉靖丙戌進士。由大理寺正出知金華府。政持大體，不事煩苛，嚴禁溺女，所活者以千百計。郡有勢官請城中隙地，京曰：是安可以與人乎？當政檄與之，竟不聽。城內四牌坊久廢，京伐石復建，或曰：鐫巨宦姓名乎？京曰：吾守郡則經野恤民，通商惠工，吾事也，鐫此何為？於顯要一無所狥。暇則作書飲酒以自適而已。當道有議其不事事者，遂飄然解組歸。[40]

陳京作望北臺，實有希望朝廷為其平反並重新重用他的意思，但他的苦心在朝廷沒有人理解。不過，由於望北臺之名與北帝真武相互鍥合，後人在望北臺建造一所玄武廟。清代，這兩座玄武廟並存於世，《榕城考古略》記載望北臺，「在光孝寺西，有廟踞山巔，祀真武。」「天寧臺，今名雙江臺，祀真武。」[41] 不過，對真武的祭祀重點後轉移至望北臺，這是因為望北臺下的石路遙連萬壽橋，當年來自南部諸縣的人士到福州城，都要經過望北臺真武廟，因而望北臺真武廟越來越興盛，漸成為福州香火最盛的真武廟。此外，福州沿海各縣玄天上帝信仰極盛，《長樂縣志》記載，清末民初，長樂縣有十九座真武廟。[42]

馬祖列島有三座玄武廟，分別位於北竿塘島的橋仔村、南竿塘島的珠螺村以及東莒島的大坪村。其中珠螺村與東莒島的玄武廟都比較小，始建年代較遲，最值得關注的是北竿島的橋仔天后宮。

橋仔村的玄天上帝廟歷史悠久。它的廟牆上保留著一塊乾隆六年的「感應杯（筊）譜」。這塊筊譜是否是真的呢？我曾細看這塊寫在木板上的筊譜。它的每一支籤上都寫著「陰陽聖」之類的字樣，卜筊的人都知道，神前許願後，卜筊有三次，筊是用竹塊做的，筊面有內外之分，卜筊之後，

39　喻政，萬曆《福州府志》卷四，〈山川志·福州〉，第 34 頁。

40　喻政，萬曆《福州府志》卷五九，〈人文志〉，第 350—351 頁。

41　林楓，《榕城考古略》，福州，海風出版社 2001 年，第 84 頁。

42　李駒等，民國《長樂縣志》卷十八，〈祠祀〉，福建人民出版社 1994 年標點本，第 638 頁。

兩塊筊都是內面朝上，叫著「陽」；兩塊筊都是外面朝上，就叫著「陰」；若是兩塊筊一陰一陽，則是叫著「聖」。「陰陽聖」的排列組合共有27種，加上筊側立這一非常罕見的卦象，共有28種。所以，解籤的籤譜也是28種。這類28種的籤譜，我在福建的一些古廟也見到過。不過，近年福建鄉村廟宇都流行百籤譜，這是一種更為簡單卜卦法，它不要卜筊，只要將神案上的籤筒抓在手裡使勁地搖，哪一支籤自動跳出來，就用哪一支籤去對籤譜。這類籤譜共有百種，所以稱之為百籤譜。如今的福建神廟，除了古廟外，幾乎沒有人用28種的古筊譜。所以說，若是今人偽造古籤譜，一般是百籤譜，而不是28種的古筊譜，就這點而言，我相信橋仔村玄天上帝廟的這塊「感應杯（筊）譜」是真的。

「感應杯（筊）譜」的上款是年月日，下款寫著：「吳航梅東弟子林開遠喜捨」。吳航是長樂城的別稱，長樂是玄武信仰最盛的區域之一。《長樂縣志》記載，長樂縣「梅花新城」有一座真武廟。[43] 梅花是長樂著名的漁港，位於閩江口，在金峰鎮附近。就「感應杯（筊）譜」下款的意思來看，這位林開遠應為梅花東面的村落中人，他信奉玄天上帝，而後將玄天上帝的香火帶到橋仔村，建成了當地的真武廟。可見，馬祖的玄天上帝信仰起源於福州長樂金峰鎮梅花鄉附近。馬祖的學者認為，該廟的香火是自金峰鎮上張村分爐而來。[44]

尚書公與拏公。尚書公與拏公是福州臺江信仰的兩尊地方性水神。陳尚書為宋末狀元莆田人陳文龍，他生前曾協助文天祥抗元，堅守莆田城。被俘後曾囚禁於福州多日，後被殺於杭州。今莆田、福州、杭州皆有他的廟宇。福州的陳尚書神，民間稱之為「尚書公」，又稱「水部尚書」，是福州一帶最重要的水神之一。他的廟原在臺江港的岸邊，今遷於解放大橋的橋頭。我在廟內找到一塊石碑，即〈尚書公靈應記〉，撰寫者署名為「福建布政使楊廷樺」，碑文云：「（明）太宗嘉公偉烈，特予褒封崇祀。始建廟于南臺泗州，迄今三百餘載。歲久就頹，典禮幾弛。至康熙叁拾年，里人重建，堂廡稍新。乾隆拾叁年復募重建，規模尚壯。凡官斯土者，率

43　李駒等，民國《長樂縣志》卷十八，〈祠祀〉，第 638 頁。

44　據王花俤等著，《馬祖地區廟宇調查與研究》，臺灣，連江縣社會教育館 2000 年刊本，第 32 頁。

躬詣致禮，懸匾表□固□有。乾隆貳拾玖年，撫憲定公題請祀典，春秋給祭銀陸兩。叁拾肆年，制憲徽公議撥款項捌拾兩，諭鄉□□隨募隨修，於是廟貌煥然。但面臨臺江，猶有潮汐沖沒之患，嗣里人偕住僧慧海身任其事，協力募貲，買石鋪□，甃築道岸肆拾餘丈，直抵大江中。」[45] 碑尾署名是：福建布政使楊廷樺，立碑年代是乾隆肆拾柒年。

此碑敘述福州陳尚書廟的歷史十分清楚，有助於解決一些傳說的歧誤。清代姚元之說：「海船敬奉天妃外，有尚書、拏公二神。按尚書姓陳名文龍，福建興化人。……明永樂中以救護海舟，封水部尚書。」[46] 將姚元之所說比之碑文，可知姚元之多受民間傳說之誤。例如，姚元之卻說陳文龍因救海舟被封為水部尚書，看了楊廷樺的碑文，使我們知道，明成祖是為了表彰陳文龍殉國才為其建廟祭祀。至於水部尚書之名的由來，肯定不是明朝封賜的，因為明清二朝宮廷中沒有水部尚書一職，不可能給予水部尚書之封。陳文龍被稱為水部尚書，是由於該廟最早建於福州城內的水部門（又作水步門），因而民眾稱陳文龍廟為水部陳尚書廟，將其簡化，就可稱陳文龍為「水部尚書」。久而久之，人們忘記水部尚書的由來，或以為陳文龍當過水部尚書，於是製造了明朝賜封「水部尚書」的神話。其實「水部」是地名。

明代的福州的水部門原為福州主要碼頭，明末清初，水部門的水道淤塞，福州的碼頭南遷臺江，陳尚書廟也搬到臺江之邊。由於「水部尚書」的名聲十分響亮，百姓將其作為水神祭祀，往來福州的商船、官船上的人都要拜尚書公。出使琉球的船隻都從臺江出發，祭拜水部尚書是有必要的。

拏公則是起源於閩江上游邵武縣的一個水神。邵武之南境有一沿河村鎮，名為「拿口」，或作「拏口」，是閩江上游的重要河港。姚元之說：「拏公，閩之拏口村人，姓卜名偃，唐末書生，因晨起恍惚見二豎投蛇蠍於井，因阻止汲者，自飲井水以救一鄉，因而成神，五代時即著靈異。二神亦海舟所最敬者。」[47] 拏公主要是一個河神，因福州與上游的商業往來很多，所以，上游神明的香火也傳到了福州。拏公是在這一背景下成為福州臺江的

45 楊廷樺，〈尚書公靈應記〉，此碑立於福州臺江尚書公廟內。
46 姚元之，《竹葉亭雜記》卷三，北京，中華書局1987年，第87頁。
47 姚元之，《竹葉亭雜記》卷三，第87頁。

主要保護神之一。

第三節　福建的媽祖信仰

　　福建作為媽祖的故鄉，對媽祖的崇拜十分流行。清代福建在外所建會館，都是選取媽祖為主神。福建各地也建了不少媽祖廟。

一、有關媽祖信仰的研究和問題

　　媽祖信仰是清代福建臺灣信仰領域突出的文化現象。因此，近百年來，有關媽祖的研究碩果纍纍。關於媽祖信仰，我有一部《媽祖信仰史研究》（福州，海風出版社 2007 年）的專著，相關主要論文收入《徐曉望臺灣史名家研究論集》（臺北，蘭臺出版社 2018 年），在以上兩部書中，我對學術界有關媽祖研究的學術史和我的主要觀點，都進行了詳細地闡明，在這裡就不重複了。我的主要觀點如下：

　　清代最大的的民間信仰是媽祖崇拜，它的發展與清朝水師有很大關係。媽祖信仰在歷史上便有很深的影響，她長期都是漁民、海商等靠海生活的老百姓的信仰。也是福建水師普通水兵和軍官的信仰。不過，明代福建水師因永樂皇帝的關係，以玄天上帝為其主神，並將天妃娘娘看成是玄天上帝的女兒，跟隨觀音學佛之後成神。因此，在明代諸神系列中，天妃信仰略遜於玄天上帝。清代初年，施琅率清朝水師攻占澎湖並統一臺灣，因為是清軍，他們放棄了明朝的主神玄天上帝，天妃信仰因而成為他們的主要信仰。清軍的戰事獲勝之後，清朝對媽祖信仰相當看重，不斷給予封賜。媽祖遂從天妃晉封天后。關於清朝的天后之封，學界頗有爭議，最後完成實際上是在乾隆時期。

　　明代民間稱呼媽祖為娘媽，「媽祖」這一稱呼實際上誕生於廈門與臺灣的海道上。這是因為，1662 年清軍進入廈門島之後，一度剿滅全島人口，迨至清軍再度進入廈門，廈門島人口大都更新，廟宇重建。這時，廈門人為了尋找媽祖的香火，就只能到廈門島東部五通渡附近的順濟祖廟獲取香火。因此，五通渡附近的順濟廟，也被廈門人稱為娘媽祖廟，後來簡化為媽祖廟，而後媽祖成為天妃的民間稱呼。在乾隆年間的《鷺江志》一書中，

五通渡附近的天妃宮就是被稱為媽祖宮的。一般地說，供奉媽祖的廟宇都會有自己的名稱，就清代的史料而言，天下的天妃廟都會有自己的名稱，沒有一座天妃廟或是天后廟會稱自己為媽祖宮，所以，五通渡附近媽祖宮的唯一性，說明它與媽祖稱呼起源的原因。其後，廈門媽祖的稱呼隨著廈門的媽祖信仰傳到臺灣，首先在臺灣府城獲得優勢地位，而後傳到臺灣全島。媽祖成為臺灣統一的稱呼，反過來影響了福建，而後影響了全國。有人提出：明清之際，歐洲人到東方的遊記中，已經有媽祖稱呼的出現。然而，細審這些著作，大都出版於清代初年而不是明末。這說明媽祖稱呼起源於清初廈門是站得住腳的。

　　清朝的海事活動較多。就當時人的知識而言，祭祀海神是十分重要的。事實上，清朝凡有海事活動，都要祭祀海神媽祖。這導致媽祖成為清代受賜最多的民間信仰，她被封為天后，歷朝所有的封號達 60 字。可以說，媽祖是清朝的最高海神。

二、官府推崇與清代福建天后宮的建設

　　如前所述，明代福建有記載的媽祖廟約有 60 餘所，大都分布於沿海。清代初年，大亂之後，福建媽祖廟未有明顯增長，實際上，查閱康熙年間的地方志，記載媽祖廟的不多。例如：清康熙元年的《寧洋縣志》，康熙五年的《連城縣志》，康熙十一年的《泰寧縣志》，康熙十九年的《仙遊縣志》，康熙二十三年的《寧化縣志》、《永春縣志》、《上杭縣志》等八部縣志都未記載天妃廟。記載天妃廟的縣志只找到一部，康熙二十一年的平和縣記載，「天妃宮，在小溪」。[48] 究其原因，應是戰爭仍在繼續中，清朝遷界令尚未撤銷，而在執行遷界的 20 年中，沿海大量天妃廟都被搗毀，天妃信仰處於低潮中。

　　清朝海禁解除之後，雖有清廷封賜湄洲天妃一事，但天妃信仰仍處在低潮中。康熙二十五年的《壽寧縣志》，康熙二十六年的《長泰縣志》、《德化縣志》，康熙三十二年的《建寧府志》，康熙三十三年的《光澤縣志》，康熙三十七年的《歸化縣志》，康熙三十九年的《松溪縣志》，康

48　王相等，康熙《平和縣志》卷十二，〈雜覽〉，康熙二十一年修，光緒十五年重刊本，第 5 頁。

熙五十二年的《同安縣志》，康熙五十六年的《龍溪縣志》等 9 部府縣志，都未記載天妃廟。其中仙遊縣位於沿海，並是莆田的鄰縣，該縣志不記載天妃宮，令人出乎意外。記載天妃廟的有四至五部，例如，康熙三十八年的《武平縣志》記載，「天妃娘娘廟，在溪東鄉」。[49] 羅源縣，「天妃宮，在東門外，與阜俗宮徘連」。[50] 康熙五十三年出版《漳州府志》也記載了龍溪、漳浦、海澄的四座天妃宮。[51] 不過，這些記載大都很簡略，以康熙年間的《福建通志》為例，作為省志，該書僅記載了福州、泉州、汀州及湄洲的天妃宮。其時作者對天妃信仰的評價也不很高。康熙二十三年的《寧化縣志》雖有記載天妃廟，作者李世熊的評語是：「乃甯化不知海舶為何物，無故而而祀天妃，得無諂乎？」[52]

不過，康熙五十九年清廷祭祀天妃改為春秋二祭之後，各地對天妃的祭祀漸漸熱情起來。《寧德縣志》記載：「五十九年特予春秋致祭，祭品帛一，色用白，爵三，鉶一，簠簋各二，籩豆各四，羊一、豕一，酒樽一。」[53] 這表明有些縣的縣官已經開始祭祀媽祖。但從整體而言，雍正初年福建官府的天后祭祀還不很正常。雍正七年修成的《福建通志‧壇廟志》僅記載 10 個天妃宮廟，其中內地的延平府、建寧府都沒有天妃宮廟，這說明雍正前期福建也只有沿海諸府縣設有天妃官廟，有少數官員祭祀。然而，在官府的推動下，各地官修天后宮越建越多。《惠安縣志》記載，「雍正六年，令天下沿海州縣立廟世祀。」[54] 這條記載雖然尚未得到證實，但可表明雍正年間惠安縣也有了官廟。上杭縣城的官廟建於雍正八年，「合邑公建」。[55] 尤其是雍正十一年，總督郝玉麟、巡撫趙國麟上奏，要求重視天后信仰，他們不僅在福州重修天后廟，並在福建各地推廣天后宮的整修與重建。《邵武府志》記載，天后宮，「雍正十一年奉文各府縣建廟。」[56] 又據道光《建

49　趙良生等，康熙《武平縣志》卷三，〈建置志〉，福建省武平縣志編纂委員會 1986 年重刊康熙三十八年本，第 62 頁。
50　王楠等，康熙《羅源縣志》卷二，〈祠祀〉，康熙六十一年刊本，第 17 頁。
51　蔡世遠，康熙《漳州府志》卷二八，〈古蹟〉，康熙五十三年刊本，第 28 頁。
52　李世熊，康熙《寧化縣志》卷七，〈壇壝廟祠志〉，福建人民出版社 1989 年重刊本，第 417 頁。
53　盧建其等，乾隆《寧德縣志》卷二，〈建置志〉，第 134 頁。
54　吳裕仁，嘉慶《惠安縣志》卷十一，〈壇廟寺觀〉，民國二十五年重刊本，第 73 頁。
55　丘復等，民國《上杭縣志》，卷十九，〈祠祀志〉，民國二十七年抄本，第 17 頁。
56　王琛等，光緒《邵武府志》卷十一，〈典禮志〉，光緒二十四年刊本，第 19 頁。

陽縣志》記載：「祭天後禮，雍正十二年，奉文各府、州、縣一體建廟奉祀。」[57] 這條記載表明，建陽縣衙門祭祀天后是從雍正十二年開始的。可見，雍正十一年福建總督郝玉麟上奏之後，福建內地的縣衙門也開始祭祀天后。實際上，查當時郝玉麟、趙國麟所上原奏和朝廷批覆，清代禮部的批文只是說各府縣原建有天后宮的要祭祀天后，並沒有規定沒有天后宮的州縣地方官也要祭祀天后，況且天后宮在中國內地未必普及。所以，位於福建山區的建陽縣也祭祀天后，應與福建總督郝玉麟有關。他是省、州、縣官府祭祀天后的倡議者，在他督促之下，福建山區的許多府縣都有天后之祭。即使沒有天后宮的府縣，也開始修建天后宮。這一熱潮一直延續到乾隆年間。

《大清會典》記錄：「乾隆二年，加封天妃為護國庇民妙靈昭應弘仁普濟福佑群生天后」。乾隆三年，清廷對媽祖的新稱呼上傳下達，地方官建天后宮的熱情大為增長。泰寧縣的天后宮位於「縣西丁家巷，乾隆三年文武官捐建。」[58] 政和縣志記載，「天后廟，邑立廟始於乾隆四年，知縣永樸倡建。」[59] 建陽縣的天后宮，位於縣治西街，「始建於乾隆年間。」[60] 可見，清朝對媽祖的尊崇，推動了各地天后宮的建設。迄至道光年間，福建每個縣都有了一座以上的天后宮。福建許多內陸地區，通常祭祀水神蕭公、晏公，沒有海神祭祀。若非清廷的大力推動，也許不會有一座天后廟。

三、商品經濟與民間媽祖廟的建設

商品經濟的發展是媽祖信仰發展的另一個原因。中國商品經濟在歷史上的發展速度較慢，一直到明代後期才有明顯的發展。其後，因明清之際的戰爭，全國經濟受到很大打擊，清初的商品經濟發展停滯。迄至清代中葉，戰爭的創傷已經修復，全國各地的商品經濟都有很大發展。清代福建的製糖業、造紙業、伐木業、製茶業等行業都十分繁榮，其增長勢頭一直延續到民國初年。商品經濟的發展，將福建各地民眾深深地捲入商品交換的市場中。清代的福建沒有鐵路，運輸全靠水路。福建的紙張、木材、茶

57　李再灝等，道光《建陽縣志》卷六，〈典禮志〉，第 278 頁。
58　王琛等，光緒《邵武府志》卷十一，〈典禮志〉，第 30 頁。
59　李熙等，民國《政和縣志》卷二二，〈祠祀志〉，民國八年刊本，第 14 頁。
60　姚有則等，民國《建陽縣志》卷八，〈祠祀〉，民國十八年刊本，第 77 頁。

葉等商品從閩江、汀江、九龍江上游運往閩江下游的福州、汕頭、廈門等城市，再從沿海港口運銷南洋、江南、山東、東北等地。乾隆時期的《閩政領要》記載〈各屬物產〉：「其餘如福州府屬閩侯兩縣之荔枝、龍眼、福橘、橄欖，長樂之夏布，福清之紫菜，興化府屬莆田、仙遊兩縣之苧布、紅花、落花生，泉州府屬廈門之海粉，同安等縣之甘蔗，漳浦之水墨二晶器皿、眼鏡，龍溪之冰糖、桔餅、閩薑，延平府順昌、將樂二縣之紙，建寧府屬各縣之杉木，崇安之茶葉，建安、甌寧之夏布、香菇、冬筍，松溪之筍乾、紅菇，浦城、建陽之蓮子、生熟煙絲，邵武府屬泰寧、建寧之夏布、筍乾，汀州府屬上杭縣之鐵鎖、棕器、竹器，武平之葛布，福寧府之紫菜，寧德之磁器，臺灣府屬之紅白糖、落花生，永春州之夏布，德化縣之磁器，龍巖州之藤枕、茶葉、落花生，寧洋之紙，均有客商販運，各省賴以資用。」[61] 商品流通造成了江河運輸量大增，閩江、汀江、九龍江、晉江的上游，每天都有木筏、帆船順流而下，許多商人押運自己的貨物隨船而行。俗話說，「行船使馬三分險」，福建境內多山，河流在山地裡穿行，灘多、礁多，航行十分困難，每每產生意外。這就使水神崇拜顯得十分重要。恰逢此時，清廷正在提倡天后崇拜，官府也在內地建起多座天后宮，老百姓受其影響，在水陸碼頭大造天后宮。我在閩北諸縣做田野調查時，就發現每個水陸碼頭幾乎都有水神的廟宇，或是天后宮，或是玄天上帝廟，或是蕭公、晏公，其中以天后宮為多。據光緒《浦城縣志》記載，該縣境內有天后宮 14 座，分布在：西關外礦頭、東鄉郊陽里浮流溪、高泉里前洋、募大里大游村、南鄉清湖里石壁後、上原里水北、人和里石陂街、總章里葛墩、總章里舊館、北鄉畢嶺里高門、畢嶺里東坑塢、安樂里棠嶺、安樂里廟灣、安樂里吳墩等地。[62]

　　商品經濟的發展還使內地商人在外地建會館，這些會館大都又名天后宮。例如，福州南臺的霞浦街就有一所延平府士民公建的天后宮，又以延平會館聞名。[63] 延平府與建寧府的紙商還在北京建立了延邵會館，其中都有祭祀天后之神。這種情況在清代十分普遍，所以，清代福州臺江的上杭路、

61　德福，《閩政領要》卷中，清乾隆刊本，第 24 頁。
62　翁天祐等，光緒《浦城縣志》卷十三，光緒二十六年刊本，第 33 頁。
63　陳壽祺等，道光《福建通志》卷二十，〈壇廟志〉，第 7 頁。

下杭路一帶，各府州會館甚多。於是，臺江成為福建各地會館集中地，也是天后宮的集中所在。這些會館都有媽祖神像。大量的外地商人雲集福州，使清代的福州十分繁華。早在明代，王世懋說：「由福之南門出，至南臺江，十里而遙，民居不斷」。[64] 可見，這段約有十里路之遙的路程已成為街區。南臺市區與鼓樓市區相比的特點是：鼓樓的三坊七巷在明清時期多為士大夫所居，而南臺市區則多為工商業者，市區十分繁華。清代百一居士的《臺天錄》卷中云：「閩省城南隅十里許曰南台，烟戶繁盛，茶行鱗次，洋粵商人集賈於此，街道錯綜。有上杭街、下杭街，后洋裏、田中街之名。皆闤闠崇宏，熙攘接踵。」這一帶的居民大都依靠水運為生，所以，他們對媽祖的祭祀也是十分虔誠的。

除了上游商人到福州來，下游的福州商人也到山區組織貨源。於是，福建山區的許多城鎮都有了福州商人所建的天后宮。道光年間，閩江上游的順昌縣洋口鎮、建甌縣南雅鎮，都成為閩西北商品的集散地，有不少福州商人到洋口及南雅經商，他們在這裡建起宏麗的福州會館，其中以媽祖為其主神。其時，閩南人在閩北的會館也是以媽祖為主神，所以，閩北山區的水陸碼頭常常可見媽祖廟。

福建沿海區域以漁為業，漁民對媽祖的信仰十分虔誠。他們在各個漁港都建有媽祖廟。以福寧府來說，本州所在地霞浦縣在乾隆年間有：利埕、松山、橫山、三沙東澳、三沙東關、東衝、東衝下位塘、鹽田下街等 9 座媽祖廟；[65] 鄰縣寧德在乾隆年間有：碧山尾、金鼇橋、游擊署前、六都娥眉山下、八都牛渡頭、十二都邑阪村、二都飛鸞渡頭等 7 座天后宮；[66] 福鼎縣在嘉慶年間有：演武廳、赤嶼、南鎮上澳、沙埕、南鎮中澳、秦嶼小東門、流江、店頭、水澳等 9 座媽祖廟；[67] 福安縣在光緒年間有：龜湖山、南門外溪口、坦洋、棲柄、甘棠、穆陽村尾、上白石雲津、下白石上街、下白石崎後、繡溪尾、沙坑、棠瀨等 12 座媽祖廟。[68] 以上福寧府沿海各縣共有 37

64　王世懋，〈閩部疏〉，王雲五主編，《叢書集成初編》第 3161 冊，第 2 頁。

65　李拔等，乾隆《福寧州志》卷三四，第 955 頁。

66　盧建其等，乾隆《寧德縣志》卷二，第 134—135 頁。

67　譚掄等，嘉慶《福鼎縣志》卷四，福建省福鼎地方志編纂委員會 1988 年重刊清嘉慶十一年本，第 135 頁。

68　張景祁等，光緒《福安縣志》卷十三，光緒十年刊本，第 4 頁。

座天后宮。

　　沿海商業與海運的發達，更使天后崇拜達到歷史上的一個高峰。清朝開放沿海貿易，福建商人將福建山區特產運銷沿海各地。福建的糖、紙、果品被運江南城市和北方港口，福建的武夷茶被運到廣東的港口出售。而外省的商人帶來東北的大豆、江南的棉花，繁榮的海上貿易使福州、廈門、泉州的商業有很大發展。海上貿易的風險更勝於內河，因而，沿海一帶的媽祖信仰相當興盛。道光年間的《廈門志》記載，當地有 30 座天后宮，分別是：朝天宮、萬壽宮、媽祖宮、福壽宮、和鳳宮、懷德宮、鳳儀宮、天長二媽宮、養元宮、養真宮、迎祥宮、福海宮、靈惠宮、鳳山宮、龍泉宮、前園宮、南壽宮、西庵宮、洞源宮、洞賢宮、潮源宮、丹霞宮、西門慈濟宮、三和宮、平臺宮、壽山宮、澳溪會靈宮、尾頭社美仁宮、鼓浪嶼興賢宮、內厝澳之種德宮。[69] 廈門一港如此，其他港口也可想像了。

　　福建商人的活動進一步傳播了媽祖信仰。清代的航運業以福建人勢力最盛，所以，在國內各港口謀生的福建人很多。中國的航海業在宋元時期已經達到很高的水準，但由於明代的海禁之令，許多省分的民眾都忘記了航海。其時，只有福建境內的海澄擁有派出商人去海外貿易的權利。其後，鄭芝龍、鄭成功、鄭經三代人縱橫海上，使福建的航海力量達到頂峰。清朝解禁之後，沿海各省極度缺乏航海人才與船隻，於是，福建人駕著大船來到中國沿海各個港口，造成福建人壟斷中國航海業的狀況。以廣東來說，廣東境內有廣東話、客家話、閩南話等三種漢方言，使用閩南話的人口約占三分之一左右，而廣東閩南話分布的區域，幾乎都在沿海。浙江沿海歷來通行閩南話，浙南的平陽、蒼南諸縣，都以閩南話為主要方言，浙江沿海的舟山等島嶼，都是閩南話通行區域。上海是長江流域最大的港口城市，清末的上海航運業，皆掌握在福建人與廣東人手中，太平天國時期發生的小刀會起義，實際上是閩粵水手的聯合暴動。清末民初，福建人也是上海天后信仰的主要信眾。中國北方環渤海區域的港口，大都是在清代獲得大發展的，諸如天津、煙臺、營口、大連等城市，都有福建人建的會館。江南的福建會館就更多了。清道光十年（1830 年）蘇州重修三山會館，捐款

69　周凱等，道光《廈門志》卷二，第 50—52 頁。

的福州商人有洋幫 32 人、乾果幫 16 人、青果幫 16 人、絲幫 29 人、花幫 20 人、紫竹幫 3 人，共計 116 人。[70] 當時閩商在江南商業城市蘇州的經商活動十分引人注目，「吳俗奢麗，自閭門至楓橋，多閩中海賈，各飾郡邸，時節張燈陳百戲，過從宴犒豔服，以財相炫。」[71] 晚清至民國初年，福建大帆船往來沿海各個港口，運銷各地土產，福建經濟因而欣欣向榮。由於船運業與商業的繁榮，福建沿海各港口在清代也達到歷史上的一個新的繁榮點，在這一背景下，各港口都修建了許多媽祖廟。

第四節　福建天主教的傳播

　　除了耶穌會教士外，明末其他派別的天主教士也開始進入福建。其中重要人物有方濟各會的利安當（Antonio de Sancta），多明我會的黎玉範（Juan Baptista Morales），他們都是西班牙人，於崇禎六年（1633 年）從臺灣進入福建，在福安傳教，很快與葡萄牙人支持的耶穌會諸人發生衝突。

　　在黎玉範、利安當兩人抵達以前，耶穌會士在閩東的傳教已經有一定的基礎。在利瑪竇的影響下，艾儒略等人採取適應中國傳統文化的策略，對教徒的中國傳統習俗較為寬容，對受洗等發展教徒的儀式也有所改變。例如，按照傳統的基督教習俗，發展教徒的受洗禮上，要讓教徒脫掉衣服，以水沖洗，還要用口水塗抹。中國女性對這些習慣十分恐懼，所以，艾儒略等人在給女教徒洗禮之時，多是象徵性地澆一些水，不用口水。尤其是在祭祖與祭孔問題上，在那個時代，這是中國人的基本習俗，不祭祖，會遭周邊人痛斥；不參加祭孔禮，中國知識分子也就無法參加科舉考試。利瑪竇瞭解這一些問題，所以，對信徒的祭孔與祭祖，採取寬容的態度。用通俗的中國話說，就是「睜隻眼閉隻眼」。但耶穌會教士的做法在多明我會教士眼裡，就有了問題。他們想，如果這樣長期寬容中國教徒的習俗，會造成基督教在中國的異化！天主教是一個嚴格遵守古老習俗、教規的宗教，在歐洲歷史上，僅僅少數教義的爭執，往往會演化成教派鬥爭，少數派會被當作異教徒剷除。耶穌會與多明我會及方濟各會之間，本身存在著

70　蘇州〈道光十年重修三山會館勸助姓名碑〉，引自《明清蘇州工商業碑刻集》，第 352 頁。

71　朱仕琇，《梅崖居士文集》卷十，〈太學生余君墓誌銘〉，清刊本。

許多爭執，教派矛盾發展到一定的程度，雙方往往會尋找機會修理對方。羅馬教會在他們的爭奪下，隨著教皇的更換，有時傾向這邊，有時傾向那邊。抵達福建的教士，最早都是耶穌會士，但隨著西班牙人勢力在菲律賓和臺灣的發展，來自菲律賓和臺灣的西班牙籍教士多了起來。他們開始改變耶穌會的做法，嚴格要求教徒遵守來自歐洲的規定。不僅如此，從黎玉範之前的高奇開始，他們就找耶穌會士交涉，要求他們改變做法。耶穌會士對他們的要求有所解釋，但無法溝通，只好漠然處之。而多明我會方面的教士，看到他們的交涉沒有結果，開始向教會投訴，這就引起了著名的「禮儀之爭」。

應當說，多明我會的黎玉範也是十分認真的天主教徒，他邀請方濟各會的修士們合作，詳細調查了閩東一帶的天主教徒祭孔、祭祖和祭祀城隍等神的問題，彙成了數百頁的文字材料。黎玉範等人決定向菲律賓馬尼拉的遠東教會申訴。1636 年初，方濟各會的利安當和蘇芳積兩名教士，分別攜帶相同的文件取道臺灣赴馬尼拉。當時臺灣由荷蘭人占領，而荷蘭人信奉新教，與天主教有一些矛盾。歷經周折，利安當繞道巴達維亞抵達了馬尼拉。馬尼拉的方濟各會負責人看了材料後，將這些材料提交馬尼拉大主教。7 月分，在大主教召集各會人士討論之時，因耶穌會士的反對使會議無法得出統一結論。1640 年，菲律賓多明我會決定派遣因教難被驅逐的黎玉範到羅馬教廷申訴。黎玉範於 1643 年 2 月抵達羅馬，向教廷提出了遠東傳教在中國遇到的 17 個問題，大部分得到宗教裁判所的贊同，1645 年成為新教皇英諾森三世的敕令。中國教徒的祭孔祭祖都被認為是偶像崇拜，不可進行。1649 年，黎玉範回到福建，但他傳達的教會敕令卻受到耶穌會的抵制。其後耶穌會派出衛匡國到羅馬教會申辯。1656 年在新教皇亞歷山大七世的主持下，新的教皇敕令允許中國教徒祭孔祭祖，改革給女子塗口水等習俗。這一敕令由衛匡國帶回福建，於 1658 年在中國教徒中傳達。然而，黎玉範等人仍然堅持自己的觀點，他們決定再次向羅馬教廷申訴。導致教廷於 1669 年再次發出敕令。新的敕令採取調和的立場，允許在中國的不同教派對這一問題採取不同的辦法。[72]

72　張先清，〈明清之際西班牙多明我會士黎玉範與中國禮儀之爭關係考述〉，李向玉、李長森編，《明清時期的西班牙國際學術討論會論文集》澳門理工學院中西文化研

　　黎玉範於 1664 年 9 月病死於閩東的霞浦教堂。但由他引發的禮儀之爭
卻愈演愈烈，即使教會調停也不起作用。康熙三十二年（1693 年）3 月，
得到新任中國大主教的支持，福建宗座代牧顏璫（Charles Maigrot）在福建
長樂公開發布嚴禁祭孔祭祖等中國禮儀的訓令。此時中國各省的耶穌會教
堂已經有 206 所，多明我會的教堂僅 6 所，方濟各會的教堂也只有 24 所，
另有 4 所屬於奧斯定會，耶穌會占據絕對優勢。[73] 顏璫的訓令引發中國教徒
不知所措的混亂，耶穌會士決定抵制。康熙三十九年（1700 年）閔明我、
徐日昇等耶穌會士上奏康熙皇帝，敘述自己的理由，得到康熙皇帝的贊同。
但消息傳到歐洲，卻因耶穌會士將教內事務申訴中國皇帝引發廣泛不滿，
從而使歐洲的局勢向有利於多明我會士方面轉化。後來，教皇派遣使者到
中國來，向康熙皇帝交涉，康熙皇帝見羅馬教會的使者不可理喻，下令驅
逐教皇使者。

　　許多論者以為：黎玉範等人有殖民者自高自大的優越感，不尊重中國
文化習俗，加上他們與耶穌會士之間的恩怨，所以挑起一場禮儀之爭。好
像這事件是偶然發生的。實際上，中國人的宗教觀與歐洲人確有本質不同。
基督教是一神教，除了上帝之外，他們不拜其他神，否則就是違反教義；
中國人信仰多神教，百姓所拜神祇不可計數。一個閩人成為基督徒，並不
意味著他已放棄其他神祇，而天主教若容忍這種現象，自己也就成了多神
教，所以，基督教遲早要和中國人祭拜祖先與其他神靈的習俗衝突。這是
宗教本質決定的。

　　在禮儀衝突事件中，教皇禁止中國人祭拜祖先和孔子，從而引起了教
廷與清廷的正面衝突。朝廷對天主教的立場越來越嚴厲。雍正元年（1723
年），福安縣知縣看到教士在鄉村建教堂，便將此事上報閩浙總督覺羅滿
保，覺羅滿保特意上奏朝廷，提出禁教和驅逐傳教士等主張。次年，雍正
皇帝終於下決心禁止天主教傳播，將西洋派來的傳教士大部驅至澳門，其
影響所及，福建境內的多數教堂被關閉。其時，中國的儒者將祭祖尊孔當
作人生的頭等大事，天主教否定他們的基本價值觀，在士大夫中引起公憤，
所以，他們對清廷的措施是擁護的。福州的梁章鉅稱讚清廷禁傳教士入華，

究所 2009 年，第 156—169 頁。
73　王治心，《中國基督教史綱》，第 12 章，臺北，文海出版社，第 129 頁。

「有潛來內地妄稱傳教者，皆嚴繩以法……邪說亦無自生矣」[74]。和明末儒者以談天主教為時髦相比，清代中期的儒者對天主教是極為冷淡的。

　　不過，明清之際，天主教在福建傳播已經多年，八閩各府都有教堂，並有許多徒眾。雍正禁教令發出後，雖然關閉了許多教堂，但仍有些地區的天主教會仍在活動，他們轉入地下，採取祕密活動的戰術。許多傳教士違反禁令，從澳門潛入閩中教區傳教，尤以福安最盛。乾隆十一年（1746年），福建巡撫捕殺在福安傳教的福建主教白多祿等五人。其時福安的天主教徒尚有二三千人。又據《福寧府志》記載，此後繼任的福寧知府李拔，還擬出告示，勸百姓不可信教。可見，禁教時期，天主教仍在民間傳播，並延續很久。鴉片戰爭後，西方傳教士再次進入福建，他們發現福安、漳州和興化等地，仍有隱蔽的教會組織。

　　明清時期，來華傳教士多為歐洲人，其中，也有個別在中國本土培養的中國籍傳教士，例如，福安的羅文藻屬於多明我會，曾赴馬尼拉聖多瑪斯學院學習，通拉丁文、西班牙文，於清順治十一年（1654年）晉升為神甫。他往來於福建各地傳教，受到教會人士賞識。清康熙三年（1664年），清朝發生第一次驅逐西方傳教士事件，羅文藻因是中國人，仍有人身自由。他奔走四方，遍歷閩、浙、贛、粵、晉、魯、湘、川、南直隸各地，各省教務因而不至廢弛。康熙十二年末（1674年初），羅馬教皇任命羅文藻為主教，但因菲律賓方面權勢人物的激烈反對，延至12年後，這一任命方始生效。於是，他成為基督教史上第一位中國籍的主教。

小結

　　清代前期是佛教發展的低潮時期，這一時期的佛教管理制度不嚴，有不少寺院僧人世俗化，導致佛教社團往往遭受批評。不過，清代前期也有些寺院仍然堅守傳統的戒律，成為佛教的中流砥柱。福建和浙江是清代漢傳佛教最發達的區域，福建的支提寺、湧泉寺、西禪寺、廣化寺、開元寺、南普陀寺都是佛教的中堅力量，寺內有一批素質較高的僧人，他們堅守佛

74　梁章鉅，《退庵隨筆》卷八，〈政事〉，江蘇廣陵古籍刻印社 1983 年刊《筆記小　　說大觀》，第 19 冊，第 146 頁。

教的本義，弘揚佛教的慈悲精神，孜孜不倦地宣傳佛教教義。所以，清代的佛教總能從低潮中奮起。福建的佛教基礎是深厚的。

　　清代福建的道教也經歷了世俗化過程。六朝時期，福建有許多地方都是道教的基地，例如閩東的霍林洞天，太姥山，閩北的武夷山，福州的九仙山，都有發達的道教宮殿群。但是，經歷了歷朝代淘汰之後，多數仙山都遭到廢棄的命運，有的出現佛教化的傾向。例如，武夷山原來是道教名山，但清代的武夷山，只剩下了桃源洞天的唯一道觀，倒是佛教的永樂禪寺更為出名，他如天佑觀已經成為儒教的傳播之地。可見，清代福建正統道教已經衰落，知名的道士也不多。不過，福建道教有一支強大的同盟軍，即為民俗諸神信仰。例如，在福州九仙觀之旁興起了王天君信仰，高大的王天君神像，香火終日不斷，更勝於九仙觀的主神。福州城還有城隍信仰、泰山信仰、玄天上帝信仰，他們可以說是道教的神。然而，這些俗神與正規的三清觀格格不入，自成體系，只能稱之為民間信仰。與這些俗神相配的是民俗道士，他們並不出家，只是遇到事情之時才出面做法事。福建有兩大道士體系，其一為紅頭師公系統的靖姑派。民間傳說中陳靖姑為觀音的化身，那麼，說明陳靖姑信仰原來是屬於佛教的，但在清代缺乏道士的背景下，樂於從事民間法事的陳靖姑派已經被視為道士。陳靖姑系統的紅頭法師源出於佛教的瑜珈（瑜伽）派。清代老百姓請他們畫符捉鬼，這使紅頭法師取代了道士的功能，因而也被視為道士。另一派是信仰普庵法師的青頭師公。總之，清代的傳統宗教信仰相當複雜，釐清其中的發展脈絡並非容易。

　　清代福建的民間信仰在佛道之間自成體系，具有廣泛的影響。本章著重介紹了水神信仰和商業神信仰。清代的水神信仰以媽祖為最。與明代的海禁相反，清代中華民族向海外發展已經成為一種趨勢，臺灣的興起，使清朝有了許多涉海的事務。臺灣海峽的清朝水師往來於兩岸，而其水手大都信仰媽祖，朝廷為了安慰為官府服務的水手，保佑清朝水師，屢次晉封媽祖天后，這使媽祖成為清朝的官方信仰，清代媽祖廟在福建傳播很快，不分沿海還是內地，各縣都有天后宮，媽祖也成為福建會館必祀的神明，一定程度上是閩人的象徵。與海神相配，福建民間還流傳著對各位水神的信仰，其中有玄天上帝、水部尚書、晏公、拏公等等。另一方面，福州的

齊天大聖以及閩江流域的蕭公都發展成閩人的商業神崇拜，這是財神崇拜的地方化。

　　清代前期發生了禁教事件，這是指清廷禁止天主教的傳播。關於這一事件的前後，與福建天主教會的兩派之爭有關。其時在福建傳教的耶穌會耕耘多年，扎下了深厚的勢力。然而，屬於另一派的多明我教會自菲律賓馬尼拉進入福建，他們指責耶穌會歪曲了教義，允許中國天主教徒祭孔與祭祖，這違背了天主教會的規矩。雙方的爭議引起清朝廷與羅馬教會的衝突，羅馬教會最終裁決耶穌會違規，然而，清朝廷也因此禁止天主教在中國的傳播，是為禁教事件。這次禁教行動，對天主教的打擊是毀滅性的，全國多數地區的天主教堂被廢除。當然也有例外。在閩東羅文藻主教的家鄉，天主教一直在地下傳播。此後，儘管有朝廷的強大壓力，但福建民間仍然有數千天主教教徒。羅馬教會不斷派人到閩東傳教，又引起了清朝廷的不滿，於是有衝突事件發生。晚清教會瞭解了中國的情況，最終允許天主教徒可以祭祀祖先，也可以祭祀孔子。不過，基督教一直未能採納這一變化。

第十四章　清代前期臺灣的文化與宗教信仰

　　若以大文化的觀念來看，臺灣的文化可以分為上層的雅文化與底層社會的民俗文化。臺灣的儒學、文教事業、藝術屬於雅文化，民俗、民間信仰屬於底層文化。臺灣的佛教、道教既有屬於上層的雅文化的成分，也有屬於下層社會的民俗文化成分。

第一節　臺灣文教事業的起步

　　中國歷代統治者一向重視儒學在鞏固統治中的作用。清代初年，歷任臺灣府縣官員都很重視在臺灣發展文教事業。雖然由於經費有限，清代前期臺灣文教事業進步緩慢，然而，有了基礎，才會有清代後期臺灣文教事業的發展吧。

一、　臺灣府縣學校的舉辦

　　閩臺儒學交融鄭成功收復臺灣後，王忠孝等儒者移居臺灣，播下的臺灣儒學的第一批種子。其後，明鄭大臣陳永華奉行以儒學治國的政策，於永曆二十年（1666）在臺灣建立孔廟和學院，延師授徒，這是在臺灣普及儒學之始。

　　清代的臺灣府隸屬於福建省，它的官吏大都從福建調任。其次，清朝駐紮於臺灣的軍隊常達數萬人，他們也是從福建各地駐軍中抽調。加上臺

灣人大都原籍福建泉州與漳州，所以，閩文化在臺灣占了絕對優勢。

　　明清時代，漢族對於開發邊疆已經積累了豐富的經驗，這就是教育重於征服，儒學勝於武力，「仁者愛人」的說教遠勝於刀劍的血腥。可以說，儒學在邊疆區域的傳播，是明清二朝在邊疆地區統治鞏固的基礎。鄭成功入臺之後，便有在臺灣興文教的打算。迄至其子鄭經繼承王位，重臣陳永華便向其建議在臺灣興辦教育：「『開闢業已就緒，屯墾略有成法，當速建聖廟，立學校。』經曰：『荒服新創，不但地方褊促，而且人民稀少，姑暫待之將來。』永華曰：『非此之謂也。昔成湯以百里而王，文王以七十里而興。豈關地方廣闊，實在國君好賢能，求人材，以相佐理耳。今臺灣沃野數里，遠濱海外，且其俗醇，使國君能舉賢以助理，則十年生長，十年教養，十年成聚，三十年，真可與中原相甲乙。何愁其褊促稀少哉！今既足食，則當教之，使逸居無教，何異禽獸，須擇地建立聖廟，設學校，以收人材，庶國有賢士，邦本自固，而世運日昌矣。』經大悅，允陳永華所請。今擇地興建聖廟，設學校於承天府鬼仔埔上，鳩工築豎基址，大興土木起蓋。」[1]陳永華的謀劃，對臺灣的開發是有重要意義的。清朝統一臺灣之後，繼承了以儒學教育開發臺灣的政策，施琅在臺灣時，有西定坊義學，這是初級儒學教育。臺灣第一任知府蔣毓英到任後，捐建三所社學，「延請師儒，教誨窮民子弟」。他又購買學田 5 甲，「備農具，募佃開墾荒田，以為周恤貧生之需」。[2]他還重建府學建築，積極籌辦臺灣、鳳山、諸羅三縣的縣學。經過多任地方官的努力，臺灣府縣學校很快建成。官府希望用學校改變臺灣人民的氣質：

> 其自內地來居於此者，始而不知禮義，再而方知禮義，三而習知禮義。何言之？先為紅毛所占，取其地而城之，與我商人交通貿易；凡涉險阻而來者，倍蓰、什伯、千萬之利，在所必爭。夫但知爭利，又安知禮義哉？嗣是而鄭氏竊據茲土，治以重典；法令嚴峻，盜賊屏息。民間秀良子弟，頗知勵志詩書，俗尚偷安而已。國朝廟謨弘遠，增其式廓；歷年負固，一旦削平。凡所以養士、治民者，漸次修舉，易政刑而為德禮；撫綏勞來之方，靡不備至。於是鄉之中，

1　江日昇，《臺灣外志》卷十三，上海古籍出版社 1984 年，第 227 頁。

2　蔣毓英，康熙《臺灣府志》卷六，〈學校〉，廈門大學 1985 年，第 83—84 頁。

士知孝弟、民皆力田，詩書絃誦之業、農工商賈之事，各無廢職。
夫士之子恆為士、農之子恆為農，非定論也；今臺士之彬雅者，其
父兄非農工、即商賈也。求其以世業相承者，百不一二。由其俗尚
勉學，咸知具脩脯、延塾師授經：故咿唔之聲往往相聞，雖村落茅
簷間亦不絕焉。[3]

在清廷辦學校之時，民間的儒學教育也開始了，例如臺灣縣：

延師教子，入學執贄，年節有饋，脩脯有儀，厚薄有差，按月有米、
有膳，各鄉村皆然；獨邑之四坊，從學者，並無供米、供膳之禮。
貧乏之家固無足怪，眾所稱為富饒者，亦拘於流俗，刻薄其師乎？
抑刻薄其子乎？有志教子者，慎勿尤而效之！而為人師者，受人之
託，亦不可依阿從事而誤人子弟也。[4]

康熙六十年，臺灣暴發了朱一貴起義，迅即席捲全臺。赴臺官員總結
教訓，更加重視儒學的推廣，藍鼎元說：「臺人未知問學，應試多內地生
童，然文藝亦鮮佳者。宜廣設義學，振興文教。于府城設書院一所，選取
品格端正、文理優通，有志向上者，為上舍生徒。延內地名宿文行素著者
為之師，講明父子、君臣、長幼之道，身心、性命之理，使知孝弟忠信，
即可以造于聖賢。為文章必本經史古文先輩大家，無取平庸軟靡之習。每
月有課，第其高下而獎賞之，朔望親臨，進諸生而諄切教誨之。臺邑、鳳
山、諸羅、彰化、淡水各設義學，凡有志讀書者，皆入焉。學行進益者，
升之書院為上舍生。則觀感奮興，人文自必日盛。」[5]其後，臺灣的府縣學
逐步正規化，而民間義學及社學越辦越多，並於雍正年間設立正音書院，
教授北方官話。為了辦好學校，臺灣官府從福建省聘請了一批儒學人才，
他們分別就任臺灣府縣學的教授、訓導、教諭等職，教授臺灣本地學生，
逐漸取得成績。乾隆前期臺灣是一府四縣，即在原有的一府三縣外，又增
加了彰化縣，這些府縣都設置了學校。「府學歲科額進二十名，臺、鳳、
諸三學額進各十二名，彰學額進八名。」清代的學校學生分三等，一等的

3　高拱乾纂輯、周元文繼修，《臺灣府志》卷七，〈風土志〉，第 316—317 頁。
4　王禮主修、陳文達編纂，康熙《臺灣縣志》卷一，〈輿地志‧風俗〉，第 123 頁。
5　藍鼎元，《鹿洲全集‧初集》卷二，〈與吳觀察論治臺灣事宜書〉，廈門大學出
　　版社 1995 年，第 49 頁。

學生叫廩膳生，每年可領取官府頒給的廩膳費；二等的叫增廣生員，他們是侯補廩生；廩膳生與增廣生都有名額限制。臺灣早期府縣學校學生偏少，而後有所增加。《大清一統志》記載乾隆時期臺灣的學校和書院：

> 臺灣府學，在府治西南寧南坊。本朝康熙二十四年建，五十一年修，乾隆十年重修，入學額數二十名。

> 臺灣縣學，在縣治東東安坊。本朝康熙二十三年創建，四十二年、雍正元年、十二年屢修。入學額數十二名。

> 鳳山縣學，在縣治興隆莊。本朝康熙二十三年創建，五十八年、雍正七年屢修。乾隆二年重建，入學額數十二名。

> 諸羅縣學，在縣治西門內。本朝康熙四十五年建，四十七年、五十四年拓建。雍正八年重修。入學額數十二名。[6]

以上各府縣學校都有十來名正式學生。其額度比較與福建省其它府縣一致。只是臺灣本地學生偏少，有些名額會被來自泉州、漳州的學生占有。在臺灣儒學剛剛興起的時候，這種情況難免。

二、臺灣民間的辦學潮流

臺灣府剛建立的時候，明鄭上層人物大都被清軍帶回大陸。這造成臺灣儒學的衰退。清代早期臺灣的底層民眾對儒學敬而遠之。然而，隨著臺灣人口增加，民眾富裕，熱心儒學教育的人越來越多，不論是書院還是義學社學，都得到民眾的大力投資。周璽認為：「古者黨庠州序而外，又有家塾，建於里門，即今之社學是也。社學又與閭巷之小學不同。小學所以訓童蒙，如古者八歲而入小學是也。社學則諸士子會文結社，以為敬業樂群之所。大都有文昌祠，即有社學。如犁頭店之文昌祠內，士子以時會文，而名其學曰『騰起社』是也。餘可類推。茲以社學附於書院之後，為申其義若此。蓋學校之餘意也。故連類而並及之。」[7]如此，說來，社學不僅是童蒙開發之地，還兼有本地文士交流場所的作用。它的作用廣泛。

社學和義學是福建臺灣的基礎教育，這類學校的舉辦，大都是朝廷提

6　和珅等，《清一統志》卷三三五，〈臺灣府〉，第 3 頁。

7　周璽，道光《彰化縣志》卷四，〈學校志〉，第 149 頁。

倡，而由民間富戶出資，可以算是官民合辦。當然，民間自創的也很多。按照《清一統志》的說法，臺灣「各縣並有社學。」[8]其中諸羅縣建立較早，轄地廣闊，本地社學也多。雍正《福建通志》記載諸羅縣的社學：

> 社學在邑里漢庄者八一在縣內紅毛井邊，一在新化里八竈庄，一在善化里關帝廟後，一在開化里觀音宮，一在安定里姑媽廟，一在打描後庄，一在斗六門庄，一在半線庄營盤邊。
>
> 在番社者八，一在新港社，一在目加溜灣社，一在蕭壠社，一在麻豆社，一在諸羅山社，一在打描社，一在哆囉嘓社，一在大武壠社。國朝知縣劉作楫、樊維屏、周鍾瑄先後剏建。[9]

如上統計，雍正年間的諸羅縣擁有漢番社學 16 所。其中番人社學有 8 所可能會出於許多人的意外。然而，清朝官員正是通過社學培養出來的人瞭解番社的情況。可見，番人社學對清朝的統治有重要作用。

隨著臺灣開發的推進，臺灣各縣的基礎教育大有發展。彰化縣是雍正年間從諸羅縣劃出的，迨至道光年間，僅彰化就有拔社等 14 座社學。在彰化做官的楊桂森解釋清代的初級教育：「六七歲未作文者之學規：先教之以讀弟子職，使知灑掃應對進退起坐之禮。其所讀書，務須連前三日併讀。仍須多分本數。一本不過二十篇。每本每日讀至五行，使一本書於一月內外迴頭，便易熟。并題須隨讀隨講。其寫字先學寫一寸以上之大字。其讀四書，讀起時即連細注并讀。凡讀詩經、書經，隨章添讀小序。其答經中註解，擇其解字者讀之，不過十分取一、二也。學庸註全讀，論語註讀十分之七，孟子註讀十分之五，經註讀十分之一、二。蒙以養正，聖功也。果行育德其毋忽。」[10]這種教育是很扎實的。

社學是初步的儒學教育，較高級的儒學教育是通過書院來進行的。清代的府縣學校，多數時間是一個舉辦儀式的場所，較級高級的儒學教育，大都是在書院舉行。所以，臺灣也會有一些官督民辦的書院。《大清一統志》記載：

8　和珅等，《清一統志》卷三三五，〈臺灣府〉，第 4 頁。

9　郝玉麟等，雍正《福建通志》卷十八，〈學校志〉，第 48 頁。

10　周璽，道光《彰化縣志》卷四，〈學校志〉，第 145—146 頁。

> 海東書院，在府學西。本朝康熙五十九年巡道梁文瑄建。乾隆四年
> 學臣楊二酉奏准，照直省書院例，以府教授為師。選諸生肄業其中。
> 貢生施士安捐田一千畝，以充膏火。又崇文書院在東安坊，康熙
> 四十三年建。

> 彰化縣有白沙書院，在學宮右。[11]

按照碑刻所記，諸羅縣於乾隆二十五年改建了玉峯書院；乾隆二十九
年，新竹一帶有了明志書院。乾隆三十二年，澎湖有了文石書院。[12]

乾隆年間朱仕玠記載臺灣的書院：

> 臺灣府治內有二書院：一曰海東，一曰崇文。海東舊書院在府學西
> 邊；乾隆二十五年，覺羅四朗亭公復創立新書院于臺灣縣學西首。
> 崇文舊書院在府治後，今已頹毀；覺羅四公為府時，創立新書院
> 於府署東首。海東書院督課，道主之；崇文書院督課，府主之。
> 二十九年正月，予蒙覺羅四公諭、府貴陽蔣公召，掌教崇文書院。
> 舊例書院掌教，凡係屬員，則道府發牌委掌其事；予蒙道府優禮，
> 不行委牌，特用聘儀，寔異數也。臺、鳳、諸三邑無書院，惟彰化
> 立白沙書院。[13]

據這兩條史料，乾隆年間臺灣擁有的真實書院是三所：臺灣府的海東
書院、崇文書院和彰化縣的白沙書院。其中崇文書院辦理一段時間後應是
冷落了，而海東書院借用官衙很長時間，最終官府將海東書院從官衙遷到
崇文書院舊址。所以，在臺灣較出名的，還是海東書院。

臺灣經濟在乾隆、嘉慶、道光年間有較大發展，人口增加，文教事業
漸漸得到民間人士的關心，這對書院的發展是有利的。臺灣府城著名的海
東書院在道光年間再一次修繕，主持其事的是官員鄧傳安。

鄧傳安於道光四年到臺灣，他對臺灣文教事業十分關心，每每鼓勵臺
灣學子。「越三年，書院又需修葺。職監黃捷芳偕弟文學廷材捐千餘金慨
任其事，閱兩月而落成；講堂、齋舍煥然一新，拓於舊者三之一焉。兩黃

11　和珅等，《大清一統志》卷三三五，〈臺灣府〉，第3—4頁。
12　佚名，〈臺灣教育碑記〉，臺灣文獻叢刊第45種。
13　朱仕玠，《小琉球漫誌》卷六，〈海東賸語上〉，第57—58頁。

君能趾施明經之美於奕祀後，不亦自待者厚，而所思者遠歟！」[14]

　　臺灣府之外，各縣書院陸續創辦。彰化縣尤其積極。彰化的白沙書院創辦較早，而後又試辦主靜書院，「民人李榮、史順、林元等，共捐銀一千元」，還有多塊田地之租。後來，主靜書院因故未成，所有田地被劃入白沙書院。[15] 其後，彰化縣又辦了螺青書院和文開書院。

　　鄧傳安的〈重修螺青書院碑記〉記載：「彰化縣南五十里，東、西螺兩保合建螺青書院，以祀文昌帝君。昉於嘉慶八年癸亥。廟貌既煥，人文蔚起。已而毀於兵、圮於水。至嘉慶二十二年丁丑，眾紳士乃釀千餘金修復。越五年而余來為鹿港同知，楊茂才贊元乞文以記其事。」[16] 鄧傳安又有〈新建鹿仔港文開書院記〉一文：「道光四年，傳安為鹿仔港同知已二年矣；勤於課士，士皆思奮。因文昌宮之左隙地甚寬，請建書院其上；傳安給疏引勸諭。以海外文教肇自寓賢鄞縣沈斯庵太僕光文字文開者，爰借其字定書院名，以志有開必先焉。」[17] 以上表明彰化縣新建了兩座書院：螺青書院和文開書院。在舉辦書院這件事上大力支持鄧傳安的是彰化縣令周璽。周璽說：

　　　璽與浮梁鄧盱原先生同出大興朱文正公之門，嘉慶十三年戊辰又嘗同事秋闈。先生以善教得民為治，所至文教無不振興。洎鹿仔港五年，創建文開書院。歲在丙戌，璽權彰化縣事，書院尚未竣工。其冬，先生權郡篆，以璽受代賦閒，訂為郡城崇文書院山長，於明年春中來塾，見先生課士，善誘學者，昭若發矇，益知鹿港士子服教之深。是秋，先生卸郡篆，復回鹿港；士庶踊躍以襄書院役，即於歲終告成。明年春，先生已拜命為郡伯，尚釋奠於書院而後行。時璽兼主彰化白沙書院講席，履端曾至鹿港；先生導觀書院，喜其壯麗宏敞勝於崇文。及讀先生修建碑記，乃知取海外寓賢沈太僕之表德以命名，而搜采同時隨鄭氏渡臺、艱貞肥遯之徐、盧諸君子、及東征作記之藍鹿洲、共八人以配享徽國朱文公，於是共仰人師，聞

14　鄧傳安，〈重修海東書院碑記〉，載於鄧傳安，《蠡測彙鈔》，第 29—30 頁。
15　周璽，道光《彰化縣志》卷四，〈學校志〉，第 147 頁。
16　鄧傳安，〈重修螺青書院碑記〉，載於鄧傳安，《蠡測彙鈔》，第 28 頁。
17　鄧傳安，〈新建鹿仔港文開書院記〉，載於鄧傳安，《蠡測彙鈔》，第 31 頁。

見益廣矣。[18]

閱讀這段文字方知古人要建一所書院十分不易，儘管宣導者是縣令與同知這樣的官員，也是歷經曲折，方才建成書院。

臺灣官員熱衷於建書院，很大程度上是認為建立書院可以改變當地人的氣質。例如，道光年間陳盛韶講到臺灣山區多匪盜的問題：

> 臺灣之難治在賊，而五廳四縣：鳳山、嘉義、彰化之賊尤多。三縣之賊，無地不有，而鳳山之黃梨、山番、市蔡、水底、邦蔡，嘉義之店仔口、萆麻庄、虎尾溪、三塊厝、吧蕉呷，彰化之西螺、北投、大里溪、牛罵頭，尤為盜藪。盜賊生於飢寒，三縣民獨窮乎？曰：否。沿海賊多赤貧，沿山賊間有產業。貧而賊，不過為搶竊，為劫殺。有產業而賊，則為樹旗、為分類，結交地棍，習於兇惡，無所不為。治之者嚴刑極法，所以塞其流。籌出經費，就四鄉設義學，選擇品學兼優師儒以教育之，興孝舉廉，褒崇節義，講明禮讓，以鼓舞作新之，所以清其源。蓋直省沿海、沿邊之民，往往頑梗不化，動釀事端，不及中土者，非其氣稟獨異，皆學校不興，教化不及，此天下大局也。[19]

在陳盛韶看來，只有發展儒學才是解決山區多盜問題的根本。同時代的姚瑩也有類似觀點。道光年間，開發噶瑪蘭成為一種趨勢，清朝官員便考慮在噶瑪蘭設書院，改造當地民眾。姚瑩說：

> 仰山書院，因乏經費未建，延請山長於文昌宮作課，以端士習而振文風也。志恒議曰：「噶瑪蘭廳自嘉慶十五年收入版圖，生齒日繁，人烟輻湊，其間工商農業者十居八九，多以強霸習健為能，明於孝弟禮讓者十難一二。地方僻陋，學校未施。必先設書院，延師教育人材，日漸觀摩，以期振興文教。前廳翟淦議設仰山書院名目，因乏經費，未能建創，僅于文昌宮內，延師作課，每歲甄錄生童六、七十名。所需師生膏火花紅，前廳高大鏞將阿里史等社餘埔原議設屯未准之租穀，改作此項經費。後來歷任照辦，俱未詳明立案。此

18　鄧傳安，〈新建鹿仔港文開書院記〉，載於鄧傳安，《蠡測彙鈔》，第32頁。

19　陳盛韶，《問俗錄》卷六，〈盜藪〉，第130頁。

時文昌宮內，現經前署廳姚瑩延有臺邑拔貢生李維揚主講，從師肄業生童共八十餘名。事難中止，經費不敷。除將阿里史等社租額另列專條議請憲示外，所有原設仰山書院名目，現經延師設課緣由，伏乞憲鑒，應毋庸奏咨，以省案牘。」[20]

官員希望培養出一批文質彬彬的書生，官員可以通過他們管理噶瑪蘭這樣的邊遠區域。這種設想是好的。事實上，許多地方儒學的發展，也造就了一批重視實學而看淡科舉的儒者。彰化縣的學風很扎實：「彰邑庠分閩、粵二籍，讀書各操土音，各有師承。城市鄉村，隨處皆有家塾，正月開館，臘月散館。塾師半係內地來者。各保近建文昌祠，為生童會文之地；敬業樂群，觀摩益善；敦詩說禮，狙獷潛消。彰城舊建白沙書院，鹿港新建文開書院，按月課期，互相濯磨，以上副國家養士之隆、右文之化。或席豐好禮，或安貧守道，蒸蒸然不僅為科舉之學矣。」[21]

臺灣的學校、書院依照福建省的一貫制度，在明倫堂中增祀朱熹，教授的內容以朱熹編註的《四書章句集註》為主，這都在人們的意料之中。由於方言的關係，臺灣的學校、書院大多聘請福建儒生為師資，這種局面一直延續到清末，反映了閩臺兩地密切的文化聯繫。

三、臺灣的科舉事業

臺灣科舉考試有一個從易到難的過程。康熙年間，官府規定福建省每次鄉試，給臺灣留一個舉人的名額，雍正十三年又增到兩名。嘉慶十二年又增至每年三名。早期的臺灣好學生不多，朝廷所給名額無法用盡，而福建科舉名額有限，競爭激烈，便有大陸泉漳二府的一些學子到臺灣冒充本地學生考試，以獲取當地的學生名額。許多人便到臺灣以求一逞，結果往往如願，因此，前期臺籍進士多為閩人。隨著臺灣教育的發展，本土俊士逐漸湧現，迄至雍正、乾隆年間，臺灣本土的生員品質提高：「家塾黨庠，課誦不輟。凡文理通順者，即赴學院肄業，觀摩砥礪，奮興異才。故風簷寸晷，美不勝收，冒籍之弊，不禁自息。」康熙年間，官府規定福建省每

20　姚瑩，《東槎紀略》卷二，〈籌議噶瑪蘭定制〉，臺灣古籍叢編第4輯，第530頁。
21　周璽，道光《彰化縣志》卷九，〈風俗志〉，第289頁。

次鄉試，給臺灣留一個舉人的名額，雍正十三年又增到兩名。[22] 嘉慶十二年又增至每年三名。參加考試的主要是原籍泉州、漳州的學子。其中亦有專給粵籍的名額：

> 臺地居民……東粵惠、潮二郡十有二三……亦准考試，分其卷為粵籍，四邑與焉。遇府道試，合四邑、粵籍取之；入學八名，隸臺灣府學，但無廩膳。三年鄉試，亦不與焉。[23]

關於臺灣的科舉考試，朱仕玠說：

> 臺灣鄉試另廣一名，係提督軍務侯張公雲翼特疏准；自康熙丁卯科為始，于福建鄉試正額外，另編至字號取中一名。是科中式蘇峨，庚午中式邑星燦，皆鳳山人也。康熙三十七年，總督郭世隆奏准撤去另號，通省一體勻中。以後三十一年，鄉試十二科，臺地無獲雋者。雍正七年，巡察臺灣御史夏之芳奏准臺灣貢監生員，仍照舊例另編字號，於閩省中額內取中一名。雍正十三年，巡撫盧焯奏准於本省解額外，不論何經，加增中額一名。乾隆元年，巡撫盧焯奏准恩科福建加中三十名內，臺灣於原額外加中一名。但臺地冒籍者多，中式多非土著。予查臺灣自乾隆癸酉至壬午凡五科，共額中十名內，惟癸酉科中式謝居仁一名係鳳山人，餘俱屬內地。乾隆二十八年，巡臺滿御史永公慶、漢御史李公宜青至臺，臺地紳士以額中虛冒其名，聯名進詞，願撤去另號，一體勻中。二巡臺不允所請，但面諭道、府、縣嚴禁冒籍，其源既清，則其弊自止。二公寔能善體國家栽培海外至意。李公加意督課，諸生詩文皆手自批閱，諄諄不倦；幾忘憲體之尊，而篤師生之誼，多士頌之。李公江西寧都州人也，乾隆丙辰進士。[24]

以上史料表明福建臺灣官員著力培養臺灣的本土人士，因為，這對清朝鞏固對臺灣的統治有重大意義。

臺灣的第一名進士是出生於臺灣的侯官人陳夢求，他是清初名士陳夢雷的弟弟，因戰亂的關係入同安籍，早在明鄭時代即為臺灣的生員。入

22　尹士俍，乾隆《臺灣志略》卷中，〈學校士習〉，第272頁。
23　朱仕玠，《小琉球漫誌》卷六，〈海東賸語上〉，第58頁。
24　朱仕玠，《小琉球漫誌》卷六，〈海東賸語上〉，第57頁。

清之後，陳夢求於康熙三十三年中第三甲第 31 名進士。陳夢求是福建至臺灣第一代移民的後裔，其後乾隆二十二年中進士的諸羅縣王克捷和乾隆三十一年中舉的鳳山縣的莊文進，據說也是福建文士冒名。真正臺灣本土培養出來的進士，要數道光三年的鄭用錫，他是淡水縣人。鄭用錫出生乾隆五十三年（1788 年）的後壠溪洲，今屬苗栗縣。嘉慶十五年中秀才，嘉慶二十三年為舉人，道光三年中進士，為第三甲第 109 名。他於道光十四年到十七年在北京奉職，隨後辭官歸鄉。成為地方著名的縉紳。積極參與地方公共事業，對當地書院的支持尤多。死於咸豐八年（1858 年）。鄭用錫著有《北郭園全集》。鄭用錫擅長寫詩，他晚年的詩十分從容、優雅，反映了一種超然的生活態度。他的〈生辰得雨〉詩詠：「湖海歸來剩此身，廿年間散守江濱。空留出岫為雲態，猶作平疇課雨人。已搏斗升分涸轍，競傳弧矢正嘉辰。長去報束慚何敢，聊伴堯天擊壤民。」這類詩即使在清代一流士大夫中，也屬於較好的詩作。清朝統治臺灣百年後，能出現如此人才，應說達到了目的了。道光年間在臺灣做官的鄧傳安說：「臺郡被聲教百餘年，人文不讓內地；諸生挾四書、五經以專心於舉業，自謂能學聖人之學矣。[25]」這個評價反映了臺灣文教的進步。道光二十年傅人偉的〈芝山文昌祠記〉云：「自我朝版圖一統，易戰爭以禮義，化甲冑為詩書，百餘年間，家有塾，黨有庠，州有序，國有學，科第匹於中華，公卿列於朝右。」[26] 可見，鴉片戰爭時期的臺灣人自認為臺灣的文教已經趕上內地的水準了。

四、臺灣的文學藝術

臺灣的文學，最早是移民臺灣的大陸士子的創作，更多的是在臺灣做官的外地籍貫的官員創作。關於臺灣的文學，朱景英的《海東札記》云：

> 郡人譚藝者必推沈斯菴。往歲范九池侍御修郡志，採其詩文入志者甚多。頹唐之作，連篇累牘，殊費持擇也。考斯菴名光文，字文開，鄞人，明副榜，由工部郎中晉太僕寺少卿，命監軍廣東。順治辛卯，自潮州航海至金門，總督李率泰陰招之，不赴。將入泉州，舟過圍

25　鄧傳安，〈重修海東書院碑記〉，載於鄧傳安，《蠡測彙鈔》，第 29 頁。

26　傅人偉，〈芝山文昌祠記〉，佚名，《臺灣教育碑記》臺灣文獻叢刊第 54 種。

頭洋，遇風飄至臺灣。鄭成功禮以賓客，不署官。及經嗣，以賦寓諷，幾罹不測，遂變服為僧入山。臺平，不能歸，因家馬。意此君官唐桂藩，事販渡海依鄭氏者。觀其序東吟社稿有云：「鄭延平視同田島，志效扶餘」，可想見已。他如王忠孝、辜朝薦、沈詮期、盧若騰、李茂春、張士郁、張灝、張瀛輩，均以故紳遯跡島嶼者，志家列諸此郡流寓，論其世、原其志可耳。[27]

　　如其所云，臺灣第一批來自大陸的學者，主要是由鄭成功禮賢下士請來的。他們跟隨鄭成功從廈門、金門遷到臺灣，明鄭政權失敗後，他們之中的一些人仍然生活在臺灣。他們是臺灣第一批文人，具有較高的文化修養。例如，沈光文「工詩賦，所著有臺灣賦、東海賦、檨賦、桐花芳草賦、草木雜記。」[28]留下了一批可觀的詩賦。不過，隨著明鄭的失敗以及清初臺灣瘟疫的流行，臺灣一度被視為瘴癘之地，許多人敬而遠之，稀缺的文化名人很少到臺灣。所以，清初在臺灣舞文弄墨的多是清朝的官員。例如，臺灣縣令季麒光寫了許多詩篇。獵奇的官員和幕僚寫了《裨海紀遊》、《臺海使槎錄》、《臺海見聞錄》、《小琉球漫誌》、《海東札記》，《臺灣府志》一修再修，還有重修、續修，都表達了大陸士大夫對臺灣的熱情。他們在臺灣會舉辦詩會等文學活動，從而帶動了本地民眾。加上官辦學校的促進，臺灣文學逐漸展開，有了自己的文學家和方志學家。乾隆十七年的《重修臺灣縣志》記載：

　　王喜，寧南坊人，歲貢生。多著作，嘗自撰臺灣志，勤于搜羅，舊邑志因據以為藍本云。

　　吳王弼，字景良，寧南坊人，歲貢生。性簡默，獨喜談兵。康熙乙亥，分脩郡志。任松溪訓導。

　　陳逸，字豫侯，東安坊人，歲貢生。以醫濟人，和易可親。康熙乙亥，分脩郡志。己亥分脩諸羅縣志。雍正乙巳，選福安訓導。

　　馬廷對，字策生，少失怙恃，苦志讀書。時值海氛，流寓於臺。康

27　朱景英，《海東札記》卷四，〈記叢璅〉，福建教育出版社2017年《臺灣古籍叢編》第4輯，第171頁。

28　王必昌纂輯，乾隆《重修臺灣縣志》卷十一，〈人物志・沈光文傳〉，臺灣文獻叢刊第113種。

鄭成功與隱元交好，後將其送至日本，在日本開闢黃蘗宗。因隱元的影響，鄭成功周邊多黃蘗僧人，他們也成為臺灣第一代的僧人，在民間有較大影響。黃蘗宗和臨濟宗有密切的關係。唐代名僧黃蘗希運的弟子臨濟義玄開創了臨濟宗，以後成為佛教禪宗內最大的流派，黃蘗宗和臨濟宗實為一個體系。福州鼓山湧泉寺的僧人既有臨濟宗，也有曹洞宗，他們在臺灣都有一些影響。

清代臺灣的佛教深深契入民眾的生活。各地的寺院都有一大批信徒，婦女對佛教的信仰相當虔誠：「歲時、佛誕，相邀入寺燒香，云以祈福。」[36]「婦女入寺燒香，臺俗最熾。閒時尚不多觀，一遇佛誕，則招群呼伴，結隊而行，遊人遍於寺中。」[37]男性信仰佛教的也很多。臺灣人的家庭，會在正堂祭祀佛祖或是觀音。《臺灣縣志》云：「臺俗演戲，其風甚盛。凡寺廟佛誕，擇數人以主其事，名曰『頭家』；斂金於境內，作戲以慶。鄉間亦然。」臺灣普通百姓的喪禮，皆要舉行與佛教相關的儀式。「喪禮：七日內成服，五旬延僧道禮佛，焚金楮，名曰做功果、還庫錢；俗謂人初生欠陰庫錢，死必還之。既畢除靈，孝子卒哭謝弔客；家貧或於年餘擇日做功果除靈。」[38]「俗多信佛，延僧道，設齋供，誦經數日，弄鐃破地獄，云『為死者作福』。」[39]佛誕日和七月半，臺灣人要舉行相關的習俗儀式。「四月八日，僧眾沿門唱佛曲，人贈以錢米。」佛教的盂蘭會是臺灣民眾的重要節日：「七月十五日，亦為盂蘭會。數日前，好事者醵金為首，延僧眾作道場；將會中人生年月日時辰開明緣疏內，陳設餅餌、香櫞、柚子、蕉果、黃黎、鮮薑，堆盤高二、三尺，并設紙牌、骰子、煙筒等物；至夜分同羹飯施餓口。更有放水燈者，頭家為紙燈千百，晚於海邊親然之；頭家幾人，則各手放第一盞，或捐中番錢一或減半，置於燈內。眾燈齊然，沿海漁船爭相攫取，得者謂一年大順。沿街或三五十家為一局，張燈結采，陳設圖畫、玩器，鑼鼓喧雜，觀者如堵。二日事畢，命優人演劇以為樂，謂之壓醮尾。月盡方罷。」[40]可見，盂蘭會已經成為臺灣民眾最大的節日之一，其

36　周鍾瑄主修、陳夢林等編纂，康熙《諸羅縣志》卷八，〈風俗志〉，第 149 頁。
37　王禮主修、陳文達編纂，康熙《臺灣縣志》卷一，〈輿地志‧風俗〉，第 124 頁。
38　黃叔璥，《臺海使槎錄》卷二，〈赤嵌筆談〉，第 25 頁。
39　王禮主修、陳文達編纂，康熙《臺灣縣志》卷一，〈輿地志‧風俗〉，第 120 頁。
40　黃叔璥，《臺海使槎錄》卷二，〈赤嵌筆談〉，第 27 頁。

熱鬧程度可與春節相比。這種習俗與福建沿海是相同的。

　　臺灣的龍山寺數量最多，大都與晉江的安海龍山寺有關。安海龍山寺的歷史悠久，廟內的觀音菩薩像，相傳始於隋代。在歷史上，安海龍山寺是泉州著名的大寺，許多泉州人都到該寺進香，尤其是福建沿海的漁民，對觀音信仰極為重視，他們出海前都要拜觀音。晉江的安海是泉州著名的港口，清朝開放泉州的蚶江港為對臺港口之後，晉江、南安、惠安三縣的民眾多由蚶江赴臺。赴臺之前，他們多到龍山寺拜觀音，有的人帶著龍山寺觀音香火到臺灣謀生，香火停留處，往往成為龍山寺。鹿港的龍山寺也是臺灣傳播龍山寺香火的重要寺院。臺灣中部的鹿港與泉州遙遙相對，很早就開放與泉州蚶江對渡，安海龍山寺的香火最早傳到此處，而後向各地擴散。現在的鹿港龍山寺規模宏大，是臺灣的一級古蹟。其後隨著泉州三邑人在臺灣的擴散，龍山寺的香火遍布臺灣各地。以臺北龍山寺為例：最早有一位泉州移民路過當地，因登廁之故，將身佩「龍山寺（在晉江安海）觀音佛祖」的香袋懸掛於樹林中，事畢後忘記攜歸。偶有行人路過，見林中紅光閃閃，以為是神靈顯聖，尋覓之，得到香袋，便將它供了起來。因其十分「靈驗」，祭拜者越來越多，當地信徒便集資建造寺院。該寺始建於乾隆三年，兩年後完成。請僧人主持，久而久之，形成了一所大寺院。由於龍山寺的香火多由泉州沿海三邑人創建，龍山寺漸漸演化成泉州晉江、南安、惠安三邑人的會所。20 世紀 70 年代的統計，全臺灣計有 441 所龍山寺。[41]

　　臺灣的清水祖師廟也是與佛教有關的建築。祖師廟祭祀安溪縣的清水祖師，它的祖廟在安溪縣的清水巖。清水祖師原名普足，是宋代著名的密宗和尚，以祈雨聞名於泉州、漳州一帶，閩南各地都有他的廟宇，但以安溪的清水祖師廟最有名。安溪人到臺灣之後，往往帶著清水祖師的香火。他們在某地扎根後，便會建起祖師廟。晚清臺灣的烏龍茶十分有名，而在臺灣種植茶樹，大多是安溪人。安溪人帶著烏龍茶種走遍臺灣山區，清水祖師信仰也就傳到了臺灣各地。臺灣的三峽的清水祖師廟最為有名，當地一流藝術家為該廟雕刻神像與裝飾，使該廟成為臺灣民間藝術的代表作。

41　彭桂芳，〈「唐山」過臺灣的故事、從民間的宗教信仰尋根〉，原載《青年戰士報》，〈參考消息〉1978 年 12 月連載。

據說臺灣的清水祖師廟也有四百多座。

二、臺灣的道教

　　中國的道教可分為出家的全真道與在家的正一道。全真道在福建傳播時間不長，明清時代，福建的道教以火居道士正一道為主。他們在臺灣各地設立法壇，為民眾祈福驅鬼。正一派道士大都是居家道士，他們可以過著和普通百姓一樣的生活，只是在需要時穿上道士服裝行法。正一道的祖廟在江西三清山，此地與福建省相鄰，因此，張天師的正一道在福建影響很大。福建省民間的法師大都會到三清山求得道教度牒，從而成為正統的道士。清朝福建臺灣的道士主要有兩個流派，其一是三奶派的紅頭道士，其二是以普庵為祖師的青頭道士。三奶派又稱閭山派，其祖神為陳靖姑、李三娘、林九娘等三名唐代女道士。相傳唐大曆二年，陳靖姑出生於福州的上渡，後嫁入古田縣的臨水。臨水有一白蛇精專與產婦作怪，陳靖姑在閭山學道成功後，幾次打敗白蛇精，後因生產而死，成為專門保護產婦與幼童的女神。李三娘和林九娘都是她的助手。如前所述，閭山派的起源其實和佛教密宗有一定關係，因而三奶廟中都會供奉觀音菩薩。明代的三奶派自稱是儒、佛、道三教之外的法教。但到了清代以後，福建的正統道教衰敗，三奶派法師都自稱道士，他們的服飾中紅色因素較多，常以紅布裹頭，因而有「紅頭師公」之稱。臺灣的「青頭師公」服飾尚青，他們的祖師為普庵祖師。大致而言，紅頭法師的法術花式較多，什麼「登天梯」，「過火海」之類的法術，大都是三奶派道士表演的，而普庵法師的法術相對簡單，因此，紅頭法師在民間較為興盛。臺灣百姓遇到事情，每每請民間的法師作法。「七夕呼為巧節。家供織女，稱為七星孃。紙糊綵亭，晚備花粉、香果、酒醴、三牲、鴨蛋七枚、飯七椀，命道士祭獻畢，則將端陽男女所結絲縷剪斷，同花粉擲於屋上。」[42] 值得注意的是：明鄭時期，道士的度牒比僧人的度牒價格更高。每名持有度牒的道士要給官府繳納五兩白銀，這比每名和尚給官府繳納的二兩白銀，要多一倍半。這說明道士在臺灣社會還是很吃香的。

　　臺灣的正統道教不很發達，但民俗道教有一定的市場。臺灣與道教有

42　黃叔璥，《臺海使槎錄》卷二，〈赤嵌筆談〉，第 26 頁。

關的廟宇中，以玄天上帝和吳真人擁有最多的信徒。

　　臺灣很早就建立了玄天上帝廟。明朝軍人的信仰先是關帝，而後加入了玄天上帝。明太祖時代，明朝軍隊就開始信仰關帝，而明成祖自北京南下奪取政權後，認為自己得到北方玄天上帝的保佑，從此將玄天上帝列為軍神。由於鄭成功對明代軍隊信仰的繼承，玄天上帝信仰很早就傳到了臺灣。臺灣府城有二座玄天上帝廟是鄭氏建的。尹士俍云：「又有祀玄帝，曰上帝廟。在東安坊者，稱大上帝廟，鄭氏所建，康熙四十八年里民重修。在鎮北坊者，稱小上帝廟，亦鄭氏建。」[43]

　　這兩座廟入清以後，都被解釋為清朝官員建設的廟宇。劉良璧於乾隆六年開始纂輯的重修《福建臺灣府志》，對這兩座廟是這樣解釋的：「上帝廟：即真武廟，在東安坊。康熙二十四年，知府蔣毓英修，高聳甲於他廟。一在鎮北坊。總鎮張玉麟渡臺遭風，夢神披髮蹺足自檣而降，風恬抵岸；因重新之。後堂為知府蔣毓英祠。」若是沒有看到尹士俍的相關記載，僅看劉良璧的重修《福建臺灣府志》，會以為這兩座玄天上帝廟都是清朝官員建立的。其實未必。由於玄天上帝在閩南人中有很大影響，所以，老百姓也會建設玄天上帝廟。就劉良璧的重修《福建臺灣府志》而言，除了官府重視的兩大廟宇外，還有多座玄天上帝廟：「一在洲仔尾網寮。一在下洲仔甲。一在廣儲東里。一在歸仁南里。一在仁德里嵌頂。一在崇德里。一在仁和里下灣。一在大目降莊。」[44] 可見，乾隆年間的臺灣府城已經有10座玄天上帝廟，數量不少。

　　吳真人廟也是臺灣重要的道教廟宇。吳真人信仰誕生於閩南的同安和龍溪一帶。吳真人生前以醫術聞名，死後成為醫神。閩南人稱吳真人為保生大帝。通常認為閩南的吳真人信仰發源於龍溪與同安交界處的兩座吳真人廟。其一為青礁保生大帝廟，其二為白礁保生大帝廟。龍溪與同安兩縣縣界交錯，隸屬關係屢有變更；青礁廟原屬漳州龍溪縣，現屬廈門市管轄；而白礁廟原來隸屬同安縣，現歸龍溪縣管轄。可以說，吳真人信仰的特殊性在於跨越了泉州與漳州兩府。廈門島上，大都合祀吳真人和媽祖婆。閩南人傳說吳真人和媽祖婆是一對戀人，然而媽祖婆看到母羊生仔時的痛苦，

43　尹士俍，《臺灣志略》中卷，第 316 頁。
44　劉良璧纂輯，重修《福建臺灣府志》卷九，〈典禮志〉，臺灣史料集成本，第 466 頁。

臨婚反悔，不肯嫁給吳真人。這反映了閩南人神話中的人性因素。這一傳說也在臺灣民間傳播。臺灣很早就有了信仰吳真人的廟宇，李元春《臺灣志略》云：

> 按真人廟宇，漳泉間所在多有，荷蘭踞臺，與漳泉人貿易時，已建廟廣儲東里矣。嗣是鄭氏及諸將士皆漳泉人，故廟祀真人甚盛。或稱保生大帝廟，或稱大道公廟，或稱真君廟，或稱開山宮，通志作慈濟宮，皆是也。舊志所載，除廣儲東里外，其在西定坊者，尚有北線尾廟。其在鎮北坊者二：觀音亭邊，偽時建……舊社口，偽時建。[45]

臺灣吳真人廟宇甚多，劉良璧記載：

> 吳真人廟：在西定坊新街。乾隆五年，街民重修，曰「開仙宮」。一在北線尾。一在鎮北坊水仔尾。一在觀音亭邊。一在石頭坑。一在武定里。一在廣儲東里。一在歸仁北里舊社口。其在文賢里一圖者三、在二圖者一、在安平鎮者三、在澎湖奎璧嶼者一。……臺多泉、漳人，以其神醫，建廟獨盛。[46]

可見，僅乾隆六年編成的《福建臺灣府志》，便記載了 16 座吳真人廟。要知道，同一府志記載臺灣府城的關帝廟和天后宮，分別為十座、七座。可見，吳真人信仰在臺灣是可以和關帝信仰及媽祖信仰並列的重要道教信仰。又據陳在正的統計，迄至道光年間，臺灣已經有吳真人的廟宇 31 座。[47]

第三節　臺灣流行的民間信仰

對於民間信仰研究的學術總結，我在《福建民間信仰論集》[48] 等著作中進行了概述，這裡就不重複了。此處僅對清初的臺灣民間信仰進行了個簡單的描述。

臺灣的民間信仰大都由福建傳來，福建沿海各地的重要神廟在臺灣都

---

45 王必昌纂輯，乾隆《重修臺灣縣志》卷六，〈祠宇志〉。
46 劉良璧纂輯，乾隆《重修福建臺灣府志》卷九，〈典禮志〉，第 466 頁。
47 陳在正，《臺灣海疆史》臺北，揚智文化事業公司 2003 年，第 590 頁。
48 徐曉望，《福建民間信仰論集》，北京，光明出版社 2011 年。

有自己的分廟，其中又以閩南系統的地方神為多。

一、臺灣民間信仰與福州

　　臺灣流行瘟神崇拜和送瘟船習俗。關於瘟神的研究，劉枝萬、李豐楙等臺灣學者都有很大的成績。我的研究可見：《福建民間信仰源流》和《福建民間信仰論集》兩書。臺灣的瘟神信仰有兩個系統，其一來自福州的五帝信仰，其二是閩南的王爺信仰。福州的五帝信仰主要來自福州臺江的白龍廟，而閩南的王爺信仰多種多樣，號稱有 36 種，著名的有池王爺、溫王爺等。不過，臺灣的傳說往往將兩個體系混在一起。黃叔璥的《臺海使槎錄》說：

> 三年王船備物建醮，志言之矣。及問所祀何王？相傳唐時三十六進士為張天師用法冤死，上帝勅令五人巡遊天下，三年一更，即五瘟神；飲饌器具悉為五分。外懸池府大王燈一盞，云偽鄭陳永華臨危前數日，有人持柬借宅，永華盛筵以待，稱為池大人，池呼陳為角宿大人，揖讓酬對如大賓；永華亡，土人以為神，故並祀焉。[49]

　　表面看，臺灣的瘟神王爺即是閩南 36 姓王爺之一，又和福州的五帝信仰相匹配了。實際上，福州五帝之姓是早在漢朝就流行的張、鍾、劉、史、趙五瘟鬼，二者本來不是一個系統，但在臺灣都捏在一起了。這反映了臺灣移民社會文化混成的特點。

　　臺灣每年的瘟神祭祀規模很大。《臺灣縣志》記載：

> 臺尚王醮，三年一舉，取送瘟之義也。附郭鄉村皆然。境內之人，鳩金造舟，設瘟王三座，紙為之。延道士設醮，或二日夜、三日夜不等，總以末日盛設筵席演戲，名曰「請王」；進酒上菜，擇一人曉事者，跪而致之。酒畢，將瘟王置船上，凡百食物、器用、財寶，無一不具。十餘年以前，船皆製造，風篷、桅、舵畢備。醮畢，送至大海，然後駕小船回來。近年易木以竹，用紙製成，物用皆同。醮畢，抬至水涯焚焉。凡設一醮，動費數百金，即至省者亦近百焉；真為無益之費也。沿習既久，禁止實難；節費省用，是在賢有司加

49　黃叔璥，《臺海使槎錄》卷二，〈赤嵌筆談〉，第 31 頁。

之意焉耳。相傳昔年有王船一隻放至海中，與荷蘭舟相遇，炮火矢石，攻擊一夜；比及天明，見滿船人眾悉係紙裝成。荷蘭大怖，死者甚多。是亦不經之談也。[50]

閩南一帶送瘟神的特點是造船下海，讓瘟王爺的船舶順著海流漂蕩。這是耗費錢財很多的行動：

> 廟宇大小不一，概號曰「代天府」。神像俱雄而毅，或黝或赭、或白而皙，詰其姓名，莫有知者。所傳王誕之辰，必推頭家數人沿門醵資，演戲展祭，每一年即大斂財。延道流設王醮二、三晝夜，謂之「送瘟」。造木為船，糊紙像三，儀仗儼如王者，盛陳優觴，跪進酒食，名為請王；愚民爭投告牒畢，乃奉各紙像置船中，競柴米。凡百器用、兵械、財寶，以紙或綢為之，無一不具。推船入水，順流揚帆而去則已；或迴泊岸側，則其鄉必更設醮、造船以禳。每費累數百金，少亦不下百金。雖窮村僻壤，罔敢各惜，以為禍福立至。噫！此誣神惑民之甚者也！[51]

閩南一帶的習俗是：不論瘟王爺的瘟船漂到哪裡，這個地方的百姓都要就地將瘟王爺供起來。為之造廟祭祀。因此，臺灣沿海有不少瘟王爺的廟是因為大陸漂來王爺船而建起來的。各地信眾大約三年一次要為瘟王爺舉行大醮。並且十二年要舉行一次特大醮會。每當醮會，百姓集資造船，舉辦敬神遊行，形成大規模的祭祀活動。

從福建省會福州傳到臺灣的神廟有：城隍廟、五福大帝、臨水夫人廟、齊天大聖等神明。城隍廟是明清時代各地城市最常見的建築，城隍之神在古代被視地方神的主管，凡有城牆的地方，一定會建有城隍廟。福建最高城隍是福州的省城隍，最早建於晉代福州城牆初建之時。福建省城隍廟中有各地城隍來朝拜圖像，臺灣府城隍也是其中的一個。臺灣早期的城市大都以竹林為牆，乾隆以後，各縣城陸續建築磚石及三合土的城牆，同時建立城隍廟，它的香火大都來自府城隍，而府城隍的香火則來自福州省城隍。

---

50 王禮主修、陳文達編纂，康熙《臺灣縣志》卷一，〈輿地志‧風俗〉，第125—126頁。

51 李元春，《臺灣志略》卷一，臺灣文獻叢刊第18種。

　　來自福州的另一個重要信仰是泰山神。泰山神的廟宇又稱嶽帝廟。福州最早的泰山祠建於五代。其時，淮河一帶的光州縣民眾移民福建，將他們的信仰帶到福建，泰山神應是其中之一。光州移民在福建建立的政權後來發展為閩國。五代末年，閩國滅亡，福州人將王閩的一座宮殿改造為泰山行祠。此後，泰山信仰在福建發展起來。福建沿海各區域都有泰山行祠，這一習俗也傳到了臺灣。泰山是中國五嶽之首，因此，泰山神也被稱為泰嶽神，後簡稱嶽神，嶽帝。「嶽帝」一音之轉，便成了「玉帝」、「玉皇」。閩南人認為一月初九是玉皇誕，每到玉皇誕，都要大肆慶祝。這種習俗同樣出現於臺灣。

二、臺灣民間信仰與閩南

　　關帝信仰是發源於北方的民間信仰，明代初年，北方軍隊被調到福建沿海駐紮，各衛所都建立了關帝廟，其中最出名的泉州通淮關帝廟和漳州東山關帝廟。廈門的關帝廟也很多。在廈門海船碼頭附近，不僅有西關媽祖廟，還有西關關帝廟。從周凱的《廈門志》附圖上可以看到：就在西關關帝廟附近，還有兩三座關帝廟。可惜的是：民國時期廈門關帝廟多改為他用，現在保留的極少，影響也不如泉州、漳州的兩座關帝大廟。泉州的通淮關帝廟香火極盛，該廟就在泉州城市的中心。而漳州香火最盛的關帝廟要數東山島上的關帝廟。閩南人渡臺謀生，泉州人從蚶江渡臺，會帶去通淮關帝廟的香火；而漳州人從東山島渡海到臺灣，會帶去東山關帝廟的香火，兩廟的香火隨著漳泉移民傳遍臺灣各地，並產生重大影響。

　　臺灣府城的關帝廟建於明鄭時期，入清之後得到重建。高拱乾《臺灣府志》云：「關帝廟一在府治鎮北坊。康熙二十九年，臺廈道王效宗重建。因舊址而增擴之。」康熙末年，臺灣至少有兩座關帝廟，除了鎮北坊的關帝廟之外，「又一在鎮北坊」。[52] 閩南人對關帝十分崇拜，除了官府外，民間也會建造關帝廟。例如鹿港的關帝廟：「乾隆壬辰年南靖商民捐建」。[53] 又如高拱乾《臺灣府志》在說到鳳山縣的兩座關帝廟時說：「一在土墼埕。其像先在烈島。有賊犯島中，居民震恐；是夜，見神青巾綠袍、大刀駿馬

52　高拱乾纂輯、周元文繼修，康熙《臺灣府志》卷九，〈外志〉，第378頁。
53　周璽纂輯，道光《彰化縣志》卷五，〈祀典志〉，第154頁。

巡海馳擊，賊遂逃去。後島民來臺者洪姓，鳩眾立廟祀之。」[54] 文中說到的「烈島」，應為廈門島與金門島之間的烈嶼，此地為廈門港出海口，許多廈門船舶赴臺灣都是由烈嶼出海的。來自烈嶼的一個洪姓男子將本島的關帝信仰帶到了臺灣的鳳山縣。到乾隆年間，臺灣府城已經有十來座關帝廟了。[55]

值得注意的是：臺灣府城的關帝廟：「後構禪室，以住僧焉。」[56] 可見，當時臺灣的關帝信仰還是由僧人管理的。所以不能將其列為道教。

從閩南傳到臺灣的民間信仰主要有：媽祖、關帝、保生大帝、清水祖師、廣澤尊王、惠澤尊王、開漳聖王等神明。廈門附近的白礁吳真人廟和青礁吳真人廟，是泉州、漳州一帶兩大吳真人信仰的祖廟，它們的子廟隨著閩南人分布於臺灣各地。

臺灣的民間信仰主要來自福建省東南沿海，又以泉州人和漳州人的信仰為主。福州的民間信仰能夠傳到臺灣，與福州省會地位有關。由於方言的關係，清代臺灣官府的幕僚和吏員，有一大部分是福州人，因為，只有他們才能和省府官吏順暢對話。久而久之，許多福州人隨之到臺灣謀生。清代福州人擅長手工業，不論是服務業的理髮、裁縫、廚師，還是刺繡、製箱等各種城市手工業，都是福州人的天下。於是，福州幕僚吏員和各種手工業師傅在臺灣府城形成一個團體，他們也就將福州的民間信仰帶到臺灣了。

臺灣的漢人中有 16% 是來自廣東潮州府、嘉應州的客家人，他們的祖籍是福建的汀州，所以，在臺灣客家人的居住區，除了祭祀潮州府的三山國王外，還可以看到起源於汀州的定光佛信仰。至於福建的閩北區域，當地人對法祖公張、蕭、劉、連四大聖者的崇拜，在臺灣也可找到分廟和香火。總之，在臺灣可以見到諸神香火，大都來自福建各地的神明和廟宇。

54　高拱乾纂輯、周元文繼修，《臺灣府志》卷九，〈外志〉，第 380 頁。
55　范咸纂輯，乾隆《重修臺灣府志》卷七，〈典禮志〉，臺北，文建會 2004 年臺灣史料集成本，第 366 頁。
56　高拱乾纂輯、周元文繼修，康熙《臺灣府志》卷九，〈外志〉，第 378 頁。

第四節　臺灣的媽祖崇拜

臺灣民間信仰中，最有影響力的是媽祖崇拜。臺灣各地各個港口都有天妃宮或是天后宮。媽祖信仰在臺灣的地位是無可比擬的。媽祖原籍福建莆田湄洲島，是古代著名的航海保護神。媽祖信仰早在宋代就傳到閩南沿海，也是閩南漁民、水手最崇拜的神明。

一、臺灣民間信仰的傳播

在福建的口岸中，廈門島上的廈門港是最早對臺灣開放的港口，而且一度是唯一的渡臺港口，因而廈門港口附近的朝天宮媽祖廟成為渡臺官民最重視的媽祖廟，清代開赴臺灣的船隻都要在這裡拜請媽祖香火，祈求媽祖保佑他們平安渡臺。因此，臺灣早期媽祖廟的香火都來自廈門朝天宮，以後逐步散香全島各地。不過，臺灣中部諸港可以直接和莆田湄洲通航，有些廟宇的香火直接來自湄洲。例如諸羅縣有三座天后廟：「天后廟：在縣署左。康熙五十六年，知縣周鍾瑄募眾建。又一在外九莊笨港街；三十九年居民同建。一在鹽水港；五十五年居民同建。」[57] 此後，諸羅境內的天后宮越來越多。其中笨港天后宮應當就是著名的朝天宮吧。該廟為臺灣中部諸縣天后宮的信仰中心，《彰化縣志》記載：彰化縣有一座天后宮「在邑治南門外尾窯，乾隆中士民公建，歲往笨港進香，男女塞道，屢著靈應。」而彰化縣鹿港的天后宮，「乾隆初，士民公建，歲往湄洲進香」。[58] 總體而言，康熙年間臺灣新建的天后宮並不太多，但在乾隆以後呈現爆炸式地增長。再以彰化縣為例：乾隆十年之後重修的《臺灣府志》記載，彰化縣僅有一座「天后廟：在北門內。」[59] 而道光年間的《彰化縣志》記載：

> 天后聖母廟：一在鹿港海墘，乾隆五十五年，大將軍福康安倡建，廟內有各官祿位。一在邑治北門內協鎮署後，乾隆三年北路副將靳光瀚建；二十六年，副將張世英重修。一在邑治東門內城隍廟邊，乾隆十三年，邑令陸廣霖倡建。一在鹿港北頭，乾隆初士民公建，歲往湄洲進香，廟內有御賜「神昭海表」匾額。一在邑治南門外尾

57　范咸纂輯，乾隆《臺灣府志》卷七，〈典禮志〉，第 369—370 頁。
58　周璽纂輯，道光《彰化縣志》卷五，〈祀典志〉，第 154 頁。
59　范咸纂輯，乾隆《臺灣府志》卷七，〈典禮志〉，第 370 頁。

窯，乾隆中士民公建，歲往笨港進香，男女塞道，屢著靈應。一在
王宮，嘉慶十七年邑令楊桂森倡建。一在沙連林圯埔，乾隆初，里
人公建，廟後祀邑令胡公邦翰祿位。一在鹿港新興街，閩安弁兵公
建。一在犁頭店街，一在西螺街，一在東螺街，一在大肚頂街，一
在大肚下街，一在二林街，一在小埔心街，一在南投街，一在北投
新街，一在大墩街，一在大里杙街，一在二八水街，一在葫蘆墩街，
一在悅興街，一在旱溪莊。[60]

　　可見，道光年間的彰化縣擁有共計 23 座的天后宮，這比彰化縣在乾
隆初年的天后宮數量增加非常多，可以說是爆炸性增長。「五十五年，大
將軍福康安倡建。」[61] 又如臺灣府城西定坊的天后宮，「名海安宮，乾隆
五十三年，欽差大臣嘉勇公福康安偕眾官公建，知府楊廷理成其事，廟內
御書扁曰『佑濟昭靈』。嘉慶三年修。」[62] 清朝為了答謝媽祖的保佑：「特
蒙御書聯額二，分於天妃本籍興化縣及廈門海口廟宇懸掛，以荅神佑。」[63]
在普通百姓看來，朝廷高官幾乎是不可接觸高端階層，然而，由於保佑了
清軍，清朝多次表彰臺灣的地方廟宇，為其賜匾多塊，這是臺灣地方性廟
宇很難企及的榮譽，使臺灣普通人有得到尊重的感覺。這是臺灣人推崇媽
祖信仰的重要原因。

　　第三，和媽祖信仰的親和性有關。在臺灣人敬祀的所有神明中，媽祖
於臺灣人是地緣關係最近的重要神靈。媽祖的祖廟與臺灣隔海相望，去臺
灣並不太遠。清代前期，有不少媽祖廟宇的代表直接到湄洲祖廟進香。對
許多信眾來說，她就像鄰家的可親的大媽。和其它神靈高高在上不同，媽
祖給人的感覺是她會管民眾的瑣碎細事，尤其是女性家庭中的家務事，女
性崇拜者可與媽祖細細地傾述嘮叨。媽祖就像人類的老祖母，不厭其煩地
聽著信眾的傾述。這種親和力是其它神明所少有的。即使是男性，他們在
勇敢航海的時候，也會有面臨危險的軟弱。在這時候，只有像母親一樣關
心他們的媽祖給予自己力量。不論遇到什麼危險，他們都可以從媽祖信仰
中得到力量。就像小時候不論遇到什麼問題，都可以投入母親的懷抱一樣。

60　周璽纂輯，道光《彰化縣志》卷五，〈祀典志〉，第 154 頁。
61　周璽纂輯，道光《彰化縣志》卷五，〈祀典志〉，第 154 頁。
62　陳壽祺等，道光《福建通志》，〈壇廟志〉，第 16 頁。
63　乾隆帝等，《欽定平定臺灣紀略》卷首四，第 23 頁。

媽祖信仰是力量的源泉。郁永河的《裨海紀遊》上卷記載：「土人稱天妃神曰馬祖，稱廟曰宮；天妃廟近赤嵌城，海舶多於此演戲酹愿。」這反映了臺灣人將媽祖當作保護神的潛意識。由於這些原因，媽祖在臺灣人心中具有獨特的作用，因而受到廣泛的尊重。

　　第四，和佛教、道教合力推崇媽祖信仰有關。佛教是中國影響最大的宗教，也是宋代推出聖妃崇拜的重要力量。清代臺灣的媽祖廟多由僧人為主持。例如淡水廳天后宮內便有「廟僧」[64]。笨港朝天宮的媽祖香火相傳由直接來自湄洲的樹德（一說樹碧）和尚創建。臺南市的天妃宮：「住僧寄漚焚修祇侍，晨昏讚頌，氤氳烟篆，歷落鐘魚。」臺灣知府季麒光「以招墾荒園二十七甲，永為常住執持之業」。[65] 這都說明臺灣的佛教與媽祖信仰有很大的關係。得到佛教的支持，是媽祖信仰擴大傳播的重要原因。現今臺灣的媽祖廟，觀音殿是必不可少的建築，這與民間媽祖是觀音化身傳說是有關的。很小的媽祖廟，也會配一座觀音的神龕。與此同時，媽祖在民間還被視為道教之神。媽祖是中國人創造的神，受到官府的認可，來自朝廷的封賜總是強調官方對媽祖信仰的認可。官方的認可實際上是將其納入儒教的神明體系，但在民眾眼裡，儒道神明是不可分的。所謂儒教的神，就是道教的神。今天臺灣的媽祖宮，大都自認為屬於道教，這與清朝長期推崇有關。

小結

　　關於清代前期臺灣社會的發展程度，各有各的說法。通常認為清代後期臺灣發展水準是不錯的。不過，清代前期的臺灣，也許還在蠻荒時代吧。衡量社會發展的尺規是經濟與文化。臺灣的經濟發展速度很快，大約在嘉慶道光年間已經趕上了大陸沿海的水準，也就是說，已經超越了大陸許多內地省分。那麼，臺灣的文化如何？一般地說，文化的發展會比經濟略遲一步，臺灣也是如此。乾隆年間，臺灣的經濟水準已經很不錯了，但在文化方面尚且落後於福建一截。迄至嘉慶、道光年間臺灣文化才有明顯的發

64　陳培桂纂輯，同治《淡水廳志》卷四，〈祠祀・天后宮〉，第7頁。
65　季麒光，《蓉洲詩文稿選輯》，〈天妃宮僧田小引〉，香港人民出版社2006年，第130—131頁。

展。鴉片戰爭前的臺灣，書院教育在各地興起，社學越來越多，開始有了臺灣本土的進士。乃至有些地區將其與漳泉故土相比，自稱為海濱鄒魯了。這當然會有爭議。有一點可以肯定的是：清代前期臺灣經濟的發展，為晚清臺灣文化的起飛奠定了基礎。

　　臺灣的佛教和道教在群眾中仍然有很深的基礎，人們的生老病死和歲時節慶，都與佛教道教有些關係，清代前期的臺灣佛教的廣泛傳播和民俗道教的對民眾生活的深層次影響，都引人注目。臺灣的民間信仰類似福建沿海，有福州系和閩南系兩個系統。福州人的核心是省會派出的幕僚和老師，他們在臺灣城市有相當的地位，因而會給臺灣城市帶去五帝等神明信仰。臺灣人大都來自閩南，閩南神靈對臺灣的影響也是很深的。在廈門獨占對臺灣貿易的時代，在廈門最流行的關帝信仰和吳真人信仰、媽祖信仰，塑造了臺灣府城的基本面貌。後來，臺灣又開放了鹿港、八里岔等口岸，泉州的民間信仰大都進入臺灣，先入為主，成為許多地方的主要信仰。至於漳州和廣東潮州移民，他們的早期移民大多是走私進入臺灣南部，在臺灣所占的地盤也不如泉州，待他們進入泉州人占優勢的城市，許多神明的廟宇已經矗立在當地，他們已經沒有重新建設的必要了。這是在臺灣信仰界泉州人占莫大優勢的原因。

主要參考文獻

一、古籍文獻

清 ‧ 《清世祖實錄》北京，中華書局，1985 年影印本。

清 ‧ 《清聖祖實錄》北京，中華書局，1985 年影印本。

清 ‧ 《清世宗實錄》北京，中華書局，1985 年影印本。

清 ‧ 《清高宗實錄》北京，中華書局，1985 年影印本。

清 ‧ 《清仁宗實錄》北京，中華書局，1985 年影印本。

清 ‧ 《清宣宗實錄》北京，中華書局，1985 年影印本。

明 ‧ 顧炎武，《肇域志》抄本，續修四庫全書史部，第 595 冊。

清 ‧ 嵇璜、曹仁虎等編，《清文獻通考》，文淵閣四庫全書本。

清 ‧ 劉兆麟，《總制浙閩文檄》，清康熙刊本。

清 ‧ 和珅等，《清一統志》，文淵閣四庫全書本。

清 ‧ 顧祖禹，《讀史方輿紀要》，北京，中華書局 2005 年；又，傳世藏書本，海口市，海南國際新聞出版中心 1995 年。

民國 ‧ 趙爾巽等，《清史稿》，北京，中華書局 1977 年標點本。

清 ‧ 胤禛，《雍正朱批諭旨》，文淵閣四庫全書本。

清 ‧ 乾隆帝主編，《欽定大清會典則例》，文淵閣四庫全書本。

清 ‧ 乾隆帝，《御製詩五集》，文淵閣四庫全書本。

清 ‧ 乾隆帝等，《御定淵鑑類函》，文淵閣四庫全書本。

故宮博物院編，《宮中檔乾隆朝奏摺》，臺北，故宮博物院 1982 年。

清・賀長齡，《清經世文編》，北京，中華書局 1992 年影印本。

國立中研院歷史語言研究所輯，《明清史料》，上海，商務印書館 1936 年。

清・陳夢雷等，《古今圖書集成》，北京中華書局、巴蜀書社影印本。

清・杜臻，《粵閩巡視紀略》，文淵閣四庫全書本。

清・佚名，《清初海疆圖說》，臺灣文獻叢刊第 155 種。

清・朱彝尊，《經義考》，文淵閣四庫全書本。

清・乾隆帝等，《欽定平定臺灣紀略》，文淵閣四庫全書本。

清・藍鼎元，《平臺紀略》，文淵閣四庫全書本。

清・佚名，《平臺紀事本末》，臺灣文獻叢刊本。

清・姚瑩，《東槎紀略》，臺灣文獻叢刊本，第 7 種。

清・朱彝尊編，《明詩綜》，文淵閣四庫全書本。

清・乾隆帝，《御選明詩》，文淵閣四庫全書本。

明・李魯，《重編燼餘集》，民國重刊本。

清・朱彝尊《曝書亭集》，文淵閣四庫全書本。

清・吳偉業，《梅村家藏集》，宣統三年刻本，《清代詩文集彙編》第 29 冊。

清・季麒光，《東寧政事集》，香港人民出版社 2004 年。

清・季麒光，《蓉洲文稿選輯》，香港人民出版社 2004 年。

清・李世熊，《寒枝初集》，清同治十三年刊本。

清・藍鼎元，《鹿洲全集》，廈門大學出版社 1995 年。

清・藍鼎元，《鹿洲初集》，文淵閣四庫全書本。

清・藍鼎元，《東征集》，文淵閣四庫全書本。

清・查慎行，《敬業堂詩集》，文淵閣四庫全書本。

清・張伯行，《正誼堂文集》，《四庫全書存目叢書》，集部，第 254 冊，
　　濟南，齊魯書社 1997 年。

清・張遠，《無悶堂集》，清康熙二十四年刊本。

清・林雨化，《林希五詩文集》，清道光十年刻本。

清・郭起元，《介石堂集古文》，乾隆刻本。

清・湯彝，《盾墨》，道光刻本。

清・李光地，《榕村全集》，乾隆元年刊本。

清・李光地，《榕村語錄》、《榕村續語錄》，中華書局 1995 年標點本。

清・蔡世遠，《二希堂文集》，清乾隆四十八年刊本。

清 ・ 蕭正模，《蕭深谷文集》，清康熙五十六年刊本。

清 ・ 于成龍，《于清端政書》，文淵閣四庫全書本。

清 ・ 鄭方坤，《蔗尾文集》，乾隆元年刊本。

清 ・ 蔡新，《緝齋文集》，乾隆五十年刊本。

清 ・ 莫樹椿，《師竹堂集》，清咸豐二年刊本。

清 ・ 朱仕琇，《梅崖居士文集》，乾隆四十七年刊本。

清 ・ 朱仕玠，《筠園集四種》，清乾隆三十五年刊本。

清 ・ 林雨化，《林希五先生詩文集》，道光十年刊本。

清 ・ 楊廷理，《楊廷理詩文選集》，福建教育出版社 2017 年臺灣古籍叢
　　　編第 4 輯。

清 ・ 林樹梅，《歗雲文抄》，福建教育出版社 2017 年臺灣古籍叢編第 5 輯。

清 ・ 孟超然，《瓶庵居士文抄》，嘉慶二十年刊本。

清 ・ 李彥章，《榕園全集》，道光二十年刊本。

清 ・ 周凱，《內自訟齋文集》，清道光二十年愛吾廬刻本。

清 ・ 龔景瀚，《澹靜齋文抄》，清道光三年刊本。

清 ・ 謝金鑾，《二勿齋文集》，道光十六年刊本。

清 ・ 徐經，《雅歌堂文集》，清同治十二年刊本。

清 ・ 陳池養，《慎餘書屋文集》，清同治九年刊本。

清 ・ 陳壽祺，《左海文集》，左海全集本。

清 ・ 陳庚煥，《惕園初集》，清道光元年惕園全集刻本。

清 ・ 徐繼畬，《松龕先生文集》，續修四庫全書影印民國四年鉛印本。

清 ・ 蔣蘅，《雲寮山人文抄》，咸豐元年刊本。

清 ・ 郭柏蒼，《沁泉山館詩》，清光緒十年刻本。

清 ・ 鄭方坤，《全閩詩話》，文淵閣四庫全書本。

清 ・ 姚瑩，《中復堂全書》，臺灣文海出版社 1974 年近代中國史料叢刊
　　　續輯，影印同治丁卯刊本。

清 ・ 姚瑩，《東溟奏稿》，臺灣文獻叢刊第 49 種。

清 ・ 徐宗幹，《斯未信齋文編》，臺灣文獻叢刊第 87 種。

清 ・ 徐宗幹，《斯未信齋雜錄》，《近代中國史料叢刊續編》第九十八輯。

清 ・ 鄭方坤，《閩詩錄》，文淵閣四庫全書本。

清 ・ 鄭杰輯、陳衍補訂，《閩詩錄》，民國刊本。

清 ・ 乾隆等，《御選明臣奏議》，文淵閣四庫全書本。

鄭麗生，《鄭麗生文史叢稿》，福州，海風出版社。

北朝・顏之推，《顏氏家訓》，文淵閣四庫全書本。

清・佚名，《商賈便覽》，乾隆五十七年刻本。

清・屈大均，《廣東新語》，中華書局 1985 年。

清・陳其元，《庸閒齋筆記》，筆記小說大觀本，第 10 冊，江蘇古籍刻印社。

清・傅澤洪，《行水金鑑》文淵閣四庫全書本。

清・周亮工，《閩小記》，福建人民出版社 1985 年。

清・王士禎，《香祖筆記》，文淵閣四庫全書本。

清・（釋）大汕，《海外紀事》，北京，中華書局 1987 年。

清・施鴻，《閩溪紀署》，《澄景堂史測》附《閩溪紀署》一卷，清康熙八年自刻本，《四庫全書存目叢書》史部第 291 冊。

清・葉夢珠，《閱世編》，上海古籍出版社 1981 年。

清・鈕琇，《觚賸續編》，中華歷代筆記全集本電子版。

清・郁永河，《裨海紀遊》，福建教育出版社 2017 年《臺灣古籍叢編》第 3 輯。

清・黃叔璥，《臺海使槎錄》，文淵閣四庫全書本。

清・王簡庵，《臨汀考言》，康熙三十年原刊，北京出版社，四庫未收書輯刊本第 8 輯，第 21 冊。

清・姚衡，《寒秀草堂筆記》，上海商務印書館 1937 年，叢書集成初編第 367 冊。

清・黎士宏，《仁恕堂筆記》，叢書集成續編第 95 冊。

清・姚元之，《竹葉亭雜記》，中華書局 1987 年。

清・方以智，《物理小識》，文淵閣四庫全書本。

清・劉墉，《片刻餘閒集》，乾隆十九年刊本。

清・陳琮，《烟草譜》，嘉慶二十年刻本。

清・褚華，《木棉譜》，叢書集成初編本，上海商務印書館 1937 年。

清・朱琰，《陶說》，乾隆三十九年鮑廷博刻本，《續修四庫全書》第 1111 冊。

清・藍浦、鄭廷桂，《景德鎮陶錄》，嘉慶翼經堂刻本。

清・德福等，《閩政領要》，清乾隆刊本（約刊於乾隆三十二年）。

清・姚桂纂輯，《閩藩政事錄》，上海圖書館藏抄本。

清・陸廷燦，《續茶經》，文淵閣四庫全書本。

清・許奉恩，《里乘》，光緒五年常熟刻本。

清・陳盛韶，《問俗錄》，北京，書目文獻出版社 1983 年。

清・梁章鉅，《歸田瑣記》，北京，中華書局 1981 年。

清・丁紹儀，《東瀛識略》（1868 年），同治十二年福州吳玉田刊本。

清・姚瑩，《識小錄》，臺灣文海出版社，近代中國史料叢刊續輯，第 55 冊。

清・卞寶第，《閩嶠輶軒錄》，廈門大學圖書館藏本。

清・郭柏蒼，《竹間十日話》，福州，海風出版社 2001 年。

清・寄泉，《蜨階外史》，江蘇廣陵古籍刻印社筆記小說大觀本。

清・郭柏蒼，《海錯百一錄》，清刻本。

清・楊瀾，《臨汀彙考》，清光緒四年刻本。

清・施鴻保，《閩雜記》，福建人民出版社 1985 年。

清・施鴻保，《閩雜記補遺》，福建圖書館藏郭白陽輯本。

清・尹繼美，《閩遊記略》，江西永新仁山百鷺書院同治十三年（1874）版。

清・王韜，《瀛壖雜志》，小方壺輿地叢抄第四十冊。

清・李景銘，《閩中會館志》，民國三十二年刻本。

清・郭柏蒼，《閩產錄異》，嶽麓書社 1986 年。

清・劉世英，《芝城紀略》，清光緒二十二年抄本。

民國・鄭麗生，《閩廣記》，廈門大學圖書館藏抄本。

清・里人何求，《閩都別記》，福建人民出版社 1987 年。

民國・佚名，《興化文獻》，馬來西亞雪蘭峩興安會館 1947 年刊本。

清・葉德輝編，《繪圖三教源流搜神大全》，上海古籍出版社、上海書店、天津古籍出版社聯合出版。

清・王勝時，《漫遊紀略》，江蘇廣陵古籍刻印社筆記小說大觀本，第 17 冊。

清・金城，《浣霞摸心記》，錄自中國社會科學院歷史研究所明史研究室編，《清代臺灣農民起義史料選編》，福建人民出版社 1983 年。

中國社會科學院歷史研究所清史研究室編，《清史數據》第一冊，北京，中華書局 1980 年。

清・余颺，《莆變紀事》，《清史數據》第一冊，北京，中華書局 1980 年。

清・陳鴻、陳邦賢，《熙朝莆靖小紀》，《清史數據》第一輯，北京，中

　　華書局 1980 年。

南明・阮旻錫，《海上見聞錄》，定本，福建人民出版社 1982 年。

清・彭光斗，《閩瑣記》，福建省圖書館藏 1980 年手抄本。

清・梁恭辰，《勸戒錄・續編》，清同治六年刻本。

清・許旭，《閩中紀略》，清道光吳江沈氏刻本。

清・陳雲程，《閩中摭聞》，福建省圖書館藏乾隆六十二年刊本。

清・黃慎，《蛟湖詩抄》，海峽文藝出版社 1989 年。

清・梁章鉅，《退庵隨筆》，江蘇廣陵古籍刻印社 1983 年刊《筆記小說
　　大觀》第 19 冊。

清・李世熊，《寇變記》，中國社會科學院歷史研究所清史研究室編，《清
　　史數據》第一輯，中華書局 1980 年。

清・施琅，《靖海紀事》，施琅研究會編，《施琅》，1996 年自刊本。

清・江日昇，《臺灣外志》，上海古籍出版社 1984 年。

清・王大海，《海島逸志》，《小方壺輿地叢鈔》第十帙。

清・林楓，《榕城考古略》海風出版社 2001 年。

清・謝金鑾，《泉漳治法論》，道光三年刊本。

清・張集馨，《道咸宦海見聞錄》，中華書局 1981 年。

清・李清馥，《閩中理學淵源考》，文淵閣四庫全書本。

清・葉德輝，《書林清話》，嶽麓書社 1999 年。

清・永瑢等撰，《四庫全書總目》，北京，中華書局 1965 年。

清・郝玉麟等，雍正《福建通志》文淵閣四庫全書本。

清・沈廷芳等，乾隆《福建通志》，乾隆三十三年刊本。

清・陳壽祺等，道光《福建通志》，臺灣華文書局 1968 年影印本同治十
　　年刊本。

民國・李厚基修、沈瑜慶、陳衍纂，民國《福建通志》，1938 年福州刊本。

清・佚名，《福建省例》，臺灣文獻叢刊本。

福建省測繪局，《福建省地圖冊》，福建省地圖出版社 1983 年。

清・徐景熙等，乾隆《福州府志》，福州，海風出版社 2001 年。

清・朱景星、鄭祖庚，《閩縣鄉土志》，清光緒三十二年排印本。

清・胡之楨、鄭祖庚，《侯官縣鄉土志》，清光緒三十二年排印本。

清・楊希閔等，同治《長樂縣志》，清同治八年刊本。

民國・李駒等，民國《長樂縣志》，福建人民出版社 1994 年標點本。

民國・李永選，《長樂六里志》，福建省長樂縣地方志編纂委員會校刊，福建地圖出版社 1989 年。

清・章朝栻，嘉慶《連江縣志》，嘉慶十年刊本。

民國・邱景雍等，民國《連江縣志》，連江縣方志委 1988 年標點本。

清・釋如一，《福清縣志續略》，北京，書目文獻出版社《日本藏中國罕見方志叢刊》，1990 年影印本。

清・林傳甲修、郭文祥纂，康熙《福清縣志》，康熙十一年刊本。

清・林以寀，順治《海口特志》，福州，海潮攝影藝術出版社 1994 年。

清・林昂等，乾隆《福清縣志》，福清縣方志委 1987 年。

清・俞荔等，乾隆《永福縣志》，清乾隆十三年刊本。

民國・王紹沂等，民國《永泰縣志》，永泰方志委 1987 年標點本。

民國・楊宗彩等，民國《閩清縣志》，民國十年排印本。

清・林春溥等，道光《羅源縣志》，羅源縣政協文史委 1983 年點校本。

清・辛竟可等，乾隆《古田縣志》，古田縣方志委 1987 年標點本。

民國・余鍾英等，民國《古田縣志》，民國三十一年排印本。

清・沈鍾，乾隆《屏南縣志》，屏南縣方志委 1989 年油印本。

民國・黃履思等，民國《平潭縣志》，平潭縣方志委 1990 年標點本。

清・張琦等，康熙《建寧府志》，南平地區方志委 1994 年標點本。

清・鄧其文，康熙《甌寧縣志》，康熙三十四年刊本。

清・王宗猛，《建安鄉土志》，清光緒三十一年修。

民國・詹宣猷、劉達潛修，蔡振堅、何履祥纂，民國《建甌縣志》，民國十八年刊本。

清・柳正芳等，康熙《建陽縣志》，清康熙四十二年刊本。

清・李再灝等，道光《建陽縣志》，1986 年 7 月建陽縣志辦重刊本。

民國・羅應辰等，民國《建陽縣志》，民國十八年刊本。

清・潘拱辰等，康熙《松溪縣志》，松溪縣編纂委 1986 年點校本。

民國・李熙等，民國《政和縣志》，民國八年刊本。

民國・李熙等，民國《政和縣志》，廈門大學出版社 2010 年點校本。

清・柳上芝等，康熙《壽寧縣志》，壽寧縣方志辦 1988 年標點本。

清・李葆貞，順治《浦城縣志》，順治五年刊本。

清・黃恬、祖之望，嘉慶《浦城縣志》，北京，方志出版社 2005 年。

清・翁昭泰、黃恬等，光緒《浦城縣志》，清光緒二十三年刊本。

清・管申駿纂修，康熙《崇安縣志》，康熙九年刻本。

清・張彬等，雍正《崇安縣志》，清雍正十一年刊本。

清・章朝栻等，嘉慶《崇安縣志》，清嘉慶十三年刊本。

清・董天工，乾隆《武夷山志》，方志出版社 1997 年。

清・張景祈等，光緒《邵武府志》，清光緒二十三年刊本。

清・李正芳等，咸豐《邵武縣志》，邵武市地方志編纂委員會 1986 年自印本。

清・朱霞等，乾隆《建寧縣志》，清乾隆二十四年刊本。

民國・錢江、范毓桂等，民國《建寧縣志》，民國八年刊本。

清・許燦等纂修，乾隆《泰寧縣志》，泰寧縣志編纂委 1986 年點校本。

清・魏洪等，乾隆《光澤縣志》，福建師範大學圖書館藏稀見方志叢刊影印抄寫乾隆二十四年原刻之本。

清・高澍然等，道光《光澤縣志》，清同治九年補刊本。

明・鄭慶雲等，嘉靖《延平府志》，上海古籍書店 1961 年影印天一閣藏本。

清・孔自洙等，順治《延平府志》，順治十七年刊本。

清・陶元藻等，乾隆《延平府志》，清乾隆十一年刊本。

清・楊桂森等，嘉慶《南平縣志》，清同治十一年重刊本。

民國・蔡建賢等，民國《南平縣志》，南平市志編纂委 1985 年點校本。

清・徐觀海等，乾隆《將樂縣志》，福建省圖書館藏抄本。

清・徐逢盛等，道光《沙縣志》，清道光十四年刊本。

清・徐逢盛等，道光《沙縣志》，同治刊本。

民國・羅克涵等，民國《沙縣志》民國十七年排印本。

清・裴樹榮，雍正《永安縣志》，永安縣方志委 1989 年據道光重刊本標點本。

清・陳樹蘭等，道光《永安縣續志》，永安縣方志委 1989 年據道光重刊本標點本。

民國・洪清芳等，民國《尤溪縣志》，尤溪縣方志辦 1985 年標點本。

清・吳天芹等，乾隆《順昌縣志》，清乾隆三十年刊本。

清・葉銘等，乾隆《大田縣志》，清乾隆二十四年刊本。

清・陳朝宗，民國《大田縣志》，廈門大學出版社 2009 年。

清・李拔，乾隆《福寧府志》，寧德地區方志編纂委員會，1991 年自印本。

清・黃錦燦修、張景祁總纂，光緒《福安縣志》，福安縣方志委 1987 年

標點本。

清 · 盧建其等，乾隆《寧德縣志》，寧德縣方志辦 1983 年點校本。

清 · 崔嵸，《寧德支提寺圖志》，李懷先、季左明、顏素開點校本，福州，福建省地圖出版社 1988 年。

民國 · 徐有吾等，民國《霞浦縣志》，霞浦方志委 1986 年點校本。

清 · 黃鼎翰，光緒《福鼎縣志》，清光緒三十二年刊本。

清 · 廖必琦等，乾隆《莆田縣志》，乾隆二十三年刊本。

石有紀、張琴，民國《莆田縣志》，福建省圖書館藏抄本。

莆田縣志編纂委員會編，共和國《莆田縣志五十八種》，莆田縣志編纂委員會 1959—1965 年鉛印本。

莆田縣方志委編，共和國《莆田縣志》，中華書局 1994 年。

清 · 胡啟植、葉和侃，乾隆《仙遊縣志》，乾隆三十五年原刊，民國重刊本。

清 · 黃任等，乾隆《泉州府志》，清乾隆二十八年刊本、民國重刊本。

清 · 方鼎等，乾隆《晉江縣志》，清乾隆三十年刊本。

清 · 周學曾等，道光《晉江縣志》，福建人民出版社 1990 年標點本。

莊為璣，《晉江新志》，泉州市方志委 1986 年鉛印本。

清 · 謝宸荃等，康熙《安溪縣志》，清康熙十二年刊本。

清 · 沈鍾等，乾隆《安溪縣志》，廈門大學出版社 1988 年。

清 · 王必昌等纂修，乾隆《德化縣志》，德化縣志編纂委 1987 年點校本。

民國 · 王光張、方清芳等，民國《德化縣志》，民國二十九排印本。

明 · 林希元，嘉靖《永春縣志》，明刊本膠捲。

清 · 鄭一崧修、顏鑄纂，乾隆《永春州志》，清乾隆五十一年刊本。

明 · 朱肜等，《崇武所城志》，福建人民出版社 1987 年。

清 · 吳裕仁，嘉慶《惠安縣志》，民國二十五年重刊本。

清 · 葉獻綸等，康熙《南安縣志》，康熙十一年刊本。

民國 · 蘇鏡潭等，民國《南安縣志》，泉州泉山書社排印本。

安海志修編小組，新編《安海志》，1983 年安海自刊本。

清 · 吳鏞、陶元藻，《同安縣志》，1982 年福建省圖據北京故宮博物院藏清乾隆三十二年刻本複印本。

清 · 陶元藻等，乾隆《同安縣志》，民國八年重刊本。

清 · 劉光鼎等，嘉慶《同安縣志》，清嘉慶三年刊本。

民國 · 吳錫璜等，民國《同安縣志》，民國十八年排印本。

清・周凱、凌翰等，道光《廈門志》，鷺江出版社 1996 年標點本。

清・林焜熿，道光《金門志》，臺灣，臺灣書店 1956 年鉛印本。

臺灣省文獻委員會編，《臺灣省通志》，臺北，眾文圖書公司 1969 年。

清・魏荔彤、蔡世遠等，康熙《漳州府志》，清康熙五十三年刊本。

清・魏荔彤、蔡世遠等，康熙《漳州府志》，1984 年福建省圖書館抄本。

清・李維鈺、宮獻瑤等，乾隆《漳州府志》，清嘉慶補刊本。

清・沈定均修、吳聯熏等纂，光緒《漳州府志》，上海，上海書店出版社
　　2000 年，《中國地方志集成》，福建府縣志輯第 29 冊。

清・沈定均修、吳聯熏等纂，光緒《漳州府志》，陳正統整理本，北京，
　　中華書局 2011 年。

清・吳宜燮等，乾隆《龍溪縣志》，清光緒五年增刊本。

清・葉先登等，康熙《長泰縣志》，康熙二十六年刊本。

清・張懋建等，乾隆《長泰縣志》，民國二十一年排印本。

清・鄭豐稔等，民國《長泰縣志》，民國三十六年刊本。

清・李基益等，康熙《海澄縣志》，清康熙三十二年刊本。

清・鄧來祚等，乾隆《海澄縣志》，乾隆二十七年刊本。

清・陳汝咸修、林登虎纂，康熙《漳浦縣志》，康熙三十九年原修，民國
　　十七年翻刻。

清・陳汝咸修、林登虎纂，康熙《漳浦縣志》，民國二十五年排印本。

清・王相、昌天錦等，康熙《平和縣志》，清光緒十五年重刊本。

清・曾泮水纂，道光《平和縣志》，平和縣方志委 1997 年影印稿本。

清・曾泮水纂，道光《平和縣志》，廈門大學出版社 2008 年。

清・王寶序等，乾隆《南靖縣志》，乾隆四十二年刊本。

民國・鄭豐稔等，民國《南靖縣志》，南靖縣方志委 1994 年整理本。

清・薛凝度等，嘉慶《雲霄廳志》，民國二十四年排印本。

清・秦炯纂修，康熙《詔安縣志》，康熙三十年刊本。

民國・陳蔭祖修、吳名世纂，民國《詔安縣志》，民國三十一年排印本。

民國・李猷明等，民國《東山縣志》，原纂於民國三十一年，東山縣方志
　　辦 1987 年。

清・徐銑等纂修，乾隆《龍巖州志》，福建省地圖出版社 1987 年。

清・陳文衡等，道光《龍巖州志》，清光緒十六年補刊本。

清・查繼純修，康熙《漳平縣志》，康熙二十四年刊本。

清・蔡世鈸，道光《漳平縣志》，漳平市地方志編纂委員會的委 2002 年。

清・蕭亮等，康熙元年《寧洋縣志》，漳平方志辦 2001 年。

清・董鍾驥撰，同治《寧洋縣志》，清光緒三年增刊本。

清・曾曰瑛修、李紱、熊為霖纂，乾隆《汀州府志》，中國方志叢書影印清乾隆十七年刊本。

清・曾曰瑛修、李紱、熊為霖纂，乾隆《汀州府志》，北京，方志出版社 2004 年。

清・潘世嘉等，康熙《長汀縣志》，清康熙二十五年刊本膠捲。

清・許春暉纂，乾隆《長汀縣誌》，清乾隆四十七年刊本。

清・楊瀾等，道光《長汀縣志》，咸豐四年刊本。

清・劉國光等，光緒《長汀縣志》，光緒五年刊本。

民國・丘復等，民國《長汀縣志》，民國三十年刊本。

清・趙成等，乾隆《上杭縣志》，乾隆十八年刻本。

清・顧人驥等，乾隆《上杭縣志》，乾隆二十三年刻本。

民國・丘復等，民國《上杭縣志》，民國二十八年上杭啟文書局刊本。

清・杜士晉等，康熙《連城縣志》，方志出版社 1997 年。

清・李龍官、徐尚忠，乾隆《連城縣志》，廈門大學出版社 2008 年。

民國・陳一堃、王集吾修、鄧光瀛纂，民國《連城縣志》，民國二十七年維新書局排印本，《中國地方志集成》，福建府縣志輯，35。

民國・陳一堃、王集吾修、鄧光瀛總纂，民國《連城縣志》，廈門大學出版社 2008 年。

清・趙良生，康熙《武平縣志》，武平縣方志委 1986 年點校本。

清・李世熊，康熙《寧化縣志》，福建人民出版社 1989 年。

民國・王維梁等，民國《明溪縣志》，廈門大學出版社 2008 年點校本。

明・陳桂芳等，嘉靖《清流縣志》，福建人民出版社 1992 年。

清・王霖等，康熙《清流縣志》，康熙四十一年刊本。

清・喬有豫，道光《清流縣志》，福建人民出版社 1992 年。

清・林善慶，民國《清流縣志》，福建地圖出版社 1988 年。

清・王見川等，乾隆《永定縣志》，乾隆二十二年刊本。

清・巫宜福等，道光《永定縣志》，道光十年刊本影抄本。

卓劍舟等，《太姥山全志》（外四種），福州，福建人民出版社 2008 年。

清・朱正元，《福建沿海圖說》，上海，光緒二十八年刊本。

曹婉如、鄭錫煌、黃盛璋、鈕仲勳、任金城、秦國經、胡邦波編，《中國
　　古代地圖集‧明代》，北京，文物出版社 1995 年。

民國‧連橫，《臺灣通史》，商務印書館 1946 年原刊，北京，商務印書
　　館 1983 年修訂本。

清‧林謙光，康熙《臺灣府紀略》，康熙二十九年刊本，〈形勢〉，四庫
　　全書存目叢書，史部 214 冊。

清‧蔣毓英，康熙《臺灣府志》，廈門大學出版社 1985 年。

清‧高拱乾，康熙《臺灣府志》，原刊康熙四十年，北京，中華書局 1985
　　年影印本。

清‧高拱乾纂輯、周元文繼修，康熙《臺灣府志》，臺北，遠流出版公司
　　2004 年。

清‧劉良璧纂輯，《重修福建臺灣府志》，乾隆六年重修，臺灣文獻叢刊
　　第 74 種。

劉良璧，乾隆《重修福建臺灣府志》，乾隆六年重修，臺北，文建會 2005
　　年臺灣史料集成本。

清‧范咸纂輯，乾隆《重修臺灣府志》，乾隆十年重修，臺灣文獻叢刊第
　　105 種。

清‧范咸纂輯，乾隆《重修臺灣府志》，乾隆十年重修，臺北，文建會
　　200 年臺灣史料集成本。

清‧余文儀，乾隆《續修臺灣府志》，乾隆二十五年始修，臺灣文獻叢刊
　　第 121 種。

清‧尹士俍，《臺灣志略》，文建會 2015 年臺灣史料集成本。

清‧李元春，《臺灣志略》，臺灣文獻叢刊第 18 種。

清‧王禮主修、陳文達編纂，康熙《臺灣縣志》，臺灣文獻叢刊第 103 種。

清‧朱仕玠，《小琉球漫誌》，福建教育出版社 2017 年《臺灣古籍叢編》
　　第 4 輯。

清‧翟灝，《臺陽筆記》，臺灣文獻叢刊第 20 種。

清‧朱景英，《海東札記》，福建教育出版社 2017 年《臺灣古籍叢編》
　　第 4 輯。

清‧朱景英，《海東札記》，臺灣文獻叢刊本第 19 種。

清‧鄧傳安，《蠡測彙鈔》，北京，書目文獻出版社 1983 年標點本。

清‧董天工，《臺海見聞錄》，臺灣文獻叢刊第 129 種。

清‧唐贊袞，光緒《臺陽見聞錄》，臺灣省文獻委員會 1996 年點校本。

清・王必昌，乾隆《重修臺灣縣志》，乾隆十七年修成，臺灣文獻叢刊第113 種。

清・謝金鑾，《續修臺灣縣志》，臺灣文獻叢刊第 140 種。

清・陳文達，康熙《鳳山縣志》，康熙五十九年始刊，臺灣文獻叢刊第124 種。

清・陳文達纂輯，康熙《鳳山縣志》，康熙五十九年始刊，臺北，文建會2005 年臺灣史料集成本。

清・王瑛曾纂修，乾隆《重修鳳山縣志》，臺灣叢書 1968 年點校本。

清・盧德嘉，《鳳山縣采訪冊》，光緒二十年修成本，臺灣文獻叢刊第34 冊。

清・周鍾瑄主修、陳夢林等編纂，康熙《諸羅縣志》，臺灣文獻叢刊第141 種。

清・周鍾瑄主修、陳夢林等編纂，康熙《諸羅縣志》，臺北，文建會 2005年臺灣史料集成本。

清・周璽纂輯，道光《彰化縣志》，臺灣文獻叢刊第 156 種。

清・陳淑均纂，道光《續修臺灣府志噶瑪蘭廳志》，咸豐二年刊本。

清・陳淑均纂，道光《噶瑪蘭廳志》，咸豐二年刊，臺灣文獻叢刊第160 種。

清・柯培元，《噶瑪蘭志略》，臺灣文獻叢刊第 92 種。

清・陳培桂纂輯，同治《淡水廳志》，同治十年刊本。

清・陳培桂纂輯，同治《淡水廳志》，臺灣文獻叢刊第 172 種。

清・胡建偉，《澎湖紀略》，臺灣文獻叢刊第 109 種。

清・林豪，《澎湖廳志》，臺灣文獻叢刊第 164 種。

劉枝萬輯，《臺灣中部碑文集成》，臺灣文獻叢刊第 151 種。

黃典權輯，《臺灣南部碑文集成》，臺灣文獻叢刊第 218 種。

清・《清會典臺灣事例》，臺灣文獻叢刊第 226 種。

清・齊翀，乾隆《南澳志》，道光二十一年據乾隆四十八年本增刊。

清・印光任、張汝霖，乾隆《澳門紀略》，澳門文化司署 1992 年點校本。

二、近人著作、論文

馬克思，《資本論》第一卷，《馬克思恩格斯全集》第 23 卷，中國人民出版社 1974 年。

〔英〕約翰・克拉潘（Sir John Clapham），《簡明不列顛經濟史：從最早

時期到 1750 年（*A concise Economic Histroy of Britain:Fron the Earliest Times to1750*）》，范定九、王祖廉譯，上海譯文出版社 1980 年。

〔美〕湯普遜（James Westfall Thompson），《中世紀經濟社會史》，原版 1928 年，耿淡如譯本，北京，商務印書館 1997 年。

馮承鈞，《中國南洋交通史》，上海古籍社 2005 年。

劉繼宣、束世徵，《中華民族拓殖南洋史》，商務印書館 1935 年。

〔日〕小葉田淳，《明代漳泉人的海外通商發展》，臺北，野山書房 1942 年。

劉芝田，《中菲關係史》，臺北，正中書局 1964 年。

陳台民，《中菲關係與菲律賓華僑》，香港，朝陽出版社 1985 年。

〔美〕保羅・布特爾（by Paul Butel），《大西洋史》，劉明周譯，上海，東方出版社中心 2015 年。

朱杰勤，《東南亞華僑史》，中華書局 2008 年。

王賡武，《南海貿易：南中國海華人早期貿易史研究》，香港，中華書局香港分局 1988 年。

林惠祥，《臺灣番族之原始文化》，北京，中研院社會科學研究所專刊第 3 號，1930 年。

莊為璣、鄭山玉主編，李天錫、林少川、白曉東副主編，《泉州譜牒華僑史料與研究》，北京，中國華僑出版社 1998 年。

〔法〕布林努瓦（Luce Boulnois），《絲綢之路》，耿昇譯，山東畫報出版社 2001 年。

薩士武、傅衣凌等，《福建對外貿易史研究》，福建省研究院社會科學研究所 1948 年。

傅衣凌，《明清時代商人及商業資本》，中華書局 1956 年。

傅衣凌，《明清農村社會經濟》，三聯書店 1961 年。

傅衣凌，《明代江南市民經濟試探》，上海人民出版社 1963 年。

傅衣凌，《明清社會經濟史論集》，北京，中國人民出版社 1982 年。

傅衣凌、楊國楨合編，《明清福建社會與鄉村經濟》論文集，廈門大學出版杜 1987 年。

陳詩啟，《明代官手工業研究》湖北人民出版社 1958 年。

劉石吉，《明清時代江南市鎮研究》，北京，中國社會科學出版社 1987 年。

趙岡、陳鐘毅，《中國棉紡織史》，北京，中國農業出版社 1997 年。

徐新吾主編，《江南土布史》，上海社會科學院出版社 1992 年。

梁嘉彬，《琉球及東南諸海島與中國》，臺中市，東海大學 1965 年。

梁嘉彬，《廣東十三行考》，廣東人民出版社 1999 年。

臺灣文獻委員會編，《臺灣省通志》，1970 年自刊本。

鄭學稼，《日本史（三）》臺北，黎明文化公司 1977 年。

陳碧笙主編，吳文華、孫晉華、陳毅明著，《南洋華僑史》，江西人民出版社 1989 年。

鄭昌淦，《明清農村商品經濟》，中國人民大學出版社 1989 年。

陳碧笙，《世界華人華僑簡史》，廈門大學出版社 1991 年。

梁淼泰，《明清景德鎮城市經濟研究》，南昌，江西人民出版社 1991 年。

福建省地方志編纂委員會，《福建華僑志》，福建人民出版社 1992 年。

林金枝，《近代華僑投資國內企業概論》，廈門大學出版社 1988 年。

戚嘉林，《臺灣史》上冊，臺灣自立晚報社，1986 年。

梁方仲，《梁方仲經濟史論文集》，北京，中華書局 1989 年。

梁方仲，《梁方仲經濟史論文集補編》，中州古籍出版社 1984 年。

全漢昇，《中國經濟史論叢》，香港，新亞研究所 1972 年。

全漢昇，《明清經濟史研究》，臺北，聯經出版公司 1987 年。

全漢昇，《中國經濟史研究》，北京，中華書局 2011 年。

方豪，《六十至六十四自選待定稿》，臺北，作者自刊本 1974 年。

方豪，《臺灣早期史綱》，臺灣學生書局 1994 年。

曹永和，《臺灣早期歷史研究》，臺灣聯經公司 1981 年。

曹永和，《臺灣早期歷史研究續集》，臺灣聯經公司 2000 年。

曹永和，《中國海洋史論集》，臺北，聯經出版公司 2000 年。

王家範，《明清江南史研究三十年 1978—2008 年》，上海古籍出版社 2010 年。

〔日〕山脇悌二郎，《長崎の唐人貿易》，東京，吉川弘文館 1964 年。

〔日〕黑田明伸，《貨幣制度的世界史》，中譯本，中國人民大學出版社 2011 年。

陳在正，《臺灣海疆史》，臺灣，揚智文化事業公司，2003 年。

中國海洋發展史論文集編輯委員會編，《中國海洋發展史論文集》第一輯，臺北，中研院三民所 1984 年。

中國海洋發展史論文集編輯委員會編，《中國海洋發展史論文集》第二輯，臺北，中研院中山人文社會科學研究所 1986 年。

張炎憲主編，《中國海洋發展史論文集》第三輯，臺北，中研院中山人文
　　社會科學研究所 1988 年。

吳劍雄主編，《中國海洋發展史論文集》第四輯，臺北，中研院中山人文
　　社會科學研究所 1988 年。

張彬村、劉石吉主編，《中國海洋發展史論文集》第五輯，臺北，中研院
　　中山人文社會科學研究所 1988 年。

張炎憲主編，《中國海洋發展史論文集》第六輯，臺北，中山人文社會科
　　學研究所 1997 年。

湯熙勇主編，《中國海洋發展史論文集》第七輯，臺北，中山人文社會科
　　學研究中心 1999 年。

朱德蘭主編，《中國海洋發展史論文集》第八輯，臺北，中研院人文社會
　　科學研究中心 2002 年。

劉序楓主編，《中國海洋發展史論文集》第九輯，臺北，中研院人文社會
　　科學研究中心 2005 年。

湯熙勇主編，《中國海洋發展史論文集》第十輯，臺北，中山人文社會科
　　學研究中心 2008 年。

李文治、魏金玉、經君健等編，《明清時代的農業資本主義萌芽問題》，
　　中國社會科學出版社 1983 年。

楊國楨，《閩在海中——追尋福建海洋發展史》，江西高校出版社 1998 年。

楊國楨，《東溟水土——東南中國海洋環境與經濟開發》，江西高校出版
　　社 2003 年。

楊國楨主編，《海洋與中國叢書》，江西高等教育出版社 1996 年。

朱維幹，《福建史稿》下冊，福建教育出版社 1986 年。

陳遵統，《福建編年史》，福建省圖書館藏 1959 年手稿本。

陳遵統編纂，《福建編年史》，福建文史研究館整理，福建人民出版社
　　2009 年。

彭信威，《中國貨幣史》上海人民出版社 1988 年。

連立昌，《福建秘密社會》，福建人民出版社 1989 年。

丘光明編著，《中國歷代度量衡考》，科學出版社 1992 年。

陳高華、陳尚勝，《中國海外交通史》，臺灣，文津出版社 1997 年。

李慶新，《瀕海之地——南海貿易與中外關係史研究》，中華書局 2000 年。

李慶新，《明代海外貿易制度》，社會科學文獻出版社 2007 年。

石守謙等，《福爾摩沙——十七世紀的臺灣‧荷蘭與東亞》，臺北，故宮博物院 2003 年。

廈門大學歷史研究所主編，《福建經濟發展簡史》，廈門大學出版社 1989年。

鄭學檬，《中國古代經濟重心南移和唐宋江南經濟研究》，嶽麓書社 2003年。

鄭學檬、徐東升，《唐宋科學技術與經濟發展的關係研究》廈門大學出版社 2013 年。

鄭學檬，《點濤齋史論集，以唐五代經濟史為中心》，廈門大學出版社 2016 年。

林仁川，《明末清初私人海上貿易》，上海華東師範大學出版社 1987 年。

林仁川，《福建對外貿易與海關史》，鷺江出版社 1991 年。

黃福才，《臺灣商業史》，江西人民出版社，1990 年。

葉大沛，《鹿港發展史》，左羊出版社，1997 年。

李伯重，《理論、方法、發展、趨勢，中國經濟史研究新探》，浙江大學出版社 2013 年。

李伯重，《江南的早期工業化，1500—1850 年》。中國社會科學文獻出版社，2000 年。

李伯重，《火槍與帳簿——早期經濟全球化時代的中國與東亞世界》，生活、讀書、新知三聯書店 2017 年。

陳支平，《民間文書與臺灣社會經濟史》，長沙，嶽麓書社 2004 年。

何炳棣，《中國會館史論》，臺灣學生書局 1966 年。

王日根，《中國會館史》，上海，東方出版社中心 2007 年。

白繼增，《北京宣南會館拾遺》，中國檔案出版社 2011 年。

戴一峰，《區域性經濟發展與社會變遷》，長沙，嶽麓書社 2004 年。

孔遠志，《中國印尼文化交流》，北京大學出版社 1999 年。

莊國土，《華僑華人與中國的關係》，廣東高等教育出版社 2001 年。

黃仁宇，《十六世紀明代中國之財政與稅收》，阿風、許文繼、倪玉平、徐衛東譯，北京，生活、讀書、新知三聯書店 2001 年。

《饒宗頤潮汕地方史論集》，汕頭大學出版社 1996 年。

陳佳榮，《南溟集》，香港，麒麟書業有限公司 2005 年。

李國祁，《中國現代化的區域研究：閩浙臺地區 1860—1916》，臺北，中

研院近代史研究所 1985 年刊本。

黃啟臣、鄭煒明，《澳門經濟四百年》，澳門基金會 1994 年。

李金明、廖大珂，《中國古代海外貿易史》，廣西人民出版社 1995 年。

陳衍德，《現代中的傳統——菲律賓華人社會研究》，廈門大學出版社 1998 年。

陳孔立編，《臺灣歷史綱要》，北京，九洲圖書出版社 1997 年。

張侃，《互補聯動》，福州，海風出版社，2004 年。

唐次妹，《清代臺灣城鎮研究》，北京，九州出版社 2008 年。

張海鵬、陶文釗，《臺灣簡史》，香港，鳳凰出版傳媒集團、鳳凰出版社 2010 年。

高賢治等，《縱覽台江——大員四百年地輿圖》，臺南市台江公園管理處 2012 年。

許賢瑤譯，《荷蘭時代臺灣史論文集》，臺灣，佛光人文學院 2001 年。

陳景盛，《福建歷代人口論考》，福建人民出版社 1991 年。

陳埭回族史研究編寫組，《陳埭回族史研究》，中國社會科學出版社 1991 年。

吳鳳斌，《東南亞華僑通史》，福建人民出版社 1994 年。

吳承明，《中國資本主義與國內市場》，中國社會科學出版社 1985 年。

許滌新、吳承明主編，《中國資本主義發展史》第一卷，中國資本主義萌芽，人民出版社 1995 年。

林滿紅，《四百年來的兩岸分合》，臺北，自立晚報文化出版部 1994 年。

林滿紅，《銀線—— 19 世紀的世界與中國》，詹慶華、林滿紅等譯，江蘇人民出版社 2011 年。

唐文基主編，《福建史論探》，福建人民出版社 1992 年。

唐文基主編，《福建古代經濟史》，福建教育出版社 1995 年。

謝必震，《中國與琉球》，廈門大學出版社 1996 年。

黃挺、陳占山，《潮汕史》，廣東人民出版社 2001 年。

許毓良，《清代臺灣的海防》，北京，社會科學文獻出版社 2003 年。

許毓良，《清代臺灣軍事與社會》，北京，九州出版社 2008 年。

謝必震，《明清中琉航海貿易研究》，北京，海洋出版社 2004 年。

米慶餘，《琉球歷史研究》，天津人民出版社 1998 年。

鄭廣南，《中國海盜史》，上海，華東理工大學出版社 1998 年。

賴正維，《東海海域移民與漢文化的傳播——以琉球閩人三十六姓為中心》，社會科學文獻出版社 2016 年。

李金強，《區域研究——清代福建史論》，香港教育圖書公司 1996 年。

林滿紅，《茶、糖、樟腦業與臺灣之社會經濟變遷》，臺灣，聯經出版公司 1997 年。

徐曉望、陳衍德，《澳門媽祖文化研究》，澳門基金會 1998 年。

中研院臺灣史研究所籌備處，《臺灣商業傳統論文集》，1999 年。

廖大珂，《福建海外交通史》，福建人民出版社 2002 年。

陳自強，《漳州古代海外交通與海洋文化》，福建人民出版社 2014 年。

林南中，《漳州外來貨幣概述》，福建人民出版社 2014 年。

〔日〕高良倉吉，《琉球の時代》，那霸 1989 年重印本。

〔日〕外山幹夫，《松浦氏と平戶貿易》，日本，東京，國書刊行會 1987 年。

〔日〕松浦章，《中国の海賊》，東京，東方書店 1995 年。

〔日〕松浦章，《清代臺灣海運發展史》，卞鳳奎譯本，臺北，博揚文化事業有限公司 2002 年。

〔日〕松浦章，《明清時代東亞海域的文化交流》，鄭潔西等譯，江蘇人民出版社 2009 年。

〔日〕松浦章，《清代帆船東亞航運與中國海商海盜研究》，上海辭書出版社 2009 年。

〔日〕松浦章，《清代帆船與中日文化交流》，上海科技文獻出版社 2012 年。

〔日〕三木聰，《明清福建農村社會の研究》，北海道大學圖書刊印會 2002 年。

〔日〕坂本太郎，《日本史》，北京，中國社會科學出版社 2008 年。

〔日〕上田信，《海與帝國：明清時代》，高瑩瑩譯本，廣西師範大學出版社 2014 年。

〔日〕上田信，《東歐亞海域史列傳》，寇淑婷譯本，廈門大學出版社 2018 年。

〔澳大利亞〕傑佛瑞‧C‧岡恩，《澳門史》，秦傳安譯，中央翻譯出版社 2009 年。

湯開建，《澳門開埠初期史研究》，北京，中華書局 1999 年。

湯開建，《委多黎〈報效始末疏〉箋正》，廣東人民出版社 2004 年。

湯開建，《明代澳門史論稿》，黑龍江教育出版社 2012 年。

辛元歐，《上海沙船》，上海書店出版社 2004 年。

辛元歐，《中外船史圖說》，上海書店出版社 2009 年。

許雪姬、吳密察，《先民的足跡——古地圖話台灣滄桑史》，臺灣，南天
　　書局有限公司。

夏黎明總論、王存立、胡文青編著，《台灣的古地圖——明清時期》，臺灣，
　　遠足文化有限公司 2005 年。

中國第一歷史檔案館、澳門一國兩制研究中心，《澳門歷史地圖精選》，
　　北京，華文出版社 2000 年。

北京大學圖書館編，《皇輿遍覽——北京大學圖書館藏清代彩繪地圖》，
　　北京，中國人民大學出版社 2008 年。

陳宗仁，《雞籠山與淡水洋——東亞與臺灣早期史研究》，臺北，聯經出
　　版公司 2005 年。

卓克華，《清代臺灣行郊研究》，福建人民出版社 2006 年。

王見川，《漢人宗教、民間信仰與預言的探索》，臺北，博揚文化事業有
　　限公司 2008 年。

〔西班牙〕胡安・岡薩雷斯・德・門多薩（J. G. de Mendoza），《中華
　　大帝國史》，孫家堃譯，北京，中華書局 2009 年。

〔瑞典〕龍思泰（Anders Ljungstedt），《早期澳門史》，吳義雄、郭德炎、
　　沈正邦譯，章文欽校，北京，東方出版社 1997 年。

〔美〕薩利・杜根、大衛・杜根，《劇變：英國工業革命》，孟新譯，
　　中國科學技術出版社 2018 年。

張天澤，《中葡早期通商史》，姚楠、錢江譯，中華書局香港分局 1988 年。

金國平、吳志良，《過十字門》，澳門成人教育協會 2004 年。

金國平、吳志良，《早期澳門史論》，廣州，廣東人民出版社 2007 年。

吳志良主編，《澳門史新論》，澳門基金會 2008 年。

吳志良、金國平、湯開建主編，《澳門史新編》，澳門基金會 2008 年。

金國平編譯，《西方澳門史料選萃（15—16 世紀）》，廣東人民出版社
　　2005 年。

翁佳音，《荷蘭時代臺灣史的連續性問題》，臺北，稻香出版社 2008 年。

鮑曉鷗著、那瓜（NaKao Eki）譯，《西班牙人的臺灣體驗 1626—1642》，
　　臺北南天書局有限公司 2008 年。

李毓中編注，《臺灣與西班牙關係史料彙編 I》，李毓中譯、陳柏蓉協譯，臺灣南投市，臺灣文獻館 2008 年。

方真真，《華人與呂宋貿易（1657）史料分析與譯著》，第一冊，臺北，清華大學出版社 2012 年。

珠海市委宣傳部、澳門基金會、中山大學近代中國研究中心主編，《珠海、澳門與近代中西文化交流》，北京，社會科學文獻出版社 2010 年。

薛化元等，《臺灣貿易史》，臺北，對外貿發展協會 2008 年。

栗建安主編，《考古學視野中的閩商》，北京，中華書局 2010 年。

廣東省社會科學院、廣東海洋史研究中心編，《海洋史研究》第二輯，北京，社會科學文獻出版社 2011 年。

陳小沖主編，《臺灣歷史上的移民與社會研究》，北京，九州出版社 2011 年。

段立生，《泰國通史》，上海社會科學院出版社 2014 年。

劉小珊、陳曦子、陳訪澤著，《明中後期中日葡外交使者陸若漢研究》，北京，商務印書館陶 2015 年。

黃滋生、何思兵，《菲律賓華僑史》，廣東高等教育出版社 2016 年。

亨利・卡門（Henry Camen），《黃金時代的西班牙》，呂浩峻譯，北京大學出版社 2016 年。

向大有，《越南封建時期華僑華人研究》，中國社會科學出版社 2016 年。

佚名，《中國古陶瓷論文集》，文物出版社 1982 年。

葉文程，《中國古外銷瓷研究論文集》，北京，紫禁城出版社 1988 年。

福建省博物館，《德化窯》，文物出版社 1990 年。

福建省博物館，《漳州窯》，福建人民出版社 1997 年。

福建省博物館、日本茶道資料館等，《特別展：交趾香合——福建出土的遺物和日本的傳世品》，日本寫真株式會社 1998 年。

廣東文物考古研究所、廣東省博物館、國家文物水下文化遺產保護中心編著，《孤帆遺珍——南灣 I 號出水精品文物圖錄》，北京，科學出版社 2014 年。

孟原召，《閩南地區宋至清代製瓷手工業遺存研究》，北京，文物出版社 2017 年。

〔日〕岩生成一，《朱印船貿易史の研究》，東京，吉川弘文堂 1958 年原版，1985 年修訂版。

李獻璋，〈嘉靖年間における浙海の私商及び舶主王直行蹟考（上）〉，日本，《史學》34 卷，第 1 號（1962 年）

〔日〕木宮泰彥，《日中文化交流史》，胡錫年譯，商務印書館 1980 年。

徐曉望，《16—17 世紀環臺灣海峽區域市場研究》，廈門大學歷史系博士論文 2003 年。

〔美〕穆黛安（Murray, D. H.），《華南海盜：1790—1810》，劉平譯，北京，中國社會科學出版社 1997 年。書名原文：*Pirates of the South China Coast: 1790—1810*，美國斯坦福大學出版社 1987 年。

〔日〕中村孝志，《荷蘭時代的臺灣史研究・上卷・概說・產業》，臺北，稻鄉出版社 1997 年。

〔法〕費爾南・布羅代爾（Fernald Braudel），《菲力浦二世時代的地中海和地中海世界》，唐家龍、曾培狄等譯，北京，商務印書館 1996 年。

〔法〕費爾南・布羅代爾（Fernald Braudel），《15 至 18 世紀的物質文明、經濟和資本主義》，顧良、施康強等譯，北京，生活、新知三聯書店 1993 年。

〔美〕柯文，《在中國發現歷史——中國中心觀在美國的興起》，北京，中華書局 1989 年。

〔美〕施堅雅，《中國封建社會晚期城市研究》，王旭等譯，吉林教育出版社 1991 年。

〔美〕王國斌，《轉變的中國——歷史變遷與歐洲經濟的局限》，李伯重、連玲玲譯，江蘇人民出版社 1998 年。

〔日〕速水融、宮本又郎編，《日本經濟史》，北京，三聯書店 1997 年。

〔日〕川北稔，《一粒砂糖裡的世界史》，趙可譯本，海口市，南海出版社 2018 年。

〔美〕施堅雅主編，《中華帝國晚期的城市》，中華書局出版社 2000 版。

〔日〕濱下武志，《近代中國的國際契機——朝貢貿易體系與近代亞洲經濟圈》，朱蔭貴、歐陽菲譯本，中國社會科學出版社 1999 年。

〔日〕濱下武志，《中國近代經濟史研究——清末海關財政與通商口岸市場圈》，高淑娟、孫彬譯，江蘇人民出版社 2006 年。

〔日〕濱下武志，《海域亞洲與港口網絡的歷史變遷：十五—十九世紀》，海洋史叢書編輯委員會，《港口城市貿易網絡》，朱德蘭、劉序楓序 iv，臺北，中研院人文社會科學研究中心 2012 年。

〔德〕貢德・弗蘭克（Frank,G.），《白銀資本——重視經濟全球化中的

東方》，劉北成譯，北京，中央編譯出版社 2000 年。

〔美〕彭慕蘭（Kenneth Pomeranz），《大分流——歐洲、中國及現代世界經濟的發展》，（*The Great Divergence: Europe, China, amd the Making of the Modern World Economy*），普林斯頓大學出版社 2000 年原版，史建雲譯本，南京，江蘇人民出版社 2010 年。

〔美〕彭慕蘭（Kenneth Pomeranz）、史蒂夫・托皮克（Steven Topik），《貿易打造的世界——社會文化與世界經濟》，黃中憲譯本，陝西師範大學出版社 2008 年。

程紹剛譯註，《荷蘭人在福爾摩莎》，臺北，聯經出版事業公司 2000 年。

〔英〕崔瑞德、〔美〕牟復禮編，《劍橋中國明代史 1368—1644 年》下卷，北京，中國社會科學出版社 2006 年。

陳國棟，《東亞海域一千年——歷史上的海洋中國與對外貿易》，山東畫報出版社 2006 年。

〔澳大利亞〕雪珥，《大國海盜》，山西人民出版社 2011 年。

〔日〕森正夫、野口鐵郎、濱島敦俊、岸本美緒、佐竹靖彥編，《明清時代史的基本問題》，周紹泉、欒成顯等譯，北京，商務印書館 2013 年。

〔美〕尤金・賴斯、安東尼・格拉夫頓，《現代歐洲史・早期現代歐洲的建立 1460—1559》，北京，中信出版社 2016 年。

〔日〕淺田實，《東印度公司——巨額商業資本之興衰》，顧姍譯本，北京，社會科學出版社 2016 年。

〔義大利〕喬吉奧・列略（Giorgio Riello），《棉的全球史》，劉媺譯，上海人民出版社 1981 年。

〔日〕奧原敏雄，〈尖閣列島の領有權問題〉，1971 年 3 月，《（季刊）沖繩》第 56 卷，1971 年 3 月。

〔日〕井上清，《「尖閣」列島 釣魚諸島の史的解明》，日本現代評論社 1972 年。

〔日〕赤嶺誠紀，《大航海時代の琉球》，沖繩タイムス社，1988 年。

吳天穎，《甲午戰前釣魚列嶼歸屬考——兼質日本奧原敏雄諸教授》，中國社會科學出版社 1994 年。

鄭海麟，《釣魚島列嶼之歷史與法理研究》，香港明報出版社 1998 年。

鄭海麟，《釣魚島列嶼之歷史與法理研究》，中華書局 2007 年。

〔日〕浦野起央等，《釣魚臺群島（尖閣諸島）問題・研究資料匯編》，東京，勵志出版社 2001 年。

鞠德源，《日本國竊土源流——釣魚列嶼主權辨》，首都師範大學出版社
　　　2001 年。

和慈毅，《明清時期琉球日本關係史》，江蘇古籍出版社 2002 年。

〔日〕浦野起央，《尖閣諸島・琉球・中國 日中國際関係史 分析・資料・
　　　文献》，東京，三和書籍 2002 年。

鞠德源，《釣魚島正名：釣魚島列嶼的歷史主權及國際法淵源》，北京，
　　　崑崙出版社 2006 年。

〔德〕普塔克（Roderich Ptak），《普塔克澳門史與海洋史論集》，趙殿紅、
　　　蔡潔華等譯，廣東人民出版社 2018 年。

中國佛教學會福建省分會，《福建佛教志二稿》，共三冊，九十年代初期
　　　油印本，其時福建佛學會會長為妙湛。

田汝康，〈十七世紀至十八世紀中葉中國帆船在東南亞洲運輸和商業上的
　　　地位〉，《歷史研究》1956 年第 8 期。

田汝康，《17—19 世紀中葉中國帆船在東南亞洲》，上海人民出版社 1957
　　　年。

〔日〕岩生成一，《在臺灣的日本人》，許賢瑤譯，《荷蘭時代臺灣史論
　　　文集》，臺灣，佛光人文學院 2001 年。

〔日〕岩生成一，〈近世日支貿易に関する数量的考察〉，《史學雜誌》
　　　第 62 編第 11 號。

〔日〕岩生成一，〈明末日本僑寓支那人甲必丹李旦考〉，《東洋學報》
　　　第 23 編第 3 號，1936。又見許賢瑤譯，《荷蘭時代臺灣史論文集》，
　　　臺灣，佛光人文社會學院 2001 年。

〔日〕岩生成一，〈豐臣秀吉の臺灣島招諭計畫〉，《臺北帝國大學文政
　　　學部史學科研究年報》第 7 輯，1942 年。

嚴中平，《中國棉紡織史稿》，北京，科學出版社 1955 年。

趙岡、陳鐘毅，《中國棉業史》，臺北，聯經出版公司 1977 年。其簡體字
　　　修改本《中國棉紡織史》，由北京中國農業出版社 1997 年出版。

祝慶緣等，《天津港史》，北京，人民交通出版社 1986 年。

潘吉星，《天工開物校注及其研究》，巴蜀書社 1989 年。

陳碧笙，《臺灣地方史》，中國科學院出版社 1980 年。

陳碧笙，《鄭成功歷史研究》，北京，九州出版社 2000 年。

陳孔立，《清代臺灣移民社會研究》，廈門大學出版社 1990 年。

胡珠生，《清代洪門史》，遼寧人民出版社 1996 年。

陳在正，《臺灣海疆史研究》，廈門大學出版社 2001 年。

秦寶琦，《清前期天地會研究》，中國人民大學出版社 1988 年。

林仁川，《大陸與臺灣的歷史淵源》，上海文匯出版社 1991 年。

林仁川，《林仁川臺灣史名家研究論集》，臺北，蘭臺出版社 2016 年。

張崇根，《臺灣歷史與高山族文化》，西寧，青海人民出版社 1992 年。

張崇根，《臺灣四百年前史》，北京，九州出版社 2005 年。

汪毅夫，《汪毅夫臺灣史名家研究論集》，臺北，蘭臺出版社 2016 年。

鄧孔昭，《鄧孔昭臺灣史名家研究論集》，臺北，蘭臺出版社 2016 年。

鄧孔昭主編，《閩粵移民與臺灣社會歷史發展研究》，廈門大學出版社 2011 年。

曹樹基，《中國人口史——第五卷清時期》，上海，復旦大學出版社 2001 年。

張海鵬、李細珠編，《當代中國臺灣史研究》，中國社會科學院出版社 2015 年。

李細珠編，《中國大陸臺灣史書目提要》，中國社會科學院出版社 2015 年。

王世慶，《清代臺灣社會經濟》，臺北，聯經出版社 1994 年。

尹章義，《臺灣開發史研究》，臺北，聯經出版社 1995 年。

林玉茹，《清代竹塹地區的在地商人及其商業網絡》，臺北，聯經出版公司 2000 年。

林玉茹，《清代臺灣港口的空間結構》，臺北，知書坊出版社 1996 年。

李祖基，《臺灣歷史研究》，北京，臺海出版社 2006 年。

陳支平主編，《臺灣通史》，福建人民出版社 2020 年。

黃志中，〈福建地區商品經濟的發展和資本主義的萌芽〉，《福建師大學報》1981 年第 2 期。

郭松義，《清代國內的海運貿易》，載《清史論叢》第四輯，中國書局 1982 年。

林仁川、陳傑中，〈清代臺灣與全國的貿易結構〉，廈門，《中國社會經濟史研究》1983 年第 1 期。

林仁川、王蒲華，〈清代福建人口向臺灣的流動〉，《歷史研究》1983 年 4 月。

林仁川，〈明清福建的生產與貿易〉，《中國社會經濟史研究》1999 年第二期。

吳振強，〈廈門的沿海貿易網〉，李金明譯，《廈門方志通訊》1986 年第
　　2 期。

〔日〕松浦章，〈清代福建的海外貿易〉，廈門，《中國社會經濟史研究》
　　1986 年第 1 冊。

〔日〕松浦章，〈明末清初的澳日貿易〉，陳燕虹譯、孔穎校，《澳門研究》
　　2016 年第 3 期。

王業健，〈十八世紀福建的糧食供需與糧價分析〉，《中國社會經濟史研究》
　　1987 年第 2 期。

劉秀生，〈清代閩浙贛皖的棚民經濟〉，《中國社會經濟史研究》1988 年
　　第一期。

廖風德，〈海盜與海難：清代閩臺交通問題初探〉，張炎憲主編，《中國
　　海洋發展史論文集》，臺北，臺灣中山人文社會科學研究所 1988 年。

戴一峰，〈五口通商時期的福建對外貿易〉，《福建論壇》（文史哲版），
　　1988 年第 1 期。

李祖基，〈近代臺灣對外貿易對地方社會經濟之影響〉，《福建論壇》，（文
　　史哲版）1989 年第 4 期。

陳鏗，〈清代臺灣的開發與福建社會經濟的發展〉，《福建學刊》1989 年
　　第 6 期。

黃福才，〈略論 1840—1895 年閩臺貿易關係〉，《廈門大學學報》（哲社
　　版）1996 年第 1 期。

廈門海關、泉州海關、泉州海外交通史博物館聯合調查組，〈泉州海關史
　　跡調查〉，《海交史研究》1988 年第 1 期。

錢江，〈1570—1760 年中國和呂宋貿易的發展及貿易額的估算〉，《中國
　　社會經濟史研究》1986 年第 3 期。

錢江，〈17 至 18 世紀中國與荷蘭的瓷器貿易〉，廈門大學，《南洋問題研究》
　　1989 年第 1 期。

錢江，〈十七世紀至十九世紀初越南沿海的中國帆船貿易〉，劉序楓主編
　　《中國海洋發展史論文集》第九輯，臺北，中央研究院 2005 年 5 月。

陳國棟，〈清代中葉廈門的海上貿易（1727—1833）〉，《中國海洋發展
　　史論文集》第四輯，臺灣中研院 1991 年。

莊國土，〈18 世紀中國與西歐的茶葉貿易〉，廈門大學，《中國社會經濟
　　史研究》1992 年第三期。

莊國土，〈略論早期中國與葡萄牙關係的特點 1513—1613 年〉，澳門《文

化雜誌》1994 年第 18 期。

莊國土，〈16—18 世紀白銀流入中國的估算〉，《中國錢幣》1995 年 3 期，
　　第 3—10 頁。

林真，〈臺灣光復初期閩臺經濟關係初探〉，《中國社會經濟史研究》
　　1992 年第 3 期。

謝冰，〈清代臺灣與大陸的貿易關係〉，《中南民族學院學報》1993 年第
　　3 期。

鄧亦兵，〈清代前期沿海糧食運銷及運量變化趨勢〉，《中國社會經濟史
　　研究》1994 年第 2 期。

李毓中等，〈十七世紀的臺灣・基隆港〉，《臺灣史料研究》第 4 號，吳
　　三連臺灣史料基金會會刊 1994 年 10 月。

馬波，〈清代閩臺地區的農產品流通〉，《中國歷史地理論叢》1994 年第
　　4 期。

林仁川，〈清前期海峽兩岸的通航及其影響〉，《史學集刊》1994 年第 1 期。

徐曉望，〈論近代福建經濟演變的趨勢——兼論近代福建經濟落後的原
　　因〉，《福建論壇》，（文史哲版）1990 年第 2 期。

江樹生等，〈十七世紀荷蘭人繪製的臺灣老地圖〉，《漢聲》雜誌第 105 期，
　　臺北，《漢聲》雜誌社 1997 年。

徐曉望，〈福建人與澳門媽祖文化淵源〉，澳門，《文化雜誌》1997 年冬季，
　　總 33 期。

黃福才，〈論清代大陸與臺灣貿易各階段的特點〉，《中國經濟史研究》
　　1997 年第 2 期。

黃福才，〈論清代臺灣商品市場的演變〉，《中國社會經濟史研究》1998
　　年第 1 期。

林玉茹，〈逐利之風：清代臺灣郊商的多元投資策略〉，《歷史月刊》第
　　201 期。

林玉茹，〈清代竹塹地區的商人團體——類型、成員及功能的討論〉，《臺
　　灣史研究》1998 年第 5 卷第 1 期。

顏章炮，〈清代之臺灣商人與寺廟〉，《中國社會經濟史研究》1998 年第
　　1 期。

翁佳音，〈近代初期北部臺灣的商業與原住民〉，原刊中研院臺灣史研究
　　所籌備處，《臺灣商業傳統論文集》1999 年。

徐曉望，〈閩南民系的社會經濟特徵與臺灣開發〉，《福建論壇》（文史

哲版）2000 年第 1 期。

徐曉望，〈論早期臺灣開發史的幾個問題〉，北京，《臺灣研究》2000 年
　　第 2 期。

陳學文，〈明清時期臺灣蔗糖業的發展〉，載萬斌主編，《我們與時代同
　　行——浙江省社會科學院論文精選 1996—1999 年》，杭州出版社，
　　2005 年。

蔡相輝，〈清代北港的閩臺貿易〉，載海峽交通史論叢編輯委員會編，《海
　　峽交通史論叢》，福州海風出版社 2002 年。

林星，〈清代前期移民臺灣與福建社會經濟的變遷〉，《福建省社會主義
　　學院學報》2002 年第 1 期。

李祖基，〈清代臺灣地方的開發與島上對外交通〉，《臺灣研究集刊》
　　2002 年第 2 期。

陳宗仁，〈北港與「Pacan」地名考釋：兼論十六世紀、十七世紀之際臺灣
　　西南海域貿易情勢的變遷〉。《漢學研究》第二十一卷第二期，總第
　　43 號，臺北，2003 年。

〔澳門〕塞亞布拉（Leonor Diaz Seabra），〈16—17 世紀澳門、中國和日
　　本的歷史關係〉，澳門文化局《文化雜誌》2004 年春季刊。

〔澳門〕塞亞布拉（Leonor Diaz Seabra），《強權、社會及貿易—澳門和
　　菲律賓的歷史關係》（16—18 世紀）。

徐曉望，〈論 17 世紀荷蘭殖民者與福建商人——關於臺灣海峽控制權的爭
　　奪〉，《福建論壇》人文社會科學版，2003 年第 3 期，收入《臺灣早
　　期史考證》，福州，海風出版社 2014 年。

徐曉望，〈貿易導向與閩臺地緣關係發展〉，呂良弼主編，《海峽兩岸五
　　緣論》，北京，方志出版社 2003 年。收入《臺灣早期史考證》，福州，
　　海風出版社 2014 年。

黃國盛，〈清代前期臺灣與沿海各省的經貿往來〉，《福建師範大學學報》
　　2004 年第 1 期。

丁玲玲，〈清代前期移民臺灣對泉州社會經濟的影響〉，《泉州師範學院
　　學報》2004 年第 5 期。

陳支平，〈清代泉州黃氏郊商與鄉族特徵〉，《中國經濟史研究》2004 年
　　第 2 期。

陳支平，〈中國古代史研究的創新與回歸傳統〉，《史學月刊》2016 年第
　　4 期。

徐曉望，《試論明清時期閩浙贛邊山區經濟發展的新趨勢》，廈門大學歷
　　史系碩士論文，1985 年。

徐曉望，〈「中國資本主義萌芽論」的合理內核與中國近代化問題〉，廣東，
　　《學術研究》2003 年 1 期。

徐曉望、陳支平，〈論傅衣凌先生與中國資本主義萌芽的研究〉，《明史
　　研究論叢》，黃山書社 2004 年 7 月。

鄧文金，〈清前中期漳臺貿易關係述論〉，《漳州師範學院學報》2010 年
　　第 1 期。

羅得里格斯，〈臺灣的中國人、荷蘭人和西班牙人（1624—1684）〉，澳門，
　　《文化雜誌》，2007 年秋季刊。

史偉，〈清代郊商與海洋文化〉，《中國社會經濟史研究》2007 年第 4 期。

徐曉望，〈臺灣光復與釣魚島列嶼的法理回歸〉，《東南學術》2011 年，
　　第 2 期。收入《臺灣早期史考證》，福州，海風出版社 2014 年。

徐曉望，〈臺灣：琉球之名的失落〉，陳小沖主編，《臺灣歷史上的移民
　　與社會研究》，北京，九州出版社 2011 年。收入《臺灣早期史考證》，
　　福州，海風出版社 2014 年。

林發誠，〈從清代泉州海商碑刻看閩臺關係〉，《中國社會經濟史研究》
　　2012 年第 2 期。

徐曉望，〈論明清之際臺灣海洋經濟的形成〉，福州，《學術評論》2012
　　年第 2 期。

徐曉望，〈論鄭成功復臺之際臺灣的法律地位〉，《福建論壇》2012 年第
　　10 期。

徐曉望、徐思遠，〈論明清閩粵海洋文化與臺灣海洋經濟的形成〉，《福
　　州大學學報》2013 年第 1 期。

劉振群，〈窯爐的改進和我國古陶瓷發展的關係〉《中國古陶瓷論文集》，
　　文物出版社 1982 年。

溫廣益，〈福建華僑出國的歷史和原因分析〉，載《中國社會經濟史研究》
　　1984 年第 2 期。

林汀水，〈九龍江下游的圍墾與影響〉，《中國社會經濟史研究》1984 年
　　第 4 期。

呂作燮，〈明清時期蘇州的會館和公所〉，《中國社會經濟史研究》1984
　　年第 2 期。

黃鳳長，〈晉江華僑出國史略及其出國原因〉，華僑大學華僑研究所，《華

僑史研究論文集》第一集，華僑研究所 1986 年刊本。

曹永和，〈明末華人在爪哇萬丹的活動〉，《中國海洋發展史論文集》第二輯，臺灣中研院 1986 年。

張增信，〈明季東南海寇巢外的風氣（1567—1644）〉，《中國海洋發展史論文集》第三輯。臺北，中研院 1988 年。

吳澤主編，《華僑史研究論集》，華東師範大學出版社 1984 年。

李金明，〈明代後期私人海外貿易的發展與華僑出國高潮的形成〉，《華僑史研究論文集》第一集，華僑大學華僑研究所 1986 年。

李金明，〈16 世紀後期至 17 世紀初期中國與馬尼拉的海上貿易〉，廈門，《南洋問題研究》1989 年第 1 期。

曾少聰，〈明清海洋移民菲律賓的變遷〉，《中國社會經濟史研究》1997 年第 2 期。

莊金德，〈清初嚴禁沿海人民偷渡來臺始末（上）〉，《臺北，《臺灣文獻》第 15 卷第 3 期 1964 年。

朱德蘭，〈清開海令後的中日長崎貿易商與國內沿岸貿易（1684—1722）〉，錄自張憲炎主編，《中國海洋發展史論文集》第三輯。

劉序楓，〈清代前期的福建商人與長崎貿易〉，《九州大學東洋史論文集》，第 16 期，1988 年 1 月。

劉序楓，〈明末清初的中日貿易與日本華僑社會〉，臺北，《人文及社會科學集刊》第十一卷第三期（1999 年 9 月）。

張彬村，〈十七世紀末荷蘭東印度公司為甚麼不再派船到中國來？〉，劉序楓主編，《中國海洋發展史論文集》第九輯，臺北，中研院人文社會科學研究中心 2005 年。

張彬村，〈美洲白銀與婦女貞節：1603 年馬尼拉大屠殺的前因與後果〉，朱德蘭主編，《中國海洋發展史論文集》第八輯，臺北，中研院人文社科所 2002 年。

〔日〕森村健一，〈菲律賓聖達戈號沉船中的瓷器〉，曹建南譯，《福建文博》1997 年第 2 期。

〔日〕金澤陽，〈埃及出土的漳州窯瓷器——兼論漳州窯瓷器在西亞的傳播〉，《福建文博》1999 年增刊，總第 35 期。

〔法〕莫尼克‧寇里克，〈界定汕頭器的年代——1600 年 11 月 4 日，聖達戈號大帆船〉，王芳譯、樓建龍校，《福建文博》2001 年第 1 期。

陳信雄、陳玉女，《鄭和下西洋國際學術研討會論文集》，臺北縣，稻鄉

出版社 2003 年。

范金民，〈明清時期江南與福建廣東的經濟聯繫〉，《福建師範大學學報》
　　2004 年 1 期。

徐曉望，〈福建人與澳門媽祖文化淵源〉，廣東《學術研究》1997 年第 7 期；
　　澳門《文化雜誌》轉載，1997 年冬季，總 33 期。

陳春聲，〈從倭亂到遷海──明末清初潮州地方動亂與鄉村社會變遷〉，
　　《明清論叢》第 2 輯，北京，紫禁城出版社 2000 年。

陳春聲，〈明清之際潮州的海盜與私人海上貿易〉，《文史知識》1997 年
　　第 9 期。

岸本美緒，〈中國與十七世紀危機〉，董建中主編，《清史譯叢》第十一輯，
　　商務印書館 2013 年。

徐曉望，〈嚴啟盛與澳門史事考〉，澳門文化司署《文化雜誌》2006 年春
　　季刊總 58 期。

李林洲，〈福州摩尼教重要遺址──福州臺江義洲浦西福壽宮〉，《福建
　　宗教》2004 年第 1 期。

三、資料彙編

陳祖槼、朱自振編，《中國茶葉歷史資料選輯》，北京農業出版社 1981 年。

林鴻怡等編，《福建航道志》，北京，人民交通出版社 1997 年。

莊為璣、王連茂，《閩臺關係族譜資料選編》，福建人民出版社 1984 年。

吳亞敏、鄒爾光編，《近代福州及閩東地區社會經濟概況》，福州，華藝
　　出版社 1992 年。

蔣維錟，《媽祖文獻資料》，福建人民出版社 1990 年。

中國一歷史檔案館、湄洲媽祖祖廟董事會等合編，《清代媽祖檔案史料彙
　　編》，中國檔案出版社 2003 年。

中華媽祖文化交流協會、莆田學院編，《媽祖研究資料目錄索引》，福州，
　　海風出版社 2005 年。

沖繩縣立圖書館史料編集室，《歷代寶案》，沖繩縣教育委員會 1992 年。

徐珂，《清稗類鈔》，北京，中華書局 1983 年。

中國人民大學清史研究所編，《清代的礦業》，北京，中華書局 1983 年。

葉羽編，《茶書集成》，黑龍江人民出版社 2001 年。

〔美〕威廉·烏克斯，《茶葉全書》，吳覺農譯本，上海，開明書店 1949 年。

余定邦、黃重言編，《中國古籍中有關新加坡馬來西亞資料彙編》，北京，
　　中華書局 2002 年。

黃重言、余定邦編，《中國古籍中有關泰國資料彙編》，北京大學出版社
　　2016 年。

蘇州歷史博物館等，《明清蘇州工商業碑刻集》，江蘇人民出版社 1960 年。

上海圖書館圖書資料室編，《上海碑刻資料選輯》，上海人民出版社 1980
　　年。

章國慶，《天一閣明州碑林集錄》，上海古籍社 2008 年。

金柏東，《溫州歷代碑刻集》，上海社會科學院出版社 2002 年。

臺灣銀行經濟研究室編，《臺灣經濟史初集》，臺灣銀行經濟研究室，
　　1954 年。

臺灣銀行經濟研究室編，《臺灣經濟史五集》，臺灣銀行經濟研究室，
　　1957 年。

臺灣銀行經濟研究室編，《臺灣經濟史六集》，臺灣銀行經濟研究室，
　　1957 年。

粘良圖選注，《晉江碑刻選》，廈門大學出版社 2002 年。

陳國仕輯錄，《豐州集稿》，南安縣志編纂委員會 1992 年自刊本。

王文徑編，《漳浦歷代碑刻》，漳浦縣博物館 1994 年。

〔荷〕包樂史（Lenoard. Blussé），《巴達維亞華人與中荷貿易》，莊國土、
　　吳龍、張曉寧譯，廣西人民出版社 1997 年。

包樂史、吳鳳斌，《18 世紀末吧達維亞唐人社會》，廈門大學出版社 2002
　　年。

〔澳大利亞〕安東尼‧瑞德（Anthony Reid），《東南亞的貿易時代：
　　1450—1680 年》第一卷，《季風吹拂下的土地》（原版，耶魯大學
　　出版社 1988 年），吳小安、孫來臣、李塔娜譯，北京，商務印書館
　　2013 年。

〔澳大利亞〕安東尼‧瑞德（Anthony Reid），《東南亞的貿易時代：
　　1450—1680 年》第二卷，《擴張與危機》（原版，耶魯大學出版社
　　1993 年），孫來臣、李塔娜、吳小安譯，北京，商務印書館 2013 年。

周鑫，〈東南亞的貿易時代：1450—1680 年評價〉，廣東省社會科學院、
　　廣東海洋史研究中心編，《海洋史研究》第二輯，2011 年 8 月版。

鄭振滿、丁荷生編，《福建宗教碑銘彙編‧興化府分冊》，福建人民出版
　　社 1995 年。

鄭振滿、丁荷生編，《福建宗教碑銘彙編・泉州府分冊》，福建人民社 2003 年。

國立中研院歷史語言研究所，《明清史料甲編》等，上海，商務印書館 1951 年。

百吉等編，《臺案彙錄丙集》，臺灣文獻叢刊第 135 種。

郭輝譯，《巴達維亞城日記》，中文版，臺灣省文獻委員會 1970 年印行。

中國人民大學清史研究所、檔案系中國政治制度史教研室合編，《康雍乾時期城鄉人民反抗鬥爭資料》，北京，中華書局 1979 年。

那霸市企劃部市史編集室，《那霸史》家譜資料二（上）資料篇，1980 年發行。

梁方仲，《中國歷代戶口、田地、田賦統計》，上海人民出版社 1980 年。

嚴中平，《中國近代經濟史統計資料選輯》，科技出版社 1955 年。

李文治主編，《中國近代農業史資料》，北京，三聯書社 1957 年。

姚賢稿主編，《中國近代對外貿易史資料》，北京，中華書局 1962 年。

彭澤益主編，《中國近代手工業史資料》，北京，中華書局 1962 年。

竺可楨，《中國近五千年來氣候變遷的初步研究》（1973 年 2 月），《竺可楨全集》第 4 卷，上海科技教育出版社 2004 年，第 444—473 頁。

聶寶璋，《中國近代航運史資料》第一輯，上海人民出版社 1983 年。

中國第一歷史檔案館編，《乾隆朝懲辦貪汙檔案選編》，中華書局 1994 年。

福建師大歷史系，《明清福建經濟契約文書選輯》，人民出版社 1997 年。

福建師範大學歷史系福建地方史研究室主編，《鴉片戰爭在閩臺史料選編》，福建人民出版社 1982 年。

中國測繪研究院編纂，《中華古地圖珍品選集》，哈爾濱地圖出版社 1998 年。

〔美〕薩拉・羅斯（Sarah Rose），《茶葉大盜：改變世界的中國茶》，孟馳譯，社會科學文獻出版社 2015 年。

福建省檔案館，《民國福建各縣市（區）戶口統計資料》，福建省檔案館 1988 年。

徐曉望著作目錄

徐曉望，《福建民間信仰源流》，福建教育出版社 1993 年。

徐曉望，《福建思想文化史綱》，福建教育出版社 1996 年。

徐曉望，《閩國史》，臺北，五南公司 1997 年。

徐曉望、陳衍德，《澳門媽祖文化研究》，澳門基金會 1998 年。

徐曉望，《媽祖的子民──閩臺海洋文化研究》，上海學林出版社 1999 年。

林仁川、徐曉望，《明末清初中西文化衝突》，上海華東師大出版社 1999 年。

林慶元主編，《福建近代經濟史》，福建教育出版社 2001 年，撰寫：第一編第八章第一節、第二編第六章第一、二節。

徐曉望，《閩南史研究》，福州，海風出版社 2004 年。

徐曉望，《福建通史・上古卷》，福州，福建人民出版社 2006 年。

徐曉望，《福建通史・隋唐五代卷》，福州，福建人民出版社 2006 年。

徐曉望，《福建通史・宋元卷》，福州，福建人民出版社 2006 年。

徐曉望，《福建通史・明清卷》，福州，福建人民出版社 2006 年。

徐曉望主編，《福建通史》，福州，福建人民出版社 2006 年。

徐曉望，《早期臺灣海峽史研究》，福州，海風出版社 2006 年。

徐曉望，《媽祖信仰史研究》，福州，海風出版社 2007 年。

徐曉望，《閩澳媽祖廟調查》，澳門，中華媽祖基金會 2008 年。

徐曉望，《21 世紀的文化使命》，福州，海風出版社 2009 年。

徐曉望，《福建經濟史考證》，澳門出版社 2009 年。

徐曉望，《閩北文化述論》，北京，中國社會科學出版社 2009 年。

徐曉望，《福建民間信仰論集》，北京，光明出版社 2011 年。

徐曉望，《福州臺江與東南海陸商業網絡研究》緒論、第一章、第五章、第九章、第十章，福州，海峽書局 2011 年。

徐曉望，《福建平潭概況》第一章、第二章第一節，福建人民出版社 2011 年。

徐曉望，《閩臺文化新論》，北京，中國書籍出版社 2012 年。

徐曉望，《唐宋東南區域史論》，北京，中國書籍出版社 2012 年。

徐曉望，《宋代福建史新編》，北京，線裝書局 2013 年。

徐曉望，《閩商發展史・古代部分》，蘇文菁主編，《閩商發展史》，廈門大學出版社 2013 年。

徐曉望等，《中國地域文化通覽・福建卷》，上編，北京，中華書局 2013 年。

徐曉望，《閩商研究》，北京，中國文史出版社 2014 年。

徐曉望，《閩國史略》，北京，中國文史出版社 2014 年。

徐曉望，《明清東南海洋經濟史研究》，北京，中國文史出版社 2014 年。

徐曉望，《明清東南山區社會經濟轉型——以閩浙贛邊為中心》，北京，中國文史出版社 2014 年。

徐曉望，《早期臺灣史考證》，福州，海風出版社 2014 年。

徐曉望，《商海泛舟——閩臺商緣》，北京，社會科學文獻出版社 2015 年。

徐曉望等，《閩臺商業史新探》，經濟日報出版社 2015 年。

澳門媽祖文化研究中心編，《媽祖信仰與華人的海洋世界》，澳門基金會 2015 年。

徐曉望，《福建文明史》上、中、下三冊，中國書籍出版社 2016 年。

徐曉望，《明代前期福建史》，北京，中華書局 2016 年。

徐曉望，《中國福建海上絲綢之路發展史》，北京，九州出版社 2017 年。

徐曉望，《徐曉望臺灣史名家研究論集》，臺北，蘭臺出版社 2018 年。

徐曉望，《大航海時代的臺灣海峽與周邊世界》第一卷：海隅的波瀾——明代前期的華商與南海貿易，北京，九州出版社 2018 年。

徐曉望，《大航海時代的臺灣海峽與周邊世界》第二卷：東亞的樞紐——晚明環臺灣海峽區域與周邊世界，北京，九州出版社 2019 年。

徐曉望，《大航海時代的臺灣海峽與周邊世界》第三卷：白銀和生計——晚明環臺海區域的泉漳模式，北京，九州出版社 2021 年。

徐曉望，《中國東南古代社會考察》，光明日報出版社 2019 年。

徐曉望福建臺灣相關論文目錄

徐曉望，〈淺議清代福建山海經濟開發的關係〉，福州，《學習月刊》1986 年第 9 期。

徐曉望，〈福建歷代茶政沿革考〉，福州《福建茶葉》1986 年第 1、2 期。

徐曉望，〈河口考察記〉，《中國社會經濟史研究》1986 年第 2 期。

徐曉望，〈明清閩浙贛山區經濟發展的新趨勢〉，《明清福建社會與鄉村經濟》，廈門大學出版社 1987 年。

徐曉望，〈福建古代溺嬰習俗嬗變考〉，福州《社會公共安全研究》1988 年 4 期；又見：徐曉望，《中國東南古代社會考察》，光明日報出版社 2019 年。

徐曉望，〈論中國歷史上內陸文化和海洋文化的交征〉，《東南文化》

1988 年第 3—4 期。

徐曉望，〈清代福建武夷茶生產考證〉，《中國農史》，1988 年 2 期。

徐曉望，〈論姚啟聖為統一臺灣所作的歷史貢獻〉，《理論學習月刊》
　　1988 年第 5 期。

徐曉望，〈清代前期廣東福建兩省的糧布消費問題〉，《中國社會經濟史
　　研究》1989 年 2 期。

徐曉望，〈試論清代閩粵鄉族械鬥〉，《學術研究》1989 年 5 期；又見徐曉望，
　　《中國東南古代社會考察》，光明日報出版社 2019 年。

徐曉望，〈從閩都別記看福建古代商人的活動〉，《福建論壇》1989 年第
　　4 期。

徐曉望，〈論近代福建經濟演變的趨勢——兼論近代福建經濟落後的原
　　因〉，《福建論壇》1990 年 2 期。

徐曉望，〈福建古代製糖術與製糖業〉，泉州，《海交史研究》1992 年第
　　1 期。

徐曉望，〈清——民國福建糧食市場的變遷〉，《中國農史》1992 年 3 期。

徐曉望，〈論中華文化與閩臺文化〉，南京《東南文化》1992 年 3—4 期。

徐曉望，〈明清經濟史研究〉，林道周編，《福建社會科學研究概覽》，
　　團結出版社 1993 年。

徐曉望，〈福建地方史研究〉，林道周編，《福建社會科學研究概覽》，
　　團結出版社 1993 年。

徐曉望，〈再論閩臺是統一的文化區域〉，《臺灣研究》1994 年第 3 期。

徐曉望，〈試論清代東南區域的糧食生產與商品經濟關係問題〉，南京《中
　　國農史》1994 年第 3 期。

徐曉望，〈澳門媽祖閣碑記與清代泉州與澳門之間的貿易〉，新加坡，《南
　　洋學報》第五十卷，1995 年。

徐曉望，〈福建洋務企業失敗原因初探〉，《福建史志》1995 年 6 期。

徐曉望，〈清廷統一臺灣的決策內幕〉，北京，《統一論壇》1996 年第 6 期。

徐曉望，〈葉向高與福清社會〉，《福建文史》1996 年第 6 期。

徐曉望，〈論小商品經濟〉，《中國經濟史研究》1997 年 2 期。

徐曉望，〈清代中琉貿易與福建手工業〉，泉州，《海交史研究》1997 年
　　第 2 期。

徐曉望，〈關於人類海洋文化理論的重構〉，《福建論壇》文史哲版 1999
　　年 5 期。

徐曉望，〈商品經濟與明清以來福建自然環境的變更〉，西安，《中國歷史地理論叢》2000 年第三輯。

徐曉望，〈從明清《使琉球錄》看閩江出海航道的變更〉，參加第八屆中琉歷史關係國際學術會議。

徐曉望，〈閩南民系的社會經濟特徵與臺灣開發〉，《福建論壇》（文史版）2000 年第 1 期。

徐曉望，〈論明末清初漳州區域市場的發展〉，《中國社會經濟史研究》2002 年 4 期（人大複印資料，《中國近代史》2003 年第 6 期轉載）。

徐曉望，〈閩臺海洋文化的起源〉，《海峽交通史論叢》海風出版社 2002 年。

徐曉望，〈從溺嬰習俗看福建歷史上的人口自然構成問題〉，《福建論壇》經濟社會版 2003 年第 3 期。

徐曉望，〈論 17 世紀荷蘭殖民者與福建商人──關於臺灣海峽控制權的爭奪〉，《福建論壇》人文社會科學版 2003 年第 3 期。收入《臺灣早期史考證》，福州，海風出版社 2014 年。

徐曉望，〈論晚明福建商業性農業的發展〉，《中共福建省委黨校學報》2003 年 4 期。

徐曉望，〈澳門媽祖閣洋船石考〉，澳門理工大學，《中西文化研究》2007 年 2 期。

徐曉望，〈論明代廈門灣周邊港市的發展〉，《福建論壇》文史哲版 2008 年第 7 期。

徐曉望，〈論明清福州城市發展及重商習俗〉，《閩江學院學報》2008 年 1 期。

徐曉望，〈澳門媽祖文化信仰〉，吳志良主編，《澳門史新論》第四冊第一章，澳門基金會 2008 年。

徐曉望，〈論明清時期中國手工業技術的進步〉，《東南學術》2009 年第 3 期，《經濟史》人大複印資料 2009 年 10 月，《明清史》人大複印資料 2010 年 1 月。

徐曉望，〈關於廈門港崛起的一些認識〉，《福建經濟史考證》，澳門出版社 2009 年。

徐曉望，〈福建與東亞貿易的三個關鍵時期〉，《福建經濟史考證》，澳門出版社 2009 年。

徐曉望，〈清代中琉貿易與福建手工業〉，《福建經濟史考證》，澳門出版社 2009 年。

徐曉望，〈清代武夷茶製作技術考證〉，《福建經濟史考證》，澳門出版
　　社 2009 年。

徐曉望，〈論歷史上安溪製茶業的興衰〉，《福建經濟史考證》，澳門出
　　版社 2009 年。

徐曉望，〈論閩都文化與臺灣文化〉，葉聖陶研究會主編，《中華傳統文
　　化研究與評論》第三輯，北京，人民教育出版社 2009 年。

徐曉望，〈論閩南人與中國海洋文化〉，《閩南》2010 年第 2 期。

徐曉望，〈歷史學——人類社會發展的資鑒之學〉，陳必滔主編，《社會
　　科學概覽》，福建人民出版社 2010 年。

徐曉望，〈論傅衣凌的史學道路〉，《相聚休休亭——紀念傅衣凌誕辰 100
　　年學術論文集》，廈門大學出版社 2011 年。

徐曉望，〈臺灣光復與釣魚島列嶼的法理回歸〉，《東南學術》2011 年第
　　2 期。

徐曉望，〈論明清之際臺灣海洋經濟的形成〉，福州，《學術評論》2012
　　年第 2 期。收入《臺灣早期史考證》，福州，海風出版社 2014 年。

徐曉望，〈清代建菸在國內的傳播〉，《閩臺文化交流》2012 年第 2 期。

徐曉望，〈福建思想文化的發展道路〉，《閩都文化》2012 年第 3 期。

徐曉望，〈八閩文化淺論〉，《閩臺文化新論》，北京，中國書籍出版社
　　2012 年。

徐曉望，〈閩南文化簡論〉，《閩臺文化新論》，北京，中國書籍出版社
　　2012 年。

徐曉望，〈論閩南海洋文化對臺灣經濟的影響〉，建省炎黃文化研究會等
　　編，《海洋文化與福建發展》，鷺江出版社社 2012 年。

徐曉望，〈明清時期福建儒商並重的文化傳統〉，《閩商文化研究》2012
　　年第 2 期。

徐曉望，〈明清祭祀媽祖的官廟制度比較〉，劉存有主編，《宗教與民族》
　　第七輯，北京，宗教文化出版社 2012 年。

徐曉望、徐思遠，〈論明清閩粵海洋文化與臺灣海洋經濟的形成〉，《福
　　州大學學報》2013 年第 1 期。

徐曉望，〈關於澳門開港與媽閣廟起源的再認識〉，《澳門研究》2013 年
　　第二期。

徐曉望，〈論明清時期福建瓷器生產大勢〉，《澳門研究》2013 年第五期。

徐曉望，〈清代福建製菸業考〉，《閩臺文化研究》2013 年第二期。

徐曉望，〈福州工商業和晚清臺灣的城市化進程〉，閩臺緣博物館主辦，《西岸文史集刊》第二輯，福建教育出版社 2013 年。

徐曉望，〈明清閩北商幫研究〉，徐曉望，《閩商研究》，北京，中國文史出版社 2014 年。

徐曉望，〈清代閩西連城商人及其慈善事業〉，徐曉望，《閩商研究》，北京，中國文史出版社 2014 年。

徐曉望，〈論閩商發展的階段性和主要特點〉，徐曉望，《閩商研究》，北京，中國文史出版社 2014 年。

徐曉望，〈洋口考察記〉，徐曉望，《明清東南海洋經濟史研究》，北京，中國文史出版社 2014 年。

徐曉望，〈明清廣東與福建的區域經濟互動〉，徐曉望，《明清東南海洋經濟史研究》，北京，中國文史出版社 2014 年。

徐曉望，〈晚清閩臺經濟互動與臺灣經濟的起飛〉，《閩臺商業史新探》，經濟日報出版社 2015 年。

徐曉望，〈論明清泉州海洋經濟模式的形成與發展（上）〉，陳慶宗、陳支平編，《閩南文化論壇論文集》，上海世紀出版集團，上海文化出版社 2015 年。

徐曉望，〈關於澳門開港與與媽閣廟起源的再認識〉，澳門媽祖文化研究中心編，《媽祖信仰與華人的海洋世界》，澳門基金會 2015 年。

徐曉望，〈民國時期的閩臺貿易淺探〉，《閩臺關係研究》2016 第 1 期。

徐曉望，〈晚清福州與北臺灣的城市化建設〉，《福建論壇》文史哲版，2016 年第 10 期。

徐曉望，〈貿易導向與閩臺交通的歷史回顧〉，收入《臺灣早期史考證》，福州，海風出版社 2014 年。

徐曉望，〈晚清臺灣海峽傳統民船貿易研究〉，《福建論壇》2017 年第 4 期。

徐曉望，〈明代的東海漁業〉，《福建論壇》2018 年第 5 期。

徐曉望，〈論絲綢之路與科技的創造、傳播〉，《中共福建省委黨校學報》2018 年 10 期。

徐曉望，〈一路向北——元代福州港的海運〉，福州，《閩都文化》2019 年第二期。

徐曉望，〈鄭和遠航與香料之路〉，澳門，《文化雜誌》2019 年，總第 104 期。

徐曉望，〈論明萬曆二年福建水師的臺灣新港之戰〉，《福建論壇》2019 年第 11 期，第 109—115 頁。

國家圖書館出版品預行編目資料

明清福建臺灣史第五卷：清代前期福建臺灣史 / 徐曉望著. -- 初版. -- 臺北市：
蘭臺出版社, 2024.03
　　冊；　公分. --（臺灣史研究叢書；21）
ISBN 978-626-97527-4-4(全套：精裝)

1.CST: 歷史 2.CST: 臺灣史 3.CST: 明代 4.CST: 清代 5.CST: 福建省

673.12　　　　　　　　　　　　　　　　　　　　　　112020852

臺灣史研究叢書21

明清福建臺灣史第五卷：清代前期福建臺灣史

作　　　者：徐曉望
總　　　編：張加君
主　　　編：沈彥伶
編　　　輯：沈彥伶　凌玉琳
美　　　編：凌玉琳
校　　　對：張建民　楊容容　古佳雯
封面設計：陳勁宏
出　　　版：蘭臺出版社
地　　　址：臺北市中正區重慶南路1段121號8樓之14
電　　　話：(02)2331-1675或(02)2331-1691
傳　　　真：(02)2382-6225
E - MAIL：books5w@gmail.com或books5w@yahoo.com.tw
網路書店：http://5w.com.tw/
　　　　　　https://www.pcstore.com.tw/yesbooks/
　　　　　　https://shopee.tw/books5w
　　　　　　博客來網路書店、博客思網路書店
　　　　　　三民書局、金石堂書店
經　　　銷：聯合發行股份有限公司
電　　　話：(02) 2917-8022　　傳真：(02) 2915-7212
劃撥戶名：蘭臺出版社　　　　帳號：18995335
香港代理：香港聯合零售有限公司
電　　　話：(852) 2150-2100　　傳真：(852) 2356-0735
出版日期：2024年03月 初版
定　　　價：全套新臺幣12000元整（精裝，套書不零售）
ISBN：978-626-97527-4-4